졸라포니와 함께

졸라포니와 함께

"Ínje eem di ereguul malegenam, élut yati busereŋ elukutijaat man emond ecet, moo panelako cebuyo. Bare elukijaat man emond ecet, moo panewolen juup"(요 12:24).

심미란 지음

사진 브라이언 타나(Brian Tanner)

코람데오

추천의 글 1

하나님께 속한 사람

한 번 잡으면 손에서 책을 뗄 수가 없었습니다. 어떤 자극적이고 극적인 내용도 없었지만, 여성 특유의 섬세함과 부드러움을 가지고 지극히 자연스럽게 저자의 삶에 역사하시며 간섭하셔서 하나님의 사람으로 준비시키시는 과정이 참 아름답게 기술되어 있기 때문입니다.

이 책에는 불신자였던 저자가 여러 손길을 거쳐 주님을 만나는 과정에서부터 신학교에 입학하여 선교를 배우며 그 학교에서 뜻하지 않게 예비하신 남편 브라이언을 만난 이야기와 웩 소속 선교사로서 약속의 땅 감비아에 입국하여 사역하는 이야기에 이르기까지, 그리고 감비아에서 가슴으로 품은 졸라포니족에 대한 이야기가 소상하게 그려져 있습니다.

저자는 감비아에서 의료사역, 문서사역, 문맹퇴치사역, 교회사역, 그리고 신약성경 완역과 출간에 이르기까지 다양한 사역을 감당해 왔고 그 모든 순간순간에 하나님의 섭리와 동행하심, 그리고 놀라운 은혜와 감격 등을 설득력 있게 잘 이야기합니다.

누구든지 이 책을 잡으면 내가 한 경험을 동일하게 할 것이라고 믿습니다. 참 복된 책입니다. 감격이 있고, 따뜻함이 있고, 하나님의 사랑과 섭리에 대한 생생한 간증이 있는 귀한 이 책을 모두가 읽기를 강력히 추천합니다.

화종부(WEC국제선교회 이사장, 남서울교회 담임목사)

추천의 글 2

오직 주님께만 사로 잡힌 일꾼

하나님께서는 다양한 배경의 사람을 불러 그의 나라를 이루어 가십니다. 이 책의 저자 심미란 선교사님도 인생의 기로에 설 때마다 다양한 그리스도인들과의 만남을 통해서 하나님의 부르심을 받았고, 지금은 WEC국제선교회에서 활동하고 있습니다.

그는 독실한 불교 집안에서 자라며 '한 집안에 종교가 둘이면 집안이 망한다'는 가르침 때문에, 예수님과 전혀 상관없이 살았습니다. 하지만 한 편의 드라마처럼 외화벌이를 위해 사우디아라비아로 향했던 발걸음은 예수께 나아가는 발걸음이 되었습니다. 그래서 이 책은 하나님의 오묘하신 인도하심을 떠올리게 합니다. 그뿐만 아니라, 그가 하나님께 나아오도록 쓰임 받은 다양한 이들의 삶을 보면서, 그리스도인으로서 타인에게 어떤 삶의 모습을 가져야 하는지 되짚어보게 합니다.

평소에 알고 지내온 심미란 선교사님은 조용한 것 같지만 거침없이 앞으로 돌파해 나아가는 분이었는데, 이 책을 통해 그 원동력을 알게 되었습니다. 다양한 사역과 계속 변해가는 환경에도 불구하고 오직 예수님만 추구하는 그의 삶은 우리 모두가 돌아갈 곳이 어디인가를 깨닫게 합니다. 심미란 선교사님의 삶을 통해 역사하신 하나님께 찬양 드립니다. 바쁜 일상을 넘어서서 주님과 함께하는 신나고 의미 있는 삶을 원하는 그리스도인이라면 꼭 일독을 권하며 적극 추천합니다.

박경남(WEC국제선교회 한국대표)

추천의 글 3

하나님만 의지한 한 선교사의 신앙고백

하나님의 섭리는 실로 오묘하고 기이하십니다. 이방인의 땅 한국에서 그것도 철저히 우상 숭배하는 가정의 딸을 택하여 부르셨습니다. 그 딸을 사우디아라비아 간호사가 되게 하시고, 한국에서 받아드릴 수 없던 구원의 복음을 듣게 하셨습니다. 또한 이 복음이 무엇인지 알기를 원하는 주님의 딸을 위하여 하나님께서는 영국에서 신학을 공부하게 하시고, 그곳에서 브라이언을 만나 결혼하여 가정을 이루고, 의료 선교사로 부름 받아 아프리카의 작은 나라 감비아로 가게 하셨습니다.

그러나 선교사의 길이 무엇인지 알지 못했던 하나님의 딸 심미란 선교사님은 온갖 시련과 고초 속에서 사역을 계속할 것인지 또는 철수할 것인지를 결정하지 못하여 40일 작정기도를 하게 되었습니다. 그러던 어느 날 하나님께서는 심 선교사님에게 은혜를 베풀어주셨습니다. 예장총회(합동) 아프리카 선교대회를 나이지리아에서 개최하려고 했으나, 하나님께서는 갑자기 아프리카 선교대회의 참석 예정자들을 감비아로 발걸음을 옮기게 하셔서 심미란 선교사님을 만나게 하셨습니다. 이 만남으로 하나님의 딸 심 선교사님은 선교사역을 계속하는 것이 하나님의 응답임을 깨닫고 위로와 힘을 얻었습니다. 이후 심 선교사님은 한국의 몇몇 교회와 개인들로부터 후원을 받게 되었고, 나아가 시골에 있는 미력한 교회지만 점촌제일교회에서 후원과 선교사 파송으로 관계를 맺게 되었습니다.

하나님께서는 심미라 선교사님에게 성령의 지혜와 능력을 주시되 언어와 복음 전파의 은사를 주셔서 감비아에서 세 번째로 인구가 많은 졸라포니족의 문자를 만들게 하셨고, 졸라포니어를 가르치는 한편 졸라포니어 신약성경을 번역 출판하게 하셨습니다. 지금도 심 선교사님은 하나님의 말씀에 순종하여 구약성경을 번역하는 중에 있습니다.

이러한 사역을 하면서도 심 선교사님은 사람을 의지하지 않고, 오직 하나님만 바라보며 하나님의 도우시는 은혜만을 의지하는 신실한 선교사였기에 후원자들은 기도로 도울 수밖에 없었습니다.

심 선교사님이 GMS 선교사(WEC 선교회와 이중 소속[Dual membership])로서 사역하신 지 20주년 되는 올해(2015)에, 이 귀한 선교의 발자취를 출간하게 되어 더욱 감사가 넘칩니다. 이 책을 읽는 모든 이들이 선교사역에 더욱 관심을 갖고 기도해주기를 소망합니다.

이정호(점촌제일교회 원로목사)

추천의 글 4

졸라포니족을 향한 뜨거운 사랑의 서사시

심미란 선교사님의 글을 읽다 보면, 불신자의 가정에서 태어난 한 여성을 하나님께서 복음을 접하기가 더 어려운 '사우디아라비아'라는 환경 속에서, 어떻게 부르시고 주님의 일꾼으로 삼으셔서 영광 받으셨는지를 감동적으로 깨닫게 됩니다.

심 선교사님은 1995년 이후 이정호 목사님을 통해 점촌제일교회에서 파송 받으신 후 지금까지 졸라포니족에게 복음을 전하며 그들의 언어로 신약성경을 번역하여 출간했습니다. 그리고 계속해서 구약성경 번역을 진행하고 있습니다. 얼마 전에는 GMS로부터 선교사 사역 20주년 표창을 받기도 하셨는데, 강산이 두 번이나 변하는 세월 동안 일관되고 충성된 사역에 경의를 표합니다.

이 글을 읽는 분들은 '난 곳 방언으로' 하나님의 말씀을 읽도록 돕는 사역이 얼마나 중요한지를 알게 될 것이며, 선교의 헌신과 가치 그리고 영광이 무엇인지를 깨닫게 될 것입니다.

나를 사랑하신 주님을 위해 살기를 원하는 이들, 땅끝까지 복음을 전하므로 주님 다시 오실 길을 예비하기를 원하는 이들, 주님의 부르심과 인도하심에 순종하며 살기를 원하는 이들에게 일독을 권합니다. 이 글을 읽는 동안 하나님께서 주시는 감동이 흘러넘칠 것입니다.

계성인 (점촌제일교회 담임목사)

머리말

서부 아프리카에 있는 감비아는 아프리카에서 가장 작은 나라다. 동서가 300킬로미터, 남북이 25~50킬로미터로 날렵하고 물 찬 장어처럼 길쭉한 모양이다. 이 나라는 세네갈 영토 안에 쐐기 모양으로 위치해 있다. '감비아'라는 국명의 어원은 포루투칼어 'Câmbio'(교환 또는 무역)에서 왔으며, 수도는 천연항으로 유명한 반줄(Banjul)이다. 감비아는 종종 '잠비아'와 국명이 비슷하여 혼선을 빚기도 한다.

이 나라는 11세기 중반에 이슬람, 13세기에 말리제국, 15세기 중반에 포르투갈의 통치를 받았다. 16세기 중반부터 지역적으로 영국과 프랑스의 통치를 받았고 17세기에는 노예상인들의 근거지가 되었다. 인구는 200여만 명으로, 약 23개 종족으로 이루어져 있다. 이 땅의 중심부를 유유히 흐르는 감비아 강으로 나룻배가 반줄에서 바라, 파라페니에서 소마 사이를 왕래하며 남북의 연결고리 역할을 한다.

감비아는 사바나 기후이고, 관광산업 개발로 북유럽인들의 관심을 끌고 있다. 또한 이 나라는 알렉스 헤일리의 소설 《뿌리》의 무대로 알려져 있다. 감비에서는 문화 행사의 일환으로 행하는 '뿌리 축제' 때, 성년식도 함께 거행하여 잃었던 민족정신을 되새기는 시간을 갖는다. 이 축제에 참여하려고 아프리카 곳곳에서 많은 흑인 여행객들이 감비아로 향한다.

감비아에서는 "Gambia no problem!"(감비아 문제없다!)라는 문구가 새겨진 티셔츠를 흔히 볼 수 있다. 이 문구는 낙천적이고 긍정적이며 삶의 행복지수가 높은 감비아인들의 국민성을 대변하는 말이다.

1992년, 나는 남편과 돌도 안 지난 아들과 함께 의료 선교사로 감비아 땅을 처음 밟았다. 나는 이곳에서 지난 20여 년간 사역하면서, 서구에 노예로 끌려간 아픈 역사를 갖고 있는 쿤타 킨테 부족의 정서를 깊이 느껴보지 못했다. 하지만 선교사로서 이 땅의 잃어버린 영혼들이 영적 노예 상태에서 벗어나지 못해 안타까웠다. 그래서 나는 지금까지 이들이 주의 진리를 알고 주님을 영접하여 영적으로 자유로워지기를 간절히 소망하며 잃어버린 영혼들을 품고 기도해왔다.

"여호와를 의뢰하고 선을 행하라 땅에 머무는 동안 그의 성실을 먹을거리로 삼을지어다 또 여호와를 기뻐하라 그가 네 마음의 소원을 네게 이루어주시리로다 네 길을 여호와께 맡기라 그를 의지하면 그가 이루시고"(시 37:3~5). 이 말씀은 우리 부부가 감비아를 사역지로 정했을 때 졸라포니 지역인 시바노 마을에 첫 발걸음을 내딛도록 힘을 주었고, 오늘날까지 우리의 등불이 되어주었다.

지금까지 우리 부부의 선교에 기도와 물심양면으로 도와주시고 모든 일에 동역자로서 후원해주신 분들께 감사의 인사를 드립니다. 특별히 선교사로 허입해주시고 지금까지 동역해주신 웩 국제선교회(WEC International)와 박경남 본부장님과 문서선교의 길로 나갈 수 있도록 변함없이 후원해주신 점촌제일교회 이정호 원로목사님과 계성인 담임목사님, 그리고 성도분들께 감사를 드립니다. 또한 아프리카인들이나 아프리카를 섬기는 사역자들에게 안식년에 거처할 곳을 제공해주시고 이 책의 출간까지 도와주신 코람데오 대표이자 웩 선교회의 임병해 이사님, 그리고 사역의 동반자이자 남편인 브라이언과 아이들 베냐민과 바울에게 심심한 감사의 인사를 드립니다.

저자 **심미란**

차례
Contents

추천의 글
- 하나님께 속한 사람 – 화종부(WEC국제선교회 이사장) · 5
- 오직 주님께만 사로 잡힌 일꾼 – 박경남(WEC국제선교회 한국대표) · 6
- 하나님만 의지한 한 선교사의 신앙고백 – 이정호(점촌제일교회 원로목사) · 7
- 졸라포니족을 향한 뜨거운 사랑의 서사시 – 계성인(점촌제일교회 담임목사) · 9

머리말 · 10

I 삼척 소녀, 나이팅게일을 꿈꾸다

- 어린 시절 · 19
- 나이팅게일의 꿈 · 22
- 사우디아라비아의 꾸리(코리언) 간호사 1 · 25
- 사우디아라비아의 꾸리(코리언) 간호사 2 · 29
- 아일랜드 할아버지 존 · 34
- 영국 달링턴의 천사 · 37
- 존 할아버지의 가족 · 40
- 달링턴에서 받은 첫 영어 성경책 · 44
- 사우디아라비아로의 귀환 · 47
- 바드르 기념병원 · 51

II 선교사의 첫 발걸음 – 신학교 입학

- 주님과의 첫 만남 1 · 59
- 주님과의 첫 만남 2 · 64
- 파리의 샹젤리제와 개선문 · 68
- 신학교에 가기로 하다 · 74
- 신학교 면접시험과 합격 소식 · 79
- 레바논의 삼나무처럼 · 84
- 남편과의 첫 만남 · 91
- 한국에서 보낸 첫 여름방학 · 95
- 학창 시절에 한 약혼식과 결혼식 · 98
- 베릭에서의 마지막 신학교 생활 · 105
- 배 목사님과의 특별한 만남 · 108

III 감비아 선교사로의 부르심

신학교 졸업 후 웩 캠프 도우미가 되다 · 115
보든에서 웩 선교본부인 제라드크로스로 · 118
웩 선교본부에서의 훈련 · 124
감비아로의 부르심 · 130
정식 선교사가 되다 · 134
영국간호사 면허 취득 · 138
어머니의 소천과 약속의 땅 감비아 · 142
감비아로 출발하다 · 145
감비아 오리엔테이션 1 · 151
감비아 오리엔테이션 2 · 156
감비아 오리엔테이션 3 · 160
카울 마을과 챠멘 마을 · 166

IV 약속의 땅, 감비아

시바노 마을에 들어가다 · 173
시바노 마을의 보장쿤다 · 177
감비아 본부에서의 첫 정기기도회 · 180
보장쿤다 별채 1 · 186
보장쿤다 별채 2 · 190
네마쿤쿠 마을병원 · 193
네마쿤크 마을에서의 오리엔테이션 · 197
시바노 마을의 졸라포니족 사람들 · 202
언어 도우미 카라파 형제 · 208
졸라포니 지역의 건기와 우기 1 · 213
졸라포니 지역의 건기와 우기 2 · 220
시바노 마을의 우상숭배 · 227
영국 체스터에서 바울 출산 · 233
재수업에 들어간 언어공부 · 236
시바노 마을의 성년식 · 240
시바노병원 사역 · 246
시바노교회 사역 · 253

Contents

V 졸라포니족을 가슴에 품고

시타 마을로 들어가다 · **261**
시타 마을에서 시작한 어린이사역 · **266**
시바노교회 성도들 · **269**
오디오 카세트 '보고, 듣고, 살기' 시리즈 · **275**
우기에 시작한 시타 마을 노방학교 · **280**
시바노교회에서의 크리스마스 행사 · **284**
졸라포니족 문맹퇴치사역 · **290**
시바노병원과 주변 마을 · **295**
시바노병원 의료팀 지원 사역 · **298**

사진으로 보는 Gambia · **305**

VI 졸라포니족 사역에 박차를 가하다

복음의 씨앗 · **315**
효율적인 선교란 무엇인가? · **318**
복음교회의 사역자들 · **321**
문서사역을 위한 발돋움 · **325**
주님이 원하시는 선교사역 · **330**
동네 아주머니들과 수예반 · **333**

VII 문서선교 사역의 길

문서사역을 앞두고 한 금식기도 · **339**
점촌제일교회에서의 파송식 · **344**
영적 싸움 · **347**
감비아 성도들의 영적 수준 · **352**
감비아의 정치 개혁 · **358**
주님의 긍휼과 탐바쿤다 유치원 · **363**
새 사역자를 위한 주거지 선정 문제 · **368**
감비아의 회교도들 · **371**
교회 리더들과 청소년들 · **377**
시어머니의 소천과 언어수업 준비 · **380**
안식년 준비 · **383**
카라파 형제의 독립 1 · **387**
카라파 형제의 독립 2 · **391**

VIII 감비아 제2기 사역

웩 선교사 자녀학교와 언어군 · **399**
영국에서 보낸 첫 안식년 · **403**
위클리프에서의 언어공부 1 · **409**
위클리프에서의 언어공부 2 · **413**
감비아 제2기 사역의 첫걸음 · **417**
문서사역의 길과 베냐민 입학 · **423**
언어공부에 들어간 브라이언 선교사 · **428**
다시 시타 마을에 가게 된 이유 · **433**
발란타족 성도와 졸라포니족 성도의 반목과 하나 됨 · **436**
마리야뚜 이야기와 아버지의 소천 · **442**

IX 문맹퇴치 사역

졸라포니족 문맹퇴치를 위한 첫 세미나 · **447**
감비아 대통령과의 첫 대면 · **451**
작고이빈탕 마을과 아이들의 학교생활 · **456**
문서사역의 재도약을 위한 발걸음 · **460**
우여곡절 끝에 개관한 문서사역장 · **464**
졸라포니어 교실과 아이나우의 배신 1 · **469**
졸라포니어 교실과 아이나우의 배신 2 · **473**
아이나우의 결혼 후 이야기 · **477**
기니비사우 웩 콘퍼런스 참석 · **482**
새로운 형제들의 모임과 찬양 · **485**
믿음의 형제 카라파, 눈을 뜨다 1 · **488**
믿음의 형제 카라파, 눈을 뜨다 2 · **494**
문서사역과 어린이에 대한 주님의 긍휼 · **501**
시바노교회 재건축 사역 · **506**
두 번째 안식년 준비와 마리야마 카마라의 죽음 · **509**
웨일스대학교 언어학 석사 과정 · **516**
시바노교회 동향 · **519**

Contents

X 졸라포니족의 일꾼들

카라파의 꿈과 졸라포니족 출신 목회자 · **527**
문서사역 건물 신축 · **533**
시타 마을과 시바노교회 · **538**
카라파 형제의 결혼식 · **544**
교회 개척과 주변 마을들의 영적 상태 · **551**
문서사역팀의 일꾼들 · **557**
에냡 이야기 · **564**
두두 이야기 · **569**
하나님의 일꾼 파케바 1 · **574**
하나님의 일꾼 파케바 2 · **579**
교회의 일꾼으로 성장한 마리야뚜 · **583**
파비와 카디 1 · **588**
파비와 카디 2 · **593**

XI 졸라포니족 신약성경 출간하다

영국-감비아, 4년간의 왕래 사역 1 · **601**
영국-감비아, 4년간의 왕래 사역 2 · **608**
타이루 이야기 · **612**
성경번역 사역을 주관해주신 주님 · **617**
선교사의 삶 · **621**
졸라포니어 신약성경 마지막 검토 작업 · **625**
타이루의 죽음 · **630**
졸라포니어 신약성경 마지막 교정 · **633**
킹스턴 런던 한인교회 · **636**
카디의 장례식 · **639**
성경 출판과 신약성경 봉헌식 · **644**

후기 · **651**

I

삼척 소녀,
나이팅게일을
꿈꾸다

어린 시절

부모님은 강원도 삼척 정라진 삼거리에서 정미업과 방앗간을 하시며 5남 5녀를 키우셨다. 아버지는 마을의 유지로 주민들의 법적 문제나 공공문서 작성을 도와주기도 하시고, 새마을운동에도 앞장서셔서 무궁화훈장도 받으셨다. 어머니는 당시로서는 한글을 깨우치신 인텔리셨다. 마을부인회 회장도 하셨고, 음식 솜씨가 좋으셔서 늘 마을의 행사나 산신제나 비각에 올리는 제사를 드릴 때마다 어머니가 책임을 맡고 주관하셨다.

부모님은 6·25전쟁 발발 후 1·4후퇴 때 천연두로 어린 남매를 잃으시고 말았다. 어렸을 때 나는 부모님으로부터 동해를 끼고 남쪽으로 내려가는 길목은 아기들의 무덤 천지였다는 슬픈 이야기를 들은 적이 있다. 6·25전쟁 후 출산 장려와 국가 재건에 힘쓰던 때에 나는 열 번째이자, 팔삭둥이 막내로 태어났다. 어머니는 내가 너무 가벼워 보여 조그만 상자에 집어넣은 후 젖도 먹이지 않고 책상 밑에 두었는데도, 며칠 후에 들여다보니 살아 있었다고 했다. 그래서 나는 다른 형제와는 달리 오랫동안 부모님과 함께 지냈다.

남한에서 가장 넓은 읍 소재지였던 삼척에는 국가은행인 산업은행이 있었다. 읍내에 있는 삼척 남자고등학교를 따라 왼쪽으로 봉황산을 끼고 돌아가면 내가 다니던 정라초등학교가 나온다. 가을에 벼가 익어갈 즈음이면 꼬맹이들은 메뚜기 사냥을 하다가 학교에 지각하기 일쑤였다. 비가 오면 장화를 신고 질퍽거리는 도랑물을 가로질러 건너갔다. 겨울이 시작되면 아이들과 솔가지를 주워 교실 난로를 지피고 솔방울이나 조개탄으로 교실을 데우며, 꽁꽁 언 손을 녹이곤 했다. 학교에 지각을 하면 아버지나 오빠들이 가끔 자전거 뒤꽁무니에 나를 태워 학교까지 데려다주기도 했다.

전기가 들어갔다 나갔다 하던 그 시절, 쌀가게 유씨 아저씨가 동네에서 처음으로 흑백텔레비전을 집에 들여놓았다. 동네 아이들과 함께 당시 5원을 내고 아저씨 집으로 저녁 프로그램을 보러 갔던 기억이 지금도 생생하다. 그런 장면들은 감비아에 처음 텔레비전이 들어올 때의 풍경과 비슷했다.

초등학생 시절 일요일이면 어머니를 따라 집에서 약 3킬로미터 떨어진 감로사라는 절에 다녔다. 절에 가는 날이면 어머니는 아침 일찍 목욕재계하시고 육식이나 생선은 하루 전에는 금하시며 절에 가서 불공을 드리곤 하셨다. 곱게 한복 단장을 한 어머니가 집을 나서면 나도 어머니를 뒤따라 절 나들이를 갔다. 절에서 사리탑도 돌고, 대웅전에 들어가 절을 하고, 절밥도 먹고, 산 중턱에서 샘물도 마셨다. 집에 올 때면 어머니보다 앞서 뛰어 내려오는 재미가 있었다.

여느 부모님과 같이 우리 부모님도 나에게 학업에 충실할 것과 좋은 친구들과 사귀어야 한다고 충고하셨다. 교회에 나가는 아이들과는 사귀지 말라고 강조하셨다. 교회에 나가는 대부분의 아이들이 가난할뿐더러 언니, 오빠 하며 연애나 하고 다닌다는 이유에서였다. 그럼에도 나는 절을 돌아내려 오는 길목에 있는 교회로 종종 달려갔다. 뾰족탑이 높이 솟아 있는 교회에는 아이들이 그네를 타고 놀고 있었다. 거기에 내 짝꿍도 있어서 나는 어머니께 그 아이를 만난다는 핑계를 대고 교회에 가곤 했다.

예배당에 가면, 아이들이 마룻바닥에 깔아놓은 방석에 앉아 전도사님을 따라 전지에 그려진 찬송가를 열심히 부르는 것을 볼 수 있었다. 교회 뒷집에 사는 형순이는 처음 교회에 간 나를 친절하게 대해주면서 고등학교 선생님에게 인사를 시키고, 벽에 붙은 전도판에 나의 이름을 써넣고 기뻐했다. 이 교회에서 나는 박복순, 박명희 그리고 김영희를 만났다. 교회에서 저녁 종소리를 울리면 나면 부모님 몰래 나는 종종 어둠을 헤치고 쏜살같이 형순이를 만나러 예배당으로 달려갔다.

우리 집과 가까운 곳에 장로교회도 있었는데, 그곳에서 하는 여름성경학교에 참석하고 싶어, 어머니 몰래 그 교회로 가는 아이들의 뒤를 따라간 적도 있다. 교회 선생님들이 율동과 함께 찬송을 가르쳐주었다. 그리고 아이들과 함께 성경 구절도 암송했다. 겨울이 되면 나는 아이들 무리에 섞여 크리스마스와 부활절에 교회에 나가 사탕이나 사과를 얻어먹기도 했다.

중학교에 진학할 무렵 어머니는 나를 조용히 부르셨다. 어머니는 지금까지 나의 교회 출입을 알고 계셨지만 말씀을 안 하셨다면서 중학교에 가게 되면 이제부터는 교회를 다니면 안 된다고 하셨다. 집안에서 두 종교를 믿으면 망한다고 하시면서 당부하셨다. 그 후 부모님께 걱정을 끼치지 않으려고 나는 감로사로 발을 돌렸고, 중고등학교 시절 방학이면 친구들과 어울려 산과 절을 찾아다니며 교회에는 발을 들여놓지 않았다.

나이팅게일의 꿈

아버지는 자녀교육에 심혈을 기울이셨다. 아들은 대학교까지 딸은 고등학교까지 교육을 시켜야 한다는 신념을 갖고 계셨다. 그 당시 아이들은 상고머리와 까만 운동화, 하얀 손수건을 가슴에 달고 초등학교에 입학했다. 나도 그렇게 정라초등학교에 들어갔다. 1학년 때는 5학급으로 시작했는데 6학년 때는 4학급으로 줄었다. 당시는 한창 국가에서 재건사업을 시작할 때였고, 대부분이 가난했으므로 중학교에 갈 무렵에는 2학급 정도만 삼척여중학교에 진학했다. 도시락을 싸올 수 없어 학교 급식에 의존하는 아이들도 수두룩했다.

나는 초등학교를 졸업하고 단발머리로 갈래머리를 하고 교복을 입고 중학교와 고등학교를 다녔다. 학교에 갔다가 집에 오는 길에 오십천이 흐르는 철길을 따라 걸으며 친구들과 가위바위보로 아카시아 잎을 떼면서 걸어오던 길이 지금도 생각난다. 비바람이 부는 여름이나 겨울에도 여전히 책가방과 보온도시락을 끼고 그 길을 걸어 다녔다. 지루한 그 등하굣길을 오가면서 나는 학교에서 배운 내용을 생각하며 복습하는 시간을 가졌다.

삼척은 군 소재지로는 넓었지만 지방이라는 특색이 짙게 깔려 있었고, 다른 도시와는 달리 소외된 지역이어서 사람들의 시야가 넓지 못했다. 여자아이들에 대한 편견의 골이 깊었지만 아버지는 늘 입버릇처럼 여자도 기술을 가져야 한다고 주장하셨다. 아버지는 나에게 외국에도 진출할 수 있는 간호사가 되는 것이 좋다고 입버릇처럼 말씀하셨다.

고등학교 졸업을 앞둔 겨울은 참으로 지리하고 길게 느껴졌지만, 이제 타 지역에 가서 공부를 한다는 생각으로 마음이 설렜다. 1976년에 춘천에 있는 공립 간호대학 합격통지서를 받고 나는 다른 두 친구와 함께 춘천으로 향했다. 간호대학에서 열심히 학업과 서클 봉사활동을 했다. 일요일이면 버

룻처럼 절이 있는 곳을 서성이기도 했다. 기독대학생 연합회에 입회한 친구들이 여러 번 그들의 서클로 나를 초대했지만 그때마다 나는 도망치듯 달아나곤 했다. 연중 휴일인 사월 초파일에는 감로사 학생회에 소속된 학생들과 결속하여 삼척에 있는 집으로 함께 내려왔다. 감로사에서는 그때마다 등불 행진을 했는데, 절밥과 상을 준비하는 등의 일들은 나에게 집안일을 하는 것처럼 익숙했다.

1978년 마지막 가을 학기에 우리는 세브란스병원에서 실습을 해야 했다. 병원 실습을 마치면 우리는 간호면허 자격시험을 볼 예정이었다. 그런데 같은 반이었던 신원련이라는 친구가 신장염으로 휴학을 했다. 그 친구는 가끔 몸이 코끼리처럼 부어올라 하루에 삶은 계란 흰자를 여러 개를 먹어야 한다고 했다. 나는 청량리에 새로 개원한 성바오로병원에 원련이가 입원하고 있다는 전갈을 받고, 시간이 날 때마다 문병을 갔다. 그런데 그 친구가 중병에 걸렸다는 사실을 나중에서야 알았다.

원련이는 연극반에서도 활발하여 친구들 사이에 인기가 남달리 좋았고, 늘 웃음을 선사하는 유쾌한 친구였다. 나는 그 친구가 남보다 건장했기에 질병을 잘 이겨낼 것이라고 믿었다. 원련이는 말수가 적고 체구도 작은 자취생인 나를 항상 챙겨주었다. 원련이와 함께 닭갈비와 낙지볶음, 포장마차에서 김밥과 만두를 즐겨 먹던 때가 지금도 엊그제처럼 생각난다. 우리는 함께 연극 공연을 보러 가거나 음악을 들으러 가곤 했다. 그만큼 가까운 사이였다.

그러던 어느 날 신촌 세브란스병원에서 간호 실습 중인 나에게, 원련이가 그날 저녁에 꼭 방문해달라는 전갈을 보내왔다. 원련이는 시한부 환자였는데 그날 밤은 내가 원련이를 돌보아주기로 했다. 친구 어머니에게 조금 휴식을 취하는 것이 좋겠다고 권하며 저녁 무렵 기차로 춘천에 내려가시게 했다. 그날 저녁 원련이는 느닷없이 복숭아 통조림을 먹고 싶다며 나에게 사달라고 했다. 바로 매점으로 달려가 황도를 사다주었더니, 맛있다면서 조금씩 먹었다.

나이팅게일의 정신을 받들어 환자를 간호하겠다고 공부하던 간호대생이 오히려 간호를 받으며 쓰러져간다는 사실이 아이러니했다. 나보다 큰 친구를 어깨동무해서 화장실에 가는 것을 도왔다. 하지만 친구의 소변은 생각보다 상태가 나빴다. 다시 침대에 누운 원련이는 급히 숨을 몰아쉬기 시작했다. 나는 의사와 간호사를 불러왔지만, 친구는 자신의 운명의 시간을 예상했다며 오히려 내게 침착하라고 했다. 산소호흡기도 소용이 없이 그날 원련이는 나의 곁을 훌쩍 떠났다.

병원에 오신 친구의 어머니는 거의 실신상태로 쓰러지셨다. 발랄하고 건장하게만 보이던 친구가 1년간 휴학하는 사이에 벽제 화장터에서 한 줌의 재로 내 손에 들려왔을 때, 나 역시 의식을 잃었다. 그날 나는 벽제의 하늘과 하늘의 태양이 왜 잿빛으로 보이는지 알지 못했다.

무신론자였던 원련이 어머니는 딸이 입원한 후부터 동네 교회를 찾아갔고 목사님께 기도를 부탁했다고 했다.

우리 인생은 어디서 와서 어디로 가는 것인가? 이 문제는 불교의 범문에서도 해결할 수 없는 과제임을 그때 절실하게 느꼈다. 원련이 어머니가 말씀하시는 천당, 그 천당은 내게 없었다. 그저 불공을 잘 드리면 다음 생에 좀 더 고귀하거나 적어도 짐승으로 태어나지 않을 것이라는 소망만이 가슴 한편에 자리 잡고만 있었을 뿐이다. 윤회를 믿었기에 파리나 모기를 죽이는 일도 살생이라고 생각하고 가능한 한 하지 않고 무심결에라도 선행을 하기 위해 노력했다.

1979년 졸업 후 본교에서 잠시 조교를 했다. 그 당시 모자보건 교수이셨던 강정희 교수님이 나를 교회로 인도하시려고 하셨는데, 나는 번번이 약속을 어기며 교수님을 피했다. 새로운 종교를 갖게 되어 부모님의 뜻을 거스를 이유는 없다고 생각했던 것이다. 하지만 원련이를 생각하면 잿빛 하늘과 빛바랜 나무들이 떠오르곤 했다.

사우디아라비아의 꾸리(코리언) 간호사 1

간호대학 졸업 후에 나는 직장을 다니면서 영어공부를 시작했다. 1960년대 베트남 전쟁 이후, 우리나라의 인력 수출은 의료계가 한몫했다고 생각한다. 1970년대 미국에서는 샌프란시스코의 지진으로 인해 막대한 재산피해와 함께 수많은 인명피해를 당했다. 그래서 미국에서는 부랴부랴 한국의 건축인력 및 의료진을 대거 미국으로 이민 오도록 추진했다. 그때 간호사들과 건축 및 토목 분야의 인력이 대거 미국으로 진출했다. 그 후에는 한국 간호사들이 독일에 5년 계약직으로 갔다. 내가 학교를 졸업할 즈음, 파독 간호사들이 계약을 마치고 독일에서 한국으로 귀국했다. 그런데 국가에서는 다시 중동으로 간호사들과 건설인력을 파견했다. 몇 해 후에는 중동에 한국 간호사들의 자질이 우수하다고 알려져 사우디아라비아에서 우리나라에 간호사 파견을 요청했다.

1983년 어느 봄날에 나는 우연히 신문에서 해외개발공사의 간호인력 공채 기사를 보았다. 근무지는 사우디아라비아의 메디나라는 곳이었는데 조건이 좋았다. 그곳은 새로 지은 지 얼마 안 된 큰 병원이었다. 세금도 내지 않고 사우디아라비아 정부의 공무원 조건으로 일할 수도 있었다. 순간 호기심이 발동했고 나도 한 번 그 미지의 나라로 가보고 싶었다. 경력을 쌓으면 미국에 취업할 기회가 생긴다는 말에 마음이 갔다.

간호사 공채에 엄청난 숫자의 간호사들이 응시했다. 나는 난생처음 대해보는 사우디아라비아 복장의 남자 면접관들과 영어로 면접을 보아야 했다. 그들은 구릿빛 피부색에 긴 속눈썹이 인상적이었는데 긴 치마를 입고, 머리에는 면 부자기와 그 위에 까만 실테를 두른 차림을 했다. 나는 그들을 보다가 멀미가 느껴졌다. 면접에 통과한 응시자들은 초가을 무렵, 해외개발공사에서 며칠 동안 사우디아라비아에 관한 교육을 받아야 했다.

당시 사우디아라비아의 리야드(Riyadh)와 제다(Jedda)에 이미 한국 간호사들이 진출해서 상당한 재원을 창출하여 국가에 기여했다. 리야드 센트럴병원에서 한국 간호사들은 일 잘하기로 소문이 나있었다. 나는 시험에 합격하여 교육을 받고 메디나 킹파하드 왕립병원에서 근무하기로 결정됐다. 나를 포함하여 시험에 합격한 60명의 간호사와 요리사 1명이 사우디아라비아행 비행기에 몸을 실었다.

1983년 12월 중순 안개로 자욱한 김포공항을 뒤로하고 바다를 넘어 먼 타국으로 향했다. 우리 일행은 전국에서 모인 간호사들로 앞으로 3년간 함께 생활해야 할 동료들이었다. 서로 모르는 사이였지만 몇몇은 벌써 무리를 지어 친분을 쌓아갔다. 대개는 고향과 학교 또는 종교로 하나가 되어 자연스럽게 소그룹으로 모이기 시작했다.

10시간이 넘도록 비행한 우리는 사우디아라비아 중부 지방의 수도에 있는 리야드 공항에 도착했다. 뜨거운 사막의 열풍과 느끼한 기름 냄새가 공항의 공기와 섞여 떠도는 듯했다. 비행기에서 내려 우리는 리야드 공항 대합실로 갔다. 천정에 화려하게 달린 수정 샹들리에가 우리를 맞이했다.

중동 특유의 느끼한 기름 냄새가 사우디아라비아 사람들에게 풍겨 나와 뜨거운 열기에 섞여드는 듯했다. 사람들이 샌들을 신고 터덕거리며 걷는 모습이 눈에 들어왔다. 우뚝한 코, 검은 콧수염, 구릿빛 피부의 사람들이 대부분이었고 간간이 백인처럼 흰 피부의 사람들도 있었다. 남자들은 전통의상을 입고 머리에 희거나 붉은 줄무늬 수건에 검은 둥근 테를 내리누르듯 쓰고 있었다. 눈만 내놓고 몸 전체를 중동여인들의 전통의상인 아바야를 감싸듯이 입은 여자들도 보였다. 우리는 아바야를 걸치지 않고 있어서 공항 측에서도 당황하며 조심하라고 했다.

메디나는 종교의 성지로 아라비아 반도의 서북부에 위치한 도시로 헤자

즈 지방에 속해 있는데, 회교의 종주인 마호메트가 기원후 622년에 메카에서 추방당해 이곳으로 이주했다고 한다. 마호메트는 그곳에서 메카인들과의 수많은 전투에서 승리하면서 교세를 굳혔다. 메디나에는 그의 무덤이 있다. 우리는 수도인 리야드에서 메디나로 들어가는 비행기로 갈아타야 했다. 국내선이어서 서울에서 타고 온 비행기와는 달리 소형비행기였다.

사우디아라비아의 제2대 성지로 알려진 메디나 시에 도착을 했을 때 킹파하드 왕립병원(King Fahad Hospital)에서 마중 나온 사람들이 있었다. 그들은 사우디아라비아 남자들이었는데 목에 무엇이 걸린 듯한 목소리로 알지 못할 소리들을 지르며 마이크로버스(microbus)에 우리를 나란히 태운 다음, 대표 간호사에게 옷매무새에 관해 단속을 요구했다.

무더위로 인해 핫팬츠에 짧은 티셔츠로 이미 갈아입은 간호사들도 있었다. 버스 기사는 어디론가 좁은 길로 한없이 천천히 운전해갔다. 돌산과 좁은 돌길을 얼마간 지나자 사막이 나왔다. 버스로 그곳을 한참을 달려도 목적지가 나오지 않아 우리는 불안해지기 시작했다. 사실 한국 간호사들은 회교도가 아니어서 성지인 메디나 시내로 통과하는 것이 금지되어 있어, 유목민들이 일명 양이나 염소 등의 가축을 몰고 다니는 '동물의 길'(Animal Road)로 둘러 간 것이다. 킹파하드 왕립병원은 메디나 시 외곽지역에 위치해 있는데 한국인들이 공사를 했다고 했다.

사막의 중심부를 꿰뚫으면서 아무 건물도 보이지 않는 그 길로 얼마나 달렸을까, 갑자기 우두커니 서있는 킹파하드 왕립병원이 먼지 가운데 그 모습을 드러냈다. 병원 문이 열리고 검문소로 들어가니 이야기로만 듣던 약 800 침상 규모의 거대한 종합병원인 메디나 킹파하드 왕립병원이 우리를 반겼다.

사우디아라비아 사람들은 반가운 듯이 우리에게 손을 흔들며 "꾸리 꾸리"라고 했다. 아마 코리언을 아랍어로는 꾸리라고 하는가 싶었다. 병원에서 배정해준 방에 짐을 풀었다. 한국인들이 건축했다는 연립주택과 비슷해 보이는 3

층 건물의 기숙사들이 여러 채 보였다. 병원에 도착한 후 계약대로 여권을 모두 사우디아라비아 정부에 제출했다. 계약상 우리는 사우디아라비아의 공무원이 되었고, 여권은 1년이 지나면 휴가 때 받을 수 있다고 했다. 사우디아라비아 병원의 의료진은 이집트 의사나 간호사, 튀니지 남자 간호사, 필리핀 간호사로 구성되어 있었다.

한국 간호사들이 처음 이 병원에 오게 되었기에, 그곳에서 여러모로 다른 업무를 익혀야 했다. 영어로 써야 하는 환자기록지(charting)는 한국 병원에서도 익숙한 터이지만, 환자를 파악하고 여러 가지 업무를 위해서 우리는 이집트나 튀니지 간호사들에게 의존할 수밖에 없었다. 우리가 기대했던 한국 간호사복 착용은 일단 금지됐다. 대신 이곳의 간호사복이 제공됐다. 긴 흰 바지에 긴팔 흰 티셔츠, 그 위에 두꺼운 면으로 된 반팔 윗도리인데 통이 큰 것으로 거의 뒷부분을 길게 가리도록 덧입었다. 머리카락이 보이면 안 된다고 하여 급히 필리핀 간호사들에게서 구한 흰 털모자를 쓸 수밖에 없었다.

우리는 며칠 후 병동에 배치되었는데 약 5년 전부터 와 있던 필리핀 간호사들과 아랍어에 능숙한 이집트 간호사들, 그리고 튀니지 남자 간호사들과 함께 일하게 되었다. 나는 몇몇 한국인들과 정형외과 병동 일을 맡았다.

얼마 후 나는 언어 때문에 어려움을 당할 때마다 안내하며 잘 들어주던 기독교 신자인 쟈스민(Jasmin)과 친구가 되었다. 그녀는 필리핀 친구들을 대상으로 전도에 힘쓰기도 했던 착한 간호사여서 마음에 쏙 들었다. 쟈스민과 많은 이야기를 나누었는데 그녀는 이슬람교에서 개신교로 개종하는 것을 간단히 설명하자면 더러운 침대에서 지내다가 새 침대에서 지내는 것과 같다고 말했다.

사우디아라비아의 꾸리(코리언) 간호사 2

우리는 종합병원 병동 울타리 안에서만 생활이 가능했다. 주변으로 나갈 수도 없었고 병동 내에 오락시설이 있는 것도 아니었다. 단지 풀장이 한 곳 있었는데 종교적인 이유로 폐쇄되어 있었다. 나와 동료들은 메디나 외곽의 병원 담장 안에 갇힌 채 바깥세상으로부터 단절되었다는 생각이 들어 우울했다. 이곳에 온 지 한 달이 조금 넘어가자 사우디아라비아의 신선함과 돈을 벌고자 했던 욕망이 조금씩 시들어갔다.

한국처럼 야근 후에도 활보할 거리라든가 시장을 보러 갈 장소의 부재, 오락을 즐길 만한 공간도 없는 단조로움, 격리된 병원의 생활, 이국 간호사들과 이국 환자들과의 어려운 의사소통 등등, 이 모든 급격한 환경 변화로 인해 한국 간호사들은 불만으로 가득 찼다. 이즈음 우리 기숙사 아래층에서 기독교 모임이 결성됐다. 저녁 식사 후에 기독교인들이 신·구교를 막론하고 함께 모이기 시작했다. 저녁 늦게까지 테이프에 녹음된 말씀을 듣고 무릎 꿇고 기도하는 모습들이 진지했다. 성경을 들고 들어오다가 가방을 조사할 때 빼앗긴 사람들도 더러 있어서, 테이프로 말씀을 듣는다고 했다. 같은 방 친구 중 한 명은 강릉이 고향인데 한국에 있을 당시 야간신학교에 다녔다고 했고, 동생이 목사님이라고 했다. 그 친구는 밤 근무를 가기 전에 늘 아래층에 내려가 예배를 드리고 나갔다. 한국 간호사 중 반 이상이 그곳에서 예배를 본 것으로 기억한다.

그래서 불교 신자들도 모이기로 했는데 우선 돈을 조금씩 모아 같이 식사를 하기로 했다. 마침 한국인 요리사도 불교 신자여서 안성맞춤이었다. 음식을 나눈 후 우리는 사찰에 가 보았던 경험담과 어느 산사가 경치 좋은지, 어느 스님을 만나 본 적이 있다든지, 본인들이 다니던 사찰 얘기들, 아니면 연등 만드는 이야기, 절밥이나 사월 초파일 연등행사에 관해 주로 이야기를 나누었다.

그때만 해도 나는 부적을 몸에 소중히 가지고 다녔다. 그것은 내가 한국에서 떠나던 날 어머니가 공항에서 보물단지 마냥 건네주신 것이다. 그런데 어느 날 기숙사 세탁기에 옷을 빨다가 그만 갈래갈래 찢어져 물에 녹는 바람에 앞으로 어찌할까 싶어 당혹감이 들었다. 기독교인들의 말씀 듣기와 기도가 부럽기도 했지만, 나는 같은 방의 친구에게 사우디아라비아의 사복 경찰에 잡히면 어떻게 할 것이냐며 화를 내곤 했다. 실제로 가끔 사복 경찰들이 야간 순찰을 돌기도 했다. 이 나라에서는 기독교 모임은 불법이었다.

한국 간호사들을 제외한 이국 의료진, 기술진 그리고 하다못해 방글라데시 청소부까지 모두가 회교도였다. 이들은 금요일이면 대문을 박차고 황량한 사막 어디론가 가로질러 메디나 시로 들어갔다. 그날은 회교도들이 모스크에서 기도도 하고 시장도 보는 그들만의 휴일이었다. 간호사 가운을 벗고 아바야를 뒤집어쓰고 즐겁게 떠들며 자유로이 무리 지어 나가는 필리핀 간호사들이 내심 무척 부러웠다. 그들은 화장품이나 목걸이나 시계 등을 메디나 시에서 구입하여 동료 간호사들에게 팔기도 했다. 이들을 지켜보던 한국 간호사들의 불만은 점점 부풀어 올라 터질 지경에 이르렀다. 아예 종교를 회교로 바꾸고 바깥세상을 구경하겠다는 무리도 나왔다.

여러 번 한국 정부와의 협의 끝에 결국 우리는 3개월 만에 묶였던 월급과 함께 외출허가도 받았다. 우리는 오래간만에 미리 준비한 아바야를 서둘러 걸치고 마이크로버스에 몸을 싣고 병원을 나섰다. 여러 가지 주의사항을 듣고 건장한 경호인을 대동하고 먼지 나는 사막을 달리는 것조차 상쾌했다. 혹성을 탈출이라도 하듯 감정에 북받쳐 누군가에게 감사해야 할 것 같은 그런 감정, 차 안에서 우리들은 손을 잡고 눈이 빨개지도록 울기도 했다.

얼마 후 사막 지역에 있는 어느 시장이라는 곳에 도착했는데, 한국으로 치면 시골동네 삼일장과 같은 곳이었다. 병원에서는 우리에게 쇼핑시간으로 두 시간을 주었다. 우리는 포장마차처럼 펼쳐진 천막 사이로 모두 흩어졌다. 그곳에는 사우디아라비아인들이 주로 쓰는 보온병과 냄비들이 많이 진열되어 있었고, 녹음기를 비롯하여 몇 가지 전자기기들도 종종 볼 수 있었는데 대부분 일제 상품이어서 내심 놀랐다.

상인들은 생소하면서도 신기한 듯 동양여자들을 지켜보았고 우리 또한 시장이라는 곳에서 처음 사우디아라비아 사람들을 만나는 때여서 신기했다. 시장에는 대개 남자 장사꾼들뿐이었고 여자라고는 찾아볼 수 없었다. 그러나 얼마 후 간호사들은 사막으로 삼일장을 나가는 것에 흥미를 잃었다.

한국 정부는 불만이 커진 간호사 팀들을 위해, 정부 인사를 파견하여 이들의 고충을 들어주었다. 그는 우리에게 계속 수고하기를 부탁했다. 기후의 어려움이 있겠지만, 한국에서 이곳의 기숙사 환경보다 더 좋은 곳에서 지내다가 온 사람이 있느냐고 반문하기도 했다. 그래서 우리는 결국 국가 경제를 위해 서로 인내하자고 격려했다. 그러나 이곳에 관해 미리 정보를 잘 듣지 못하고 메디나로 오게 되었다며 여전히 불만을 토로하는 동료도 있었다. 아마 모든 간호사들의 상상을 초월한 사막 한가운데 병원생활이 기다리고 있었지만, 이에 관해 모르고 온 것이 오히려 쓴 보약인지도 몰랐다. 그럼에도 우리의 수고의 대가가 우리나라의 경제를 일으키는 데 원동력이 된다는 것에 만족하며 모두 자기 자리로 돌아갔다.

월급이 좀 늦어져서 그렇지, 기실 한국의 잘나간다는 일반 병원의 세 배를 받게 될 것이고, 야근 수당도 많고, 세금도 부과되지 않으며, 일도 버겁지 않을뿐더러 쉬는 날이 많아 여가 시간을 보내는 것이 쉽지 않을 정도였다. 여기에서 한국의 간호사들이 잘 알려지게 된 것은 리야드의 센트럴병원을 통해서였다. 그 후에 제다(Jedda)나 얌부(Yammbu) 등지에서 한국 간호사를 파견해 달라고 요청했다. 메디나 도시가 타지방보다 한국 간호사들의 진출을 조금 늦게 허용된 것은 메카와 더불어 순전히 거룩한 이슬람의 두 도시 중이 하나였기 때문이다. 이곳에 정착한 한국 간호사들은 여러모로 창의력을 발휘하여 병원의 단조로운 삶을 이겨나갔다.

그 당시 한국에서 먹어보거나 본 적도 없는 양배추 김치를 기숙사에서 담아 나누어 먹고 향수를 달래기도 했다. 오지랖이 넓은 한국인의 정으로 이집트 간호사들과 나누어 먹을 정도로 맛깔스러운 김치를 이미 개발해냈고, 하루의 일상을 한국에서 했던 것처럼 만들며 적응해나갔다. 당시 병동에 외국인들도 많이 입원을 했다. 건설 현장에 투입된 많은 외국 근로자들은 다수가 회교도로 아프카니스탄인, 방글라데시인, 때로는 사우디아라비아 남성과 결혼한 시리아인, 인도네시아인까지 있어 다양했다. 사우디아라비아인들도 교통사고로 입원을 많이 해 정형외과는 늘 환자로 붐볐다.

이곳에서의 업무에 익숙해질 무렵 우리는 튀니지인들이 맡았던 남자 환자들의 수술 준비와 사우디아라비아 남자 간호대생 실습 훈련을 맡게 되었다. 남녀 역할이 뚜렷한 사우디아라비아여서 물론 환자와 간호사도 남녀로 분명히 나누어졌다. 이곳에서는 아침마다 어린이들을 학교로 보내라는 독려 방송이 나왔지만 간호사 배출은 다른 나라에 비해 확실히 늦은 편이었다.

환자들을 문병하러 온 사람들을 보고 있자면 놀라웠다. 만나고 헤어질 때는 몸을 서로 안고 꼭 뺨에 키스를 여러 번 해대는 것이 우리에게는 난감하기조차 했다. 라마단이라는 회교도 금식 기간에는 입원환자들이 약 복용을 거부하기도 해서 간호사들이 어려움을 겪기도 했다. 어떤 회교 간호사들은 밤에 기도한다며 방에서 검은색 아바야를 뒤집어쓰고 있기도 해서 가끔 한국 간호사들을 놀라게 했다.

주방기구나 이부자리나 음식을 싸들고 온 타국 회교도 집단이 성지 순례차 메디나에 이르면 메디나 왕립병원은 비상이 걸렸다. 이 기간에는 의사소통이 전혀 이루어지지 않아 탈수병이나 전염병으로 말 한마디 못하고 죽어가는 환자가 부지기수였다. 나중에 안 이야기지만 성지를 순례하다가 죽으면 모슬렘들은 천당을 간다고 믿고 있기에, 순례객들은 천당 문이 활짝 열려 있다는 메디나에서 죽기를 원한다고 했다. 하지 순례객들은 메카와 메디나를 꼭 경유해야 하는데 대부분 차를 타고 순례하지만, 어떤 이들은 걸어서 이 구간을 순례한다고 했다. 실제로 지팡이를 짚고 병원에 탈진해서 들어오는 이들도 있었다.

정형외과 병동에서 알게 된 사독이라는 튀니지 남자 간호사가 있었다. 나는 항상 담배를 피우는 이 간호사에게 금식기간에 왜 금연하지 않느냐고 했더니, 흡연은 라마단과 상관이 없다고 했다. 그는 이 기간에 몇 가지 금기 사항을 본인이 지키는데 부인과 잠자리를 하지 않고, 해 떨어지기 전에는 음식을 먹지 않고, 침도 뱉지 않고 삼킨다고 했다. 술은 밖에서만 금기고 집에서는 마실 수 있다고 했다. 그는 머리를 절레절레 흔들면서 근무시간인데도 담배를 피며 이야기를 계속했다.

그즈음 시리아 남자 세 명이 잡혀와 할라스 광장에서 종교재판에 처해졌는데, 시장에서 금을 훔쳐 달아나다가 잡혔다고 했다. 우리 동료 중 한 사람이 재판장이 군중에게 누가 이 자들을 참수할 것인가 물으면 자원하는 자들이 나와 칼로 목 베는 것을 두 눈으로 보았다며, 그 순간 토할 것 같았다고 했다. 이슬람에 부합되지 않는 종교행위도 감옥에 갈 이유가 됨을 그때 알았다. 우리도 가끔 그곳에서 안전에 관한 주의사항을 들었다. 기숙사에 모여 그리스도인들이 말씀을 듣고 기도하는 것이 비밀경찰에 신고되거나 알려지면 쫓겨난다는 이야기도 들었다. 그래서 아래층에서 저녁에 모일 때는 더위도 커튼을 치고 불을 희미하게 하는 것 같았다.

당시 병원 내에서 새로운 간호사들을 대상으로 모슬렘들이 전도를 하고 있었다. 모슬렘이 되면 일단 병원을 떠나 메디나 시에 들어갈 수 있는 자유가 주어지며 쇼핑을 할 수 있었다. 또한 월급이 약간 높게 책정되고 이슬람에 관해 공부할 기회가 주어졌다. 당시 쿠웨이트에서 일하다가 온 한국 간호사 한 명이 모슬렘으로 개종했다. 그녀는 종교성은 모르겠지만 의외로 밖에 나갈 기회가 있는데 왜 포기하겠느냐고 했다. 하지만 모슬렘으로 개종하는 것은 나에게는 꺼림칙하게 여겨졌다.

아일랜드 할아버지 존

킹파하드 왕립병원 정형외과 병동에서 일하던 무렵, 밀양 출신의 한 간호사를 만나게 되었다. 친분이 두터워진 우리는 같은 시기에 함께 한국으로 나가 휴가를 보낼 계획을 세웠다. 그 친구가 병원으로 돌아올 때 영국에 있는 언니를 만나고 싶다며, 함께 가겠느냐고 해서 동행하기로 약속했다. 한국에서 가족들과 2주를 보내고 그 친구를 만나기로 한 부산으로 향했다. 나는 그곳에서 친구의 소개로 뜻밖의 사람을 만나게 되었다. 그는 키가 훤칠하게 크고 백발을 한 아일랜드 선교사인 존(John)이었다.

그 친구는 중학교 때부터 북아일랜드 출신의 선교사를 할아버지라고 부른다고 했는데, 서로가 친근해 보였다. 존 할아버지는 한국말도 하셨고 우리에게 영어로 질문도 하셨다. 나로서는 난생처음 만난 백인 외국인이어서 내심 거리감이 있었다. 존 할아버지는 자비량으로 일하면서 복음을 전하는 선교사였는데, 아일랜드의 퀸즈대학교(Queen's University) 공대 출신으로 졸업 후에 일본에서 오랫동안 근무를 해오다가 당시는 한국에서 일을 한다고 하셨다. 그의 직장은 '현대조선'으로, 근무시간 외에는 교회를 섬기며 말씀을 전하고 성경공부와 전도에 열심이라고 친구가 덧붙였다.

그다음 날 존 할아버지의 차로 내 친구의 고향인 밀양으로 갔다. 오후에 삼랑진으로 들어가는 길목은 참으로 우리나라 시골 전경이 그대로 드러나는 곳이었다. 문득 나는 이러한 생각이 들었다. '이 할아버지는 왜 그 오래 전에 이런 시골에 와서 30여 년의 세월 동안 일본과 한국에서 선교라는 일로 보냈을까? 그 일이 인생의 절반을 훌쩍 넘는 세월을 동양에서 보내야 할 정도로 중요했을까?'

존 할아버지는 친구 아버지와 상봉한 후 악수한 손을 흔들기도 하며 기쁨을 감추지 못했다. 친구 아버지의 집은 한옥으로 뒷들에는 여물통과 외양간이 있었다. 집 뒤로는 야트막한 뒷동산이 보였다. 친구 아버지는 한옥 마루로 친구인 존 할아버지를 안내했다.

친구가 중학교에 다닐 무렵에 존 할아버지가 삼랑진을 찾아왔다고 했다. 사연인즉 1970년대에 친구의 언니가 조무사로 취업되어 독일에 갔는데, 당시 많은 기독교 선교사들이 독일 병원에서 일하던 한국 간호사나 조무사들과 광부들을 대상으로 복음을 전했고, 그때 친구 언니가 존 할아버지를 알게 됐다고 했다.

친구 언니는 불교 집안에서 자랐는데 독일에서 예수를 주로 영접하는 놀라운 일이 벌어졌다. 마침 한국에 직장을 잡아 출국하는 존 선교사에게 친구 언니는 그녀의 가족을 만나 안부와 함께 복음을 전해달라고 했다. 그렇게 해서 존은 한국에 도착하여 내 친구의 집에 찾아오게 되었다. 생면부지의 외국인이 언어도 통하지 않는 한국의 시골집으로 친히 찾아와 타국에 있는 딸의 소식을 전하자, 친구의 아버지는 너무나 감격하여 존 할아버지를 안방 아랫목에 모시고 어머니는 토종닭이 갓 낳은 달걀을 솥뚜껑을 뒤집어 놓고 콩기름으로 프라이를 해서 존 할아버지의 아침상에 올렸다고 했다. 그 후 존 할아버지는 주말에 가끔 시간을 내어서 친구 아버지를 만나러 오셨고, 국적은 다르지만 두 분은 친구가 되어 함께 늙어가신다고 했다.

친구의 아버지는 유교 전통과 불교 집안 배경의 전형적인 한국 아버지였는데, 젊어서 와세다대학교에서 학업을 했다고 한다. 삼랑진 시골에서 농부로 계셨지만 그래도 그 당시에는 하이칼라 신세대라고 할 수 있었기에, 먼 이국에서 온 존 할아버지를 친구로 삼을 수 있었을 것이다. 그러나 나는 내심 친구 아버지가 존 할아버지의 방문 의도를 알겠나 싶었다. 나도 기독교를 못 믿겠는데, 그 나이 많으신 완고한 양반 할아버지가 기독교를 믿을까 싶었다. 온통 불교의 부적들을 붙여둔 가옥을 보며 왠지 존 할아버지가 좀 측은하기도 했다. 중국의 공자, 맹자 그리고 인도의 부처, 동양권을 넘어 아랑곳없이 먼 외국의 이스라엘 사람인 예수의 가르침이 이 노인장에게 먹혀들어갈 리가 없을 것 같았다.

존 할아버지와 함께 그의 차로 친구의 집인 삼랑진으로 갈 때 그는 나에 관해 이것저것을 물어보았다. 하지만 이미 나는 그가 선교사라는 이유만으로 마음과 몸이 경직됐다. 우리 집안을 물어보던 존과 어느덧 종교 이야기를 하다가 우리의 대화는 일단락으로 되어 더이상 지속되지 않았다. 나는 친구의 집에 도착할 때까지 침묵을 지켰다.

친구와도 종교에 대해 나눈 적이 없었기에 그저 그 친구도 존 할아버지와 같은 배를 탄 믿음의 사람이라고 생각했다. 우리는 서로 약간 어색해져서 더 이상 종교이야기를 꺼내지 않았다. 그러나 존 할아버지가 왜 예수를 그렇게 이야기하려고 하는지는 날이 갈수록 사뭇 궁금증이 더해갔다.

그날 저녁에 부산으로 돌아오는 길에 존 할아버지에게 친구와 함께 영국을 경유하여 사우디아라비아에 돌아갈 예정이라고 하자, 존 할아버지는 그의 가족이 있는 북아일랜드의 수도 벨파스트를 가보라고 했다. 우리는 그의 권유를 따르기로 했다.

영국 달링턴의 천사

1984년 11월 말 친구와 말레이시아항공에 몸을 싣고 한국을 떠났다. 동남아시아의 여러 도시들을 경유하는 저렴한 비행기여서, 영국에 도착하는 데 하루가 넘게 걸렸다. 오랜 비행시간 후에 드디어 영국의 히드로 공항에 도착해, 친구의 언니가 사는 달링턴으로 가는 기차에 몸을 실었다.

달링턴(Darlington)에 있는 친구 언니 댁을 방문한 후, 벨파스트(Belfast)로 가는 것이 우리의 여행계획이었다. 영국 철도의 역사가 깊지만, 최초의 기차가 달렸던 달링턴 구간을 기차로 간다고 생각하니 내심 흥분되었다. 달링턴에 다다랐을 때 역에서 이상하게 변장한 것 같은 청년들을 만났다. 그들은 1960년대의 기성사회를 뒤엎고 나타난 펑크족들이었다. 당시 영국의 실정과 사회를 잘 모르는 여행자로서 그들은 이색적이었다. 기성세대에 대한 성난 청년들의 반항이었지만, 머리카락을 풀 먹인 듯이 빳빳이 세우고 보리밭 낫질하 듯 부분적으로 머리를 면도하고 여러 색으로 물들인 모양새가 볼만했다.

우리는 달링턴에 있는 친구 언니의 환대로 일주일간 잘 지냈다. 언니는 목회자의 아내이자 두 아이의 어머니였다. 마침 남편은 출장 중이었다. 아이들 중 다섯 살짜리 딸이 뇌성마비로 태어나 농아가 되었다. 이 아이는 얼마 전부터 걷는 것이 조금은 수월해졌다고 했다. 친구 언니는 딸이 청각장애로 말을 배우는 것과 걷는 데 장애가 있었지만, 인형같이 예쁜 다섯 살배기 아이가 그리 어렵지 않게 걸을 수 있었던 것은 하나님께서 그녀의 기도에 응답해주셨기 때문이라고 말했다. 그 말을 듣는 순간 어머니가 늘 하시던 이야기가 생각나 좀 거북한 생각이 들었다. 예수쟁이들은 말 잘하고 노래 잘하고 예배당에서 연애나 하는 사람들이니 조심하라고 하시던 말씀이 생각났던 것이다. 그러나 내 마음속에 이 언니가 한 말이 며칠간 계속 떠돌았다.

내가 집에서 접했던 종교적인 용어는 불교에서 쓰는 말들이었다. 주로 '살신성인', '인과응보', '정도의 삶', '합장', '성불', '공을 들인다', '사리탑을 돌아본다', '전생에 나는 OO 동물이었다', '개미 하나도 의도적으로 죽이면 안 된다', '백팔번뇌를 외치며 밤새 기도하라'는 것 등이었다.

그런데 아이가 아픈 상황에서도 친구 언니는 평안한 눈빛으로 하나님을 찬양하며 기도니, 응답이니, 하나님의 은혜니 하며 나에게 예수의 말씀을 전하는 것을 이해할 수 없었다. 그때까지 나에게 성경을 가지고 예수가 길이요, 진리요, 생명이라며 예수를 통해야만 하나님에게로 갈 수 있다는 복음을 전해준 사람은 단 한 명도 없었다. 그 집에서 일주일 정도 지내며 교제를 나누었는데, 언니는 크리스천이어서 우리는 주로 종교적인 대화를 나누었다.

우리가 종교적인 이야기를 주고받을 때마다, 나는 친구가 그녀의 언니처럼 예수를 믿는 사람이 아니라는 것을 직감했다. 친구의 언니와 짧은 시간에 상당히 긴 이야기를 나눌 수 있었던 것은 그녀가 나와 아주 비슷한 집안 배경에서 자랐다는 공통점이 있었기 때문이었다. 유교와 불교적인 집안 분위기라든가 많은 형제자매 그리고 외국 병원에서의 근무 경험 등, 친구 언니와 나는 밤을 새우며 추운 달링턴의 밤을 《천일야화》처럼 끝없는 이야기로 보냈다.

예수님에 관한 언니의 간증은 나를 블랙홀처럼 빨려들게 하는 마력이 있었다. 아마 영혼의 황폐한 사막 길을 걷는 내 모습을 언니는 직감적으로 감지했는지도 모르겠다. 나는 뇌성마비라는 불구의 어린 딸이 있음에도 경건하게 예수님을 따라가는 언니의 삶과 나의 삶을 어느새 비교하고 있었다. 어려운 상황에서도 예수님을 바라보고 기도하며 살아가는 삶, 마음의 화평이 있는 그 눈동자, 음식을 앞에 두고 기도하는 모습, 열정적으로 예수의 말씀을 증거하며 진심으로 내가 구원을 받도록 전도하는 것을 보면서, 나는 언니 마음속에 나에게는 없는 진리와 화평이 있는 것 같아 부럽기조차 했다. 언니는 나에게 인생에 대해 질문했고, 예수가 길이고 진리이며 생명이라는 말씀과 주님께서 우리의 마음의 문을 서서 두드리고 계신다며 주님의 구원의 부르심에 귀 기울이고 순종하라고 권면했다.

영국의 안개가 짙게 낀 거리만큼이나 축축하고 선명하지 않은 나의 영혼을 누가 알고서, 이런 만남을 허락한 것일까? 여행을 하면서 나는 종종 주머니에 수표를 넣고 다니면서 여유를 부려도, 내게 진정한 자유나 기쁨이 없는 것은 무슨 이유 때문일까 하는 의문이 들었다. 지금 생각해보면 이 언니와의 만남으로 복음을 접하고 영혼에 안식을 얻게 된 것은 하나님의 큰 은혜임에 틀림없었다.

나는 언니를 따라 크리스마스 준비에 바쁜 영국성공회 교회에 두 번 가보았다. 초등학교 때 이후 처음 교회에 발을 들이게 된 것이다. 교회에는 방문하는 정도로 가볍게 생각하고 따라간 터라 예배당에 장식된 크리스마스트리와 길거리의 화려한 장식들이 눈에 띄었다. 초등학교 때 교회에 갔던 기억도 떠올랐다. 어렸을 때 가끔 다니던 시골 교회는 바닥이 나무 널빤지로 되어 있었는데, 크리스마스 전날에는 새벽송, 당일 행사로는 예배 후 사과나 사탕을 하나씩 나누어주었다. 그리고 찬송과 고전 춤을 선보이는 것이 보통이었다.

영국의 크리스마스이브의 밤은 아름다운 꼬마전구들의 불빛으로 화려하게 물들어갔다. 달링턴을 떠나기 전날 밤 내가 잘 모르는 예수라는 분이 아마 2천 년 전에 베들레헴에서 태어났는지도 모른다는 생각이 문득 들었다.

존 할아버지의 가족

　내가 머물고 있는 마을의 집들이 크리스마스 장식들로 화려하게 꾸며질 무렵 친구와 함께 나는 북아일랜드의 수도인 벨파스로 향했다. 당시 남아일랜드와 영국은 사이가 좋지 않아 아일랜드 독립군들이 런던에서도 폭탄 테러를 감행하곤 하여 마음에 부담이 있었다.
　우리는 우선 칼라일(Carlisle)까지 가는 기차를 타야 했는데, 달링턴에서 영국 중부를 횡단하는 기차였다. 창가에 앉은 나는 마음이 들떠 흥분되었다. 미지의 도시 벨파스트를 간다는 것과, 차와 사람까지도 싣고 가는 큰 페리, 선교사인 존 할아버지의 가족을 만난다는 기대감, 그리고 예수를 믿는 가정은 우리 가정과 사뭇 분위기가 다를 것 같다는 생각이 들었기 때문이다. 우리는 칼라일 역에서 내려 선착장으로 가 스트란나에서 란 항구까지 가는 배를 탔다. 밤배에 오른 우리는 앞뒤 분간이 되지 않을 정도로 안개가 낀 아일랜드 바다를 그저 바라만 보았다. 겨울비는 바람을 타고 사정없이 세차게 내려 배를 밀어붙이듯 위협했다.
　존 할아버지가 주선해주었고, 친구 언니가 연락해둔 덕에 우리는 벨파스트 부두에서 할아버지의 막내딸을 만날 수 있었다. 비바람이 몰아치는 부두, 안개 자욱한 거리와 희미한 가로등 아래에서 두툼한 오버를 걸치고 나온 루스를 만났다. 그녀는 벨파스트에서 간호사로 근무했고, 엔지니어인 남편은 사우디아라비아에서 일하고 있었다.
　아담한 루스의 집은 전망 좋은 곳에 있었다. 나는 긴장이 풀리면서 한기가 들었다. 영국 본토보다 아일랜드는 비바람이 더 거세게 부는 것 같았다. 루스는 우리에게 사우디아라비아에서 왔으니 얼마나 춥겠느냐며, 이부자리 속에 뜨거운 물주머니를 넣어주었다. 병원에서나 보았던 뜨거운 물주머니가 침대 속 이부자리를 덮혀줄 줄은 그때는 미처 몰랐다. 우리는 그녀에게 감사해하며 피곤한 몸을 녹였다.

아침에 존 할아버지의 큰딸이 찾아와 그녀의 집으로 우리를 초청하여, 그곳을 방문하기로 하고 방문 날짜를 정했다. 아침을 먹고 밖으로 나간 나는 깜짝 놀랐다. 어젯밤의 폭우와는 달리 아침 햇살이 곱게 내리쬐었고, 광활하게 펼쳐진 초록 잔디 위에 내려앉은 서리가 겨울 햇살로 인해 녹아내리는 광경이 펼쳐졌기 때문이다. 겨울에 이토록 진초록의 잔디가 살아 있다는 것이 신기할 따름이었다. 한국이나 사우디아라비아에서는 상상할 수도 없는 광경에 나는 입을 다물지 못했다.

일요일에 우리는 루스가 다니는 교회에 초대를 받아 그곳에 방문했다. 예배 후 루스의 큰언니인 그레이스의 집에서 점심을 같이 할 예정이었다. 설교 말씀은 전혀 알아들을 수 없지만 모든 예배의 형식이나 절차를 구경하는 것도 재미있었다. 신기하게도 그들은 모두 정장 차림이었는데 여자 교인들은 외국 영화 속 배우들처럼 모자를 쓰고 있었다. 아주 예쁘고 단정하게 보였고 그래서인지 예배도 엄숙해보였다.

예배 중에 빵을 나누고 붉은 물을 마셨는데 친구와 나에게는 전혀 건네주지 않았다. 루스가 세례교인들만 나누는 의식이라고 귀띔해주었다. 점심을 초대받아 루스의 큰언니인 그레이스의 집으로 향했다. 자동차를 타고 그녀의 집에 갈 때 길옆으로 광활한 들판이 펼쳐졌는데, 우리도 초록색으로 변하지 않을까 싶을 정도로 푸르른 초원에 압도되었다.

그레이스의 남편 콜린은 운전을 하다가 부인과 함께 노래를 했다. 화음을 멋지게 넣어 부르는 그들의 노래는 찬송가였던 것 같다. 무슨 노래인지 알지 못했지만, 아름다운 목소리에 반해 친구와 함께 나는 감동의 눈빛을 교환했다. 그들 부부는 사랑이 깃든 눈빛으로 한 번씩 서로를 보고 미소 지으며 노래를 계속했다. 빨간 벽돌의 크나큰 저택 마당에 차를 세우니 아이들이 뛰어

나와 우리를 맞아주었다.

그녀의 집은 저택으로 거실에 벽난로가 설치되어 있었다. 벽난로 안에서 장작이 투타닥 거리며 정겨운 소리를 내며 타올랐다. 장작이 타는 동안 나와 친구는 따뜻한 벽난로 앞에서 몸을 녹였다. 그레이스와 콜린은 부엌에서 구운 양고기 요리와 삶아낸 야채를 준비해서 내놓았고, 아이들은 식탁 준비를 마친 후에 음식을 식탁으로 가져왔다. 삶거나 기름에 튀긴 듯한 아이리시(Irish) 감자와 양고기, 그리고 오븐에 잘 구운 고기와 진갈색의 그레이비소스와 민트소스 등을 맛보았다. 처음 먹어보는 음식이어서인지 내 입에는 조금 어색했다. 양고기를 토마토소스에 넣어 삶은 듯한 음식은 메디나병원 식당에서 먹어본 적이 있지만 그 냄새에 질려서 좋아하지 않았다. 그러나 콜린과 그레이스 부부가 함께 요리한 양고기는 괜찮았다. 콜린 부부와 사랑스러운 그들의 아이들과 함께 한 오후의 만찬은 지금도 잊을 수 없는 아름다운 추억으로 남아 있다.

해 질 무렵에 우리는 이들 부부와 아쉬운 작별을 한 후 루스의 집으로 돌아왔다. 숙소로 돌아오는 길에, 다정하게 화음을 넣어 부르던 콜린과 그레이스 부부의 모습과 낯선 이방인인 우리를 바라보던 주근깨가 가득한 흰 얼굴에 순수한 눈망울을 가진 빨강 머리를 한 아이들이 눈에 어른거렸다. 문득 이런 생각이 들었다. 결혼을 한다면 그리스도인과 해서 콜린 부부처럼 아름다운 가정을 꾸렸으면 좋으련만······.

이후 영국에 살 때 여러 번 아일랜드에 가볼 기회가 있었다. 1991년 가을 감비아에 들어가기 전에 영국 간호사 면허를 위해 벨파스트 시립병원에서 교육받을 때, 존 할아버지의 집을 다시 방문했다. 그때는 존 할아버지가 한국에서 퇴직하시고 북아일랜드 멍크타운(Monk Town)에 살고 계셨다. 존 할아버지 부부는 노후를 조용히 보내시면서 나를 반갑게 맞아주셨다. 부산에서 많은 고아들을 도우셨다던 존 선교사의 부인은 나에게 "하나님의 축복으로 한국에 많은 그리스도인들이 있고 아주 잘살게 되었으니 선교를 더 열심히 할 수 있을 겁니다"라고 말씀해주셨다. 나는 그들의 손을 잡고 작별 인사를 하면서 "예 그렇습니다. 물론입니다. 우리나라도 이제 선교 제일국가로 나아갈 것입니다. 아멘" 하고 대답했다.

달링턴에서 받은 첫 영어 성경책

아일랜드를 떠나 달링턴으로 돌아오니 하늘은 여전히 찌푸린 채 비바람이 세차게 몰아치고 있었다. 친구 언니의 집에 도착했는데, 언니의 남편이 돌아와 있었다. 그는 우리에게 구운 닭보다 더 큰 새인데 목이 좀 더 길고 부리가 늘어진 듯해 보이는 칠면조를 맛보게 해주겠다며 오븐에 구웠다. 그의 정성이 고마웠다. 그러나 외국인과 함께 식사하는 것은 당시로는 새로운 경험이었지만 익숙하지 않아 식사 때마다 불편하고 소화가 잘 되지 않아 조금은 애를 먹곤 했다.

친구와 나는 사우디아라비아로 떠나기를 학수고대했다. 그 이유는 언어의 불편함, 음식이 안 맞아 울렁거리는 것, 입을 다물면 대부분의 사람들은 조용히 웃음을 짓지만 쉽게 입을 열지 않는 것 등이 익숙하지 않았기 때문이다. 비만 내리는 듯한 날씨도 고약했지만 점심 후 조금 지나면 해가 어디론가 사라지고 점점 더 깜깜해지는 저녁과 밤이 길어지는 것도 낯설었다.

달링턴에서 사우디아라비아로 떠나기 전날 짐을 챙기고 무게 정리까지 끝내고 있는데, 친구 언니가 내 방으로 들어왔다. 언니는 나에게 급히 갈 곳이 있다며 길을 나서자고 했다. 얼떨결에 버스를 같이 타고 좁은 시장 골목으로 들어갔다. 언니는 어느 서점 앞에서 멈추고는 나를 이끌고 그곳에 들어갔다. 그곳은 기독교 서적을 파는 기독교서점이었다. 내심 마음이 움찔해졌다. 내가 이런 곳에 왔다니 믿어지지 않았다. 부적을 파는 곳도 아니고, 염주를 파는 곳도 아니고, 목탁을 파는 곳은 더욱 아니고 보살복도 파는 곳이 아닌, 기독교서점에 발을 들여놓았다는 사실이 나를 어처구니없게 했다.

언니는 그곳에서 조그만 성경을 뽑아들고, 다시 좁은 서점을 이리저리 살피더니 작은 상자에 든 목걸이를 하나 갖고 내게로 왔다. 그리고는 선물이라며 사우디아라비아에 들어갈 때 가져가라고 했다. 나는 사우디아라비아의 실정상 아무리 선물이라고 해도 성경책은 가져갈 수는 없다고 말했다.

사우디아라비아의 메디나 시에 가려면 우선 수도인 리야드 공항과 지방노선인 메디나 시의 공항에서 여행가방 조사를 받을 터인데, 영어로 버젓이 쓰인 성경책(Holy Bible)을 들고 가는 것은 불가능하다고 했다. 변명이 아니라 실제로 검색대에서 가방을 검사하면 성경책을 빼앗길 수 있다고 말했다.

언니는 본인이 산 작은 성경책을 문득 길거리에서 무슨 보물찾기 하듯 살그머니 내게 펴 보였다. 따뜻한 느낌이 흐르는 시냇물의 그림이나 이색적이며 평화로운 색감의 그림들이 눈에 들어왔다. 언니가 쓰던 육중한 성경책과는 달리 상당히 가볍고 보통 책의 4분의 1 정도의 크기였다. 그 책에는 영어가 깨알 같이 쓰여 있었다. 언니는 그 성경책을 큰 여행 가방에 넣지 말고 핸드백에 넣어 가면 어떠냐고 물었다. 그것은 더 어려운 이야기라며 고개를 젓는 나에게 언니는 그책은 영어공부에 도움이 될 것이라며 공부용으로 가지고 가라고 권유했다. 그리고는 손에 들고 있던 조그만 상자를 열었다. 그 안에는 목걸이가 있었는데 펜던트에 은빛 비둘기가 날아가는 듯한 모양을 하고 있었다. 언니는 그것도 선물이라며 갑자기 나에게 주어 받기는 했지만 어떻게 해야 할지 당황스러웠다.

언니는 집으로 돌아오는 길에 이제껏 내게 예수에 관해 말해주었던 것을 다시 증거하며, 죄를 자백하는 것, 예수의 피로 죄 사함을 받는 것, 죄가 무엇인지 생각이 안 나면 성령을 불러 과거의 죄를 조명해달라고 기도하라는 것, 예수님만이 구원의 길이라는 것, 세례를 받는 것 등에 대해 자세히 설명해주었다.

그때 갑자기 벨파스트에서 교회에 갔을 때 성찬식(Lord's Supper)에서 제외됐던 일이 떠올랐다. 그 이후 나는 마음이 열려 있었다. 물론 당시는 언니의 말을 무신경하게 듣는 체했지만 실상은 열심히 귀담아 듣고 있었다. 당시 나는 자신의 일신도 돌보지 못하고 십자가에 달리신 예수가 왜 주님으로 불리는 지 궁금했고, 잠시나마 그레이스의 집에서 그리스도인 가정의 삶이 무엇인지 맛본 후 그리스도인이 된다는 게 무슨 의미인지 알고 싶기도 했다.

사우디아라비아로의 귀환

　사우디아라비아로 향하는 비행기에서 이미 뜨거운 열기의 태양을 경험하고 있었다. 메디나의 일기예보는 절대로 비나 안개 따위로 실망시키지 않았다. 오후 2시 정도면 어두워지는 지루한 12월의 영국 본토 날씨를 두 주간 경험했다고 나는 벌써 그곳 날씨에 질려 있었다. 얼른 산뜻하게 해가 뜨고 1년 내내 비가 거의 내리지 않는다고 장담할 수 있는 메디나로 돌아가고 싶었다.
　공항에서 중동으로 가는 탑승객들과 함께 대합실에서 대기했다. 그래도 1년간 사우디아라비아 밥을 먹었다고 이들의 말소리, 옷차림새, 몸짓이나 웃음 그리고 곱슬머리의 큰 눈을 한 어린아이들, 곱게 그을린 듯한 피부를 한 사람들이 반갑게 느껴졌다.
　비행기에 탑승하기 전에 제발 거대한 몸집의 사람이 옆에 앉지 않기를 바라면서, 성경책을 넣은 나의 핸드백을 다시 확인했다. 비행기가 영국에서 이륙할 때 나는 내심 내기를 했다. 만일 이 조그만 영어성경을 내가 근무하는 킹파하드 왕립병원까지 무사히 갖고 들어갈 수 있다면 하나님을 믿겠다고 간단히 다짐했다. 비행기 안에서 결심해버린 것이다. 누가 보는 것도 아니었지만 복음을 전해준 친구 언니의 하나님과 예수님에 관한 삶의 간증도 진실이라고 믿겠다고 다짐했다.
　영국에서 우연이라면 우연히 만나게 된 친구 언니, 그녀가 전해준 하나님에 관한 이야기는 하나님이 예수님으로 성육신해서 우리 죄를 사해주시려고 이 땅에 오셨고, 십자가에서 죽으셨으며, 사흘 만에 부활하셨다고 했다.
　다른 종교에는 없는 하나님이 나의 죄 때문에 죽었기에, 예수님만이 구원의 길이라고 했던 것이 내게는 엄청난 충격으로 다가왔다. 진정 하나님이라는 존재가 나를 위해 그렇게 해야 할 이유가 무엇인가 싶었다. 좋으신 하나님은 내가 마음을 열고 그에게 나가면 변론해주신다고 한 언니의 말이 나에게 인상적으로 다가왔다.

하나님이 사람같이 말로서 나의 의중을 묻고 이야기할 수 있다니 의아했다. 그리고 더욱 놀라운 것은 나의 죄가 주홍 같을지라도 눈같이 희어지게 해주신다는 것과 진홍같이 붉을지라도 양털같이 희게 해주실 것이라는 점이었다. 나는 간호사로서 늘 흰옷의 정복을 입지만, 그런 내가 어떤 부분에서라도 잘못한 일들이 완전히 소멸되어, 안팎이 온전히 희게 되는 것이 예수님 안에서 가능하다는 것을 그때는 미처 알지 못했다. 당시 불교신자였던 나는 죄를 지으면 다음 생애에 업보를 메고 나와야 하는 것으로 알고 있었다. 나는 부처에게 얼마나 더 절을 해야 하고, 얼마나 더 시주를 하고, 얼마나 밤새 명상해야 해탈의 경지에 오를 수 있을까를 종종 고심하곤 했다.

리야드 공항에 도착한 후 메디나로 가는 비행기로 바꾸어 타야 해서 공항을 나오는데, 메디나로 가는 승객들은 빨리 비행기를 타라는 방송이 들려왔다. 우리 비행기가 예상보다 늦게 도착하여 갈아타야 할 비행기가 시간에 맞추기 위해 곧 이륙해야 해서, 입국심사 담당자들은 탑승객의 가방을 열어보거나 질문할 여유도 없었다.

우리의 짐은 메디나로 떠나는 국내선 비행기에 옮겨졌고, 친구와 나는 비행기를 놓치지 않으려고 탑승구로 달려갔다. 메디나로 가는 비행기를 탑승하는 곳은 열려 있었고, 승무원들에게 표를 보여주자 우리에게 빨리 뛰어가 비행기에 탑승하라고 했다. 물론 아무도 우리의 핸드백을 검사해보자는 승무원은 없었다.

비행기를 갈아타고 얼마 안 있어 우리는 리야드에서 서북쪽에 자리 잡은 메디나, 그 이슬람의 성시(Holy City)인 메디나 공항에 내렸다. 시간은 늦은 오후를 향하고 있었다. 공항에 도착하자마자 짐을 챙겨서 나가려는데 한국 간호감독이 손을 흔들며 우리를 반갑게 맞이해주었다.

간호감독이 공항 요원들과 이야기를 주고받더니 가방 검사랄 것도 없이 공항을 일단 통과시켰다. 우리는 차를 타고 모슬렘이 아니라는 이유로 외곽으로 돌아 메디나 시의 끝자락에 있는 종합병원으로 들어섰다. 여전히 안전요원들이 즐비한 병원 출입구에서 한 남자가 나오더니 차 안을 흘끔 들여다보았다. 병원 철문이 육중한 소리를 내며 열렸다. 우리가 들어가자 곧 문이 닫히는 소리가 들렸다. 기숙사에서 기다리고 있는 나의 룸메이트를 얼싸안고 반갑게 인사했다.

다른 동료들이 다 가고 강릉 출신의 룸메이트와 둘이 방에 남게 되었다. 12월 말이지만 열기로 가득한 기숙사 방에서 에어컨을 가동한 채로 우리는 매트리스를 아예 방바닥에 끌어내려 그 위에 편하게 누워 있었다. 나는 여행지에서 겪었던 이런저런 이야기보따리를 풀었다. 한참 호기심에 차서 여러 가지를 물어보던 친구는 때로 잠잠히 듣고 침묵하기도 했다. 존 할아버지와의 만남, 친구의 언니와 교회 방문, 벨파스트에서 만난 존의 가족 그리고 교회로 또 갔던 일을 말했다. 그리고 선물 받은 성경을 그 친구에게 보여주었다.

그러나 만일 이 조그마한 영어성경을 메디나까지 무사히 갖고 들어올 수 있다면, 그 언니가 간증한 하나님이 살아계시는 것을 믿고 따르겠다고 했던 결심에 관해서는 민망해서 말하지 않았다. 한참 이야기를 듣던 강릉 친구는 "미란아 내 생각에는 지금 네가 이야기하는 것이 바로 간증이야"라고 했다. 그녀에게 간증이 무어냐고 물었더니, "하나님께서 하신 일에 관해 지금 네 입으로 말하고 있는 게 간증이야"라고 했다. 나는 그녀에게 "글쎄 여행이야기 했잖아"라고 했더니, 그 친구는 계속해서 그것이 바로 간증이라고 했다. 그러더니 그 친구는 벌떡 일어나 책꽂이에서 검은색 성경을 내게 내밀었다. 내가 놀란 기색으로 어떻게 성경을 가지고 들어올 수 있었냐고 했더니, 가방 깊숙이 감추어 들여왔는데 공항에서 안 걸렸다고 하면서 리야드 공항에서 빼앗길까 봐 마음이 조마조마했었다고 말했다.

그녀는 성경이 두 권이나 있으니 나에게 한 권을 주겠다고 했다. 검정색 가죽으로 덮인 오래된 듯한 성경을 받기가 좀 그랬다. 그냥 들고 있게 하기도 그렇고 밤늦게 실랑이를 하기도 그렇고 해서 받기는 받았는데 조금 난감했다. 나는 어려서부터 어머니로부터 성경을 만지기만 해도 재수가 없다고 들어오던 터였다. 그 친구는 다시 누워 본인의 이야기를 했다.

지금까지 그 친구는 가정이야기나 형제 이야기를 거의 하지 않았는데, 그날 나는 그녀에 대해 깊이 알게 되었다. 친구는 가난했지만 독실한 그리스도인 가정에서 자랐고, 남동생은 교회를 섬기며 목회자의 길을 걷고 있다고 했다. 본인도 간호사 근무를 하면서 야간에 신학교에 다녔던 신학생이었다고 했다.

친구가 우리말 성경을 선물해서, 내 책상 위에는 한글판과 영어판 성경이 가지런히 놓여 있었다. 며칠 쉬고 근무에 들어가기로 했는데 친구는 아침 근무를 나가고 혼자 남게 되었다. 그날 친구가 준 성경을 꺼내보니 왼쪽으로 장을 펴나가는 옛날식 책이었고, 표지에는 관주성경이라고 쓰여 있었다. 위에서 아래로 내려가며 읽도록 되어 있어 조금은 낯설었고 여기저기에 여러 가지 색연필로 칠해놓은 본문들이 많은 것을 보니, 아마 그 친구에게 중요한 문구인 것 같았다. 색연필로 줄이 쳐진 곳을 조금 읽으려다 재수가 없지 않을까 싶어 얼른 덮고 책상 위에 던져두었다. 마음에 영 부담이 되어서 내어버릴까도 생각했지만 친구가 준 것이라 그것 또한 쉽지 않았다.

바드르 기념병원

1년이 지나 킹파하드 왕립병원은 한국 간호사들에 관해 평가를 내렸다. 말은 잘 못해도 간호 기술이 좋고, 부지런히 눈치껏 일을 잘해내고, 환자들 사이에 인기가 좋다는 평이었다. 약 7~8년 먼저 정착한 필리핀 간호사들을 제치고 한국 간호사들이 새로운 물결을 불러일으켰고, 이것이 계기가 되어 사우디아라비아에 한국 출신 간호사들이 대거 유입이 되었다. 이는 메디나에 첫발을 들인 60여 명에 이르는 한국 간호사들의 공로였다고 생각한다. 추가로 약 150여 명의 간호사를 해외개발공사에서 공채하여 킹파하드 왕립병원에는 200여 명의 한국 간호사들로 붐비게 되었다.

한국 간호사를 많이 유입하게 된 또 하나의 이유는 한국 건설회사를 통해 지은 바드르라는 곳에 유료 병원이 새로 생겼기 때문이다. 사우디아라비아 정부에서는 새 병원에 일단 100여 명의 한국 간호사들을 유치할 계획이었다. 메디나 지역에 속해 있는 이 병원은 바드르 기념병원으로, 개원 준비 요원 명단에 내 이름도 끼어 있었다. 나에게 주어진 책임은 응급실 수간호사라는 직책이었다.

우리는 마이크로버스에 짐을 챙겨 싣고 바드르 기념병원으로 향했다. 함께 일하던 동료들과 헤어져 어수선한 마음으로 인해 우리 일행은 침묵을 지켰다. 차 밖으로 회오리바람에 먼지를 일으키다가 저 멀리 하늘로 사라지는 것이 보였다. 아침햇살이었지만 정오를 향하고 있어서인지 뜨겁게 느껴졌다. 차 안은 좁았지만 에어컨을 가동했기 때문에 더운 것을 몰랐다. 새로 개원한 바드르 기념병원은 아담해서 한국인의 정서에 맞도록 건축이 된 것 같았다. 이 병원은 300명의 입원환자를 수용할 수 있는 유료병원으로 외국인 전용병원이었지만 사우디아라비아인들도 이용이 가능했다.

기숙사를 배치해주었는데 나는 응급실을 이끌어 하는 코디(Coordinator)여서 방을 혼자 쓰도록 배려받았다. 방에 들어서자 텔레비전, 침대, 책상, 의자, 이불장, 쓰레기통, 방석, 이불 홑청과 담요, 베개, 샤워실이 붙은 화장실, 방 한 구석에 조금 길쭉이 깨진 듯한 유리창과 커튼이 눈에 들어왔다. 기숙사 건물 가운데에 풀장이 있는 것이 보였다. 풀장을 중심으로 3층으로 된 기숙사들이 둘러싸고 있어 밖에서 들어올 때는 그곳을 볼 수 없었다. 이전 병원에서는 풀장을 폐쇄했었다. 그러나 이 병원에서는 물만 깨끗이 쓰면 언제든지 수영을 해도 좋다고 했다. 내 기숙사 방에는 정사각형 모양의 에어컨이 설치되어 있는데 한국의 금성사 제품이었다.

방에 들어서면서 에어컨을 켰더니 '우웅' 하면서 기지개를 켜듯이 가동되었다. 그런데 흙먼지가 분무기를 뿜듯 공중으로 퍼져 나갔다. 얼떨결에 꺼버리고 책상 위에 쌓인 먼지를 닦았다. 짐이라고 해봐야 옷 몇 가지와 책 몇 권뿐이었다. 이것들을 정리하는데, 성경책 두 권이 눈에 들어왔다.

책상 바로 옆에 있는 쓰레기통에 성경책을 집어던질까 했다가, 일전에 마음속으로 맹세한 말이 생각나 책상 위에 올려놓았다. 영어공부도 될 것 같으니 읽어야겠다고 생각하고 서랍에 넣어두지 않고 책상 위에 한 자리씩 차지하게 해놓았다. 순전히 시간이 나면 한번 보겠다는 심산이었다. 성경책을 이리저리 들춰보니 생뚱맞게 혀도 안 돌아갈 이름들이 우리나라 족보처럼 죽 나열되어 있었고 예수의 이름도 너무 자주 나왔다. 우리 아버지도 족보를 정리하신다고 청송 심씨 종친회가 열리면 열 일을 제쳐놓고 참석하셨다. 아이들의 호적을 자세히 기록하고 몇 시경에 출생했는지까지 적어두시는 것을 종종 본 적이 있다.

당시 나는 신간 소설이라든가 문학잡지를 주로 읽거나 철학 서적이나 불교 서적을 섭렵하던 젊은 때여서 책을 빨리 읽겠다 싶었는데, 성경책은 좀처럼 빨리 읽어나갈 수가 없었다. 꼬리에 꼬리를 무는 의문이 생기기 시작했다.

어쨌든 신약성경은 어렵기도 하고 지루하고 해서 오래된 약인 듯한 구약성경을 읽어보기로 하고 책상 위에 성경을 올려두었다.

나는 응급실 코디로 일하면서 업무를 위한 준비에 박차를 가했다. 한국 간호사가 들어온 후에는 필리핀 간호사와 인도 간호사가 속속 들어올 예정이었다. 이들을 감독할 간호과 과장은 한국 간호사 출신이었고 담당 감독은 주로 필리핀 간호사들이 맡을 예정이었다.

바르드 병원의 의사들은 영화배우같이 잘 생겼다. 키가 크지는 않았으나 아랍어로 말할 때면 목젖에서 나오는 듯한 발음이 듣기 좋았다. 사우디아라비아에서 가까운 수단에서 온 의사들은 장대처럼 키가 큰 사람이 대부분이었다. 가끔 파키스탄이나 방글라데시에서 온 의사들도 있었는데 그중에는 여의사도 있었다. 이들은 아랍권이라 대부분 아랍어를 하거나 영어로 의사소통을 했다.

한국 간호사들은 전에 근무하던 병원에서 기본적인 메디컬 아랍어를 배우긴 했지만, 인사나 겨우 하거나 신체 부위를 말하거나 숫자를 세는 정도여서 아랍어는 생소했다. 나는 아랍어보다는 영어공부를 해야겠다고 생각하고 간호사들과 함께 공부를 시작했다. 응급실 코디였던 나는 아침 근무를 마치면 오후에는 쉬어도 되었다.

사우디아라비아에서 한국으로 돌아가면 해외개발공사를 통해 미국 간호사 공부를 6개월 정도 해서 미국병원에 취업하는 것이 일반적인 코스였다. 그러나 조용한 밤에는 나도 모르게 책상에 앉아 성경의 여기저기를 드문드문 들춰보기 시작했다. 성경을 보다가 나는 영화에서만 보았던 '십계'나 '쿠오바디스', 그리고 '삼손'과 '들릴라'라는 말들이 나와서 놀랐다.

당시 우리는 심심풀이로 메디나 시에 들어가는 필리핀 간호사들에게 비디오기기를 구입해달라고 부탁해 영화를 보곤 했다. 우리는 그중에서 '벤허'와 '십계'를 여러 번 보았다. 한번은 이런 영화를 보다가 갑자기 성경이 중요하다는 생각이 뇌리를 스쳐지나갔다. 그래서 영어와 한글 성경을 번갈아 보며 창세기부터 읽기 시작했다.

얼마 후 인도 간호사들도 들어왔는데 모슬렘과 가톨릭 신자가 주류를 이루었다. 응급실에서 내 밑에서 일하게 된 인도 간호사도 가톨릭 신자였는데 일을 아주 잘했다. 일이 별로 없어 한가한 어느 날 그 간호사에게 왜 가톨릭 신자가 되었는지 물어보았다. 그녀는 아주 가난한 힌두교 집안에서 태어나 여러 형제들과 자랐는데 가톨릭 재단인 초등학교에서 공부한 것이 계기가 되어 간호사가 되기까지 가톨릭 재단의 후원을 받게 되었다고 했다. 그래서 자연스럽게 가톨릭 교인이 되었다고 했다. 힌두교는 뭐고 불교는 무언지, 왜 그런 사람들이 가톨릭으로 개종하는지 알 수 없었다. 그녀에게 조금 실망감이 들었다.

기숙사를 들어오는 정문에 검은색 피부의 한 소말리아인이 기숙사 정문을 지키고 있었다. 그는 겨우 몸만 들어가 앉을 만한 경비실 밖 그늘에 앉았다가 하루에 다섯 번이나 시간을 맞추어 동쪽 해 뜨는 곳을 향해 맨땅에 코를 박을 정도로 절을 하며 기도했다.

전에 나는 종교의 힘이 무서운 것을 경험한 적이 있다. 킹파하드 왕립병원의 병동 근무를 하면서 어려웠던 일 중의 하나는 라마단 금식 기간에 환자들이 약을 거부한 것이었다. 입원 중에 한 달씩 약을 거부하면 어떻게 되는지 우리로서는 막막해, 의사에게 보고하면 아랍어로 "말리쉬"(malish, 상관없다)라거나 아니면 "인시알라"(inshialla, 하나님의 뜻이다)라는 상투적인 말만 할 뿐 강요하지 못하는 것을 보았었다.

한번은 임산부가 병원에 실려 왔다. 나를 포함하여 의료진이 급히 주차장 쪽으로 달려갔더니 온통 머리부터 발끝까지 검은색 아바야를 둘러쓰고 큰 두 눈만 깜박거리는 여자가 산통으로 헉헉거리며 기진해 누워 있었다. 다른 여자들은 얼굴을 내놓는데 그녀는 왜 그런가 물었더니 이 산모는 사막에 사는 베두인족이기 때문이라고 했다. 내게는 사막이 다 똑같아 보였기에 다른 사막이 있는가 싶었는데, 나중에 알고 보니 많은 부족들이 메디나 주변의 여러 사막에 살고 있었다.

응급환자인 이 베두인 산모를 치료하기 위해 우리는 급하게 의사를 호출했는데, 그녀는 절대로 남자의사에게 진료를 맡길 수 없다고 주장했다. 바르드 병원에는 산부인과 여의사가 없다는 것을 모르고 온 것 같았다. 할 수 없이 의료진은 산부인과가 아닌 다른 여의사를 불러 일단 응급 처리를 하고 산부인과로 옮겼다. 우리는 아랍어를 잘하는 이집트 의사들에게 그녀를 설득해달라고 부탁했다. 그들은 환자가 병원 지시대로 안 하려면 사막에서 아이를 낳지 왜 병원에 와서 고집을 부리며 여의사만 찾는지 모르겠다고 냉소적으로 말했다.

II

선교사의 첫 발걸음 - 신학교 입학

주님과의 첫 만남 1

자말은 수단 의사 가운데서도 우리와 잘 어울리고 상냥한 의사로 응급실 일을 잘 도와주었다. 한번은 병원 경비의 눈을 피해 아바야를 둘러쓴 한국 간호사들을 그의 차를 태워 밖에 있는 공원을 구경시켜 준 적이 있었다. 그는 털북숭이 수염이 인상적이었는데, 남달리 이슬람 종교에 적극성을 띠고 코란을 주머니에 들고 다니며 기도도 열심히 했다.

나는 종종 그와 종교적인 이야기를 나누었다. 자말이 신실한 모슬렘이니 궁금증을 풀기 위한 질문을 해보기로 했다. 사실 마음속에 예수님을 영접하고 싶은 생각이 있었지만 궁금증이 남아 있었다. '모슬렘이며 의사인 자말은 예수가 성령으로 잉태되어 동정녀 마리아에게서 났다는 것을 믿을 것인가?' 모슬렘들은 예수를 선지자 '이사'라고 부르는 것으로 보아, 그를 알고 있는 것 같았다.

그날 자말은 병동의 환자를 다 둘러보고 시간의 여유가 있었는지 병동의 중간에 있는 간호사들이 일지를 쓰는 곳에서 이야기를 나누었다. 그와 같이 앉아 있을 때, 나는 지나가는 말처럼 그에게 예수가 성경에 성령으로 잉태되었다고 나오는데 의사인 당신은 어떻게 믿는지 물어보았다. 갑자기 의사 자말의 눈이 섬광처럼 번뜩였다. "씨스타(sister) 미란, 물론 선지자 이사가 성령으로 잉태했지요." 그는 정확히 예수가 성령으로 잉태되었다는 부분을 아는 것 같았다. 그는 코란 경전을 꺼내서 그 대목을 찾아 읽어내려 갔다. 나는 그에게 당신은 의사인데 그것을 믿느냐고 물었더니, 그는 오히려 나에게 하나님이 못하실 것이 있느냐고 반문했다. 그는 하나님이 이 세상을 창조하셨기에 모든 것을 하실 수 있으며, 성령으로 잉태하여 동정녀 마리아에게서 예수를 이 세상에 오게 하시는 것도 가능하다고 말했다.

나는 내심 그가 의사여서 오히려 나에게 그걸 믿느냐고 말할 줄 알았다. 이들은 한국인들 모두가 그리스도인인 줄로 아는 것 같았다. 그는 그리스도인들이 보는 성경에 관해 좋다 나쁘다 이야기하지 않았다. 나는 그러냐고 하면서 넌지시 그의 의중을 떠보려고, 간호사로서 예수가 성령으로 잉태되었다는 부분은 좀 믿어지지 않은데 의사인 당신은 어떻게 생각하는지 알고 싶었다고 했다.

그는 늘 웃음을 지으며 '아!'로 시작하는 말버릇을 가지고 있었는데, 어처구니가 없다는 듯 나를 보더니 "씨스타, 전능하신 하나님을 믿어요"라고 했다. 모슬렘인 아프리카 흑인 의사도 예수가 성령으로 잉태되어 태어나심을 하나님의 전능하심과 그의 경륜 통해 말하며 철저히 믿는구나 싶어 내심 놀랐다.

그랬다. 어쨌든 마음의 개혁이 일어나야 했다. 더 망설일 것이 없었다. 내가 생각했던 하나님, 예수님, 그리스도인들에 관한 고정관념을 깨야 한다는 생각이 몰려왔다. 달링턴의 친구 언니를 방문했을 때, 그녀의 상황은 분명 힘겨웠다. 뇌성마비의 여아를 양육하는 그 자체만 하더라도 말이다. 그러나 이웃에게 말씀을 전하고 밝은 얼굴로 나에게 전도하던 그녀가 상기되었다. 언니가 나를 잡고 전도할 때에 거의 넘어갈 뻔했던 것은, 그녀의 반짝이는 눈망울이 진지하고 말하는 모습이 성경의 진실을 토로하는 것 같았기 때문이다. 분명 그녀에게 자신감과 평안 그리고 기쁨이 흘러넘쳤다.

그때까지 나는 금전, 즉 물질의 풍부함이 편안함을 준다고 믿었고, 인기직종이던 간호사로 미국 병원에서 일하는 것이 성공이라고 믿고 있었다. 나는 병원에서 응급실 간호사이고, 휴가를 갔다가 돌아오면 아마 감독이 될 수도 있다는 생각이 들었다. 그러나 이러한 모든 생각들이 결국 내적 평안으로까지 스며들어 마음의 평정도 이룰 것이라고 굳게 믿던 것이 흔들렸다. 그것은 영국 여행에서 친구의 언니를 만나면서 시작되었다. 차츰 내 마음의 근본적인 개혁이 필요한 것이 분명했다.

나는 삶의 초점을 잘못 두고 있는지도 모른다는 불안감에 사로잡혔다. 그래서 친구 언니가 나에게 전도한 대로 예수를 믿고 영접하는 일을 해보고 싶었다. 또한 마음에 맹세한 것을 이행하고 거짓된 사람이라는 자책에서 벗어나고 싶었다. 아무도 내 말을 들은 사람이 없지만 누군가가 나를 바라보고 있는 느낌이 들어 그냥 모른 채 묻어둔다는 것이 꺼려졌다.

어느 날 저녁 날씨가 더욱 더워졌는데, 정말 여기도 여름 중의 여름인가보다 싶었다. 아침근무를 하면서 여러 가지로 곰곰이 생각해보았다. 퇴근하면서 나는 여태껏 미루어두었던 것을 그날 밤 치러보기로 마음먹었다.

그즈음 나는 달링턴에서 만난 언니가 전해준 말씀 구절들을 성경을 보던 중 읽게 되었는데, 그 말씀은 나에게 큰 도전을 주었다. 그것은 요한복음에 나온 두 구절이었는데, 내 마음속 깊은 곳에서 종교와 믿음이 삶 속에서 재정립되어야 할 필요를 느끼게 했다.

"……내가 곧 길이요 진리요 생명이니 나로 말미암지 않고는 아버지께로 올 자가 없느니라"(요 14:6).

"너희가 내 양이 아니므로 믿지 아니하는도다. 내 양은 내 음성을 들으며 나는 그들을 알며 그들은 나를 따르느니라. 내가 그들에게 영생을 주노니 영원히 멸망하지 아니할 것이요 또 그들은 그들을 내 손에서 빼앗을 자가 없느니라. 그들을 주신 내 아버지는 만물보다 크시매 아무도 아버지 손에서 빼앗을 수 없느니라. 나와 아버지는 하나이니라……"(요 10:26~30).

이런 비밀을 읽는 순간 나의 마음에는 사막의 돌풍이 일었고, 내 마음은 깊은 사색의 저변으로 치달았다. 예수를 믿고 그 길을 갈 때에 그리스도인 세계의 끝자락에 들어선다 해도 기쁘고 평안하겠다는 생각을 했다.

저녁 식사를 마치자 어느덧 밤이 깊어지고 있었다. 혼자 방 안에서 그렇게 주님을 갈망하는 충동이 내 마음에 밀물처럼 밀려왔다. 또한 진심으로 마음속 깊이 약속했던 것을 실행해야 한다는 다짐 또한 불현듯 파고들었다. 일단 목욕재계를 해야 할 것 같았다. 불교에 심취했었던 나는 절에 갈 때 심신을 가다듬기 위해 고기나 생선을 먹지 않고 삼가는 것도 많았는데, 그중 목욕재계는 기본적으로 했다.

그때 친구 언니가 말했던 것이 기억났다. 그리스도인이 된다는 것이 성육신하신 하나님, 곧 예수를 믿고 따르며 나의 마음에 모시는 일이라고 했다. 따라서 예수님을 영접하려면 먼저 나의 마음을 깨끗이 정리하기 위해 죄의 고백을 하라고 하지 않았던가! 그래서 죄를 고백하려고 무릎을 꿇고 앉았는데 생각보다 죄목(罪目)이 쉽게 나오지를 않아 약 두 시간 넘게 죄 문제를 놓고 씨름했다. 그래도 무언가 마음 한구석은 찜찜해서 계속 앉아 있는데 달링턴의 언니가 말했던 한 가지가 불쑥 떠올랐다. 죄가 생각나지 않으면 성령께 구해야 한다고 했다. 성령은 감추어진 죄를 내게 일러줄 수 있다는 것이었다. 성령이 무엇인지 정확히 물어보지는 않았다. 보이지는 않지만 영적인 존재로 그런 능력이 있을 것이라고 막연히 이해하려 했다. 그래서 이렇게 물었다.

"지금 내 죄가 생각나지 않는데 친구 언니가 성령을 부르면 내게 찾아온다고 했으니, 지금 제게 오셔서 나의 죄를 알려주세요." 그러고 나니 조금 멋쩍었다. 허공에 대고 지금 내가 무슨 말을 하고 있는 것인가 싶기도 했다. 그러나 나는 잠잠히 앉아 기다렸다.

'성령이 진짜 어떻게 찾아왔길래, 그리스도인들은 열렬히 어디서나 예수 믿으라고 전도하는가, 무언가 근거가 있으니 믿지 않겠는가?' 하는 생각이 들었다. 그렇게 잠잠히 앉아 있는데 갑자기 마음 한구석 잠재해 있던 먹구름이 떠올랐다. 큰오빠였다. 어느새 눈시울이 뜨거워졌고 나는 울고 있었다. 눈물은 흘리면 안 되는 것으로 알았던 나의 감정이 흔들리다니 내심 놀랐다.

나는 계속 울고 있었다. 어머니 아버지의 근심이요 집안의 문제아였던 오빠를 나의 주관적인 저울에 오빠의 현재의 삶을 올려놓고 미달이라고 나름 정죄하고 미워한 그 일을 예수님께 고백하고 용서를 구했다. 빗물처럼 눈물이 쏟아졌다.

그리고 친구들의 행위를 정죄하던 일, 말없이 침묵을 지키는 것 같지만 내심 날카로운 비판의 날을 가는 나의 옛 모습들…… 그것들을 하나하나 예수님께 고백하고 용서를 빌 때마다 부끄러웠다.

주님과의 첫 만남 2

그날 밤 주절주절 이러한 고백을 하면서 줄줄이 울고 있는 자신을 보며 놀랐다. 나의 힘으로는 할 수 없는 고백을 하는 것이었다. 갑자기 이런 일이 벌어지면서 나는 조금 두려워졌다. 잔잔히 여기에서 있었던 일도 돌아보았다. 응급실에서 일하면서 화를 내고 다급히 굴었던 일들, 동남아에서 온 취업자들을 늘 가볍게 여긴 일, 간호사로서 일에만 치중했던 아름답지 못한 일들……. 나는 이 모든 것들에 대해 예수님께 용서를 빌었다.

시간이 얼마나 흘러갔는지 눈을 뜰 수 없을 정도였다. 무릎을 꿇었던 그 자리에서 울다 지쳐 잠이 들었다. 얼마나 되었는지 모르지만 모슬렘 기도소리는 듣지 못했으니 더 이른 새벽이었을 것이다. 나는 잠자리에서 일어나 욕실로 들어가 옷을 갈아입고 밖으로 나갔다. 너무나 조용한 새벽녘이었다. 풀장으로 향했다. 분명히 나는 예수님이 기도하는 모습도 보았다. 내가 고백한 것을 듣고 계셨던 것이 틀림없었을 것이라고 생각했다. 그래서 언니가 말해준 믿는 사람들이 한다는 예식인 침례식을 물속에서 혼자서 하기로 했다.

교회에서 목사님이 세례를 주어야 하고, 침례를 받기 위한 교육이 필요하다는 것을 당시는 전혀 몰랐다. 단지 그런 예식이 있다는 것을 친구 언니에게 들었는데, 죄의 고백을 한 그 표식으로 침례를 해야만 될 것 같았다. 세례를 받는 것이 무엇인지 몰랐고, 물속에서 주로 한다는 소리만 듣고 그렇게 하면 되지 않을까 하고 생각했던 것이다.

어쨌든 이곳에는 교회도 없고 누구에게 부탁도 할 수없는 모슬렘 지역이 아닌가? 주변을 살폈다. 길이가 25미터 정도이지만 아주 깊은 풀장이었고 마침 전날 물을 새로 갈아서인지 깨끗해보였다. 나는 조금도 주저하지 않고 물속에 몸을 던진 후에 다른 쪽으로 가서 가장자리를 잡고 몸을 물 위로 향했다.

하늘을 바라보며 나는 이렇게 고백했다. "하나님 보셨지요? 친구 언니가 말했던 것처럼 예수님이 하나님과 저 사이에서 계십니다. 나의 죄를 고백했고 지금 보시는 것 같이 침례도 했습니다. 하나님이 저의 증인이십니다. 예수님이 저의 삶을 이끌어주심을 믿습니다."

검은 하늘에 별들이 은하수처럼 많았고 물에 떨어질 듯 가깝게 비추고 있었다. 그날 이렇게 아름다운 하늘이 이곳에 있다는 것을 새삼 느낄 수 있었다. 십자가에서 다시 사신 놀라운 분을 영접했다는 기쁨과 두려움이 엇갈리는 순간이었다.

나의 영적 세계의 변화는 하나님, 예수님, 성령님, 천상의 천사들이 바라보는 가운데 일어난 일이고 아는 자가 없어 나에게 물어보거나 왜 그랬냐고 할 사람도 없었다. 단지 새로운 혁명이 예수 때문에 일어난 것이다. 마태복음 26장 28절의 말씀과 같이, 예수님께서 우리의 죄 사함을 얻게 하려고 흘리신 언약의 피로 나도 자유로워진 것이다.

베르디의 오페라 〈나부코〉(Nabucco) 중 '히브리 노예들의 합창' 만큼이나 내 마음에도 기쁨의 노래가 흘러나왔다. 그리고 그동안 내 어깨를 누르던 중압감이 사라지고 가벼워져서 가슴이 열리고, 생명의 강수를 뿜어내듯 눈물범벅이 되었지만, 그 순간 주님께서 주시는 큰 은혜를 맛보았다.

까치발걸음으로 소리 죽이며 살짝 방으로 들어왔다. 몸을 닦고 옷을 갈아입고 난 다음 다시 방석에 앉았다. 예수님께 몇 가지를 다시 이야기해야 할 것 같았다. 주님께 말하는 것이 기도인지 나는 잘 몰랐기 때문에 그저 부탁을 해야 모두 마감이 될 것 같았다. 그래서 무릎을 꿇었다.

"예수님, 나는 성경을 읽어도 이해가 잘되지 않으니 성경을 잘 배울 수 있도록 해주세요. 성경을 잘 배우면 가르쳐줄 수 있을 정도로 알게 해주세요. 이곳에서 모은 돈은 예수님 것이니 제 마음대로는 쓰지 않겠습니다. 나중에 나이가 많아지면 봉사를 하겠습니다."

이렇게 중얼거리고 났는데 내 가슴에서 찬양이 흘러나왔다. 그 찬양은 어릴 때 여름성경학교에서 배웠던 '여호와는 나의 목자시니' 그리고 '예수 사랑하심은'이었다. 까맣게 잊고 있었던 이 찬양이 율동과 함께 생각나면서 나는 또 엎어져 울며 이 노래를 중얼거렸다. 몸이 갑자기 오싹해왔다. 거의 15년이 넘도록 잊어버리고 부르지 않았던 이 노래가 당시 왜 생각나는지 몰라 의아했다. 나는 더욱 하나님이, 예수님이, 그리고 나의 죄를 보여주셨던 성령님이 나를 지켜보고 있는 것 같아 부끄러웠다.

아침식사를 서둘러 하고 응급실로 가는데 사뭇 울고 있는 나를 보았다. 고개를 숙이고 눈을 가끔 훔치는 나를 본 후배들이 왜 그러느냐고 했다.

병원에 가서 그리스도인이자 산부인과 수간호사로 있는 옆방의 친구 이예순에게 전화를 했다. "여호와는 나의 목자시니 내게 부족함이 없으리로다"로 시작되는 노래를 아느냐고, 그리고 그 말씀이 성경 어디에 있느냐고 물었다. 그 친구는 성경을 펴면 가운데 즈음에 시편이 있는데 그중에 23편을 보면 그 구절이 있다고 말해주었다. 우리 말로 된 관주성경에서 찾아보니 있었다. 정말 기뻤다. 성경 구절이 내 머릿속에 오래 잠재해 있다가 다시 떠올랐다는 사실이 놀라웠다. 그 말씀을 영어로 타이핑해서 둥근 필통에 붙여두고 마음속에 되뇌곤 했다.

아마 나는 한 달간 계속해서 울고 다녔던 것 같다. 사람들이 한국의 집에 무슨 일이 있느냐고 물어왔다. 그러나 나는 아무에게도 예수를 영접했다고 말하지 않았다. 예수님과 나만의 비밀로 간직했다. 모든 행동거지를 주님께서 바라보고 계시니 나는 혼자가 아니라는 느낌이 강하게 들었다. 나중에 안 사실이지만 아래층 그리스도인 간호사들이 매일 밤 모여 기도할 때마다 나를 위해 기도했다고 한다. 그것도 하나님의 큰 일꾼이 되게 해달라고 간절히 기도했다는 사실을 듣게 되었다.

계속 병원 일을 하며 영어를 공부했고, 성경을 읽어나갔다. 점차 나는 말수가 적어졌고, 이상하게 짜증이나 화도 내지 않게 되었다. 전처럼 검사실의 결과가 늦게 나와도 달려가지 않고, 응급환자를 두고 속히 내려오지 않는 의사들에게도 짜증을 부리지 않았다. 환자를 빨리 후송하지 않는 병동 담당자에게 재촉 전화도 안 하게 되고 나도 모르게 마음이 넉넉해졌다.

어느 날 나는 달링턴에 있는 언니에게 전화를 해 주님을 영접했다고 전하고 서로 기쁨을 나누었다. 그리고 아버지께 편지를 썼다. 나는 아버지와는 늘 마음을 터놓고 이야기해오고 있었다. 절대로 아이들에게 반말을 쓰지 않으시고 존댓말로 자녀를 키우신 인격적인 아버지셨다. 그래서 아버지께는 더 이상 속일 수는 없을 것 같아 그리스도인이 되었음을 알렸다. 그리고 이제는 내가 그리스도인으로 석가가 아닌 예수를 따르기로 했으니, 절에 붙여놓은 나의 이름을 떼어달라고 부탁드렸다.

얼마 후 아버지는 답장을 보내오셨고 성인이 된 나의 결정에 더 이상 거론하지 않겠다고 하셨다. 그리고 어릴 때부터 지켜본 결과 나를 믿어보겠다고 하셨다. 나는 예수 그리스도의 몸이 휘장같이 찢기어 흘린 피가 내 마음에 뿌린 바 됨을 믿음으로 인하여, 악한 양심에서 벗어나게 되었다는 사실에 마음이 새털처럼 가벼워졌다.

나는 예수는 모든 이들의 죄를 위하여 한 영원한 제사를 단번에 드리심으로 말미암아, 나를 흑암의 권세와 그 사슬에서 벗겨주셨음을 체험하고 심장이 뛸 정도로 기뻤다. 그때부터 아기 걸음마 같은 나의 믿음 생활이 시작되었다. 하나님은 때로 나를 안으시기도, 업고 가시기도 하셨다. 이때부터 나는 주님의 인자하심과 긍휼함을 누리는 그리스도인의 삶을 살기 시작했다.

파리의 샹젤리제와 개선문

바드르 기념병원에서 근무 계약 기간 막바지 어느 날 파리의 친구에게서 연락이 왔다. 친구는 킹파하드 왕립병원 수술실에 근무하다가 얼마 후 프랑스로 가서 정착했고, 결혼하여 파리 북부에서 생활하고 있다고 했다. 그녀는 나에게 첫아이 출산이 임박하였으니 한국에 가기 전에 잠깐 들어와 아이를 돌보아주면 고맙겠다고 했다.

파리행을 쉽게 결정하고 짐 가방을 여행하기 좋게 하나로 줄였다. 사우디아라비아를 떠나는 날 CCC 선교회를 이끌던 이예순 간호사가 그리스도인 친구들을 데리고 나에게 왔다. 그들은 나를 위해 기도해준 후 편지를 주었다. 겉봉투에 아주 수려하게 영어와 한글로 쓴 여호수아 1장 7~8절 말씀이 쓰여 있었다.

"오직 강하고 극히 담대하여 나의 종 모세가 네게 명령한 그 율법을 다 지켜 행하고 우로나 좌로나 치우치지 말라. 그리하면 어디로 가든지 형통하리니 이 율법책을 네 입에서 떠나지 말게 하며 주야로 그것을 묵상하여 그 안에 기록된 대로 다 지켜 행하라. 그리하면 네 길이 평탄하게 될 것이며 네가 형통하리라"(수 1:7, 8).

나는 아직도 그 봉투를 보물처럼 간직하고 있다. 그리스도인들의 기도와 성경말씀으로 사우디아라비아 생활을 마무리하고 떠난다는 사실이 정말 감사했다. 메디나를 떠나기 전날, 나는 참으로 속히 다시 만나기를 서로 약속하며 이들과 부둥켜안고 훌쩍대며 울었다.

리야드 공항을 경유해서 파리 드골 공항에 도착하여 친구와 그녀의 남편을 만났다. 나는 그 집에서 한동안 생활했다. 몇 달 후에 친구가 예쁜 딸을 분만했다. 딸의 이름을 소피란아라고 했는데, 친구는 아기 이름에 나의 이름까지 넣어주었다. 도움이래야 미역국을 끓여주는 조산 후의 일들을 해주는 것인데, 그저 친정어머니가 없어서 옆에 있어주는 정도였다. 그 집에서 몇 달을 지내며 파리를 구경했다.

사막에서 금방 튀어나온 나는 화려한 파리의 샹젤리제 거리(avenue des Champs Élysées)와 지하철이나 개선문 광장의 차들을 보며 충격을 받았다. 문학 작품 속 로망의 장소를 지하철로 때로는 걸으며 섭렵하던 어느 날, 나에게 프랑스 할머니 한 분을 돌봐달라는 제안이 들어왔다. 임종을 기다리는 시한부의 할머니였다. 나는 할머니를 돌보아주는 일을 하면서 낮에는 일을 했다. 파리의 중심부 가까운 곳으로 거처를 옮겼고, 언어가 부족해 아침에 프랑스어를 공부하고, 파트타임 일도 구했다. 그런 시간들이 지나면서 샹송을 듣는 것도 귀에 즐거워지고, 베레모를 쓰고 바게트라는 프랑스 막대기 빵을 사 들고 다니는 생활에 익숙해져 갔다. 아마 좀 더 있으면 계속 파리에 머물 수 있을 것 같은 착각과 유혹이 들던 때였다.

예수님을 내 마음에 영접해 죄가 사해졌고 죄 짐에 눌려 허덕이던 과거의 삶은 지나갔지만 주님을 전적으로 매일 신뢰하거나 따르는 삶은 아직 내게는 현실이 아니었다. 그해 12월 초 달링턴에서 만났던 언니에게 연락을 했다. 뇌성마비 딸을 위해 병원 시설이 좀 더 나은 맨체스터로 이사했다고 했다. 내가 파리에 있다는 소식은 동생을 통해 들었다고 했다. 언니는 나에게 한국으로 들어가기 전 영국에 들러서 자기를 보고 가라고 종용했다. 나도 다시 한 번 언니를 만나 그동안의 이야기를 하고 믿음의 세계를 더 알고 싶은 생각이 들었다.

영국으로 오라는 언니의 말에 런던에서 한국으로 들어가기로 마음을 먹었다. 영국으로 가려면 여러 갈래의 길이 있지만 선박이나 비행기를 이용하던 때였다. 선편은 파리의 북서부 해안까지 기차나 차로 달려 던커크(Dunkerque) 항과 칼레(Calais) 항에서 페리(P&O Ferry)를 이용하여 도버해협(Strait of Dover)을 지나고 런던과 가까운 도버에 입항해 영국 각지로 가는 노선이었다.

그 당시 한국인이 영국에 입국하는 것은 매우 까다로워졌다는 소식이 들려왔다. 또한 유럽 여러 나라들이 정치적인 이유로 한국 사람들에게 여행 비자를 잘 주지 않는 때였다. 게다가 나는 영국 히드로 공항에서 한국 사람들을 내쫓았다는 뉴스 보도도 접한 후였지만, 영국행이 두렵지 않았다. 당시 내게 한국행 비행기표가 있었기 때문인지도 모르겠다.

안개가 무겁게 낀 새벽, 앞뒤 분간도 안 되는 도버 항에 내려 생각 외로 쉽게 입국 심사를 마쳤다. 긴장이 풀리는 것 같았다. 여권을 받아 들자마자 런던행 기차를 타기 위해 뛰는 사람들 틈에 나도 가방을 들고 뛰었다. 런던 빅토리아역에서 맨체스터행 기차로 갈아타고 목적지에 도착하니 친구 언니가 친구와 마중 나와 있었다.

울렁거리는 배를 밤새 타 피곤했지만 언니와 만나 대화하면서 잠이 달아났다. 물어볼 것이 많았다. 파리에서의 이런저런 이야기나 여행 중의 이야기 등으로 이야기의 꼬리를 물었다. 아침 식사 후 언니가 나에게 앞으로의 계획을 물어왔다. 그래서 나는 좀 더 구체적인 것을 이야기했다. 귀국하면 해외개발공사에 들어가 미국 간호사 공부를 더 할 것이고, 여름 즈음이면 미국에 갈 수 있을 것이라고 했다. 그랬더니 미국 들어가면 무엇을 할 것인가 하고 물었다. 아마 취직할 것이라고 했더니 취직이 되면 무엇을 할 예정인지 물었다. 병원에서 일하면 돈을 벌 것이고 돈을 벌면 집과 차를 장만해서 정착하겠다고 했다. 그다음 시간이 허용되면 미국 대학에서 더 공부하고 한국에 돌아와 모교에서 교수가 되고 싶다고 했다. 그것이 그 당시 나의 소망이었다.

언니는 계속 그다음에는 무엇을 할 것인지 질문하던 것을 그치더니 본인도 청년 때 그런 꿈을 가졌다고 했다. 그래서 미국에 가서 살았고 영국에도 와 살고 있지만 결국 예수님이 원하시는 뜻을 따라 순종하며 가지 않으면 안 되었다고 했다. 영적으로 깊이 있는 이야기를 나누면서, 그녀는 순회목사인 남편이 돌아오는 날이기에 남편이 좋아하는 바나나 케이크를 만드느라 바삐 움직였다. 손놀림으로 보아 눈을 감고도 케이크를 만들 수 있을 정도로 능숙해 보였다.

언니는 나를 처음 만난 이후 나의 영혼구원에 관해 주님께 기도해왔고 그 다음에 내가 간호사이기에 주님께서 의료 선교사로 불러주실 것을 남편과 함께 기도했다고 했다. 기도한 대로 이제 내가 그리스도인이 되었으니 선교의 길을 가는 것이 어떠냐고 했다.

엉뚱한 이야기가 아닌가! 나는 선교가 무엇인지 몰랐지만, 사우디아라비아에서 주님을 영접한 후 봉사하는 삶을 살겠다고 고백했음을 언니에게 말했다. 그러나 그 일은 아마 퇴직 후에나 하려고 생각했지, 지금 같은 상황에서 주님의 사역에 동참하겠다는 뜻은 아니었다고 말했다. 그러자 언니는 주님께서 사역자로 부르시는 때가 있다고 말했다.

본인들의 기도 응답이 그렇다 할지라도 내게는 그럴 의사가 전혀 없다고 말을 하는데, 나의 깊은 내면에서 뜨거운 눈물이 쏟아져 흘러내렸다. 당시 나는 주님께 사로잡혀 있었으므로 그런 말을 하면서도 양심에 가책이 느껴졌다. 예수님이 나의 구원자요 삶의 모든 부분을 이끌어주실 분이라고 고백하며 하나님이 나의 증언자라고 하늘을 보며 다짐했던 그날 밤이 생각났기 때문이다.

당시 나는 가슴을 열고 주님을 영접한 상태였고 내가 가진 것을 주님께 드리겠다고 했어도, 가진 것이라야 사우디아라비아에서 벌어놓은 돈이 고작이었다. 거금은 아니었지만 주님께 약속한 돈이라 쓰지 않았고, 주님께 약속한 그날부터 막연히 모아둔 것이었다.

나에게 친구 언니는 영어를 공부하고 영국에서 신학을 공부해보지 않겠느냐고 단도직입적으로 물었다. 나는 미국으로 갈 계획이었기에 그 질문에 당황했다. 어떻게 주님의 마음을 알아 나를 선교지로 보내고자 하시는 주님의 뜻을 확인할 수 있는지 물었다.

언니는 대뜸 나에게 여권을 가지고 오라고 했다. 언니에게 여권을 보여 주었더니 6개월로 방문비자 도장이 찍혔다며 놀라워했다. 당시만 해도 비자 관계를 잘 몰라 영국으로 들어올 때에 출입국 관리소에 내가 10일 정도 체류하고 싶다고 하면 그 기간만 도장을 찍어주는 줄 알았다. 정치적으로 한국과 문제가 있던 영국의 공항을 통과하는 것도 쉽지 않을 때에, 6개월 비자를 받았으니 보통 일이 아니라고 했다. 그러면서 곰곰이 생각하더니 언니는 나에게 한 가지 제안을 했다. 미국에 들어가는 것을 6개월 늦추고, 그 기간 동안 영어공부를 하면서 신학교를 찾아 입학을 시도해보고, 면접에서 통과되지 않으면 선교사가 되는 것은 주님의 뜻이 아니라고 여기고 한국으로 돌아가는 게 어떻겠냐고 했다. 언니는 6개월 동안 영어공부를 하면 절대로 미국 간호사 시험을 보는데 손해보지는 않을 것이라고 했다. 오븐에서 익어가는 바나나 케이크의 구수한 냄새를 맡으며 우리는 부엌에서 계속 주님에 관한 이야기를 했다.

이후 나는 혼자서 기도하면서 마음 깊숙이 주님의 임재하심을 느낄 수 있었다. 마음이 평안해져 갔다. 하나님이 누구시며 내 인생을 향한 하나님의 뜻이 무엇인가가 더 궁금해졌다. 그때부터 나는 삶 가운데서 먼저 알아야 할 것이 무엇인가에 더욱 골몰하게 되었다.

신학교에 간다면 물론 도와줄 사람도 없고, 집에서 안다면 당장 미친 짓이라고 할 것이 분명했다. 물론 교회의 배경도 없는 내가 어떻게 신학교를 지망할 수 있으며 어느 학교에서 나를 받아줄 것인가 싶었다. 그러나 한 가지는 분명한 것은 학교에 간다면 하나님이 어떤 분이신가를 분명히 알게 될 것 같았다.

나는 점점 말없이 기도만 하기 시작했다. 언니는 1월 학기가 곧 시작된다며 나에게 영어를 배우려면 학교를 등록해야 할 때라고 했다. 마음의 결정을 내렸다. 만일 신학교 입학이 허락되면 주님의 뜻으로 알고 순종하여 들어가겠지만, 면접에서 거부되면 한국으로 들어가 미국 간호사시험을 바로 보리라고 마음먹었다.

신학교에 가기로 하다

나는 6폼 칼리지에 등록했다. 이곳은 대학에 입학하기 전에 2년간 A-레벨 공부를 하는 학교다. 나는 이곳에서 케임브리지대학교에서 실시하는 외국인들을 위한 언어연수 과정에서 공부하기 시작했다. 영국은 1년을 3학기로 나누어 교과과정을 편성하고 있어, 언어연수반도 지난해 9월에 시작되었다. 나는 두 학기를 목표로 하여 그 학교에 들어갔다.

6개월 후 케임브리지대학교에서 실시하는 영어시험에 합격해야 신학교에 들어갈 자격이 된다고 했다. 일단 언니 집에서 나와서 자취를 시작했는데, 그곳에는 같은 언어 학교에 다니는 한국 여학생 둘이 있었다. 집은 맨체스터의 디즈버리(Didsbury) 지역의 올드란스다운 거리(Old Lansdown Road)에 있었다. 나무가 울창하게 심겨져 있는 조용한 주택가였고 주변에 여러 교회도 있었다.

영국은 여름에도 비가 조금씩 내리다가 해가 나면 곧 구름이 몰려오고 우박도 뿌려 하루에 사계절을 모두 볼 수 있는 곳인데, 겨울에는 오죽했으랴! 왠지 옷을 겹겹이 입어도 몸에 습기가 느껴져 추위가 뼈에 사무쳐 들어오는 것 같았다.

과제는 생각보다 과중했지만 해낼 정도였다. 그 무렵 전도자 언니의 도움으로 한국식당에서 일자리를 구했다. 처음에는 한 번도 해보지 않은 일을 한다는 것이 어색하고 썩 내키지는 않았다. 언니는 아르바이트로 버는 현금은 주식비에 도움이 되고, 사람을 만나 영어로 대화를 할 수 있으니 일석이조라면서 일을 하라고 권했다.

영국에서 생활하면서 나는 한국에 있는 가족에 가끔 전화를 해서, 부분적으로나마 영국에서의 나의 근황을 전했다. 다행히 통화료가 비싼 국제전화여서 여러 가지 질문에 답변을 길게 하지 않아도 되는 핑계거리가 있어서 좋았다.

어느 날 전도자 언니가 영국 전역에 있는 신학교 홍보책자를 내게 가져왔다. 마음이 썩 내키지 않았지만 가지고 오신 성의를 생각해서 며칠 있다가 보기로 했다. 내가 신학교를 간다면 적어도 3년간이나 공부에 전념하며 헌신을 결정해야 한다는 자체가 믿어지지 않았다. 또, 6폼 칼리지에서 공부를 하면 할수록 실제로 내가 영어로 신학을 공부하는 것이 가능할까 하는 의구심이 들었다. 나 같은 초신자가 해야 할 일생일대의 결정은 과도한 부담으로 다가와 마음을 어렵게 했다.

그럼에도 나는 그동안 미루며 머무적거리던 신학교 입학 신청을 하기로 했다. 전도자 언니와 가야 할 학교를 고심하며 찾았고 기도로 결정했다. 대영제국(Great Britain or United Kingdom)은 네 개의 민족자치제로 연합되어 운영되는 나라로, 신학교도 아일랜드, 웨일스, 스코틀랜드, 잉글랜드로 나누어져 있었다.

우리가 함께 선택했던 학교는 영국 최북단의 스코틀랜드 접경에 있는 노스움브리아(구 레바논)선교사대학이라는 곳이었다. 선교사 배출에 상당히 심혈을 기울이는 학교라는 점에 마음이 끌렸다. 친구 언니도 그 학교가 선교사를 해외로 많이 보내는 전문학교라는 것에 중점을 두었다. 또한 해외에서의 의료선교에 관한 많은 정보와 경험이 많은 학교이고 한국 학생이 많이 없으니 영어에 주력할 수도 있다는 점 등을 고려하여 나에게 이 학교를 추천했다.

우선 발등의 불은 언니가 구해준 입학지원서를 쓰는 것이었다. 간증문과 나의 신원에 관해서 기록해야 했다. 누가 학비 후원자며 보증인지에 대해서도 밝혀야 했다. 언니는 이제 본인이 도와줄 일이 없는 것 같다며 갔기에, 나는 학교에 제출할 서류와 제반 사항을 혼자서 준비해야 했다. 간증문을 영어로 써야 하는데 일단은 밤을 꼬박 새우며 한국말로 써서 사전을 찾아가며 번역했다. 다른 서류는 그럭저럭 마감했고, 사우디아라비아에서 주님과 약속한 금액으로 학비를 내야겠다고 생각했다. 다른 누가 내어줄 형편도 아니었다. 사우디아라비아에서 주님께 약속한 금액이 신학교 학자금이 될 줄은 그때는 전혀 예상조차 못 했다.

턱없이 부족한 학비였지만 하나님께서 이 학교에 보내시기 위해 내 손으로 학비를 마련하게 하신 것이다. 학교 측에는 만일 학비가 모자란다면 나의 보호자가 되시는 주님께서 보증해주실 것이라고 믿는다고 했다. 서류를 보낸 지 약 한 달이 지나 나에게 5월 첫 주 월요일인 뱅크홀리데이(은행 업무가 쉬는 날로 영국과 스위스 등에서 시행하는 휴일) 때에 면접을 오라는 연락이 왔다. 사흘간 학교에서 숙식하면서 면접을 한다고 했다. 면접이라도 오라고 하니 결과야 어떻게 될지는 모르지만 일단 가서 면접을 보아야겠다고 생각했다.

학교에서 보내준 지도를 보니 뉴캐슬 시에서 북동부로 좀 올라가 있는 곳에 캠퍼스가 있었다. 나중에 안 일이지만 이곳은 스코틀랜드와 접경한 영국 동해의 마지막 마을이자 할리돈(Halidon Hill) 고지로 널리 알려진 곳이었다. 이 고지는 영국군이 스코틀랜드군과 치열하게 전투를 벌였던 곳으로, 우리나라의 백마고지와 같은 전쟁터였다. 전쟁을 대비해 쌓은 성곽이 지금은 아름다운 유산이 되어 영국에서는 휴양지로 널리 알려져 있었다.

집에서 학교까지 대략 5~6시간이 걸린다고 했다. 그 낯선 길을 혼자 가야 간다니 한숨이 저절로 나왔다. 그때는 도저히 마음이 내키지를 않았다. 영어 공부는 5월 즈음에 종강했고 6월이면 시험이 있었다. 5월에 신학교 면접시험이 있고, 바로 그 달에 입학허가를 받지 못한다면 주님의 뜻으로 알고 모든 것을 접고 바로 영국을 떠나기로 마음먹었다.

영어도 의학용어나 병원에서 생활용어를 조금 터득했지만 맨체스터에서 하는 영어공부는 결코 쉽지 않았다. 어린아이들이 옹알이하는 것처럼 영어 발음을 다시 배우고 걸음마 단계의 영어로 버벅거리는 나를 보면서 바보 같은 느낌을 떨칠 수가 없었다. 어쨌든 면접을 앞두고 그날 밤 이리저리 짐을 꾸리고 무거운 영어성경(RSV)과 노트와 지갑을 미리 챙겨놓았다. 그 영어성경은 내 손으로 구입한 첫 성경책이었다.

짐을 다 꾸리고 침대 옆에서 무릎을 꿇고 예전처럼 기도를 드렸다. 주님께서 이 길을 정녕 가라고 하시는지 갑자기 막연해져서 마음이 참담했다. 진정으로 하나님의 마음을 간절히 알기를 원했다. 그날 성령의 인도하심으로 성경에서 위로에 관한 말씀을 많이 보여주셨지만, 인간적인 부담은 여전해 무거운 마음으로 잠자리에 들었다.

아침에 일어나 지난밤 준비한 가방을 들고 자취하던 집을 나서서 시내버스에 올랐다. 뉴캐슬까지 오는 버스에서도 마찬가지였지만, 학교가 있는 베릭(Berwick)으로 가는 완행버스에도 동양여자는 나밖에 없었다. 이 버스는 정말 더디게 갔다. 해변에 있는 마을마다 들르는 것 같은 착각이 들었다. 완연한 5월의 노스움브리아(Northumbria)의 평원은 아름답고 평화로워보였다. 약 두어 시간을 그렇게 쉬엄쉬엄 달렸는가 싶더니 버스는 여러 개의 다리가 보이는 강을 건넌 후 나를 목적지에 내려주었다.

학교가 있는 마을은 트위드 강과 바다를 끼고서 산골짜기에 자리 잡고 있었다. 조금 우거진 삼나무를 지나 둔덕을 올라가니 아름다운 고색의 큰 이층집에 학생들이 드나들고 있었다. 한 중년 여성의 매니저가 기숙사 문밖으로 나와 나를 반겨주었다. 언덕 위에 있는 아름다운 기숙사와 더불어 아담한 학교가 3층으로 된 기숙사 뒤로 있었다.

내가 처음 그 학교에서 만난 사람은 기숙사 매니저인 카시(Cathy) 부인이었다. 그녀는 나를 이층에 있는 방으로 안내했다. 그 집은 여학생 기숙사였고 아래층에는 식당도 있고 커먼룸(Common Room)이라고 해서 학생 휴게실이 딸려 있었다. 내가 묵을 방에는 침대와 옷장과 조그만 전등을 올려놓은 탁자가 하나 있었다. 이곳은 방문자용 숙소인 것 같았다. 종소리가 울려 저녁을 먹으러 아래층 식당으로 내려가 줄을 서서 기다리는 학생들 뒤에 나도 섰다. 거기에서 뜻밖에 한국 여학생인 원양희 자매를 만났다. 어찌나 반가운지 몰랐다. 한 번도 만난 적 없었던 우리지만 이야기를 나눌 수 있어 기뻤다. 첫인상에 그녀는 아주 신실해 보였고 키도 아담하고 야무지게 생긴 여학생이었다. 홍콩에서 왔다는 한 남학생과 가끔 아프리카에서 온 몇몇 유학생도 볼 수 있었다. 그러나 대부분의 학생은 백인이었다. 주로 북유럽이나 영국, 스코틀랜드, 웨일스, 아일랜드에서 온 학생들이었다.

전도자 언니의 말대로 이곳은 한국 학생이 거의 없었다. 원양희 자매는 오엠(OM, Operation Mobilization) 선교회에서 로고스라는 배를 타고 2년 동안 선교를 하기 위해 세계를 다녔다고 했다. 그리고 작년에 이 학교에 들어와 이제 1학년을 마치는 중이라고 했다. 1년만 더 공부하면 인도로 갈 것이며 2학년 때는 뉴캐슬에서 인도 사람들도 만나 힌디어를 배울 계획이라고 했다. 나보다 두 살이나 어린 자매가 하나님의 일을 위해 벌써 세계를 누비고 다녔고 인도로 간다니 놀라웠다. 나는 믿음의 초보자로 고작 하나님을 좀 더 알기 원하는 것뿐인데 과연 내가 이런 사람들과 같이 공부할 수 있을까 싶었다. 그 후 그녀는 남편 롭 선교사와 함께 인도로 들어가 현재까지 신실하게 인도 성도들을 섬기고 있다.

신학교 면접시험과 합격 소식

해가 지자 갑자기 신학교 기숙사 주변이 짙은 어둠에 싸였다. 맨체스터에서 경험해보지 못했던 광풍에 창문이 흔들렸다. 방안에 또 무릎을 꿇고 앉았다. 잠을 이루지 못할 것 같았다. 기도를 하면서 이곳까지 인도해주셔서 감사하다고 고백했지만, 한편으로 주님께서 무엇에 쓰시려고 나를 이곳까지 이끄셨는지 알 수 없었다.

그날 밤 나는 무릎을 꿇은 채 울며 밤을 새우면서 여전히 마음의 갈피를 잡지 못했다. 문앞에서 조그만 손종을 흔드는 소리가 들렸다. 얼마 후 누군가 방문을 두드렸다. 한 학생이 영국 차를 갖다주었다. 이곳 학생들은 아침 6시에 기상하여 당번 학생들이 갖다준 차를 마신 후 말씀 묵상 시간을 갖는다.

조금 후에는 여기저기서 기숙사 청소를 하는지 주위가 부산했다. 다시 종소리가 울리자 아침식사를 하라고 했다. 주어진 청소 구역을 다 청소한 학생들이 식당 앞에서 줄을 지어 서기 시작했다. 누군가 또 탁자에 준비된 손종을 흔들자 한 학생이 성경말씀을 읽고 말씀묵상을 한 후 대표기도를 했다. 그 종을 또 치니 여러 명의 학생이 나와 부엌에 준비된 음식을 나누어주었고, 학생들은 커다란 주전자에 짙은 갈색으로 우려낸 영국 차를 서로의 잔에 부어주었다. 그러자 조용하던 실내에서 조금씩 말소리가 들리기 시작했다.

이 학교에서는 영국식 전통 아침식사를 했다. 영국의 식탁 매너는 팔꿈치를 올리거나 입속의 음식을 보이거나 소리를 내어 먹는다거나 특히 잡담은 금지되어 있었다. 이런 엄숙한 분위기의 신학교의 학생들이 눈치 있게 상대방이 필요한 것을 건네주는 것도 하나의 섬김의 훈련인 듯싶었다.

식사 후 학교 주변을 조금 둘러보고 9시에 학교 채플에서 예배를 드렸다. 나는 모든 것이 생소했다. 어제저녁에 기숙사에서 얼핏 만난 홍콩 남학생과 한국 학생인 원양희 자매와 몇몇 아프리카계 학생을 제외하면 모두가 백인들이었다. 스케줄이라고 받아 든 종이에는 몇몇 강의를 들어보는 일정도 있었다. 그 후에 학교 부학장님과 면접시험이 있을 예정이었다.

강의를 들어보니 구약 강의를 듣는 것이 부담되었다. 열심히 받아 적어 내려가는 학생들의 책상 위에는 책은 보이지가 않고 성경만 있었다. 어쨌든 면접 시간이 다가왔다. 마음이 다급해졌다. 무엇을 질문할 것이며 어떻게 대답할 것인가? 나 혼자 겪어야 하는 이 일이 좀 어처구니 없기도 했다.

조그만 도서관 옆 여기저기 좁은 방들에 교수님들의 이름이 적혀 있었는데 겨우 어느 구석을 살펴보니 미스터 버나드(Mr. Barnard)라는 팻말이 있었다. 학교에 서류를 낼 때 이 대학 홍보자료를 보니 그분은 옥스퍼드 출신 부학장으로 IVF 부총재로 활동하시고, 신약개론을 가르치신다고 나와 있었다. 문을 두드리니 들어오라고 했다. 갑자기 심장이 멎는 듯했다. 생전 처음 영국인과의 면접이라니, 그것도 하나님에 관해 가르치는 대학에서 말이다. 가슴이 쿵쾅거려 내 귀를 치고 있었다.

방은 사과 상자같이 작았다. 버나드 교수님이 나를 반기며 악수를 했다. 교수님이 남달리 키가 커서인지 또는 자그마한 내가 그분을 올려다봐야 해서인지는 모르겠지만 왠지 나는 압도당하는 듯한 느낌이 들었다. 교수님의 두 손에는 내가 보낸 서류가 있었다. 교수님은 나를 위해 정확한 발음으로 말씀을 천천히 해주셨다. 우선 본인을 소개하신 후 맨체스터에서 올라오는 여행에 관해 그리고 어젯밤에 기숙사에서 편히 쉬었는지를 물었다.

차마 교수님께 맨체스터에서 울면서 이곳까지 왔다는 소리며 밤을 하얗게 샜다는 이야기를 진솔하게 하지 못했다. 인상 좋은 교수님 앞에서 모든 것이 원만하고 오케이라고 할 수밖에는 도리가 없었다. 서류에 적힌 기본적인 내용을 묻고 대답을 했다. 그 후 나에게 주님을 개인적으로 만나게 된 연유와 구주로 영접하게 된 과정에 관해 간증해달라고 했다. 교수님은 생각나는 대로 나의 표현 그 자체로 설명해달라고 했다. 그 당시 누구에게도 간증을 해본 적이 없었던 터였다. 물론 간증문을 이미 보내어서 그분은 내용을 알고 계셨다. 다시 정확히 듣고자 하시는 것 같아 진지하게 주님을 어떻게 알게 되었는지 어떻게 사우디아라비아에서 주님을 영접했는지에 관해 자세히 간증했다.

희망선교지에 관한 질문에 아직 정해진 나라는 없지만 이 대학의 3년 과정을 마치면 아프리카의 모슬렘 지역으로 의료 선교사로 가겠다고 대답했다. 학비에 관해 물었다. 하나님만이 내게 도움을 주실 분이므로 시편 121편 말씀과 같이 하나님께서 학비에 관해서도 도움을 주실 것이라고 대답했다. 그 당시 저축해 놓았던 것을 보면 2학년까지 마칠 금액을 가지고 있었다.

더듬거리며 교수님의 물음에 성의껏 대답을 해드렸지만, 케임브리지대학교 영어시험 성적 서류가 빠졌다면서 그 시험에 불합격 시에는 입학전형이 안 된다고 했다. 나는 좀 난감했다. 면접은 5월 초에 왔지만 기실 영어시험은 다음달 6월에 있었고, 9월에라야 결과가 나오기 때문에 당시에 결과를 말할 수 없는 실정이었다. 우선 서류가 미비하니 입학면접에 문제가 될 것 같았다. 교수님은 면접을 마치고 오후에는 쉬고 이틀 더 기숙하면서 이야기하자고 하셨다.

식사 시간 종소리가 나자 교수님은 친절하게 식당으로 안내해주셨다. 점심식사는 뷔페식이었다. 아침식사와 마찬가지로 줄을 서서 한 가지씩 접시에 놓인 음식을 접시에 올려놓았다. 모두들 나를 이 학교에 입학할 신입생처럼 친절히 맞아주었다. 그러한 친절이 나에게 부담이 되었다. 게다가 점심식사 메뉴는 마른 빵에 느끼한 버터를 바르고 거기에 주로 치즈를 올려 먹어야 하는 식단이었다. 과연 내가 이 음식을 먹고 살아남을까 싶었다.

버나드 교수님과 면접을 마친 후 나는 현실을 더 직시하게 되었는데 갑자기 이런 곳에서 공부할 자신도 선교사가 될 자신도 없었다. 이곳은 군대식의 규치지이고 경지되어 보이는 아주 구식으로 느껴지는 곳이었다. 여자는 긴 치마만 입어야 하는 규율이 있다는 말에, 기숙사 생활을 하며 3년간 보내야 하는 것이 마음속에 그려졌다.

나는 기숙사 매니저인 카시 자매를 찾아갔다. 그리고 그녀에게 맨체스터로 지금 돌아가겠다고 했다. 오후 수업이 진행되고 있었기 때문에 미스터 버나드에게 전해달라고 하면서 파트타임으로 일을 해야 하므로 지금 가야 한다고 했다. 그녀는 며칠을 더 있어야 하지 않으냐고 말했으나 나를 잡지는 않았다. 아마 나의 완강한 태도 때문이었을 것이다.

나는 이미 가방을 챙겨 들고 무작정 학교를 떠난다는 일방적인 통고만 했을 뿐 아무것도 귀에 들어오지 않았다. 지난밤에 불어대는 바람만으로도 나는 이 학교에 올 수 없을 것 같았다. 학교 문을 나와 언덕을 달리듯 내려왔다. 뜨거운 눈물이 주체할 수 없이 흘러내렸다. 아니 내가 이 낯선 곳까지 어떻게 왔다는 것인지 믿어지지 않을 정도였다. 맨체스터에 들어서니 저녁이었다. 공중전화 부스로 들어가 전도자 언니에게 연락했다. 그 학교에 있을 수 없을 것 같아 면접을 더 해야 되는데 그냥 돌아왔다고 했다. 전도자 언니는 조용히 내 말을 듣고 있었다. 그리고는 본인도 주님의 부르심에 순종은 했지만 쉬운 일은 아니었다고 말했다. 일단 모든 것을 주님께 맡기고 기도하며 기다려보자고 했다.

한 달이 지날 즈음에 나는 영어시험을 보았다. 한국에 들어가야 할 시점에 미스터 버나드에게서 편지를 받았다. 졸업 후에 의료 선교를 간다면 오엠에서 1년을 사역하다가 오는 것도 좋은데 만일 공부를 시작하기를 원한다면, 그해 9월에 입학을 허가한다는 뜻밖의 연락이 온 것이다. 기도하기는 어떠한 여건에서도 입학을 허락하시면 학교에 가겠다고 했는데, 선교적 비전에 중점을 둔 신학교에서 공부할 기회를 얻은 것이었다. 나는 하루밖에 면접을 하지 않았지만 주님의 인도하심으로 믿고 그 학교에 입학하기로 마음을 굳혔다. 다만 9월에 영어시험 합격증을 학교에 제출하겠다는 답장은 보내야 했다.

훗날 버나드 교수님과 그의 부인이신 쉴라(Shiela) 여사는 나의 남편이 된 브라이언과 나의 멘토로서 다방면에서 조언과 도움을 주셨다. 사실 나는 한동안 이 면접 사건을 까맣게 잊고 있었다. 학교 졸업 후 1990년 9월 초 남편과 영국 웩 국제선교회에 들어가기 위해 서류를 접수할 때, 나는 멘토였던 버나드 교수님에게 참고인 서류를 부탁한 적이 있다. 그때 버나드 교수님이 나의 신학교 면접 때 들었던 간증과 첫인상을 웩 선교회에 제출해주셨다는 후일담을 들었다. 정말 감사하게도 교수님은 은퇴하신 후에도 우리를 위해 계속 기도로 동역해주시고 계신다.

레바논의 삼나무처럼

1987년 9월, 나는 레바논선교사대학(Lebanon Missionary Training College)에 입학했다. 감히 내가 생각조차 할 수 없었던 인생의 지점까지 막연히 순종하며 왔기에, 무엇이라고 말할 수 없는 그 어떤 것을 선하신 주님께서 주시고자 함을 나는 감지하고 있었다. 그러나 나에게 절실히 필요한 것은 남들보다 더 많은 분량의 인내와 지혜 그리고 총명이었다. 그래야 학업을 감당할 수 있을 것 같아 하나님께 그것들을 놓고 간구했다.

학교 면접시험 때, 나는 버나드 교수님으로부터 릭비 박사(Dr Rickby)가 조상으로부터 물려받은 대저택을 신학교에 기증했다는 이야기를 들었다. 학교를 시작하시면서 그분은 학교의 상징인 교표(badge)를 삼나무로 정하고 교명을 레바논선교사대학이라고 결정했다고 했다. 다윗 왕의 아들인 솔로몬 왕이 예루살렘에 첫 성전을 지을 때 아름다운 레바논의 삼나무로 지은 것같이, 이 학교의 졸업생들이 세상에 나가 주님의 성전을 지을 재목감이 되라는 의미에서 교명을 그렇게 정했다고 했다.

이후에 교명의 증서가 이슬람 지역에서 사역하는 후배들에게는 적합지 않다는 보고가 올라와 회의 후에 교명을 지명을 따서 노스움브리아 선교성경대학(Northumbria Missionary Bible College)으로 바꾸었다. 그리고 1998년에는 글래스고우 성경대학(Glasgow Bible College)과 합병되어 현재는 스코틀랜드의 에든버러 시 외각에 있는 인터내셔널 크리스천 칼리지(International Christian College)로 불리고 있다.

레바논선교사대학은 외국에서 사역할 선교사를 배출하는 학교로, 1950년대 중반에 개교했으며 교사, 의사, 간호사, 기술자 등 전문인 선교와 목회로 부름을 받았거나 신학대학 교수 지망생들이 주로 입학했다. 학교 자체 내의 프로그램도 있었지만 런던대학교나 케임브리지대학교의 과정도 원하면 이수할 수 있었다.

학교 측 허락으로 등교 며칠 전에 학교에 갔더니, 전에 도망치듯 사라진 나를 황당하게 보았을 것이 분명한 기숙사 매니저인 카시 부인과 부학장인 버나드 교수님이 나를 다시 반갑게 맞아주셨다. 내가 주거할 기숙사는 다락방이었다. 기숙사에 친구들이 하나둘 들어왔는데 독일, 스위스 등지에서 온 학생들이 대부분이었고, 사회에서 간호사, 의사, 목수, 기계공, 전기공, 요리사, 물리치료사, 우체부, 조산원, 수학이나 영어교사, 유치원 교사 등을 역임했다고 한다. 또한 MK(Missionary Kids, 선교사 자녀)들도 종종 눈에 띄었고 교회 사역자들도 제법 있었다. 모든 배경을 뒤로하고 주님의 소명을 붙잡고 입학한 귀한 분들이어서, 나는 그들과 함께 공부한다는 것이 자랑스러웠다.

그해 입학한 1학년 학생들은 약 40여 명이었다. 예배실에서 서로 돌아가면서 인사를 나누었음에도 백인들은 얼굴이 비슷비슷해서 구분하기 어려웠다. 처음에는 교수님들이 거의 안경을 쓰고 있고 얼굴이 비슷해서 넥타이 모양이나 신장과 체격으로 구분했다. 교수진은 모두 선교사 출신으로 석사와 박사 학위 소지자들이었다. 모든 분들이 풍부한 선교의 경험과 말씀으로 우리를 양육하신 영적 부모님들이요 형제자매들이었다. 또한 우리가 사역지에서 사역할 때도 오랫동안 연락을 주거나 기도의 줄을 놓지 않으셨다.

학교는 대학위원회가 주관했고 대부분 후원을 받아 운영했다. 가끔 외부 강사들이 와서 이슬람교나 힌두교, 이단에 관해서 강의했다. 그 외에도 교회나 어떤 분야에 실무사역을 하는 이들이 왔다. 1학년 때는 전체적인 신학개론을, 2~3학년 올라가면서 각자의 의사에 따라 외부 대학이나 본 대학의 과정을 선택해서 강의를 들을 수 있었는데, 나는 그 당시 성경 전체를 한 권씩 다루어주는 선교사 과정을 기쁨으로 선택했다. 수업은 복음주의 노선으로 성경말씀을 전적으로 믿고 실천하는 그리스도인을 양성하는 것을 목표로 이루어졌다.

나의 학업은 예상대로 쉬운 일이 아니어서 바라볼 분은 주님밖에 없었다. 그래서 지혜와 명철을 주님께 구하는 시간이 많았다.

9월에 겨우 케임브리지대학교에서 실시하는 영어시험 합격 증서를 버나드 교수님께 제출하기는 했지만 수업시간에 진도를 따라가는 것이 버거웠다. 받아적기 수업과 2~3시간씩 논문쓰기 시험은 주님의 은혜가 아니었다면 할 수가 없었음을 고백한다.

일과는 이러했다. 아침 기상은 6시에 손종 치기로 시작되었다. 그리고 순번에 따라 홍차를 만들어 3층 방에 있는 친구들 방으로 돌리는 시중을 들어야 하고, 개인 아침묵상 시간이 끝나면 아침식사 준비나 청소를 했다. 하루 세 끼의 식사 후에는 반드시 순번에 따라 약 70~80명분의 설거지도 해야 했다.

여학생 기숙사는 남학생 기숙사와 떨어져 있었다. 남학생이 여학생의 기숙사에 들어간 것이 발견되거나 보고가 되면 일단 퇴학당한다는 규칙이 있었다. 여러 가지 규율과 규칙이 있었는데 여자들은 반드시 긴 치마만 입어야 했고, 몸에 붙거나 비치는 옷옷은 허용되지 않았다. 여학생에게는 일할 때에도 바지 입는 것이 허용되지 않았고 운동 시에만 입을 수 있었다. 30분간의 아침식사 시간에도 우리는 말씀 묵상을 해야 했고, 졸업생들이 보낸 기도제목을 들고 대표 학생들이 말씀묵상 후에 기도를 했다.

아침 9시 예배시간에는 교수님들이 말씀을 돌아가면서 전하셨고, 졸업 예정자들에게도 말씀을 전하는 기회가 주어졌다. 아침 9시 반이면 수업을 시작해 저녁 5시에 끝났다. 그리고 저녁 식사 당번은 배식 봉사와 함께 홍차를 마시고자 하는 학생들 위해 시중을 들었다. 저녁식사 후에도 기도카드를 들고 한 사람씩 돌아가며 기도를 해야 했다. 기도가 끝나면 순번대로 부엌일을 돕거나 도서실로 아니면 각자의 방에서 과제를 해야 하는데 일주일에 적어도 서너 개의 에세이를 써내야 했으므로, 대부분의 학생들은 교제할 시간이 매우 부족했다.

금요일 저녁은 그래도 숨을 돌릴 수 있었는데, 선교사의 밤이라고 해서 선교사를 초청해서 말씀을 듣는 시간이 있었기 때문이다. 매주 금요일마다 선교사들이 각 나라나 각 선교회에 관해 보고하기도 하고 우리에게 선교 현황을 알려주고 도전을 주었다. 토요일에는 초등학교를 방문해서 전교생들 앞에서 복음을 전할 시간을 주어, 일주일에 한 번씩 이야기식 성경말씀을 어린이들에게 전했다. 또한 병원에서 주관하는 예배에 참석해서 말씀과 기도로 봉사하거나 환자들을 위해 병동에서 찬양을 했다.

하루에 서너 시간을 자면 잘 잤다고 할까, 숙제에 밀려 온통 밤을 하얗게 새는 날이 많았다. 2학년 언젠가는 학교 공부와 사역이 너무 버거워 전도 프로그램을 맡으신 버나드 교수님에게 찾아가서 초등학교에서의 어린이 전도사역을 할 수 없다고 말씀드렸다. 버나드 교수님은 앞으로 내가 사역할 아프리카에서 지금 하는 전도사역이 많은 도움이 될 것이라고 하시며 계속하라고 종용하셨다. 그래도 나는 의료팀 간호사로 선교사로 나갈 나에게 무슨 어린이사역이 필요하냐고 반문했다. 하지만 교수님은 전도는 필수라고 하시며 힘들어도 계속하라고 강권했다. 그런데 교수님 말씀대로 어린이를 대상으로 전도사역을 미리 해보았기에 이후 감비아에서 나는 어린이들 앞에서 영어로 성경이야기를 하는 것이 두렵지 않았다. 감비아 제1기 사역 중 어린이사역에 큰 열매를 본 수 있었던 것도 신학교에서 배운 전도훈련의 공이 컸다.

기숙사는 밤 10시 소등을 하는데, 그때까지 나는 과제를 끝내지 못했기에 새벽에 일어나서 하거나 기숙사 사감에게 허락을 받고 혼자서 과제를 해야 했다. 힘겨운 날의 연속이었다. 수업시간에는 교수님들은 표준어에 악센트가 심하지 않아 영어를 배울 때와 비슷한 정도로 알아들을 수가 있었다. 하지만 수업이 끝나고 오히려 사투리나 억양이 강한 영국 친구들과 대화할 때는 의사소통이 쉽지 않았다. 여러 지역이 특이한 사투리나 억양이 외국인인 우리들이 알아듣기가 쉽지 않아 웃지 못할 실수들도 종종 일어났다.

전도에 나가기 전에 우리는 서로 정확히 의사소통을 해 복음전도의 방향을 맞추어야 했다. 그래야 누가 무엇을 준비하며 담당할 것인지 알 수 있었기 때문이다. 이때 영국 출신 학생들보다 외국인 학생들, 주로 독일이나 스위스 친구들과의 의사소통이 더 쉬웠다. 그런데 지나고 보니 이렇게 다양한 문화권에서 온 사람들과 접촉하면서 공영어인 영어를 더욱 깊이 있게 공부할 수 있었음을 알게 되었다.

내게 학창시절은 선교사로서 배워야 할 자질과 자격을 갖추어 가는 가장 중요한 훈련시간이었다. 이곳에서 나는 주님의 말씀에 귀를 기울여 듣는 연습이 절실히 필요함을 절감했다. 훗날 감비아에서 사역할 때, 약 16개국에서 온 선교사들과의 언어소통도 여기서 준비되지 않았는가 싶다. 다행히 교수님들은 외국인들에게 말씀하실 때 천천히 또박또박 여러 번 말씀을 해주시거나, 외국 학생들을 감안해서 강의 자료들을 미리 복사해 나누어주시거나, 과제를 할 때도 도서관에서 빌리지 못하는 서적들을 간혹 빌려주시기도 했다. 복음서를 가르치던 스노우 교수님은 나의 잘못된 영어도 꼼꼼히 체크해주셨다.

학교생활 동안 나의 멘토 버나드 교수님은 추운 날씨에 고생하는 학생들을 위해 그들을 따로 불러 브라질 닭죽을 끓여주시곤 했다. 이 음식은 쌀, 생마늘을 듬뿍 넣어 오랫동안 삶아낸 죽이었는데 빵을 곁들여 먹도록 항상 준비를 해주셔서 늘 맛있게 얻어먹었다. 그 덕분에 겨울 독감을 이겨낸 것 같았다.

교수님들과 모든 직원들은 학생들이 타국에서 주님의 성전을 지을 수 있는 삼나무로 키우려고 열정을 쏟아부었다. 쉽지 않은 교과 과정들이었지만 성령님을 통해 우리는 하나가 되어갔다. 이 귀한 시간에 이러한 동역자들을 만나 하나님을 인격적으로 알아가며 그들과 깊은 교제를 할 수 있는 시간은 나의 인생에서 소중한 부분으로 자리 잡았다.

가을이 깊어가자 캠퍼스에 바람이 매섭게 불어와 기온이 뚝 떨어졌다. 학교에 입학해 3층 기숙사에서 머물다가, 얼마 후 학교에서 새로 정해준 기숙사로 옮겨갔다. 룸메이트는 빨강 머리에 푸른 눈이 인상적인 린 부루크였다. 기숙사는 크기로 보아 상당히 부를 누리던 사업가의 저택이었던 것 같다. 아름드리나무가 웅장히 서 있는 철대문까지 지나자면, 사방에 핀 꽃들 사이에 난 길을 상당히 걸어가야 했다. 기숙사에는 이층에 방이 다섯 개 있었다. 한 방에 여학생 두 명이 지내야 했다. 아래층에도 큰 연회실이 있었고, 탁아실과 식당이 있었다.

옛날 집이어서 실내가 매우 넓고, 천정도 높았다. 좋은 집이긴 했지만 추위는 감수해야 할 것 같았다. 이 기숙사에서도 나는 여전히 책상용 전구를 켜고 밤을 새우며 늦게까지 과제를 해야 했다. 그때마다 룸메이트인 린 부루크 언니가 나 때문에 잠을 설치는 것 같아서 미안하기 그지없었다. 린 언니의 아버지는 복음주의 교회에 목회자이신데, 본인은 음악 선교를 하고 싶다고 했다. 목소리가 청아한 린 언니는 졸업 전에도 전교생이 모인 자리에서 가스펠송으로 은혜를 나누었다. 그녀는 언어 때문에 과제에 시달리는 나를 불쌍히 여기며 기도해주던 마음씨 좋은 나의 동역자였다.

학생들은 복음전도 그룹으로 만나거나 아니면 서로 국적은 달라도 여학생들과 남학생들로 나누어져 생필품을 사러 시장에 함께 가기도 하며 교제를 나누었다. 학기 초에는 주말마다 동기생들과 함께 아름다운 풍광을 자랑하는 세인트 압스(St. Abbs)에 산책을 나가기도 했다. 이곳은 조류 서식지로 보랏빛 라벤더(lavanda) 들판과 나지막한 땅에 펼쳐지듯이 자라는 고스(gorse) 꽃으로 유명했다. 그러나 당시 대부분의 학생들은 과제와 금전적인 문제로 인해 여가활동이나 학교 활동에 적극적으로 참여하지 못했다.

나는 학비를 제외하고는 옷도 중고를 사거나 손빨래를 하거나 해서 돈을 아껴 썼다. 나를 도울 사람은 전혀 없었다. 교회 후원, 그리스도인 친구들의 후원, 또는 믿는 집안의 후원 등을 나는 애초에 기대할 수조차 없었다.

나의 사정을 간증을 통해 아는 몇몇 학생들이 간혹 나에게 노트를 사주기도 했고 때로는 알게 모르게 돈을 봉투에 넣어 기숙사 벽보에 붙여주기도 했다. 그들은 아름다운 신학교의 천사들이었다. 기숙사 여학생들을 다 알 수는 없었지만, 적어도 한 지붕 밑에서는 시간이 없더라도 서로 간증을 나누며 기도하며 가깝게 지내려고 노력했다.

누구인지는 모르지만 가끔 깜짝 선물로 봉투에 내 이름을 적고 몇 파운드의 돈을 봉투에 넣어 여학생 벽보판에 붙여두는 사람들을 위해서 내가 할 수 있는 일이란 주님께서 그들을 축복하시도록 기도하는 것뿐이었다. 당시 나는 비누를 사기도 버거운 형편이어서 늘 손빨래를 하거나 친구들과 함께 세탁기계에 넣어 빨기도 했다. 그런데 가끔 손빨래를 하다가 기숙사 매니저인 카시 부인에게 들키기도 했다. 손빨래가 금지되어 있는 것은 아니지만 민망했다. 그래서 나는 밤늦게 아무도 없는 때 빨래를 급히 하곤 했다. 손빨래를 하면 잘 짜지지 않아 건조하는 것이 쉽지는 않았다.

신학교 생활 중에 이러저러한 어려움이 있었지만 이미 내가 결정한 일이었기에 주님께서 도와주실 것을 믿고 열심히 생활했다.

남편과의 첫 만남

그리스도인들은 가끔 이런 이야기를 하곤 한다. "God has a sense of humor." 하나님께서 유머가 있으신 분이라는 뜻이다. 그 무렵 주님의 유머에 대해 생각할 만한 일이 벌어졌다. 결혼에 관해서였다. 눈을 다른 곳으로 돌릴 틈조차 없이 강의실과 도서관을 왕복하는 일이 내 하루 일과였다. 거기에 주말에 전도하고, 수업시간마다 선교훈련에 집중하는 것은 참으로 쉽지 않은 과정이었다.

기숙사 옆방에 있는 원양희 자매는 2학년으로 뉴캐슬에서 선교 사역을 겸하고 있어 얼굴 보기도 쉽지 않았다. 나 역시 빡빡한 일정으로 강의 노트 정리와 과제와 기숙사에서 해야 할 일들로 바쁘게 보내야 해서 같은 학년 학생들과만 눈인사 정도를 나누고 지내고 있었다.

그렇게 바쁘게 지내던 어느 날이었다. 결혼한 스위스 학생 부부가 크리스마스를 지내려 고향에 간다며 내게 집을 봐달라고 했다. 나는 친구의 집에서 혼자서 시간을 보내고 있는데 갓 결혼한 중국인 친구가 내가 묶고 있는 곳에 찾아왔다. 그 친구는 방학이 되어도 오갈 데 없이 지내고 있는 친구들이 몇 명 있는데, 자기 집에 이들을 초대했으니 나에게도 오라고 했다. 나 말고도 집에 가지 않은 친구들이 있을까 싶어 궁금해서 가겠다고 했다.

내가 머물던 집과 가까운 곳에 있는 친구에 집에 가보았더니 그곳에 브라이언이 와 있었다. 내심 놀랐다. 영국 사람인데 왜 집에 가질 않았을까 싶었다. 브라이언은 식사를 하면서 본인이 가톨릭 집안이어서 개신교로 개종한 그로서는 집안에서 크리스마스를 지내기가 쉽지 않아, 학교 근처 친구의 집에서 크리스마스를 보내기로 했다고 말했다. 그런 어려움이 있는 줄 몰랐는데, 그날 브라이언의 이야기를 통해 그 사정을 알게 되었다.

식사 후에 브라이언이 내가 기거하고 있는 집까지 데려다주고 갔지만, 우리는 한 마디도 하지 않았다. 해가 바뀌어 새로운 학기가 시작됐다.

1987년 2월 14일은 성 발렌티노일(발렌타인데이)이어서, 그 주의 주말은 여느 때보다 길었다. 학장님은 긴 주말을 이용해 휴가를 떠나셔서 나는 몇몇 친구들과 그 집에서 지내게 되었다. 언덕에 우뚝 자란 화초가 유난히 많고, 잔디가 1층 마당에 있는 아름다운 전경의 집이었다.

발렌타인데이 아침이었다. 초인종 소리에 1층으로 내려갔던 여학생들이 비명을 지르며 뛰어올라왔다. 장미꽃 다발이 수북 담긴 화병이 배달이 되어 있다는 것이다. 모두들 잠옷 바람에 흥분을 감추지 못했지만 나는 덤덤했다. 그때까지만 해도 나는 발렌타인데이가 어떤 날일지 잘 몰랐기 때문이었다. 누가 장난하는 것이라고 생각했다. 모두들 방으로 돌아가고 화병은 내 품에 안겨 있었다. 카드 안쪽을 보니 한글로 내 이름이 적혀 있었다. 열 송이도 더 넘는 붉은 장미를 멋쩍게 안고, 휴가차 와 있는 원양희 자매에게 갔다. 한글로 카드를 쓸 학생은 그녀밖에 없었기 때문이다.

그때까지만 해도 나는 원 자매의 장난이 좀 심하구나 하고 생각했다. 그당시 원 자매는 약혼자가 있어서 결혼을 앞두고 있었다. 그녀에게 내가 노처녀라고 놀리기냐고 다짜고짜 물었다. 그러자 그녀는 발렌타인데이에 여자가 여자에게 꽃이나 카드 주는 것을 보았느냐고 했다. 물론 나는 알 도리가 없었다. 그런 날이 존재하는 것조차 잘 모르고 지냈기 때문에 그냥 묵묵히 자매의 글씨체여서 물어본 것이라고 했더니, 그녀는 아직도 눈치를 못 챘느냐고 말했다.

그녀의 얘기인즉슨 원 자매에게 브라이언이 한국 문화에 관해 여러 번 물어보아서 브라이언이 나에게 관심이 있는 것으로 알고, 조언을 해주고 한국에 관한 이야기도 많이 해주었다고 했다. 어쩌면 주님은 원 자매를 통해 나와 브라이언의 중간 다리 역할을 하게 한 것 같았다. 우리가 무엇을 계획하더라도 이루시는 분은 주님이시니 어쨌든 나는 배우자에 대해 기도한 것이 있어 그날 마음이 무거웠다. 어찌 이런 일이 있으랴!

발렌타인데이 휴가 중에 학장님 댁이 비어 있어 스위스 친구 로젯과 나는 학장님댁에 가서 쉬기로 했다. 열쇠를 인계받고 오는 길에 로젯을 만났다. 요리를 잘하던 이 친구는 집으로 돌아가지 못하는 남학생들을 몽땅 저녁식사에 초대를 했으니 준비하는 데 도와달라고 했다. 그녀는 마음씨 곱고 잘 섬기는 자매였다. 나는 이 자매를 통해 스위스의 명물 음식인 퐁듀를 처음 얻어먹기도 했다. 어쨌든 한 집에 며칠 있기로 했으니, 나도 도왔고 그날 밤에 브라이언과 여러 남학생들이 식사를 하러 왔다. 모두들 게임까지 하고 돌아가고 우리는 부엌과 응접실의 뒷정리를 하고 있었다. 정리가 끝나갈 무렵 브라이언과 마크가 우리가 지내는 학장님 댁의 초인종을 눌렀다. 친구 로젯이 나갔다 오더니 마크가 자기를 보자고 하고, 브라이언이 나를 잠깐 만나 이야기하고 싶어 한다고 전해왔다. 그 친구가 대문 밖에서 마크라는 학생과 이야기할 때, 브라이언이 거실로 들어왔다. 그는 머뭇거리며 나에게 친구가 되어주지 않겠느냐고 했다. 그 말은 결혼을 전제로 하는 이성교제를 하자는 것이었다. 이성교제를 하려면 학교에 알려 교수님들의 허락까지 맡아야 된다는 규율이 있었다.

이 모든 것을 생각할 때에 상당한 부담감이 솟구쳤다. 교수님들은 물론 학생들도 이 사실을 알게 되는데 어찌 모든 이들의 눈총을 감당할까 싶었다. 그러나 나에게는 주님과 약속한 기도가 쌓여 있었다. 정확히 나의 기도에 응답하시는 주님이 더욱 두려웠다. 그날 브라이언의 제안에 좋다고 말했다. 브라이언은 학장님과 멘토 교수님에게 우리가 교제한다는 것을 알리기로 했다. 그 후 교수님들이 우리에 관해 기도하기 시작했다는 말을 들었고, 친구들 간에도 우리는 공인된 관계로 알려졌다. 이후 우리는 사람들이 보는 앞에서 식사를 같은 자리에서는 할 수 없고, 시장에 함께 갈 때도 손을 잡으면 안 된다는 지시를 받았다.

훗날 브라이언이 왜 나에게 관심을 갖게 되었는지 이야기했다. 알고 보니 그가 학교에서 면접시험을 보던 날, 교수님의 책상에 놓인 나의 입학 서류에 붙어 있는 사진 한 장에 눈길이 갔다고 했다. 어느 동양 여자 사진이 마음에 들어왔고, 시험에 합격하여 그해 9월에 학교에 왔더니 내가 온 것을 보고 그 사진의 학생이 왔구나 싶었다고 했다. 그 후 나를 주시해보면서 주님께 기도를 했는데, 기도하는 가운데 내가 그의 아내로 적합한 사람이라는 것을 알게 되었다고 했다. 국적이 다른 우리의 관계를 맺으시는 주님의 방법은 참으로 오묘했다.

한국에서 보낸 첫 여름방학

노스움브리아대학에서 선교에 필요한 실제적인 영적 무장을 말씀으로 채우며 배워나갔다. 성경을 배우며 영적인 세계를 더욱 알아가게 되었다.

학업을 지속하면서 나는 그리스도 제자로서의 사명인 복음전파에 참여해야 하는 것이 어느 특정인의 몫이 아닌 주님의 자녀로서 마땅히 해야 하는 것임을 알게 되었다. 또한 때로는 감동과 감격에 때로는 충격으로 마음에 돌멩이를 던지듯 나의 이기적인 개인주의를 깨며 사고에 파문을 일으키는 말씀의 능력을 더 깊이 경험하기 시작했다. 엄청난 영적 갈급함으로 인해 오게 된 학교였지만, 말씀을 배우면서 나는 신학을 공부하기를 잘했다는 생각이 더 강해졌다.

여름 학기가 끝날 무렵 한국에서 둘째 오빠에게 연락이 왔다. 고령의 부모님 대신 동생들을 챙기시던 오빠가 나에 대한 부모님의 근심을 전해왔고, 항공편을 준비해주겠으니 제발 집으로 돌아와 무엇을 하는지 허심탄회하게 부모님께 고하라는 내용이었다.

나는 브라이언의 차를 타고 런던의 히드로 공항으로 향했다. 런던 남부인 햄프셔로 돌아가는 길에 브라이언이 공항까지 배웅해주었다. 브라이언과 기도하기는 한국에 가서 이 기회에 브라이언에 관해 말씀을 드리고 2학년이 시작되기 전에 약혼하기로 했다.

여름 학기가 끝나가던 5월 어느 날, 브라이언과 둘이서 저녁식사 후에 학교 앞 트위드 강으로 산책하러 나갔을 때였다. 브라이언이 문득 결혼해주겠느냐고 물어왔을 때, 자연스레 기도해왔던 것처럼 '예'라고 대답했다. 주님의 인도하심이 분명하다는 믿음이 있었기 때문이었다. 한국으로 여름방학 동안 떠난다는 것은 전혀 예상하지 못했던 일이지만, 이 여행을 주님께서 주관하시고 준비해주시는 것 같았다. 그때만 해도 우리 집안에서는 내 삶에 일어나고 있는 변화를 전혀 눈치채지 못하고 있었다.

당시는 한국행 직항비행기가 없었다. 북반구 가까운 캐나다의 알래스카로 7~8시간을 비행해서 올라갔다가, 다시 7~8시간을 극동에 있는 한국에 가려면 러시아와 중국의 하늘을 날아 조심스레 서울로 비행해야 했다. 한국은 공산권과 냉전 상태였기 때문이다. 긴 여행 끝에 귀국 후 서울 성산동에 계시는 오빠 댁에서 머물게 되었다. 반가움과 근심에 쌓여 나를 만나러 서울로 올라오신 부모님을 뵙고 큰절을 올렸다. 부모님과 나는 그간의 아쉬움과 궁금증, 반가움에 이야기보따리로 밤새는 줄 몰랐다. 여름방학 동안 약 두 달을 한국에서 지냈다. 내 혼사 걱정을 하시는 부모님의 마음을 전하시는 둘째 올케에게 나는 진솔하게 브라이언에 관해 털어놓았다.

주님께서 정말 얼마나 유머가 많으신지 모른다. 나에게 결혼할 마음을 주신 것이다. 주님이 주신 도전은 나를 사랑한다는 한 남자를 진정 마음을 열고 사랑하지 못한다면, 선교지까지 가서 주님의 사랑을 이야기할 수 있을 것인가 하는 물음이었다.

신학대학에 입학할 무렵 전도자 언니가 결혼 대상을 두고 기도를 하라는 조언을 한 적이 있었다. 그때만 해도 나는 결혼에 관해 기도한다는 것이 경건하지 못하며 선교 공부와 결혼 두 가지를 한꺼번에 이행할 수가 없다고 가볍게 생각했다. 내심 주님에게 부끄러운 일이며 내 삶을 드리겠다는 고백에 어긋나는 듯, 거룩성에 문제가 되는 것 같아서였다. 그러나 언니는 반려자와 함께 하면 더 활발하게 사역을 할 수 있다고 조언했다. 어쨌든 나는 그런 기도는 못 하니 하고 싶으면 언니가 하라고 전화를 했다. 그런 일이 있은 후 1년 만에 나는 둘째 올케에게 결혼에 관해 이야기하고 있었다.

과년한 딸을 둔 노령의 부모님은 내가 영국으로 꼭 돌아가야 한다는 사실에 걱정하셨다. 그때 아버지께 내 결혼 상대자인 브라이언에 관해 지혜롭게 말을 잘 전해준 장본인이 둘째 올케였다. 올케는 시아버님을 인천 송도로 모시고 가서 관광을 시켜드리며 브라이언 이야기를 했는데, 아버지의 반응은 생각보다 좋았다고 했다. 반면에 어머니는 상당히 섭섭하셔서 완고히 반대하셨다고 했다.

큰 형부는 나를 두고 아끼는 처제인데 머리가 너무 좋다 보니 도가 지나쳐 좀 잘못되어 가는 것이 아닌가라고 했다. 그러나 2012년 여름 성령의 임재하심으로 형부는 80세 가까운 연세에도 불구하고, 청년 때 기회가 있었지만 주님을 영접하지 못했던 것을 후회하시며 동네 교회에 발을 들이기 시작하셨다.

한국에 머무는 동안 나는 삼척에 계신 큰오빠를 만나 복음을 전했다. 전에 나는 술과 담배, 그러한 세상에 찌들어 벗어나지 못하는 큰오빠를 이미 용서하고 정죄하지 않겠다고 다짐했었다. 오빠를 만나는 순간 목자 없는 양, 잃어버린 영혼이라 생각이 되어 너무 마음이 아프고 불쌍했다. 어떻게 복음을 전할까 고심하며 기도해왔는데 정녕 내가 다가가 복음을 전하자, 오빠는 기분이 나쁘신지 코웃음을 치면서 밖으로 휑하니 나가버리셨다. 튕겨져 나오는 반동감, 알 수 없는 거부감에 마음이 언짢았지만 영혼을 사랑하시는 주님의 손에 오빠의 영혼을 맡길 수밖에 없었다.

학창 시절에 한 약혼식과 결혼식

한국에서 베릭으로 돌아온 것은 9월 첫 주로, 학기가 시작되기 약 일주일 전에 브라이언을 만났다. 브라이언의 차로 에든버러로 향했다. 약속한 것처럼 우리는 에든버러 성에서 로얄마일로 걸어 내려왔고 성 자일스 성당의 존 녹스의 동상 옆에서, 브라이언은 준비해놓은 약혼반지를 나의 손가락에 끼워주었다. 서로 기도를 한 후에 성당 내부도 들어가 보고 주변의 거리를 산책했다. 약혼반지로 보석이 박힌 반지를 예비신부에게 주고 결혼식 때는 보통 금반지를 받아 함께 왼손에 끼는 것이 영국인의 관례였다. 에든버러 공원에 앉아 앞으로의 학업이나 결혼에 관해 이야기를 했다. 그곳에서 우리의 결혼을 주님께서 이끄시고 가족들이 마음의 문을 열도록 매일 기도하기로 작정했다.

한국에서 둘째 올케에게 연락이 왔다. 얼마 전에 결혼을 승낙하신 아버지께서 남편 될 사람의 사진을 보내라고 하셔서 보냈는데, 그 사진을 보신 아버지가 브라이언이 미남이라고 칭찬하셨다고 했다. 어머니는 여전히 마음의 문을 닫고 있었다. 결혼해서 멀리 가서 살 것 같은 막내가 섭섭하신 것 같았다.

신학교 2학년 때는 1학년 때보다 학업의 양이 가중되었다. 조직신학을 신학 1, 2로 나누어 깊이 있게 배웠고, 기독교 변증법과 기독윤리학 시간이면 그 당시 신문에 실린 사회적 이슈들을 거론하여 토론하게 했다. 예를 들면 안락사나 대리모, 레즈비언, 게이의 문제 등이 영국사회에 상당히 대두되고 여전히 반사회적인 이면을 보이는 펑크족들이 떠도는 때여서, 이런 이슈들에 대해 학생들은 성경을 바탕으로 상당히 열띤 논쟁을 벌였다.

교회사 시간에는 중세부터 현대에 이르기까지 어떻게 그 개혁의 불길이 일어났는가를 다루어 흥미로웠다. 짜임새 있는 이론과 실제를 겸한 수업과 더불어 그 외에 의무사항인 교회 사역과 전도가 버거웠지만 은혜로웠다. 또한 틈틈이 나는 브라이언과 매일 아침 짧으나마 예배시간 시작 전에 만나 주님께서 준비해주실 결혼예식을 두고 기도하는 시간을 가졌다. 이미 2학년을 시작하면서 우리의 약혼은 전교생이 함께한 예배실에서 발표되었다. 학생들과 교직원 모두가 우리에게 주님의 축복과 인도하심이 있기를 기도해주었다.

2학년 중간 방학을 이용하여 잠시 브라이언의 어머니에게 인사드리기 위해 웨일스의 앙글시(Anglsey)라는 섬을 방문했다. 홀로 되신 어머님은 이미 아들의 약혼 소식을 듣고 아신지라 내가 동양인 며느릿감이었음에도 반가이 맞아주셨다. 집안에 들어서자마자 즐비하게 장식된 가톨릭 성화와 성물들이 눈에 들어왔다. 어머님은 당시 병원 수술실에서 근무하고 계셨고, 두 딸도 간호사라고 하셨는데 만나지는 못했다.

브라이언의 간증을 통해 나는 다음의 사실을 알게 되었다. 그의 아버지는 북아일랜드의 개신교 교회의 장로 출신이었는데, 남아일랜드 출신의 가톨릭 신자인 여인을 만나 벨파스트에서 결혼하셨다. 당시는 가톨릭 신자를 아내로 얻으려면 자녀를 가톨릭 신자로 양육한다고 해야 결혼이 허용되었다. 그런 집안에서 그는 7남매 중에서 넷째로 태어났다. 할아버지와 아버지 모두가 군인 출신이었으나 그는 남자 형제들 중에 유일하게 영국군에서 근무했다.

브라이언은 1982년에 포클랜드 전쟁에 징집되어 참전했다. 이 전쟁에서 그는 여러 번 죽을 고비를 넘겼는데, 그때마다 자신이 천국에 갈 수 있을지에 대한 확신이 전혀 들지 않았다고 했다. 전쟁이 끝난 후 군인들을 대상으로 선교하는 선교사들을 만나 교회에 나가게 되었고, 군 시절 막사 밖에 있는 침례교에서 복음을 듣게 되었다. 어느 날 그는 성령의 감동하심으로 마음이 열려 예수님을 구주로 영접했다고 했다. 군 시절은 어려운 상황의 연속이었지만 브라이언은 그때 주님을 만날 수 있어 감사하다고 했다.

브리이언의 모교회는 복음주의 교단으로 그가 신학교에 믿집을 올 당시 약 70~80명이 모였고, 그는 교회의 네 명의 리더 중 한 사람이었다. 브라이언은 교회에서 중남미의 베를리즈에 갔던 적이 있는데, 그곳에서 선교사들을 만나면서 선교에 관심을 갖게 되었다. 이후 주님께서 그에게 선교를 향한 비전을 보여주셔서, 브라이언은 선교를 향한 마음을 교회에 알렸고, 교회 리더들의 신중한 심사와 성도들의 찬성투표로 노스움브리아대학에 입학하게 되었다고 했다.

브라이언이 주님 안에서 거듭나면서 개신교 교회를 다니자, 어머니는 개탄하셨고 모자간의 관계가 많이 어그러지게 되었다고 했다. 노스움브리아대학을 지망했을 때도 어머니는 브라이언에게 가톨릭의 제수이트교단으로 들어가 선교를 하라고 종용했다고 했다. 그러나 감사하게도 브라이언과 내가 인사를 갔을 때도 어머니는 가톨릭 전통을 고수하려는 열망이 강하셨지만, 우리에게 다시 종교 문제를 거론하지는 않으셨다.

나는 브라이언의 어머니를 뵙고 온 후 홀가분한 마음으로 학업에 전념했다. 2학년 때 에든버러에서 오신 고령의 목사님께서 신학 시간에 성령에 대한 강의를 한 학기동안 진행하셨다. 그러던 어느 날 나는 이 수업 시간에 주님으로부터 큰 은혜를 받았다.

교수님은 시편 139편 말씀에 대해 깊이 있게 강의해주셨다. 그 말씀은 나의 마음에 깊은 울림이 되어 눈물이 주르르 흘러내렸다. 친구들이 나에게 휴지나 손수건을 건네줄 정도로 나는 감격하여 큰 은혜를 받았다. 주님이 그렇게 나를 사랑하신다는 말씀에 눈물이 앞을 가렸다.

나를 감찰하시는 주님, 나의 앉고 일어섬을 아시고, 내 혀의 말을 알지 못하시는 것이 하나도 없으신 주님이 나의 전후를 두르시며 내게 안수하셨다니 감격스럽기 그지없었다. 내가 주를 떠나 피할 곳이 없다는 말에 나는 더욱 감사했다. 흑암이 나를 두른다고 할지라도 빛이신 주님이 보호하시니 감사했다. 더구나 나의 장부를 지으시며 모태에서 나를 조성했다는 말씀이 나에게 크게 다가왔다. 나는 팔삭둥이로 태어나 자칫 이 세상에 존재하지 못할 뻔했다. 그런 나에게 이 말씀은 생명의 귀중함을 재조명해주시어, 창조주 하나님의 존귀함과 사랑에 대해 나는 무어라고 표현할 수 없을 정도로 압도되었다. 그 후로 많은 날들을 그런 은혜의 바다에 들어가 주님의 사랑을 흠뻑 마시는 행복을 누렸다.

한국의 가족에게서 편지가 왔다. 대부분 나에게 브라이언과 함께 한국에 오라는 전갈이었다. 결혼 준비에 대한 언급은 없었다. 둘째 올케를 통해 나의 결혼 소식을 전했어도 가족의 반응에 관해 들은 바는 없었고, 무조건 브라이언을 데리고 와서 한국식으로 선을 보고 결혼식을 올려야 한다고 했다.

집안에서 완강히 기독교식 결혼을 반대한다면, 우리는 교회를 찾아가서 목사님에게 우리의 사정을 알리고 결혼식을 올릴 생각이었다. 결혼식을 올리기 약 2주 전에 우리는 한국에 도착했는데 아무도 반기는 사람은 없었다. 타국인인 브라이언을 맞이한다는 것이 한국 정서로는 쉽지 않은 것 같았다.

큰언니와 오빠네도 우리에게 어떻게 해야 할 줄 몰라 신촌 어느 여관에 브라이언의 숙소를 정해주었다. 나는 형제들을 만났다. 여전히 부모님은 서울에 나타나지 않으셨고, 고향 삼척에는 동네 사람들 창피하니 오면 안 된다고 하셨다. 예측했던 부분들이라 그다지 마음이 상하지 않았다. 그 당시 그래도 유일하게 그리스도인이었던 셋째 오빠는 가족에게 여동생의 결혼식은 반드시 기독교식으로 해야 한다고 설득했다. 그리고는 잘 아시는 개척교회 목사님께 우리 결혼식을 맡아주시도록 요청해보겠다고 이야기했다. 우리는 하나씩 하나씩 실마리를 풀어주시는 주님께서 감사했다.

그렇게 며칠이 지나자 부모님도 상경하시어 브라이언이 부모님께 인사를 올렸다. 아버지는 브라이언이 키도 크고 머리와 눈이 갈색이어서 마음에 드신다고 하셨다. 워낙 유교문화를 중시하시는 아버지는 브라이언에게 성(姓)이 무엇인지 물어보셨다. 왜냐하면 한국식으로 그기 어떤 가문의 자손인지 알고 싶어 하셨기 때문이다.

브라이언이 타나(Tanner)라는 성을 가졌다고 말씀을 드리자, 아버님은 클래식 가수인 테너로 잘못 들으시고는 좋은 의미로 여기서서 또한 감사했다. 아버지는 외국인 사위에 대해 어려워하시는 어머니에게 오히려 용기를 주시려고 애쓰셨다.

아버지는 한국전쟁 당시 민간인으로 외국 군인들을 도우셨다. 그중 영국군이 가장 예의가 있었고 전시임에도 넥타이를 매고 다니는 것이 인상적이었다며 영국인 사위에게 호의를 표하셨다. 어머니는 여전히 마음이 헝클어져계셨다. 나에게 하필이면 왜 외국남자냐고 하시며 원망하셨다. 그리고 내가 외국으로 시집가면 자주 보지 못할 터인데 하시며 혀를 차셨다. 주님께 어머니의 마음을 위로해 달라고 기도할 수밖에 없었다.

부모님과 여덟 형제가 모여 우리의 결혼에 관해 의논했다. 우리 둘 다 학생 신분이며, 형제 중 마지막 결혼식이니 부모님과 형제들이 기부금을 내서 결혼을 준비하겠다고 하셨다. 브라이언과 나 그리고 셋째 오빠는 결혼식의 조건을 제안했다. 집안에서 결혼 장소를 택하되 꼭 목사님을 모시고 기독교식 결혼을 해야 할 것, 결혼 피로연에 주류를 제공하지 않는다는 것 두 가지였다. 식구들 사이에서 언성을 높이며 결혼식에 관해 의견들이 오갔다. 결국 부모님은 둘째 오빠에게 모든 결혼예식을 주관하도록 결론을 내렸다. 그래서 일주일 만에 결혼 준비가 진행됐다.

몇 년간 객지생활을 해오던 나의 때 거친 피부가 며칠 만에 부드러운 신부의 피부로 돌아올 리 만무했다. 나뿐만 아니라 대부분 신학교 여학생들이 그렇듯이 미장원에 갈 돈을 아끼느라 어지간하면 본인들이 거울을 보고 손에 쥐가 나도록 머리를 자르거나 아니면 서로에게 적당히 머리를 내주어 머리카락을 정돈하곤 했다. 그래서 한국 미용사는 내 머리가 길이도 제대로 안 맞는다며 도대체 뭐하는 여자냐고 묻기도 했다.

결혼식 일정이 잡히자 가족들은 새신랑이 될 브라이언을 마포의 가든호텔에 투숙하게 해주었다. 그런데 길거리에 널려 있는 과일가게에 혹한 우리는 무더운 여름날 수박을 잘못 먹어 그만 탈이 나고 말았다. 결혼식을 앞두고 브라이언은 탈진하여 한국 초여름 장마와 더위 그리고 설익은 과일로 인하여 한국의 맛을 톡톡히 보아야 했다.

우리는 재정적으로 준비할 여건이 안 되어 1년을 꼬박 결혼을 두고 기도한 것밖에는 없는데, 주님께서 아름답고 선하게 모든 필요를 채워나가시는 것을 보게 되었다. 시댁에서 한 분도 오시지 않아 결혼식 비디오를 만들어 시댁 식구들에게 보여드리기로 했다.

결혼식 하루 전날 예식 준비를 위해 호텔 매니저를 찾아갔다. 결혼 예식 절차를 알려주기 위해서였다. 멋지게 옷을 쫙 빼입은 호텔의 매니저는 우리 둘을 아래위로 훑어보면서 내일 결혼할 사람들이 맞느냐며 놀라는 듯했다. 우리가 청바지에 운동화 차림으로 갔기 때문일 것이다.

여전히 미용실 아주머니는 내 눈이 작아 가짜 눈썹이 잘 붙지 않는다고 역정을 부렸다. 브라이언은 한국식 신부화장에 대해 들었던지 절대로 화장을 많이 하지 말라고 신신당부를 했다. 말씀을 드리긴 했지만 화장은 그 주인이 해주시는 거여서 무어라고 말을 할 수가 없었다. 훗날 브라이언은 결혼식장에서 나를 못 알아보았다고 친구들에게 우스갯소리를 하곤 했다.

1989년 7월 5일에 서울 마포 가든호텔에서 결혼식을 올렸다. 형제들과 가까운 친척들, 친구들 그리고 사우디아라비아에서 일했던 간호사 팀들이 참석해서 하객은 약 130명 정도가 되었다. 그 당시 흔치 않은 국제결혼이어서 부모님은 막내딸의 혼사를 동네에 알리지 못하셨다. 브라이언은 결혼반지가 너무 과하다고 안 받겠다고 하며 선교지에 갈 것이니 새 양복도 새 구두도 필요 없다고 했다. 그에게 한국의 보편적 결혼풍습을 이해시키는 것은 무리였다. 그러나 결국 브라이언은 처가댁의 부모형제들의 성의를 보이시도 새신랑이 갖추어야 할 의복과 구두를 받기로 했다.

우리의 결혼식은 정말 우여곡절이 많았다. 어쨌든 부모님과 형제자매들의 요청대로 내가 꼭 한국에서 결혼해야 한다는 조건이 충족이 되었으므로, 우리가 요구했던 결혼식 조건도 충족시킬 수 있었다. 모든 것이 하나님의 은혜라고 하지 않을 수 없다. 우리 결혼식의 주례를 맡은 김 목사님이 하객들에게 앞으로 우리가 해야 할 선교사역까지도 선포해주셔서 감사했다. 그리스도인 친구인 예순이가 축가를 불러주어 무척 고마웠다.

결혼식을 올린 지 약 한 달 후에 영국으로 막내를 떠나보내야 하시는 부모님, 특히 어머니는 섭섭하셔서 그러신지 말씀을 거의 하지 않으셨다. 큰오빠가 부모님 댁에 얹혀살게 되어 만났는데 깊이 있게 전도를 하지 못했던 것이 너무나 아쉬웠다. 그러나 결혼식에 참석하셨던 가족 친지 모든 분들이 우리가 기독교인들이고 이제 신학교를 마치면 선교지로 간다는 것을 알릴 수 있어 무엇보다도 기뻤다.

결혼식 후 한 달여 만에 다시 영국으로 돌아와 햄프셔에 있는 브라이언의 교회에 들러 목사님, 성도님들, 친구들에게 인사를 드렸다. 웨일스의 앙글시 집에 계시던 어머니에게도 찾아가 인사를 드렸고, 가까이 계시던 형제들도 함께 모여서 우리를 맞아주셨다. 우리는 그분들에게 결혼식 비디오와 사진들을 보여드렸다. 그분들에게는 참으로 생소한 결혼사진과 비디오였을 것이다.

개신교식의 결혼을 보시면서 마음이 착잡하신 것 같았지만 시어머니는 묵묵히 비디오를 보시며 미소를 띠셨으니 만족하신 것 같았다. 결국 우리의 만남과 결혼은 한마디로, 주님께서 계획하시고 이끌어주셨음이 분명했다.

주여, 이 집안을 대대손손 그리스도의 가정으로 세우시고 축복하여 주시옵소서. 아멘.

베릭에서의 마지막 신학교 생활

브라이언과 함께 한국으로 들어갈 때만 해도 우리는 가난한 신학생들이니 아주 간소하게 식을 치를 예정이었다. 저축해 둔 것이라곤 단지 지난 1년간의 기도뿐이었다. 그런 우리들에게 주님은 예상하지 않았던 아름다운 결혼을 허락하셨다. 게다가 결혼 축의금을 나누어주셔서 영국에 돌아와 3학년 새 학기를 시작할 수 있도록 해주셨다.

학기 시작 전에 약 한 달간 베릭에서 새살림 준비를 했다. 우리가 살 셋집은 방이 두 칸이고 가구가 설치되어 있어서 몸만 들어가면 되었다. 살림이라곤 책과 가방이 전부였다. 우리 집은 트위드 강의 다리를 건너 바닷가를 끼고 있는 이층 연립주택이었다. 가까이에 몇몇 결혼한 학생 가정들과 윤리학 교수인 미스터 킹이 살고 있었다. 우리는 마지막 학년을 그곳에서 지낼 생각이었고 자전거 두 대를 구입하여 통학하기로 했다. 학장님과 더불어 신학교 교수님들 그리고 친구들의 축복 기도를 받으며 3학년 신학기와 더불어 결혼생활을 시작했다.

둘 다 공부가 직업이니 학업에 집중해야 했다. 근대에서 현대로 이르는 교회사에는 성령의 불이 어떻게 확산되어 갔는지, 주님께서 어떤 일들을 이루셨는지를 말하고 있었다. 학교에서 만나는 선교사들과 단기로 선교를 다녀왔던 친구들이나 선교지 경험이 있는 교수진들과 함께 선교에 대해 깊이 있게 대할 수 있는 것이 나는 무엇보다 좋았다.

전반적으로 교수님들은 선교사 출신이어서 선교학적으로 강의를 하셨고, 신학은 복음주의 노선을 따랐기에 복음주의적인 저서들을 학생들에게 소개해주셨다. 강의 외에 매주 금요일마다 초대되어 오는 선교사들의 전해주는 정보는 너무나 귀했다. 하나님께서 선교지 복음화를 인도해가시며 사역자들을 부르시고 세계 곳곳에 세우시는 일들이 놀라웠다. 우리는 근현대 선교사들의 행적을 담은 책들과 전기를 읽을 기회가 많았다. 그중에 학생들에게 극한의 환경에서도 인도 선교에 헌신했던 근대 선교의 아버지 '윌리엄 캐리'(William Carey), 중국내지선교회(현재는 OMF 선교회)의 창설자 '허드슨 테일러'(Hudson Taylor), 독일인으로 영국 고아들의 아버지였고 위대한 기도자였던 '죠지 뮬러'(George Muller), 영국 백만장자의 아들로 허드슨 테일러와 케임브리지대학 친구였으며 중국, 인도 사역 후에 영국으로 돌아와 50이 넘은 나이에 다시 아프리카의 심장부 콩고로 가서 사역한 웩 국제선교회(WEC International) 창설자 '찰스 토마스 스터드'(Charles Thomas Studd) 선교사들이 우리의 주목을 끌었다.

나는 이 학교가 내 인생의 영적 산실로 특별히 주님께서 일꾼으로 성장하게 해주신 훈련의 장이라고 확신했다. 하나님의 기쁨이 되기 위해 두 귀를 말씀에 쫑긋 세우는 하루하루는 감사의 날들이었다. 성령의 역사하심으로 성경을 통해 주님을 더 알기 원할 때, 주님께서 말씀을 깊이 있게 알게 해주셨고 말씀에 순종할 수 있도록 은혜를 부어주셨다.

이제 옛 옷을 벗고 새 옷을 입었다는 사실, 그리고 이 옷이 예수의 피로 산 의의 옷이라는 사실, 게다가 내 몸이 이제 성령의 전이 되었다는 사실이 나에게 경외감과 전율로 다가왔다.

신학교에서 수학하는 동안 만난 친구들을 보면서 느낀 점도 많았다. 성령의 역사는 인격적인 주님을 가슴으로 만난 자들의 행진이었고, 수많은 보통 사람들을 주님은 그의 사역에 동참시키셨다. 나에게 신학교 3년은 나의 삶 전체를 주님에게 헌신하고 주님만을 바라보는 영성을 일상에서 실제로 연습하는 기간이었다. 또한 믿음의 깊이를 더해가는 감사한 삶의 여정을 남편과 함께 시작할 수 있어 무엇보다 감사했다. 우리 부부는 신학교의 마지막 1년 동안 2인 3각으로 달리기하는 것처럼 선교를 향해 호흡을 맞추어나갔다.

결혼생활도 주님께서 성령으로 인도해주셔서 우리 부부는 행복한 신혼생활을 했다. 물론 우리는 공부, 교제, 전도에 시간을 쪼개서 헌신해야 해서 집 앞에 있는 바닷가를 산책할 시간도 없이 무척 바빴다. 결혼 초기에 나는 인생의 엄청난 격변기를 맞고 있어 남편을 위해 음식도 제대로 준비하지 못하는 한국판 초보 주부에 불과했다. 그래서 브라이언은 그 바쁜 일과에도 나를 도와 식사를 준비하기 위해 시간을 내야 했다. 매주 토요일에는 기숙사 친구들을 두어 명씩 집으로 초대해서 식사와 함께 교제를 가졌다.

날씨가 좋지 않은 날에 나가는 장거리 전도사역 때에는 중고차를 이용했다. 기름 값을 고려해야 했지만 자동차는 우리의 유용한 전도 도구가 되어주었다. 우리 부부는 신학교에서의 마지막 1년 동안 정말 열심히 살았다. 선교사로 나가기 전의 마지막 훈련기간이라고 생각하고 학업과 사역에 집중하는 한편 선교지를 위해서도 다방면으로 알아보면서 구체화했나갔다.

배 목사님과의 특별한 만남

신학교에서 2학년에 올라갈 무렵 이제 한국인은 나 혼자라는 생각이 들어 외로웠다. 원양희 자매는 졸업해서 결혼한 후 남편을 따라 런던 지역으로 갔다. 이제 학교에 한국인이 나 혼자뿐이라는 생각에 약간 우울했는데, 주님께서 한 한국 자매를 학교로 보내주셨다.

걸출한 여걸인 한봉희 언니는 OM 사역자로 둘로스 배를 타고 다니다가 파키스탄에서 사역을 했다고 한다. 학기가 시작되기 며칠 전에 만났는데 나보다 한 살 위지만 아주 밝고 영적으로 성숙한 분이었다.

브라이언과 내가 결혼을 하고 따로 나와 살던 무렵 봄 학기에 또 한 명의 한국인을 학교에 보내주셨다. 그분은 영국에 안식년으로 나와 계신 배광영 목사님이셨다. 배 목사님은 런던 지역에 있다가 우리 학교에서 봄 학기에 약 10주간 강의를 들으시며 공부를 하고 계셨다.

어느 날 봉희 언니와 커먼룸에서 이야기를 나누고 있었는데, 배 목사님이 들어오셔서 우리는 목사님께 인사드렸다. 목사님은 우리에게 가까이 오셔서 이런저런 이야기를 시작했다. 그러던 중 배 목사님이 봉희 언니를 보시더니 낯이 많이 익다고 하셨다. 그러자 봉희 언니가 혹시 미아리고개 교회에 오셨던 배 전도사님이 아니시냐고 말씀드렸다. 배 목사님도 기억을 되살렸는데 봉희 언니에게 어느 권사님의 성함을 대시며 그분 따님이시지 않느냐고 했다. 아마 서로가 이름을 대고 인사하면서 언젠가 한국에서 만났던 것이 생각난 것 같았다.

배 목사님은 런던도 아닌 베릭에서 그 옛날 전도사 시절에 만났던 어느 권사님의 딸을 만날 줄을 몰랐다면서 반가워하며, 봉희 언니에 관한 이야기를 해주셨다. 전도사 시절 어느 권사님 댁에 심방을 갔더니 권사님이 실족해서 교회를 나오지 않는 딸을 위해 기도해달라고 했다. 그 후 몇 년이 지나 셋방에서 개척 교회를 시작하셨는데 그 권사님이 찾아오셨다. 권사님은 기도의 응답으로 딸이 교회를 잘 다니다가 오엠에서 둘로스 배를 타고 선교를 간다고 하니 걱정이 되어 딸을 위해 기도해달라고 부탁하러 오신 것이다.

그 딸이 선교지에 갔을 때도 그리고 영국에 신학을 공부하러 간다고 했을 때도 어머니는 배 목사님에게 연락을 했다고 한다. 목사님은 참으로 주님은 정확하신 분이시라고 하시며 권사님의 딸을 여기서 만날 줄이야 꿈에도 생각하지 못했다고 하셨다. 언니가 결혼 후 아프간 사역지로 들어갔을 때 배 목사님은 봉희 언니의 기도 후원자이자 물질의 후원자가 되어주셨다. 또한 오랫동안 우리의 기도 동역자로서 기도해주시고, 물질로도 후원해주셨다.

배 목사님은 부담이 없이 우리에게 신세를 지게 하시는 분이시고, 한국을 나가면 어느 때고 연락을 하면 만나주시는 분이셨다. 브라이언과 내가 배 목사님을 만난 지 얼마 되지 않아, 목사님이 늘 혼자 계시는 것 같아 우리 집으로 식사에 초대했다. 동해 바닷가 출신인 나는 매운탕을 끓일 줄 알았다. 특기를 살려 배 목사님에게 매운탕을 대접하였는데, 목사님은 그 뜨끈한 매운탕을 드시고 향수병이 몽땅 사라졌다고 하셨다.

어느 날 배 목사님은 우리에게 주소를 넘겨주시면서 스코틀랜드까지 자동차로 데려가 달라고 하셨다. 스코틀랜드에 볼 일이 있다며 봉희 언니에게도 함께 가자는 것이었다. 목사님은 한글 신약성경의 번역자이시던 스코틀랜드 장로교회 소속의 존 로스 선교사(John Ross)의 생가와 그의 파송교회를 방문하여 학술적으로 고증해 보고 싶다고 하셨다. 우리로서도 처음 가보는 길이어서 낯설었지만 목사님을 수행하기로 했다. 우리나라가 오랜 쇄국정책 후에 조미통상 수호조약이 체결되던 즈음인, 1882년 5월에 존 로스 선교사는 한국에 선교 비전을 가지고 만주 신동성 심양의 동관교회에서 활동하면서 '누가복음'과 '요한복음'을 번역 발간했다.

존 로스 선교사는 1887년에 매킨타이어 선교사와 신약성경을 번역을 마쳤는데, 한국 성도인 이응찬, 백홍준, 이성화, 김진 등이 성경번역에 도움을 준 혁혁한 공로자들이었다.

배 목사님은 역사를 전공하셨는데 이번 여행 기간 동안 한국교회 부흥기인 1980년대에 발을 맞추어 감사의 뜻으로 그의 고향을 찾아보고 싶다고 하셨다. 존 로스 선교사는 1915년에 소천해서 에든버러 뉴윙턴 묘지에 안장되었다고 했지만, 그 당시엔 지금처럼 내비게이션도 없어 그의 묘지를 찾기가 힘들었다.

영국 전체 지도를 보며 존 로스가 다녔던 교회로 가보기로 하고 차에 올랐다. 목적지는 스코틀랜드에서 하일랜드 접경에 있는 인버네스(Inverness)였다. 토요일 아침에 떠나 스코틀랜드의 수도인 에든버러를 거쳐 늦은 밤이 되어 아름다운 인버네스에 도착했다. 그리고 비비(Bed and Breakfast)라고 해서 아침식사를 주는 여관에 하룻밤 숙박했다.

다음 날 우리는 존 로스 선교사를 알고 있는 스코틀랜드 장로교 목사님을 만나 로스 선교사가 어린 시절에 다니던 장로교회를 방문했다. 그 교회의 오래된 교회 명부에서 그의 이름을 발견했다. 그 교회를 나와 우리는 스코틀랜드의 목사님의 안내를 받아 거의 허물어져서 뼈대만 남은 듯한 집채가 있는 곳으로 발길을 돌렸다. 목사님은 그 집이 존 로스 선교사의 생가라고 했다. 당시 그분이 쓰시던 모든 서류나 번역 자료들은 글래스고우 박물관에 소장되어 있다고 하셨다. 존 로스 선교사를 위한 기금이 조성이 되는대로 글래스고우 박물관에 있는 자료를 보수할 예정이라고 덧붙이셨다. 배 목사님은 이곳에서 알게 된 사실을 기독교 역사학회와 교단에 알리신다고 하시며, 다음번 여행 때에는 글래스고우에 가보겠다고 기약하셨다.

나는 이 여행을 통해 선교사로서의 여러 가지 사명에 대해 많은 것을 느낄 수 있었다. 무엇보다 세계 선교기관(The World Mission) 소속인 존 로스 선교사가 중국으로 떠날 때, 그렇게 아름다운 고향인 스코틀랜드에서 만주 벌판에까지 기차로 달려갔을 것이다. 배를 타고 몇 달씩 가야 하는 쉽지 않은 여행을 했을 존 선교사를 생각하니 너무나 경이로운 느낌이 들어 존경스러웠다. 또한 존 선교사가 한글 신약성경을 번역까지 하고, 한국 장로교회의 초석이 되도록 주님께 쓰임을 받으신 것을 생각할 때, 이제 갓 선교의 문턱에 들어선 나에게 큰 도전이 되었다. 당시 나는 존 선교사와 같은 사역은 엄두도 나지 않고, 할 수만 있다면 의료 선교사로서 열심히 병원에서 일하는 것이 목표였다.

III
감비아 선교사로의 부르심

신학교 졸업 후 웩 캠프 도우미가 되다

3년간의 신학교 수업과 선교훈련을 마치고, 1990년 5월 노스움브리아대학을 졸업했다. 주님께서 주신 달란트대로 이미 사역지가 정해진 학생들도 있었고, 선교회에 면접을 받으러 가거나 이미 결정이 되어 훈련 중인 학생들도 있었다. 우리는 엄숙하고도 겸손하게 졸업식에 참석했다. 주님께서 성령으로 임재하시는 가운데 졸업식을 했다. 이날 나는 주님께서 홀로 영광 받으시길 간구했고 개인적으로 주님과 맺었던 수많은 묵언의 언약들을 다시 재확인했다.

졸업식 날 주님께서 우리에게 행하신 놀라운 일이 있었다. 그동안 브라이언과 종교문제로 냉전 가운데 침묵을 지키셨던 시어머니가 우리의 졸업식에 오셔서 축하를 해주신 것이다. 주님께서 성령으로 시어머니의 마음을 움직여 주셨음이 분명했다. 시어머니가 전보다 친밀하게 느껴져서 감사했다.

브라이언이 다니던 화이트힐 복음교회 목사님과 친구들을 만나 앞으로 웩 선교회 소속으로 선교지에 나가겠다고 알려드렸다. 우리 부부는 7월 말에서 8월 초까지 2주간 있을 웩 청소년캠프에 참석하기 위해 캠프가 열리는 곳으로 떠났다.

웨일스의 북앙글시의 아름다운 해변에는 청옥색의 물감을 쏟아부은 듯한 넓고 푸른 바다와 백사장이 우리를 반겼다. 영국에서 몇 년을 살았지만 그해 여름밤만큼 여유 있게 영국을 본 적은 없는 것 같다. 캠프장과 가까운 곳에 시어머니가 계셔서 시간이 날 때, 어머니를 찾아뵙고 인사드렸다. 졸업식에 어머니가 참석해주신 터라 우리는 좀 더 가까워질 수 있었다.

청소년 캠프가 열리고 있는 해변은 경치가 아름다워 청소년들이 좋아할 것 같았다. 2주 동안 매주 약 100여 명의 학생들이 전국에서 참석했다. 나는 음식을 준비하는 부엌 팀에 들어가 돕고, 브라이언은 텐트 안에서 여러 명의 청소년들을 대상으로 성경공부를 지도하고 캠프생활을 도왔다. 거기에서 청소년사역자들로 섬기는 이들 중에서, 우리는 예전에 캠프에서 만난 적이 있는 폴 라운드 가족과 웩 영국본부장이신 콜린 선교사 부부를 만나 무척 반가웠다.

어느 날 밤 폴린 선교사가 나를 찾아와, 한 남학생이 갑자기 열이 나며 아프다고 하는데 와서 봐주지 않겠느냐고 했다. 그녀는 자신도 간호사지만 나와 함께 그 학생의 상태를 진단해보자고 했다. 그녀에게서 겸손함이 느껴졌다. 우리 두 사람은 그 학생에게 가서 몸 상태를 물어보았다. 우리를 학생과 대화를 하면서 이 아이가 부모님의 이혼으로 심한 정서적 어려움을 겪고 있음을 알게 되었다. 마음의 고충이 몸에 영향을 끼친 것 같아 염려되었다. 그즈음 영국은 1960년대 이래 포스트모더니즘 사조의 영향으로 모든 면에서 다원화 사회로 변질되는 바람에 많은 가정들이 붕괴되고 있었다.

캠프 기간 동안 매일 비가 흥건히 내려 빗물이 낙수가 되어 우리가 가져간 이불을 적시는 날이 많았다. 그러나 아침이 되어 날이 개면 영국 여름 햇살도 한국 못지않게 뜨거워 이불이 금세 말랐다.

나와 브라이언은 날마다 새로운 청소년들을 만나서 그들과 친구가 되어 함께 숲을 걸으며, 서로의 간증을 나누는 시간을 가졌다. 학교생활에서 그리스도인으로 겪는 어려움이나 가정파탄으로 힘들어하는 학생들과 대화를 하면서, 나는 영국 사회의 영적 암울함이 느껴져서 안타까웠다. 그럼에도 나는 학생들과 함께 주님을 의지하며 물먹은 솜같이 무거운 문제들을 예수의 이름으로 올려드렸다.

이들은 주님 안에서 소망을 품고 푸릇푸릇 자라야 할 청소년들이다. 이 아이들이 눈물을 훔쳐내고 같은 또래의 그리스도인 친구들과 만나 마음을 열고 깊은 교제를 나누며 서로의 아픔을 토로하는 시간은 너무나 귀했다. 저녁때마다 선교사님들의 간증과 선교 사역의 보고가 있어 열기가 더욱 뜨거워졌다.

웩 청소년 캠프는 50여 년의 역사를 자랑한다. 지금도 폴 라운드 선교사 가족이 캠프를 운영하고 있다. 이제는 국제적으로 알려져 한국의 청소년들도 매년 이 캠프에 많이 참석한다고 들었다.

보든에서 웩 선교본부인 제라드크로스로

웩 청소년캠프를 마치고 보든(Bordon)으로 돌아오면서 웩 소속 선교사들이 순수한 열정을 가지신 분들이라는 매력을 느꼈다. 우리는 웩 선교회에 연락해서 선교사 지원 서류를 보내달라고 요청했다. 9월에 서류가 통과되면 12월에 웩 선교회에 가서 면접을 볼 수 있었다. 면접에 통과가 된다면 1월에 웩 본부로 들어가 4개월의 훈련을 받은 후 다시 웩 선교회로 선교사로 허입이 되는 절차를 밟아야 했다.

결혼 후 처음으로 햄프셔 주 보든에 있는 브라이언의 교회 예배에 참석했다. 목사님과 성도님들은 우리가 선교를 떠난다는 사실을 알고 따뜻하게 대해주셨다. 그리고 선교지로 나가기 전에 거처할 수 있는 곳을 찾았는데, 다행이 몇몇 성도의 도움으로 당분간 편하게 지낼 수 있었다.

하지만 여름이 지나고 9월 초가 되면서 지낼 곳이 갑자기 막연해졌다. 선교 훈련이 시작될 때까지 약 4개월 동안 지낼 집을 찾아야 했는데 단기간이지만 달갑게 거처를 내어주는 이들은 없었다. 나는 어려운 형편을 생각할 때마다 늘 시편 121편을 두고 기도드리곤 했다.

그러던 어느 날 브라이언의 친구가 집을 사서 이사하기로 했는데, 사정이 있어 얼마동안 세를 내어 들어가기로 했다며 우리 부부에게 함께 지내자고 연락해왔다. 주님께서 이 가정을 통해서 기거할 곳을 주셔서 무척 감사했다.

9월에 들어서면서 웩 선교회에서 선교사 지망서류를 보내왔다. 서류에 작성할 내용은 우리 신앙의 정체성에 관한 것이었다. 웩은 초교파적인 국제선교단체인만큼 선교단체와 지원자의 교리가 일치하는 것이 중요했다. 웩 선교회는 부부라도 개개인의 소명이 있어야 선교회에 들어갈 수 있었다. 그래서 브라이언과 나는 독립적으로 서류를 준비하고 보증인도 세워야 했는데, 나는 모교의 버나드 교수님께 부탁했다.

  우리는 브라이언의 친구인 캐빈과 글리니스가 정부로부터 빌린 카운슬 하우스(Council House)라는 셋집으로 일단 이사했다. 방이 두 개여서 아기가 있는 그들이 큰방을 쓰고, 우리는 작은 방을 쓰기로 했다. 그즈음에 나는 임신한 것을 알았다. 어렵게 방을 구하고 브라이언과 가장 친한 친구와 함께 살 수 있어 감사했다. 그러나 방 안에 들어가니 가구라고는 싱글 침대밖에 없었다. 임시 거처여서 바닥에는 카펫도 깔려 있지 않았다. 비가 자주 오는 영국 날씨에 한기가 옷 속으로 음산히 스며들었다. 9월은 가을이 시작되는 때여서 오후 햇살이 일찍 넘어가는 시기였다. 어떤 날은 낮 2~3시에도 해를 볼 수가 없을 때가 종종 있었다.

  내가 간호사라는 것을 아는 주변 친구들이 요양원에서 일할 수 있도록 도움을 주었다. 싱글 침대에 지내는 일이 쉽지 않았다. 더구나 바닥이 시멘트여서 춥고 한기가 느껴져 어느 때는 외투를 입고 자야 했다. 방은 중앙난방이 되지 않았기에 우리는 늘 추위에 떨어야 했다. 브라이언은 전자회사에서 나는 요양원에서 임시직으로 일했지만, 아침에 헤어지면 저녁 5시가 넘어서야 만날 수 있었다.

  일터는 집보다 따뜻해서 천만다행이었다. 몇 개월이었지만 부엌에서 친구가 준비해주는 음식을 먹다 보니 홀몸이 아닌 나에게 영국 음식이 고역일 때가 많았다. 느닷없이 콩국수가 왜 그리 먹고 싶던지……. 그래서 남편의 친구 부인이 없는 사이에 밀가루로 손국수를 만들어 먹고 있는데, 그녀가 집에 들어왔다가 이 광경을 보고는 놀라서인지 물끄러미 나를 쳐다보았다. 그도 그럴 것이 양념도 되지 않은 맨 국수를 먹는 내가 이상해 보였을 것이다. 하지만 얼음덩이를 안은 것처럼 추운 그 집에서 먹는 국수는 내게 잠시나마 온기가 되어주었다.

  나는 12월 있을 웩 선교단체 면담 날짜가 빨리 오기를 학수고대했다. 면담에 통과하리라는 확신은 없었지만 막연히 기다려졌다. 서리가 하얗게 내리는 12월 중순경 웩에서 연락이 왔다. 그러나 정작 나의 마음은 흔들렸다. 임신과 잦은 이사로 나는 조금씩 선교지로 가는 것이 부담스러웠다. 과연 어떻게 이 몸으로 선교를 갈 수 있을까 싶었다. 그 무렵 브라이언의 모교회는 어려움을 겪고 있었다. 치유사역이 유행해서인지 여러 교회 성도들이 다른 교회로 옮겨 갔다. 우리를 위한 후원의 소식도 아직 없었고, 교회의 형편도 목사님 월급을 걱정하는 눈치였다.

브라이언은 전 회사에서 과장으로 승진을 앞두고 있다가 회사를 떠났기 때문에, 다시 돌아오지 않겠느냐는 권유도 받은 터였다. 간호사가 늘 부족한 영국이다 보니 나도 일자리를 찾을 수 있을 것 같았다. 임신을 했는데 남의 집으로 전전할 것이 아니라 나의 보금자리를 만들어야 하지 않을까 하는 생각이 들었다.

그러나 주님은 우리에게 잔잔히 말씀으로 다가오셨다. 골로새서 말씀이 눈에 들어왔다. "……너희가 그리스도와 함께 다시 살리심을 받았으면 위엣 것을 찾으라 거기는 그리스도께서 하나님 우편에 앉아 계시느니라"(골 3:1). 우리 부부는 각자가 주님께 서원한 것을 지키기로 했다. 일단 선교회에 들어가 면담을 하기로 브라이언과 의견을 모았다.

12월 중순 크리스마스를 앞둔 거리는 눈 같은 서리로 뒤덮였다. 아침 10시에 면담이 있었는데 그곳은 집에서 약 1시간 거리였지만 여유를 가지고 일찍 출발했다. 무엇을 물어볼 것인지 알 수 없었다. 나는 브라이언을 따라 두 차례 청소년 캠프에 가서 봉사는 했어도, 웩 선교본부 방문은 처음이었다. 제라드 크로스라는 거리의 팻말을 따라 옥스퍼드 길로 계속 올라가니 숲 중간 길에 웩 국제선교회라고 쓰인 작은 팻말이 보였다. 육중한 쇠창살 정문으로 들어가니 영화의 한 장면과 같이 푸른 초원에 많은 양들이 떼를 지어 풀을 뜯고 있었다. 아스팔트길로 정문에서 한참을 차를 타고 올라 들어가자 조그만 중문이 나왔고, 곧 웅장한 붉은 벽돌의 성 같은 건물이 모습을 드러냈다. 본부 건물은 오래되어 퇴색된 듯하지만 고색창연한 웅장함이 있어 내 마음을 사로잡았다.

정문 안으로 차를 몰고 더 들어가 들어가자, 곧 잘 정돈된 정원이 나왔다. 우리는 건물 내부로 들어가는 문 앞에 차를 세웠다. 그곳은 마치 중세기 수도원 같았다. 위쪽이 둥근 아치 모양으로 아름다웠고 문 위쪽으로 올려다보니 소 형상의 조각들이 뾰족탑 위에 앉아 있었다. 노트르담사원의 지붕 위에 있는 괴물들의 형상처럼 짐승들의 조각이 여기저기 붙어 있는 그런 분위기였다. 도대체 이런 건물이 웩 선교회라니 조금은 의아했다.

웩 선교회 창설자는 찰스 토마스 스터드 선교사다. 그는 1862년생으로 영국 백만장자의 아들로 태어났다. 왕족이나 귀족들만 간다는 이튼칼리지(Eton College)를 나와 케임브리지대학교를 졸업했고, 23세에 중국내지 선교의 창설자인 허드슨 테일러를 따라 케임브리지 7명 중 1명으로 중국 땅에서 10년간 사역했다. 그는 당시 부모님이 돌아가시면서 남긴 유산을 전부 여러 선교회에 기부했다. 무디 성경학교, 죠지 뮬러의 고아원, 허드슨 테일러가 이끌던 중국내지 선교회, 윌리엄 부스의 사역이었던 구세군 사역에 재산을 전액 기부한 것이다. 그는 중국 선교 당시 만난 자매 선교사와 결혼했는데, 그녀 역시 스터드 선교사가 재산을 기부한 것에 전혀 이의를 제기하지 않았다고 한다. 이러한 일화로 주인공인 스터드 선교사가 창설한 웩 선교회는 믿음 선교(faith mission)로 유명했다. 스터드 선교사는 인도에서 6년간 사역을 마치고 부인 프리실라와 세 딸과 함께 영국으로 돌아왔다. 그는 기도 중에 아프리카 복음전파의 비전을 보고 가족을 떠나 홀몸으로 아프리카의 심장부인 콩고로 들어가 69세까지 사역하고, 콩고에서 소천하여 그곳에 뼈를 묻은 하나님의 기한 선교 용사였다.

그가 부친에게 물려받았던 집을 팔아 타 선교회에 물질로 후원했으니, 이런 큰 건물이 분명 그의 집은 아닐 것이라는 생각이 들었다. 내부로 조금 더 걸어 들어가니 높은 천정들과 돔형의 지붕이 건물이 나왔고, 코린트식의 내부 천정을 받치는 기둥들이 우뚝 솟은 것도 보였다. 건물 한 귀퉁이 유리 박스 같은 곳에서 안내를 맡은 젊은 자매 선교사가 해맑은 미소를 지으며 우리를 반겨 맞았다.

그 당시 기니비사우에서 사역하시다가 돌아온 선교사 부부가 우리를 맞이해주었다. 우리 부부 각자가 따로 면담에 들어갔다. 여러 가지 질문에 대답을 했다. 주로 나의 간증과 선교에 대한 소명을 재조명해보는 질문을 했고 여기에 나는 성실히 대답했다. 브라이언과 합의한 대로 면접관 선교사들에게 선교 희망지를 아프리카라고 했고, 나는 의료 선교사, 브라이언은 청소년사역자로 헌신하기로 결심했음을 알렸다. 어쨌든 임신 중이어서인지 면접을 하면서도 상당히 피곤하여, 그날 선배 선교사가 묻는 질문에 간략하게 대답했다.

그날 우리는 점심시간에 영국본부장이신 콜린 니콜라스 선교사와 그의 부인 폴린 선교사를 만났고 다른 선교사들과 구내식당에서 함께 식사를 했다. 음식은 야채와 빵 그리고 약간의 고기가 전부였다. 모자라는 듯 간단한 점심식사였지만 선교사들과 함께 식사를 하며 식탁 교제를 나누었다. 처음 보는 우리들에게도 몇몇 선교사들은 이미 정보를 듣고 알고 있는 듯 우리 이름을 부르며 친절히 대해주었다.

식사를 마친 후에 폴린 선교사는 동영상 자료실에 가 감비아에 관한 비디오 자료가 새로 나왔다며 보고 가라고 했다. 브라이언이 그 자료실 담당자를 만났는데, 그는 놀랍게도 노스움브리아대학 선배인 이안 페어웨더(Ian Fareweather)였다. 콜린 선교사의 비서인 진(Jean P.)도 같은 학교의 선배임을 알게 되었다. 그리고 함께 기도회에 참석했던 두 선배들이 이미 선교후보생 교육을 받고 웩 선교지로 떠날 준비 중이라는 소식을 듣게 되어 반가웠다. 주님의 인도하심에 순종하며 한 분은 프랑스로 한 분은 아프리카 아이보리 코스트로 떠난다고 했다. 나는 마치 동역자를 만난 것처럼 큰 용기를 얻었다.

약 2주 후에 웩 본부에서 면접에 합격되었으니 1월 초에 웩 선교회로 들어와 후보생 교육을 받으라는 연락이 왔다. 이 소식은 주님의 인도하심이 분명했다. 이제 기쁨보다 마음속으로 긴장감이 밀려왔다.

웩 선교본부에서의 훈련

1991년 1월 4일 웩 선교회에서의 훈련을 위해 웩 국제선교본부가 있는 제라드크로스에 들어왔는데 승용차에 짐을 꾸리니 충분하고도 남았다. 우리 부부는 다른 후보생들과 4개월간 이곳 본부에서 동고동락하며 훈련받을 예정이었다.

선교본부는 다른 집들과 달리 주소번호가 있지 않았다. 본부는 그 당시 70~80여 명이 함께 사는 공동체의 집으로 명칭이 따로 있었는데, 볼스트로드의 공원 내에 있는 '볼스트로드(Bulstrode) 맨션'이라고 했다.

그 당시 선교 후보생 담당자인 하워드(Howard)와 질(Gill) 선교사 부부가 우리를 반갑게 맞아주었다. 두 사람은 후보생 교육과 멘토 역할을 담당했다. 이들은 포르투갈어를 쓰는 기니비사우에서 발란타족을 대상으로 오랫동안 선교사역을 감당했다고 한다. 하워드 선교사는 본래 큰 농장을 운영했는데, 선교사로 헌신하여 간호사인 부인과 함께 아프리카에서 오랫동안 선교사역을 감당했지만 심장병으로 사역을 지속할 수 없어 영국으로 돌아왔다고 했다. 질 선교사는 사역지에서는 교회 개척 사역과 더불어 한센병 치료소를 운영하였던 웩 기니비사우 팀에 합류해 섬겼다고 했다. 그 당시에 발란타족 그리스도인은 열 손가락으로 셀 만큼 적은 숫자였다고 했다.

그러나 내가 감비아로 들어간 이후부터 2012년까지 기니비사우에서 자주 내란이 발생하였는데, 이 와중에 발란타족 전 인구 중 절반 이상이 그리스도인이 되었다. 발란타족은 내란을 피해 이웃 나라인 감비아로 많은 이들이 피난을 왔는데, 이들 다수가 감비아에서 주님을 영접했다고 했다. 나는 감비아에서 사역할 당시 발란타족은 두세 명만 모여도 교회를 시작할 정도로 복음에 순종하는 부족이라는 것을 알게 되었다.

하워드와 질 선교사가 우리를 반갑게 맞아주었던 첫날, 우리는 앞으로 지내게 될 숙소를 배정받았다. 우리가 머물 숙소는 이층에 있었는데, 네모난 뜰이 내다보이는 수십 개의 번호가 붙은 방들을 옆에 있는 원룸이었다. 방 한 칸에 모든 것이 다 갖추어져 있었다. 우리 숙소는 밖에 나갔다가 다시 찾을 수 있을까 싶을 정도로 미로와 같은 곳에 있었다. 당시 나는 임신한 지 4개월이었는데, 다리를 펴고 누울 수 있는 거처가 있음에 그저 감사했다. 공동체 생활을 해야 해서 식사를 다 같이 했다. 후보생 훈련비에 교육비, 식비, 기숙사 비용이 모두 포함이 되어 있어서 일부러 돈을 쓸 필요는 없었고, 교제 차원에서도 함께 식사를 하는 것이 좋았다.

우리가 훈련받을 볼스트로드 건물은 적어도 사오백 년 전에는 공작이나 백작이 살던 저택으로, 여러 전쟁을 겪으며 불에 타기도 해서 약 120년 전에 재건축을 한 우리나라로 말하자면 아흔아홉 칸 양반집이었다. 이 건물에 웩 본부가 들어오게 된 연유를 들으니 주님의 인도하심이 참으로 놀라웠다. 웩 국제선교회는 스터드 선교사를 선두로 1913년 런던에서 영국 웩 선교회가 시작되었다. 창시자인 스터드 선교사가 아프리카 콩고에서 사역할 당시 그의 부인인 프리실라가 세 딸을 데리고 런던에 본부를 세우고 사역을 시작하여 직접 후보생들을 모집하고 운영했다고 한다. 그녀의 사후에는 큰딸이 본부 사역을 이어갔다고 했다.

1965년에 런던 외곽순환 고속도로 확장으로 인하여 런던에 있던 웩 본부 건물이 강제집행되어 웩 선교회는 정부에 보상을 받고 건물을 내놓게 되었다. 당시 정부에서 받은 돈은 7만 파운드였다고 했다. 한편, 볼스트로드는 형제공동체(Society of Brothers)라는 기독교 단체의 건물이었다. 그런데 이 단체가 미국과 영국으로 갈라져 나가면서 건물이 비게 되었다. 웩 선교단체는 이 건물을 정부로부터 소개받아 런던 본부를 매도한 금액으로 볼스트로드 건물과 대지 75에이커를 구입할 수 있게 되었다. 웩 선교회는 런던 본부 이후 선교사역을 할 장소를 달라고 주님께 1년 동안 기도했는데, 주님께서 그들의 기도에 신실하게 응답해주셨다고 했다. 그렇게 해서 웩 선교본부는 1967년 이곳에 자리 잡게 되었다. 주님께서 어느 누구에게 빚을 지시는 분일까? 스터드 선교사가 각기 다른 선교회에 흘려보낸 유산이 풍성한 이자가 붙어 웩 선교회에 다시 돌아온 셈이었다.

우리 방에서 일층으로 내려가는 계단을 따라 가면 반 지하층이 나오는데, 그곳에 널따란 사무실이 있었다. 이곳이 바로 그 유명한 선교 통계가 패트릭 존스턴(Patrick Johnston)의 사무실이었다. 선교의 통계 자료는 선교 전략에 지도와 같은 역할을 한다. 당시 패트릭 선교사님과 그의 팀은 《오퍼레이션 월드》(Operation World)라는 전 세계 통계 자료 모음집을 출간하기 위해 막바지 작업 중이었다. 이 책은 나중에 영어로 나온 것을 한국의 죠이선교회에서 번역 및 출판을 도와 《기도정보》라는 책으로 출간되어, 선교사역에 관한 귀한 자료로 활용되었다.

당시 나는 영국 본부에서 여러 개의 사역들이 함께 맞물려 이루어지고 있음을 알았다. 웩 선교사를 위한 4개월 훈련 코스를 진행하는 것 외에도, 내부적으로 선교 통계자료를 조사 및 연구하는 연구실과 비디오를 만드는 영상실이 바쁘게 돌아가고 있었고, 청소년 캠프를 담당하는 청소년부와 웩 선교사로 인도를 섬겼던 데이빗 버넷 박사가 운영하는 1년 과정인 COC(Candidate Orientation Course)도 이곳에서 진행되고 있었다. 또한 독일 부부 의사 선교사로 인도네시아에서 신학교 사역을 하고, 당시 웩 국제선교회를 담당하던 디터쿨(Dieter Kuhl) 선교사가 본부 건물 옆에 있는 아담한 사무실에서 근무하고 있었다. 이렇게 많은 경험을 한 선교사들과 함께 같은 건물에 살면서, 그들의 삶을 배우며 4개월을 지내게 된다니 마음이 설렜다.

선교사 오리엔테이션 과정을 운영하는 데이비드 버넷 선교사는 부인과 함께 인도에서 많은 영적 전쟁을 경험했고, 영국으로 돌아와서 그에 관련된 서

적들을 출간했으며, 후배 선교사들에게 영적 재무장과 영적 전쟁에 관해 주로 가르쳤다. 물론 불교나 샤머니즘이 팽배한 사회, 무당들이 득실거리던 강원도에서 성장했던 나에게 영적 전쟁은 그리 새삼스러운 것은 아니었다. 어렸을 때 나는 그곳에서 대관령 준령의 신들이나 동해바다의 용왕에게 제사를 드리거나 굿 하는 것을 자주 보곤 했다.

당시 한국에서 목회를 하다가 웩에 합류해서 직접 선교지로 나간 이들도 많았는데, 나 역시 영국 웩 본부의 도움으로 선교지를 나갔던 20여 명의 한국인 중 한 사람이었다. 웩의 정책은 지부의 장이 되려면 10년 이상의 선교지 경력이 필수였다.

1980년대 초 이슬람선교에 관심이 있는 한국의 많은 목회자들이 훈련을 받고 선교지로 나가기 위해 준비했다. 한국 선교사들은 웩 선교회에서 이슬람에 대한 정보를 얻을 수 있다는 것을 알게 되었다. 그 후부터 한국 선교사들이 대개 웩 선교회를 찾아왔다. 웩 선교회로서는 경이로운 선교 역사의 전환점이었다.

웩 선교회가 초기 한국으로 들어간 것은 선교를 위한 것이었지, 선교사를 배출하기 위한 것은 아니었다. 웩의 부속사역이었던 기독교문서선교(CLC)가 1955년 8월에 한국 땅을 밟았다. 이를 발판으로 웩의 선교사들이 문서사역자들과 함께 한국에 들어와 사역을 했는데, 1970년대는 정치 상황으로 선교사들의 비자 관계로 인해 입국이 까다로워졌고, 한국 교회도 급성장하여 웩 선교회는 한국에서의 선교를 중단하기로 결정했다. 이후 웩 문서선교회는 웩 선교회로부터 독립해서 문서선교회로 격상되었다. 1980년대에 기도정보 책의 저자인 패트릭 존스턴 선교사가 한국의 신학교들을 다니며 선교를 통한 하나님 나라 확장에 대해 알렸고, 이에 도전을 받은 사역자들이 영국의 웩 본부로 하나둘 오기 시작했다.

웩 선교회에서는 선교에 물불을 가리지 않는 한국 출신의 선교사들을 배출하는 것을 사역의 일환으로 보고 있었다. 한국 선교사들은 주로 목회자 출신이 많았기에 유럽의 평신도 선교사 중심이었던 웩 선교회에 도전과 변화를 창출했다. 새로 웩에 들어오는 한국 선교사들은 서양인과 성향은 다르지만, 역동적인 사역을 여기저기에서 펼치고 있어 영국 선교회는 고무되고 있었다.

그 무렵 세계는 격변기에 접어들고 있었다. 내가 결혼한 1989년 11월 9일에 베를린 장벽이 무너지고, 그해 12월을 기점으로 동유럽 공산권인 루마니아, 체코슬로바키아, 헝가리 등이 서유럽에 문호를 개방했다.

1991년에 우리가 선교회로 들어올 무렵에는 발칸반도의 유고슬라비아 연방이 해체되었다. 이후 보스니아, 세르비아, 크로아티아 3개의 동맹권 세력이 맞서고 있어 발칸반도에 언제 전쟁이 터질지 모를 만큼 전운이 감돌았다. 그리고 알바니아에 선교의 문이 열렸고, 오랫동안 동유럽을 두고 기도하며 기다리던 선교사들이 성령의 인도로 조심스레 발걸음을 옮기기 시작했다. 선교회는 삼엄한 동유럽의 분위기에도 주님의 뜻을 구하며 그의 나라가 임하도록 기도하는 시간을 가졌다. 이렇듯 1990년 초에 러시아를 비롯해서 동유럽공산권이 무너지며 새로운 정권이 이양되었다. 아프리카에서도 엄청난 정치적 변화가 일어나고 있었다.

영국은 빅토리아 여왕시대에 대륙 각지에 식민지를 건설해 '해가 지지 않는 나라'라는 별명을 얻을 만큼 각 나라들에 관한 일반 정보도 많았다. 이와 함께, 영국에는 선교 지역에 관한 자료도 엄청나게 많았다. 따라서 근대 선교의 아버지 윌리엄 캐리와 중국을 겨냥했던 허드슨 테일러를 배출해낸 영국에 들어와 선교교육을 받은 것이 나에게 실제적으로 큰 도움이 되었다. 또한 선교통계학으로 유명한 패트릭 존스턴은 미전도 종족과 10/40창이라는 이슬람권 선교를 주창했고, 종족별로 정보 자료들을 만들어 선교지망생들에게 도전을 주었다. 많은 선교사들이 웩 선교회에 자료를 구하러 왔다. 나는 영국 웩 선교회에서 겉으로 보기와는 달리 상당히 분주하게 돌아가는 선교회 내부의 일상을 보았다.

웩에서 교육받을 당시 각자 아침 묵상을 마치면 아침식사 전에 청소로 일과를 시작했다. 아침 8시 반에 30분간 예배를 드렸고, 매주 수요일 저녁에는 선교사들을 위한 기도회가 있었다. 일주일에 하루는 프랙티컬(practical)이라고 해서 온종일 노동으로 봉사했다. 남자 후보생들은 도배, 잔디 깎기, 건물 수리 공사에 참가했다. 여자들은 부엌에서 선배 선교사들과 함께 식사를 준비했다. 선교회 내에 공동체생활을 하는 남자들은 모두 주식인 감자를 깎아야 했다. 지금은 기계로 깎은 후 칼로 마무리하지만, 그전에 우리가 교육받을 당시에는 감자 깎는 칼로 100여 명이 먹을 감자를 준비해야 했다. 결코 쉬운 일이 아니었다. 그러나 낯선 문화를 익히는 연습이며, 의사소통의 고충 속에서도 서로가 이해의 폭을 넓혀나가며 주님이 원하시는 모습으로 성장하는 시간이 되었다. 이곳에서의 훈련 시간은 하나님을 사랑하는 사람들에게 합력하여 선을 이루시는 주님의 멍에를 체험하는 팀 사역의 시발점이 되었다.

참으로 감사했던 것은 교육생들이 훈련기간에 선배 선교사들의 주옥같은 경험을 들으며 하나님을 향한 그들의 헌신과 노고에 도전을 받았다는 점이다. 또한 이곳에서 우리는 선교지에서 일어나는 영적 전쟁과 우리의 영적 상태를 재점검하며 재무장하는 시간을 가졌다. 나는 웩 선교본부에서 배운 것을 토대로 앞으로의 선교사역에 맥락을 잡아 그것이 새로운 비전으로 이어지기를 기도했다.

감비아로의 부르심

영국 웩 본부에서 교육받을 당시 다른 후보생들은 이미 사역지가 정해져 있었는데 우리 부부는 막연히 아프리카 대륙이라고만 생각하고 있었다.

이제 우리는 주님께서 인도하시는 곳이면 어디든지 가겠다고 했고, 우리의 실정과 상황도 함께 둘러보았다. 30대 중반을 향하는 나이, 특히 내 경우 한국인으로 영어를 배웠고 영어권으로 간다고 하더라도 부족어를 또 배워야 하는 관문이 기다리고 있었다. 브라이언과 나는 주님께 서부 아프리카의 영어권으로 문을 열어주시되 브라이언은 청소년사역으로 나는 간호사로서 의료 사역이 가능한 곳으로 인도해주시기를 기도했다.

그래서 웩 선교회가 사역하는 서부 아프리카의 나라들을 찾아보니 가나, 라이베리아, 감비아가 이에 해당되었다. 우리가 웩 본부에서 교육을 받던 1989년부터 여기저기 화산이 터지듯 내란으로 어려움을 겪던 라이베리아에서 선교사들이 영국 본부로 복귀하기 시작했다. 어느 수요 기도회에서 라이베리아에서 피난 나온 성도들이 본부에 와서 울부짖으며 간증하는 것을 들었다. 라이베리아는 일단 우리의 선교지가 아닌 것 같았다.

그 당시 가나에 한국 선교사로 나간 이신철 선교사를 통해 알아본 결과, 가나의 웩 선교회 클리닉을 정부에 이양하는 중이라고 했다. 그리고 가나가 복음화되어 교회가 급성장하고 있었기에 선교회에서 가나에 선교사를 더 보낼 필요가 있는가 하는 의문을 갖고 있던 때였다. 그래서 가나도 우리의 사역지가 아님을 주님께서 보여주시는 신호라고 생각했다.

마지막으로 우리 부부는 감비아를 두고 기도했다. 그러던 중 우리는 웩 본부에 면접을 왔을 때 감비아에 관한 비디오를 보았던 것이 결코 우연이 아니었음을 알았다. 마침 감비아에서 리더로 활동하던 안 칼란다라는 웨일스 선교사가 척추질환으로 선교지에서 영국으로 돌아와 치료를 받기 위해 준비 중이었다. 우리는 그를 통해 감비아에 관해 이야기를 들었다. 그 후 웩 본부에서 4개월 동안 교육받는 동안 감비아에서 그를 다시 만났는데, 이 역시 우연이 아니라는 생각이 들었다. 안 선교사를 통해 감비아에 한국 출신인 이재환 목사님과 유병국 목사님의 가족들이 있다는 것과 가나에도 고신 측의 이신철 목사님이 사역한다는 것을 알게 되었다.

브라이언과 나는 감비아가 유일하게 우리가 기도해 온 사역지와 일치한다는 확신이 들어 선교회 담당자에게 말했다. 그러던 어느 날 우리는 감비아에서 왔다는 약 40대 초반으로 보이는 두 명의 선교사를 만나게 되었다. 그들은 영국 위클리프 선교회 출신으로 부족언어연구소(SIL, Summer Institute of Linguistics) 연구 과정에서 공부하는 이들이었는데, 한 사람은 감비아의 시바노 클리닉 검사실에서 일하면서 만딩고어 구약성경 번역을 위해 공부중인 힐더가드 담(Hildegard Damn) 선교사이고, 다른 한 사람은 일본 간호사로 월로프족 문서사역을 위해 공부중인 도시코 가와시마 선교사였다. 두 선교사는 안식년 기간에 위클리프 기관 부족언어학과에서 공부하고 감비아로 돌아갈 계획이었다. 그들은 우리 부부를 만나서 반갑다고 했다.

교육을 받으며 웩 선교회의 모토가 '믿음 선교'라는 것을 더욱 실감하게 되었고 기도하며 주님께서 모든 것을 공급해주심을 일상에서 실제로 배워나갔다. 우리는 선교후원비가 교회를 중심으로 책정된 바도 없었고 목사님도 이렇다 할 약속도 한 바도 없었다. 주님은 성령을 통해 우리에게 지혜를 주시고 사역지를 생각하게 하셨는데, 아프리카 대륙에서도 서부 아프리카로 좁혀진 것은 이런 이유가 있었다.

우리 부부는 모슬렘권 나라에 관심이 있었다. 나는 사우디아라비아에서 주님을 영접했기에 모슬렘에 복음을 전하는 것에 마음이 끌렸고, 브라이언도 왠지 모슬렘에 관심이 간다고 했다. 아랍 쪽 선교는 웩에서도 1970년대에 이미 아랍권으로 나가 사역을 시작한 선교사도 있었지만, 기도회에서도 이에 관한 정보를 노출시키지 않을 정도로 보완을 유지했다. 당시는 세계 지도의 10/40 창을 중심으로 선교가 이루어지는 추세였고, 감비아도 거기에 속하는 나라였다. 그래서 모슬렘 지역이며, 청소년사역을 두고 기도하는 남편과 의료 선교에 헌신한 나의 입장을 고려해보더라도 서부 아프리카의 감비아는 우리가 찾고 있는 시역지와 부합했다.

나는 임신 7개월에 접어들면서 후보생 교육을 받는 일이 버거워지기 시작했다. 그러나 주변의 선임 선교사들의 기도와 배려로 잘 따라갈 수 있었다. 영국 본부장 부인이신 폴린 선교사는 선교지에서 조산원으로 밤낮없이 사역하다가 끝내 다리 수술까지 받았다. 그녀는 지팡이를 짚고도 아주 밝은 웃음을 지으며 기도 용사로서의 모범을 보여주셨다. 후보생 담당 간호사였던 질 세이여 선교사도 등뼈가 조금 불거져 나와 힘들어 보였지만 힘든 내색 없이 미소를 잃지 않았다. 웩 선교회 선교사들은 자신의 고충을 주님께 철저히 올려드리며, 오직 주님께서 불러 모으신 후보생들에게 혼신의 힘을 다해 교육했고 상냥한 웃음, 친절, 기도와 희생이 묻어나는 충성스러운 모습으로 우리를 대해주셨다.

교육과정 중 아침 예배 시간에 각자의 간증을 나누는 시간도 있었고, 마지막 달인 4월에는 전 후보생들이 각자 선교적 소명을 선임 선교사들 앞에서 나누었다. 어느 날 예배 스케줄을 살펴보니 우리 부부가 그 다음 날 말씀을 나눌 차례였다. 우리 부부가 서부 아프리카의 영어권 3개국을 두고 기도했을 때, 어쩌면 주님은 감비아로 가라며 문을 여시는 것 같았다.

여러 상황을 보여주신 주님께 다시 그분의 뜻을 알기를 원했다. 주변 상황을 돌아보면 처음 면접을 왔던 그날 감비아에 관한 비디오를 보게 된 일이며, 교육을 받는 중에 감비아의 웩 지부장을 두 번이나 만나게 된 일, 그리고 앞으로의 문서사역 위해 위클리프에 공부하러 온 두 명의 감비아 선교사를 만나고, 그 후에 모두 사네(Modu Sanneh)라는 감비아 복음주의 총회장이 웩 본부에 잠깐 들러 만났던 일 등등, 이러한 일들을 우리는 그냥 지나치지 않았다. 그리고 그 무렵 감비아 지부에서 우리에게 졸라포니족을 섬기지 않겠느냐는 제안이 들어왔다. 우리는 이미 '예스'라고 푸른 신호를 지부에 보냈다. 이를 위해 먼저 감비아의 졸라포니 지역에 있는 시바노 선교구역에서 졸라포니족 부족어를 배우고 청소년사역과 의료사역을 통해 교회를 개척하는 것이 감비아로 들어가기 전에 우리가 계획한 것이었다.

그래서 우리는 이 모든 상황들과 결정에 대해 주님께서 말씀으로 소명에 관한 확신을 주시기를 기도했다. 우선 이제껏 함께 기도해오던 것을 그날 나는 브라이언과 개별적으로 말씀을 묵상하고 나서 그것에 관해서 함께 나누기로 했다. 우리는 각기 성경과 묵상집을 가지고 나는 방으로, 브라이언은 밖으로 나갔다. 얼마 후에 우리는 주님이 주신 말씀을 나누기로 했는데, 시편의 말씀을 동일하게 각각 받았다는 것을 알고 놀라움을 금치 못했다.

"악을 행하는 자들 때문에 불평하지 말며 불의를 행하는 자들을 시기하지 말지어다. 그들은 풀과 같이 속히 베임을 당할 것이며 푸른 채소 같이 쇠잔할 것임이로다. 여호와를 의뢰하고 선을 행하라 땅에 머무는 동안 그의 성실을 먹을 거리로 삼을지어다. 또 여호와를 기뻐하라 그가 네 마음의 소원을 네게 이루어 주시리로다. 네 길을 여호와께 맡기라 그를 의지하면 그가 이루시고 네 의를 빛 같이 나타내시며 네 공의를 정오의 빛 같이 하시리로다"(시 37:1~6).

시편 37편 전체를 읽으며 소명의 땅인 감비아로 들어가게 하시는 약속의 말씀으로 받았다. 그다음 날 우리는 이 말씀으로 근거로 소명자로서의 하나님께 감사기도를 드렸고, 후보생 교육을 담당하던 선임 선교사에게도 주님께서 주신 말씀대로 선교지를 감비아로 정했다고 말씀드렸다.

그 후 감비아에서 사역할 때, 남편과 나는 어려운 상황이나 일들이 있을 때마다 우리는 이 약속의 말씀으로 돌아가 주님 앞에 모든 것을 내려놓고는 했다.

정식 선교사가 되다

1991년 4월 말 후보생 교육이 거의 끝날 무렵에 선교사 허입이 있었다. 그날 브라이언 교회에서 장로님 한 분이 참석하셔서 우리에게 용기를 북돋아주셨다. 드디어 우리 부부는 영국 웩 선교회에 정식 선교사로 허입되었다. 정식 선교사가 되었어도 출산을 앞두고 돌아갈 집도 없고 해서 선교본부인 볼스트로드에 기거하며 출산할 때까지 기숙사를 쓸 수 있도록 도움을 요청했다.

우리 사정을 배려해서 브라이언이 본부 일을 도와주면 출산과 산후조리 기간에 기숙할 수 있다는 허락을 받았다. 첫아들 베냐민 출산이 예정보다 약 3주나 빨랐다. 아이가 미숙아로 태어나, 약 2주 동안 인큐베이터에 있어야 했다. 나는 정상 분만을 하려고 했으나 사정이 여의치 않아 결국 겸자 분만을 해야 했다. 분만 중 혈액이 모자라 수혈을 받아야 했다. 웨일스에서 시어머니와 막내 시누이가 오셔서 축하해주셨다. 미역국에 쌀밥은 먹어 보지 못했지만 베냐민도 나도 건강했다.

선교회로 돌아오니 선교사들이 여러 가지 아기 용품들을 넣은 바구니를 선물해주었다. 5월 선교대회를 치르느라 바빴을 텐데도 나에게까지 세심하게 신경 써주는 선교사들에게 감사가 저절로 나왔다. 당시는 6월 말이라 웩 선교회 콘퍼런스가 한창 진행되었고, 우리가 감비아로 선교를 간다는 것을 많은 이들이 알고 있었다.

예배실로 갓난아기인 베냐민을 데리고 들어가니 모두들 한 번씩 보고, 누군가 영국 웩 선교회의 가장 나이 어린 멤버라고 농담 삼아 소개했다. 휴식 시간에 콩고에서 의료사역을 하였던 베테랑 선교사이며 세계적으로 유명한 헬렌 로저베어(Helen Rosevere) 선교사를 만났다. 그녀는 케임브리지대학교 의

과대학을 졸업하고, 1953년에 콩고 선교를 나갔다가 그곳에 내란을 겪게 되었다. 당시 웩 선교회는 여러 명의 순교자를 내는 아픔을 겪어야 했다.

헬렌 선교사는 의사 배출을 위해 계속 사역을 하던 중 그 당시 여자 의료 선교사로서는 감당하기 어려운 곤욕을 당하다가 가까스로 돌아왔는데, 얼마나 밝게 웃는지 하나님의 빛을 간직하고 있음이 분명해 보였다. 의료사역을 해야 할 나는 그녀와 여러 가지 이야기를 나누었다. 그녀는 나에게 오랫동안 병원 일을 해보지 않았기 때문에 영국 병원에서 일을 해보고 영국간호사 자격도 취득하게 되면, 사회사업 중심으로 비자를 주는 감비아에서 비자를 취득하는 데 용이할 것이라고 했다. 헬렌은 자신이 북아일랜드 벨파스트에 살고 있는데 그곳에 가면 병원 일을 알아봐 주겠다고 했다.

병원 알선 소식을 기다리며 있을 7월 즈음에, 브라이언이 섬겼던 화이트힐 복음교회가 엄청난 어려움을 겪으며 갈라져 나갔다는 소식이 들렸다. 빗나간 인본주의적인 포스트모더니즘의 세상사에 말려들어가는 것을 보았다. 참으로 신실하신 주님만을 믿고 따라왔기에 그 교회가 문을 닫는다고 해도 우리는 선교를 포기할 수는 없었다. 그러나 선교지에서 기도편지를 보내도 함께 관심을 가지고 기도해줄 곳이 없어졌구나 하는 생각에 아쉬움이 들었다.

실제로 우리에게는 가시적으로 기댈 파송교회가 없었다. 이것도 주님께서 하셨다면 그대로 받아들여야 한다는 생각이 들었다. 선교회에 이 사실을 알리자, 감비아에 가기 전에 1년을 영국에서 지내며 파송교회를 물색해 보는 것이 어떻겠냐고 제안해왔다. 난감했다. 우리가 장기 선교를 간다고 하면, 선뜻 우리를 파송해줄 교회가 쉽사리 나타나지 않을 것을 알았기 때문이다. 막막한 가운데도 이러한 기도가 나왔다. '하나님께서 저희들을 직접 감비아로 파송해주시길 원합니다.'

우리는 계속 본부에 머무르게 되어서 브라이언은 여러 가지 본부 일을 도왔고, 나는 그 시간에 베냐민과 많은 시간을 보내게 되어 감사했다. 당시 나는 영국 내 한인교회도 잘 몰랐고, 한식 재료를 사러 갈 여유도 없었다. 그러니 미역국을 먹으며 누워 있는 시간을 가져보지 못했다. 해산한 지 얼마 후부터는 돌아다니기 시작했다. 이곳 사람들은 누워 있으면 병이 더 생기니 일어나 운동을 해야 잘 낫는다는 통념이 있었다. 누워 있는 것이 늘 마음에 부담이 되었다. 서양 선교사들이 계속 나가서 움직여야 빨리 활동도 가능하다며 부추겼다.

나는 본부의 울타리를 벗어나 산책을 해보기로 했다. 선교본부와 가까운 제라드크로스로 가끔 유모차를 밀고, 양들이 떼를 지어 달리는 벌판으로 내려가 보았다. 이른 여름이라 벌판에는 노란 미나리아재비가 태양빛을 받아 반들반들 바람에 하늘거리고, 여기저기에서 연보라색 큰 엉겅퀴들이나 해바라기 축소판 같은 민들레도 한창이었다.

우리 선교회가 제라드크로스에서는 아마 제일 큰 저택이라는 것과 공동체로 운영되어 개인 주택이라고는 할 수 없지만 참으로 이러한 좋은 자연환경을 마음껏 볼 수 있고 주변이 대부분 아름다운 주택가여서 감사했다. 각 부서마다 사역이 바쁘게 돌아가지만, 주님께서 선교지에서 돌아오는 선교사들이나 본부 사역자들에게도 때때로 머리를 식히도록 아름다운 공간을 제공해주셨다는 생각이 들어 더욱 감사했다.

나는 헬렌에게서 8월 마지막 주에 연락을 받고 2달 반 된 베냐민을 데리고 벨파스트로 향했다. 주님의 시간에 움직여야 한다는 생각이 강하게 들었다. 주님이 가라면 가고 서라면 서는 시간들이었다. 산후 회복 기간에도 패트릭 존스턴은 한국의 통계자료가 한국어로 왔는데 분량이 많아 정리가 급하다며 나에게 의뢰해왔다. 그래서 한국어 자료 해석 도우미로 일하기도 했다.

볼스트로드에 있는 국제선교본부나 영국 선교회는 하나님이 이루시는 세계 역사의 움직임을 바라보며 선교사역의 방향을 가늠해야 할 때였다. 이미 1988년에 8년간 지속되던 이란-이라크전이 종전되었다. 1989년에는 동독과 서

독을 가르는 베를린 장벽이 무너지면서 러시아의 위성국이던 동유럽도 서서히 붕괴되어갔다. 1990년대 초는 새로운 사역으로, 모슬렘과 유럽공산권에 대한 사역 지침이 내려져 웩 본부에 비상이 걸렸다. 한편, 그 당시 아프리카의 검은 대륙은 1960년대에 유럽 나라들의 식민지로부터 하나 둘 독립해 1990년대까지도 민주주의 실현을 두고 내란에 내란을 거듭했다. 서부 아프리카의 감비아로 선교지를 정했지만 가까운 라이베리아의 내란 소식이 들려와 긴장을 풀 수 없었다.

정치적으로 보면, 감비아는 아프리카에서 가장 작은 면적을 가진 독립국으로 감비아 총리로 지내던 다우다 자와라(Dawda Jawara)가 1971년 총선으로 대통령이 되었다. 자와라 대통령이 영국 찰스 왕세자와 다이아나비 결혼식에 참석하던 중 졸라포니족인 쿠코이 산냥이 쿠데타를 일으켰으나, 세네갈군의 개입으로 진압되었다. 감비아 웩 지부는 1965년에 감비아가 영연방으로부터 독립하던 해, 3명의 독일 간호사로부터 시작되었다. 감비아는 서부 아프리카에서 가장 개발이 안 된 나라로 꼽혔지만, 정치적으로는 가장 안정된 나라라고 알려졌다.

영국간호사 면허 취득

1991년 9월 1일 자로 교육이 시작된다는 벨파스트 시립병원의 통지를 받고 헬렌 선교사에게 연락했더니 기뻐해주셨다. 그녀는 영국간호사 면허를 위해 외국 간호사로 등록해야 할 것이라고 알려주셨다. 이 보고를 듣고 우리는 차에 짐 보따리를 꾸려 넣고 2달 반 된 갓난쟁이를 카시트에 눕히고 북웨일스로 향했다. 가는 길에 앙글시에 계신 시어머니께 들러 베냐민을 보여드리고 브라이언의 누나와 여동생도 만나 인사를 드렸다.

시어머니의 집에서 밤늦게 나와 로스나가에서 남 아일랜드의 수도인 더블린으로 가는 여객선에 올랐다. 승객과 승용차나 트럭까지도 수송하는 큰 배였다. 새벽안개를 가르며 우리는 더블린에서 내려 브라이언 삼촌 댁과 아주머니 댁을 방문했다. 결혼 후에 처음 만나는 분들이었는데 매우 친절하게 대해주셨다. 종교적 문제가 민감했으므로 우리는 삼촌 집에서나 아주머니 댁에서도 종교적인 이야기는 피했다.

브라이언은 이곳에 오기 전에 벨파스트에 있는 삼촌의 집에서 세를 얻어 살기도 해서 우리는 그 집으로 향했다. 아일랜드가 남북으로 종교적 갈등이 심하다는 것을 뉴스를 통해 잘 알고 있었다. 우리가 더블린에서 친척들을 만나고 북아일랜드로 가는 길은 영국 본토의 길과는 달리 시골 길 같았다.

브라이언은 영국 자동차를 몰고 가는 것이 어쩌면 위험 부담을 안을 수도 있다고 했다. 남아일랜드에서 북으로 올라가 접경 지역에 도달하니 검문소가 하나 있었는데, 우리나라 38선처럼 철의 장벽을 이루고 있었다. 남북 아일랜드 병사들이 장벽 꼭대기에서 총을 들고 감시했고, 검문소에 여권을 보여주어야 통과되어 벨파스트로 갈 수 있었다.

그 당시 북아일랜드 공화군 또는 해방군으로 알려진 단체가 아일랜드의 독립을 목표로 영국에 항거하며 여기저기에서 폭탄 테러를 자행하는 일이 다반사로 벌어졌다. 사회적으로, 정치적으로 두 나라의 갈등이 고조되던 때였다.

우리는 벨파스트 상황이 여기저기서 벌어지는 폭탄 테러로 인하여 별로 좋지 않다는 것도 뉴스보도를 통해 접하고 있었다. 그럼에도 주님께서 귀한 기회를 주셨으므로 계획한 대로 실천하기로 했다. 내가 계획한 것은 아니지만 주님께서 헬렌 선임선교사를 통해 이 물꼬를 터주시고 흘러가게 하시니, 나도 주님의 시간표에 맞추어 움직였다.

브라이언의 삼촌 집을 찾아가보니 그곳은 공화군들과 접전이 일어나는 벨파스트의 오마르 길이었다. 그 지역은 남아일랜드 출신의 로마가톨릭 가정들이 주로 운집해 있는 곳이었다. 나는 일단 간호교육을 받기 위해 4개월 실습 교육에 등록했다. 교육비는 들지 않았지만 집세와 식비 그리고 움직이는 데 교통비가 들었다. 어쨌든 4개월간 무급노동을 해주어야 했고, 그 대가로 영국 병원에서의 간호와 운영을 배울 수 있었다. 등록 당시에 원무과 직원이 나를 부르더니 2년을 기다려도 들어올 수 없는 과정을 어떻게 들어오게 되었냐고 물었다. 나는 오직 하나님만 아시지 잘 모르는 일이라고 했다.

아침이 되어 병원에 출근하기 전에 브라이언은 차를 찬찬히 살펴보는 것으로 일과를 시작했다. 혹시 차에 폭탄이라도 설치해 두었는지 살펴보기 위해서였다. 이곳에서는 차 문을 열거나 운전중에 폭탄이 터져 병원으로 실려오는 환자가 종종 있었다. 이곳은 오래전부터 신구교 간의 반목으로 인하여 다른 종교에 대해 배타적이었다. 그럼에도 로마가톨릭 신자인 삼촌 조카는 우리의 선교에 대해 관심을 많이 보였다.

병원 일을 시작하면서 모유를 먹이는 시간이 되면, 남편이 베냐민을 데리고 병원으로 왔다. 그 시절 나는 베냐민에게 모유를 먹이려고 애를 많이 썼다. 가끔 저녁기도 모임이 있어 브라이언과 함께 참석하기도 했다. 그리고 일요일에는 벨파스트 교외에 있는 웩 기도회와 관련된 교회들을 방문했다. 베냐민이 아기였고, 특별히 내가 한국인이라 신기하다며 많은 분들의 관심을 보였다. 어떤 분들은 이렇게 다문화 가정으로 아프리카 감비아로 선교를 간다면, 현지사람들이 우리를 어떻게 받아들일 것인지도 궁금해했다.

서양 선교사들만 주로 선교지로 파송했던 유럽의 선교단체가 이제 또 다른 각도로 눈을 뜨게 된 것이었다. 그동안 제3국이라고 했던 한국의 선교사들이 유럽 선교단체에 가입하고 또 가끔은 유럽인과 다문화 가정을 이뤄 선교지로 나가는 다채로운 현상을 경험하게 된 것이다.

12월 중순 간호사 공부가 거의 끝나갈 무렵 나는 한국의 가족에게 좋은 소식을 전하려고 전화를 했다가, 어머니가 위독하셔서 몸져 누우셨다는 소식을 들었다.

감비아로 떠나기 전에 어머니를 찾아뵈어야겠다는 생각으로 브라이언과 상의를 했다. 벨파스트 시립병원은 영국에서도 좋은 아이리시 간호사들을 배출하는 것으로 정평이 나 있다. 한 살도 안 된 아기를 데리고 이 병원에서 간호사 과정을 밟았던 지난 4개월의 기간은 참으로 녹록지 않았다. 이곳 사람들에게 유색인종 간호사 또한 매우 드문 존재였다. 그러나 주님의 도움으로 순적하게 교육을 마치고, 1991년 12월 영국 간호사 면허를 취득하고 영국으로 돌아올 수 있었다. 그곳을 떠날 때 우리는 벨파스트 거리의 폭탄 세례에서 우리를 지켜주신 주님께 감사드렸다. 또한 벨파스트에서 만났던 한국인 그리스도인들이 벨파스트에 정착해서 잘 지내고 있다는 이야기를 들었고, 한 번은 한인교회에 초대를 받아 예배를 함께 드릴 수 있어서 감사했다.

우리는 주님께서 열어주신 귀한 길이었음을 알았기에, 큰 위험을 무릅쓰고 그 길로 나아갈 수 있었다. 그리고 주님은 우리의 산성과 방패로 지켜주시고 여호와 이레로 브라이언 삼촌을 통해 거주할 장소를 주셔서 정말 감사했다. 무엇보다도 감비아는 선교사 비자가 없음을 아시고 헬렌 선교사를 통해 영국 간호사 면허증을 얻도록 하신 이유가 있을 것이어서 감사했고, 귀하신 헬렌 선교사를 기도 동역자로 만나게 해주신 놀라운 주님의 간섭과 은혜에 한 번 더 감사드렸다.

어머니의 소천과 약속의 땅 감비아

선교지로 금방이라도 달려갈 것처럼 달려온 몇 년간이었다. 그러나 "사람의 마음에는 많은 계획이 있어도 오직 여호와의 뜻이 완전히 서리라"(잠 19:21). 이 말씀처럼, 그의 뜻에 따라 우리의 발걸음을 정하시는 분은 하나님이셨다.

1992년 1월 초에 한국에 있는 오빠로부터 어머니가 언제 돌아가실지 모른다는 소식을 들었다. 브라이언은 한 달 뒤 들어오기로 하고, 내가 먼저 베냐민과 한국에 들어가 부모님이 계신 삼척 집으로 내려갔다. 어머니는 이제 거의 움직일 수 없으실 정도로 건강이 악화되었다. 결혼 후 약 2년 반 동안 어머니를 보지 못했는데, 이렇게 몸져누우실 줄은 생각지도 못했다. 나는 베냐민을 데리고 어머니를 돌보기 시작했다.

어머니를 모시면서 복음을 전해야겠다는 다짐으로 왔으므로 실천해야 했다. 어머니는 내가 장만한 식사를 거절하지 않고 조금이라도 드시려고 노력하셨다. 어머니 곁에 누워 시편 23편을 읽어드렸더니, 그렇게 반듯하게 누우셨던 분이 고개를 반대 방향으로 젖히셨다. 보살이셨던 어머니는 재색의 승복과 목탁을 가지고 계셨고, 얼마 전까지만 해도 친구들과 틈만 나면 사찰을 다니시곤 하셨다.

이 말씀이 어머니의 마음을 좀 평안하게 할 것 같아서 들려드린다고 했더니, 아무 말씀을 하시지 않으셨다. 그러시더니 얼마 후 당신도 옛적에 교회를 나갔다고 하셨다. 나는 잘못 들었나 싶었다. 어머니는 내가 영국으로 떠난 후에 타국에서 선교사 생활을 한다는 나를 생각하다가 막내인 나를 결혼도 시켰고 이제 살 날이 얼마 남았을까 싶으셔서, 고향인 부산으로 내려갔다 왔다고 하셨다.

어머니는 천천히 그러나 또박또박 말씀을 이어나가셨다. 처녀 시절에 어머니는 잠깐 일본의 삼촌 댁에서 살다가 16살에 부산으로 돌아와서 친구를 따라 교회를 나갔고, 그곳에서 선교사들을 만났다고 했다. 그 교회를 2년 전에 찾아갔더니 다른 곳으로 옮겨갔더라고 하셨다. 어머니는 분명 그곳에서 옛날에 예배드렸던 것을 기억하시고, 그 기억을 더듬어 처녀 시절에 다녔던 교회에 찾아가셨던 것이다.

어머니는 왜 막내딸로부터 성경이야기와 선교사에 관해 듣게 되는지, 왜 이러한 일들이 당신 말년에 일어나는 것인지 모르겠다고 하셨다. 어머니를 구원하시려는 긍휼이 많으신 하나님 생각은 어머니의 생각보다 뛰어나셨고 물론 다르셨다. 가까이 부르시는 주님을 어머니께서 감지했을지도 모르겠다는 생각이 들었다.

나는 그때 참으로 주님께서 어머니의 구원을 위해 나를 이곳에 보내셨음을 알게 되었다. 어머니께 시간을 두고 마음의 정리를 하실 때, 회개하고 주님을 영접하라고 어렵게 말씀드렸다. 한평생 불교 집안의 맏며느리로 섬겨왔던 어머니께, 막내딸인 내가 영적인 이야기를 한다는 것이 쉽지는 않았다. 그러나 주님께서 정확히 선교지에 나가기 전에 어머니와 영적인 대화를 하게 하시면서 영혼 구원의 중요성을 일깨워주시고 전도의 기회도 만들어주신 것이라고 믿었다. 이후 서울로 올라와 전화상으로 회개에 관해 여쭈었더니 그렇게 하셨다고 말씀하셨다. 어머니의 회개의 관한 것은 오직 주님만 아실 것이기에 모든 것을 주님께 맡겼다.

어머니는 내가 한국에 온 지 한 달 후인 1992년 3월 3일에 돌아가셨다. 주님께서 내게 귀한 시간을 주셔서 어머니에게 복음을 나눌 수 있도록 은혜를 내려주셔서 정말 감사했다. 놀랍게도 어머니를 마지막으로 뵙고 선교지로 갈 수 있도록 길을 열어주셨음을 나는 분명히 알고 있었다.

주님은 어머니의 이름을 잊지 않으셨기에 주님께서 마지막 순간에 어머니를 만나주셨던 것이라고 생각했다. 무엇보다 나를 사용하셔서 어머니와 주님의 관계가 회복하게 하신 것이 나에게 경이롭게 다가왔다.

우리가 영국 웩 선교회에서 교육을 받을 당시, 웩 선교회는 '믿음 선교'를 강조했다. 창조주이시며 나의 모든 형편을 아시는 주님, 여호와 이레의 하나님께서 모든 것을 주님의 시간에 넘치게 부어주실 것을 믿었다. 주님께서 우리와 동행하신다는 말씀을 일상 현실에서 믿으며, 말씀과 기도로써 주님의 마음과 뜻을 알아 주님의 사역자로 나갈 것을 배웠다.

한국에서 나는 언어에 지적을 종종 당했다. 외국생활 8년째로 3개국 언어권을 다녔고 영국인과 결혼하여서 한국말이 어릿하였고 발음도 정확하지 않았던 것이다. 다른 나라 언어권에서 살아남기 위해 집중적으로 그 나라 말을 사용하다보니 이러한 현상이 나타났는데, 이제 서부 아프리카로 들어간다면 나는 또 다른 언어를 배워야 할 것이다.

웩 선교사로 허입이 되어갈 무렵 감비아 부리더이셨던 안 선교사가 우리에게 졸라포니어를 배우지 않겠느냐고 제안했다. 그 당시 선교의 흐름에 따라 미전도 종족을 향한 여러 선교 지부를 가졌던 웩은 더욱 미전도종족에 초점을 맞추며 선교를 진행하고 있었다.

감비아 웩 지부는 이미 말리제국에서 흩어져 나온 만딩고족, 부자 상인 집단으로 도시에 거주하는 월로프족, 아프리카의 선교관문이라고 불리는 상인 중심의 부족인 풀라니족을 향해 나갔는데, 당시는 '1990년대 졸라포니족을 향해'라는 선교 목표를 설정했다고 했다.

이미 한국 선교사로서 나보다 먼저 사역하였던 이재환 선교사는 만딩고족 사역을, 그 후에 들어간 유병국 선교사는 월로프족 사역을 하고 있다고 들었다. 주님께서는 우리에게는 졸라포니 지역에서 사역하게 하시려고 졸라포니어를 배울 기회를 주셨음이 분명했다.

감비아로 출발하다

1992년 4월 초 영국으로 돌아온 우리는 또 다른 어려움에 직면하게 되었다. 시어머니가 볼보뉴론병이라는 진단을 받았는데 1년을 채 못 사실 것이라고 했다. 친정어머니 장례를 치르고 온 지 얼마 되지 않는데 또 시어머니가 중병에 걸리셨다는 소식을 듣고 믿기지 않았다. 지금 막 약속의 땅인 감비아로 들어간다고 들어온 우리는 어머니가 돌아가시기까지 기다렸다가 또 장례를 치르고 선교지로 들어가야 하는지 혼란스러웠다.

시어머니는 여러 말씀을 하시지 않았지만 내심 베냐민이 어린데 굳이 아프리카로 선교를 가는 것에 여러 번 걱정을 내비치셨던 터였다. 남편과 기도를 하면서 우리는 말씀을 읽어나갔다. 누가복음 말씀이 눈에 들어왔다. "이르시되 죽은 자들로 자기의 죽은 자들을 장사하게 하고 너는 가서 하나님의 나라를 전파하라 하시고 또 다른 사람이 이르되 주여 내가 주를 따르겠나이다마는 나로 먼저 내 가족을 작별하게 허락하소서. 예수께서 이르시되 손에 쟁기를 잡고 뒤를 돌아보는 자는 하나님의 나라에 합당하지 아니하니라 하시니라"(눅 9:60~62).

시어머니에 대한 돌봄을 회피하려고 한 것도 아니었다. 갑자기 예상치 못한 일로 우리는 영적 전쟁에서 이기기 위해 더욱 기도에 힘썼다. 하나님께서 지혜를 주셔서 브라이언과 함께 이 선교가 주님께 서원했던 일이니 감비아로 들어가기로 마음먹었다고 시어머니와 가족들에게 알렸다. 간호사였던 두 시누이가 시어머니를 돌보겠다고 말했다. 주님께서 주신 응답에 어머니와 형제들이 순응한 것이다.

명의이신 우리 하나님께서 병원 중인 시어머니를 긍휼로 안수하여 주시기를 기도하며, 시어머니께서 주님이 누구이신지를 더욱 깊게 알게 되기를 기도

했다. 나도 감비아로 떠나기 얼마 전까지 시댁에 있으면서 기회가 닿는 대로 시어머니를 도와드렸다. 어머니도 베냐민을 많이 안아 주시려고 노력하셨다. 시어머니와 형제들에게 우리는 계속 어머니의 건강을 위해 잊지 않고 기도할 것을 약속했다. 그러나 남편과 나는 시댁의 모든 분들이 천국과 영생에 소망이 없는 것이 더 안타까웠다. 그들의 마음은 공허해보였다. 그래서 우리는 양가 가족들의 구원을 두고 기도했다.

주님은 여러 경로를 통해 우리를 후원해주셨다. 후원 교회가 없었던 나에게 아는 분들이나 친구들이 후원자로 나서주셨다. 이 글을 쓰는 지금 기억나는 뜻밖의 일이 있었다. 브라이언이 주님을 영접할 당시 올더숏이라는 곳에서 군 생활을 하던 중에 부대 근처의 침례교회에 얼마간 나간 적이 있었다. 그 후 그 교회는 문을 닫고 복음교회로 이전했다. 그런데 그 교회 사역자가 교회를 폐쇄할 때 남아 있던 헌금 중 일부를 선교후원금 명목으로 우리에게 보내왔다. 덕분에 우리가 감비아로 들어갈 때 필요한 준비물과 비행기표를 살 수 있어서 정말 감사했다. 상상도 못했던 곳에서 주님은 물꼬를 트시고 귀한 헌금이 선교에 쓰여지도록 흘러나오게 하셨다.

감비아 지부에서 보낸 준비물 항목을 보니 아기 베냐민을 고려해서 조그만 가스냉장고와 물소독이 되는 물통을 준비해오라고 되어 있었다. 일단 우리는 가스냉장고와 물통, 말라리아 약, 모기장을 구입했고 책이나 몇 가지 옷과 책들은 타원형으로 길쭉한 플라스틱 통을 구입하여 선편으로 보내기로 했다.

예전 선교사들은 선편으로 선교지에 갈 때 짐을 원하는 만큼 싣고 갔지만, 지금은 배로 물건을 운송하고 선교사들은 비행기를 타고 가야 해서, 여러 가지 사정상 짐을 많이 가져갈 수 없었다. 당시 11개월이 되는 아기를 미지의 나라인 아프리카로 데려가려니 준비사항도 많아 가져갈 짐을 싸고 푸는 등 여러 번 씨름을 해야 했다.

감비아로 떠나기 전날 우리 손에는 비행기표와 감비아에 들어가서 얼마간 쓸 금액도 준비되어 있었다. 빈손으로 준비했는데 어느새 모든 것이 구비된 것이 그저 놀라울 뿐이었다. 우리의 파송교회가 공중분해 된 상황을 아시는 영국 웩 선교회는 우리를 가족을 위해 파송식을 열어주셨다. 웩 선교본부 대표인 콜린 선교사와 후보생 담당자였던 하워드 선교사가 함께 파송식을 맡아 주었다. 모든 선교사들이 베냐민을 안아주기도 했고, 어떤 분은 베냐민에게 주라고 장난감을 주시기도 했다.

우리는 영국에서 오갈 데 없을 때가 많았다. 그래서 후보생 교육을 받은 후 첫 아들까지 출산했던 볼스트로드 본부가 친정집같이 느껴졌다. 선임 선교사들이 새벽을 마다치 않고 감비아로 떠날 채비하고 나서는 우리를 꼬옥 안아주고 위로와 축복의 말을 해주며, 우리 차가 길에서 보이지 않을 때까지 손들 흔들어주던 장면이 지금도 눈에 선하다.

브라이언의 친구인 캐빈이 우리를 개트윅 공항까지 데려다주었다. 캐빈은 신경이 예민해져 있었다. 1년도 되지 않은 아기를 데리고 아프리카를 가는 것도 그런데, 당시 내가 임신 3개월째라는 것을 그가 알고 있었기 때문이다. 그래서인지 캐빈은 우리보다 더 심란해 보였다. 남편의 둘도 없는 친구인 캐빈은 연신 백미러로 우리가 괜찮은지 확인했다.

아침 6시 즈음에 공항에 도착하여 체크인을 시작하려고 했다. 우리는 감비아행 모나크 비행기 탑승데스크로 갔다. 우리가 예약한 항공편은 일주일에 한 번 영국에서 감비아로 가는 유일한 비행기였다. 우리 차례가 되어 내가 한국 여권을 내밀자, 검사원이 브라이언은 마다하고 눈을 옆으로 치켜뜨며 나를 아래위로 훑어보았다. 그러더니 우리 둘 다 옆으로 나가 서 있으라고 하면서 뒤에 줄 선 사람들의 여권을 조사하고 탑승구로 내보냈다.

머쓱해진 우리가 그 이유를 묻자 검사원은 나에게 비자가 필요하다고 말했다. 물론 감비아 지부와 비자 관계를 확인했던 터지만 밤사이 법이 바뀔 수도 있어서 우리는 그냥 기다렸다. 비행기가 뜨기 전 약 15분 정도를 남겨두고, 검사원은 내가 북한 사람이므로 절대로 감비아에 못 들어간다며 경고하듯 나를 노려봤다. 내가 남한 사람이라고 했더니, 그는 당황해하면서 그제야 후다닥 안팎으로 내 여권을 다시 샅샅이 뒤져보았다. 한심하고 기가 딱 막힐 노릇이었다.

어찌하여 나를 북한 사람으로 보았을까? 여러 가지 생각이 엇갈렸던 것은 비행기를 놓칠 우려가 있었기 때문이다. 우선 비행기가 곧 뜨려고 하니 지연시켜야 했다. 그 검사원은 여기저기 책임자들에게 문의전화를 하더니 한국과 감비아가 통상관계가 아니기 때문에 비자가 필요하니 감비아로 들어가면 불법이라고 했다.

마지막 수단으로 비자가 필요 없다던 감비아 웰 지부의 안 선교사에게 전화를 해보자고 했다. 마침 연결되어 감비아 웰 지부에서 책임을 지겠다고 했던지 검사원은 우리가 기내로 들어가는 것을 허락하되, 만일의 경우 다시 송환된다면 모든 경비는 우리가 감당하겠다는 서약하라고 했다.

우리가 비행기의 좌석에 앉자마자 비행기가 이륙할 준비를 했다. 5시간 반을 비행한 후 감비아에 곧 착륙한다는 방송이 나왔다. 모든 탑승객들이 서로 환호의 눈빛을 주고받았다. 그날따라 대기의 먼지가 뜨거운 해를 가리어서인지 밖이 희미하게 보였다. 비행기의 창문 아래로 내려다보니 수많은 강 지류를 따라 아름답게 형성된 맹그로브(mangrove) 숲이 보였는데, 우리를 안을 듯 한없이 구불구불 한 것이 정겹게 보였다.

오후 3시 반경 감비아 윤둠 공항에 도착했다. 이 공항을 반줄 공항이라고도 했는데, 반줄은 감비아의 수도였다. 비행기 밖으로 나갔더니 후끈한 열기와 5월 초의 햇빛이 강렬하게 비춰왔다. 윤둠 공항은 시골 버스정류장 같았다. 둥근 모양의 함석지붕을 이고 있는 이 공항은 관제탑이 보였지만 전혀 현대적 감각이라고는 찾아볼 수 없는 작은 규모였다. 더구나 컨베이어 벨트도 찾아볼 수 없었다. 내부에는 천정 선풍기가 힘겹게 돌아갔지만 공항 이용객을 시원하게 하기에는 턱없이 부족한 미풍이었다.

우리는 여기저기에 내려놓은 짐들을 찾기 위해 줄을 섰다. 세관 검사관들이 책상에 나란히 서 있으면서 그 위에 있는 짐 가방을 하나하나 검열했다. 카키색의 제복을 입은 검사원이 우리 가방을 이리저리 뒤져보더니 나에게 가방을 다시 싸도 좋다고 했다. 짐을 얼마나 다져서 쌌는지 가까스로 닫자 검사관은 짐 가방에 분필로 크게 엑스자를 그어주면서 좋은 하루가 되라고 했다. 낯선 곳이지만 공용어로 영어를 사용한다는 점이 우선 마음을 놓이게 했다.

공항 문을 나오니 우리를 기다렸다는 듯 갑자기 사방에서 사내들이 따라와 에워쌌고, 그중 한 남자가 자기 짐 마냥 우리 짐을 낚아채서 어깨에 메고 앞섰다. 우리 가방을 미리 낚아채지 못한 몇몇 남자도 계속 왕왕거리며 우리를 따라붙었다. 모슬렘권에서 절대로 화를 내면 안 된다고 교육받았기에 이미 때는 늦었으니 웃으면서 괜찮다고 하며 뒤따라갈 수밖에 없었다.

저편에서 한 무리의 여자아이들이 바나나와 땅콩이 든 쟁반을 한 손으로 잡고 우리 쪽으로 뛰어오고 있었다. 바로 그때 그들 뒤쪽에서 손을 흔들어 보이는 멋진 백인 여자가 보였다. 자세히 보니 우릴 마중 나온 안 선교사였다. 영국 본부에서 그녀를 두 번이나 만난 적이 있어 더욱 반가웠다. 여전히 바나나 행상, 땅콩 행상, 가방을 끌어다준 남자들, 택시를 타겠는지 계속 물어대는 청년 등으로 우리는 혼란스러웠다. 안 선교사가 여유 있게 웃으며 몇 마디 감비아말로 그들에게 이야기했다. 그러면서 차가 있는 쪽으로 재빨리 우리를 안내했다. 지프에 짐을 싣고 겨우 시트에 앉았는데 사람들이 창문으로 팔 물건을 계속 들이밀었다. 안 선교사가 웃으며 "Next time! Next time!"을 외치며, 감비아 말로 몇 마디 더 던지니 차에 떼거리로 달라붙었던 사람들이 스르르 차에서 물러났다.

궁금해서 그들에게 어떤 언어로 말했는지 물어보니 그녀는 월로프어라고 했다. 안 선교사는 월로프어로 인사나 몇 마디 하는 정도며 도시 지역에서 배왔다고 말해주었다. 그녀가 거주하는 파자라는 곳은 도시권에 속해서 상권을 가진 월로프족이 많고, 도심에서는 월로프어로 소통하고 있어 도시선교를 하려면 이 부족어를 배우라고 선교회에서 조언했다고 덧붙였다.

감비아 오리엔테이션 1

　감비아 선교본부로 가는 길은 우리나라 옛날 남대문 시장만큼 복잡했다. 거의 4시가 넘어가니 학생들이 길거리에 넘쳐났고 세레쿤다라로 내려가는 길목은 우리나라 1960년대를 방불케 하는 달동네였다. 지대는 평지였는데 이층 이상의 건물은 찾아보기 힘들었고, 나지막한 일층 건물에 녹슨 양철 지붕들이 여기저기 즐비했다.
　간판이 겨우 달린 상점 거리의 노점상 사이로 플라스틱 큰 통들을 머리에 이고 다니는 여자들이 보였다. 또한 길거리 목수들이 만들어 내놓은 가구나 의자들, 길옆에 열린 차 수리 작업 마당, 플라스틱 그릇들과 잡화를 파는 노점상들이 거리를 차지하고 있었다.
　해는 아직도 쨍쨍하게 열을 뿜어내며 서편으로 넘어가고 있었는데, 길거리에서 기도 방석을 깔고 기도하는 모슬렘들의 모습이 눈에 들어왔다. 가게들 사이사이에 이슬람 사원이 뜨문뜨문 보이기도 했다.
　퇴근시간이어서 그런지 차들이 갑자기 많이 보였다. 대부분 중고차들이었고, 차에 창유리가 달려 있지 않은 것 같았다. 버스 뒷문에는 조수가 탔는데, 차 끝에 매달려 있는 널빤지 위에 서 있었다. 버스 조수는 곡예를 하듯이 손가락으로 무언가를 표시했다. 아마 차를 타려는 사람들에게 빈자리의 숫자를 신호로 보내는 것 같았다. 그런데 차 뒷편에 매달려 있는 조수들의 모습은 매우 아찔해 보였다.
　도로에 마이크로버스들이 줄을 지어 달렸다. 이 차들은 유럽에서 나온 구급차나 봉고차를 개조한 것으로, 물건을 올릴 수 있도록 쇠 파이프로 틀을 만들어 차 위에 올리고, 층계도 만들어서 감비아형 전용버스로 탈바꿈해 길거리를 질주했다. 마이크로버스 위에는 이삿짐 차처럼 침대나 의자, 양이나 염소 등을 싣고 그물로 엮어 흔들리지 않도록 묶은 차들이 많았다. 실내를 털실로 짠 방울을 단 차도 있었고, 창문 앞에는 세네갈의 선지자 사진, 뒤쪽 창문에는 당시 유명했던 미국 가수 마돈나 사진이 붙어 있어 묘한 대조를 이루었다. 차 뒤편에 아이의 신발짝이나 소꼬리들이 달린 것이 보였고, 백미러에 여자 스카프가 걸려 있는 것도 보았다. 나중에 안 일이지만 그것들은 자동차 사고 예방 차원의 부적이라고 했다.

새치기는 예사였고, 사람이나 짐승이 도로에 들어서면 아무 때나 경적을 눌러댔다. 교통 체증이 심각해 보이는데도 교통경찰이 보이지 않았다. 그리고 보니 신호등도 없었고 중앙선조차 볼 수 없었다.

안 선교사도 곡예사 마냥 차를 몰아 파이프라인의 카이라바 애비뉴(Kairaba Avenue), 즉 만딩고 말로 평화의 가로수 길에 들어섰다. 예전에 이곳으로 수송관이 들어올 예정이어서 그 지역을 파이프라인이라고 부른다고 했다. 그곳의 중간 지점의 길에 들어서니 웩 선교회 팻말이 보였다. 선교회 입구에 하늘을 찌를 듯이 높이 솟아 있는 종려나무가 머리카락을 흩날리듯 잎들이 무성했는데, 축구공만한 열매가 달려 있어 곧 떨어질 듯했다.

선교회로 들어가는 우측 맞은편에 회교사원이 보였다. 그 회교사원 서까래 밑에 설치된 둥근 모양의 마이크로폰이 우리 선교회를 향하고 있었다. 새벽에 영락없이 기도하러 오라고 부르는 '뮤에찐'의 목소리가 새벽뿐만 아니라 하루에 다섯 번 기도시간마다 가까이에서 들릴 것이라고 생각하니 들뜬 마음이 사그라졌다.

감비아에 도착한 날, 본부 건물 관리 담당인 제프와 시론 선교사 부부를 통해 감비아의 상황에 대해 알게 되었다.

감비아는 1965년 독립 당시에 대통령으로 선출된 다우다 자와라가 나라를 이끌었는데, 그는 젊은 시절에 감리교신자였으나 오랜기간 정치를 하던 중 결국 회교로 개종했다. 웩 선교 지부가 감비아에 들어온 것은 1965년으로, 감비아가 영국으로부터 독립하여 문호를 개방하자 세 명의 독일 간호사가 감비아로 들어오면서 웩 선교회 사역이 시작됐다. 감비아 사역에 관한 비전은 감비아가 독립하기 이전부터 웩 선교사들이 품고 있었다. 영국 웩 본부에서 세 명의 독일 간호사들과 세네갈에서 풀라니족을 위해 사역을 하던 데이비드 바론 선교사 부부가 감비아에 대한 선교 비전을 가지고 영국 본부에서 만나 함께 기도했다. 그러나 당시 감비아는 영국의 속국이었기에 데이비드 바론 선교사 부부만 1959년에 아프리카의 가장 작은 나라 감비아로 들어갈 수 있었다. 그들은 졸라포니족 복음화의 비전을 갖고 시바노 마을로 들어가 언어를 배우기 시작했다. 감비아는 독립 당시 영국의 도움으로 감비아 강 남북에 대로를 만들고, 강가 중심에 있던 마을 사람들을 대로 주변으로 이주시켰다.

1965년 감비아 웩 지부 건물이 세워졌는데, 그 건물에 치료 센터가 개설되어 동네 사람들은 이곳을 '저먼 클리닉', 즉 독일병원으로 불렀다고 했다. 1965년 감비아 독립과 더불어 세 명이 독일 간호사가 이곳에 들어가 의료사역을 시작했다고 했다. 이후 도시화 추세로 선교회는 정부 방침에 따라 소외된 외지로 나가 병원을 개원했다. 감비아 정부로부터 처음에 받은 치료 센터 부지는 현재 감비아 웩 지부 건물 주변으로 전부 논이었다고 했다.

웩 지부는 이곳에 의료사역을 시작해달라는 정부 요청으로 병원을 세웠는데, 그 지역이 갑자기 개발되기 시작하여 땅 투기가 기승을 부리기 시작했다. 그 주위에 미국 대사관과 영국 영사관이 들어서면서 각국 대사관들이 하나 둘씩 따라 들어섰고, 교통도 편리해진 까닭에 웩 클리닉이 그 자리에 있을 필요가 없게 된 것이다. 그래서 감비아 정부는 시골 지역에서 의료사역을 해달라고 해서 졸라포니족 지역의 시바노 마을과 자롤 마을, 세네갈 접경의 네 마쿤쿠 마을에서 의료사역을 집중하게 되었다고 했다.

우리 부부가 이곳에 왔을 당시 감비아 웩 지부는 15개국에서 온 약 45명의 선교사들이 사역하고 있었다. 대부분 의료 선교사였고, 몇 명의 선교사가 청소년사역을 담당했다. 감비아 선교회는 미전도 종족을 입양하고 선교하는 방침을 고수했다. 신참 선교사들은 각자 사역할 종족의 언어와 문화를 익히기 위해 그 족속들과 함께 9~12개월 과정의 언어 훈련을 해야 했다. 미전도 종족별로 복음을 전파해야 하므로 새로 온 선교사들은 부족민과 함께 살면서 언어는 물론 그들의 문화와 풍속을 습득하라는 선교회의 방침이 있었기 때문이다.

우리가 언어를 익힐 곳은 다섯 곳의 졸라포니 지역 중 하나인 졸라포니 빈탕카라나이 지역의 시바노 마을이었다. 선임인 잉예 선교사가 우리를 맞이할 집을 물색하고 수리하는 것을 관장했다고 한다. 시바노 마을에서 우리를 맞아 살겠다는 한 가족을 찾았고, 목수와 미장이들이 집을 수리하는 중인데 아마 5월 말경이라야 이사할 수 있다고 했다. 이사하기 전까지는 거의 3주 동안 이곳에서 머물기로 했다. 그동안 우리는 본부 관리 담당 제프 선교사와 시론 선교사로부터 오리엔테이션을 받을 예정이었다.

감비아에 도착한 날 저녁에 우리는 시론 선교사가 준비한 빵과 간단한 샐러드로 식탁 교제를 나누었다. 식사 중간 갑자기 전기가 나가자 제프 선교사가 밖으로 나가 촛대에 불을 붙여 들어왔다. 운치가 제법 있어 보이지만 엄청 달구어진 콘크리트 집에 촛불까지 켜니 테이블에 각종 날벌레들이 불을 보고 왕왕 모여 타들어가는 줄도 모르고 덤벼들었다. 전기가 나갔으니 여기저기 본부 주변의 건물들에서 신경질적으로 발전기를 돌리는 소리가 들려 귀에 거슬렸는데, 이 소리에 놀란 베냐민이 자지러지게 울어댔다.

식사 중간에 물어대는 모기도 그렇고, 깜깜한 바깥은 발전기 소리에 놀란 듯 더욱 검게 보였다. 제프 선교사와 시론 선교사 그리고 그의 딸들은 이 생활에 익숙한 듯했다. 만일 전기가 한두 시간 안에 들어오지 않는다면 발전기를 틀어 냉동고의 식품이 녹지 않도록, 그리고 특히 각 지역 병원에 올라갈 약품들이 상하지 않도록 조치를 취해야 한다고 했다. 전기가 나가면 물도 끊어지는 경우가 많다고 했다. 본부의 일들이 상당하게 많았다. 타들어가는 초의 심지를 바라보며, 스스로 태워가며 빛을 밝히는 초와 같이 선교사들의 삶이 쉽지는 않겠구나 하는 생각이 들었다.

당시 감비아에는 텔레비전 방송국이 없었다. 웩 본부 숙소에는 휴가차 내려오는 선교사들을 위해 비디오 영화나 자녀용 교육자료 정도가 준비되어 있었다. 전기가 수시로 나가기 때문에 비싸게 운영되는 발전기를 자주 틀 수 없는 실정이라고 했다.

우리는 전등을 하나 빌려 숙소로 돌아왔다. 울다가 지친 베냐민을 안고 촛불을 들고 욕실에 들어가 씻긴 후 누이고, 우리는 단파 라디오를 BBC(BBC World service)에 맞춰 귀를 기울였다. 비록 이제 하루가 지났을 뿐이지만 텔레비전 뉴스를 보지 못해 바깥 뉴스가 그리웠다. 쌔근대며 자는 베냐민을 보니 안심이 되었다. 바닥에 페인트를 칠한 방이지만 깨끗하게 모기장과 스펀지 요와 얇은 이불이 준비되어 있었다. 피곤이 수면제인지라 곧 잠자리에 들었다. 그리고 얼마나 지났을까, 이른 새벽 회교사원에서 새벽기도를 알리는 소리에 선뜻 잠에서 깨어났다. 나는 이곳이 감비아라는 게 비로소 느껴졌다.

감비아 오리엔테이션 2

그다음 날에도 시론 선교사가 우리의 아침을 챙겨주고, 바쁜 가운데에서도 우리를 데리고 다니면서 오리엔테이션을 시켰다. 일단 의식주를 해결해야 하니 우리를 슈퍼마켓과 시장으로 데려갔다. 이곳의 슈퍼마켓은 우리나라 동네 가게보다는 조금 큰 정도였고, 손님이 별로 없어 파리만 날리는 듯했다. 외국상품을 공수해와서인지 가격대를 보니 만만치 않았다. 그 흔한 감자나 당근도 구하기 힘들었고, 있다고 해도 신선해 보이지 않았다. 일반적으로 먹는 사과나 배는 없었지만, 바깥 행상들에게서 바나나, 망고, 파파야 등을 살 수 있었다. 시론 선교사는 세네갈에서 감자나 홍당무를 공급할 때, 야채나 과일을 파는 가게에서 그것들을 구입할 수 있다고 했다.

어쨌든 값은 어처구니가 없이 비싸 시론 선교사는 야채와 과일은 가능한 한 슈퍼마켓에서 구입하지 말라고 했다. 슈퍼마켓 물건은 대개 수입품이어서 일반적인 가격보다 2.5~3배 정도가 더 비쌌다. 시론 선교사는 우리에게 정말 필요한 것이 아니면 세라쿤다 시장을 이용하라고 하고, 후원금을 지혜롭게 써야 한다고 조언해주었다.

그녀는 우리를 세라쿤다 시장으로 데리고 갔는데 벼룩시장과 같이 생동감이 넘치듯 북적거렸다. 한참을 밀리며 비집고 들어가 구경하려는데 우리를 향해 누군가가 소리쳤다. 그 순간 갑자기 청년 하나가 군중을 밀치고 도망쳤다. 이윽고 소리를 지르던 청년이 웅성대는 사람들을 헤집고 우리 쪽으로 다가왔다. 그는 도망간 사람은 소매치기로 우리가 시장 구경하는 것을 지켜보다가 소매치기를 하려는 것을 보고 소리를 질러 알려주었다고 했다. 그때 우리는 시장 구경 중이었기에 돈을 가지고 있지 않았지만, 하나님께서 도덕심이 강한 청년을 보내주셔서 특별히 우리를 보호해주셨다는 생각이 들었다.

세라쿤다 거리의 정육점은 볼만했다. 금방 잡아 온 듯한 고기들과 언제 잡은 지도 모를 정도로 굳어버린 고기들이 여기저기 쇠꼬챙이에 걸려 있었다. 건기 막바지여서 공기는 목을 가르듯 칼칼했다. 소꼬리가 내 눈에 들어왔는데 파리가 새까맣게 앉아 고깃간 사내가 이리저리 흔들어도 떨어지지 않고 붙어 있었다. 참으로 지독한 파리들이었다. 그러자 주인이 스프레이 모기약을 들고 나와 사정없이 고기 위에 뿜어댔다.

야채는 얌 종류나 야채들과 모양이 다양한 토마토가 주류를 이루었다. 버스 정류장 쪽으로 음식을 파는 행상들이 보였다. 볶은 땅콩을 비닐봉지에 넣어 쟁반에 이고 다니며 파는 이도 있었고, 민트 허브나 조각낸 야자열매를 들고 다니며 파는 어린 사내아이들도 허다했다.

우리는 세레쿤다 시장 견학을 마치고 오리엔테이션을 위해 수도인 반줄로 향했다. 반줄로 가는 길은 잘 포장되어 길이 아름다웠다. 감비아는 영국에서 독립한 후 혹독한 경제난을 겪었다. 그래서 파이프라인과 반줄을 잇는 포장도로도 긴 구간도 아닌데 건설하는 데 근 10년이나 걸렸고 생긴 지도 얼마 되지 않았다고 했다. 그 길은 내가 감비아에서 본 가장 넓고 시원한 도로로 종려나무와 키 작은 바오밥 나무들이 길가 습지에 자라고 있어 더 아름다웠다.

새들이 한가로이 앉아 있기도 했는데 오른쪽에 교도소가 있었고 왼쪽에는 바닷가 휴양지로는 작은 호텔들이 몇 채 보였다. 반줄은 본토에서 약간 떨어진 섬이었다. 반줄로 들어가는 진입로에 통행이 금지된 옛날 다리가 있었고, 그 다리 옆으로 신축한 덴톤 다리가 보였다. 그 다리를 건너면 법원이 나왔고, 그 아래쪽으로 감비아 국립병원인 로얄빅토리아병원이 있었다.

반줄은 수도라기보다는 우리나라 소도시의 변두리 마을 정도에 불과했다. 번화가라야 대통령궁으로 들어가는 길목과 시장 주변이 전부였다. 반줄은 수심이 깊은 천연 항이어서 전통적인 무역도시라고 알려져 있었디. 반줄에시 내가 주목해서 본 것은 천을 파는 상점이었다. 상점의 주인은 청색의 면 옷을 둘러 입은 모르테니아 상인들과 레바논 상인들, 그리고 감비아인인 풀라니족과 월로프족 상인들이 대부분이라고 했다. 외국인인 우리가 시장에 들어서니 행상인들이 길을 막고 물건을 내놓았다.

우리를 불러대는 수십 개의 옷감 가게들을 뒤로하고, 반줄 시장을 지나 페리 역으로 향할 때 반줄 중앙우체국을 보았다. 반줄 항에서 페리를 타고 곧장 약 40~50분을 타고 가면 바라(Barra) 항에 도착한다고 했다. 이곳 항구에서 배로 북쪽 마을로 혹은 세네갈로 가는 승객과 더불어 트럭 두어 대와 승용차 서너 대를 함께 싣기도 하고, 때로는 가축을 이동하는데 배를 이용하기도 한다고 했다.

감비아 강을 끼고 있는 이 나라에서 배는 아주 유용한 교통수단이었다. 시론 선교사는 우리를 데리고 반줄에서 나와 파이프라인에 도착하기 전에 오른쪽으로 차를 몰아 아가 바카오라는 곳으로 데려갔다. 우리 일행은 삼거리에 들어섰다. 한쪽 길목은 케이프 포인트(Cape Point)라는 팻말이 붙어 있었는데, 주로 작은 호텔들과 기념품 가게들이 모여 있었다. 나무를 깎아 만든 북이나 동물, 가죽, 상아나 금속 팔찌 등의 기념품을 즐비하게 진열해놓은 가게들이 눈에 띄었다. 장신구를 파는 은 세공인들이 한 손님이라도 더 끌어모으려고 "감비아 프라이스", "감비아 프라이스"라고 외쳤다. 시장 뒤쪽에서 생선을 판매한다고 해서 둘러보았는데, 외국인들이 들어서니 서로 물건을 사라고 손짓을 해댔다.

더운 날씨에서 상해 가는 생선의 악취가 진동했다. 하수 오물처리 시설이 없어서인지, 시궁창처럼 고인 물웅덩이가 여기저기 보였다. 이런 곳에 어찌 말라리아와 뇌염이 발생하지 않으랴 싶었다. 나중에 들은 이야기지만 생선을 썩혀 말린 것도 음식을 만들면 상당히 맛있다고 했다. 생선을 좀 사보겠다고 들어갔다가 악취에 쫓겨나듯 우리 일행은 질퍽거리는 물구덩이를 겨우 빠져나왔다.

저녁 무렵에야 집으로 돌아온 우리는 제프 선교사와 시론 선교사 부부와 식사를 함께하며 좀 더 깊은 교제를 나누었다. 제프 선교사는 우리에게 가능하다면 일찍 베냐민을 보로파이학교(웩 선교사 자녀학교)에 입학시키는 것이 교육적으로나 경제적으로 도움이 된다고 했다. 선교회에서는 어느 학교를 택하든 부모의 의사를 전적으로 존중해주었다. 베냐민은 이제 한 살이 채 되지 않았는데 학교 이야기가 나와 나에게는 먼 미래 이야기처럼 들렸다. 그러나 우리는 가능한 한 가장 좋은 학교로 주님께서 베냐민을 인도해주시리라고 믿었다.

파이프라인과 반줄 그리고 파자라와 세레쿤다 등이 감비아의 중심 지역임을 알게 되었다. 시장들과 주요 관공서, 대사관 위치 등도 파악했다. 이 오리엔테이션이 끝나갈 무렵, 우리는 선교회 안에 있는 오메가교회의 예배와 성경공부, 기도회에도 참석했다.

선교본부에서는 아침마다 무전기로 다른 지역의 선교사들과 교신해서 신변 확인을 하곤 했다. 우리가 오리엔테이션을 받아야 하는 곳은 졸라포니 지역의 시바노병원과 자롤병원, 감비아 강 서쪽 끝인 반줄에서 바라로 가서 더 들어가야 하는 네마쿤쿠(Nemakunku)병원, 감비아의 중간에 있는 감비아 강을 건너 파라펜니(Faraffeni) 마을로 들어가 웩 선교사가 사역했던 만딩고족 선교지 카울(Kaur) 마을과 풀라니족을 대상으로 사역하던 챠멘(Charmen) 마을이었다.

언어를 배울 숙소가 준비가 안 되어 일단 미국에서 휴가 후 돌아온 빌 선교사의 차를 타고 그들과 함께 카울로 가보기로 했다. 낮에는 40도를 웃돌아 더위가 심했다. 배가 점점 불러오던 나는 더위가 더 힘겹게 느껴졌지만 임신을 핑계 삼아 오리엔테이션 기간을 바꾸거나 하고 싶지는 않았다.

여러 선교지를 돌며 모든 선교사를 만나야 하는 오리엔테이션이었으므로, 다음으로 미루고 싶으면 그래도 된다고 했지만 나는 쇠뿔도 단김에 빼다는 말처럼, 감비아를 섬기는 웩 선교사들을 빨리 만나고 싶었고 그들의 사역도 보고 싶었다.

감비아 오리엔테이션 3

　감비아로 들어오기 얼마 전 주님께서는 나에게 에스겔 37장의 말씀을 깊이 묵상하게 하셨다. 골짜기에 가득한 심히 많고 마른 뼈들이 있는 아골 골짜기, 하나님 말씀에 순종을 하여 대언하는 것, 뼈들에게 생기를 불어넣어 살리신다는 능력의 하나님이 나의 마음을 흔들었다.
　며칠 후, 미국 서부의 사나이처럼 청바지를 즐겨 입는 빌 선교사와 그의 부인 린다 선교사를 만났다. 우리 부부는 일곱 살 정도로 보이는 그들의 딸과 함께 빌 선교사의 차에 올랐다. 빌 선교사는 필요한 물품을 가지러 본부 창고로 갔다. 우리의 사역지인 시바노 마을을 지나간다고 들어서 조금 흥분되었다. 승용차에는 시장에서 구입한 물품들이 보였다.
　본부 창고인 넘버 파이브에는 선교사들에게 파는 가루비누, 화장지, 비누, 분유 등이 보관되어 있었고, 냉장고에는 도매로 구입한 버터, 양파들이 가득 차 있었다. 이런 물건은 감비아의 세레쿤다나 반줄에서 도매로 구입할 수 있었다. 뉴질랜드의 유제품도 감비아에 상당히 많이 들어와 분유도 대량으로 구매놓았고, 가끔 양파나 당근, 감자 등도 한꺼번에 자루로 사와서 선교사들이 함께 나누기도 했다.
　승용차에 짐을 다 실은 빌 선교사가 차를 몰고 감비아의 남부선을 타고 동쪽으로 향해 나아갔다. 윤둠 공항에서 오던 길로 거슬러 올라가는 듯했다. 우리는 중간에 시바노병원을 둘러보고 우편물을 내려주고 가기로 했다. 감비아는 우편 시스템이 사서함이었기 때문에 본부에서 누구라도 차를 가지고 선교 지역을 가거나 지나갈 때, 선교사에게 배달된 우편물을 전해주고 가야 한다고 했다. 그래서 우리는 본부에서 이미 큰 자루에 소포와 우편물을 빌 선교사의 차에 실어 놓았다.

어느새 우리 일행은 세레쿤다 지역과 윤둠 공항을 지나 플라타너스들이 울창한 숲 속의 도로를 달리고 있었다. 이 숲은 독일 정부가 감비아에서 장기간 나무 심기 프로젝트를 진행하여 나타난 성과물이라고 했다. 좀 더 가니 도시 지역으로는 마지막 구역인 브리카마라는 소도시가 나왔다. 도시 입구에는 가축시장이 있었고, 감비아대학교라는 팻말도 눈에 들어왔다.

빌 선교사는 감비아에는 반줄에 간호대학, 브리카마에는 농과대학과 교육대학이 있다고 했다. 당시 수의사 출신 자와라 대통령이 농업을 주산업으로 강조하여, 가축을 많이 들여와 농가에서 기르게 했고 남아메리카에서 들여온 망고 나무와 오렌지 나무 등을 집집마다 심게 했다고 했다. 그의 말을 듣고 보니 도심이나 브리카마 지역에도 길거리나 집집마다 과일나무들이 즐비하게 심겨졌던 이유를 알게 되었다. 그 지역은 세네갈의 남부로 내려가는 길목이 있었는데 도로 사정이 좋아 보였다.

우리는 셀레티를 떠나 동부에 있는 졸라포니족이 사는 다섯 개 구역으로 향했다. 셀레티 마을을 떠난 후에는 집들이 드문드문 보이기 시작했다. 어떤 집은 종려나무 잎으로 지붕을 이었고, 몇몇 집은 반은 녹슨 양철로 반은 종려나무 잎으로 지붕을 이은 것이 보였다. 우기 전에 진흙 벽돌로 집을 짓느라고 분주해보였다.

도로는 졸라포니 지역 입구 정도까지는 좋았는데, 시바노 쪽으로 들어갈수록 길 가장자리가 패이고 중간 부분만 제 기능을 했다. 여름 폭우에 길 가장자리가 씻겨나가고 물에 패여 길이 엉망이었던 것이다. 어떤 도로 구간은 너무 많이 패여 있어, 도로 포장재인 흰 조개껍질이 드러나 있기도 했다. 또한 도로가 끊어져 흙길이 난 곳도 많았다. 수투신장이라는 곳을 지날 때 탄성이 나올 정도로 아름다운 종려나무 숲에 새들이 많이 날아다니는 것이 보였다.

여름에 비가 많이 오면 종려나무를 배경으로 한 모래벌판 같은 곳에 벼를 심는다고 했다. 마을에 조금 더 가까이 갈수록 마음이 아파왔다. 녹슨 양철

지붕들과 종려나무 잎으로 엮은 집들은 거의가 흙집이었다. 가끔 벽돌집들이 있었는데, 귀신이 튀어나올 듯한 집도 많았다. 대부분의 집은 장작보다 긴 나무들을 지푸라기로 얼기 설기로 담을 대신했고, 어디서 구했는지 쇠 철판에 둥근 구멍이 많이 난 것이나 녹슨 양철로 담을 쌓은 집들도 보였다.

종려나무 잎이나 코끼리 풀로 두껍게 꼬아 만든 담이 집 주위를 두르고 있었는데, 그 모습이 아름다웠다. 간간히 보이는 벽돌 담장은 여름비에 얼룩이나 곰팡이가 슬어 흉해보였다. 또 길거리에는 땔감과 숯이 즐비하게 쌓여 있었다. 알고 보니 도심에서 땔감을 트럭으로 사가기도 한다고 했다. 집집마다 바깥에 솥을 걸고 나무를 태워 음식을 하는 것이 보였다.

빌 선교사는 마이크로버스 운전사들을 아는지 열린 차창으로 손을 흔들어주기도 하고 경적을 눌러주기도 했다. 그렇게 약 두 시간 정도 차를 타고 가자 어느새 시바노 마을에 다다랐다. 이 마을에도 곧 쓰러질듯한 집들이 많았다. 마을로 더 들어가자 시장이 나왔다. 그곳에는 다섯 곳 정도의 구멍가게와 상점이 있었다. 상점 앞에 있는 양장점도 눈에 띄었다.

마을 한복판에는 큰 나무 있어 시원한 그늘을 만들어주었는데 그곳에 번개시장이 들어서 있었다. 점심때인지 시장에는 여인들로 북적였다. 시장 맞은편에 약간 현대식처럼 보이지만 오래된 건물이 있었다. 그곳은 잉에 선교사가 청소년사역을 하는 사무실이라고 했다. 그 가까이에는 마을을 상징하는 듯한 회교사원의 미네렛(회교도에게 기도시간을 알리는 탑)이 건물 한 귀퉁이에 길쭉하게 솟아 있었다. 거리를 지나가며 본 회교사원들은 마을의 집들과는 딴판으로 크고 회벽을 발라 깨끗하게 보였다.

우리는 그곳을 뒤로하고 시바노 마을 끝머리에 있는 웩 병원으로 향했다. 마을은 길쭉하게 형성되어 양쪽 길가에 집들이 모여 있었다. 병원이 보일 무렵 린다 선교사가 왼쪽을 가리켰는데, 한 건물이 보였다. 그곳이 바로 시바노 복음교회라고 했다. 그래서 자세히 보니 자그마한 양철지붕에 회를 칠한 하얀 벽의 교회가 보였다. 2천여 명의 마을 인구 중 기독교 가정은 세 곳뿐이었는데, 그마저도 모두 기니비사우에서 온 발란타족이고 감비아들은 없다고 했다.

마음이 무거워졌다. 시바노 마을이 강가에서 대로변으로 옮겨진 후에 이곳에 웩 병원이 들어섰는데, 회교도인 마을 사람들은 이방 그리스도인들이 병원을 개원한다고 할 때 마을에서 떨어진 곳에 병원 부지를 내어주었다고 했다. 그 후 병원 가까이에 집들과 옷 가게가 들어섰고, 먹거리를 파는 조그만 시장도 조성되었다고 한다.

아담하게 보이는 병원에 들어가니 20년 경력의 독일인 조산원 선교사가 나와 우리 일행을 녹색 페인트로 칠한 '그린 하우스'라는 건물로 데려다 주었다. 전기가 없어 발전기로 전기를 충당하고 병실에는 석유 전등을 쓰고 있었는데, 약 10~15 침상 규모로 잘 정리되어 있어 아담했다. 당시 중환자를 위한 신 병동이 신축 중이었다. 독일인 선교사는 이 동네의 웬만한 아이는 자기 손으로 받았다고 농담을 했는데, 알고 보니 진담이나 다름없었다. 그곳을 다시 둘러보니 한쪽은 병원 건물, 다른 한쪽은 조무사 학교와 기숙사가 있었다.

이후 우리는 카울 마을을 향해 나갔다. 시바노 마을을 떠나 동쪽으로 올라가는 도로는 지난번 도로보다 한층 더 갈라지고 패어 있었다. 그곳을 굽이굽이 돌아 웩 클리닉이 있는 자롤 마을로 들어갔다. 롯체라는 인도네시아 선교사가 자롤병원의 책임을 맡고 있었다. 롯체 선교사는 웩 인도네시아에서 사역하던 선교사의 제자였다. 선교지에서 신학교를 세우고, 인도네시아 인란드 펠로쉽(Indonesia Inland Fellowship)을 만들어 이곳에 들어왔다고 했다. 당시 인도네시아에서는 선교사를 감비아에까지 파송하는 열매를 맺고 있었다. 나는 그녀를 보고 내심 흥분과 놀라움을 금치 못했다.

롯체 선교사는 우리에게 작은 선교 병원과 자롤교회로 인내해주있다. 시바노병원에서 교육을 받은 후 자롤병원에서 일하는 감비아 조무사들이 롯체 선교사를 돕고 있었는데, 그들 중에 그리스도인은 드물다고 했다. 교인은 몇 명 안 되지만 자롤 마을의 회교도 아이들과 접촉점을 가지며 복음을 전한다고 했다. 그곳에 우편물을 전달하고 우리는 급히 파라펜니로 향했다.

우리 일행은 자롤병원을 나오면서 졸라포니족 다섯 개 구역의 마지막 마을인 칼라지 마을을 지나갔다. 다리를 건널 때 강가에 있는 나무들이 운치가 있어 보였다. 그러나 자세히 보니 소금기에 절은 나무들이 썩어가고 있는 것이 보였다. 아마 밀물과 썰물이 드나드는 강가에 나무들이 심겨져 있었서 그런 것 같았다. 그런데 감비아에 비가 예전같이 오지 않아 강수량이 적어진 탓에 바닷물이 강줄기로 들어와 나무가 썩게 되었다고 했다. 그리고 보니 먼지를 덮어쓴 숲들이 황량하고 척박해 보였다. 단지 졸라포니족의 상징이라는 종려나무만 신선하게 보였다.

파라펜니 마을의 페리 역이 있는 강어귀에서 배를 타기까지는 조금 기다려야 했다. 이미 페리 역 입구 끝에서부터 승용차들은 승용차끼리 트럭들은 트럭끼리 줄을 지어 서 있었다. 감비아의 차들은 대부분 유럽에서 들어온 중고차여서, 가끔 차의 클러치 연동기나 제동장치도 고장이 나서 교통사고가 날 수 있다고 했다. 큰 트럭 뒤에 우리 차가 들어서지 않도록 안전을 위해 기도 했다. 페리 역 주변은 상당히 넓은 습지였고, 물이 흥건히 들어와 벼농사를 했던 흔적도 보였다. 우리가 갔을 때는 갈대가 우거져 있었다. 습지여서인지 이름 모를 새들이 바삐 곤충을 쪼아대는 것도 보였다.

강을 건너는데 강폭이 좁아 15분밖에 걸리지 않는다고 했다. 강어귀로 배가 돌아오는 것이 보였다. 한 배가 가면 다른 배가 와서 강 중심에서 서로 교차하는 모습을 여러 번 볼 수 있었다. 우리 차례가 왔는데 우리 차가 안전하게 페리 안으로 올라가도록 저절로 기도가 나왔다. 조수들은 손짓과 눈짓들로 조심스러우면서도 재빨리 운전자에게 신호를 보냈다. 신속하고 정확하게 승선 주차를 못 하면 강에 빠질 것 같았다.

빌 선교사는 능숙하게 차를 페리의 맨 앞에 세우고 차가 배 안에서 움직이지 않도록 브레이크를 힘껏 잡아당겼다. 우리 모두 차 밖으로 나와 강 공기를 마시며 두 다리를 뻗어보았다. 배에서 일하는 조수 한 명이 다가와 반갑게 인사를 하며 우리에게 두통약을 달라며 손을 내밀었다. 우리가 웩 병원과 관계가 있다는 것을 알고 있는 것 같았다.

감비아 사람들은 시바노병원이라면 어디서나 잘 알고 있었다. 시바노병원은 한때는 독일 병원으로 알려져 유명했고, 전국에서 약을 구하러 모여드는 환자는 물론 세네갈이나 기니비사우에서도 약을 구하러 온다고 했다.

카울 마을과 챠멘 마을

파라펜니 마을 입구에서부터 잡상인들이 도로 전체를 점령하고 있다. 약 45분 정도 조금 더 들어가니 카울 마을이 나왔는데 다른 곳보다 훨씬 더웠다. 정오가 넘어 점심때가 된 것 같았다. 빌과 린다 선교사 부부 집으로 들어가는 길은 모래사장처럼 모래가 많았다. 어느 때는 차가 모랫길에 턱턱 걸리기도 한다고 했다.

그들의 집에 도착하니 감비아의 여느 집과 다를 바가 없었다. 그들은 만딩고어와 월로프어 감독관으로 있었다. 우리에게 주어진 방은 탑처럼 둘로 올려 지은 아래에 자그마한 그늘진 방이 있었다. 얼마간 비웠던 집이어서 방을 정리해야 했다. 잠자리에 쓸 스펀지 요를 겨우 작은 방에 구겨 넣고 보니 두 다리를 펼 공간조차 안 돼 보였다.

그날따라 모기장이 없어 석유 등잔과 모기향이 섞여 지독한 냄새가 나는 방에서 자야 했다. 바깥에는 본부에서는 보지도 못했던 진고동색 붉은 점박이 도마뱀들이 스석거려 소름이 돋았다.

아침에 어떤 여자가 와서 인사를 했는데 시장을 함께 가자고 했다. 도시에 있던 그리스도인인데 린다 선교사 집에서 음식을 하는 것을 가끔 도와준다고 했다. 우리는 베냐민을 안고 갔는데 사람들의 주의를 끄는 것 같았다. 길거리의 정육점에서 소고기, 양배추 두 쪽, 땅콩기름 한 종지를 구입했다. 다른 가게를 가니 마늘과 후추 비닐봉지가 수북이 지붕 밑 난간에 걸려 있었다. 토마토퓨레는 큰 통에 있었는데 숟가락 단위로 팔았다. 그녀는 시장을 오가면서 활기차게 여러 사람들과 이야기를 하고 인사도 나누며, 나를 빌과 린다 선교사의 손님이라고 소개하며 인사를 시켰다.

그녀는 린다 선교사 집에서 일하는 사람이었지만 상당히 쾌활했고, 린다 선교사의 딸과 유창하게 만딩고어로 이야기도 했다. 린다 선교사의 딸은 옆집 친구와 흑백의 피부와 상관없이 잘 어울려 재밌게 뛰어노는 모습이 보기에 좋았다.

린다 선교사는 몇 년간 딸아이를 그곳에서 홈스쿨링을 해왔다. 브라이언과 나는 린다 선교사가 하는 홈스쿨링의 운영을 지켜보았다. 우리는 함께 점심 식사를 했다. 메뉴는 회교도들의 주식인 토마토퓌레로 만든 고기밥이었다. 빌과 린다 선교사 부부는 신참 선교사들을 그들의 거처 가까운 지역에 데리고 있으면서, 그들의 언어를 감독하는 사역을 했다.

우리는 그들의 언어 프로그램을 보았다. 빌과 린다 선교사는 졸라포니어를 배운 적은 없지만 감독으로 어느 정도 도움을 주겠다고 약속했다. 그다음 날 우리는 풀라니족을 대상으로 하는 사역을 보기 위해 챠멘 마을로 향했다. 북쪽으로 올라갈수록 더 더웠고 땅은 척박했다. 차를 타고 약 30분 정도 달리니 예쁜 마을이 나왔다. 그곳에는 사각이나 둥근 초가집 모양을 한 풀라니족의 집들을 보았다. 풀라니족의 집들은 좀 특이했다. 집 크기는 한두 사람이 누울 정도의 공간밖에 되지 않았고, 지붕은 종려나무 잎으로 만들었고, 진흙 벽돌로 벽을 쌓았다.

흙먼지가 푸석거리는 비포장도로를 달려가니 저 멀리서 어린아이들이 맨발로 뛰어놀고 있는 모습이 보였다. 감비아의 고도는 해발 10미터에 불과해, 약 200킬로미터를 달려와도 언덕조차 보이지 않았다.

우리 차가 챠멘 마을로 들어서서 니콜라 선교사가 있는 집으로 향하자, 그의 집 앞에서 맨발로 뛰어놀던 아이들이 우리 차를 따라왔다. 니콜라 선교사는 무전으로 우리의 방문 소식을 들어서인지 약속 시간에 맞춰 우리를 기다리고 있었다. 니콜라 선교사 관사는 마을의 첫 집으로 잘 지어진 시멘트 집이었다.

나무로 만든 대문으로 승용차가 서서히 들어가자 아이들이 손으로 차를 밀거나 잡고 문지르며 집안 가까이에 들어왔다. 니콜라 선교사는 감비아 옷감으로 만든 원피스에 주머니 두 개를 단 옷을 간호사복이라며 입었는데, 나도 바카오 시장에서 구입한 옷을 입어서인지 그녀와 동질감이 느껴졌다.

그녀는 영국 런던 출신으로 침착해 보였다. 그녀에게 우편물과 소포를 주고, 빌과 린다 선교사 부부는 그녀와 본부 소식을 비롯하여 몇 마디 이야기들을 나눈 후 카울 마을로 떠났다. 우리는 벌판 한복판에 우두커니 있는 선교사 기숙사에 니콜라 선교사와 남게 되었다. 아이들이 비적거리며 추녀 밑으로 올라와 바닥에 앉기도 하고, 기둥에 몸을 기대기도 하면서 우리를 주시했다.

아이들과 말은 안 통했지만 계속 "투밥, 투밥…"(외국인, 외국인)이라고 하거나 가끔 "차이니즈, 차이니즈…" 하며 나에게 말을 거는 듯 했다. 그렇게 크고 천진한 눈을 하며 우리를 지켜보다가, 누가 말 한마디만 하면 하얀 치아와 헤나로 물든 검은 육질의 잇몸을 드러내며 자지러지게 웃어댔다.

아이들은 동양인을 처음 본 듯했다. 그들은 베냐민이 신기한지 여기저기 만지기도 하고 머리를 쓰다듬기도 했다. 그녀의 집 뒤로 가보니 종려나무줄기로 만든 담벼락에 진흙이 한쪽 벽의 일부 또는 전체를 덮은 것이 보였다. 우리를 뒤따라온 아이들이 갑자기 막대기로 담을 내리쳤다. 그 소리에 잠을 깬 듯한 흉악하게 생긴 붉은 반점의 도마뱀들이 무리를 지어 기어나오며 머리를 이리저리 흔들어댔다. 아이들이 놀이 삼아 도마뱀들을 쫓아다녔다.

아이들이 흩어진 후 더위를 식히려고 실내로 들어갔다. 집은 시멘트로 지어졌고 욕실은 바깥 화장실과 붙어 있었다. 집 내부는 거의 정사각형으로 되어 있었고, 가장자리로 돌아가며 방들이 있었다. 집 한쪽에 부엌이 있었는데, 식탁, 작은 가스냉장고가 한 귀퉁이에 설치되어 있었다. 항아리를 두 개로 포개어 놓아 식품을 저장해놓은 저장고도 보였다. 풀라니족 마을에는 고기와 우유가 다른 부족보다 풍부해서, 선교사들은 고기를 사다가 병에 넣고 저온

살균법으로 저장해서 먹는데, 6개월 정도 보관이 가능하다고 했다.

짐을 풀고 샤워를 했는데 붉은 모래먼지가 비누거품에 엉겨 정수리에서 흘러내렸다. 양동이를 하나 빌려 물을 받아 더위를 먹은듯한 베냐민을 거기에 담가놓았더니 거기에서 안 나오려고 해서 애를 먹었다. 런던에서 온 선교사가 이런 아프리카 시골에서도 사명자로서의 모범을 보여주어, 우리도 할 수 있다는 자신감을 심어주어서 그녀에게 감사했다.

저녁식사로 그녀는 빵과 냉동 치즈를 조금 꺼내서 우리에게 대접했다. 정결하게 준비된 선교관에서 잠자리에 들었다가 아침 일찍 회교도 무에찐의 기도 소리에 잠을 깼다. 내심 모슬렘의 기도시간 전에 일어나야 하는데 하는 죄책감과 강박감이 들었다. 곤히 자는 베냐민을 두고 브라이언과 나는 추녀 끝머리에 앉아 아침 묵상을 했다. '타파라파'라는 바게트보다는 속이 약간 더 단단한 감비아 빵으로 아침을 먹고, 챠멘 강으로 가보았다. 어부들이 그물을 던지거나 조그만 조각배에서 노를 저으며 그물을 내리고 있었는데 그 모습이 아름다웠다.

니콜라 선교사는 어느 날 숲을 지나 카울 마을로 연결되는 길을 찾았다며, 그 아름다운 곳에 가서 차라도 한 잔 마시자고 했다. 인적도 나무도 없는 벌판을 얼마나 갔을까, 빽빽이 숲으로 둘러싸이고 깊은 그늘이 드리워진 곳이 나왔다. 우리는 자리를 깔고 잠시 더위를 식히며 가지고 온 보온병에서 차를 한 잔씩 따라 마셨다. 신기하게도 더운데 뜨거운 차를 마시고 나니 시원해졌다.

잠시 동안의 소풍을 마치고 니콜라 선교사와 함께 감비아에서 가장 높은 고지로 올라가 보기로 했다. 챠멘 마을과 가까운 53미터의 고지라고 했다. 꼭대기로 올라가니 라디오방송 수신탑이 있었다. 그곳에서 아래를 내려다보니 건조한 날씨로 들판에 먼지가 안개같이 자욱해보였다. 이처럼 척박한 땅을 부면서 감비아 전역을 뒤덮어버리는 사하라의 먼지가 마치 감비아인들이 하나님을 만나지 못하도록 눈을 가리는 것 같았다.

이사야 43장 1절 말씀처럼 놀라운 창조자요, 능력의 아버지가 이 땅의 한 사람 한 사람을 구속하시려고 지명하여 부르실 것을 믿으며, 그 땅의 사람들이 주님의 긍휼과 은혜를 입도록 기도드렸다.

니콜라 선교사는 첫 사역기간에 4년간 만딩고어를 배웠고, 안식년 후에 풀라니족 지역인 챠멘 마을에서 의료사역의 기회가 주어져 감비아에서는 처음으로 풀라니족 사역을 시작했다고 했다. 그녀는 오전에는 국가 병원기관에서 사역하고, 오후에는 환자 방문과 주민을 대상으로 건강 교육을 한다고 했다.

그녀는 주일 정식예배는 아직 시작하지 못했지만, 집으로 찾아오는 어린이들과 청소년들에게 복음을 전하고 있다고 했다. 점심시간 전에 바깥채 부엌에서 동네 아주머니가 우리에게 풀라니족도 좋아하는 감비아 붉은 기름밥을 요리해주었다. 세숫대야 같은 그릇에 담긴 기름밥 안에 고기는 있어도 야채는 찾아볼 수 없었다. 우기 전이어서 야채 구하기가 상당히 어려웠기 때문이었다.

니콜라 선교사가 반줄에 있는 로얄빅토리아병원으로 수송해야 할 환자가 있어서, 우리는 함께 본부로 향했다.

주여! 이 귀한 여종 니콜라 선교사에게 성령의 기름 부어주시고 풀라니족 사역에 풍성한 열매를 허락하소서.

IV
약속의 땅, 감비아

시바노 마을에 들어가다

감비아 웩 본부에 머무는 동안 브리카마에서 사역하시는 이재환 목사님을 찾아뵈러 갔다. 그는 감비아 웩 선교회 소속으로 2년간 졸라포니 지역 시바노 마을에서 사역하다가 얼마 전부터 독립해서 사역하는 중이었다.

이 목사님은 청소년사역자로 감비아 가나안기술학교를 건축하고 있었다. 우리는 열정적인 이 목사님과 인정 많고 헌신적인 사모님을 뵙고 인사드렸다. 가나안기술학교 입구에는 축구장도 마련이 되어 있었고, 불꽃나무와 보검벨리아가 담장에 아름답게 피어 있었다. 아름답게 지어진 교사 건물도 몇 채 있었고 교회 건물도 크게 들어 서 있었다.

이 목사님 가정을 방문한 후에도 우리는 계속해서 본부에서 교육을 받았다. 주로 감비아에서 필요한 여러 가지 서류 수속이라든가 사역자로서 지킬 규칙들이나 후원에 관해서 안전 사항이나 감비아 정세에 관해서도 오리엔테이션을 받았다.

5월 마지막 월요일 점심식사 후에 안 선교사가 선교회의 봉고차로 우리를 시바노 마을까지 태워준다고 해서 짐을 챙겨 또 이동했다. 안 선교사는 여러 번 엔진과 타이어를 점검했다. 시바노 마을로 올라가는 포장도로가 갈라지고 패인 곳도 많았기 때문에 도중에 타이어가 터지면 길거리에서 갈아 끼워야 하므로 점검은 필수라고 했다. 그러고 보니 빌과 린다 선교사 부부와 카울 마을로 올라갈 때 차에 아무런 문제가 없었던 것은 기적이나 다름없었다.

시바노 마을로 가는 길에 안 선교사가 이런저런 이야기를 해주었다. 원래는 우리에게 세네갈 남부 카사망스에서 언어연수를 할 수 있도록 위클리프 선교사들에게 연락이 되었다고 했다. 그러나 카사망스의 내란이 악화되고 있어, 안전을 위해 우리가 사역할 곳에서 언어연수를 해야 한다고 했다.

안 선교사의 차는 봉고 차여서 흔들림이 심했다. 차는 흙바람을 내며 시바노 마을로 계속 올라갔다. 일전에 챠멘 마을로 올라가던 때보다 현저하게 기온이 올라갔지만 5월 말이라 습도가 상승하는 것이 피부에 그대로 느껴졌다. 더위로 잠을 설친 터라 피곤이 몰려왔다. 베냐민은 흔들리는 차 안에서도 잘 놀고 잘 잤다.

이곳은 시바노 마을의 수동식 쉘 주유소를 지나갈 때 한 번 본 지역이어서인지 덜 낯설었다. 시장 맞은편 청소년사역자인 잉예 선교사의 집 앞에 차를 세우자, 시장 주변에 있던 청소년들이 벌떼처럼 몰려왔.

쇠창살이 문 앞 창문을 막은 그런 집으로 들어갔는데, 잉예 선교사는 "투밥, 투밥, 투밥"이라고 끊임없이 불러대는 아이들에게 만딩고어로 조용히 달래듯 가라고 하는 것 같았다. 참으로 침착하게 보였다. 집 안에 들어서니 깨끗이 정리가 되어 있었다. 안 선교사의 양녀인 엘리가 잉예 선교사와 함께 지낸다고 했다. 엘리는 졸라카사족으로 선교사들이 양육하고 공부를 시켰다고 했다. 그녀는 고등학교 졸업 후에 잉예 선교사와 1년간 청소년사역을 하며 지내기로 했다며 우리를 반겼다.

그녀가 우리를 데리고 간 곳은 집 뒷벽을 확장해서 임시로 지은 어둑어둑해 보이는 방이었다. 낮은 천정에 침대 두 개가 놓여 있었는데 낡아 보였다. 찜통에 있는 것처럼 더웠고 창문도 작았다. 짐 정리를 하고 저녁식사를 하려고 나가 식탁에 앉으려고 하는데, 아이들이 아직도 창살을 붙들고 안을 들여다보며 "투밥, 투밥…", 베냐민을 보고는 "헤이, 베이비, 베이비…"라고 했다. 그들은 우리를 향해 감비아 동전 혹은 연필이나 사탕 등을 달라고 연신 외쳐댔다.

잉예 선교사가 조용히 일어서더니 창가로 가서 만딩고어로 집으로 돌아가라고 타이르는 듯이 보였다. 몇몇은 갔지만 아직 몇 명의 아이들이 눈을 크게 뜨고 멀거니 우리를 주시하고 있었다. 식탁에는 냉수와 방울토마토 몇 개, 양파를 얇게 썬 것, 치즈, 버터 그리고 타파라파 빵이 놓여 있었다.

해가 지기 시작하니 금방 어둑해졌다. 잉예 선교사는 집에 발전기는 없지만 들고 다닐 수 있는 태양열판 전등이 있다며, 낮 동안 충전해 두었던 것을 가지고 들어왔다. 땀에 범벅이 된 베냐민이 곤히 잠들어서 우리는 아이를 깨우지 않고 일찍 잠자리에 들기로 했다.

전기가 없다는 것을 알고 우리도 손전등을 준비해왔다. 베개 옆에 손전등을 놓고 베냐민을 내 침대에 재우고 잠을 청했다. 좀처럼 잠이 오지 않았다. 이제 임신 중이라 배가 불러오는 것이 눈에 보일 정도가 되었다. 이곳은 덥고 창문도 작아 숨이 탁 막히는 방이라는 생각이 들었다. 갑자기 침대 주변에서 뭔가가 투닥투닥 튀다가 조용해지곤 했다.

영국 본부에서 교육받을 때 신발을 늘 검사하고 신어야 한다는 것은 들었지만, 깜깜한 밤에 우리는 둘 다 일어나 소리가 왜 나는지 알아보기로 했으나 생각보다 쉽지 않았다. 그러다가 집 근처에 있는 회교사원에서 뮤에찐의 기도 소리를 들으며 몸을 또 뒤척이며 일어나 흥건히 젖은 이부자리를 뒤로하고 샤워를 했다.

아침은 타파라파 빵에 마가린을 바른 후에 차 한 잔과 더불어 먹었다. 창가를 내다보니 또 아이들이 하나둘씩 보였다. 학교에 가는지 청색 교복을 입고 있었다. 여전히 하얀 눈망울과 치아가 말할 때마다 더 뚜렷하게 드러났다. 문을 열자마자 문간에 붙어 있던 아이들이 우리를 졸졸 따라왔다.

생선장사의 경적 소리가 나자 아이들과 아낙네들이 바가지와 비닐봉지 등 생선 담을 것들을 들고 차 뒤로 모여들었다. 반줄에서 시바노 마을까지 생선장사가 온다는 것이 감격스러웠고 무언가 모르지만 생동감이 넘치는 찬란한 아침이어서 기분이 좋았다.

근사하게 감비아 옷으로 차려입은 잉예 선교사가 그날은 할 일이 많다며, 우리에게 그 지역의 군수격인 '세푸'를 만나자고 했다. 세푸의 이름은 라민이라고 했다. 그의 아버지는 존경받던 세푸였는데 돌아가시자, 그의 장남에게 동네 어른들이 자리를 만들어주었다고 했다. 그의 사무실 안으로 들어서니 전령사가 세푸에게 알렸는지 집무실에 나와서 우리를 맞으며 자리에 앉도록 권했다. 잉예 선교사는 만딩고어와 영어를 섞어가며 우리를 소개했다.

우리가 앞으로 시바노 웩 병원에서 일할 사람들이라는 것과 졸라포니어를 배울 것이라고 했다. 만딩고족인 '세푸'의 부인이 나와서 잉예 선교사와 반갑게 인사를 나누었다. 세푸와의 대화 중에 1959년 첫 감비아 선교사로 왔던 영국의 데이비드 바론 선교사가 세푸의 부인의 친정집인 만장쿤다에서 소천했다는 것을 알게 되었다.

세푸 라민은 자신이 만딩고족이 아니라 졸라포니족이라고 밝혔다. 그는 본래 소왕국의 왕이던 냐시 집안에서 태어났지만, 만딩고족과의 전쟁에서 그들에게 인질로 잡혀 이름도 냐시에서 조바태로 바꾸고, 어릴 때부터 만딩고족이 살던 강북에서 자랐다고 했다. 이후 성장해서 고향으로 돌아왔기에, 그는 졸라포니어를 할 수 없다고 했다.

우리는 마치 그에게서 졸라포니의 역사를 구전으로 듣는 것 같았다. 만딩고족이 졸라포니 지역으로 쳐들어와 강북을 점령한 후, 다시 남부의 지류인 빈탕으로 진격하여 시바노 일대를 장악하고는 5~6킬로미터 더 들어가 쿠사마이 마을에서 만딩고족의 명장인 포대이가 이끄는 군대가 졸라포니족의 명장인 아훈사네의 군대와 접전 끝에 전투에서 패하는 바람에 전쟁이 끝났다고 했다.

시바노 마을의 보장쿤다

우리는 세푸의 사무실에서 나와 잉예 선교사의 차를 타고 시바노병원에 인사를 갔다가 다시 마을로 내려왔다. 복음주의 교회를 지나 마을 중간 지점에서 안쪽 길로 들어서니 '보장쿤다'가 보였다. 그곳은 우리가 언어를 배우며 거주할 집이었다.

우리가 묵을 보장쿤다에 있는 집을 보니 대가족이 산다는 느낌이 들었다. 기다랗게 두 줄의 집이 중앙에 큰 마당을 두고 양철 지붕을 이고 황토 벽돌로 정갈하게 지어졌다. 추녀 아래에는 아프리카식의 손잡이가 달린 크고 작은 의자들이 나뒹굴고 있었고, 마당 중간에 종려나무 껍질로 엮어 만든 살평상이 라임 나무 아래 있었다.

아이들이 또 줄줄이 따라왔고 몇몇 남자 어른이 악수를 한 후 살평상으로 인도하면서 계속 잉예 선교사와 인사를 나누었다. 그중 한 남자와 잉예 선교사가 살평상 위에 앉아서 만딩고어로 인사를 다시 나누었다. 알고 보니 그 집에는 네 명의 남자 형제들이 함께 살고 있었는데, 잉예 선교사가 인사를 나누는 이가 그 집의 맏아들 '옌사'였다. 둘째와 셋째는 쌍둥이로 한 사람은 목수인 '세니', 다른 쌍둥이 형제는 농부인 '사네'였다. 막내는 '에부'라고 했는데 전직 경찰이었다고 했다.

잉예 선교사는 우리를 소개하며 별채를 내어주어 감사하다는 인사와 함께 별채의 집수리가 어찌 되어 가는지 보고 싶다고 했다. 얼마 후에 집안으로 몇몇의 아주머니들이 플라스틱 물통을 머리에 이고 들어왔다. 물을 내려놓고 아낙네들은 우리에게도 와서 손을 내밀었다. 그들은 손이 젖었다며 우리에게 손목 위를 가리켰다. 동네 어귀에서 매일 물을 길러 오는 일이 아낙네들의 일상인 것 같았다.

마당을 가로질러 조그만 길옆으로 가니 우리가 들어갈 별채가 있었다. 바로 앞에는 망고 나무가 그늘을 드리우고 그 밑에는 종려나무 껍질로 만든 평상이 놓여 있었다. 약 7~8미터 앞에는 보장 전 가족이 쓰는 화장실이 볏짚 담으로 둥글게 싸여 있었고, 입구에는 깡통 몇 개가 흐트러져 있었다. 그리고 별채 뒤꼍에는 종려나무 가지로 엮은 담이 둘러져 있었다. 이는 그들이 우리에게 많은 신경을 썼다는 걸 의미했다.

추녀로 올라가니 웬만한 남자는 머리를 구부려야 들어갈 높이였다. 양철지붕에 회칠한 흰 황토벽은 비교적 깨끗해 보였다. 문은 나무틀에 양철을 덮어 만들었고 역시 나무틀에 양철조각을 잘라서 덮어놓은 것을 창문을 대용으로 한 것 같았다. 주인 할아버지를 따라 집안으로 들어가니 컴컴하고 찜통처럼 더울 뿐만 아니라 먼지 내음이 공기 사이로 퍼져왔다. 양철 창문들을 여니 차단되었던 빛이 들어와 방 전체가 보였다. 그런데 양철로 만든 천정이 거의 머리에 닿을 듯했다. 쥐들이나 도마뱀들이 지붕에서 내려오지 못하도록 양철판으로 막아놓아서 그렇다고 했다. 베냐민의 안전을 생각하니 천정이 낮아도 그편이 나을 것 같았다.

집 안에는 방 두 개 와 '살로'라는 응접용 공간이 있었다. 가구나 침대는 없었지만 일단 무엇을 어디에 두어야 할지 생각해보았다. 방은 둘 다 너무 좁아 내가 누울 싱글베드 하나와 베냐민의 아기 침대를 같은 방에 넣기로 하고, 브라이언용 싱글 침대와 잉예 선교사가 빌려준다는 책상과 의자는 '살로'라는 작은 응접실 공간에 두기로 했다.

침대는 선교사들이나 다른 외국인들이 이사하게 될 때 주로 구입한다고 했는데, 우리는 경제적으로 여유가 되지 않아 종려나무로 만든 간이침대를 살 생각이었다. 방을 지나 한쪽 구석에 재래식 화장실이 있었고, 그곳에 샤워 시설도 갖추어져 있었다. 뒤꼍 망고 나무 잎이 무성해서 그늘을 만들어주었다.

밖으로 나오는데 베냐민을 보려고 왔던 아이들이 웅성거리고 있었다. 어떤 아이가 들쥐 한 마리를 잡아 요리하기 전에 다른 아에게 꼬리를 잘라준 것 같았다. 그 아이는 쥐꼬리를 잡고 그것을 빙빙 돌리고 있었다. 또 한 아이가 들쥐 껍질과 머리를 잘라 우리가 살 별채 지붕 위에 던졌다. 쥐 요리를 준비하던 아이가 물바가지에 물을 떠다가 쥐의 몸통을 씻고 작은 깡통 냄비에 그것을 삶으려고 준비했다. 정말 가는 날이 장날이라고 나는 그 장면을 보고 오싹한 전율을 느꼈다.

그때만 해도 베냐민은 겨우 한 살배기에 불과해 뭘 몰랐지만, 그곳으로 이사한 후 베냐민이 걸어 다닐 무렵에는 주인집 아이들과 친해졌다. 이 아이들은 베냐민이 들쥐 고기를 좋아하는 것을 알고 들쥐를 잡는 날이면 그것을 요리해서 베냐민에게 챙겨주곤 했다.

우리는 잉예 선교사와 집으로 돌아와 시에스타라고 해서 오후 식사 후에 쉬는 시간을 가졌다. 아프리카 사람들은 식사 후에는 나무 밑 그늘에서 머리를 땋거나, 이를 잡거나, 잠을 자거나, 아니면 설탕을 듬뿍 탄 건파우더라는 중국차를 끓여 먹으며 담소를 즐겼다.

우리도 익숙하지는 않았지만 자리에 멀뚱멀뚱 누웠다. 잠은 오지 않았고 창문을 닫아야 더운 공기가 안 들어온다는데 닫으면 더 더울 것 같아 그냥 열어두었다. 사방이 조용한 뜨거운 대낮이었는데 도저히 천정에 매달린 모기장을 설치할 수가 없었다. 그런데 침대 주변에서 무언가 투닥거리며 날아다녔다. 이번에는 기어이 찾아야겠다고 신발을 들고 조용히 침대에서 일어났다. 무언가 공중으로 나는 동시에 내리쳤는데 잡고 보니 풍뎅이만큼 거대한 바퀴벌레 두 마리였다. 몸서리가 쳐졌다.

감비아 본부에서의 첫 정기기도회

예정대로 보장쿤다 집으로 이사한 후, 잉예 선교사와 함께 6월 첫 목요일에 매월 정기기도회에 참석하기 위해 감비아 본부로 갔다. 잉예 선교사는 기도회는 아침 9시에 시작을 하기 때문에 새벽 6시경에 모든 교사들이 여러 대의 차에 나누어 타고 감비아 본부로 출발한다고 했다. 우리도 한참을 차로 달렸는데 도로에 동네 개들과 닭들, 양들과 염소들이 나와 도로 위가 시원해 밤을 지새웠는지 그곳에 앉아 있었다. 새벽이나 밤에 차를 몰고 가면 늘 짐승들과 사람들을 동시에 조심해야 하고, 소들은 뿔로 받기도 해서 특히 위험하다고 했다.

우리가 마을들을 지나갈 때마다 가축들이 길거리에 나와 있어 자연스럽게 차의 속도를 줄여야 했다. 동이 트는 아프리카의 아침은 하늘이 참 아름다웠다. 물을 우물에서 긷는 사람들과 일교차로 추운지 마당에 모닥불을 피우고 쪼그리고 앉은 사람들이 보였다. 부엌에서는 연기가 피어오르기도 했다.

세레쿤다와 반줄을 향하는 교차로에서 카이라바 가로수 길로 들어서는데 벌써 북적거리기 시작했다. 차들이 속속 본부로 들어오는 것이 보였는데 반 트럭이 많았고 병원 이름이 새겨진 차들도 많았다.

간단히 빵으로 아침식사를 마치고 정기기도회가 열리는 예배실 겸 세미나실로 찾아갔다. 여러 여선교사들이 와서 먼저 앉아 있었는데, 분위기가 매우 엄숙했다. 그들은 마치 하늘군단의 여전사들과도 같이 느껴졌다. 좋은 소식을 전하는 아름다운 발로 섬기는 선교사들, 하나님의 간증을 간직한 선교사 한 분, 한 분이 나에게는 놀라움 그 자체였다.

사정에 따라 전날 본부에 온 선교사도 있었지만, 대부분 새벽에 온 것 같았다. 매월 첫 목요일에 정기기도회가 열리는데 그날 기도회에는 시바노병원

팀에서 찬양과 말씀을 나누었다. 기도회에는 장단기 선교사들이 15개국에서 왔는데, 모두 45명가량 되었다. 다수의 선교사들이 아름다운 감비아 옷을 단정히 입고 있었는데, 감비아의 의복문화에까지 익숙한 선교사들을 보니 교훈과 도전이 되었다. 국적이 서로 다른 선교사들의 통용어는 당연히 영어였는데, 관심을 끌었던 것은 선교사들이 감비아 목사님들과 사모님들을 만나면 감비아 언어로 인사를 나누는 것과 기도회 중에 어떤 찬양은 만딩고어나 월로프어로 부르는 것 등이었다.

피부색을 초월해서 기도회에 참석한 모든 이들이 예수 그리스도를 왕 중의 왕, 주 중의 주시라고 고백하며 성령 안에서 하나가 되었다. 웩 선교회 네 개의 기둥은 믿음, 희생, 거룩, 교제였다. 영국에서 나는 감비아 지부는 이중 교제 면에서 가장 뛰어나다는 말을 들었는데, 이들과 함께 따뜻한 교제를 나누면서 그것이 사실임을 알게 되었다.

기도회는 하루 일정으로 진행되었다. 아침에 말씀 묵상과 기도가 있었고, 오후에는 대개 교회사역이나 일반사역에 관한 것을 나누었다. 말씀 묵상 후에 신참내기인 우리 가족에 대한 소개가 있었다. 어떻게 주님께서 감비아까지 오도록 소명을 주셨는지에 대한 간증을 나누었다. 그리고 리더들이 우리가 받고 있는 웩 선교회 오리엔테이션에 관한 현황을 보고하고, 앞으로 있을 언어, 문화와 기후적응, 졸라포니족 관습의 이해나 보장쿤다에서의 화합을 위해 기도해주었다.

그날 잉예 선교사는 지난 4년간 시바노 청소년사역을 해왔는데 안식년 후에 감비아의 강북에 있는 네마쿤크 마을에서 청소년사역을 준비하고 있다고 했다. 시바노 마을 청소년사역에 뜻을 두고 온 브라이언 선교사에게는 새로운 소식이었다. 브라이언 선교사는 약 1년간의 언어습득 기간을 거쳐야 했지만 청소년사역에 관해서 구체적으로 생각해보아야 할 것 같았다.

이곳에서 새삼 알게 된 것은 자매 선교사들이 대부분이란 것과 그 해가

지나면 세 가정이 사역을 마치고 돌아가고 우리와 더불어 또 다른 두 가정이 이곳에 들어온다는 것이었다.

오후 프로그램에서는 교회 사역과 함께 대부분 NGO(비정부조직)에 종사하는 전문적 사역들에 관해 보고했다. 그리고는 병원사역, 문서사역인 문맹퇴치와 번역사역, 농업사역, 청소년사역 등에 관한 문제를 놓고 합심 기도를 드렸다. 감비아는 선교사 비자를 받을 수 없는 나라여서 비정부기관으로 일을 하여 비자를 받게 되어 있었다. 각자에게 감비아 정부에 도움이 될 만한 실제적인 달란트가 요구되었다.

당시 선교회가 받는 비자는 할당제라고 했다. 예를 들면 의사나 간호사 숫자가 정부로부터 정해져 있었고, 다른 업무 종사자도 마찬가지였다. 새로운 업무로 감비아에 입국하려면 정부에 신청을 해야 한다고 했다. 1년씩 비자를 받게 된다고 했는데, 부부일 경우는 한 사람이 2년을 채울 수 있다고 했다. 우리의 경우 브라이언 선교사가 행정과 청소년사역 비자라는 정체불명의 비자를 받게 되었지만, 감비아 체류가 가능하다고 해서 주님께 감사드렸다.

점심시간이 가까워오니 근처 회교사원에서 기도소리가 흘러나왔다. 회교사원에서 우리 선교회를 향하여 확성기를 틀어놓아 본부에서 마이크를 사용해도 서로의 말을 알아들을 수 없을 정도였다. 금요일이면 아예 선교회 앞길까지 회교도들이 기도 자리를 깔거나 맨땅에서 기도를 하곤 해서 차량통행에 불편을 겪는다고 했다.

기도회가 끝나갈 무렵 우리는 네마쿤크 마을에서 조산원으로 의료사역을 하는 스위스인 크리스틴 선교사와 농업사역자인 캐나다인 산디 선교사 부부를 만나 그들의 사역지에 방문하고 싶다고 하자 허락해주었다.

크리스틴 선교사는 작고 아담한 체구로 이미 10여 년 동안 조산 의료 선교사로 사역하고 있었다. 그녀는 아주 열정적으로 복음을 전하는 선교사로 알려져 있었다. 저녁 무렵에는 먼 지역에서 기도회에 참석한 선교사들 중에 본부에서 더 머무는 선교사들이 있어서 그들과 교제를 나누었는데, 시간을 내서 서로 머리를 잘라주기도 하는 것을 보니 선교교육 기간에 배웠던 미용 기술을 나도 언젠가는 사용할 수 있으리라고 생각되었다.

그날 기도회를 마치고, 저녁 무렵 우리는 아기 엄마인 산디 선교사와 다른 자매 선교사들과 함께 해변으로 나가 바람을 쐬며 조금 걷기로 했다. 감비아는 유럽과 가깝고 영어권이어서 북유럽사람들에게 저렴한 겨울휴양지로 알려져, 많은 유럽인들이 찾아온다고 했다. 우리가 그곳에서 산책을 한 지 얼마 안 되어 우리 일행을 따라붙는 행상들의 숫자가 갑자기 불어났다. 그들은 머리에 이거나 손에든 기념품을 우리에게 들이대며 강요하듯이 팔아달라며 말을 걸어왔다. 그리고 젊은 청년들이 해변을 걷는 우리에게 다가와 친구로 지내자고 했다. 산디 선교사가 만딩고로 우리는 이곳에 살며, 감비아를 위해 비정부기관으로 일하는 외국인들이라고 설명하자, 그들은 잘 알았다고 하며 흥미를 잃었는지 더 이상 따라오지 않았다.

나중에 알게 되었지만, 그들은 해변에서 휴가 나온 유럽인들을 따라다니면서 친구로 지내자며 결혼을 청하거나, 집 사정을 이야기하며 낯선 이들에게 돈을 뜯어내거나, 기념품을 강매하는 등 다양한 부류의 '범스터'(bumster)라고 불리는 젊은 청년들이라고 했다. 또한 한때 아프리카 청년들의 영웅이었으며 레게음악을 세계에 알렸던 자메이카 가수 밥 말리(Bob Marley)의 머리스타일을 본따 머리에 인조머리로 엮어 길게 땋아 내리고 현란한 녹색, 붉은색, 노란색의 빵 모자에 선글라스를 쓴 인상적인 청년들도 많았다. 가끔 에티오피아의 옛 황제 하일레 셀라시에(Haile Selassie)를 숭상하고 언젠가는 흑인들이 모두 아프리카로 돌아갈 것이라고 믿는 '라스타페리안'(Rastafarian)이라는 독특한 복장과 행동 양식을 따르는 청년들도 볼 수 있었다.

먼지가 푹석대는 길거리, 한구석 그늘에 모여 청년들은 카세트 기기를 차 배터리에 연결해서 음악을 크게 틀고 듣는다든가 큰 카세트 기기를 어깨 한쪽에 걸머지고 걸어다니며 몸을 가볍게 흔들었다. 그리고 보니 어디를 가든지 카세트 기기만 아니라 어떤 사람들은 라디오를 한 손에 들거나 귀에 아예 붙이고 다니는 풍경이 눈에 들어왔다.

밤이 되면 길거리에서 라디오를 차 배터리에 연결시켜 크게 틀어놓기도 하고, 가끔 밤늦게까지 틀어놓은 적도 있었는데도 법에 저촉되지 않는 것 같았다. 때로는 디스코텍에서 발전기를 가동하여, 밤새도록 동네가 떠나갈 정도로 음악을 크게 틀어대기도 했다. 그리고 가까이에 있는 주변 집들에서 가끔 마른 나무토막을 딱딱거리며 치는 소리나 북을 치기도 했다. 나는 종종 이런 소음 때문에 잠을 설칠 때가 있었다. 졸라포니족은 춤출 때 북과 같은 타악기를 많이 연주한다고 했다. 그리고 본부 앞 회교사원에서는 하루에 다섯 번씩이나 기도를 하며 금요일에는 확성기에 흘러나와 사원에서 하는 모슬렘의 기도 소리가 파이프라인 전 지역이 떠나갈 듯 울려 퍼지고는 했다.

본부에서 기도회를 마친 후 우리는 주말에 챠멘 마을에서 주문했던 종려나무 침대를 니콜라 선교사가 반 트럭으로 우리의 새보금자리인 보장군다 집에 갖다놓았다는 전갈을 받았다. 우리는 침대를 구하게 되어 정말 감사했다. 또 제프 선교사는 우리가 영국에서 배로 보냈던 짐이 도착했다고 알려주었다.

월요일에 제프 선교사의 도움으로 브라이언 선교사는 시바노병원에서 차를 빌려 영국에서 온 짐을 싣고 시바노 마을로 향했다. 우리의 이삿짐을 전부 옮기기로 하고 본부에 있던 트렁크도 차에 실었다. 선교회 창고에서 생필품인 비누, 우유 그리고 휴지들을 사서 싣고 저장된 가스통도 함께 실었다.

그 당시 언어를 배우는 신참 선교사들에게는 냉장고를 허용하지 않았는데, 갓난아기인 베냐민을 고려해서 모든 선교사들의 동의하에 우리에게 냉장고를 허락했다. 그리고 선교회에서 우리에게 책상과 의자 그리고 두 개의 화구가 있는 가스레인지를 대여해주었다. 그리고 일반적으로 날씨가 선선해질 무렵인 겨울에 선교지 적응기를 갖는데, 우리는 가장 더위가 달아오르는 5월에 도착해서 가족 모두가 땀을 어지간히 흘려야 했다. 하지만 나는 긴장 탓인지 더위가 별로 느껴지지 않았다.

    주님께서 이 더운 초여름에 우리를 이곳에 보내주신 이유가 분명히 있을 것을 믿었기에, 주변 상황들이 어떠하든지 우리는 그저 감사할 뿐이었다.

보장쿤다 별채 1

우리는 시바노 마을로 올라가서 보장쿤다의 별채로 들어갔다. 짐을 정리한 후 다음 날 저녁 무렵, 잉예 선교사가 우리 집에 방문했다. 저녁 무렵이면 대개 전 가족이 집에 모이므로 모두 만날 수가 있었다. 동네 아이들과 안쪽에 있던 아이들이 쪼르르 우리를 따라왔다.

마당 저 끝에서 목수 일을 하는 이 집의 둘째 세니는 녹이 슨 긴 톱을 갈고 있다가 송글송글 땀을 훔치며 우리에게 다가와 손을 내밀었다. 그의 눈 한쪽에는 백내장 같이 흰 막이 덮여 있었고 다른 눈동자에도 우유를 조금 떨군 것처럼 하얗게 보였다. 장남인 옌사도 우리를 보자 손을 들어보이며 인사했다. 더위에 못 이겨서인지 아예 추녀 밑에 재봉틀을 내다 놓고 박음질하는 것 같았다. 그 주변에 옷감 조각들이 흐트러져 있었다. 쌍둥이 형제 중에 농사꾼 사나는 비가 오기 전에 밭을 준비하러 갔다고 했는데 곧 올 것이라고 했다.

앞으로 보장 집안의 30여 명 대가족과 어울려 한솥밥을 먹게 되었으니, 그 형제들과 잘 알고 지내야 했고 집안에서 지켜야 할 규칙들도 숙지해야 했다.

선임 잉예 선교사가 그날 결정사항이나 의무사항에 관해 중간역할과 증인으로 서기 위해 찾아오는 수고를 해주었다. 저녁 무렵이어서 그 집의 모든 형제들을 만나 악수를 하며 인사를 하는데 남녀를 막론하고 손바닥이 가뭄에 논바닥 갈라지듯 갈라져 있었고, 거북이 등을 만지듯 딱딱했다. 특이하게 여자들은 악수 후에 손을 잡고 한쪽 다리를 살짝 굽히는 인사를 정중히 하고는 수줍게 달아났다. 어느 날 아침에 둘째인 세니의 부인이 회교도 부인들의 아침인사로 남편에게 정중하게 문안을 드리는 것을 보았는데, 그녀는 아예 한쪽 다리를 땅에 대고 남편에게 절했다.

아이들도 우리에게 뛰어와 악수를 청했는데, 누더기 옷에 맨발로 흙바닥에 뒹굴다가 우리에게 와서 내미는 손들이 마치 짙은 밤색처럼 보여 예뻤다. 어떤 아이들은 천진난만하게 악수 후에도 손을 놓지 않고 신기한 듯 잡아보기도 했고, 문지르기도 했고 손을 이리저리 뒤집어 보기도 했다. 아이들은 남편에게 안긴 베냐민의 다리와 머리카락을 만져보기도 했다. 너덜한 바지며 여기저기 찢어지고 구멍 난 중고 티셔츠를 입었지만, 순진해 보이는 코흘리개 아이들의 눈망울과 해맑은 미소가 인상적이었다.

회교 문화권인 감비아에서는 회의 내용을 기록하기보다 회의 내용을 들어줄 증인으로 꼭 함께 참석하는 것이 중요했다. 그 이유는 나중에 만일 문제가 발생하면 증인이 법정에 서는 것이 일반적이기 때문이었다. 그날 우리는 보장쿤다의 네 형제들을 다 만났다. 장남인 옌사, 쌍둥이 형제인 둘째 세니와 사나, 막내 에부가 그들이다. 회교도들이라 부인들이 여러 명이 있었는데 이름들은 제네바, 세납, 화투, 아이사도, 화투마타, 님마 등으로 회교식의 이름들이었다.

어느새 우리는 만딩고족이나 졸라포니족 인사말을 사람들에게 들어서 배웠는데, 그 집으로 들어가면서 일단 졸라포니어로 "싸피"(인사드립니다)하며 들어갔다. 우리가 인사를 시작했을 때, 어른들은 청년들을 시켜 집안에서 긴 의자를 마당 중심부로 끌어내고 있었다. 또 두어 개의 응접용인 등받이 의자들이나 작은 장구모양으로 깎아 만든 감비아 재래식 의자도 가져다 주어서, 우리와 보장 형제들이 나누어 앉을 수 있었다.

살평상에 앉거나 서 있는 아주머니들이 눈빛을 반짝이면서 우리를 응시했다. 일단 침묵이 두려운 듯 다시 성을 불러주며 서로 인사와 안부를 묻기 시작했고, 끝날 즈음에 잉예 선교사가 기회를 봐서 정중하게 방문인사와 본인이 찾아온 이유를 전했다.

침묵이 흐르는 가운데 모두들 증인인 양 듣고 있었다. 일단 집을 세내어주어서 감사인사를 정중히 표하는 것으로 시작했고, 우리를 이 가족과 함께 살도록 한 것도 하나님의 인도하심이니 평안을 빌어본다고 했다.

집안의 어른인 옌사가 잉예 선교사에게 이야기를 잘 들었다며, 답변의 인사를 했다. 그는 회교도들이 입는 긴 내리닫이 옷을 걸쳤는데 점잖은 미소와 총명한 눈을 소유한 사람이었다. 그는 연신 웃음을 머금고 기쁜 마음으로 집을 내주었으니 한 식구같이 평안히 지내길 바란다고 했다.

특이하게도 잉예 선교사와 집안 어른인 옌사는 서로 인사를 나누면서 상대방의 성을 거듭 되뇌었는데, 나중에 알게 되었지만 상대방을 존중하는 뜻으로 불러주는 것이었다. 그리고 식사에 관해 의논을 했는데 막내인 에부의 부인 화투마타가 가족을 위해 준비하는 음식을 만들 때 우리 가족의 것도 같이 만들어 보장쿤다 대가족의 점심과 저녁때 함께 식사하기로 했다. 대신 우리에게 중국산 또는 월남산 수입쌀을 매달 한 자루, 즉 쌀 50킬로그램을 인건비와 더불어 지불하기를 원했다.

이곳에서는 아침식사로 남자들은 돈이 허락하는 대로 감비아산 타파라파 빵에 설탕이 수북이 들어간 차와 함께 먹거나, 아니면 손수 농사한 수수가루를 끓는 물에 조금씩 넣어 만든 죽을 만들고 말라붙은 소젖에서 짜낸 우유를 하루 정도 삭혀서 시큼하게 만든 후에 설탕을 수수가루로 물 반죽 후 죽을 쑨 '에모나이'에 섞어 만든 음식을 먹었다. 그러나 대개는 그전 날 저녁에 남은 밥을 '까숩펜', 즉 다시 솥에 넣어 나뭇가지로 덥혀 아이들과 함께 먹었다. 하지만 하루에 한 끼를 점심으로 때우고, 굶는 이들도 많다고 들었다. 우리도 일단 아침에는 타파라파 빵을 동네 가게에서 사서 먹기로 했다.

그들은 우리 가족에게 감비아 이름이 무엇인지 물었다. 감비아 이름이 없으니 감비아 이름을 갖고 싶다고 하자, 여러 제안이 나왔다. 인사를 나눌 때마다 겪은 것인데 그들은 브라이언이 '이브라힘'으로 들리는지 남편에게 그 이름이 맞느냐고 물었다. 나의 이름을 미란이라고 하자 그들은 '마랑'으로 바꾸어 불렀다. 그래서 내 감비아 이름은 마랑이 되었다. 그들은 귀에 익숙한 이름으로 아무렇지 않게 우리 이름을 속히 갈아치웠는데, 자연스러운 것이 아닐까 싶었다. 이브라힘은 아랍식으로 불리는 이름으로, '아브라함'을 의미했고, 마랑은 메리의 졸라포니식 발음으로, 아랍식으로는 '마리야마'라는 것을 이후에 알게 되었다.

결국 새 이름으로 이브라힘은 간략하게 '에부', 나는 '마랑'으로 낙찰되었다. 그리고 전통적으로 '보장'집안 남자들은 '바지'집안 여자들과 결혼한다고 했는데, 브라이언과 나의 이름은 보장댁의 전통을 잇기로 했다. 그래서 성이 뒤따르는 졸라포니족 전통을 따라 브라이언은 '에부 보장', 나는 '마랑 바지'의 이름을 갖게 되었다.

성이 '바지'라니 좀 웃음이 나왔지만, 바지 성을 가진 사람들은 아프리카 감비아식으로 '토끼'에 비유되어 아주 지혜롭고 현명하며, 음식으로 하면 '꿀' 같이 달다는 의미라고 했다. '보장'이라는 성의 의미는 '멀리서 온 손님'이라는 뜻이었다. 각 성씨마다 얽힌 재미있는 일화들이 있다는 것 또한 알게 되었다.

그리고 대가족 제도로 사는 집안을 '쿤다'라고 했는데 주로 남자들의 성씨를 앞에 붙였다. 우리 집은 브라이언이 '보장' 성을 따랐으니, '보장쿤다' 때로는 남편의 영국 성을 따서 '타나쿤다'라고 불렀다. 이들은 사람이름을 부를 때 어른 아이 할 것 없이 이름만을 불렀는데 어린아이들이 나의 이름을 부르면 오랫동안 외국생활을 해왔음에도 조금 어색하게 들렸다.

보장쿤다 별채 2

우리는 보장 집안사람과 악수와 인사로 마무리하고 집으로 가려고 하는데, 장남인 옌사가 잉예 선교사와 조용히 할 말이 있다고 했다. 일거리를 달라는 간곡한 부탁이었다. 농사꾼인 둘째 사나의 딸이 이제 중학교에 가는데, 어머니가 무언가 잡일을 해서라도 학비를 마련해야 한다고 했다. 우리는 일단 물이 필요하니 물을 한 동이씩 길어달라고 부탁했다.

비용을 물었더니 우리에게 일임하고 가격을 정하지 않았다. 오랫동안 물물교환을 해왔고 외부 사람들 출입이 많지 않았기에, 돈으로 결정하는 일을 어려워했다. 식비와 별채의 가격을 결정할 때도 어려웠기에 우리는 일단 대화를 그렇게 끝냈다. 얼마가 되든지 그 딸아이가 학교에 가게 되면, 그들은 우리가 도와주기를 바란다는 것을 직감했다. 옌사 할아버지는 일손이 필요하다면 보장 집안의 부인들을 먼저 써달라고 재삼 부탁했다.

그날 밤 저녁을 먹고 영어를 좀 하는 몇몇 사람들이 우리 집 앞 망고 나무 아래에 몰려 왔다. 동네에서 마실 나온 사람들도 어둠에 손을 흔들며 끊임없이 또 인사를 나누었다. 그들은 설탕을 넣고 끓인 쓰디쓰면서도 달착지근한 중국차인 아타야를 작은 유리잔에 담아 와서 우리에게 권했다. 저쪽 마당에서 차를 끓이는지 아이들이 잔을 조그만 철 쟁반에 담아 왔다 갔다 하며 어른들에게 먼저 드렸다. 이 차를 마시면 잠을 잘 수 없다고 미리 선교사들에게 들었던 터라 조금만 마시겠다고 했더니 모두 재미있다는 듯이 크게 웃었.

어쨌든 시간을 알 수는 없지만 낮과는 달리 열기가 좀 사그라진 바람이 느껴졌다. 망고 나무 아래 살평상에 몇 명이 눕는 것이 보였다. 더위와 낯선 사람들에 지쳐 잠든 베냐민을 데리고 우리는 밤늦게야 방으로 들어왔다. 집으로 가는 우리에게 말을 가르쳐준다며 우리 뒤통수에 대고, "몰아숨! 몰아숨!"(잘자요! 잘자요!)이라고 반복해서 말했다. 우리도 그 말이 대략 '잘 자요'라는 의미로 알고, 그들에게 "물아숨"이라고 하며 실내로 들어와 손전등을 켰다.

천정이 머리에 닿을 듯한 조그마한 흙집은 낮 열기에 달궈져 찜통같이 더워서, 일단 문을 열어 공기가 통하도록 해보았다. 촛불로 인해 좁은 방안에 길게 드리워지는 그림자가 저녁시간을 지루하게 했다.

곤히 잠든 베냐민을 문도 없는 방으로 들어가 뉘어놓고 나오는데, 갯코(gecko, 도마뱀 종류) 두 마리가 벽에 붙어 있는 것이 보였다. 스슥 소리를 내며 옆으로 기어 양철 문 위로 숨었다가 나왔다가 했다. 갯코의 출현도 있었지만 종려나무 침대의 마른 소리가 더위와 뒤엉켜 잠을 쉽게 청할 수가 없었다.

이리저리 뒤척이며 뜬눈으로 밤을 새우고 있었는데 새벽녘에 장닭들이 연달아 울기 시작했다. 덩달아 시바노 회교사원에서 기도 시간을 알리는 뮤엣찐의 방송이 들려왔다.

발전기를 돌려 방송을 하는 회교사원의 열성이 신기할 정도였다. 얼마 후에 부스럭 소리가 나서 창문가로 가보니 주인집에서 몇몇 남자들이 기도하러 가는지 흰 내리닫이 옷을 입고 나가는 것이 보였다.

여자들도 두어 명이 큰 플라스틱 통들을 머리에 이거나 들고 우물 쪽으로 나갔고, 여자아이들은 보자기로 머리를 동여매거나 추운지 어깨에 들쳐 쓰고는 종려나무 잎으로 만든 빗자루로 마당을 천천히 쓸기 시작했다. 마당을 쓸고 있는 여자아이들에게 어느 부인이 감독하듯 빗자루를 들고 잔소리를 해댔다. 옌사의 부인 작꿈이였다. 동틀 무렵에 아이들의 빗질로 먼지가 피어오르니 어렸을 때 시골집 마당을 쓸었던 것이 생각나 정겨운 생각이 들었다.

그다음 날은 언어공부를 시작해야 하는 첫날이었다. 우리는 네마쿤크 마을로 가기 전에 본부에서 주선해준 언어 도우미가 오기를 기다렸다. 감비아 리더들은 지난번 기도회 때에 세네갈 쪽 웩 선교사를 통해 졸라포니어 자료들을 구해와 우리에게 주었고, 만딩고어를 배운 한 자매 선교사가 카사망스에서 구입해서 우리에게 준 언어자료도 우리에게 있었다. 그것들은 거의 1960년대 자료였고, 최근 것이 1980년대에 조사 및 연구한 것으로 불어로 되어 있었지만, 졸라포니어는 우리도 읽을 만한 것이 많았다.

어쨌든 우리 손에 조금이라도 자료가 있으니, 이것을 바탕으로 세네갈과 감비아의 언어도 비교 분석할 수 있어 좋았다. 본부에서 주선해준 언어 도우미 지브릴 카마라를 아침에 처음 만나게 되었다. 지브릴은 두 명의 졸라포니족 출신 그리스도인 중의 한 명이었다. 또 한 명은 도심 분동교회를 시무하였고 만딩고어 신약성경 번역 조력자요, 당시 복음교회총회장이시던 모두 사네 목사님이었다.

우리는 지브릴 청년의 간증을 들었다. 그의 집은 시바노 마을에서 약 10킬로미터 떨어진 잔나크쿠엘 마을에 있었다. 동네에 학교가 없었던지라 시바노 마을에서 초등학교에 다녔다. 시바노 마을에서 청소년사역을 처음 시작했던 어느 독일 선교사에게서 초등학교 시절에 복음을 듣고 주님을 영접했다. 예수님을 영접한 후에는 그 선교사의 도움으로 시바노 마을에서 초등학교를 유학하며 마쳤고, 도시에서 5년제 세컨더리학교(Secondary School)를 다녔다. 우리를 만났을 때 그는 외국유학 준비 중이었다. 훗날 지브릴은 오랜 유학생활을 마치고 마흔이 다 되어 졸라포니족 출신 크리스천 자매인 사라와 결혼하여 가정을 꾸렸고 둘 사이에 딸을 두게 되었다. 주님의 특별하신 축복이었다.

웩 리더들은 지브릴 청년이 졸라포니족 출신 그리스도인이고 해서 몇 달 간이라도 시간을 내어주어 우리의 언어습득을 돕도록 주선한 것이다. 우리는 그의 수업 계획을 몇 달간 잘 준수한 다음, 만딩고어 감독관인 빌과 린다 선교사의 도움을 받게 되었다. 이후 선교회에 장기사역에 들어가기 전에 떨리는 마음으로 린다 선교사와 지브릴에게 언어시험과 평가를 받았다.

네마쿤쿠 마을병원

　우리는 반줄의 바라 항으로 갔다. 수도인 반줄 항에서 북쪽으로 가는 페리를 타고 바라 항에 도착하면 캐나다 선교사인 산디가 거기에서 우리를 네마쿤크 마을로 데려가기로 했다. 우리는 바라 항 매표소에 줄을 섰다. 페리에 탈 승객들과 차로 여행하는 승객들은 매표구에서 줄을 따로 서 있었다. 창구와 주변 벽은 사람들에 시달렸는지 거무죽죽한 기름때가 번들거렸고, 급히 떠오르는 해를 피해 사람들은 그 벽에 기대어 줄을 서 있었다.
　그런데 한 무리의 사람들이 줄 서는 것을 마다하고, 매표구 앞으로 오더니 무질서하게 줄을 흩어버렸다. 그것에 불평하는 사람들이 거의 없었지만, 우리는 거슬려서 줄을 제대로 서라고 말했다. 그러나 그들은 우리 같은 이방인의 말이 옳다고 느껴본 적이 없다는 식으로 우리의 요구를 무시한 채 매표구에 매달려 표를 사려고 아우성이었다.
　일단 줄을 서라고 다시 말할 기력도 없을 만큼 더위를 느꼈을 즈음, 여러 명의 청년들이 몰려오더니 왜 표를 안 사느냐고 하면서 표를 살 차례가 다가온 우리에게 닦달했다. 우리가 표를 살 차례가 되자 자기 손님인 양 우리에게 표를 팔라고 매표원에게 윽박질렀다. 그들은 연신 우리에게 "헤이, 투밥, 투밥"이라고 하며, 저쪽으로 가야 한다는 듯이 공중으로 팔을 휘저으면서 우리를 불러댔다.
　베냐민을 안고 가방을 맨 브라이언과 일주일간의 필수품을 넣은 가방을 등에 맨 나는 표를 든 사람들을 따라나갔다. 매표구를 빠져나오니 페리 승객 대합실이 보였다. 양철 지붕 밑에는 거칠어 보이는 콘크리트 벤치 몇 개가 있었는데, 그곳은 승객들로 발 디딜 틈이 없어 보였다. 게다가 여러 잡상인들이 승객들 사이를 오가며 물건을 파느라고 몹시 붐볐다. 콘크리트의 긴 벤치를 다른 사람과 나누어 앉고는 숨을 고르는데 또 그 청년들이 다가와서 우리를 둘러쌌다. 그들은 감비아에 온 것을 환영한다며 악수를 청했고, 어느 나라에서 왔냐고 했다. 또 베냐민이 잘생겼다고 하며 영국에 대해서 물은 후, 나를 중국인으로 알고 중국에 대해서도 질문했다. 그리고 감비아의 인상이 어떤지도 묻고, 여러 가지 질문을 하며 대화를 이어나갔다. 우리는 감비아에서 이런 일을 여러 번 겪은 일이라 그들의 행동에 익숙해져 있었다.

그들은 우리에게 말을 걸은 후에 다른 외국인들에게도 다가갔다. 나는 이런 행동을 보면서 감비아 청년들이 흔히 외국인에게 하는 인사치레 정도의 문화라고 생각을 했다. 얼마 후 배가 들어와 승선을 허락했는데 빨리 타지 않으면 다음 배를 기다려야 할 것 같아서 모두들 서둘러 짐들을 이거나 손에 잡고 배에 올랐다.

페리는 입추의 여지없이 승객들로 꽉 차 앉을 자리가 없었다. 일단 자리가 없으니 배의 좌측으로 보이는 푸른 대서양을 바라보며 뱃전에서 서 있기로 했다. 아이스박스 같은 천 양동이에 담은 얼음 주스를 들고 다니며 파는 여인이 브라이언에게 다가와서 주스를 팔아달라고 졸라댔다. 본능적으로 브라이언이 주머니에 손을 넣어 지갑을 꺼내려고 했다. 하지만 지갑은 이미 사라진 뒤였다. 아까 우리를 둘러쌌던 그 범스터 청년들에게 고스란히 지갑을 털린 것이다.

당황스럽긴 했지만 지갑에 돈이 많이 있었던 것도 아니고, 여권과 같은 중요한 서류는 가슴팍에 붙는 조그만 가장에 넣어두었던 터라 그나마 마음이 놓였다. 좀 더 조심하라는 주님의 경고로 알고 없는 이가 가져갔다고 생각하니 마음이 편했다. 그날 그것으로 감비아에서 신고식을 치른 셈이었다. 그러나 기실 감비아에서의 지난 사역을 되돌아볼 때 그때를 제외하고는 우리는 잃어버리거나 도둑을 맞았던 기억이 거의 없다. 오히려 도심 지역에 살고 있던 선교사들이 도난당하는 경우가 자주 있다고 들었다.

당시 감비아로 유럽 중고 휴대폰들이 흘러들어왔는데, 휴대폰은 이곳에서 아주 요긴한 통신 상품으로 꼽히게 되었는데, 그 이유는 여름 우기 때면 일반전화는 불통이 잦고 선이 끊어지기 일쑤였기 때문이었다. 그 무렵에는 좀도둑들이 벌건 대낮에도 다른 사람의 주머니 속에 있는 휴대폰에 손대거나 심지어 집안 책상 위에 충전 중인 휴대폰들을 밖에서 쇠갈고리를 이용하여 훔쳐가는 일도 있다고 했다. 그뿐만 아니라 도시에서는 마당에 둔 플라스틱 탁자나 식탁, 장난감들도 밤이면 소리 소문 없이 사라지는 일이 허다해서 철문으로 잠그는 일이 유행했다.

특히 단기 선교사들이 마이크로버스를 탔다가 여권이나 돈, 휴대폰을 도난당하는 일들이 흔히 일어났다. 대개 처음 감비아 땅을 밟은 단기선교사들은 아프리카 사람들이 순진할 것이라는 마음으로 긴장을 하지 않고 있다가 당하는 것 같았다.

바라 항에서 내리니 해가 중천에 떠 있었다. 베냐민을 안고 있었던 브라이언은 아이의 머리를 향하여 뜨겁게 내리쬐는 햇빛을 가려주기 위해, 물수건으로 베냐민의 머리를 덮어주었다. 우리 일행은 콘크리트 부두를 한참 걸어 산디 선교사가 기다리는 매표소 밖으로 나갔다.

콘크리트 부두 길에서 나와 표를 내고 페리 역 출구로 나가는데 여전히 화장실 냄새에 발 디딜 틈 없이 흥건히 물이 괸 길하며, 퀴퀴한 냄새와 파리떼의 기승을 피할 길 없었다. 밀려 나가는 승객들에게 얼음 주스를 파는 아낙네가 우리 코앞에 주스를 들이댔다. 코코넛을 쪼개어 담은 쟁반을 머리에 이고 따라붙는 조그만 남자아이들, 민트 잎 몇 쪽을 흔들며 파는 여자아이들과 과일 행상들도 눈에 들어왔다. 호텔 같이 보이는 이층 건물은 우리나라 여인숙보다도 허술해 보였고, 위층은 유리창도 깨져 있었다.

두리번거리는 우리에게 택시들은 경적을 눌러대며 "주프레, 주프레, 알브레다, 알브레다"라고 소리쳤다. 아마 우리를 주프레나 제임스 섬으로 구경 가려는 여행객으로 보았던 것 같다. 우리가 감비아로 들어오던 2월에 《뿌리》(Roots)라는 소설로 명성을 얻은 미국의 흑인작가 알렉스 헤일리(Alex Haley)가 사망했다는 소식을 들었다.

그의 소설 배경이 되었던 감비아의 주프레(Juffure) 마을과 노예를 유배했던 제임스(James) 섬은 《뿌리》가 출간된 이후 일약 유명 관광지로 탈바꿈했다. 알렉스 헤일리의 7대 외가 쪽 할아버지는 쿤타 킨테(Kunta Kinteh)였는데, 그가 17세였던 어느 날 노예 상인에게 잡혀서 그들 가문에서는 첫 노예로서 미국에 팔려갔다. 아마 그가 살았다고 추정되는 섬마을에서 쿤타 킨테는 바라 항을 보지도 못하고 노예 선박 밑바닥에 묶여 이곳을 지나갔을 것이다. 그 생각하니 어쩐지 마음이 짠하고 뭉클했다.

어느 사회나 꺾이고 굴절된 역사를 가지고 있지만, 노예제도로 악몽 같은 굴레에서 희생당한 수많은 이들의 원한을 감비아 강은 말없이 삼키고 있는 듯 태연했다.

알렉스 헤일리는 소설의 무대인 감비아까지 찾아와 1970년대 후반에 《뿌리》를 발표했다. 이 소설의 주인공인 쿤타 킨테의 노예가족사는 1767년으로 거슬러 올라가지만, 이제 《뿌리》는 31개국 언어로 번역되어 흑인 노예 역사를 증거하는 놀라운 저서로 알려져 있다. 이런 이유로 주프레 마을은 정부에서 쿤타 킨테의 고향으로 지정됐고, 2010년에는 상요미 지역의 제임스 섬에서 뿌리 페스티벌이 개최됐다. 2011부터 제임스 섬은 쿤타 킨테 섬으로 불릴 정도로 역사적으로 중요한 곳이 되었다.

네마쿤쿠 마을에서의 오리엔테이션

페리 역에서 사람들과 함께 휩쓸려 나와 길거리에 서 있는데, 산디 선교사가 택시와 버스들 사이에서 경적을 울렸다. 서로 악수를 나누고 우리는 그의 차에 탔다. 산디 선교사는 네마쿤크 마을까지는 차로 약 30분 정도 걸린다고 했다. 사람들이 모인 상점 앞이나 길거리 번개시장을 지날 때 사람들이 산디 선교사를 알아보고 손을 흔들거나 그의 이름을 소리 높여 불렀다. 산디 선교사도 그들에게 경적을 울리며 흥겹게 인사하는 모습이 정겨웠다.

농업사역 그와 이야기를 나누며 보니 어느덧 숲길로 들어섰다. 그 길은 강물이 말라서 굳어진 모랫길이었다. 우리는 마을이 없는 황량한 길로만 가고 있었다. 조수간만의 차로 길이 강물로 덮이기도 하고, 길에 소금기 머금은 모래나 소금물이 차를 부식시켜 수명이 길지 않다고 했다. 그렇게 한참을 달린 후 우리는 드디어 목적지에 도착했다.

우리는 스위스 분으로 의료인인 크리스틴 선교사 집에 일단 여장을 풀기로 했다. 자그마한 시골 보건소 같은 병원에 몇 명의 조무사들이 함께 일을 하고 있었다. 스위스 선교사인 크리스틴은 참으로 검소한 삶을 살고 있었다. 화장실도 재래식으로 하고, 샤워도 등물을 하는 식이었다.

우물이 집 앞에 있어 동네 사람들도 그곳으로 물을 길러 온다고 했다. 그녀는 근 10여 년 동안 조산원 일을 했다고 했다. 흙집으로 지어진 아담한 조산소에 들어가 보니 깨끗이 잘 정리되어 있었다. 방에는 침대와 콘크리트로 긴 만든 긴 의자가 벽쪽에 붙어 있었다. 그녀는 감비아 여인들이 출산이 잦았기 때문에, 어느 때는 산모와 함께 조산소에서 밤을 새우는 일이 많다고 했다. 그리고 응급환자가 들어오면 달밤에도 차를 타고 나가 강가로 나가 반줄로 가는 작은 배에라도 환자를 실어 반줄 종합병원에 입원시키는 일도 한다고 했다.

크리스틴 선교사는 본인의 간증을 해주었다. 그녀는 10여 년 전에 감비아에 2년 단기선교사로 왔는데, 선교가 끝나는 말미에 간염에 걸려 온몸에 황달이 덮이는 지경에 이르렀다고 했다. 스위스로 후송되기 전에 감비아 메디컬 리서치 센터(Medical Research Centre)의 유럽 의사는 그녀에게 간에 손상을 입었으니 다시는 감비아에 들어오지 말라고 경고했다고 했다. 그러나 그 후 약 2년 치료 과정을 거쳐 건강을 회복했고, 선교를 염두에 두고 기도했을 때 감비아로 부르시는 주님의 소명을 붙잡고 다시 웩 감비아 의료진으로 들어왔다고 했다.

크리스틴 선교사는 미혼으로 의료선교뿐만 아니라 만딩고어에 능해서 성경공부나 현지인과 대화에서도 만딩고어로 하며 사람들을 영적으로 돌보고 인도했다. 산디 부부와 크리스틴 선교사는 유럽인이었지만 이들에게서 백인의 우월감은 전혀 찾아볼 수 없었다. 산디 선교사 집에서 어느 감비아 자매가 준비해준 토마토소스로 만든 붉은 월로프 기름밥을 맛있게 먹었다. 식사 후 햇살이 진한 오후에 휴식을 취한 다음, 만딩고족과 풀라니족이 함께 어울려 사는 지역을 둘러보기로 했다.

작렬하는 태양빛이 조금 수구러들무렵 무렵에 크리스틴 선교사와 마을로 나갔는데, 가는 곳마다 아이들이 또 따라다녔다. 이제 '투밥'이나 '차이니즈'는 아예 우리의 닉네임이 되어버렸다. 네마쿤크교회는 흙집으로 지어졌고, 산디 선교사 부부와 크리스틴 선교사 그리고 만작코족 형제 몇 명과 풀라니족 형제 한 명이 교회에 출석한다고 했다.

네마쿤크교회는 복음주의 교회로서 목회자가 없고 전도자만 있었는데 아직 개척단계라고 했다. 네마쿤크 마을의 만딩고족은 모두가 회교도였고, 그 주변 지역 만작코족 사람들이 네마쿤크 복음교회로 와서 만딩고어로 예배를 본다고 했다.

만딩고족은 마을에서 복음을 전하는 것은 문제 삼지만, 만작코족이 자신의 종교를 고수하는 것에 관해서는 상관하지 않았다. 이곳 사람들은 사람이 그리스도인 집안이나 회교도 집안에 태어나면, 그 믿음이 그대로 유전되는 것으로 간주했다. 감비아 사람들에게 만작코족은 기니비사우에서 온 가톨릭교도들로 알려져 있었다. 복음을 알지도 듣지도 못한 자들이, 전도자를 통해 말씀을 듣고 성령의 역사하심으로 예수를 그리스도라 고백하며 믿게 된다는 것을 만딩고족은 모르는 것 같았다.

회교도들은 의료사역을 하는 병원 근처에 코란학교를 세워, 때로는 늦게까지 아이들에게 회교의 코란경전을 암송시키는 일도 허다해서 영적 전쟁이 따로 없었다. 감비아는 그리스도인들을 적대하는 일이 많아 마을마다 복음을 들고 나가지만 뿌리내리기가 너무나 척박한 땅이어서 인내와 주님의 은혜가 절실했다. 당시 이곳의 그리스도인 형제들은 결혼할 상대가 없어 믿음에 혼선을 빚고 있었는데, 나이 든 청년들이 복음교회 전체에 상당수를 차지하고 있어 많은 기도가 필요하다고 했다.

작은 체구에 겸손이 몸에 밴 산디 선교사와 크리스틴 선교사 부부를 선배로 모실 수 있어 나는 참으로 감사했다. 산디 선교사는 우리가 그곳에 간 첫날 임시로 거처할 방을 내어주는데, 창고로 쓰는 곳 같았다. 방 한쪽 구석에는 여러 가지 병원비품과 저장식품이 쌓여 있었다. 방에는 우둘투둘한 감비아 멍석 위에 두터운 스펀지 요가 놓여 있는 더블 침대가 보였다.

전기시설이 없어 석유 등잔 불빛에 반사된 우리의 그림자가 천정에 들러붙어 있는 것 같았다. 방 천정은 높아 보이지는 않았지만 스슥거리는 소리가 종종 들렸다. 생쥐 아니면 갯코, 도마뱀들이 아닐까 싶었다.

비가 올 듯한 날씨인데 습기 먹은 열기가 내 몸에 어둠보다 더 무겁게 엄습해왔다. 더위도 갯코, 도마뱀 또는 생쥐가 실수라도 얼굴에 떨어질까 봐 습관적으로 이불 홑청을 얼굴까지 가렸는데, 갑자기 우두둑하는 소리가 양철지붕을 때리는 소리가 들렸다. 감비아의 우기가 시작된 그날, 밤새 내리치는 비가 양철을 때려 지붕이 내려앉을 것 같았다. 그래서 한동안 천정만 지켜보았는데 비가 후덥지근한 열기를 거두어 갔는지 약간 시원해진 느낌이 들었다. 나는 새벽녘에야 겨우 잠이 들었다.

아침 일찍 또 회교도들의 기도 소리에 잠을 깨웠다. 동네 규모에 비해 지나치게 커 보이는 확성기가 달린 회교사원이 보였다. 이곳 아이들은 일반 학교보다는 코란을 배우는 학교에 더 많이 다닌다고 했다.

어린이들이 많은 감비아에서는 청소년사역에이 활발하게 이루어질 것 같았다. 잉예 선교사도 1년 후에 이곳에서 청소년사역을 새롭게 시작하겠다고 했다. 산디 선교사 가족은 한동안 농업사역의 일환으로 과일나무들을 재배해서 마을에 나누어주어 회교도들과 좋은 교제권을 확보했다고 했다. 하지만 교회 전도사역 중점으로 농업사역을 조금씩 줄여갔는데 그곳은 앞으로 의료선교사역과 청소년사역을 중점으로 계속 사역을 하게 될 것이라고 했다.

크리스틴 선교사는 동네 아이들에게는 그림 성경책으로, 청소년들에게는 만딩고어 신약성경으로 말씀을 전했고, 간호사나 조무사들에게도 성경공부를 시키고 말씀을 전했다. 병원에 대기하는 환자들에게에게 전도자가 와서 말씀을 전했다. 그녀는 일이 끝난 후에도 환자의 가정을 찾아가 돌보곤 했고, 의료 선교사지만 성경 말씀을 가르치기 위해 저녁이면 만딩고족 문맹퇴치에도 앞장서 까막눈들에게 글을 가르쳐주었다.

훗날 어느 떠꺼머리 사내아이가 코란을 잘 읽으면서도 만딩고어를 못 읽어 자주 문맹퇴치반에 왔는데, 크리스틴 선교사는 만딩고어를 다 터득한 15살이 된 이 아이를 초등학교 5학년에 넣어주었고, 고등학교까지 나오게 도와주었다. 이 청년은 이후 만딩고어 신약성경을 재검증하는 데 크게 쓰임받았고, 현재 만딩고족 그리스도인으로서 활기차게 말씀을 전하며 부족선교에 힘쓰고 있다.

크리스틴 선교사는 우리가 언어교육을 마쳤을 때, 시바노병원의 책임자로 와서 의료 선교를 계속하며 우리 부부와 가깝게 지냈다. 그 후에도 졸라포니 신약성경 번역 일로 감비아를 방문할 때 나의 생일이 되면, 늘 전화로도 생일 축하 노래를 불러주며 일만 하지 말고 쉼을 가지라고 충고하면서도 따뜻하게 나를 아껴주었다. 그녀는 선교직에서 퇴직하는 2012년 봄에 주님의 부르심을 받고 소천하기까지, 사역에 전념하는 모습을 보여주어 모든 선교사에게 귀감이 되었다.

시바노 마을의 졸라포니족 사람들

네마쿤크 마을에서 다시 강을 건너 본부인 파이프라인에 돌아왔다. 이후 우리는 시바노 마을로 다시 들어가 본격적으로 언어공부를 시작했다. 네마쿤크병원 기숙사에서 그해의 첫 비를 맞았는데 집에 돌아와서도 일주일에 한번 꼴로 내리기 시작한 비가 푸석이는 지붕의 먼지와 나무들을 씻어내렸다.

농부들의 손길이 바쁜 시기가 된 것이다. 이들은 경운기가 없어 밭을 갈 때 필요한 소를 건기에 예약해놓았다. 보장군다에도 소가 여러 마리 있었는데, 예약이 되어 있어 순서에 따라 소몰이하는 사람들이 들판을 바쁘게 오고 갔다.

주인댁도 낮이나 밤이나 파종을 위해 땅콩을 준비하고 있었다. 밤늦게까지 등잔 밑이나 달빛 아래에서 돌멩이를 가로로 세워놓은 후 땅콩을 힘차게 내리쳐, 두어 개의 땅콩을 빼내는 힘든 작업에 어른이나 아이 할 것 없이 총동원되었다.

우리가 시바노 마을 보장 집안의 일원이 되어 살게 되어서인지, 동네 유지들이나 청년들이 자주 우리를 찾아와 인사를 나누었다. 그들을 통해 졸라포니족에 관해서, 감비아 전반이나 이웃 나라의 세네갈에 관한 정보를 들을 수 있었다. 영어를 좀 한다는 청년들은 주말에 도시에서 올라오면 짧은 영어이지만 감비아 사정을 모르는 우리에게 정치, 문화, 경제가 어떻게 돌아가는지를 알려주려고 노력했다.

우리는 언어뿐만 아니라 감비아의 사회구조도 알아야 했는데, 졸라포니족은 여러 부족 중에서도 수적으로나 영향력 면에서 미약해서 사회적 위상이 낮은 부족이었다. 감비아는 정치적으로는 민주주의를 내세우면서도 종교적으로는 다수가 회교도였다. 부족별로 암암리에 사회 계층을 이루어져 있었다. 아쿠족은 주로 부유층이나 고급교육을 받은 지식인층으로, 미국이나 카리브 해 주변국에서 감비아로 돌아온 감비아 인구의 약 10퍼센트를 차지했고, 윌로프족은 대부분 도심의 무역상들이었고, 만딩고족은 감비아의 인구의 절반 이상을 차지했고, 풀나니족은 가축을 기르며 상업에 종사했고, 마지막으로 졸라포니족은 농업에 주로 종사하며 감비아 인구의 10퍼센트를 차지하고 있었다.

아쿠족도 감비아 인구의 10퍼센트를 차지했지만 이들은 최고의 학식과 부를 가진 엘리트 계층으로서 대부분 가톨릭교도이거나 개신교도였다. 이들은 감비아가 독립할 당시 유럽의 여러 나라와 정치와 경제적으로 교류하면서 감비아 정부를 이어주는 통로 역할을 했다. 또한 이 부족은 사회에서 요직을 두루 잡고 있어 외국인과 다름없이 우월한 지위에 오를 수 있었다. 이에 비해 졸라포니족은 강남의 지류나 도심 외곽에 정착해 있었고, 이들과 정략결혼을 한 빈탕 마을의 만딩고족들과 섞여 살고 있었다.

약 12세기에 말리제국에서 들어온 만딩고족은 100여 년 전부터는 아프리카 토속신과 정령숭배를 하며 끈질기게 회교로 입문하지 않은 졸라포니족의 고집을 꺾기 시작했다. 감비아의 독립 전부터 만딩고어를 쓰시는 자와라 대통령이 장기 집권하던 때여서인지, 졸라포니족이 다수인 시바노 지역에서도 감비아의 공용어인 만딩고어를 사용한다고 했다.

그 당시 졸라포니족은 정치, 경제, 사회적으로 살아남기 위한 방편으로 만딩고족처럼 성씨개명도 했다고 했다. 훗날 내가 만난 어느 언어 도우미는 졸라포니족의 유일한 세컨더리학교에서 고등학교를 수석 졸업했어도 반줄 시에 가서 직업을 찾을 수 없었다고 했다. 졸라포니족이 사는 다섯 개 지역에는 가톨릭교회에서 운영하는 세 곳의 초등학교를 비롯해서 각 지역에 공립학교가 두 이 게밖에는 없었다.

그리고 1980년대 웩 선교회가 미전도 종족사역으로 분할하기 전에는 감비아에 들어왔던 초기 유럽 선교사들 역시 독립 정부인사들과 관계가 많았던 까닭에 영어와 만딩고어를 통용어로 사용했다. 우리가 시바노 마을에 들어갔던 당시 졸라포니인족도 만딩고어를 잘했고, 도시인 콤보 지역에서 올라온 졸라포니족은 월로프어를 잘 구사했다.

어느 마을을 가든 졸라포니인들은 우리에게 만딩고어로 인사를 했는데 우리가 졸라포니어를 쓰면 너무나 놀라워하며 기뻐했다. 우리가 졸라포니어를 배운다는 것을 듣고 만딩고족들은 내심 웬일인가 싶어 했고, 어떤 아주머니는 나를 두 번씩이나 찾아와 졸라포니어를 배우지 말라고 당부하기도 했다.

언어는 참으로 살아 있는 생명체와 같아서 정치성이나 사회성도 내재하고 있다. 나는 이곳에서 순수한 졸라포니어를 배우려 애썼고 보장쿤다의 식구들도 나에게 도움을 주려고 노력했다. 졸라포니족 사람들은 일상에서 거의 만딩고어나 졸라포니어를 섞어 대화를 했다. 만딩고족이 오면 만딩고어로, 식구들만 있을 땐 졸라포니어로, 도시로 가면 월로프어를 사용하여 언어의 카멜레온들 같았다. 가끔 도시에서 주말에 올라오는 청년들을 제외하면 교육을 받았거나 영어를 제대로 구사하는 사람은 적었다. 왜냐하면 이들은 대화할 때, 영어가 절실히 필요하지 않았기 때문에 학교에서 영어를 배웠어도 쉽게 잊어버렸다.

다행히도 보장댁 아이들이 영어나 만딩고어에 서툴렀기 때문에 졸라포니어로 천천히 물어보면 쉽게 대답을 들을 수가 있어, 이 언어를 연습하는 데 도움을 많이 받았다. 아이들은 대답을 잘해줄 뿐만 아니라 우리의 언어 실습에 지루하지 않도록 도와주었다.

주부들은 문간 밖 망고 나무 아래에서 건파우더(gun powder)나 아니면 '아타야'라고 하는 싸구려 중국차를 끓여 설탕을 타서 마시곤 했다. 아주머니들이 나에게 점심 식사 후 맛보기로 권하곤 했다. 차를 마실 때 인상을 쓰거나 독한 첫 잔 말고 두 번째 것을 달라고 하면, 그들은 늘 배를 잡고 웃었다. 위장이 상하고 숙면을 방해하고 설탕 때문에 치아가 상할 수 있으니 적당히 마시라고 하면 또 배를 잡고 웃었다. 이들은 빨래며 물 길어오기, 나무하기 등 낮에 땀을 흘리기 때문에 설탕과 기름을 많이 먹어야 한다는 것을 건강 상식처럼 여기고 있었다.

할 일 없는 청년들은 아주머니 부대에 합류해서 아타야를 숯불에 올리고 부채질을 하거나 아니면 망고나무 아래에서 면도날로 서로 삭발해주기도 했다. 부녀자들은 아이들의 머리에서 이를 잡거나 초등학교 아이의 짧고 꾸불거리는 머리카락에 바셀린을 발라 늘리듯 잡아당겨서 대여섯 가닥으로 땋았다. 남자 어른들은 아이들이 끓여다 주는 달콤한 아타야를 마시면서 한가하게 장기를 두기도 했고, 아이들은 그늘을 찾아 마당 한 구석에 구멍을 내고는 잔돌을 던지는 놀이를 했다.

보장쿤다에서 음식을 함께 먹으면서, 여자는 여자끼리 남자는 남자끼리 식사하는 것을 알게 됐다. 식사하기 전에 양동이 물을 떠다가 씻는다기보다는 그냥 오른손을 물에 넣었다 빼내는 것 같았다. 내 차례가 와서 나도 적당히 오른손을 양동이에 넣었다가 후 아이들처럼 물을 공중에 흩뿌렸다.

그동안은 선교사 집에서 주로 숟가락으로 먹었는데, 이들과 식사할 때는 손으로 밥을 먹어보았다. 식사할 때는 세숫대야같이 둥근 밥그릇을 두고 대여섯 명이 옆으로 비스듬히 둘러앉게 되어 있었다. 밥상 중앙에는 살보다 뼈가 더 많지만 맛나는 찰로, 즉 봉가생선 한 마리가 밥 가운데 얹혀 있었다. 봉가생선을 튀긴 후 꺼내고 그 기름에 양파와 마늘을 찧어 넣고 토마토와 페이스트를 넣은 토마토소스가 그 위에 얹혀져 있었는데, 주인집 에부의 첫 부인 화투마타는 그 생선을 밥그릇 뚜껑 위에 올려 바닥에 내려놓았다. 화투마타가 그렇게 하는 동안 나는 급히 마음속으로 식전 감사기도를 올렸다. 그녀가 생선을 따로 내어놓고는 살을 조금씩 뜯어서 아이들의 밥 위에 조금씩 던졌는데 잔뼈들이 그대로 붙어 있었다. 그래서 가끔 잔뼈가 목에 걸린 아이들이 캭

캭대며 기침을 하거나 등을 급히 두드려 주기도 했다. 화투마타는 아이들이나 어른들에게 공평히 돌아가도록 살점을 발라서 나누어주는 엄마 역할을 했다.

우리는 흰밥 중간에 올려진 토마토소스를 조금씩 섞어 주물럭거려서 뭉친 다음 흐트러지지 않게 입에 넣는 묘기를 배워야 했다. 베냐민에게 밥을 먹일 때, 밥을 아이의 입가에 가져가면 왜 그렇게 흐트러지는지 부끄럽기 짝이 없었다. 밥을 먹고 나면 비누로 손을 씻거나 아니면 그냥 흙으로 기름기를 털어냈다. 얼마 지나니 어디서 숟가락을 사 왔는지 우리 보고 숟가락으로 먹으라고 권했다.

가만히 보니 남자들은 숟가락을 애용했다. 대개는 하나님이 주신 손으로 먹는 것이 당연한 일이라며 주로 오른손으로 식사를 해서, 왼손잡이인 브라이언은 늘 어려움을 겪었다. 그들은 왼손잡이 브라이언을 의아하게 보았지만 나중에 브라이언에게 왼손으로 숟가락을 쓰라고 허락했다.

영국에서 선교교육을 받을 때 이미 배운 사실이지만 이들은 화장실에 가서 왼손으로 마무리하기 때문에 여럿이 먹는 밥그릇에 왼손이 들어오는 것이 거북스러웠던 것이었다. 식사 때면 이들은 배가 불러오는 나를 생각해서 베냐민을 안아주기도 했고, 자기네 아들처럼 밥을 식혀서 입에 넣어주며 먹이기도 했다. 나는 저녁마다 손전등을 켜고 잘 보이지 않는데 둘러앉아서 손으로 식사하는 것이 한동안 익숙해지지 않아 식사 때마다 곤욕을 치러야 했다.

우리에게 물을 길어다주는 아이사도 아주머니는 영어를 전혀 못하는 중년이었는데, 우리를 아기 취급하면서 말을 가르쳐주었다. 늘 "마랑, 오노"(미란 이렇게 따라 해)라는 말로 시작했는데, 놀리는 것 같아 여러 번 실족할 뻔했다. 그럴 때면 함께 실수를 웃어넘기는 지혜가 필요했다.

적어도 그녀는 나에게 졸라포니어를 가르쳐주려고 애를 썼다. 나는 분명히 복음을 전하려면 이 언어로 영적 의사소통을 해야 하므로 그들의 말을 배우기 위해 노력했다. 아이사도는 물을 길어다주기 시작하면서 나에게 베냐민 기저귀도 빨아주겠다고 나섰다. 그녀는 물만 부탁했는데 내가 옷가지나 기저귀를 빨아 걸어두면 그것이 마르기 무섭게 베냐민의 기저귀를 빨랫줄에서 걷어와 나에게 가져다주는 인정이 있었다.

지브릴은 우리가 졸라포니족 언어공부에 들어가면서 가끔 와서 과제를 나누어주었고, 발음도 교정해주며 문화에 관한 질문에 설명도 잘해주었다.

어느 날 브라이언과 나는 언어공부를 시작하려고 망고 나무 아래로 나왔는데 몸집이 상당한 여자아이가 오더니 짧게 영어로 일을 구한다고 했다. 그 여자아이는 베냐민을 거의 빼앗듯 데려가 등에 척 업었다. 보란 듯이 자기 머리에 걸쳤던 헝겊으로 아이 몸을 둘렀다. 말하자면 아이를 보게 해달라고 바디랭귀지로 보여준 것이다. 이름을 물어봤더니 만사다라고 했다. 집이 어디냐고 했더니 손가락으로 가르치는데 큰길 지나 길 건너에 있는 것 같았다.

언어공부를 하는 아침에 두 시간씩 만사다에게 베냐민을 맡겼다. 내가 공부를 할 즈음이면 베냐민은 만사다뿐만 아니라 마을의 여자아이들이나 심심찮게 주인집 아주머니 등에도 업혀 있었다.

언어 도우미 카라파 형제

그즈음 우리는 한 청년을 만났다. 그는 집 앞 망고 나무 아래에서 아타야를 마시며 다른 청년들과 대화를 나누었는데 유난히 영어를 잘했다. 이 청년은 이 집안 누님의 자식으로 조카뻘 되는 친척이었다.

어느 날 나는 언어를 공부하고 점심시간이 되어 식사하러 가다가 이 청년이 걸어가는 것을 보았다. 그런데 그는 여러 번 조그만 재래식 의자에 부딪혀 넘어질 뻔했다. 걷는 모습이 위태위태해 보였다. 그 모습을 유심히 보고 있는 나에게 한 청년이 손으로 말없이 그의 두 눈을 여러 번 가리켰다.

보장 댁의 조카라는 이 청년은 30대 중반으로 이름은 카라파였고 눈에 문제가 있는지 실명 직전 단계였다. 식사 후 그의 사연을 듣게 되었다. 그는 웩 병원 조무사 과정을 공부하던 2학년 즈음, 갑자기 시력이 떨어져 졸업도 못했다고 했다. 눈을 치료받기 위해 세네갈의 카사망스 지긴쇼르에 있는 병원들을 찾아다니며 소와 양, 염소 등을 팔아 치료비를 댔지만 차도가 없었다고 했다. 그는 치료받을 수 있는 희망을 놓지 않고 졸라포니어로 일명 '알락카우'라고 하는 아프리카 숲의 의사(bush doctor)들에게도 약 7~8년을 찾아다니면서 치료를 받았지만 헛수고였다고 했다. 그 와중에 치료비로 돈을 다 쓰고 더 이상 어떻게 해볼 도리가 없어 아저씨 댁에 오게 되었다고 했다.

나는 브라이언과 그 청년의 사연을 들으면서 갑자기 마음이 찡해졌다. 그날 오후 늦게까지 앞마당에서 서성이던 이 청년은 하필 우리 집 추녀 아래에서 밀가루 포대를 깔고 회교식 기도를 시작했는데 무어라고 중얼거리며 한참을 기도했다. 나는 기도가 끝나자마자 다음에는 그 아래에서 기도하지 말아 달라고 부탁했다. 다음 날 나는 남편에게, 주님께서 그 사람을 언어 도우미로 쓰도록 마음을 주었다고 했더니, 브라이언이 그렇게 하라고 했다. 당시 카라파는 길을 겨우 다닐 정도의 시력만 남아 있었다.

그는 시력이 거의 없는 청년이어서 내가 주로 역동적으로 물어야 되는 일이 많았다. 이 언어를 배울 때 여러 번 반복해서 발음을 연습하고, 다른 사람들의 대화를 듣기 위해 집중했더니 나중에는 귀에 무리가 가 아플 정도였다. 때로는 공부한 단어들이 머릿속에 뱅뱅 돌아 잠을 이루지 못하는 날도 많았다. 브라이언과 나는 이미 30대 중반으로, 선교를 준비해서 이 약속의 땅에 들어왔지만 졸라포니어를 배울 때만큼은 걸음마를 하듯 천천히 해나갔다.

복음을 전한다는 목표가 분명했기에 언어를 배우는 그 순간에도 주님께서 더욱 성령으로 우리의 입술들을 인치시고 주장해주시기를 기도하며 매달렸다. 언어를 배우면서 언제 복음을 이들의 언어로 전하게 될까 다급해지기도 했다. 우선 우리는 회교도인 보장 가족을 위해 주님께서 긍휼을 베푸시도록 기도했고 카라파 청년의 구원을 두고도 기도했다.

6월 중순이 시작됐다. 우기가 깊어지면서 매일 비가 쏟아지는 7월 말이 되었다. 익숙하지 않은 이 날씨가 우리를 당황하게 했다. 창문을 급히 잠그지 않으면 박살이 날 정도로 강풍이 문을 열어젖혔고, 커튼은 깃발이 날리듯 펄럭였다. 게다가 비가 스펀지 침대를 흥건하게 적시기도 했다. 강풍은 늘 바람 소리를 미리 듣게 한다는 것이 신기했다. 먼지바람이 일기 시작한 후에 번개, 천둥이 비를 동반하여 내리고 나면 길을 가다가 벼락에 맞아 병원에 실려 가거나 죽은 사람이 있다는 말도 종종 들었다.

우리는 목요일마다 병원 기도회에, 일요일에는 시바노 복음교회 예배에 출석했다. 브라이언은 새벽 6시에 하는 아침기도회에도 나갔다. 갓 한 살을 넘긴 베냐민은 감비아의 첫 우기 때 습기로 인해 고생했다. 베냐민의 온몸에 땀띠가 머릿밑까지 돋아났다. 말하자면 손바닥과 발바닥을 제외하고는 온몸에 땀띠로 뒤덮여 아이는 온몸을 긁어대었고, 그 바람에 잠을 제대로 이루지 못했다. 정말 안타까웠다. 아이가 침대를 잡고 서서 밤새 울어대는 일도 흔했다.

더위도 그렇지만 모기나 전갈도 많았기에 밤에 아이를 데리고 밖으로 나가는 것이 어려웠다. 새벽이면 지쳐 잠에 떨어지기가 일쑤인 베냐민이 말은 못하지만 엄마로서 안쓰럽고 미안했다. 습도가 높은 날에는 땀띠약도 소용없었다. 전기가 들어와 선풍기라도 틀 수 있으면 좋으련만, 졸라포니에는 우리 아이만 아니라 검은 살결의 옆집 아이들도 땀띠가 잔뜩 나 있어 밤잠을 못 이루는 것은 마찬가지였다.

나는 불러오는 배와 습기로 인해 더위를 심하게 타 잠을 설치고는 했다. 곰팡이가 여기저기 피어나는 우기가 빨리 지나가기를 바랐다. 그러나 아침이면 여전히 나는 언어를 배우는 열정에 사로잡혀 시간 가는 줄 몰랐다. 카라파는 단순 반복의 지루한 언어 도우미 역할을 참을성 있게 해냈고, 문화에 관해서도 본인이 아는 대로 성실하게 설명해주었다.

그 무렵 화투마타는 우리 입에 맞게 음식을 잘해주었다. 그녀의 남편 에부는 부인이 다섯이나 되었는데 훗날 세네갈의 카사망스로 떠나 오랫동안 집을 비워 다섯 아이들은 물론 후처의 아이들까지 혼자서 키워야 했다. 이곳에서는 집안 형제들의 부인들이 돌아가며 음식을 준비했다. 그래서 늘 네 가정의 주부들이 준비한 음식을 어른과 아이들을 남녀로 구분해서 중간에 놓았다.

이 집에는 형제들의 부엌이 각각 있어, 각자의 부엌에서 음식을 해오면 여자와 남자로 가르고 대여섯 명씩 한 밥그릇을 두고 둥글고 낮은 의자에 둘러앉았다. 세숫대야보다 큰 꽃무늬 중국산 철제 그릇에 밥을 식힌 후에 땅콩소스나, 기름에 튀긴 찰로를 토마토소스에 섞어 밥 중간에 얹는 것이 주식이었다. 생선장사가 반줄에서 찰로를 가져오지 않는 날에는 '냥카탕'으로 대체했다. 이 음식은 조금 썩은 듯한 마른 생선을 절구에 찧어 뼈를 발라낸 다음, 밥 위에 땅콩 가루와 함께 찐 후에 쥐엄나무 열매 씨앗을 소금에 절여 청국장처럼 만든 것으로 양념을 해서 먹는 것이 보통이었다. 땅콩이 든 음식도 거의 매일 먹었는데, 땅콩은 일상의 음식재료로 졸라포니족에게 매우 중요했다. 농사를 지어 땅콩을 팔거나 기름으로 짜서 먹기도 했다. 감비아의 고기나 생선에 곁들여 먹는 땅콩소스가 있는데, 이 음식은 때마다 땅콩을 볶은 후 나무도마에 얹고 병으로 다진 땅콩버터를 넣어 만든 그 소스의 맛은 일품이었다.

가끔 남자들이 종려나무에 올라가 '피떠프'라는 열매를 따왔다. 이곳 사람들은 이 열매의 큰 씨앗에 엷게 붙은 주홍색 과육을 이겨서 밥 위에 고기나 생선과 함께 올려 먹기도 했다.

음식을 할 때면 나는 화투마타의 작은 부엌에 앉아 조리과정을 보며 부엌용어를 배우기도 하고, 시장에 따라가서 생활용어를 습득하거나 여러 가지를 나름대로 덧붙여 카라파 청년에게 물으며 알고 싶은 것들을 배워나갔다.

졸라포니어는 명사마다 접두어가 붙는다. 북대서양 언어군에 속해서 아마 동아프리카의 스와힐리어, 풀라어, 발란타어, 만작코어와도 조금 닮아 있다. 16개 명사 접두어의 변형이 있다 보니 복잡해 보이기는 하지만 적어도 질서정연하고 과학적으로 잘 정리된 부족어라고 할 수 있다. 이들의 언어에서 졸라포니족의 질서정연한 성정을 읽을 수 있어 존경의 마음이 솟아 나왔다.

일단 언어를 여러 방면으로 배우는 중에도 복음을 전하고 싶어 가끔 짧은 성경말씀을 적어 카라파에게 묻고는 다시 그 말씀을 듣고 아이들에게 써서 보여주기도 했지만, 아이들은 영 무슨 말인지 몰라 갸우뚱하는 일이 더 많았다. 보장쿤다 사람들은 카라파를 언어 도우미로 채용한 것을 의아해하면서도 우리에게 여간 감사해 하지 않았다.

비가 자주 내리던 8월 어느 날, 브라이언은 카라파의 초대를 받고 그가 기거하는 아저씨 댁을 찾아갔다. 그는 목수 일을 하는 삼촌 댁에서 방을 하나 얻어 기거했다. 허술한 흙집이었는데 상당히 규모가 컸고 큰길가에 있었다. 브라이언은 집안사람들과 인사를 나눈 후, 카라파 형제가 그의 방으로 안내해서 들어갔는데 벽과 침대 위까지 곰팡이가 엄청 피어 있는 것이 보였다고 했다. 거의 실명상태라 앞을 잘 보지 못해 방 청소가 안 되었던지, 방에 들어서

자 냄새가 코를 찔렀다며 브라이언은 카라파를 불쌍하게 여겼다.

남편의 방문 후 우리는 계속 카라파에게 언어 도우미 일을 주기로 결정했다. 하루 한두 시간 공부를 하면 밖으로 나가 20~30명을 대상으로 실습하라는 웩 선교회의 철칙을 지키려고 했다. 때로는 우리가 배워 흉내 내는 발음이 정확하지 않아 사람들이 못 알아듣기도 했고, 어떤 때는 다른 의미로 들렸는지 사람들의 웃음거리가 되기도 했다.

우리는 공부시간을 늘렸다. 공부도 공부지만 카라파 형제에게 좀 더 금전적 도움을 주기 위해서였다. 카라파 형제는 신이 나서 문화적 배경이라든가 경험에서 우러난 졸라포니족의 풍습이라든가 본인의 경험을 토대로 진솔하게 가르쳐주었다. 우리는 그에게 선교사로 이곳에 들어왔음을 밝혔고 성경 이야기도 가끔 읽어주고는 했다. 의외로 침착해 보이는 이 청년의 구원을 두고 기도하면서 성경 말씀을 은근히 나누면 거부하지 않고 듣고는 했다. 나중에 알고 보니 그는 20여 년 전, 간호조무사 과정을 공부할 때 웩 병원 교과과정에 성경공부 시간이 있어, 그곳에 입학한 해에 성경공부도 했다고 말했다. 카라파는 찬양도 잘 알고 있었다.

우리는 카라파 청년과 더 깊은 교제를 나누려고 우리 부부의 간증을 그에게 나누었다. 그래서인지 그와 우리 부부는 급속도로 친밀하게 되었고 졸라포니어를 습득하는 데도 즐거움이 더해 갔다.

졸라포니 지역의 건기와 우기 1

서부 아프리카의 건기는 아프리카 동북부에서 먼저 시작되고, 우기는 남부로부터 시작해서 각 나라마다 아마 약 한 달 정도의 간격으로 찾아왔다. 나이지리아, 가나, 기니코나크리, 기니비사우, 세네갈 순으로 우기가 시작되면, 감비아도 영락없이 우기에 들어갔다. 우리는 감비아에서 우기를 지내며 여름날의 천둥 번개가 질서정연하게 친다는 것을 알았다.

우기가 시작되면 나는 마음속으로 복된 우기를 맞이하도록 기도했다. "우리의 발길 닿는 곳마다 아브라함에게 주신 축복을 이 보장 가족에게도 흐르게 하소서." 그리고 신명기 말씀을 붙잡고 마음을 더욱 다부지게 먹었다. "여호와께서 너희 땅에 이른비, 늦은비를 적당한 때에 내리시리니 너희가 곡식과 포도주와 기름을 얻을 것이요. 또 육축을 위하여 들에 풀이 나게 하시리니 네가 먹고 배부를 것이라"(신 11:14, 15).

폭풍 같은 바람이 느닷없이 먼지를 일으키고 흙집에 있는 몇 개 안 되는 양철 창문이 벽에 부딪친다 싶으면 시바노 마을은 비상이 걸렸다. 망고 나무 아래서 공부를 하다가도 방으로 뛰어들어가 아귀가 안 맞는 양철 문이 달린 창문이나 방문을 잡아 걸어야 했다. 밖으로 나와 보면 여기저기 하늘을 가르는 번개와 여지없이 뒤따르는 천둥소리가 광활한 대지를 삼킬 듯 울부짖었다. 재빨리 아이를 들쳐 업고 추녀가 긴 주인집으로 뛰어가, 우리는 자연의 섭리 앞에서 속수무책으로 쭈그리고 앉아 있는 무리에 섞여 앉아 있곤 했다.

폭풍으로 인해 검은 먹구름들이 험상궂게 돌진해오면, 얼마후 비가 내리기 시작해 낡은 양철지붕 위에 켜켜이 쌓인 붉은 먼지를 씻어 내리고 모래사징 같은 밭과 대지를 시원하게 적셨다.

하루가 다르게 낮은 곳은 고랑을 만들어내는 비가 내리면, 졸라포니어로는 '에북케이'라는 코끼리 풀(elephant grass)이 칼날 같은 잎사귀와 대궁을 달고 신작로 옆으로 비집고 나와 흙탕물을 머금으며 쑥쑥 자랐다.

비가 한바탕 내리면 시원하기 그지없었다. 그때마다 우리는 빨랫물이나 정수해 서 식수로 사용할 물을 받을 요량으로 플라스틱 큰 빨래통을 추녀 끝에 내놓았다. 물을 이고 들고 오는 일이 줄어들기에 부인네들은 우기를 좋아했고, 아이들 역시 시원한 빗속에서 뛰어 놀 수 있어 우기를 기다렸다.

우기가 시작되면 아이들은 누더기 옷을 벗어 던지고, 물이 주르르 내려오는 지붕 끝자락의 추녀 밑으로 몰려와 샤워를 했다. 아이들이 졸라포니족 전통춤을 추며 흙탕물에서 온몸을 뒹굴고 놀 즈음이면, 이제 걸음마를 제법 하는 베냐민도 흙탕물에서 놀고 싶어 안달했다. 그러면 아이들이 내 손에서 베냐민을 데려다가 추녀 끝에 세웠다. 베냐민의 셔츠를 아이들이 홀라당 벗기고 땅에 놓으면 물장구를 칠 만큼 고인 물속에서 첨벙댔다. 베냐민이 거리낌 없이 이곳 아이들과 어울려 노는 수채화 같은 풍경을 볼 때마다, 나는 주님께 저절로 감사기도를 드렸다. 이곳 아이들은 베냐민을 안고 위로 올렸다가 다른 아이가 받아 등에 업어주기도 했다. 베냐민은 아이들과 함께 덩실덩실 춤을 추며 쏟아지는 빗속에서 한바탕 놀이잔치를 벌였다.

망고가 흐드러지게 익어가던 5월 말 건기 막바지가 되면, 주인집 마당에서 베냐민은 달콤하고 물렁물렁한 망고를 먹으며 즐거워했다. 망고 열매를 칼로 잘라 베냐민의 입에 넣어주면 조막손으로 잡고 쪽쪽 빨아먹었다. 아이에게 먹일 거리가 있다는 것만으로도 감사했다. 이곳 아이들은 망고를 먹고 있는 베냐민이 신기한 듯이 쳐다보거나 만져보기도 했다. 그리고는 베냐민을 데리고 신나게 놀았다.

베냐민은 주인집 개 록키를 어지간히 쫓아다니더니 친해졌다. 그래서 록키의 등에 베냐민이 기대고 누워도 편한 듯 친하게 지냈다. 우리는 믿음이 다른 이 회교도들과 한솥밥을 먹고 있음이 그저 우연이 아님을 느꼈다. 베냐민과 록키의 이질적 만남처럼, 회교도인 보장 집안과의 만남도 평강의 소망 속에서 순전히 하나가 되기를 기대했다.

졸라포니인들은 모두 회교도들이라고 자신 있게 말하는 이들에게, 나는 주님의 사랑과 평안을 어떻게 그들이 이해할 수 있도록 전해야 하는지 주님께 지혜를 구했다. 좋지 않은 주거환경, 후덥지근한 우기를 넘겨야 하는 일, 도마뱀, 갯코, 모기, 개미들, 가끔씩 울어대는 들짐승들에 에워싸는 악조건을 인식하지 못할 정도로 우리는 이곳에서의 삶에 집중했다. 그리고 이들과 관계를 돈독히 하여 언어와 문화를 익히기 위해 전력을 다했다. 그러는 사이에 어느새 1년이 훌쩍 지나 이듬해 8월에 다다랐다. 베냐민은 걸음마를 떼었고 뱃속의 아이는 이리저리 빗속의 박동처럼 마음껏 내 배를 차고는 했다.

비가 내리자 이곳 아이들은 '비'를 의미하는 '에미테이'라는 말을 자주 했다. 그런데 '하나의 신'을 가리키는 이름도 '에미테이'였다. 너무나 많은 조상신들과 더불어 자연신들을 섬기던 졸라포니족은 세상 만물을 모두 알고 있는 신을 '에미테이'라고 불렀다.

그러던 어느 날 나는 '아티자밋', 즉 '모든 에미테이를 관장하는 하나님'이라는 의미의 단어를 카라파로부터 배웠다. 이 어휘는 하나님을 상징하는 단어로 졸라포니족은 잘 사용하지 않는다고 했다. 경외심 때문에 그런가 하는 생각이 들었다. 대부분의 아이들은 이 말을 몰랐고, 어른들조차 아티자밋을 만딩고어에서 주로 쓰는 회교의 '알라'쯤으로 이해했다. 어떤 이들은 대뜸 '아떼밋'은 세네갈에서, '아띠자밋'은 감비아에서 쓰는 용어라고 했다. 이러한 어휘를 통해 지역적으로 발음이 다름을 알게 되었고 복음사역을 위해 영적인 언어를 더욱 정확히 배워야 말씀을 전할 수가 있음을 감지하게 되었다. 그래서 그들의 영혼에 접근하는 언어로 말씀을 전할 수 있기를 간절히 기도했다. 고심 끝에 나는 기라파 형제에게 웨 선교병원에서 배웠다던 만딩고어 찬양을 알려달라고 했더니 그는 곧 가르쳐주었다.

우리는 생활에서 자연스레 언어와 문화를 익혀 나갔다. 시바노 사람들은 환자 손님치레를 많이 한다고 했는데, 보장쿤다 댁에도 손님이 늘 들끓어 매일 약 서른 명 분의 밥을 해야 했다. 자연히 우리는 그들 집안사람을 알게 되었고, 인사와 예절 등의 관습들을 보며 그것을 하나하나 배웠다. 한솥밥을 먹는 부인들과 여자아이들에게는 주로 부엌과 조리과정에 관한 말을 배웠다. 밥을 해서 여러 사람들과 함께 손으로 밥을 먹다 보니 신체 부위에 관한 언어도 자연히 익히게 되었다. 그리고 그들의 말을 빨리 배우려고 틈나는 대로 나는 화투마타의 부엌을 드나들면서, 그녀의 집에서 소스에 넣는 양파를 작은 절구에 찧어주고 교제를 나누며 말을 익혀나갔다.

점심을 먹고 나면, 여인네들은 추녀나 망고 나무 아래에 앉아 알랑미 베트남 쌀에서 돌과 뉘를 골라냈다. 부인네들이나 여자아이들은 물을 길어오는 일도 해야 했다. 큰아이들은 작은 아이들을 목욕시키는 일을 했는데, 빨랫비누로 집 뒤의 종려나무 잎으로 둘러친 조그만 통에서 아이를 씻겼다. 이곳 아이들은 주홍색 나일론 양파망을 가게에서 구해서 때수건 대용으로 사용했다. 그것은 거품을 내는 데도 그만이었다.

이 외에도 나는 감비아 생활에 익숙해지기 위해 화투마타나 울링딩을 따라 동네시장으로 따라나서기도 했다. 물건을 살 때 흥정하는 것도 보면서 그들의 문화를 익혔다. 화투마타와 울링딩은 내가 외국인 '투밥'이라는 이유로 터무니없이 비싼 값으로 물건을 사올 때마다 정의감에 불타올라 나를 데리고 그곳으로 가서 물건값을 제대로 다시 계산하도록 도와주었다.

브라이언은 보장쿤다 주인 남자들과 비가 내리기 전에 밭갈이를 할 때, 시간을 내어 그들의 여러 상용어들을 배웠다. 남편은 주로 농사일이나 농기구, 아니면 기후나 환경에 관한 어휘를 수집했는데, 비를 몰아오는 바람이나 비, 아니면 천둥과 번개의 이름, 비 온 후 영락없이 푸른 하늘에 나타나는 무지개, 먼지만 뿌옇던 들판 여기저기 칼끝같이 내미는 새 풀이나 나물의 이름을 익히는 데 주력했다.

　이곳 여성들은 한가로워 보였는데, 늘 망고 나무나 추녀 아래에서 교제하는 모습을 볼 수 있었다. 우리 집 앞의 망고 나무 아래의 살평상 위에는 청소년들과 부인네들이 늘 자리를 잡고 앉아 있었다.

　처음에는 쭈뼛거리던 동네 여자아이들은 우리가 주는 '땅갈레'라는 박하사탕에 맛을 들인 후부터 우리와 친해졌다. 아이들은 주로 베냐민을 보러 왔는데 가끔 살평상에서 언어공부를 하려고 하면 뻣뻣하고 짧은 내 머리를 잡고 땋아보기도 했다. 초등학교 아이들은 학교규칙에 따라 몇 갈래로 머리를 땋아야 하는데, 짧은 머리에 버짐까지 나면 땋을 머리도 없었다. 이곳에는 영양실조로 늘 머리가 벌겋고 푸석한 아이들이 허다했다. 동네 아이들은 누런 코가 나오는 약한 아이의 등을 때리면서 코를 풀라고 놀리거나 영양실조로 머리가 짧고 벌건 아이들을 놀려댔다.

　우리가 살던 시바노 마을은 본래는 한 마을이었는데, 점차 확장이 되면서 나라의 정책으로 우리나라의 동처럼 작은 마을 단위를 '칼롤'이라고 해서 다섯 개의 행정구역으로 나누어졌다. 이곳의 아이들은 아직 이웃의 칼롤까지 못 가본 아이들도 있을 정도로 활동 반경이 좁았다.

　약 100킬로미터 떨어진 반줄 시를 구경하지 못한 부인네들도 많았다. 여자아이들은 다른 마을이나 친구 집으로 마실 나가서 머리 땋기를 하면서 담소를 즐기고 우정을 쌓아갔다. 남자들이 모이면 주로 망고 나무아래서 아타야를 달여 마시거나 강가로 나가 그물로 조그만 생선들을 잡아오곤 했다.

　이곳 남정네들이 아타야를 달여 마시는 망고 나무 아래에서는 늘 라디오와 아프리카식 장기판과 바둑판이 준비되어 있었다. 다른 나라 청년들과 마찬가지로 이곳의 청년들도 축구나 결혼, 경제나 정치에 관해 흥미를 보였다.

　이곳 즐리포니족 사람들은 브라이언과 나에게 왜 유럽인들이 왜 만딩고어만 배우려고 하는지 궁금했다. 우리는 교사 신분으로 들어온 것이 아니었기에 이에 대해 답변하기가 곤란할 때도 있었다. 우리는 옛날 일을 중요시하는 졸라포니족 사람들의 마음을 사로잡기 위해, 역사적인 이야기를 꺼내 그들과 교제를 나누곤 했다.

1960년대 중반 독립 후에 엘리자베스 여왕이 도로를 만들어주기 전 시바노 마을은 원래 감비아 강기슭에 있었다. 당시 감비아 정부는 농부들에게 사바나 기후인 감비아의 마른 땅에 땅콩을 심도록 권장했다. 땅콩을 유럽에 수출하여 외화 획득을 하였고, 그 당시 선교사들은 땅콩을 실어 나르던 바지선(barge)을 통해 감비아나 세네갈로 왕래했다고 한다.

1959년 감비아가 영국으로부터 독립하기 전에 세네갈의 풀라니족 사역자였던 웰 선교사 데이비드 바론 부부가 처음 감비아로 들어와 졸라포니어를 배웠다. 그들은 졸라포니 지역의 중심부라고 여겨지는 시바노 마을에 정착했다. 그 당시 이 마을에는 목수로 일하던 '바부' 할아버지가 있었다. 그는 바이눈 가족으로 만딩고어를 잘했는데, 아프리카에서 제1, 2차 세계대전을 치르던 중 외국인들과 접촉하면서 영어를 배웠기에, 바론 부부에게 마을 사람들과의 의사소통하는 방법과 졸라포니어를 배울 수 있도록 도와주었다.

1966년 감비아가 영국으로부터 독립한 그다음 해 세 명의 독일 간호사들이 시바노 마을에서 병원 사역을 시작할 때, 바부 할아버지는 목수로서 선교병원에 직장을 잡고 일하기 시작했다. 우리가 1992년에 감비아에 왔을 때에도 바부 할아버지가 마을 병원에서 일하고 있었다.

유럽 출신의 선교사들은 오랫동안 졸라포니의 만딩고어를 쓰는 특히 만장쿤다 사람들과 인연을 맺어왔기에, 그들의 관계는 상당히 좋았다. 그러나 이들은 유럽인들에게 일거리를 받았지만, 영적인 면에서는 그 보루를 놓지 않고 회교를 강하게 고수했다. 수십 년의 세월이 흘렀지만 개신교 선교병원에서 일하면서도 동네 사람들에게는 굳센 믿음의 회교도라고 인정받고 그들 가족은 더욱 강경히 복음을 거부하고 있지만 자녀들 중의 한 명이 주님을 영접하였다는 소식을 듣기도 했다.

　사실 숫자가 턱없이 부족한 그리스도인들에게만 일거리를 줄 수는 없는 형편이었고, 이곳 사람들을 쌀을 대주면서 주님 영접하게 하는 쌀 그리스도인(rice Christian)으로도 만들지 않겠다는 것이 웩 선교회 방침이었다. 웩 선교회는 능력 있게 일을 해내면 누구에게나 공평한 기회를 주자는 방침을 갖고 있었다. 그래서 그리스도인뿐만 아니라 회교도도 의료 선교사들과 함께 환자 도우미, 조무사, 행정 직원 등으로 역할을 분담할 수 있었다.

졸라포니 지역의 건기와 우기 2

브라이언과 나는 도심에 있는 그리스도인들이 시바노 마을로 와서 사역을 하면 좋지 않겠는가 했는데 마땅히 들어올 사람이 없었다. 이 지역 사람들을 잘 알아 일 처리를 해줄 만한 그리스도인들이 없었던 것이 참으로 마음을 아프게 했다. 더욱이 병원에서는 졸라포니인들은 찾아볼 수도 없었다.

의료 선교사들은 그동안 만딩고어만 배우고 써왔기에, 우리 가족은 이들 중에서 처음으로 졸라포니어를 배우는 셈이었다. 어쨌든 시바노 마을 사람들은 배짱 좋게 한 살도 안 된 아기를 데리고 진득하게 그들과 한솥밥을 먹으며 언어를 배우는 우리를 대견해했다. 그들은 친지들에게 우리의 모든 것을 알렸는지 사람들을 만나 인사를 하면 우리 이야기 들었다면서 손을 잡고 오랫동안 말을 시켜보곤 웃어댔다. 우리는 회교도들에게 복음을 나눌 수 있는 기술과 방향이나 방법을 고민해보았다.

결국 우리의 자아가 깨져야 비로소 드러나는 보물 같은 주님을, 졸라포니 족도 볼 수 있도록 해야 함을 깨달았다. 인간적인 방법으로 인위적인 사랑을 보여주는 것으로는 복음이 포장되어 절대로 그 진실함이 드러나지 않음도 알게 되었다.

그때만 해도 우리는 이 나라를 도와주려고 온 비정부인가단체라고 해야 했고, 신분을 밝히면 안 된다는 불문율이 있었다. 그러나 그곳에 교회가 이미 있고 몇몇 되지는 않은 그리스도인들이지만 매주일 북을 치며 교회가 떠나갈 듯 예배를 보고 있음에도 우리가 병원에 일하러 온 사람이라고만 하기에는 말씀을 전하는 데 오히려 걸림이 될 것 같아서 마음이 무거웠다.

우리가 감비아에 도착 당시만 해도 선임독일 선교사가 10여 년간 사역한 후 그 뒤를 잉예 선교사가 이어 지난 4년간 마을 어린이들에게 '레인보우 클럽'

을 통해 복음을 전하며, 초등학교에서 도움을 주면서 복음을 전했다고 한다. 이제는 그때보다 제약이 심해져 성경말씀은 그리스도인들에게만 가르치도록 되어 있었다.

그리스도인이 손가락으로 꼽을 정도이니 점심시간마다 회교기도에 동참하지 않는 그리스도인 어린 아이들에게는 어려움이 많았다. 졸라포니족 95퍼센트가 회교도들이고 금요일에는 회교사원 마당에까지 자리를 깔고 기도했고, 상점 문을 닫아야 한다고 강요했다. 한 술 더 떠서 도심에서는 금요일에 차를 운행하지 못하도록 회교도들은 어디서나 차를 막고 기도했다. 이후 감비아에서는 금요일을 회교도들의 일요일로 2014년에 법을 바꾸었다.

그리스도의 사랑으로 개인이 가진 기술이나, 의료품이나, 물질 등을 함께 나누는 것이 총체적인 복음 확산에 절실히 필요함을 우리도 알고 있었다. 그러나 이곳 사람들은 서구에 물질 의존도가 높아 말씀보다는 우리와의 관계를 물질 보급의 한 채널로 보는 경향이 강하다는 우려를 지울 수가 없었다. 인본주의 차원에서 감비아 정부를 도와주는 사람들이 매우 많아 브라이언이 그때 알아본 통계로는 감비아의 다섯 가구당 비정부기구가 한 곳이 있을 정도였다. 숫자가 많아 정부에서도 이들을 관장할 필요성을 느꼈고, 기준 미달의 비정부기관, 특히 서부 아프리카 지역에서 들어온 비정부기관을 새 정부가 들어서면서 재정비하기도 했다.

1992년 우리가 감비아에 입국할 당시에 이 나라는 아프리카에서 가장 낙후되고 가난한 나라로 1인당 국민소득이 300달러 남짓이었다. 그러나 우리가 경험한 바로는 감비아 국민들의 행복지수는 방글라데시 국민들 못지않게 높아보였다.

보장쿤다 사람들이 우리에게 하숙을 제공한 것은 경제적 측면에서 보자면, 그들은 금전이 아닌 물물 교환이나 당장이 아니라 장기적으로 관계를 맺고, 지속적으로 우리에게 도움을 받기를 원했기 때문이다. 선진국에서처럼 현금으로 모든 것을 계산하고 그 자리에서 털어버리는 관계가 아니고 이들은 오랫동안 관계를 유지해서 서로 돕는 개념을 가진 사람들이었다.

한 가족의 경제권을 쥔 아버지는 조 농사를 지어 식구들의 밥을 굶기면 안 되었고, 어머니는 쌀농사와 부식비를 담당하며 자기가 낳은 자식들을 교육시킬 책임이 있었다. 형제 중 큰아들이 재산권을 상속받지만, 상을 당하면 장사한 지 40일 만에 집안사람들이 모여 고인의 재산을 나누었다. 그것은 담요 한 장일 수도 있었고, 침대나 의자, 옷가지가 될 수도 있었다.

가축들은 형제들이 개인적으로 사는 것도 있고 집안 행사를 위해 한꺼번에 송아지를 사서 저축하기도 했다. 금전을 불려 가는 방법은 닭을 길러 방물장사가 가지고 오는 양푼이나 플라스틱 물통 등을 닭과 바꾸기도 하고 병아리를 받기도 했다. 또한 여러 마리의 닭으로 양을 사고, 여러 마리 양으로 송아지를 사고 기르는 식으로 가축들을 늘려갔는데, 소몰이는 목동인 풀라니족이 맡았다. 목동들은 졸라포니족 마을에서 소몰이로 있으면서 가축을 돌보는 대신에, 인건비로 우유를 받았다. 가축이 새끼를 낳을 때, 어미와 새끼를 돌봐주는 사람에게도 새끼 한 마리를 나눠주기도 했다. 이것도 물물교환의 연장인 것 같았다. 이웃이나 다른 마을에서 씨앗을 빌리면 다음 해 수확을 해서 갚아야 했다. 전에는 농사철에 씨앗을 나누어주고 후에 갚았는데 빚을 갚아내는 농사꾼들이 드물게 되어 이제는 농협에서 권장하는 씨앗을 주로 현금으로 사야 했다.

보장쿤다에서 언어공부를 시작하기 전 시바노 복음교회의 리더였던 두 분이 우리를 방문했다. 그들은 인사차 왔다며 헝겊에 싼 달걀 몇 알을 선물로 내놓았다. 대화 끝에 그들은 올해 땅콩농사를 지어야 하는데 씨앗이 없다며 동네 농협에서 구할 수 있도록 우리에게 금전적 지원을 요청했다.

우리는 처음 당하는 일이라 당황했다. 그런데 다음 해 농사를 지어 돌려주겠다고 해서 우리는 수확 후에 교회에 씨앗을 돌려달라고 말했다. 이후에 신임 선교사들에게 도움을 청하는 이들이 있다는 말을 들을 수 있었다. 그래서 도움을 줄 때는 선임 선교사들에게 조언을 구해야 한다는 생각이 들었다. 어쨌든 그들은 그 해에 땅콩을 풍성히 수확한 후, 교회에 씨앗 한 포대씩을 돌려주었다.

장대 같은 비가 우리를 주춤하게 했다. 천둥과 번개로 인해 들판에 농사하러 갔던 사람들이 벼락을 맞아 죽었다는 소식을 시바노병원에서 들었다. 어떤 선교사는 부엌에서 수도에 손을 씻고 돌아서는데, 갑자기 벼락이 쳐서 지붕의 태양열판을 타고 싱크대까지 내려온 적이 있다며 조심하라고 했다. 우기에는 조심할 것이 한두 가지가 아니었다.

반년이 넘도록 비가 내리지 않다가, 바싹 마른 흙집에 비가 내리기 시작하면 마당은 물이 고여 하천이 되고 만다. 하수구 시설이 없으면 영락없이 여기 풀썩 저기 풀썩 하며 흙집들이 소리 없이 무너져내렸다.

폭풍우가 몰아치면 우기 전에 종려나무 장대로 얼기설기 급하게 못질해두었던 지붕이 날아가거나 뒤집히는 일도 다반사였다. 또한 비가 많이 오면 화장실의 오물이 빗물과 섞여서 지저분했던 골목길은 깊이를 모를 한강처럼 불어나 차를 타고 가던 사람들은 중간에서 차를 돌리거나 차에서 내려야 했다.

우기에는 공중의 먼지가 제거되어서인지 소리가 유독 선명하게 들렸다. 정겨운 새소리, 밭으로 달려가는 소나 말이 이끄는 마차 소리, 충실한 개들이 짖어대는 소리, 아이들이 기르는 가축 울음소리, 살아 있는 것들이 움직이며 내는 소리들로 왁자지껄했다. 라디오 소리 또한 여기저기서 들렸는데 주파수가 잘 맞지 않는지 지지직거리기 일쑤였다.

비가 여러 번 오자 농부들은 축축해진 땅을 갈아놓고, 그동안 돌로 깨서 준비해두었던 땅콩 씨를 밭에 심었다. 빗속에 땅콩 씨를 심던 농부들은 재미있는 대화로 피로를 물리치며 열심히 일했다. 이후 농부들은 밭에서 잡초를 뽑을 때까지 몇 주간을 쉬면서 보냈다.

동네 아이들이 우리와 친숙해지자, 우리 집에 방문하는 아이들이 늘어났다. 나는 박하사탕이나 건빵 같은 비스킷을 아이들에게 나누어주고 함께 먹으면서 그들과 친밀감을 쌓아갔다. 우리 집을 찾아오는 어른들에게는 타파라파 빵을 대접하고 아이들을 시켜 작은 잔에 아타야를 담아오게 해서 같이 마셨다. 그리고 설탕봉지와 신문에 작게 포장해서 파는 아타야를 나누어주기도 했다.

번갯불이 번쩍이면 조금 있다가 우리 작은 단칸방에 대포를 쏘는 듯한 천둥소리가 들려와 무서웠다. 번갯불이 집을 감싸고 땅으로 꺼져 내리는 것도 목격했다. 우리는 강풍이 불면 양철 창문과 문을 닫고는 베냐민을 안고 비가 세차게 내리기 전에 보장쿤다의 추녀로 뛰어갔다. 피신을 가면 추녀 밑에 있던 사람들이 일어나거나 긴 의자에 앉았던 이들이 서로의 몸들을 밀어붙이고 자리를 권하며 베냐민을 자기네 아이처럼 안아주었다. 우기가 길어질수록 한기와 추위로 인해 감기나 기관지염이 유행했고, 먼지가 많이 일어나는 건기에는 천식환자들이 늘어났다.

여러 겹 옷감들을 머리 위까지 걸치거나 침대보를 뒤집어쓰거나 구제품 겨울잠바나 모자를 사 쓴 남자들을 보면, 정말 추운 것일까 싶어 웃음이 나왔다. 우리는 그 당시 감비아에 온 첫해라 한기를 거의 느끼지 못했다.

추녀 밑에 앉아 있을 때 사람들은 번개가 치고 나면 약 7초 후에 천둥이 친다고 가르쳐주었다. 번개가 치면 아이들과 함께 천둥이 칠 때까지 졸라포니어로 숫자를 헤아리고는 귀를 막고 깔깔대며 함께 웃기도 했다. 천둥이 땅과 하늘이 꺼지도록 대기를 울리면 귀를 막고 머리를 땅에 대곤 했다. 나는 무엇보다 베냐민의 얇은 고막이 터지지 않을까 싶어 아이의 조막만한 귀를 손으로 감싸곤 했다.

비가 제법 내린 후 빈들에는 이름 모를 잡초들이 섞여 자라 군락지를 이루었다. 화투마타는 그들 말로 '에캉꿈바'라는 여린 잎들을 손으로 훑어와 소스를 만들고는 했다. 나중에 알고 보니 그 잎은 아프리카 결명자 잎이었다. 그녀는 그 잎을 오래 삶아서 볶은 후 빻은 땅콩을 거기에 섞고 봉가생선과 양념을 해서 걸쭉한 소스로 만들어 우리의 밥 위에 얹어주었다.

에캉꿈바는 만딩고어로 '잠반두로'라고 해서 시편 23편의 '푸른 초장'으로 비유되어 번역되었을 정도로 많으며 또한 졸라포니족 음식의 중요한 재료였다. 건기 때 수확한 에캉꿈바를 말렸다가 우기 내내 나물처럼 삶아 먹었다. 그것은 맛이 아주 특이했으나 우리가 가장 좋아하는 졸라포니족 음식 중 하나였다. 졸라포니족 사람들은 들에 나는 결명자 씨를 삼키면 눈이 좋아진다며, 눈병이 나면 시도 때도 없이 그것을 그냥 꿀꺽 삼켰다. 이름은 다르지만 주님께서 이토록 골고루 지혜를 주셨음에 감격했다.

매일 내리던 비가 일주일에 한 번씩으로 뜸해지고 옥수수를 수확한 후부터 비가 거의 오지 않으면, 이곳 사람들은 떡 호박을 심는 계절이 되었다고 했다. "저가 구름으로 하늘을 덮으시며 땅을 위하여 비를 예비하시며 들짐승과 우는 까마귀 새끼에게 먹을 것을 주시는도다"(시 147:8, 9). 풍성한 수확은 우기 끝 무렵에 이루어졌다.

졸라포니족 사람들은 오이를 잘 몰랐는데 이 집의 장남인 라민의 부인은 어디서 구했는지 물 오이씨를 보여주면서 외국인들이 좋아하는 야채니 우기 마지막 끝에 뒷터에 심어 보겠다며 기대하라고 했다. 아마 늦어도 다음 2~3월에는 그 열매를 볼 것 같기도 했다. 후에 이들이 팔려고 들고 온 오이는 너무 오래 두어, 씨를 해도 될 정도의 늙은 오이였다. 그런데 이들은 그 오이가 잘 익어 손색이 없다고 장담하며 우리에게 팔러 왔다.

언어를 배우던 그 해에 어쨌든 앞마당 텃밭을 일구어 마치 마른 땅 같아 보였어도 비가 내리니 알찬 옥수수가 상당량 수확되는 것을 볼 수 있었다. 하나님께서 참으로 풍성한 땅을 이들에게 주신 것이었다. 이들은 농사는 수확을 해보아야 안다며, 농사를 도박이라는 뜻의 '발루캅'이라고 표현했다. 나는 이곳에서 여러 해 지내면서 졸라포니인들이 농사를 왜 발루캅이라고 했는지 그 이유를 알게 되었다. 이곳의 농부들 중에는 우기에 비가 내리지 않은 때도 여러 번 있었기 때문에 심었던 씨앗들을 두 번이나 잃은 적도 있다고 했다.

우기가 시작되면 마른 땅에서 비쭉 비쭉 나물거리가 무작위로 올라왔다. 때를 맞추어 풍성히 내려준 비와 비가 그치고 난 후 나오는 강렬한 햇빛이 묵은 갈잎을 태워서 재로 만들어 뿌려놓은 땅을 기름지게 했다.

우리나라 같으면 결명자를 들판에서 흔히 구할 수 있겠는가? 훗날 우리집 뒷들에 휘어지게 피어나는 결명자 노란 꽃들을 보면서 큰 행복감을 느꼈다. 나는 이 결명자를 따서 볶아 먹기도 하고 물에 담가 마시기도 했다.

주님의 지혜로 이들은 아마 봉가생선 뼈가 공급하는 칼슘으로 치아를 건강하게 유지하고, 망고와 떡호박의 붉은 열매, 그리고 결명자 잎과 씨로 그들의 눈을 밝아지게 했을 것이다. 그리고 야생동물로 맛을 들인 남자들의 근육이 농업과 어업을 발달시켰으리라고 생각했다.

감비아 아낙네들은 한국의 어머니들처럼 집안일로 에너지와 시간을 많이 허비했다. 우물에서 물을 긷거나 간혹 펌프가 있기는 하지만 늘 물이 나오는 것이 아니어서 우물에서 길어다가 독에 채워놓았다.

나무를 해 나르고 상의를 벗고 방아를 찧거나 채를 흔들어 대고, 밖에서 플라스틱 통에서 빨래를 했는데 자연히 볕에 그을린 구릿빛 몸들, 양초를 기름에 녹여 만든 바셀린을 발라 정갈하게 땋은 짧은 갈래머리와 보드라운 살결이 한층 건강미를 돋보이게 했다.

시바노 마을의 우상숭배

보장쿤다 집에서 지내던 우리는 이상한 영적 현상을 보게 되었다. 보장쿤다 집은 교회와 같은 쪽에 있었다. 교회를 지나서 올라가 길을 건너면 시바노 웩 선교병원이 있다. 그 병원을 지나 마을 중심 쪽으로 내려가면 조그만 구멍가게가 망가쿤다 집 한쪽 구석에 붙어 있었다. 병원 앞에는 밀가루에 설탕과 아이스트만 넣어 만든 도넛, 피쉬파이라고 해서 봉가생선을 조금 넣고 양파와 매운 고추를 조금 넣고 반죽옷을 입힌 튀김, 땅콩 간식 등을 파는 음식점과 제철 과일을 파는 상점이 있었다.

웩 선교병원에서 마을 쪽으로 내려가다 보면 조그만 구멍가게가 몇 개 있고, 회교사원 앞으로 큰 시장이 펼쳐져 있는 곳을 볼 수 있었다. 그곳은 판자촌 시장이었다. 마을이 커지기 전에는 마을 중심부에 촌장이 살고 있었고, 늘 그 집 앞 고목나무 아래에 반줄에서 잡아오는 봉가생선을 늘어놓고는 했다. 또한 마을에서 회교도의 기도회가 있으면 이 고목나무 아래로 모였다. 그래서 그곳은 마을의 중심지가 되었다. 우리도 이곳에서 몇 해 동안 교회 청년들과 크리스마스 찬양을 하곤 했다.

큰 시장 건너편에 있는 회교사원은 매일 중요한 기도의 처소로 사용되었는데, 금요일에는 특히 도로에까지 기도 자리가 펼쳐졌다. 이 날에는 옷을 정갈히 입고 나온 청소년들도 많이 볼 수 있었다. 이곳 사람들은 회교사원이나 교회가 들어선 시장이나 시바노병원의 반대쪽에 상점을 차리면 망한다는 이상한 미신을 믿고 있었다. 그래서인지 그곳은 타파라파 빵을 굽는 빵집만 있고 그 외에 다른 가게는 보이지 않았다. 여러 사람이 상점 여는 것을 시도했는데 결국 장사가 잘 안 되어 문을 단았다고 했다.

시바노 마을 중간에 식민지 건물로 보이는 농협 건물이 조그만 다리 앞에 있었다. 그 다리에 가기 전에 나무를 잔뜩 실은 트럭이 지나다가 여러 번 옆으로 나동그라지는 일들이 있었다. 그래서 주민들은 이런 사고가 발생하는 것은 마귀들의 장난이라고 단정하고 무당을 불러다 마귀를 잡는다며 동네에 으름장을 놓기도 했다. 이곳에서는 마귀라고 간주되는 사람을 잡아 악행이나 저주한 것이 드러나면 우리나라 굿처럼 '에낭꼬라이'라고 해서 마귀잡이인 무당이 자신의 권한으로 마귀로 잡힌 사람을 사약을 먹여 죽여도 법에 저촉되지 않는 때였다. 믿겨지지 않는 사건들이 이 사회에 팽배하고 있었다. 이들은 흑암에 떨고 있는 영혼들임에 분명했다.

회교와 정령숭배가 섞여 있는 이 마을의 믿음의 구조가 상당히 복잡다단했다. 졸라포니족 사람들은 회교도였지만 나무 숭배사상이 팽배해 바오밥 나무나 마을에 우뚝우뚝 서 있는 실크 면나무를 숭배했다. 여자들은 졸라포니족의 상징인 종려나무를 신으로 믿고 절을 하기도 했다. 어떤 바오밥 나무는 영적으로 너무나 신성해서 열매도 절대 따지 않는다고 했다. 이런 신성한 나무에는 우상들의 이름들이 있었다.

한편, 이곳 사람들은 물론이지만 특히 기니비사우에서 올라온 만작코족 사람들은 악귀를 떠나게 하려고 신체 여러 곳에 부적을 실로 묶어 놓고 다닌다고 했다. 이들은 여러 영들로 인해 두려움에 사로잡혀 있는 것 같았다.

때로는 마라부(회교도의 영적 리더, 마법사)를 찾아가 저주하는 영적 활동이 심했다. 서로 저주를 하다가 목숨을 잃기도 했는데 그들은 외국인들에게도 저주를 하는지 아프리카의 저주가 먹혀들어가지 않더라고 했다. 영적으로 몸의 일부를 마귀가 씹어 먹은 일로 재판이 벌어지기도 한다고 했다. 이해가 안 될 정도로 이 마을 사람들이 여러 영들에 묶여 있음을 보고 천지 만물의 주이신 하나님을 모르고 예수의 피를 통한 죄 사함도 모르며, 구약시대처럼 매번 가축으로 희생제를 올리는 것이 안타까웠다. 그러면서도 무당이나 점쟁이 같은 영매들을 찾는 것이 우리나라의 오래된 미신 습성과도 비슷해 보였다.

큰비가 내리기 시작하면 여자들은 벼 모종을 머리에 이고 논 길목에 서 있는 종려나무에 가서 절을 한 후 논에 가서 모를 심었다. 또 1년에 한 번씩 들판에 나가 마을을 위해 절을 하기도 했다. 창조주 하나님께 올려드려야 하는 마음을 공중권세 잡은 자들이 이들의 눈을 어둡게 가로막고 있었다. 그리고 마을에는 무당이나 점쟁이들이 있다는 이야기도 들었다.

불임 여성들, 특히 사내아이를 낳지 못하면 졸라포니족의 가장 큰 행사로 여기는 남자 청년의 성인식인 '푸탐파프'나 여자 청년 성인식인 '커구역'에 참여할 수 없다고 한다. 말하자면 사회에서 제외되는 서글픔을 당하는 것이다. 아이를 갖지 못한 여성이나 아들이 없는 여성은 옷을 망나니 같이 입고 이 행사에 참여해 춤을 춘다고 한다.

보장쿤다에 이사 와서 보니, 주인집 형제 중의 한 부인인 아이사도가 '푸날렌'이라고 해서 그렇게 곡식 포대를 쓰고, 망고 잎이나 가지를 잘라 옆구리에 꽂고는 팔다리에 숯 검정으로, 얼굴은 하얗게 칠해 전혀 알아볼 수 없는 모습으로 춤을 추었다. 악귀에 대한 항거인지 자신에 대한 한탄인지 모르겠지만, 남자아이를 낳지 못한 서러움의 표시임이 분명했다. 이 모든 것이 악귀의 장난처럼 보였다.

의학적으로 본다면 물론 이곳 여자아이들이 다섯 살 전에 하는 할례식의 부작용으로 불임이 되는 경우가 종종 있다고 했다. 나는 아들을 못 낳거나 불임인 여자를 위해 전통적으로 마을 여인네들이 모여 '푸날랜'이라는 악귀 쫓는 굿이나 푸닥거리 등의 영적 의식을 치러주는 것을 알게 되었다. 이 의식을 통해서 여자들이 함께 불임여성들에 대한 애환을 나누고 달래주는 문화적 측면을 엿볼 수 있었지만, 어둠의 영들에 사로잡혀 두려움에 떠는 그들을 보게 되었다.

이곳에는 마을마다 영적 활동을 맡은 어머니들이 있었다. 이런 여인들 몇이 숲 속에 모여 마녀 활동을 하고, 마력을 이용하여 남을 죽게도 하고 병에 걸리게도 한다고 했다. 대체로 회교도는 한 남자가 여러 명의 부인을 거느리고 있기에, 질투에 불타는 부인들과 이복형제들 간에 벌어지는 갈등이 그칠 날이 없었다. 그래서인지 늘 웃고 순박해 보이는 모습들 한편으로, 부적을 사고파는 것을 자주 볼 수 있었다.

이곳 사람들은 누구나 어느 곳이고 아픈 부위에 작은 가죽 주머니를 달고 다닌다. 특히 남자들은 '파워 벨트'라고 해서 허리에 실뱀 굵기의 주로 표범의 가죽으로 만든 벨트를 두르고 다녔다. 이런 작은 주머니는 마라부들이 적어주는 코란의 말씀이 들어 있다고 했지만, 주로 악귀를 쫓거나 적이라고 생각되는 사람들을 해하는 구절들임에 틀림이 없었다. 마라부는 회교도의 영적 리더이기도 하면서 귀신도 쫓아내고 영적인 약도 만드는 한편, 코란 말씀을 가죽주머니에 넣어 환자에게 주기도 했다.

마라부의 영향력은 실로 이 사회에서 막강했다. 그들은 영적 치료기도를 해주고 부적이나 약을 주기도 하며, 남녀의 애정을 돋우거나 부인들 간의 질투나 집안 간의 적대 감정을 해결하거나 물건을 훔쳐간 도둑을 잡아내는 일까지 했는데 만일 마라부와 우상에게 잘못 계약했다가 변을 당해 죽거나 정신병자가 되거나 눈이 멀거나 몸의 일부가 마비되기도 했다.

졸라포니족은 병이나 죽음의 원인도 누군가의 저주 때문이라고 굳게 믿었다. 이들은 저주자를 찾기 위해 많은 돈을 허비했고 그 저주를 풀기 위해 가축들을 희생제물로 서슴없이 바쳤다. 저주문화에서는 마라부를 통해 악을 저주하고 복을 빌기 때문에, 마라부들이 상당한 세력과 부를 누려 마을 전체의 땅을 사거나 이층집을 소유하거나 엄청난 가축이나 부인들을 거느렸다. 사업가나 정치가를 비롯하여 모든 계층의 사람이 정치나, 학교 시험이나, 직장이나, 결혼 관계나, 애정 관계나, 도둑을 맞거나, 병들거나, 죽거나, 불이 나거나, 교통사고가 나거나 모든 일에 마라부의 부적을 명약으로 알고 구입했다.

나는 이곳의 어떤 부모는 어린 아들을 마라부로 키워 돈을 많이 벌게 하려는 목적으로 세네갈에 있는 유명한 마라부에게 보냈는데, 그 아이가 마라부 밑에 있다가 미쳐버렸다는 슬픈 이야기를 들은 적도 있다. 졸라포니 말로 '알락가우'라는 직종은 전통적으로 약초를 찾아 질병을 고치는 사람들이지만 이들이 약을 구하기 위해 주로 영적인 힘을 빌린다는 이야기를 들었다. 이러한 이야기를 들으면서 우리의 마음은 점점 잃어버린 영혼들로 인해 착잡해졌고, 과연 복음을 어떤 방향에서 이들에게 전파해야 가장 효과적인가를 두고 더욱 기도하게 되었다.

물론 나의 과거사도 그러했고 더 나아가 우상숭배에 빠졌던 우리 민족을 살리신 주님의 능력을 바라보면 주님이 능히 하실 것이라는 믿음에 마음이 한결 가벼워지기는 했다. 분명 이사야 선지자는 이렇게 말했다. "이스라엘의 왕인 여호와, 이스라엘의 구속자인 만군의 여호와가 말하노라 나는 처음이요 나는 마지막이라 나 외에는 다른 신이 없느니라"(사 44:6). 더 나아가 이사야 44장 9절에 의하면 우상을 만드는 자는 모두 허망한 것이 분명했다. 대부분의 졸라포니들은 이사야 44장 18절의 말씀과 같이 "알지도 못하고 깨닫지도 못함은 그 눈이 가리워져서 보지 못하며 그 마음이 어두워져서 깨닫지 못함"이 분명했다.

어느 날 언어 도우미 카라파에게 하나님의 말씀이 성령으로 싹 트고 자리 잡으면, 주님은 그 사람에게 주님의 일을 하게 하신다고 이야기했다. 그리고 우리도 주님의 동역자로 말씀 가운에 소명을 붙잡고 나온 사람들이라고 말해 주었다. 한마디로 우리는 하나님의 말씀을 전하러 온 사람들이라고 말했더니, 카라파는 이미 알고 있었다고 대답했다. 나는 카라파에게 졸라포니족의 우상숭배 행위가 하나님 앞에서 옳지 않다는 것을 성경 말씀을 통해 가르치며, 그에 관한 말씀도 읽어주었다.

이들은 숯이나 땔감용 나무를 숭배하는 일들이 잦았다. 그리고 신성하게 여겨지는 나무나 돌에 대고 절을 한다는 마라부들을 찾아가 영적 지도나 영약을 받거나 점을 치고 악귀를 쫓는 일이 보편화되어 있었다. 나는 이들이 저주의 심연으로 가라앉게 하는 공중 권세를 잡은 자들의 영향으로 스스로를 옭아매고 있음을 알게 되었다.

두려움과 저주가 이들에게 왕 노릇하고 있었다. 나는 이들이 예수님의 보혈의 능력으로 죄 사함을 받고 주님의 사랑에 거한다면 얼마나 자유로워질까 하는 생각이 들어, 졸라포니어로 말하기가 수월하지 않을 때여서 영어로라도 말씀을 알아들을 수 있는 사람이면 그 사람이 누구인든 상관없이 복음을 전하기 시작했다.

영국 체스터에서 바울 출산

어느 날 오후 뜻밖에 안 선교사가 우리 집을 방문해서 나의 임신에 관해 독일 여의사인 기젤라의 의견을 전해주었다. 그녀는 영국으로 가서 아기를 출산하는 것이 좋을 것 같다고 했다. 나는 별로 달갑지 않았다. 친정이 없는 영국으로 간다 한들 출산을 앞둔 나를 돌봐줄 사람도 없었고, 애초 계획은 시바노 웩 선교병원에서 둘째를 출산하기로 하고 들어왔기에 두려움보다는 난감한 심정이었다. 첫아이를 출산 때 수혈을 받은 전력이 있었고 또 수혈이 필요할 시 에이즈가 만연한 감비아 현실을 감안한다면 의지할 곳은 선교사들뿐이라는 생각이 들었다. 두 분의 선교사가 나와 같은 혈액형이라는 것을 알았지만 그분들은 안식년이어서 감비아에 없었다. 나는 경제적으로도 어려운 형편인데 몰아세워지는 느낌이 들었다.

영국인 리더인 안 선교사는 의료팀의 결정이고 충고라며 의견을 말하고 서둘러 시바노 선교병원으로 향했다. 그녀는 나에게 온 편지가 마침 있는데 그다음 날 아침 본부로 내려가는 길에 들러 가져다주겠노라고 덧붙였다.

브라이언과 나는 일단 베냐민을 재우고 촛불을 켜 방을 밝혔다. 출산 계획이 한순간에 영국으로 장소가 바뀌니 난감했다. 어쨌든 우리의 산성이신 하나님께 고개를 숙이고 기도하기로 했다. 남편과 기도를 하던 중 언뜻 눈을 떠보니 언제 들어왔는지 하얀 새우같이 생긴 전갈이 나와 브라이언 사이로 기어다녔다. 전갈은 여차하면 어느 쪽으로 가도 발가락에 침을 놓을 것 같았다. 순간적으로 일단 전갈을 잡아 없앴다. 그 후 살금살금 수색작전을 펴 베냐민이 자고 있는 방에 먼저 들어갔고, 다시 문 쪽을 살폈다. 회벽이라 잘 보이지는 않았지만 손전등으로 자세히 비추어보니 바깥벽 쪽에 전갈들이 새끼를 까놓았는지 수십 마리가 산발적으로 기어오르고 있었다.

다행히 24시간 통증을 유발한다는 지독한 흰 전갈에게 물리지는 않았지만 내심 아찔했다. 하필이면 중요한 기도를 하는 중에 전갈 그룹까지 집으로 공격해 설상가상 우리의 사기를 꺾으려 하다니 참으로 알 수 없는 노릇이었다.

훗날 나는 전갈에 물린 적이 있었다. 순간적으로 따끔했는데 하루 종일 통증이 지속되었고, 마치 불에 덴 것처럼 아팠다. 그래서 전갈에 불린 부위에 찬물을 부으면서 뜨거운 느낌을 덜어보려고 했는데 물이 닿는 자리마다 통증이 배가 되어 그 느낌은 뭐라고 말로 표현하기 어려울 정도로 고통스러웠다. 발끝에 물리면 허리춤까지 통증이 차올라 안절부절못하며 24시간 통증에 시달려야 했다.

마음을 안정시키고 잠자리에 들었지만 참으로 경제적으로 예산이 없었으므로 마음에 먹구름이 끼었다. 주님께서 모든 사정을 아시겠지만 다음 주 내로 영국에 들어가야 한다는 안 선교사의 제안은 결코 시행될 수 없을 것 같았다. 다음 날 아침 말씀 묵상을 마치고 문법책을 들고 앉았는데 안 선교사가 내 앞으로 온 편지를 문 안으로 넣어주고는 본부로 재차 내려갔다.

기대하지 않았던 편지라 반가워 얼른 열어 보니 한국에서 온 서신이었다. 영국 본부인 볼스트로드에서 만났던 인연으로 한국을 방문했을 때 재회했던 하민기 목사님의 편지였다. 그분은 우리의 현재 사정을 알리가 없는데, 우리 힘으로는 극복하기 어려운 난관에 처했을 때 물질로 후원해주겠다고 했다. 나는 목사님이 보내준 금액을 보고 가슴이 서늘해지는 경외감에 압도되어 눈물이 쏟아졌다. 내 항공료와 영국에서 숙식비를 감당할 만한 금액을 주님께서 하 목사님을 통해 부어주신 것이었다. 편지를 들고 한참 얼빠진 듯 브라이언과 나는 주님이 하시는 일에 말을 잃었다. 분명 이사야 50장 1절과 같이 여호와의 손이 짧아 구원하지 못하심도 아니요 귀가 둔하여 듣지 못하심도 아닌데, 우리는 기도하면서도 근심했던 것에 용서를 구했다. "내가 환난 중에 여호와께 부르짖었더니 내게 응답하셨도다"(시 120:1).

주님은 이미 영국에서 출산할 수 있도록 준비하셨다는 것을 느끼며 감격에 차올랐다. 그날로 브라이언은 도시로 내려가 비행기표를 구입했고, 나는 베냐민을 데리고 그 주 금요일에 급히 영국으로 귀국했다. 공항으로 마중을 나온 분들은 브라이언 친구 부부였다. 그 댁에서 하룻밤을 지내고 나는 시누이 댁에서 지내려고 북웨일스로 올라갔다.

약 한 달이 지나 아이를 출산하기 위해 병원으로 가는 날에 브라이언이 영국에 도착해 밤새 함께 지내주었다. 1992년 11월 7일, 주님의 은혜로 바울을 자연 분만으로 낳았다. 출산 전이나 후에도 나를 돌보아 줄 사람은 남편밖에 없었다.

누구에게서도 낯선 객지 병원에서 수고했다는 전화 한 통 없었지만, 나는 출산의 순조로움과 시댁에서의 돌봄을 받아 감사한 마음뿐이었다. 모든 면에서 준비해주시고 격려하시는 주님을 통해 둘째아이의 출산이 믿음을 견고하게 다져나가는 계기가 되었음을 고백한다.

시어머니께서 영국에서 뜻하지 않게 우리를 다시 보게 되어 무척 반가워하셨고, 바울을 품에 안으시며 기뻐하셨다. 병중인 시어머니께서 우리가 감비아로 떠날 당시 1년을 넘기지 못한다고 했었는데 생각보다 건강을 회복하신 것 또한 감사했다.

1993년 새해, 서둘러 바울의 예방접종을 마친 후 출산 2개월 만에 감비아로 다시 들어왔다. 감비아로 돌아가는 우리에게 이사야서 말씀이 마음 깊이 새겨졌다.

"여호와가 너를 항상 인도하여 메마른 곳에서도 네 영혼을 만족하게 하며 네 뼈를 견고하게 하리니 너는 물댄 동산 같겠고 물이 끊어지지 아니하는 샘 같을 것이라 네게서 날 자들이 오래 황폐된 곳들을 다시 세울 것이며 너는 역대의 파괴된 기초를 쌓으리니 너를 일컬어 무너진 데를 보수하는 자라 할 것이며 길을 수축하여 거할 곳이 되게 하는 자라 하리라"(사 58:11, 12).

재수업에 들어간 언어공부

브라이언과 나는 약 18개월 된 베냐민과 이제 2개월째인 바울, 두 아기를 데리고 1월 초 보장쿤다 별채로 돌아가 다시 언어공부를 시작했다. 일단 우리는 5월 말까지 언어공부를 마치고 웩 선교병원 앞에 있는 셋집으로 이사를 가기로 했고, 7월에 2차 언어시험을 보기로 했다. 나는 감비아를 떠나기 전에 미리 기본적인 문법에 관해 지브릴 카마라와 일단 1차 시험을 보고 떠났다.

우리를 반갑게 맞아주는 보장쿤다 대식구들의 의식주생활과 환경에 다시 젖어들어 갔다. 바울과 베냐민도 보장쿤다에서 잘 지냈다. 베냐민은 전보다 누나들에게 업혀 있거나 손을 잡고 놀러나가는 시간이 더 길어졌다.

언어공부를 할 때마다 두 시간씩 베냐민을 업어주던 만사다가 이제 바울을 업어주겠다고 찾아왔다. 망고 나무 아래에서 우리는 수업을 진행했고 점차 친구들 집에 방문해서 언어를 익혀나갔다. 아기가 둘이나 있으니 이에 관련된 단어들이 기하급수적으로 파생되어서 이런 어휘를 배우는 재미가 쏠쏠했다. 이들의 실제적인 언어가 곧 복음전파에 최종 병기라는 생각이 들어 언어공부에 더 집중했다. 만딩고어와 월로프어 언어감독인 빌과 린다 선교사 부부가 가끔 와서 우리의 졸라포니어 공부를 관찰도 하고 그들과 동화된 상태에서 문화를 배우는지에 대해서 평가했다.

여러 가지 이유로 졸라포니어를 열심히 했지만 나도 모르게 묘사라든가 언어의 근본 의미를 찾아가다 보면, 이 언어가 매우 흥미로운 구조로 되어 있다는 것을 알고 감탄할 때가 많았다. 그렇지만 외래어의 영향 또한 지대했는데 주로 영어, 만딩고어, 월로프어가 졸라포니어에 많이 유입된 것으로 보였다. 북대서양 언어군에 속하는 졸라포니어는 영어와 문법이 비슷하여 나에게 이점으로 작용했다. 적어도 나는 다른 언어의 장벽을 한 번 넘어섰던 터라 빨리 적응되었겠지만, 복음의 비밀을 전하고 싶은 욕망이 불길같이 솟아올랐기 때문에 배우는 데 속도를 낼 수 있었다. 때로는 발음에 익숙하지 않아 혀를 굴러대며 천천히 제대로 발음이 되어 나오면, 벌써 속도감이 달라 사람들은 알아듣지 못하곤 했다. 그래도 우리가 무슨 말을 할까 호기심에 귀를 기울여 주고 문장을 완성하도록 거들어주는 사람들이 있어서 감사했다. 우리가 졸라포니어를 배울 때, 카라파가 인내하며 세심하게 가르쳐주고 보장쿤다 사람들이 협조해주어 큰 도움을 받을 수 있었다.

나는 이곳에서 언어를 공부하면서 우리네 조선시대를 방불케 하는 여인들의 삶의 애환도 보장쿤다 네 형제 가정을 통해 알게 되었다. 이곳에서도 여자를 소나 양 몇 마리에 살 수 있었다. 그리고 여자들도 첫 부인은 조강지처로 쳐주지만 후처들은 '나그네'를 의미하는 '아자부릉'이라는 은어로 부르며, 중요하게 여기지 않았다. 첫째 부인을 제외하곤 남자가 돈이 떨어지면, 갈잎같이 떨어져 나가 다른 남자를 만나 결혼해도 무방했다.

반대로 어떤 여인들은 너무나 독립적이어서 내가 만난 사람들 중에는 열두 번이나 남편을 바꾼 여자도 있었다. 회교도들은 달밤에 결혼식을 하든가, 미리 정략을 해서 이삭과 리브가처럼 삼촌의 딸과 엮어주는가 하면, 민며느리 제도처럼 결혼할 남자의 집에서 지내면서 그 집 문화를 배우고 난 후 나이 든 할아버지의 후처로 들어가는 경우도 있었다.

회교도들은 남자가 보통 배우자의 선택권을 갖지만 전통적으로 졸라포니족 여자들은 남자가 싫으면 큰 바구니에 옷을 주워 담는데, 바구니를 들고 떠나면 그만이라는 의미의 행동이라고 했다. 이곳 남자들은 후처들이 미련없이 집을 떠나도 말리지 않았다. 졸파포니 지역을 돌아보면 여자가 혼전에 낳은 아이들이 생각보다 많았다. 대개는 친정에서 길러주거나 아이를 데리고 시집을 가기도 하는데 나중에라도 남편 집안에서 요구하면 보내야 했다. 그러나 결혼 전에 낳아 데리고 온 아이는 '꺼뚬'이라 불리며 사회적으로 인정받지 못했고, 주로 악귀를 쫓는 집안 행사에는 피가 다르다는 이유로 절대 참여시키지 않았다. 나는 이들이 혈통의 중요성을 강조하는 것을 알고 이후에 예수의 피에 관해 말씀을 나눌 때 '꺼뚬'을 예로 들어 설명했다.

결혼 과정도 전에는 남자들이 좋아하는 여자를 보면 보쌈을 했다고 했다. 서로 눈이 맞아 좋아하면 남자가 여자를 밤에 보쌈해가고 여자 집에 중매쟁이를 보내어 청혼하면 결혼이 성사되는 것을 알게 되었다. 우리나라 중매쟁이들처럼 주로 집안의 남자들을 중간에 다리 역할을 하게 하는데, 집안에 따라 오래전부터 정략결혼을 하고 있었다. 또한 우리네 관습처럼 조상이 같다고 여겨 결혼이 금기되는 성씨도 있었다.

창세기 15장 9~21절이나 예레미야 34장 17~29절에는, 짐승을 반으로 쪼개고 언약체결 당사자들이 만일 그 언약을 이행하지 않는다면 짐승을 가른 것처럼 죽음도 불사하겠다는 의식을 행한 기사가 나온다. 졸라포니 지역에서도 고대 부족들 사이에서 정복자와 피정복자 간에 언약을 체결할 때 이와 비슷한 제도가 있었던 것 같다. 졸라포니족은 아직도 이 전통을 집안끼리 지켜나갔다. 이들의 이야기를 들어보면 피정복자였던 카마라 집안에서 양을 잡으면, 정복자였던 시세 집안에 양의 윗부분을 보냈다. 그래서 나는 이들 전통을 예로 들어, 창세기 15장에 나온 하나님이 처음 아브람과 언약을 하실 때 횃불로 그 짐승 가운데로 지나시며 임재하셨음을 전할 수 있었다.

라마단 기간에 회교도들은 하루 종일 단식을 하고 밤이 되면 주로 빵을 먹었다. 이들은 야생 무화과 나뭇잎을 건조해두었다가 차를 만들어 마시거나 '부틱캅'이나 '부사양갑'이라는 야생나무 잎으로 숭늉처럼 끓여 설탕을 넣은 차를 마시며 타파라파 빵을 그 물에 불려서 먹고는 했다.

그들은 물이 아무리 부족해도 주전자에서 조금씩 물을 받아 눈, 코, 입을 씻고 귀를 후비고 손발을 씻고 하루에 다섯 번 무릎 기도를 한다고 중얼거렸다. 주로 추녀나 나무 밑에서 기도를 했는데 기도 방석을 가지고 다녔다. 여자들은 치마로 두르는 헝겊을 펴고 기도하기도 하고, 양의 가죽을 말려 깔기도 하고, 급하면 맨땅에 무릎 꿇고 이마를 땅에 박으며 기도했다. 이마에 검은 흉터를 내야 제대로 된 회교도로 인정을 받았다. 이마를 땅에 대고 하면 늘 흙이 이마나 코에 묻어 있는데, 사람들에게 존경받을 표시여서 기도 후에도 일부러 지우려고 하지 않았다. 나의 생각에는 라마단 기간은 낮과 밤의 식문화가 바뀔 뿐이어서 정확히 금식이라고는 볼 수 없었다. 이 기간에 여자들은 더 많은 일을 하고 음식을 새벽에 해야 했다. 이들은 라마단 기간에 단식을 하다 죽을 수도 있다는 두려움과 제대로 먹지 않으면 위장에 문제를 일으켜 목숨을 부지하지 못한다고 생각했다. 실제로 단식 후 환자들이 많이 발생했고 위장문제나 건강 악화로 병원으로 후송되었을 때는 이미 어떻게 손을 쓸 수 없을 때도 있었다.

사우디아라비아에서 나는 성지순례라는 이름으로 천국의 문이 열려 있다는 메디나와 메카에서 죽기를 바라던 그들의 무지한 믿음을 보았던 터라, 라마단 금식이 이곳 사람들에게 위협적 굴레가 되고 있음을 감지할 수 있었다.

라마단 기간에 나를 찾아오는 이들에게 그들이 하는 금식은 금식이 아니라 단지 밤낮을 바꾸어 변형된 식사를 하는 일이 아니냐고 질문했다. 이 기간에는 더 기름진 것을 먹고 타파라파 빵과 설탕과 기름 소비량이 다른 때보다 많아 식비부담이 가중되고 이로 인해 빚도 지는 것도 보았기 때문에 진정한 금식이 아니라고 지적하며 진정한 금식은 죄의 금식이라고 말해주었다.

영어를 잘하는 카라파는 우리가 성경 말씀을 보여주거나 처음 읽어주거나 할 때 도움을 아끼지 않았다. 그래서 나는 손님들에게 구약성경 이사야 58장을 펴고 읽어주면서 6~7절에 나온 대로, 여호와께서 기뻐하는 금식이 무엇인지를 읽어주기도 하고, 우리 집에 찾아오거나 주변을 서성이며 대화를 하고 싶어 하는 청년들이나 마을 어른들이 있으면 그들과 함께 교제를 나누기도 했다. 졸라포니족은 회교도들이어서 종교에 관한 대화를 좋아했고 가끔 기도해주겠다고 하면 무척 감사해 했다.

시바노 마을의 성년식

우리가 언어공부를 마칠 즈음 시바노 마을은 축제 준비가 한창이었다. 알고 보니 남자들의 성년식이 있다고 했다. 감비아의 여느 축제와 마찬가지로 남녀 모두 상하의를 같은 천으로 만든 옷을 입었다.

남자들 바지는 복숭아뼈까지 올라오는 길이에 복부 부분에 주름이 많이 잡힌 핫바지로 겅중거리는 가랑이 춤을 추기에 아주 적합했다. 성년축제를 알리는 울긋불긋한 사각 천들이 깃발처럼 펄럭였다. 이곳 여자들이 치마로 두르는 사각 천을 장대에 꽂아 집집마다 앞에 걸어두었다. 말하자면 축제를 알리는 색색의 치마깃발들이 펄럭이며 마을을 축제 분위기로 북돋웠다.

시집갔던 시누이들은 휴가처럼 몰려와 그간 남동생 성년식을 위해 모아두었던 곗돈을 풀고 어머니와 선물을 사고 제사에 올릴 음식을 준비했다. 성년식을 하면 보통 마을 인구가 평소보다 10배로 불어난다고 했다. 당시 시바노 마을에는 약 2천 명의 인구가 있었는데, 실제로 성년식이 진행된 일주일에서 열흘 간 사람들로 인산인해를 이루었다. 여자들은 끊임없이 음식을 만들었고, 이웃사람들과 함께 음식을 나누며 즐거운 시간을 보냈다.

예전 성년식에 관해 들어 보면 남자들이 3개월씩 숲 속에 짐승을 가지고 들어가 잡아먹고는 했다고 한다. 그러나 당시는 주로 7~10일 동안만 성년식을 치루었다. 도시에서 학교에 다녀도 꼼짝없이 이 행사에 참여해야 한다고 했다. 이곳의 성년식은 우리나라 군 복무와 같다는 생각이 들었다. 지브릴은 어쩌다가 초등학교 시절에 할례식을 놓쳤는데 얼마 후 그리스도인이 되면서 이 성년식에 참여하는 것을 스스로 거부해서 청년 시절 친구들로부터 왕따를 당했다고 했다.

이렇게 마을 공동체 안에서 가족적으로 이루어지는 행사에 얽힌다면 지브릴처럼 모든 멸시와 천대 및 왕따를 각오하지 않는 한, 이 사회에서 그리스도인으로 서기는 결코 쉽지 않겠다는 생각이 들었다.

그 무렵 시바노 동네에서 한 청년이 찾아왔는데 술에 만취된 상태였다. 회교도들이 술을 마시지 않는다고 들었는데 이 청년은 본인이 회교도가 아니라면서 그리스도인이 되고 싶다고 했다. 자신은 라이베리아 내란 때 평화유지군으로 참가했다가 여러 가지 심리적 타격을 입었는데, 귀국한 군인들에게 국가에서 보상하지 않았다며 울분을 금치 못했다.

나는 이 청년과 대화를 하면서 음주의 자유 여부가 회교와 그리스도교를 결정짓는 기준이 된다는 것을 알게 되었다. 그 마을 동네 어귀에는 가톨릭 만작코족이 있었는데 나는 그들이 회교들에게 술을 파는 선술집을 운영한다는 말을 듣고 놀랐다.

회교사원을 이끄는 이맘(Imam)에게는 금요일 설교 때마다 시바노 마을 어귀 만작코족의 생활습관과 음주문화가 늘 단골 메뉴라고 했다. 선술집을 하던 만작코족 여인은 화가 난 김에 자기네 집에서 누가 돼지고기와 술을 사러 오는지 명단을 밝히겠다고 엄포를 놓기도 했다. 그중 어떤 이맘이 술에 절어 살았는데, 이후에는 그 선술집에서 유명을 달리했다는 소식도 들었다. 이런 말을 들을 때마다 나는 어린아이들과 청소년들에게 복음으로 마음을 바로잡게 해야 한다는 생각에 마음에 부담감이 가중되었다.

카라파는 이제 우리 집 앞에서 회교식 기도를 하지 않은 지 오래되었다. 나의 간증도 졸라포니어로 번역해서 사람들에게 읽어주기도 했으니, 그는 우리가 누구인지 분명히 알게 되었다. 나는 그에게 교회에서 갖고 온 만딩고어 찬송가를 가르쳐달라고 해서 함께 부르기도 했다.

그는 회교도였지만 웩 조무사 과정 2년 차 때 만딩고어를 잘 배운 선교사들 아래에서 복음을 들었고, 찬송도 나보다 더 잘 알고 있었다. 얼마 후 말씀을 계속 전하면서 카라파에게 졸라포니어로 찬송을 번역해서 불러보자고 부추겼다. 언어 도우미로서 그는 선뜻 이 제안에 좋다고 했고, 외국 찬송곡에 영어가사도 표기가 되어 있어서 가사 내용을 알 수 있었다. 남편과 나는 둘이서 카라파의 영혼 구원을 위해 기도했는데, 그의 마음이 많이 열리는 것을 보면서 흥분을 감추지 못하고 계속 기도드렸다.

우리는 열심히 카라파에게 말씀을 전하면서 그를 통해서 알게 된 것들이 많았다. 졸라포니족 사람들은 일종의 정령신앙으로 개인의 분신격인 짐승을 소유하는 습성이 있다고 했다. 예를 들면 한 여인이 뱀을 자기 분신으로 삼아 키우다가 친정에 맡기고 시집을 갔는데, 그 집에 방문한 손님이 침대 밑으로 기어들어온 뱀을 죽였다. 그러자 그녀의 가족들은 그녀가 죽을까 봐 즉시 마라부에게 가서 돈을 주고 양밥(민간에서 하는 주술적 예방 행위)을 한 적이 있다고 했다. 그의 이야기를 들으면 들을수록 나는 수렁에 빠져드는 느낌이 들었다.

영국에서 돌아온 지 얼마 안 된 1월 어느 날 아침 안개가 잔뜩 끼었다. 강 지류에 가까운 마을이어서 겨울이면 안개가 자주 낀다고 했다. 우리에게는 시원했지만 그래도 새벽녘에는 스웨터가 필요했다. 어느 날 나는 바울을 업어주던 만사다를 따라온 할머니를 만났는데, 그녀는 만사다의 어머니라고 했다. 나의 스웨터 소매를 잡고는 바디랭귀지로 자신이 추우니 스웨터를 달라고 했다. 슬슬 장난치듯 내 몸을 돌리는가 싶었는데 얼떨결에 스웨터를 그 할머니에게 빼앗겼다. 스웨터를 주어도 복음만 전할 수 있다면 좋겠다고 생각을 했다.

초등학교를 졸업한 만사다는 밤새 또래 친구들과 춤을 추고 새벽에 들어왔다며 보장댁 아이들이 귀띔해주었다. 그 사실을 눈치 챈 부모님에게 만사다는 동네가 떠나갈 듯 야단을 맞고 우리 집으로 아침 일찍 도망쳐온 적이 있었다. 만사다는 초등학교를 갓 졸업한 아이치고는 덩치가 커 성숙해 보였는데, 마침 우리 집에서 일해서 받은 돈으로 친구들에게 선심도 쓰고 한바탕 춤을 추었던 것 같다. 무뚝뚝하고 사교적일 것 같지 않은 아이인데, 길거리 유흥업소격인 춤 터에서 밤새 춤을 추었다니 믿어지지 않았다. 일단 나는 만사다 집을 한번 방문해보기로 했다.

대략 예순쯤 되어 보이는 조용한 성품의 그녀의 아버지는 부인을 두 명 거느리고 있었다. 나는 이 집안의 성(姓)인 '카마라'를 부르며 그에게 인사를 건네자 그도 나에게 성을 물어본 후 답례를 했다. 나는 모든 식구들과 돌아가면서 인사를 했다. 졸라포니족 사람들과 스쳐가면서 인사를 했지만 이렇게 집에까지 들어와 보기는 처음이었다.

시바노 마을은 그 당시만 해도 담이 있는 집들이 드물었다. 종려나무 잎으로 반쯤 덮고 양철로 반을 덮은 집들도 있었고, 양철지붕을 한 집은 거의 없었다. 대부분의 집들은 여기저기 녹이 나 주홍색 물감이 흐르는 듯한 양철지붕으로 되어 있었다.

만사다 카마라의 집은 조그만 바깥채가 있고, 안쪽에 기역('ㄱ') 자로 지어진 흙집으로 되어 있는데 한쪽으로 기울어져 있었다. 얼마나 오래되었는지 지붕은 벌겋게 녹슬어 있었고, 흙집은 균형이 잘 잡히지 않아 우기가 심해지면 무너질 것 같았다. 여기저기 거미줄에 먼지 낀 추녀 안쪽에 부적이나 동물의 뼈다귀를 걸어둔 것이 보였다. 위쪽을 쳐다보니 마침 종려나무 잎으로 엮어 내린 지붕 틈새로 연기가 스며 나오는 것이 보였다. 나는 자그마한 진흙 부엌으로 가보았다. 그곳은 허리를 굽히고 들어가야 하는 들어갈 수 있었는데, 부엌 내부의 천정은 연기에 그을려 있었다. 부엌 안에는 겨우 가릴 것만 가린 어린아이들 몇몇이 검댕이가 잔뜩 묻은 삼발이 솥을 안고 그 안에 있는 무엇인가를 작은 손으로 파서 맛있게 먹고 있었다.

만사다 아버지의 큰 부인은 장애인 딸과 한집에 살고 있었고, 길가에 지어진 다른 집에 아버지 방이 따로 있었다. 담을 두고 다른 방에는 작은 부인과 아이들이 한 침대에 여럿이 함께 잔다고 말했다.

그곳에서 다소 젊어 보이는 부인을 만났는데 만사다를 낳은 어머니라고 했다. 알고 보니 만사다 어머니는 이 집의 둘째 부인이었고 내 스웨터를 가지고 간 머리 희끗희끗한 할머니가 첫째 부인이었다. 이곳에서는 아버지의 부인들 모두가 아이들에게는 그냥 어머니로 통했다. 감비아에서는 가족관계의 호칭을 잘 배워야 했는데, 늘 아버지나 어머니를 알려면 누가 당신을 낳은 아버지며 어머니인가 하는 야릇한 질문을 해야만 정확한 가족관계를 알 수 있었다.

그날 나는 만사다 언니 마리야마를 처음 보게 되었다. 마리야마는 코끼리병 환자로 가는 다리에 얼굴은 우뚝 튀어나와 눈 한쪽도 퉁퉁 붓고 한쪽으로 근육이 튀어나와 멍든 것처럼 보랏빛을 띠었다. 처녀라기보다 소녀처럼 보였다. 마리야마는 추녀 밑 벽에 기대앉아 있다가 동네 아이들이 놀러 오면 바가지를 물동이에 뒤엎고 두들기기 시작했다. 그러면 아이들은 손뼉을 치면서 원을 만들고 한 아이씩 들어갔다 나오며 각자 나름대로 춤을 추었다. 그녀는 초등학생 정도로 보이는 아이들에게 인기가 있었다.

나는 마리야마에게 짧은 졸라포니어로 내 소개를 했다. 그런데 그녀는 한참 더듬거리면서 영어로 내 이름을 물어왔다. 비틀어지고 짓뭉개진 듯한 한쪽 눈에 다른 쪽 눈은 퉁퉁 부어 보이는데 그 입에서 깨끗한 영어 발음이 새어 나왔다. 나는 너무 신기해서 그날부터 매일 마리야마 집으로 출근하다시피 하며 카라파까지 대동해서 그녀와 이야기를 나누었다. 시장에 가면서도 들르고 이래저래 이유를 붙여서 그 집에 들어가 마리야마와 이야기를 나누었다. 알고 보니 그녀는 그 전에 많은 선교사들의 전도로 복음을 들은 터였다.

마리야마와 여러 여자아이들에게 우리가 보장쿤다에서 병원 앞쪽으로 이사를 가면, 우리 집에 공부하러 오라고 했다. 훗날 나는 초등학교 5~6학년 아이들에게 성경을 가르쳤는데, 그중 한 명이 마리야마 카마라의 이복 여동생인 울링딩 카마라였다.

한편, 우리는 그즈음 제네바라는 여자아이를 만났다. 이 아이는 초등학생으로 덩치가 크고 건장한 새어머니 밑에서 지냈다. 제네바의 친엄마는 돌아가셨다고 했다. 놀랍게도 제네바는 바로 카라파와 결혼을 약속한 사이였다. 그 사연은 이렇다. 제네바가 태어났을 때 그녀의 엄마는 제네바의 세례명식 때 친지들과 형제자매가 모인 자리에서, 시바노병원에서 간호조무사 공부를 하던 카라파에게 딸아이를 부인으로 주겠다고 약속을 했다고 한다. 카라파는 제네바의 엄마와 이복형제 사이였지만, 그를 귀하게 여기던 제네바의 엄마는 카라파에게 자신의 딸을 맡기겠다고 선포한 것이다.

카라파와 제네바의 나이 차는 20년이나 되었다. 감비아에는 그 당시 많은 남자들이 마흔 살이 넘어 결혼하거나, 나이가 어린 여자와 결혼하는 것을 부끄러워하지 않았다. 제네바가 아직 어렸을 때에 그녀의 엄마는 자궁암으로 세상을 떠났지만, 카라파의 아버지는 제네바 부모, 즉 카라파의 장인과 장모에게 결혼 약속으로 소를 한 마리 주었다고 했다. 그래서 이들은 집안에서 정략적으로 얽혀진 부부였다.

우리는 이런 문화를 이해하기가 쉽지 않았다. 이렇게 여자아이들이 태어나자마자 삼촌들과 결혼관계를 맺고 가축을 주어 이를 공인해버리는 문화에서 자란 사람들이 복음을 듣고 그리스도인이 된다면, 인간관계에서 많은 갈들을 겪을 것 같았다.

철없이 뛰어노는 제네바가 시각장애자 남편을 맞게 될 날이 오게 될까 싶었다. 마음이 무거웠다. 제네바에게 카라파가 네 신랑이냐고 물으면 이 아이는 비시시 웃으며 도망치고는 했다. 카라파는 제네바가 중학교에 가게 되면 그 아이에게 옷가지나 가방 그리고 학비를 책임져야 한다는 이야기를 나에게 넌지시 비쳤다.

제네바의 아버지는 제네바가 공부만 잘하면 고등학교도 보낼 생각이어서 카라파가 그녀와 결혼하려면 적어도 10여 년을 더 기다려야 할지도 몰랐다. 하지만 이것이 이들의 결혼에 관한 문화며 풍습이라면 그것이 마땅하겠다는 생각도 들었다.

시바노병원 사역

언어공부에 열중하고 있던 어느 날 갑자기 브라이언이 열이 난다며 치아가 부딪칠 정도로 몸을 떨며 열병을 앓기 시작했다. 병원에서는 일단 말라리아로 진단하고 일주일 동안 약 처방을 했는데 차도가 없었다. 그래서 다시 살모넬라 진단을 내리고 일주일간 약을 처방했다. 브라이언은 매주 약을 바꿔먹으며 약 한 달째 되어 갔는데도 열이 떨어지지 않았다. 결국 남편은 파자라에 있는 메디컬 리서치센터(MRC)로 내려가 검사를 받아야 했다. 열병으로 아픈 남편과 두 아기를 데리고 그동안 심신이 지친 우리는 본부로 내려와 한동안 쉬기로 했다.

그다음 날 일요일 아침이었다. 브라이언이 화장실을 갔다가 돌아오면서 바닥에 자기 발자국이 선명히 먼지 위에 새겨진 것을 보았다. 나를 깨워 일어났더니 분명 아침이라고 생각되었는데 밖은 엄청 어둡고 무언가가 하늘의 광채를 완전히 가렸다.

밖으로 나가는 철문을 열어 보니 밤새 사막의 먼지바람인 하마탄(Harmattan)이 사하라 사막 아래로 불어와 사방에 먼지가 눈같이 쌓여 있어 매우 침울해 보였다. 50년 만에 온 심각한 하마탄이어서 경험이 많은 노인들을 제외한 국민들은 얼이 빠져 있었고 거리에는 무거운 침묵이 흘렀다. 길에는 먼지가 적어도 20~30센티미터 정도로 쌓였고, 나무나 지붕 위에도 눈이 온 것처럼 먼지로 수북했다. 감비아 웩 선교관 안에도 교회가 있어 서부 아프리카인들이 주로 왔는데, 그들은 선교사들에게 전화를 해서 주님의 재림한 것이 아니냐고 질문했을 정도였다. 그날은 교회예배를 볼 수 없을 정도로 사태가 심각했다.

브라이언은 밤새 오한에 시달렸고, 하마탄으로 먼지까지 덮쳐서 마음이 심란했다. 월요일이 되자 감비아 사람들은 온통 먼지를 털고 청소를 했다. 남편의 병명을 알아보기 위해 다시 병원으로 갔다. 병원에서는 검사를 받은 남편은 B형 간염 진단을 받았다. 하지만 약은 없으니 휴식을 취하라고 했다. 그리고 6개월 후 혈액검사를 다시 해보자고 했는데, 간염균이 계속 잠복할 경우 만성 간염환자가 될 수도 있다고 했다. 왜 우리에게 이런 일이 있을까 싶었다. 나는 이제 두 아기의 엄마로서 남편과 함께 사역을 막 시작하려고 준비 중이었는데, 이런 어려움에 처하니 눈물만 쏟아져 나왔고 그저 야속하기만 했다.

그러나 맥이 빠지는 상황에서도 말씀만이 우리에게 위로가 되었다. "주께서 인생으로 고생하게 하시며 근심하게 하심은 본심이 아니시로다"(애 3:33). "너는 마음을 다하여 여호와를 신뢰하고 네 명철을 의지하지 말라"(잠 3:5). 이 두 말씀을 붙잡고 주님께서 친히 남편을 안수하시고 치료해주시기를 기도했다. 6개월이 지나 재검해보니 감사하게도 브라이언 선교사는 B형 간염 완치 판정을 받아 건강을 되찾았다.

남편의 건강이 좋지 않은 가운데 일단 6월의 우기를 감안해 5월 말경에 병원 앞에 있는 집으로 세를 들어 이사했다. 병원의 새 병동을 짓는데 목수 일을 보아주던 선교사 부부가 스위스로 떠났기 때문에 남자 선교사는 브라이언밖에 없어 병원에서 남편에게 도움을 요청했다.

브라이언은 집을 지어본 적은 없지만 어쨌든 파트타임이라도 조금씩 병원 일을 돕기 시작했다. 남편은 행정 비자와 청소년사역 비자를 겸해서 받았기에 병원에서 요청하는 것을 도왔고, 나머지 시간에는 시바노교회에서 섬기는 일을 했다. 그 당시에 새 병동 내부 시설 마감은 브라이언 본인도 건축에 관해 배워가며 일을 추진해 주님의 은혜 가운데 건강상 약간 무리를 했지만 잘 마무리를 지을 수 있었다. 나 역시 출산 후 거의 회복된 상태여서 선교회에서는 7월에 2차 언어시험을 보도록 했다.

이사한 집은 시세쿤다에게 빌린 셋집으로 시바노 웩 선교병원의 의료지원

팀 몇 가정이 여러 해 동안 거쳐 간 곳이다. 마을에서 외떨어진 집이었지만 그 당시 가까이에 이웃이 생기기 시작했다. 뒤꼍으로 나가보니 그곳은 대부분 밭과 숲이었는데 몇 년 후에 집들이 갑자기 들어서기 시작했다. 이 집도 선교사님들이 세 들어 살면서 조금씩 부분적으로 개조한 집으로, 우리가 그때 이사를 간 것은 아주 적기였다. 보장쿤다의 별채보다 상당히 크고 창문도 목수 선교사가 새로 만들어서 우리는 광장같이 넓다고 느껴져서 감탄했다.

나는 두 아기를 데리고 이 집으로 이사 온 것만 해도 감사했다. 새로 이사 온 셋집 입구에는 예전에 빌과 린다 선교사 부부가 심었다던 두 그루의 주르망고 나무에 열매가 열려 있었다. 보기만 해도 배가 부를 정도로 먹음직한 열매를 볼 수 있었는데, 거의 다 땄지만 사람의 손이 닿지 않는 곳에는 아직도 있는 것이 보였다. 어느 때는 바람이 불면 양철 지붕 위로 쿵쾅거리며 떨어졌다. 땅에 떨어진 망고가 많았는지 주변에 소들과 당나귀들이 얼쩡거렸다.

지붕은 양철로 되어 있는데 조금 붉은빛 녹이 슬어 있었고, 의료 선교팀들이 흙벽에 회를 칠하도록 준비해주어 하얗고 깨끗해 보였다. 양철 문과 방충망 문을 열고 집 안쪽으로 들어가니 초록페인트로 칠한 바닥이 보였다. 페인트로 친한 바닥을 슬며시 밟아 보고는 브라이언이 뒷들에 있는 움막 창고로 가서 문을 열어보았다. 그런데 문간에 긴 뱀 허물이 입구에 늘어져 있는 것이 보였다. 브라이언이 그것을 들어 보였는데 내 키를 훌쩍 넘었다. 족히 약 2미터 정도 되지 않을까 싶었다. 남편은 놀란 나를 위로하느라 코브라는 아니고 아마 독이 없는 서부 아프리카 모래뱀(sand snake)일 것이라고 했다. 후에 집 옆에 교사를 지으면서 알록달록한 뱀들이 나무에 틀고 앉아 있는 것을 보았지만, 사람들은 독이 없다는 이유로 죽이지는 않았다.

전에 있던 선교사가 태양열판으로 전기를 만들어 물을 끌어올렸다고 하는데 집 뒤에 물통이 설치된 것이 보였고, 이름 모를 풀들과 꽃들이 그 물통을 감싸고 있었다. 그리고 선임 선교사들이 모기를 쫓기 위해 심었는지 님나무들이 여기저기에서 자라고 있었다. 전에 이 집에 살던 선교사가 여러 그루의 바나나 나무도 심어놓아 우리는 이 열매들을 풍족하게 먹을 수 있었다. 황무지 같던 곳이지만 선교사들이 살면서 개간한 마당과 과일나무 그리고 우물이 있어서 감사했다. 무엇보다 이제부터 사역할 수 있는 장소를 제공받을 수 있어 우리 마음에 감사가 넘쳤다.

보장쿤다 별채에서 쓰던 종려나무로 만든 간이침대를 아이들에게 주고, 우리는 전에 살던 선교사가 쓰던 침대를 그들이 이곳에 다시 오기 전까지 빌려 쓰기로 했다. 창문도 크게 만들어져 있었는데 유리창은 없고 모기망과 비가 올 때 유용한 양철 덮개가 그 위에 달려 있었다. 중간 방에는 해가 들어오지 않아 어두컴컴했는데, 손전등을 켜고 한쪽 구석에 있는 긴 옷장과 장롱을 열어보았다. 그곳에는 주방 용기들이 들어 있었는데 장롱에는 쥐새끼와 갯코들도 득실거렸다. 일단 쥐새끼들을 쫓아내고 부엌으로 들어갔다. 나는 바울을 업고 일했다. 베냐민은 이삿짐을 날라준다고 따라온 아이들과 놀았.

우리가 이사 온 것을 알고 시바노 웩 선교병원의 책임을 맡고 계신 크리스틴 선교사가 다른 의료진 선교사들과 함께 저녁 무렵 우리 집으로 찾아와 우리를 위해 기도해주었다.

병원에서는 우리에게 가스통을 빌려주어 가스레인지와 작은 가스냉장고를 가동하도록 배려해주었다. 일전에 기도회에 들렀다가 선교사님들이 남기고 간 가재도구들을 나누어 가졌는데, 그때 나도 몇 개를 챙겨서 살림살이에 보탰다.

우리에게 자동차도 생겼다. 안식년을 떠난 잉예 선교사의 차를 관리하며 1년간 그녀의 차를 사용하기로 한 것이다. 잉예 선교사가 돌아오기 전에 10년이 훨씬 넘은 그 차를 우리에게 싸게 팔겠다고 했는데도, 구입할 능력이 되지 않았다. 잉예 선교사는 자신의 안식년 기간 동안 중고차를 우리에게 쓰도록 해주었고, 안식년 후에는 새 차를 구입했다. 그때 우리는 주님의 은혜로 겨우 그 차 구입비용을 치르고 정식으로 인수받을 수 있었다. 두 아기를 데리고 파송교회의 후원 없이 살아간다는 것에 한계를 느낄 때가 많았다. 그러나 우리는 분명히 부르심에 순종했고, 주님이 알고 계시니 우리 할 수 있는 것은 기도밖에 없었다.

경제적인 것을 고려해서 가능하면 모든 음식을 시바노 마을에서 구입하려고 노력했다. 쌀과 빵이 있으니 도심에서 약간의 유제품과 닭을 한두 마리 사서 냉동고에 저장하면 다음 기도회 때까지 한 달은 충분히 지낼 수가 있었다.

병원 앞으로 이사를 오면서 나도 졸파포니인들처럼 물독을 사서 거기에 물을 붓고 나무 밑에 두었는데, 그렇게 하면 물이 시원해서 좋았다. 매일 우리 집 앞 정류소에서 언제 올지 모르는 버스를 기다리는 사람들에게 물독에 있는 물을 마실 수 있도록 했다. 우리도 가끔 먼 마을에 가면 시원한 물을 얻어 마셨다. 건기 때는 바람이 몹시 불었다.

몇 개 안 되는 식기들을 찬장에 넣으려고 하자 내부 쪽 선반이 이상하게 푸석해 보였다. 알고 보니 찬장 바닥과 뒷벽 그리고 선반에 이미 흰개미 떼들이 부엌바닥을 통해 올라와서 찬장을 갉아먹어 거기에 그릇을 얹기 무섭게 폭삭 가라앉을 것 같았다. 손으로 찬장 벽을 쳐보니 흰개미 떼들이 쏟아져 나왔다. 당장 찬장을 밖으로 들어내 불태웠다.

겉으로는 멀쩡해 보여도 그 집은 지은 지 20년이 넘은 흙집이어서, 흰개미 떼의 습격이 심했다. 흰개미들이 가구 내부를 먹어버려서 찬장 바깥은 멀쩡해 보여도 만져보면 속이 비어 있을 정도였다.

하루는 나무를 사다가 책장을 대충 만들어 책들을 정리해두고 기도회를 떠났다. 흰개미 떼가 PVC를 빼고는 다 씹어 먹어버린다는 말을 들었기에 조심하느라 책장을 벽과 20센티미터 정도 떼어놓고 며칠 동안 집을 비웠다. 일을 마치고 집에 와보니 흰개미 떼들이 다리를 만들어 책장 쪽을 향해 움직이고 있었다. 책장까지 엄지손가락 하나 정도밖에 남아 있지 않은 것 같았다. 우기 시작 전에는 매우 고온다습하여서 흰개미 떼들은 회벽 밖으로 기어 나와 벽에 환상적인 무늬를 수놓았다. 흰개미들은 집 안이 조용하면 언제든지 진흙을 뒤집어쓰고 나와 흰 회벽에 진고동색의 벽화를 예술적으로 만들어냈다.

찌는 듯한 습기를 극에 달하자 비가 후드득 내렸다. 어느 날 오후 침대를 보니 틀 안쪽에 자리 잡았던 거미들이 엄청나게 새끼를 까놓고 침대 위로 올라오고 있었다. 습기가 극에 달한 어느 날에는 까무러칠 정도로 많은 거미 새끼들이 무리지어 침대로 올라오는 것도 보았다. 약으로도 죽일 수 없을 정도로 엄청나게 많았다.

무거운 침대를 움직일 수가 없어서 제대로 매트리스 안쪽까지 소독약을 뿌리지 못한 것이 우리의 실수라면 실수였다. 밤이면 여전히 천정에서 쥐인지 도마뱀인지 갯코인지 모르지만 무언가가 스스거리며 질주하곤 해서 손전등을 비추면 잠시 동안 조용하다가 이내 다시 스스거렸다. 고양이나 들쥐같이 덩치가 큰 것들이 들락날락 하는 날이면 나는 천정에 쪼리를 힘껏 던졌는데, 그때마다 후다닥거리는 소리가 나서 신경이 곤두섰다. 아프리카의 밤은 늘 그렇게 지나가곤 했다.

길 건너 망가쿤다 가게 아저씨는 어느 날 나를 붙잡고 커다란 쥐덫을 보여주면서 우리 집에 그것을 설치하게 해달라고 했다. 전에도 자주 쥐덫으로 우리 집에 서식하는 들쥐를 잡아갔다고 했다. 들쥐를 잡게 해달라는 말에 어안이 벙벙했는데 알고 보니, 선교사들이 버리는 음식을 먹고 자란 시궁창 주변의 들쥐들은 토끼만큼 커서 살집이 좋아 그는 들쥐사냥을 주로 우리 집에서 한다고 했다. 이런 뜻밖의 말을 들으니 나는 점점 마음이 무거워져 갔다. 그 시궁창 주변에 들쥐들이 길을 만들면 우기에 집이 무너질 수도 있다는 생각이 들어 아찔했다.

그 후에도 망가쿤다 가게 아저씨는 우리 집에서 쥐를 잡아가곤 했는데 동네 아이들도 가끔 우리 집 뒤꼍을 돌아보고는 쥐구멍들을 들판에서 찾아 물을 부어대고는 나무줄기로 내리쳐 쥐를 잡아갔다. 동네 아이들이 들쥐뿐만 아니라 들에 사는 꼬리가 긴 쥐들을 잡은 후 그 자리에서 구워서 들고 다니며 먹는 것도 흔히 볼 수 있었다.

시바노교회 사역

시바노 복음교회 성도들 대부분 기니비사우 출신의 발란타족으로 만딩고어를 감비아에서 배운 이들이어서 언어에 깊이는 없다고 들었다. 그들은 집안에서 돼지를 기르며 돼지고기도 먹고 야밤에 암암리 팔기도 하고, 원숭이도 잡아먹는다는 소문이 퍼져 있었다. 따라서 회교도들은 그들을 멀리했다.

나는 회교도들로 둘러싸인 시바노 마을에서 어떻게 복음을 전할 수가 있을까 고민했다. 그렇다고 기니비사우의 내란을 피해 남의 나라로 피난을 와 회교도들이 사는 마을 한 귀퉁이에 겨우 정착해서 사는 발란타족 성도들에게 교회에 나오지 말라고 하거나 따로 교회를 세우라고 할 수도 없었다.

당시 웩 선교회는 정책적으로 회교 지역에서 선교할 때 돼지고기나 음주에 관한 금기사항에 대해 선교사들과 개척 교회 성도들에게 많은 교육을 했다.

시바노교회에는 만딩고족 중에 외지에서 들어왔다가 그리스도를 영접한 후에 배교한 한두 명을 빼면 시바노교회 내에는 만딩고족이 거의 없었다. 그런데 교회에서는 무슨 연유로 발란타족이 다수인 교회에서 그들의 말로 말씀을 전하지 않고, 만딩고어로 전하는지 나는 이해할 수가 없었다. 발란타어나 만딩고를 알아들을 수 없는 우리가 모르는 어떤 일들이 이곳에서 일어나고 있는 것 같았다. 신참 선교사인 우리가 그 내막을 알 수 없었지만 두렵거나 그런 것은 없었다. 다만 이미 존재하는 현지 교회 상황이나 문화에 적응한다는 것은 결코 쉽지는 않다는 것을 느꼈다.

이곳으로 이사 온 후 어느덧 우기에 접어들어 공기중으로 습기와 한기가 차올랐다. 광풍이 몰아치면 양철 문들을 다 걸어 잠그고 빗물이 방 안의 스민 요가 젖지 않도록 해야 했다. 비는 광풍과 먼지바람을 일으키는 서곡이었다.

그러던 어느 날 밤 무언가 붕붕대며 내 얼굴 주변을 날아다니는 것을 느꼈다. 모기장도 버겁고 덥게 여겨져서 그날따라 모기약을 뿌리고 모기장을 아이들에게만 쳐준 채 잠들었던 것이었다. 버릇처럼 손전등을 베개 옆에 두고 잠들었다가, 슬그머니 들어 전등을 켜보니 긴 날개를 한 곤충이 날아다니는 것이 보였다. 그것은 여왕벌보다도 더 큰 것으로 보아 아마 흰개미 여왕인 듯했다. 전에 우기에도 짝짓기가 시작되면 여왕 개미는 아침마다 날개를 떨구고 어디론가 사라지곤 했었다. 그런데 이번에는 흰개미의 여왕과 이를 따르는 엄청난 개미 떼들이 어떤 기온 현상으로 인해 땅속에서 나와 방향을 잘못 잡아 하늘이 아니라 우리 방으로 날아와 결혼비행을 꿈꾸는 듯했다.

개미 떼를 향해 약을 치고 신발로 쫓아내며 일단 동이 트기를 기다렸는데, 방 사면의 구멍을 통해 크기가 다른 여러 종류의 색다른 개미들이 방바닥에 새까맣게 가득한 곳이 보였다. 비로 쓸어내고 급한 대로 개미구멍에 뜨거운 물을 부어대도 여전히 튀어나왔다. 우리는 바로 사면 허름한 바닥을 파내고 시멘트로 발랐는데, 그날 밤에 시멘트를 밀어내고 또 개미군단이 밀고 들어왔다. 흰개미 여왕은 50~100년을 살며 약 50억 개의 개미 새끼를 낳을 정도로 강력한 번식력을 가졌다고 한다. 들판에 개미언덕이라는 앤트힐(anthill)을 보면 2~3미터씩 진흙으로 집을 지어 올라간 것을 볼 수 있었다. 개미 떼들이 우리 집을 공격하면 우리는 짐을 어디에다 두고 살아야 할지 뾰족한 수가 없어보였다. 이곳 사람들은 개미들이 벽에 득실거리면 손님이 많이 들끓는 집이라고 좋다고 했다.

그다음 해 1994년 봄 건기가 시작될 무렵 나는 침대에서 갑자기 숨을 쉴 수가 없을 정도로 호흡곤란을 느낀 적이 몇 번 있었다. 약 3개월간은 먼지바람이 불어오면 잔기침이 잦아졌고 너무 덥다는 핑계로 바람이 불어오는 창가에 머리를 돌려대고 잠을 청하려고 어지간히 애를 써야 겨우 몇 시간씩 잠을 잘 수 있었다.

낮에 나는 동네 아이들 60~70명씩을 뒷마당에 앉히고 찬양과 성경 이야기를 가르치기 시작했다. 시바노교회를 다니며 만딩고어로 말씀을 전하는 것을 여러 달 경험하면서 나는 애써 배운 졸라포니어 실력이 후퇴하고 있는 것 같아 안타까웠다. 그래서 주일에 집으로 찾아오는 아이들에게 성경 이야기를 할 때 떠듬떠듬 졸라포니어를 섞어 영어로 들려주곤 했다.

나는 졸라포니어로 겨우 대화를 엮어갈 정도에 불과했지만, 시작이 반이라고 생각하고 입을 열어 말씀을 증거하려고 노력했다. 아이들에게 그림성경을 보여주고 일단 대화를 시작하면 조금씩 관심을 조금씩 보이기 시작했다. 집으로 찾아오는 사람에게 나는 어른이나 아이 할 것 없이 누구에게라도 주님이 주신 복음의 대상이라 생각하고, 말씀을 전하기 위해 노력했다. 그래서 영어를 좀 이해하면 성경을 폈고 아니면 영어로 된 성경 이야기 책을 읽어주며 복음을 전했다.

점점 많은 아이들이 우리 집으로 찾아왔다. 일요일에 위험을 무릅 쓰고 회교도의 눈을 피해 우리 집에 오는 이들을 위해서, 남편과 나는 뒷마당에 종려나무 가지로 담을 치고 밖에서 볼 수 없도록 조치를 취하고 그들에게 성경 이야기를 전했다. 생각보다 아이들은 성경 이야기를 열심히 들었다. 나는 아이들에게 영어를 가르쳐준다고 말하고 방과 후에 우리 집에 오도록 해서 일요일에 성경을 가르치거나 금요일 오후에 초등학교 5~6학년 여자아이들을 중심으로 바느질과 함께 성경을 가르쳤다.

그러던 어느 새벽녘 허파가 뒤집히는 것 같은 고통을 느꼈다. 숨이 갑자기 멈추는 듯했다. 더위에 뒤척이다 곤히 잠든 남편과 아기들을 깨우지 않으려고 조용히 몸을 굴려 바닥으로 내려왔다. 쪼리를 찾아 신고 침대 가랑이를 잡고 겨우 몸을 일으켜 발소리를 죽이며 밖으로 나왔다. 가능한 침착하게 한 걸음씩 병원으로 향했다. 병원에는 독일인 여의사 기젤라가 마침 환자를 보고 있었는데 시간을 보니 새벽 다섯 시도 안 되었다. 그녀는 진료실로 들어서는 나를 보더니 깜짝 놀라 자리에서 일어나려고 했다. 나는 의자에 몸을 의지하며 환자를 마저 치료하라고 손짓을 했다.

그녀는 환자의 진찰을 끝낸 후 나에게 와 진찰을 한 후, 급히 천식 약 스프레이를 입에 뿌려 넣고는 호흡을 깊게 하라고 했다. 이 시간에 병원의 의사를 깨우지 않아도 되게 하셨으니 나는 그저 감사했다. 그녀는 여러 가지 약들을 흡입시켜 나의 호흡을 안정시켰다. 그녀는 나를 진찰한 후 천식이라고 진단했다. 그 후 여러 달 약에 의존해야 했고, 말을 제대로 할 수가 없었다. 조금만 피곤이 겹치거나 바람이 부는 날이면 잠시라도 누워 있어야 할 정도로 몸이 허약해졌다.

그 무렵 카라파는 보장쿤다의 주인이자 나의 친구인 화투마타를 데리고 왔다. 남편이 새로 부인을 맞아 세네갈 카사망스로 농사하러 떠났는데, 아이들을 돌봐야 하니 일거리를 좀 주었으면 좋겠다고 했다. 감비아에서는 대개 남편이 쌀을 사거나 조나 수수농사나 땅콩농사를 해서 집안에 들이고 부인은 부식비를 대고 반찬을 준비했다. 자녀들 교육도 부인이 대부분 책임져야 했다. 그때 다섯 아이의 어머니였던 화투마타는 교육과 식생활까지 떠맡게 된 것이었다. 상당히 근심어린 눈치였다. 그래서 나는 그녀에게 일자리를 주기로 했다. 당시 건강이 좋지 않던 나에게 화투마타는 큰 힘이 되어 주었다. 또한 그녀는 나에게 졸라포니어도 많이 가르쳐주었다.

숯불 다림질을 전혀 해보지 않은 나는 화투마타에게 감비아 면 옷을 숯불로 다림질하는 일을 파트타임으로 부탁했다. 이런저런 일로 화투마타가 우리 집을 드나들었는데, 나는 그때마다 가까이에서 졸라포니 여인의 지혜를 엿볼 수 있었다.

화투마타는 어린 시절 세네갈의 수도인 다카에서 자랐고 남의 집에서 가정부로 오래 살아 음식을 깔끔하게 했고 무엇을 하든 맛있었다. 옷도 색을 잘 맞추어 아이들에게 입히고 머리 손질도 유행에 따라 할 줄 알았다. 그녀의 남편이 경찰로 잘 나갈 때, 그녀에게 사주었다는 여러 가지 은 장신구들을 내게 살짝 보여주었는데 상당히 무겁게 느껴졌다. 그녀의 귀중한 장신구를 보고 있자니, 긴 머리에 동백기름을 바르실 때 사용하는 백금 비녀나 금가락지를 소중히 여기셨던 어머니가 그리워졌다.

이곳 여인들은 바셀린이나 이삼천 원 정도면 살 수 있는 싼 향수 냄새가 나는 중국제 동동 크림을 몸에까지 바르고 다녔다. 여인들을 방문할 때 나는 가끔 그 크림을 선물하곤 했다. 그들은 뜨거운 바람에 허옇게 살결이 트는 것을 아주 부끄러워했다. 그래서 나는 그들에게 초와 식용유를 넣고 향수 기름을 넣어 바셀린 만드는 법을 가르쳐주기도 했다.

이곳에 오래 살려면 이들의 생존 방식과 문화를 존중하며 따를 것은 따라야 한다는 나의 주장은 이들과 융화하는 데 많은 도움이 되었다. 왜냐하면 이들의 삶 속에 녹아 있는 지혜 또한 풍성했기 때문이다. 졸라포니족 사람들은 그들의 복장이나 식문화를 따르는 나를 아주 친근하게 여겼다.

나는 졸라포니족 아주머니들을 모아 옥양목에 수놓는 것을 가르쳤고, 성경이야기로 퀴즈게임도 했다. 그러는 사이 시바노 마을의 여러 사정들을 알게 되었고, 가정에서 일어나는 관계의 갈등, 그리고 학교, 직업, 금전 등에 관한 이들의 견해나 가치관도 엿보게 되었다. 나에게 익숙하지 않은 감비아의 의식주를 화투마타와 카라파가 나의 좋은 친구가 되어 자세히 가르쳐주었다.

나는 당시 건강이 좋지 않아 일상생활도 쉽지 않았는데, 이들은 나를 가족처럼 헌신적으로 돌보아주었고 음식도 가끔 나누어주었다. 그래서 화투마타는 일주일에 몇 시간씩이라도 도움을 주기 시작했고, 카라파는 매일 나의 언어공부를 도우며 만딩고어 찬양을 모두 졸라포니어로 번역해와 연습 삼아 둘이서 같이 부르기도 했다. 나는 마리야마 카마라에게도 찾아가 그녀와 함께 친양을 히기도 했다. 이들은 민딩고어로만 듣던 찬양을 졸라포니어로 부르는 것에 상당한 흥미를 보였다. 의외로 마리야마 카마라는 찬양을 잘했다.

만딩고어 찬양은 시바노 마을의 회교도 아이들이라도 크리스마스나 주일 아침에 시바노교회에서 예배를 드릴 때, 그쪽으로 지나가다가 들어서인지 뜻도 모르며 흥얼거리는 모습을 종종 볼 수 있었다. 카라파와 화투마타, 이들은 둘 다 회교도였지만 보장쿤다에서 이들을 만나게 해준 것도 주님의 은혜라는 생각이 들어, 친구관계를 돈독히 하며 복음을 나누고 싶은 생각이 들었다.

V
졸라포니족을 가슴에 품고

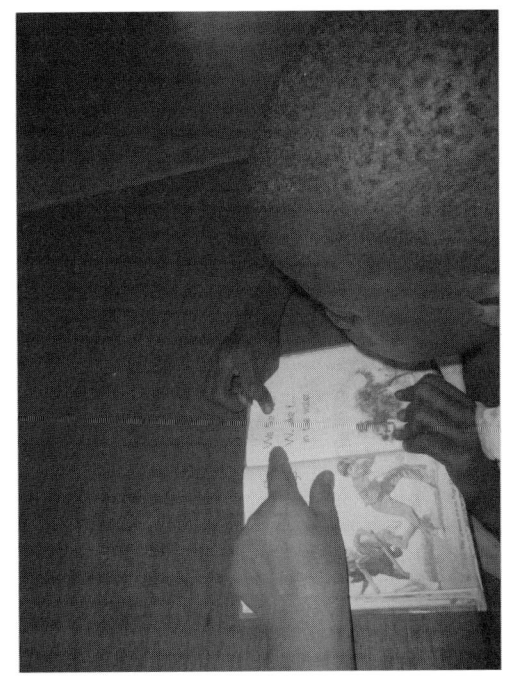

시타 마을로 들어가다

　독일 여의사인 기젤라 선교사가 어느 날 밤 급히 찾아왔다. 약 5~6킬로미터 떨어진 시타라는 마을에 가줄 수 없느냐고 했다. 초등학생이 급사했는데 급성뇌염사라고 했다. 의료 선교사들은 당시 모두 만딩고어를 사용했는데, 그 마을은 졸라포니족 마을이므로 아이의 시신을 차에 실어 보호자를 데리고 가 달라고 했다.

　이 아이는 급성뇌염사로 죽은 두 번째 희생자로, 아마 12시간 내로 또 다른 사망자가 날 가능성이 높아 이미 열대병 의료센터에 보고된 상태였다. 그다음 날 독일 의사 마틴이 약을 가지고 올라올 예정이니 나에게 그 의사와 함께 다시 오겠다는 이야기도 마을 사람들에게 전해달라고 했다.

　우리는 그 마을에 들어가기로 마음먹고 베냐민과 바울을 크리스틴 선교사에게 맡겼다. 브라이언은 병원 환자 후송용 작은 트럭 뒤에 홑이불로 싼 어린아이의 시신을 옮겨 실었다. 죽은 아이를 급히 업고 나왔다던 보호자를 앞자리에 태우고 길을 안내하게 했다. 당혹감에 긴장이 되었지만 이런 계기도 주님께서 만들어주셨음이 분명하다는 생각이 들었다. 언제든 숲 속에 숨어사는 듯한 졸라포니족 사람들을 만나게 될 테니까 말이다.

　대개 우기가 끝나는 11월에서 이듬해 1월까지는 뇌염 경보가 내려졌다. 여기저기 구불거리는 길도 있었지만 들어가면 들어갈수록 야자나무들이 좁은 오솔길에 구비구비 즐비하게 심겨져 있었다.

　4륜 중고 트럭에는 흙먼지가 여기저기 앉았고 너덜거리는 장식을 보니 십수 년은 족히 돼 보였다. 내심 차의 요동으로 뒷문이 열리지나 않을까 하여 흘끔 뒤를 훔쳐보곤 했다.

　컴컴한 숲 속 길을 보호자가 가리키는 방향으로 차를 천천히 몰았다. 뭐라고 말을 해야 할지 몰라 입속에 맴도는 말을 생각하는 내내 식은땀 같은 긴장감이 돌았다. 한참을 가니 마을 동구 밖으로 개들이 짖는 소리가 들렸다. 길 양옆의 집들은 흙벽이 드러나 보였고, 종려나무 잎으로 얼기설기 엮은 지붕들도 보였다.

우리를 시타 마을로 인도하던 남자의 슐레이만이었다. 그는 영어를 전혀 못했지만 내가 짧은 졸라포니어로 이름을 물어보니, 솔로몬의 회교식 이름인 슐레이만이라고 했다. 그는 몸짓으로 더 가라고 했다. 차창 밖으로 슐레이만이 뭐라고 소리를 치자, 차 소리를 듣고 사람들이 걸어 나오는데 옷들을 주섬주섬 걸치며 우리 뒤를 따라왔다.

차가 마을 밖으로 다시 빠져나와 더 깊은 숲에 있는 시타 마을로 들어갈 때 차 먼지바람 뒤로 어느새 따라붙은 남녀의 행렬이 보였다. 우리가 들어간 마을은 시바노 마을보다 작은 집들이 많고 대부분 종려나무로 엮어져 있었다. 어떤 집의 귀퉁이를 돌아 들어가니 둥글게 원형으로 그려볼 수 있을 정도로 작은 집들이 모여 있었다. 그곳의 길을 따라 계속 나가니 집들이 두어 채 따로 지어져 있었다. 거의 원형으로 그어지는 듯한 마지막 집에 차를 세우자 사람들이 웅성거리며 있다가 차로 몰려들었다.

슐레이만은 차에 내리기 전에 뭐라고 소리쳤는데, 그 어린 아이의 죽음을 동네 사람들에게 알렸음이 분명했다. 갑자기 여기저기에서 여자들이 땅바닥에 몸을 던지고 옷을 찢으며 고성과 더불어 몸부림을 치자 아이들도 엎어지거나 서로를 붙잡고 울다가 가슴을 치고 옷을 찢어댔다. 차에서 내려 뒷문을 열자 슐레이만이 아이의 아버지인 듯한 이와 함께 시신을 집안으로 옮겼다.

다행히 영어를 할 수 있는 청년을 찾아 유감을 전했다. 우리는 내일 약을 가지고 의사와 함께 다시 방문하기로 했다. 이곳의 회교도들은 날씨가 더워서인지 대부분 사망 당일에 시신을 집안의 나무 밑에 안장하는 것 같았다.

우리는 이들이 해가 떨어지기 전에 아이를 안장하리라고 생각했다. 그 전날 한 어린 아이가 이유 없이 열병으로 급사했는데, 이 아이도 그날 하루 종일 잘 놀다가 저녁 해질 무렵에야 머리가 아프다고 했는데 목욕하러 가다가 풀썩 쓰러지며 의식을 잃었다고 했다. 이들은 유행성 뇌염이 마을 아이들에게 급습한 것을 모르고 있었다.

다음 날 독일 여의사 기젤라는 열대의료센터의 의사 마틴을 데리고 왔다. 나는 그가 준비한 약에 대해 설명을 들었다. 유행성 뇌염 예방약을 먹이기 위해 체중에 따라 약 분량을 다르게 복용시키되, 아이들이 외국 약에 익숙하지 않아 확인 복용이 중요하다고 했다. 나는 열대의료센터 차에 타고 두 의료 선교사와 함께 그 마을로 다시 들어갔다. 야밤에 언뜻 본 마을을 낮에 다시 보니 생각보다 더 작고 초라해 보였다.

우리는 먼저 족장을 만나 우리의 방문 목적을 설명하고, 마을 족장의 집 앞에 모든 어린이들을 집합시켜달라고 했다. 아주 어린 몇몇 아이들은 외국인을 처음 보아서인지 기절하듯 비명을 지르며 울고 달아났다. 그러자 작은 여자아이들이 쫓아가 아이를 안고와 엄마의 젖을 먹게 하여 진정시켰다.

이 마을의 어른들이나 청년들은 뜻밖의 불상사에 마음이 어두워 보였다. 만딩고어에 능숙하고 활달한 독일인 여의사는 이 마을의 어르신네들과 아이들과 함께 모이도록 마을 족장에게 도움을 요청했다. 동네 사람들이 모두 모인 자리에서 뇌염의 증상과 열대의료센터 의사 마틴이 이곳까지 오게 된 경위와 뇌염 예방약을 아이들에게 복용시켜야 하는 이유와 복용법을 설명했다.

유치부 정도의 아이들을 몇몇씩 일으켜 세워 한 명씩 몸무게를 재었다. 땡볕에 올망졸망 코흘리개들이나 좀 더 큰아이들을 정렬하여 앉히고는 몸무게를 잰 후 아이들에게 맞는 용량대로 약을 재어 그들의 코를 잡고 약을 복용시키는 것은 쉽지 않았다.

이 마을 사람들은 졸라포니족이지만 공용어인 만딩고도 곧잘 사용했다.

어른들은 의료 선교사들의 설명을 아이들에게 졸라포니어로 다시 설명해주었다. 외부인들이거나 만딩고어를 쓰는 사람들과의 대화는 만딩고어로 했다. 보장쿤다에서 집안에서는 졸라포니어를 쓰는 것을 보았기에 그들의 행동이 낯설지 않았다.

모든 아이들에게 뇌염약 복용을 마치자 시타 마을 족장은 우리에게 감사를 표했다. 독일 의료 선교사가 나에게 어린이들의 건강을 위해 졸라포니어로 기도해 달라고 했다. 선교사는 때를 얻든지 못 얻든지 준비해야 되는 것이 말씀과 기도이기에 얼떨결에 졸라포니어로, 하나님께서 이 어린이들을 도와주셔서 건강하게 지낼 수 있도록 해달라고 간단하게 기도했다.

새 보금자리로 이사한 후 집정리를 마친 후에 브라이언은 병원에서 새 병동 내부 마감을 돕고 교회 사역을 병행사면서, 오후가 되면 아이들을 차 뒤에 태우고는 틈틈이 실태조사차 주변 마을로 나갔다. 남편과 나는 졸라포니 지역을 직접 발로 밟으며 조사해보기로 하고 지도를 펼쳐 들고 차로 때로는 걸어서 직접 마을들을 확인해나갔고 사람들을 만나 인사했다.

천식으로 인해 내가 나갈 수 없는 경우에는 브라이언은 카라파와 함께 도보로 마을들을 찾아 나섰다. 감비아의 졸라포니 지역은 지도상에 다섯 개 구역으로 나누어져 있었다. 시바노 마을은 졸라포니의 다섯 구역 중에 가장 중심지로 '졸라포니 카라나이' 구역에 있었다. 이 지역과 졸라포니 본달리 지역이 졸라포니 지역에서 인구가 가장 많다고 했다.

그 무렵 약 100여 마을이 우리 주변에 있다는 것을 알았다. 마을들을 찾아 나선 우리는 차로 다니다가 타이어에 나무뿌리가 박혀 펑크가 나기도 하고, 달리는 차에 소가 달려들어 뿔에 거의 받힐 뻔하기도 했다. 우리는 어느 때는 그곳을 도보로 다니기도 했다. 한 번은 세네갈의 국경이 분명하지 않아 카사망스 경계를 넘을 때도 있었다. 그 기간 동안 밟고 다니는 모든 졸라포니 족 땅들을 주님께서 축복해주시도록 기도했다.

졸라포니족 마을들은 작았다. 대개 50~100여 명이 사는 마을들이었고, 큰 마을에는 300~500명 정도가 살았다. 적은 숫자지만 마을마다 조그만 회교사원이 있어 졸라포니 사람들의 영적 지주 역할을 했다. 이들은 '투밥'인 외국인들을 보면 물질적인 도움을 요청할 뿐이었고, 영적인 이야기를 하려고 하면 감비아 사람들 또는 흑인들은 모두 회교도라며 자부심을 드러냈다.

마을의 우물은 대개 사우디아라비아나 쿠웨이트 또는 리비아에서 지원을 받아 회교사원 명의로 파준 것이었기에, 우물 앞에는 회교사원의 팻말이 세워져 있었다. 대부분 집들은 녹이 쓸어 쓰러질 듯한 양철 지붕들이지만 회교사원만큼은 회벽을 칠해 깨끗이 정리가 되어 있어서인지 마을의 중심 건물로 여겨졌다.

감비아는 회교 강대국들의 선교 요충지였다. 그래서 여러 회교 종주국들과 물질적인 수혜관계에 있었다. 그리고 20여 부족이 함께 어우러져 살아가는 데는 그들 나름의 종교 및 문화적 배경이 형성되어 있음을 무시할 수 없었다.

졸라포니족 집들은 족장 가족들을 중심으로 거의 타원형으로 마을 중심지에 옹기종기 지어졌다. 집 중앙에는 방아를 찧다가 부러진 듯한 막대기가 박혀 있었고, 약재로 보이는 나무뿌리 또는 나무껍질, 풀들이 담긴 병들이 걸려 있었다. 집 앞 나무에는 동물의 머리뼈나 여러 가지 파충류를 잡아 건조하듯 걸어둔 것이 보였다.

시타 마을에서 시작한 어린이사역

돌아오는 길에 이러한 불상사가 다시없도록 숲 속 시타 마을 어린이들을 돌보아야겠다고 마음속으로 다짐했다. 그 당시에도 나는 카라파와 언어공부를 했는데, 한참 시타 마을 이야기를 듣던 카라파는 그 마을이 자기 아버지의 고향이며 그곳의 부족장이 사촌 형님이라고 했다.

카라파는 아버지의 셋째 부인의 아들이었고, 재봉사였던 아버지는 오랫동안 세네갈 카사망스의 수도인 지긴쇼르에서 살았다고 했다. 그는 세 살 때 부모님을 따라 고향인 감비아의 시타 마을로 돌아 온 후, 시바노 마을에 있는 삼촌 집에서 초등학교를 다녔다. 카라파의 아버지는 시타 마을에서 돌아가셨고 어머니는 회교도여서 다른 남편을 찾아갔다. 이곳 여성들은 남편 없이 죽음을 맞는 것은 회교도로서 수치로 여기고 남편의 이름 아래 무덤으로 가야 하는 것을 철칙으로 여겼다. 그래서 남편이 죽으면 여자들이 '에쏘페이 후르라프'(머리수건 잡기)라고 해서 6개월 이상 검은 옷에 머릿수건을 뒤집어쓰고 있다가 전 남편과의 임신 여부를 확인하고는 남편 형제 중에서 남편을 정하든지 아니면 다른 집안으로 시집을 가야 한다고 했다.

나는 그리스도인이 된 남자가 형제 중 누가 사망해서 회교도인 형수나 제수와 결혼해야 할 상황이 벌어지면 곤란하겠구나 하는 생각이 들었다. 카라파를 만난 것도 우연이 아니라는 생각이 들었지만 모든 만남이 주님의 섭리하에 있음을 생각하니 참으로 흥분과 기대가 되어 더욱 복음을 전해야겠다는 마음이 강하게 들었다.

나는 시바노 마을에서 수많은 아이들을 만나고 난 후부터 어린이사역을 소망하며 브라이언과 이 비전을 두고 기도했다. 그리고는 카라파와 함께 시타 마을에 다시 들어갔다. 영어와 산수를 가르쳐준다는 명목으로 일주에 두세 번씩 오전에 어린이들을 돌보아주겠다고 마을 유지들에게 제안했다. 마을의 족장인 양쿠바는 마을 사람들과 의논한 후 흔쾌히 나의 제안을 허락하겠다고 카라파를 통해 알려 왔다.

그 후 시바노 마을에 있는 셋집 옆 마당에 주인의 허락을 받고 흙벽돌을 빚어 조그만 교사(校舍)를 지었다. 그리고 나무를 사다가 브라이언 선교사가 손톱질을 하여 책상과 의자를 만들었다. 지붕을 올릴 때 카라파와 시타 마을의 주민에게 지붕에 올릴 종려나무를 잘라 달라고 요청했더니, 그는 종려나무를 선물로 주겠다고 했다. 무엇으로 물물교환을 할까 고심한 끝에 쌀로 대신 환산해서 보냈다. 그동안 일요일마다 뒷마당에서 아이들에게 성경이야기를 들려주었는데, 우기에도 공부할 수 있는 공간이 생겨 새로운 교사에서 가르치기 시작했다.

집안 사람들이나 동네 사람들 눈치를 보느라고 마음 놓고 교회에 들어가지 못하는 회교도 아이들을 위해서 우리는 새로운 공간에서 예배를 볼 수 있도록 했다. 매일 방과 후에 찾아오는 20~30여 명의 초등학생들에게는 영어 성경 이야기책 두세 권씩을 읽도록 도와주었다.

교회에서 위탁한 두 명의 청년들이 있었는데 어느 날 주님을 영접하고 성경공부를 하겠다고 했다. 동네 분위기상 이 청년들이 교회로 나와 침례까지 받는다는 일은 쉽지 않았다. 그들이 길거리에 있는 우리 집을 들어오는 날이면, 길 건너 상점에 앉아 있던 청년들의 야유 소리로 밖이 요란했다.

아이들의 머리카락이나 팔뚝 또는 목에는 굵은 실이 목걸이처럼 걸려 있었다. 아이들은 그것을 영적 보호막인 '시사페타스'라는 가죽 주머니에 넣어 목에 걸기도 했다. 이것이 집 안에 있는 더러운 악귀를 쫓으며 병을 치유한다고도 했다. 마을 동구 밖 실크 면나무 아래에는 누더기 옷들이 버려져 있거나 양밥은 한 박 바가지, 구멍 나고 녹슨 양철통, 플라스틱 바가지 등이 한꺼번에 버려져 있어 울긋불긋했는데, 그것들은 우상숭배의 흔적들이었다.

나는 이 마을 사람들에게 구약성경을 가르치면서 우상숭배에 대한 영적인 문제들을 언급했다. 목이나 손목이나 허리춤에 이런 장신구를 걸고 주일 성경공부나 주중에 공부하러 올 때 미신이나 정령 숭배에 젖은 생각들을 바로잡도록 가르쳤다. 아이들은 할머니나 어머니가 주었다는 악귀 방지용 부적이 많았다. 하나님께 기도드리는 것과 우리가 알고 있는 이름 중의 가장 뛰어난 이름이신 예수님을 모르는 이 아이들에게, 나는 서서히 구약성경으로 선과 악, 죄와 벌, 진실과 거짓 등의 주제로 가르치기 시작했다.

시바노 마을 아이들은 시타 마을 아이들보다 복음에 더 깨어 있는 듯 했다. 그 이유는 시타 마을에 있는 선교병원의 의료 선교사들이 주의 사랑으로 아이들을 대하고, 여러 해에 걸쳐 아기를 받아주곤 했기 때문인 것 같았다. 전임 선교사들이 교회를 통해 영적 황무지에 복음을 뿌리며 척박한 이 땅에서 돌부리를 미리 걷어냈던 것이 분명했다.

시바노교회 성도들

시바노 복음교회에서는 의료 선교사들이 주일에 만딩고어로 말씀을 전했고, 기니비사우에서 감비아로 피난 와서 주님을 영접하고 그리스도인이 된 세 가정 중 가장 나이가 많으신 분이 교회의 리더 역할을 하며 말씀을 종종 전했다.

이 시바노교회의 그리스도인들은 대부분 기니비사우에서 올라온 외국인들로 만딩고어를 사용했다. 당시 웩에서 발간된 만딩고어 신약성경으로 교회에서 말씀을 전했지만, 이 마을의 원주민들인 졸라포니족 출신 그리스도인은 거의 없었다.

우리가 이 마을로 이사 올 무렵 만딩고족 청년 한 명이 모두 사네 목사님의 전도로 그리스도를 영접하고 시바노병원에서 조무사로 일하면서 우리 교회에 나왔다. 초등학교 수준의 영어를 구사하는 그는 교회의 부탁으로 브라이언 선교사와 영어로 성경공부를 했다.

이곳에 온 지 얼마 안 돼 교회에서는 수요일마다 졸라포니족 교우회라는 기도회를 시작했다. 교회에 나오지는 않았지만 복음에 마음을 열고 더 알기를 원하는 사람들에게 우리 집을 개방했다. 그리고 일요일에는 회교도 가정의 아이들에게 말씀을 가르치고, 초등학교 아이들에게 도움을 주기 위해 영어를 가르치기 시작했는데, 감당하기 어려울 정도로 아이들이 많이 찾아왔다.

오래전에 조무사 과정을 배울 때 복음을 접해 보았던 카라파가 수요일 밤 성경공부와 기도시간에 참석하면서 주님을 영접하였다. 가끔 우리에게 복음을 전해 듣던 카리피는 어느 날부터 말씀에 순종하며 주일예배에 참석했다. 그는 덥수룩한 머리에 낡은 잠방이 차림으로 교회로 들어왔다. 우리는 너무나 기뻐하며 승리를 주신 주님께 감사드렸다.

복음전도에 용기를 얻은 우리는 카라파와 함께 매일 마리야마 카마라에게 찾아가 복음을 전했다. 그동안 선교사들과의 접촉이 있었고 영리한 마리야마에게 주님의 성령이 역사하셔서 그녀는 말씀을 놀랍도록 빨리 이해했다. 그녀는 교회에 나오기로 결정했지만 부모님의 허락을 받아야 해서 마리야마의 아버지를 만났는데, 의외로 휠체어만 있다면 딸이 교회에 가는 것을 막지는 않겠다고 했다.

이즈음 비슷한 시기에 졸라포니족 형제와 자매, 그리고 전에 라이베리아 전쟁에 참전했던 울리 자주 형제가 예배에 참석하기 시작했다. 우리는 주님께서 우리의 기도에 응답해주셔서 기쁨을 감출 수 없었다.

주일 아침 예배 전에 시바노병원에서 휠체어를 빌려 마리야마를 준비시키고 교회로 데리고 왔다. 동네 청년들이 건너편 상점 앞에서 아타야를 마시며 새로 교회에 나오기 시작한 사람들의 이름들을 부르며 야유하기도 했다. 어떤 이들은 우리를 찾아와 그들을 믿지 말라고 당부하기도 했다. 장기 선임 선교사들의 말에 의하면 회교도의 회심은 10~15년 정도 지나야 진심을 알 수 있다고 했다.

전임 선교사 때부터 우리가 이사 온 집에서 나무에 물을 주는 일을 하던 할아버지가 있었다. 나는 이 할아버지와 금세 친해졌다. 건기인 1월 아침 안개가 잔뜩 낀 날, 할아버지가 일찍 찾아왔다. 우리는 바나나 나무에 그다지 애착이 없어 순이 자라면 동네 사람들과 나누고 더 심지 않아 물을 줄 일이 많지 않았다. 할아버지는 일이 없어도 뒷들에서 버릇처럼 가랑잎을 모으고 물을 주곤 했다. 나는 그날 아침에 할아버지를 집 안으로 안내하여 따뜻한 차를 한잔 대접하고 대화를 나누었다. 할아버지는 도시에 살다가 1981년 쿠데타로 인한 유혈 사태를 본 후로 시바노 마을로 돌아와 이곳에 정착했다고 한다. 할아버지는 그동안 집 뒷들에서 일만 했지 집 안으로 들어오기는 처음이라며 차를 마시며 감사해 했다.

어느 날 나는 우연히 한 청년을 만나 이야기를 나누게 되었는데, 그가 우리 집에서 일하던 할아버지의 큰아들임을 알게 되었다. 그는 아이나우라는 청년이었다. 주님이 준비하신 만남으로 알고 감사와 찬양을 드렸다.

아이나우를 만난 이후 나는 이 할아버지가 그의 아버지임을 알고 더욱 친하게 지냈다. 아이나우는 5년제 중학과정을 졸업하자마자 집을 나갔다. 도시지역인 콤보에서 허드렛일을 하며 떠돌다가 세네갈의 수도인 다카에서 지냈다. 그러다 얼마 전에 아버지와 계모와 이복 남동생이 있는 시바노 마을로 돌아와 정착할 결심을 밝혔다. 그에게 복음을 전하자 초등학교 때 독일인 거디 선교사에게 학교에서 복음을 들었다며, 수요기도회에 참석하기 시작했다. 우리는 아이나우의 이야기를 그의 아버지에게 했는데 본인이 알아서 그 길로 간다면 막지 않겠다고 했다.

아이나우의 교회 출석은 획기적이었고 교육을 받은 사람들이 거의 없었던 때여서 우리는 은근히 아이나우가 일꾼으로 성장해주기를 기대했다. 그는 말을 조리있게 잘해 언어에 달란트가 있어 보였다. 국회의원 선거가 있으면 선거유세에 따라다니면서 군중 앞에서 말하는 것도 여러 번 보았다. 오래지 않아 그는 교회에서 선교사들의 영어말씀을 만딩고어로 통역했고, 한쪽에서는 졸라포니로, 다른 한쪽에서는 포르투기 크래욜로 각각 말씀통역을 하여 맞춤형 예배를 하는 데 일조했다.

얼마 후 아이나우는 아기 엄마 한 사람을 데리고 아침에 우리 집에 왔는데 그녀의 이름도 마리야뚜이고, 성은 사네라고 했다. 그녀는 출산한 지 얼마 안 돼 상당히 푸석해 보였다. 카라파와 타파라파와 차를 준비해서 그들에게 대접했다. 우리는 아이나우와 카라파를 통해 그녀의 사연을 듣게 되었다. 그녀가 안고 있는 아이는 태어난 지 3개월쯤 되었는데, 아이를 낳으면 곧 사망하곤 해서 기도를 해주면 교회로 아이를 데리고 나오겠다고 했다.

교회의 리더인 바치코와 선교사들에게 이 사실을 알렸다. 그 주일에 우리는 아기의 이름을 '사무엘'로 정했다. 모든 성도와 선교사들이 일어나 함께 사무엘를 위해 기도했다. 그 후 수요일에는 우리 집에서 성경공부를 했고 마리아뚜도 매일 아침 우리 집에서 아침식사를 하며 아기를 돌보아주었다.

여러 마을을 조사하던 중 부활절에 복음주의교회 성도들 110여 명이 함께 예배드렸던 캄판트 마을까지 가보았다. 그 당시 졸라포니 지역의 마지막 구역인 자롤 마을에 웩 선교회 병원이 있었다. 졸라포니 지역의 마지막 경계선에 있는 캄판트 마을에는 세미나 장소나 청소년 캠프장으로 사용되는 교회가 한 가정을 중심으로 있다는 것을 알게 되었다.

우리는 그 마을 사람들을 만나보고 싶었는데 캄판트교회와 청소년 캠프장을 돌보는 라민 마내의 가정을 찾아가 인사를 나누었다. 그 집에서 교제를 나누고 나올 때 누군가 우리를 반기며 인사했다. 그가 우리를 그의 집에 초대해서 가보았다. 그는 종려나무 지붕을 얹은 작은 흙집에서 살았다. 영어를 어느 정도 구사하는 그는 자기가 많은 선교사들을 알고 있다고 했다. 그래서 우리가 성경 카세트를 내밀자 카세트 녹음기가 없어서 들을 수 없다고 사양했다. 성경공부를 하자는 우리의 제안에 그는 자기 집에서 하면 된다고 선뜻 대답했다. 감사하다고 했더니 그 대신 우기가 오기 전에 지붕을 양철로 올려달라고 했다. 어처구니가 없었다. 인사를 하고 나오면서 우리는 지붕을 올려주러 온 사람들이 아니라, 말씀을 전하러 온 사람이라고 하며 오해가 없기를 바란다고 했다.

이미 월드비전을 통해 농사일을 배우거나 양계장을 시작한 캄판트 마을 사역을 그가 알고 있음이 틀림없었다. 수십 명의 졸라포니족 사람들이 월드비전이나 복지단체의 도움을 받을까 싶어 교회에 왔다가 그 프로젝트가 망하거나 끝나면 복음은 뒷전에 두고 자기들의 부적을 보물처럼 안고는 숲으로 도망가곤 했다.

한때 캄판트교회에 70여 명의 졸라포니족 사람들이 나왔지만 이제 그들은 교회에 발길을 끊었다. 우리는 그런 역사를 되풀이해서는 안 된다는 생각으로 그 마을에 갔는데, 그 형제는 그때의 후유증에 사로잡혀 아직도 물질과 복음을 놓고 저울질하고 있었다. 그로부터 복음을 받을 테니 양철 지붕을 대신 올려달라는 말을 듣고, 나는 이곳이 복음의 불모지임을 알게 되었다. 그의 성은 보장이었는데 우리가 보장의 성을 갖고 있음을 알고 기뻐했다. 그러더니 다시 양철지붕 올리는 것을 도와준다면 전에 교회로 나오던 사람들을 성경 공부할 때 불러오겠다고 했다.

나는 그에게 말씀을 들으려면 시바노교회로 오라고 했다. 그는 얼마 후 시바노교회에 두어 번 출석했다가 물질 후원이 없으니 발길을 끊었다. 시바노교회 리더들은 졸라포니족 사람들이라면 고개를 저었다. 전에 사회사업 겸 농업프로젝트로 웩 선교회에서 월드비전과 협력사역을 했을 때, 캄판트교회에 나왔던 졸라포니족들은 이제 모두 떠나고 발란타족 몇 가정만 남았다고 했다.

캄판트교회는 라민 마내 가정이 지키고 있었는데, 라민 마내는 가끔 시바노교회로 와서 말씀을 나누기도 했다. 그런데 그의 간증에서 우리는 하나님의 역사하심을 여실히 볼 수 있었다. 그는 정령숭배자로 술주정뱅이였다. 하루는 사냥을 갔다가 카슈 와인을 마시고 취해 숲에 엎어져 자다가 뱀에게 물렸다. 그날 그는 밤늦도록 오지 않는 남편을 찾아 나온 부인들과 아이들에게 업혀 집으로 가는 신세가 되었다.

그는 식구들이 모인 자리에서 예수의 이름으로 기도하면 병이 낫는다는 이야기를 들었으니, 기도를 한번 해보고 만일 낫게 되면 온 가족이 기독교로 개종할 것이라고 선언했다. 그리곤 식구들 앞에서 주 예수 그리스도의 이름을 외치며 기도를 했다. 그는 살았고 약속대로 두 부인과 열 명의 아이를 데리고 교회로 나왔다.

졸라포니족 사람들도 농업사역에 매진하게 되면서 교회에 왔다가 라민 마내에게 부적에 관해 도전을 받게 되었다. 그러나 하나님보다 부적을 더 믿던 졸라포니족은 하나둘 교회를 떠났고, 외부인이던 발란타족 라민 마내 가족만이 선교사들과 남아 캄판트교회를 섬겼다.

부지런하고 농사일을 잘하던 라민은 우리가 갔을 무렵, 주위의 졸라포니족 사람들에게 어려움을 겪고 있었다. 말씀을 전하는 선교사에게 졸라포니인들은 여러 명의 여자를 거느린 후에 예수를 영접할 날이 있을 거라며, 먼저 라민처럼 적어도 두 명의 부인을 얻도록 금전적 도움을 달라며 시비를 걸었다고 했다. 라민은 계속 그 교회를 섬기던 중 주위 사람들로부터 핍박을 견디는데 한계를 느꼈던지 어느 날 다른 지역으로 가고 말았다.

오디오 카세트 '보고, 듣고, 살기' 시리즈

아이나우의 전도로 마리야뚜가 시바노교회에 갓난쟁이 아들을 데리고 오게 된 경위를 그녀로부터 듣게 되었다. 그녀의 남편은 마리야뚜를 다른 여자와 거의 동시에 아내로 맞아들였다. 그런데 마리야뚜의 아들만 유독 사산하거나 낳으면 죽었다. 어려운 상황이 거듭되자 남편은 마리야뚜를 영적으로 저주받은 여인으로 간주하고 그녀를 친정집으로 보냈다.

상심한 마리야뚜는 어린 딸을 남편에게 남기고 혼자 떠났다. 친정에 있다가 임신 중임을 알게 된 그녀는 이번에도 아들이면 또 죽을지 모른다는 두려움에 떨다가 동네 사람들에게서 시바노 마을의 외국인병원에서 출산을 하라는 조언을 들었다. 그래서 시바노 마을에 사는 불리 사네라는 친척을 소개받아서 도보로 시바노 마을까지 왔다고 했다.

그녀는 달랑 옷 보따리 하나만 들고 왔는데 그것마저도 누군가 훔쳐갔는지 잃어버렸다고 했다. 그래서 친척 집 손님방에서 다른 여자들과 단벌옷으로 지냈다고 했다. 여럿이 지내니 자기에게는 침대가 돌아오지 않고 몸도 불편해서 입고 있던 치마를 흙바닥에 펼쳐놓고 그 위에서 자곤 했다고 했다. 그녀는 출산이 가까워지자 들에 나가 풀들을 잘라 말리고, 흙을 뭉개 벽돌을 만들어 일단 흙벽돌 침대를 만들고 말린 들풀을 쌀자루에 뭉개 넣어 잠자리를 만들었다고 했다.

마리야뚜는 우기 전에 출산했는데, 사내아이를 낳았다는 소식에 유명한 마라부였던 동생이 특별히 만든 부적을 보내왔다고 했다. 그런데 마리야뚜는 두려웠다. 그전 아이들도 마라부 동생이 만들어준 부적을 겹겹이 몸에 걸어주고 마라부가 시키는 대로 했건만 아무 소용이 없었기 때문이다. 마리야뚜는 어느 일요일 아이에게 젖을 먹이다가 건너편 시바노 복음교회에서 북을 쳐대며 부르는 찬양소리를 들으면서 아마 교회 사람들은 하나님을 잘 알고 있을 것이라는 생각이 들었다고 했다. 그녀는 아이가 죽을까 봐 매일 안절부절 못하던 중 갑자기 한 생각이 떠올랐다고 했다. 언젠가 브리카마에 살 때 아파서 집에 누워 있었는데 낯선 두 사람이 찾아와 전도를 했다. 이들은 하나님이 인간의 마음속에 들어올 수 있다고 했다. 그 기억을 떠올린 마리야뚜는 교회에서 찬양하는 사람들은 하나님이 그들 마음에 들어간 것을 알기에 기뻐하는 것이 아닐까라는 생각이 들었다.

그래서 불리 사네 집에 자주 놀러 오는 이웃집 청년 아이나우에게 자기의 슬픈 사연을 들려주었고 새 아기를 악한 영으로부터 지키기 위해 교회로 가서 기도를 받고 싶다고 했다. 그렇게 해서 그녀는 주일에 교회에 왔고, 교회 사람들이 아기의 이름을 사무엘로 지어주었다. 그리고 아기를 위해 기도하기 전에 교회의 리더들은 마리야뚜에게 아기 몸에 있는 부적을 모두 떼도록 했다. 그녀는 리더들의 요구에 순응했다.

그날 밤 불리 사네의 집에서 친지들이 모닥불에 둘러앉았을 때 일이 벌어졌다. 마리야뚜가 교회에 나갔던 것을 타박하고 있는 친지들이 보는 앞에서 부적을 모두 모닥불에 던져 태워버렸던 것이다. 그녀는 집안사람들에게 불을 지른 격이었다. 결국 그녀는 집안사람들에게 미움을 받고 머리를 뜯기고 흠씬 두들겨 맞았다. 그러나 그녀는 오갈 데 없는 신세여서 그곳에 계속 얹혀살아야 했다.

그즈음 마리야뚜가 머물고 있던 집으로 불리 사네 아이들이 많이 놀러왔는데, 그중 타이루 사네와 알파 잘로가 같은 반 친구들과 줄곧 우리 집으로 들락거렸다. 이 아이들은 초등학교 입학 전 이미 3년간이나 코란학교에 다녔기에 일반적으로 우리가 생각하는 초등학생이 아니었다. 당시 학교에 다니지 않는 아이들이 많아서 15살이 넘어 초등학교에 입학하는 학생들도 있었다.

졸라포니족 새신자들인 마리야마 카마라와 마리야뚜와 아기 사무엘, 카라파, 아이나우 바지 그리고 울리 자주는 곧 친해졌다. 우리 집에 여전히 어린이들이 몰려왔다. 나는 감성이 강한 초등학교 고학년 여자아이들을 대상으로 영어성경을 가르치기 시작했다.

새로운 교사를 짓고 그 장소로 성경공부 장소를 옮겼다. 브라이언은 두 명의 청년들과 성경공부를 했고 나는 오후에 아이들을 집 앞에서 돌보았다. 그러던 어느 날 베냐민의 갑작스러운 비명소리에 문을 열고 나가보니 자그마한 개가 베냐민의 한쪽 볼을 물고 있었다. 그 개는 새끼를 낳은 지 얼마 되지 않아보였는데, 베냐민의 한쪽 볼을 물고는 움직이지 않았다. 베냐민은 놀라서 그대로 얼은 듯 비명을 질렀다. 순간 신발을 들고 개를 치려고 했지만 그러다가는 살점이 떨어질 것 같아 베냐민을 한 손으로 잡고 개를 달랬더니 물었던 이빨을 빼고는 달아나버렸다.

비명소리에 뛰어나왔던 브라이언은 아이를 안고 선교병원으로 뛰어갔다. 피가 철철 흐르는 아이의 얼굴을 수건으로 덮자 상처가 심해 보였다. 의료 선교사들이 응급처치 후 광견병 예방주사를 맞아야 할 것 같다면서, 라디오 통신으로 본부에 알려 열대의학센터에 알아보았다. 감사하게도 약이 마침 있었다. 다음 날 새벽같이 약을 들고 올라온 선교사의 도움으로 한 의료 선교사가 베냐민의 온몸에 수십 대의 주사를 여러 차례에 걸쳐 놓았지만, 그 외진 감비아 땅에서 약을 구해 치료에 들어갈 수 있었던 것은 전적으로 주님의 은혜였다. 이러한 사고는 아이들을 기르다보면 다반사로 일어나는 일일 수도 있지만 하나님의 도우심이 없다면 큰 사고로 이어질 수도 있었다.

주님은 어린 바울도 안전하게 보호해주셨다. 어느 날 아침 말씀 묵상 전에 커피 물을 끓여 잔에 부어두고 잠시 자리를 뜬 사이, 태어난 지 열 달이 접어들어 겨우 걷기 시작한 바울이 커피잔에 있는 뜨거운 물을 얼굴에 부이미리는 사고가 났다. 바울이 자지러지는 소리에 부엌으로 뛰어나가보니 한 손에 커피잔을 꽉 잡은 바울이 얼굴에 화상을 입고 기절할 듯 울고 있었다. 황급히 아이를 들고 선교병원으로 또 달려나갔다. 베냐민이 개에게 물린 것도 바울이 얼굴에 화상을 입은 것도 나의 실수라는 자책감이 들어 한없이 나를 원망했다.

순간 사단의 역사와 증오가 이렇게 아이들의 얼굴까지 할퀴어 대는 것 같았다. 그리고 브라이언은 간염으로 나는 천식으로 우리 모두 만신창이가 된 듯싶었다. 그날 아이를 진정시켰지만 얼굴은 형편없이 부어올라 못 봐줄 정도였다. 의료 선교사들은 이런 종류의 화상에는 약도 없다고 그냥 상처가 남지 않도록 긁지 못하게 하라고 했다.

나는 남편에게 한국에는 상처가 쉽게 낫는 화상 연고가 있는데 이럴 때 정말 아쉽다고 했다. 약이 없다는 말에 나는 바울의 상처를 엄마로서 단념을 하고 있는 것인지 너무나 무기력해져서 부끄러울 정도였다. 그런데 우리가 그런 이야기를 주고받은 다음 날 아침이었다.

톰 선교사가 사역하는 맛삼베에서 만딩고어를 배우고 있는 한국 목사 부부가 아이 둘을 데리고 도시로 내려가는 길이라며 잠시 우리 집에 들렀다. 그는 조그만 소포 상자를 내게 내밀며 시바노 선교병원에 전해달라고 했다. 그는 자기와 친분 있는 약사가 보내온 약인데 너무 많이 보냈다며 본인은 필요가 없다고 했다. 나는 너무나 놀랐다. 그것을 열어 보니 화상 연고가 그 조그만 소포상자에 가득했다. 약을 들고 온 그가 나에게는 주님께서 보내신 천사처럼 보였다.

그런 사고가 없었더라면 더 좋았겠지만, 나는 이때 화상사고를 당한 바울을 치유해주신 분이 하나님이심을 확신했다. 한국의 약사와 이 약을 전해준 한국 목사 부부는 이 약이 바울의 화상 치료에 쓰일지는 몰랐을 것이다. 주님의 세미한 간섭하심이 놀라웠다. 나는 감격해서 그 약을 받는 그에게 바울이 화상을 입고 누워 있음을 알렸다. 그 목사 부부는 놀라움을 금치 못했다.

시편 기자처럼 "여호와여 주께서 나를 살펴 보셨으므로 나를 아시나이다.

주께서 내가 앉고 일어섬을 아시고 멀리서도 나의 생각을 밝히 아시오며"(시 139:1, 2)라는 고백이 절로 나왔다. 나는 주님께 감사와 찬양을 돌리며 주님을 더욱더 바라보게 되었다.

우기에 시작한 시타 마을 노방학교

유행성 뇌염 건으로 시타 마을 아이들과 나는 친밀한 관계를 갖게 되었다. 나의 제안에 따라 마을 부족장과 어르신들은 매주 2~3일간의 오전 방문을 흔쾌히 허락했다. 점차 장대비가 내리자 나는 시타 마을 아이들이 궁금해 속히 방문해야 할 것 같았다. 우기에라도 갈 것을 약속했는데 갑자기 두려운 마음이 생겼다. 언어도 그렇고 아기들을 집에 두고 갈 수도 없었다. 또한 복음을 전하도록 하면 아이들에게 공부를 가르쳐주겠다는 내 제안에 회교도들이 카라파 형제를 통해 허락은 했지만 여전히 한 치 앞을 가늠할 수 없었다. 이제 복음의 문이 열리고 있음을 보면서 부지런히 나의 사명을 잡고 갈 길을 달려가야 했다.

시타 마을로 베냐민과 바울을 차 뒤에 태우고는 천천히 운전해 찾아들어갔다. 브라이언 선교사는 병원 일과 시바노교회를 섬기느라 바빴기에 나는 나대로 아이들을 데리고 시바노 마을과 시타 마을을 오가며 아이들 돌보는 사역을 했다.

시타 마을에 들어갈 때는 키 큰 종려나무가 보일 무렵부터 운전대를 잡고, 뛰는 가슴을 억제하며 기도했다. 이 들판에서 뛰어놀며 학교라고는 모르는 아이들을 데려다 가르쳐야 하는데 어쨌든 마을 사람들에게 좋은 영향을 끼치고 후에 이들에게 복음을 듣고 예수님을 영접할 수 있도록 주님께 기도했다. 시바노 마을 아이들과 달리 빵을 구경하지 못했을 아이들을 위해 간식으로 타파라파 빵을 준비했는데, 유치부까지 합쳐 60~70명의 아이들이 삽시간에 모여들었다. 10여 채의 집들이 올망졸망한데 어디서 이렇게 아이들이 있었는지 모르겠다. 경제적 여건이 되는 대로 나는 이곳에 한동안 우유와 빵을 제공했다.

학부모들은 학교의 중요성도 몰라 부족장 집의 아이들과 몇몇 깨인 집 아이들 5~6명 정도가 학교에 다니고 있었다. 땡볕에 어린 아이들이 걸어서 학교를 간다는 자체가 쉽지 않고 주변 가까운 마을에 코란학교도 있고, 농사일이나 고기잡이에도 일손이 부족해서 아이들 교육은 뒷전으로 밀리고 있었다. 그러나 몇몇 청년들이 도시에서 세컨더리학교에 다니고 있는 것으로 보아서 아이들에게 기초적 도움을 줘야 할 것 같았다. 그리고 아이들이 코란학교에 가는 것을 보니 하루 빨리 아이들을 가리키면서 복음을 전해야겠다는 생각이 들었다. 일단 나는 아이들에게 쉬운 영어 인사법과 영어 알파벳, 덧셈 뺄셈부터 가르치기 시작했다.

나는 베냐민과 바울과 함께 시력장애자이기는 하지만 당시 유일하게 꾸준히 도움을 주는 카라파를 차 뒤에 태우고 시타 마을을 왕래했다. 나무 밑에서 가르치거나 비가 심하게 내리면 마을에서 지정해준 지바 할아버지 댁 추녀 밑에서 공부를 한 후 아이들에게 찬양을 하나씩 가르쳤다.

이후에 나는 공부할 장소를 건기에 물색해보려고 부족장인 양쿠바와 어르신네들로 구성된 마을 위원회에 건물을 지어줄 것을 제안했다. 학부모들이 도움을 준다면 비를 피할 수 있도록 흙벽돌로 작은 교사를 짓게 하고 지붕을 얹어준다고 했다. 다행히 학부모들이 도와주어 지붕을 얹고 비를 피할 수 있는 교사를 마련했다. 나는 그렇게 마을을 오가며 시바노 마을과 시타 마을에서 아이들을 가르쳤다. 그런데 이곳 사람들은 아이들을 가르치는 교실격인 교사에 대한 애착이나 관심이 없어 가축들의 우리로 쓰이기 일쑤여서, 공부하러 가면 빗자루로 가축의 똥부터 치워야 하는 일들이 허다했다.

그다음 해 건기에도 시타 마을을 오가며 아이들을 가르쳤다. 열심히 공부한 아이들 20여 명이나 시바노 초등학교에 들어가고 싶어 해서, 기쁜 마음으로 이 아이들의 교복을 맞춰주었다.

어린아이들은 시바노 초등학교에 다니면서 가끔 우리 집에 들렀고 베냐민과 바울과 놀다가 갔다. 아이들은 내가 해준 푸른색 새 교복을 자랑스럽게 입고 다녔다. 중국산 여름 쪼리는 손에 들고 있다가 신작로로 나오면 신고는 했다. 책은 학교에서 대여해주었기 때문에 아이들은 책보랄 것까진 없지만 주로 가게에서 물건을 살 때 주는 아프리카 지도가 찍힌 까만 비닐봉지를 챙겼다가 거기에 학용품을 넣고 다녔다.

이곳 사람들은 건기인 4~5월에는 들판에서 딴 바오밥 나무 열매나 망고와 카슈열매, 1~2월에는 땅콩 밭에서 불쑥 잡아 빼 온 덜 익은 땅콩, 우기가 깊어지면 보릿고개를 지나 9월에 첫 수확한 땅콩인 '부르쿠세'나 구운 옥수수, 11~12월 즈음엔 무르익는 녹색오렌지나 라임 또는 레몬 그리고 향기가 좋은 번석류를 따다가 마을에서 쌀이나 타파라파 빵으로 바꾸기도 했다. 그때마다 마을 사람들은 우리 집에도 그것을 조금 나누어주었다.

시타 마을 어른들은 가끔 강 지류에서 조각배로 생선을 잡아 부식으로 쓰고 남은 생선은 팔기도 했는데, 지바 할아버지는 시바노 마을에서 생선을 가져오면 늘 우리 집에 먼저 들러 생선을 풀어놓고 살 수 있도록 배려해주었다. 시타 마을 아이들은 집에서 수확한 과일을 들고 와 학교 앞에서 파는 간식과 바꾸어 먹기도 하고, 덜 익은 땅콩이나 카슈 열매로 허기를 달래며 학교에 다니기도 했다.

시타 마을 아이들이 신식학교에 관심을 갖자 코란학교의 선생들인 '우스타스'들이 반기를 들고 일어났다. 나는 그들에게 코란학교에 갈 아이들을 신식학교로 빼돌린 듯 오해를 받아 위협을 느낄 정도였다. 시타 마을 옆 동네에 사는 우스타스가 우리를 반격하듯 사람들을 설득해서는 학교랍시고 나무를 잘라와 기둥을 세우고 그 위에 종려나무가지로 덮어 간이학교를 지었다. 물론 임시 학교처럼 보였지만 아이들은 금요일, 토요일, 일요일에 공부를 시작했다. 여자아이들은 머리에 보자기를 씌우고 얼굴만 내놓게 하고 학교에 다니게 했다. 우스타스가 어떻게 가르치는지는 모르겠지만, 코란학교에 가는 아이들은 우리와 상종하지 못하도록 엄하게 다루었다. 가끔 그곳 우스타스들을 만났는데 항상 회초리를 들고 있었다. 나중에 안 일이지만 회초리를 들어야 교사로 존중한다고 했다.

분명 아이들에게 복음을 전하고 찬양을 가르치는 것에 회교도인 어른들이 반기를 들었을 것이다. 그래도 나는 꾸준히 부모들을 설득하여 아이들을 정상적인 학교로 보내야 한다고 했고, 취학 전 아이들을 계속 가르쳤다. 하지만 마을 어른들 사이에서 아이들이 학교를 마치도 생계에 보탬이 되지 않고 도시로 나가려면 학비나 기숙할 장소가 마땅치 않다는 이야기가 나왔다. 무엇보다 여자아이들에게 공부를 시켜봐야 아무 필요도 없다는 정서가 팽배해서 아이들을 가르치는 것도 쉬운 일이 아니었다.

시바노교회에서의 크리스마스 행사

우기가 시작되면서 자동차를 타고 더욱더 갈라지고, 패이고 뭉그러진 신작로를 엉금엉금 기듯 기도회를 다녔다. 크리스마스 행사를 겸해 시바노교회와 캄판트교회의 식구들과 웩 선교병원 식구들이 함께 우리 집에서 식사하기로 했다.

발란타족 성도들은 크리스마스이브에 축제 분위기로 들떠 있었는데, 목자들처럼 밤을 새우며 찬양을 준비했다. 크리스마스트리나 현란한 조명등도 없지만 우리에게는 기쁨의 축제였다. 시바노교회에서는 주로 청년부에서 반짝이 장식을 벽에 붙여서 성전을 꾸몄다. 시바노병원 기숙사 창문이나 실내에 성탄을 알리는 물품들과 촛불들 그리고 창문에 눈 결정체 모양 종이를 붙여두기도 했는데, 병원 주위를 맴도는 아이들이 그것이 무엇인지 궁금한 듯이 병원 안을 기웃거리기도 했다.

교회의 행사 준비로 교인들은 스스로 모금을 했는데 시간이 상당히 걸렸다. 성금을 낸다고 하다가도 마지막 때 꼬깃꼬깃한 쌈짓돈들을 가지고 와 어른 몫만 내고, 아이들 몫은 선교사들이 부담해야 했다.

축제 때 인심을 쓰는 회교도와는 달리, 기독교인 중에서는 크리스마스 때에 닭이나 양이나 염소, 아니면 소를 잡아서 인심을 쓰는 사람도 없었다. 시바노 마을이나 주변 마을에서도 마을행사 특히 결혼식에는 각자가 돈을 내서 소를 잡거나 했다. 돈을 분담해서 내는 것은 좋은 방법이라고 여겨졌다. 강요는 아니지만 어른들은 스스로 음식값을 내고, 아이들의 음식은 선교사들이 조금 더 내게 하니 그 비용은 넉넉하게 채워졌다. 이후에는 회교도 친구들을 교회에 초대해서 음식을 접대할 만큼 여유도 생겼다.

선교병원의 행사 때에는 병원식구들이 거의 회교도들이어서 함께 병원마당에서 음식을 먹고는 했는데, 크리스마스 때 그들을 초대하면 대부분 사절했다.

발란타족은 주변의 회교도 집에 가서 일을 하지만, 종교 면에서는 서로가 뚜렷이 선을 긋고 지켜나갔다. 그 해 음식을 준비하면서도 나는 발란타족의 성향을 알게 되었다. 그들은 모든 일에 꼼꼼히 짚고 넘어갔다. 우리는 크리스마스 음식을 준비하면서 어떤 일을 결정할 때마다 회의를 해야 했다. 예를 들면 그들의 회의 내용은 이런 식이었다. 돈은 누가 받으며, 누가 시장을 보며, 누구 댁에서 음식을 준비해야 하는가? 장작은 누구 집에서 얼마만큼을 사야 하는가? 쌀, 기름은 어느 가게에서 사야 하는가? 누가 세레쿤다에서 고기를 사와야 하는가?

당시 교회의 예배는 영어나 만딩고어로 설교를 하면, 예배당 여기저기 구석에서 속삭이듯 5~6개의 언어 그룹으로 나뉘어서 말씀이 그들 영혼의 양식이 되도록 통역되었다. 크리스마스 날 아침 예배도 각 나라별 언어로 찬양을 하고 말씀을 나누면 통역을 해주었다. 예배 후 아름다운 교제를 나누었다. 아이들과 청소년들도 이날만큼은 예전에 보지 못했던 예쁘고 멋진 차림으로 예배당에 나왔다. 성인 성도들도 예전과는 달리 차림새가 깨끗했고 활짝 웃는 모습들이 좋았다. 피부색이 다르고 찬양의 표현은 달라도 성육신하신 주님의 놀라운 은혜에 감사와 찬양을 하는 공통분모가 있어 우리는 즐겁게 교제를 나누었다.

개인적으로 나는 발란타족의 찬양이 참으로 명쾌하게 느껴졌다. 그들이 찬양을 시작하면 모두 일어서지 않을 수 없을 정도로 손바닥과 목청에서 열광을 뿜어냈다. 주님을 아는 그 기쁨 자체가 아름다웠다.

주님께서 이들의 찬양으로 사단을 쫓으시고 우리와 함께하심으로 기쁨과 평안을 주고 계심을 보았다. 한국이나 영국의 크리스마스처럼 눈은 오지 않아도 감비아의 크리스마스도 추운 것은 마찬가지였다.

카라파는 교회에 온 지 얼마 안 되지만 찬양할 때 북으로 반주를 잘해주었다. 아직 졸라포니족은 나름 회교도인지라 교회에서 만딩고어 찬양을 겨우 배워 부르는 수준으로 손뼉을 치거나 일어나거나 하면 수줍게 따라했다. 그러나 만딩고어로 찬양은 대부분 외국곡으로 엄숙한 노래가 많았다. 반면에 발란타족 찬양은 전통 가락으로 되어 있어 열광적이었다. 이 땅에서 발란타족이 얼마나 주님을 사랑하며 몸과 입으로 어린아이들같이 주님 앞에서 뛰며 즐거워하는지를 느낄 수 있을 정도였다. 그들이 찬양하는 모습은 마치 다윗 왕이 찬양하는 모습을 연상케 했다. 하지만 졸라포니족 찬양과는 박자와 리듬 감각이 달라서 우리는 익숙하지 않은 발란타식의 예배와 찬양을 배우는 데 시간이 걸렸다.

발란타족 성도들은 크리스마스를 위한 음식 장만을 위해서도 회의를 수없이 하면서 느리게 일을 진행했지만 나름의 질서가 있었다. 100여 명을 위해 한 가마니에서 50킬로그램 하는 쌀을 씻어 큰 솥에 안쳐서 밥을 했다. 여성들은 함께 일을 하면서 가까워지곤 했는데 마치 명절에 함께 모여 마음을 터놓고 교제하는 것과 비슷했다. 수십 개의 널따란 양은그릇에 밥을 푸고 중간에 소스를 넣고 토마토, 고추, 오크라, 가지, 양배추, 떡호박, 시큼한 녹색 야채인 구제사크에 오크라를 삶아 짓이긴 범벅을 한쪽에 놓고, 모두들 손으로 퍼먹었다. 그 당시만 해도 숟가락이 흔하지는 않았다.

이 마을에 크리스마스 행사를 알려야 하는 것은 분명하지만 유럽풍으로 크리스마스트리를 세우면 이들이 우리가 나무 신을 섬긴다고 여길까 봐 그렇게 하지 않았다.

1994년만 해도 우리 동네는 졸라포니 지역 마을 중 유일하게 만딩고족이 족장으로 있었다. 마을에서는 회교 축제가 다가오면 집집마다 다니며 축의금을 걷기도 했다. 족장이 그들의 축제 때 그리스도인 가정도 축의금으로 내야 한다고 해서 그리스도인들은 부적절한 요구인 것 같았으나, 절대로 그 앞에서는 거절하지 않았다. 한편 내심 나는 내심 크리스마스에 회교도들이 우리에게 축의금을 거두어줄 것인가 싶었다. 후에 교회에서 이러한 시비가 일어나서 축의금 걷는 일은 중지되었다.

크리스마스이브 밤에 촛불이 꺼지지 않도록 감싼 후, 전 성도들이 마을 끝에 있는 교회에서 시작해 마을의 중심 고목나무 아래에 서서 크리스마스 찬양을 불렀다. 우리가 찬양할 수 있게 된 것은 전임 선교사들이 해오던 사역의 작은 열매였다.

우리가 찬양을 하면 어두컴컴한 고목나무에서 어둠이 번져나가듯 했지만, 우리를 보고자 둘러선 사람들이 여기저기 손전등을 켰다. 그러나 손전등으로 얼굴에 비치지는 않고 주로 몸통을 비추어 어렴풋이 누구인지를 알아내고는 선교사나 그리스도인 친구들의 이름을 부르기도 했다. 그리 정답게 부르는 것이 아니라 약간의 야유가 늘 섞이고는 했는데 어두워서 누구인지 알 수가 없었다. 이후에도 우리는 크리스마스가 다가오면 크리스마스 행사가 순조롭게 진행되도록 기도드렸다.

언젠가 나는 시바노교회 발란타족 성도 세 가정 중 리더였던 바치코라는 성도가 엄청난 어려움을 겪었다는 이야기를 들었다. 그는 1980년대 기니비사우에 내란이 일어났을 때 세네갈 지긴쇼르에서 노방전도자의 말씀을 듣고 주님을 영접했다. 그는 내란을 피해 간동이라는 마을로 왔는데, 시바노의 웩 선교사들의 요청으로 우리가 살던 집에서 기숙하며 몇 년간 선교사들과 만딩고어로 노방전도를 했다고 했다. 그래서 우리가 갔을 무렵에는 이미 졸라포니족 기독교인은 적었으나, 병원 사역으로 시작된 시바노교회, 소미타교회, 자롤교회가 있었고, 청소년 캠프나 세미나 장소로 시작된 캄판트교회도 열심히 사역을 하고 있었다.

발란타족인 바치코 부부가 처음 시바노 마을에 왔을 때, 마을 사람들은 그 부부를 외부인 취급을 했다. 그들이 집을 지을 때 대지의 소유주인 졸라포니인들로부터 땅도 얻기가 쉽지 않았고, 우기에는 농사지을 땅을 빌려야 했는데 잘 빌려주지 않았다고 했다. 우여곡절 끝에 그는 웩 선교회의 근처인 마을의 끝자락에 겨우 집 대지를 구입해서 집을 지었다고 했다.

그는 선교사님들을 도와 말씀 전도에 힘쓰는 직업을 가졌으나 한때는 우물물도 기르지 못하도록 동네 여자들이 바치코의 아내 낭부인을 놀려대기도 했다. 그들은 바치코 부부를 돼지고기를 먹고 술을 마시는 그리스도인이자 하층민으로 여기고 업신여겼다고 했다.

우리가 사역했던 1992년 당시에도 바치코는 시바노교회의 리더로서 시바노 마을의 시장 구석에서, 웩 선교병원의 대합실에서, 일주일에 한 번씩 꼭 전도를 했다. 할아버지는 주로 그림책을 가지고 아담과 하와 그리고 죄에 관해서 주로 반복해서 말씀을 전했다. 그렇게 말씀을 전해오던 것이 상당히 여러 해였는데 더욱 효과적인 전도 방법을 고안해보자는 의견하에 일단 그의 사역을 그만두게 했다고 한다.

정확한 내용은 알 수 없었지만 전도자가 된 바치코는 말씀을 전할 때 억눌린 영혼을 깨우는 안타까움을 토하듯 말씀 전할 때마다 목청을 높였을 것이다. 아마 노새같이 뻣뻣한 마음들로 복음을 받지 않는 콧대 높은 만딩고족이나 졸라포니족 사람들에게 그는 억장이 무너져 크게 외친 것이 아닌가라는 생각이 들었다.

크리스마스 행사로 마을 중심을 향해 내려갈 때, 아이들과 청소년들에게 절대 사람들이 야유를 해도 대응하지 말라고 다짐을 시켰다. 교회에 남아 있는 성도와 선교사에게 기도를 부탁했다. 그래서 은혜롭게 찬양을 하면서 무사히 마을을 한 바퀴 돌아 교회로 올라 온 후에야 마음이 놓였다. 그 승리의 기쁨과 무사히 찬양을 부르고 올 수 있었다는 기쁨에 젖어 아이들이 크리스마스이브에 늦게까지 찬양을 부르고 겅중겅중 춤을 추었다.

발란타족 성도들은 예배 때 늘 앞으로 나오거나 걸어 다니며 찬양에 맞추어 온몸을 흔들어 대며 감정 표현을 스스럼없이 했다. 주님 안에서 누리는 자유와 기쁨이 이들의 힘이 되었다. 발란타족 성도들은 예배당에서 천정이 터져 나갈 듯 찬양을 불렀다.

성도들은 희미한 석유 등잔 아래에서 탁자 위에 촛농이 녹아내려 바닥으로 내려올 때까지 성경을 읽었다. 기름이 없어 등잔이 꺼지면 손전등을 켜고 말씀을 계속 보았다. 당시 발란타족 그리스도인들은 만딩고어를 감비아에 와서 선교사들에게 배웠기 때문에 만딩고어 신약성경을 느리지만 신중하게 읽었다. 그리고 찬양은 책이 필요하지 않을 정도로 익숙하게 부르다가 발란타어로 부르기 시작하면 자지러지게 날뛰며 군가처럼 일사불란한 율동까지 해 가며 활기차게 찬양했다. 반면에 졸라포니족 사람들은 교회에서도 맨 뒷줄에 앉았다. 마리야뚜는 예배당 중간에서 휠체어를 타고 앉아 있었는데, 찬양 시간이 되면 발란타족 성도들과는 달리 고개를 푹 수그리고 찬양하면서 손뼉도 잘 치지 않았다. 아마 익숙하지 않아서 그런 것이었다.

나는 마음이 좀 안타까웠다. 우리에게 주어진 사역은 졸라포니족 사역인데 언제 우리는 이들의 말로 찬양을 하며 말씀을 전할까 싶었다. 물론 만딩고어로 선교하는 선교사들은 그 마을의 만딩고족을 겨냥해서 언어를 배웠고 선교를 나갔지만, 시바노교회에는 정작 기니비사우에서 온 발란타족이 주류를 이루고 있어서 더욱 절실히 기도가 필요했다. 이들은 감비아에 살면서 선교사들에게 만딩고어를 배워 신앙생활을 하고 있었다.

졸라포니족 문맹퇴치사역

1991년 영국 본부에서 만났던 힐더가드와 도시코 선교사는 문서사역자들이었다. 파자라본부에서 가까운 골프로드에서 독일인 힐더가드 담은 그녀의 동역자인 말리스 룩크 선교사와 만딩고족 문맹퇴치와 구약성경 번역에 전력했고, 성서공회의 미국인 롭 쿱스 선교사에게 감수를 받았다. 도시코 카와시마 선교사는 월로프족 지역의 웰링가라로 옮겨가서 월로프어로 청소년사역과 기술학교 운영과 더불어 문맹퇴치사역을 시작했다. 도시 인구의 60~70퍼센트가 글을 읽지 못한다고 들었지만 시골은 극소수를 빼면 문맹이었다.

1994년 2월 말 우리는 감비아 선교지부 콘퍼런스에서 앞으로의 사역에 관해 이야기를 나누어야 했다. 정확하게 문맹퇴치를 하자면 무엇을 어떻게 해야 할지 몰랐지만, 교회 내의 문맹률이 높다는 것과 거시적으로 보더라도 문맹퇴치 없이는 복음화에 상당한 어려움이 있을 것을 절감했다. 부족어 글자는 대부분 로마 알파벳으로 만들기 때문에 그들의 글과 더불어 영어도 체득이 가능하겠다는 생각을 했다.

어린아이들이 아랍어도 체득하는 것을 보면, 부족어 또한 체득이 가능하지 않을까 싶었다. 복음전파도 글을 읽고 쓸 줄 알아야 말씀을 깊이 있게 접하게 할 수 있을 것이다. 복음을 전할 때 사용하는 영어는 극소수의 젊은이 외에는 알아듣지 못했다. 우리 동네는 까막눈이 많아 언제 말씀을 전해서 그들에게 이해시킬 수 있을까 하는 생각이 들었다.

교회에서는 발란타족 성도들이 농번기를 마치면 선교사들에게 만딩고어를 배워 지역언어를 체득했다. 심지어 만딩고족 회교들보다 이방인인 발란타족이 만딩고어를 잘 읽었다. 졸라포니족 사람들도 어려서부터 만딩고족과 어울려 살았고, 초등학교에서 만딩고어를 배우는데도 불구하고 발란타족의 만딩고 실력을 따라가지 못했다.

사바노교회에서 예배를 보면서 과연 졸라포니족에 말씀을 전해서 성령의 붙들림으로 지상명령인 복음전파까지 이루게 할 수 있을까 하는 고민이 되었다. 설사 발란타족이나 졸라포니족이 만딩고어로 신약성경을 읽는다고 하더라도, 영적 언어인 성경 말씀으로 만딩고족을 전도할 수 있을까 하는 의문도 들었다.

이에 관해서 선교사들에게 말하면, 아직 발란타어 성경은 없었지만 그들 말로 된 성경을 출간하여 말씀을 가르치면 동족에게 전도할 수 있을 것이라고 대답했다. 그렇지만 교회 성도 중 만딩고족이 한 명도 없는데 만딩고어로 예배를 드리는 것은 아니러니했다.

우리는 발란타족 성도들이 발란타어로 찬양할 때 터져 나오는 기쁨과 열정이 있음을 알았기에, 각 족속별로 복음을 전하면 그들 나름대로 신앙이 자랄 것이라고 선교사들에게 말했다. 당시 시바노교회에 발란타족뿐 아니라 졸라포니족 사람들이 나오기 시작했다. 그즈음 파비라는 졸라포니족 남성이 교회에 나왔다. 그는 시바노 마을과는 약 5~6킬로미터 떨어진 지팡가 마을에서 교회에 나왔다. 그는 헤어스타일과 옷차림이 라스타페리안식으로 특이했다. 인조로 만든 실을 머리카락에 덧붙여 밥 말리라는 흑인가수처럼 머리를 길게 땋아내렸고, 머리 위에 노랑, 빨강, 녹색 실로 짠 모자를 썼고, 작은 키에 한쪽 다리를 절었다. 그러나 그는 청년 시절 축구도 잘해 마스터라는 별명으로 불렸다고 했다.

그는 교회만 오면 맨 뒷좌석에 앉아 한 손으로 얼굴을 가리고는 울고는 했다. 나는 그와 대화중에 몇 가지 사실을 알게 되었다. 그는 도심에서 침례교회 선교님들이 운영하시는 기술학교에서 목수 기술을 배웠으나 손을 다치는 바람에 지속적으로 배울 수도 없었다고 했다. 그후에 기술학교를 걷어내고 교회 개척을 위해 선교사들이 떠나는 바람에 약한 믿음도 사라졌다. 그는 기독교에서 아프리카의 신흥종교인 라스타파리교로 개종하여, 머리도 라스타페리안 스타일로 하고 그와 비슷한 성향의 친구들과 바닷가에는 작은 호텔로 돌아다니면서 그룹사운드로 노래를 부르기도 했다고 한다. 가수가 그의 직업이었다. 그는 집안에서 정해준 여자와 결혼을 했었으나 아내가 도망가는 바람에 불행한 생활을 해야 했지만, 반줄에서도 알려진 세인트오거스틴 세컨더리학교를 나와 영어를 상당히 잘했다.

우리는 그에게 머리를 정리하도록 권했는데, 다음 날 그는 머리를 빡빡 깎고 왔다. 파비라는 이렇다 할 직업이 없어서인지 툭하면 도심으로 가곤 했고 지팡가 마을에 붙어 있지 않았다. 반줄의 좋은 학교를 졸업했어도 시골로 돌아와 빈둥거리는 그를 보고 비웃는 사람들의 시선을 참지 못했던 것 같았다.

우리는 갓 교회로 오기 시작한 졸라포니족 사람들을 보며 10년에 한 영혼을 전도하기도 힘든 곳에 갑자기 사람을 보내주셔서 흥분되었다. 그런데 졸라포니족 성도들은 이상하게도 신체적으로 모두가 정상이 아니었다. 마리야마 카마라는 코끼리질병, 카라파는 시각장애자, 마리야뚜는 후각장애자로 아들 사무엘이 언제 죽을지도 모른다는 불안에 시달렸고, 울리 자주는 알코올중독에 가까웠고, 파비라는 한쪽 다리를 절었다. 아이나우만이 좀 멀쩡하다지만 대마초를 피우고 있다는 소문이 돌았다.

이들 중 마리야뚜를 빼면 모두가 글을 알고 있는 사람들이었지만, 만딩고어 문맹퇴치 책이 있고 하니 만딩고어를 가르쳐 성경을 읽게 해야 한다는 것이 당시 의료 선교사들의 의견이었다. 졸라포니어로 된 성경이 없으니 그렇게라도 해야 했다. 말씀을 잘 가르쳐 다른 사람이 그들에게 물었을 때 분명히 대답할 수 있도록 준비도 시켜주어야 해서 마음이 다들 급했다. 영리하고 몸이 성한 사람들이 교회에 오면 좋겠지만, 그런 사람들만 주님께서 교회로 부르시는 것이 아님을 우리는 알고 있어야 했다. 복음 전파는 우리 힘이 아니라 주님의 성령의 역사임을 요 몇 년간 절실히 느끼고 있었다.

말씀을 깨닫는 것은 영적인 역사이기에 성령님의 조명 없이는 불가능하므로, 선한 목자인 주님의 목소리를 듣고 따라나선 이들을 주님께서 책임져주시도록 열심히 기도했다. 확실한 것은 성경도 없이 말씀에 입문해야 하는 이들의 마음이 활짝 열려야 하는데, 언어나 문화 등 여러 가지 허물어야 할 벽들이 많았다.

나는 이들을 대상으로 제자 훈련에 들어갔다. 또 발란타족 리더인 바치코에게 졸라포니족의 만딩고어 수업을 부탁했다. 이후에는 회교도이지만 졸라포니족 출신 만딩고어 교사에게 부탁하여 졸라포니족 성도들을 가르치게 했다.

그 무렵에도 방과 후 초등학생들이 우리 집에 오면 나는 영어를 가르쳤다. 이 학생들은 영어로 된 교과서를 학교에서 빌려보았기에 귀가 후에는 교과서나 읽을 동화책도 전혀 없었다. 어느 학교든 영어 교과서를 배우며 만딩고어로 의사소통을 하고 집에 와서는 자기 종족의 언어를 썼다. 그래서 이곳의 학생들은 초등학교를 졸업해도 영어 수준은 알파벳을 읽는 정도에 불과했다. 우리 집에 공부하러 오는 아이들을 전도해 교회로 데려오려고 여러 번 시도했지만, 아이들은 학교에서 놀림 당할까 봐 교회에는 아예 발을 들이지 않았다. 일요일이면 아이들은 교회 주변을 맴돌곤 했다. 우리는 예배를 마친 후 아이들을 데리고 집으로 들어가 성경이야기를 해주었다.

교회에서는 브라이언 선교사가 제자훈련을 맡았는데 세컨더리학교를 나왔어도 글을 읽어보라고 하면 대부분 제대로 읽지 못했다. 또한 학교를 졸업한 지 오래된 이유도 있고, 시바노 마을에서 영어로 말할 일이 없으므로 영어 수준이 떨어지는 것 같았다.

교회에서 부인들의 언어장벽은 더욱 심각했다. 영어를 이해하는 사람은 한 명도 없었다. 만딩고어를 읽을 수 있는 발란타족 여성도 두 명이 있었고, 새신자 중에는 만딩고어를 배우기 시작한 마리야뚜와 초등학교 중퇴인 마리야마 카마라가 있었다. 대다수 졸라포니족은 만딩고어를 할 수 있었는데 특이하게 세네갈 카사망스에 살았던 마리야뚜는 만딩고어를 몰랐다. 오래전 만딩고족과 적대관계였던 카사망스의 졸라포니족 역사를 그녀를 통해 알게 되었다.

시간이 갈수록 나는 결국 만딩고어로 졸라포니족 문맹퇴치를 이끌어내고 성경을 가르친다는 것이 부담되었다. 카사망스의 선교사들과 연락해보았지만 졸라포니족에게도 불어로 말씀을 전하는 교회가 대부분이었고, 번역 선교를 하는 위클리프 선교사들도 사역을 하고 있지만, 이곳에서 나온 번역본 성경은 없었고, 심지어 쪽복음조차 전무했다.

나는 이런 상황에 말씀을 통한 제자훈련을 어떻게 할 수 있을지 회의가 들었다. 복음을 들어야 예수의 피를 통해 죄 사함을 받고 천국의 소망과 영원한 삶에 관해 받아들일 수가 있지 않은가 싶었다. 주님을 영접한 후부터는 제자양육을 통해 지속적으로 기름진 말씀을 읽도록 해주어야 했는데 그럴 수 없을 것 같아 안타까움이 들었다. 당시 나는 주님을 신뢰하기보다는 내 능력만을 보고 있으니 문제점은 한없이 크게 보여 약간 낙담되었다.

감비아의 소수 부족인 풀라니족 아이들은 어디를 가더라도 아랍어로 된 코란을 가지고 다니며 읽거나 외워서 암송했다. 또는 그 여린 손가락으로 대나무 펜에 먹물을 묻혀 아랍어를 한 자 한 자 나무판에 적은 후 그것을 들고 읽으며, 심지어는 그 나무판을 가루 내어 물에 타 마시거나 종이에 코란 구절을 적었다가 태워 물에 섞어 마시기도 한다고 했다. 그러나 졸라포니족 사람들은 그 정도로 코란을 읽는 사람들도 아니었고, 만딩고어를 배워 신약성경을 읽을 사람들도 아니었다. 게다가 졸라포니족은 자신의 부족어에 만딩고어를 섞어 쓰고 있어, 그들의 정체성마저 잃어가고 있는 실정이었다.

시바노병원과 주변 마을

우리 부부는 문화 언어 적응기를 끝내고 다른 이들의 사역을 객관적으로 바라보던 단계에서 주도적 사역기로 진입하면서 여러 가지 장애물을 만나기 시작했다.

나는 그즈음 시타 마을을 열심히 다니면서 아이들에게 열정을 쏟았는데 그 마을의 지바쿤다 집안과 족장인 양쿠바와 마을의 장로들에게 신임을 받기에 이르렀다. 하루는 시타 마을의 슐레이만이 시바노병원에 환자를 싣고 왔다가 우리 집에 잠깐 들렀다. 반가운 마음에 마을의 안부를 묻고 차 대접을 하려는데 그가 담배를 피웠다. 나는 그 당시 두 아기를 데리고 있었고, 호흡기 환자가 많은 건기여서 담배를 삼가는 것이 어떠냐고 조언했다.

그러자 슐레이만은 나를 냉소적으로 바라보면서 시바노교회의 어떤 형제는 자기와 시타 숲에서 술을 마셨다는 이야기를 했다. 그동안 알코올 문제로 우리는 그 새신자에게 말씀과 기도로 권면을 종종 했는데, 회교도인 슐레이만과 숲 속에서 술을 마셨다고 하니 너무 슬프고 기가 막혔다. 실제로 얼마 전 마을 숲 속에서 나오는 그를 만난 적이 있는데, 술 냄새를 풍겼던 것이 생각났다.

그후 그 형제를 조용히 만나 술을 마셨는지에 대해 물어보니, 자신은 술을 마신 적이 없다며 오히려 나에게 화를 냈다. 그러더니 다시 나를 찾아와 때릴 듯이 소리를 지르며 마을 사람들이 재판할 것이니 가자고 했다. 나로서는 그리스도 안에서 충고한 것인데, 그는 모욕으로 받아들여 회교식으로 재판을 해서 자기의 오명을 벗겠다고 날뛰었다.

그 후에 선임 선교사가 사역지로 돌아와 캄판트 마을에서 건물 짓는 일을 하면서 그에게 임시직을 주었다. 이 형제는 우리에게 보라는 듯이 그 선임 선교사를 찾아가 이 일을 고했고, 나중에 안 일이지만 그 선임 선교사는 이 일을 우리에게 전혀 알리지 않고 그 형제를 데리고 시타 마을로 찾아갔다.

초신자인 그에게 꾸짖으려 한 것도 아니고 자주 집안을 드나들며 술을 끊지 못해 어려움이 많은 이 형제를 돕고자 했던 일이었다. 또 그리스도인이 되려는 것이 술을 자유롭게 먹기 위함이라는 회교도들의 비난도 있었기 때문이었다.

감비아에서는 회교도들이 기독교로 개종하면 무조건 술을 마시고 돼지고기를 먹고 싶어서 개종한다고 비난했다. 그리고 자기네들은 부인을 네 명까지 거느리지만 그리스도인은 싫으면 이혼으로 갈라서고 계속 부인이나 남편을 바꿀 수 있다고 생각하는 것 같았다. 나는 새신자가 오면 이런 점에서 더욱 조심시켰고, 교회에서 말씀을 전할 때에 기독교 실천윤리로 거룩성을 강조했다.

일단 선임 선교사가 일언반구도 없이 그 형제의 말을 믿고 그 마을로 가서 사태를 재판까지 이르게 한 것이 야속했고 어처구니없었다. 선교사들 간에 신임이 이렇게 없다니 하는 분노가 치솟았다. 그 선교사 또한 왜 자매 선교사가 그런 일에 끼어들었을까 의아했던 것 같았다. 나름 나를 도우려 애쓰신 듯하나 충분한 대화가 없었던 것이 나에게는 상처가 되었다.

주님께서 보고 계신다는 생각을 하면서도 눈물이 마구 쏟아져 나왔다. 그리고 그 형제가 나를 재판에 회부했다는 말을 듣고 어찌할 바를 몰라 부엌에 앉아서 울었다. 그런 나를 카라파와 화투마타가 달래주었다.

나는 시타 마을로 불려가지는 않았다. 시타 마을 회의에서 족장과 슐레이만을 불러 자초지종을 물으려 했는데, 슐레이만은 숲으로 잠적해 재판에 나오지 않았다. 마을 사람들은 슐레이만을 비겁자, 거짓말쟁이로 여겼고 그 마을 장로 중 지바 할아버지는 마랑 바지가 거짓말할 사람이 아니라며 나를 두둔하고 나섰다. 물론 시타 마을에서도 그 새신자 형제가 참전 후 고향으로 돌아와서는 늘 술에 젖어 살았던 것을 알았기 때문에, 그 일은 일단 접기로 했다. 그리고 나에게는 계속 그 마을에 와서 아이들을 가르쳐달라고 통보했다.

여러 선교사들을 만나보아도 대부분의 선교사들은 졸라포니족의 근성 등을 들어서 말씀전도를 상당히 버거워했다. 어느 미국 선교사도 졸라포니족의 소미타 마을에서 모든 가정을 물질로 도와주었건만, 그들의 목이 굳을 대로 굳어 그들 중에서 예수님을 영접할 자를 찾으려면 하늘의 별 따기라고 했다. 더구나 그를 통해 주님을 영접하고 따르며 함께 농업사역을 하던 만딩고족의 모라민 콤보는 10년 동안 그리스도인으로 살다가 결국 회교로 돌아갔다고 했다. 그는 소미타 마을의 졸라포니족과 자기 집안사람들에게 어려움을 당하다가 견디지 못하고 배교한 것이다. 그러나 그들의 두 아들 무사와 슐레이만 콤보는 청년으로 성장한 후 주님을 영접하고 선교사들을 돕고 교회사역을 돕고 선교 일을 도왔다. 말씀의 씨앗이 그들의 마음속에 역사했던 것이다.

1970~1980년대 감비아의 그리스도인들의 간증을 들으면서 나는 복음의 문이 쉽게 열리지 않는 이곳을 조금씩 주님이 틈을 내시고 성령을 부어주실 것을 믿었다.

사람들은 육안으로 보고 핍박 속에서 믿음을 지킨 자들과 믿음이 유산된 자들이 있다고 이야기하지만, 예수님을 구주로 인정하는 그들의 마음을 오직 주님만 아실 것이라고 생각했다. 누가 그들의 영혼에 관한 구원을 왈가왈부할 수 있겠는가? 주님께서 전적으로 그들의 구원에 관한 권한을 가지고 계신다. 다만 우리는 떨리는 마음으로 구원을 이루어가듯 주님은 아무도 주의 자녀를 누구로부터도 빼앗기시는 분이 아님을 알고 있었다.

시바노병원 의료팀 지원 사역

말씀을 효과적으로 전하기 위해 나는 다양한 시도를 했다. 우리는 시바노병원에서는 환자들이 순서를 기다릴 때 전도자가 말씀을 전했고, 의료 선교사들은 치료하기 전에 기도를 했다. 조무사 과정을 가르칠 때도 학생들에게 성경을 가르쳤다. 시간이 나는 대로 가정 방문도 하고 환자를 찾아 방문을 하는 것도 보았다. 나도 환자가 졸라포니족이면 병상에 찾아가 말씀을 들을 수 있도록 카세트를 틀어주거나 기도를 해주고 가끔 먹을 것을 갖다주고는 했다. 그리고 환자가 퇴원하면 집까지 차로 데려다주기도 했다.

한번은 카이모 마을에서 지브릴이라는 초등학생이 아프다고 해서 가보았더니 말라리아로 열이 심하게 났다. 즉시 병원으로 데려가 입원시켰는데 알고 보니 지브릴은 적혈구가 반원형인 시클셀 환자였다. 지브릴은 평소에 걷는 것도 힘들어했는데 결국 다리를 절게 되었다. 오랜 입원으로 빈혈도 상당히 심했다. 어렵게 퇴원했지만 한쪽 다리를 절게 된 지브릴은 우울증에 빠졌다. 초등학생이지만 덩치가 컸고 생각이 많아 보였다. 나는 지브릴의 집에 찾아가서 돌봐주기도 하고 음식도 늘 갖다주고 걷도록 격려하며 말씀을 나누었다. 책을 좋아해서 성경이야기도 나누었는데 어느 해 우기에 지브릴이 죽었다. 나의 마음은 황량하기 그지없었다. 죽은 지브릴의 동생인 아두가 나를 찾아왔다. 이후 그의 어머니 산양도 나와 좋은 친구가 되었다. 아두도 시클셀 환자지만 오빠보다는 덜 위험하다고 했다. 우리는 그 마을 아이들과 친구가 되었기에 말씀을 전하러 가도 적시시하지 않았다. 나중에 그 마을 초등학교에서도 의료 단기선교사들과 함께 말씀을 전할 기회가 있었다.

병원에서는 졸라포니족 환자들 사이에 내가 도움을 주는 사람으로 알려진 듯했다. 도움이 필요하면 병원 앞에 있는 우리 집으로 달려오곤 했다. 차를 빌려서 멀리 있는 숲속에 있는 집까지 갈 여력이 안 되면 사람들은 우리 집으로 달려왔다. 하루는 멀리 있는 불란조라는 마을까지 원정을 가보았다.

그곳은 졸라포니족 마을이지만 남자들은 빈탕의 만딩고족 여자들과 정략 결혼을 한다고 들었다. 대부분의 사람들이 졸라포니어를 거의 쓰지 않았고 만딩고어를 더 잘했다. 그러나 내가 졸라포니어를 시작하자 너무나 놀란 듯 나를 보더니, 그들도 자기네도 졸라포니어로 이야기를 시작했다. 그날 내가 시바노 병원에서 왔다고 하자 마을 사람들이 우리에게 환자들을 데려왔다. 초등학생으로 보이는 빈타라는 어린 여자아이는 무릎이 부어올라 걷지 못했다. 우선 이 아이를 차에 싣고 바로 병원으로 데려왔는데, 종양 수술을 해야 하므로 반줄의 병원으로 보내라고 했다. 나는 차비를 주어서 반줄로 보냈고 수술을 받게 해 종양을 제거하게 했다. 빈타는 시바노 마을로 올라와 한동안 입원치료를 받다가 불란조 마을로 갔는데 퇴원 후에도 나는 그 아이와 자주 만났다.

우리는 기회만 닿으면 말씀을 전했는데, 환자들의 집을 방문해 그들을 돌보아주는 것도 전도를 위한 좋은 접촉점이 되었다. 우리 집에 찾아오는 초등학생들 중에 몸이 아파서 공부하러 오지 못하면 찾아가 기도를 해주었다. 그리고 그들의 가족이 아파도 찾아가 방문을 했는데, 그들은 아픈 것을 널리 알리는 습성이 있었다.

하루는 모로가 아프다고 해서 갔는데 이 아이는 소아마비 증세가 나타나 휠체어에 앉아 있었다. 모로는 매우 명랑하여 우리 집을 자주 드나들곤 했다. 그리고 할머니가 데리고 있어 방과 후면 늘 우리 집 뒷문으로 들어와 있었는데, 빵을 주면 지체 없이 날름 받아먹었다. 천진한 모로의 웃음이 보기 좋았다. 재치가 있어 늘 휠체어에 앉아서도 아이들이 잘 놀아주곤 했는데, 어느 날 파리해져서 음식을 잘 못 먹는다는 이야기를 들었다. 위암에 걸렸다는 소식을 듣고 무르를 자주 찾아가 손을 잡고 기도하며 아이를 위로해주었다. 하지만 모로는 어느 날 죽었다. 건강이 회복되면 교회로 올 것이라고 했던 모로의 마음을 주님은 아시리라 믿었다. 모로의 할머니와 동생은 모로가 생각날 때면 우리 집에 찾아와 오랫동안 있다가 갔다. 할머니는 그때마다 나에게 모로를 돌봐주어서 고마워했다. 참으로 정이 많은 사람들이었다.

초등학생 타이루도 자주 아팠다. 이 아이도 아프리카인들에게만 있다는 시클쎌을 앓았다. 늘 핏기가 없어 보였는데 잘 뛰어놀다가도 피식 쓰러지곤 했다. 그러나 머리만큼은 비상해서 공부를 잘했다. 초등학교 3학년 타이루와 알파를 비롯해서 몇몇 아이들은 우리 집에 자주 들러 베냐민과 바울을 동생처럼 업어주고 잘 놀아주었다.

나는 타이루의 집에 찾아가 집안 식구들과 인사를 나누고, 침대에 누워 있는 타이루를 위해 기도해주고는 했다. 타이루의 가족들은 아이가 건강을 되찾으면 내 기도를 하나님이 들으셨다며 고마워했고, 아프면 사람을 보내서 기도해달라고 했다. 나중에 마리야뚜와 타이루가 그리스도인이 되면서 그들 가족과의 관계가 좀 어려워졌다가 다시 회복됐다. 그의 이복 누나 아다마도 천식으로 고생하다가 건강을 회복했는데, 홀로 아기를 데리고 사는 것이 안타까워 그녀에게 일자리를 마련해주기도 했다.

여러 가지 형태로 나는 그들에게 도움을 주려고 노력했다. 작으나마 마음을 주는 것인데 잔잔한 그런 도움을 받고도 그들은 감사해했다. 아이야로 아버지의 부인인 님마 할머니는 15년 넘게 우리 집에서 아침을 함께 먹었다. 그녀는 파킨슨병으로 손 떨림이 있었는데 늘 운동을 해야 한다며 우리 집까지 걸어오시곤 했다. 님마 할머니를 통해 감비아에 관한 수많은 옛날이야기를 듣고 그 내용을 정리하여 책으로 만들기도 했다. 지금도 님마 할머니는 나와 친구로 지낸다. 나는 감비아를 방문할 때마다 할머니 집에 찾아가 옛날에 아침 빵을 함께 먹던 일을 정겹게 이야기하곤 한다.

알파의 어머니도 아프다고 해서 갔더니 남의 집 셋방 한 칸에 거적때기 스펀지 요를 하나 깔고는 누워 있었다. 거의 말씀을 못 한다던 알파의 말을 듣고 준비해 간 빵을 그녀에게 주었다. 많은 이들이 빵을 먹을 만한 돈이 없었기에 그 당시 빵을 선물하면 좋아했다. 알파 어머니는 오래 누워 있었던지 손가락으로 허공을 가리키면서 나에게 구아바 열매를 사다 달라며 그 열매의 향을 그리워했다. 그리고 나에게 양산을 사달라고 하면서 병에서 완쾌되면 그 양산을 들고 걸어보겠다고 했다. 나는 갖고 있던 중국제 양산을 그녀에게 선물했다. 그리고 이후 다시 찾아갔을 때 그녀는 카사망스로 치료받으러 떠나고 없었다. 병원을 코앞에 두고 그들은 마지막 치료방법으로 숲 속 마라부에게 가산을 다 털어서라도 찾아가곤 했다. 그녀는 마차로 가는 도중에 사망해서, 카사망스 어느 친척집 뒷들에 묻혔다고 했다.

우리는 이러한 일들을 통해 알파와 그의 동생 마마두 그리고 그의 아버지와 가깝게 지냈다. 알파가 초등학교 졸업 후에도 학교에 가지 못하고 있어서 우리는 이 아이를 비얌의 중학교에 진학시켰다. 나는 알파가 어린 나이에 어머니를 여의어서 늘 마음이 안타까웠다. 그의 동생 마마두도 여러 번 교회에 왔다. 초등학교를 다니다가 그만둔 마마두에게 그의 형 알파를 시켜 다시 다니게 했다. 그리고 파트타임으로 우리 집 잔일들을 돌보게 했다. 마마두도 훗날 알파와 같이 비얌고등학교를 졸업했다. 알파는 칸타 사네와 같이 박경철 집사님과 점촌제일교회의 후원으로 가나의 신학대학에 진학했고 마마두는 감비아대학교에서 교육학과정을 마치고 초등학교 교사가 되었다. 이후에 알파는 가나에서 여름방학 때 돌아와 우리와 담소를 나누다가, 어린 시절 모로와 타이루 그리고 알파 셋이서 복음을 들은 후에 그들 모두 예수의 이름으로 기도를 했다고 고백했다.

우리는 가능한 한 졸라포니족 사람들이 병원에서 도움이 필요하면 돕고 싶다고 의료팀에게 전했다. 때로는 임신부나 갓난아기들도 피가 모자라는 경우가 종종 있었다. 나의 혈액형은 AB Rh+였는데, 이 혈액이 귀하다며 시바노 병원의 의사는 자주 내게 헌혈을 부탁했다. 헌혈이 쉬운 것은 아니었지만 적어도 급한 생명을 구할 수 있다는 것에 기뻤다.

간혹 환자가 사망을 하면 시바노 마을까지 운구해야 했는데, 병원에서 제공하는 관은 하나밖에 없었다. 그래서 우리는 그 푸른색의 관을 운구해서 초상집까지 운반해준 후 시신을 인계하고 관을 병원에 다시 갖다놓았다. 이런 식으로 우리는 그들에게 사랑을 표현하면서 졸라포니족 사람들과 조금씩 친밀해졌다.

우리에게 도움을 받았던 가족들을 통해 주변 마을들에 우리 부부의 소문이 퍼졌다. 시신을 차로 옮기는 일은 브라이언이 담당했다. 남편은 이 외에도 여러 가지 사역으로 분주했고 의료 선교사들도 눈코 뜰 새 없이 바빴다.

어떤 해에는 마을에 말라리아가 돌아 엄청난 환자가 병원에 들어와 침상이 감당이 안 되었다. 그래서 환자들이 입원실 밖에서 중국제 비닐 돗자리 위에서 피난민처럼 드러눕기도 했다. 우리는 미력하나마 그들을 돕기 위해 노력했다. 어떤 때는 식중독이나 뇌염으로 의식을 잃은 중환자들을 방문하여 기도해주기도 했고 가족들을 위로하기도 했다.

환자들 중에는 요리하다가 기름에 데어 온 환자도 많았다. 화상환자들은 온 동네가 떠나갈 듯 울어 대는 통에, 동네 사람들은 이들이 치료받을 때마다 동정을 표했다.

나도 그즈음 비명을 듣고 병원으로 찾아가 복음 테이프도 들려주고 비스킷이나 사탕도 나누며 그들과 친구가 되어주기도 했고 퇴원할 때 집으로 데려다주기도 했다. 어떤 여자아이는 간질이었는데 부엌에서 음식을 하다가 아궁이 불에 엎어져 머리와 얼굴에 화상을 입어서, 내 마음을 아프게 했다.

4~6월에 들불이 자주 났다. 차를 타고 가면 마치 황천길의 유황불로 들어서는 듯한 착각을 일으킬 정도로 양쪽에서 불꽃이 날름거려 집중해서 신작로를 벗어나지 않기 위해 주의해야 했다.

망고가 무르익을 무렵에는 망고 나무에 올라갔다가 떨어져 다친 환자를 수송하는 일이 자주 있었다. 건기 끝에는 화상환자가 많았다. 우기 때에는 끊임없이 말라리아 환자나 설사 환자가 발생했고, 아기들은 영양실조로 많이 입원했다. 우기가 끝나가는 계절에는 뇌염이 발생했다. 당시 에이즈 환자들이 점차 늘고 있다는 의료진의 보고를 들었다. 장기간 아프다며 별 치료 없이 누워있는 사람들을 방문하면서 에이즈를 앓고 있음을 알게 되었다. 에이즈 환자는 대부분 잘 걷지 못했고, 입안이 헐어 먹는데도 어려움을 겪었다. 그저 자주 방문을 하고 손잡고 기도하는 일 밖에는 도무지 도움이 못되어 안타까웠다.

1990년대 후반 통계로 보면 우리 부족 사람들이 에이즈에 걸릴 확률이 가장 높다고 보고되었다. 그들의 문화가 질퍽하게 안겨다주는 질병이 아닐까 해서 어린아이들 교육이 시급하다는 것을 알게 되었다. 1990년대에는 볼 수 없었던 질병인 에이즈는 1990년대 중반에 무르익어 10년 세월이 지나 2000년대에 들어서면서 사회문제로 확산이 되었다. 실질적으로 한집안에서도 짧은 시간 안에 여러 부인들이 남편을 따라 사망하고는 했다.

한번은 어린 여고생과 젊은 20대 청년들을 병원에서 만난 적이 있었다. 그 고등학생은 상당히 예쁘고 건강한 체구였는데 나에게 전적으로 자기 질병을 부인했다. 내가 그녀의 마을을 찾아가니 이미 카사망스의 숲으로 치료차 떠났다고 했다. 나는 약 3개월 후에 그녀의 사망 소식을 들었다.

20대 중반의 남자 청년은 어린 시절 세레쿤다 시장바닥에서 주로 장사하며 친척 집에 얹혀살다가 병에 걸렸다고 했다. 밤늦게 어느 의료 선교사가 나를 찾아와 죽음이 임박했으니 그 환자에게 복음을 전하는 것이 어떻겠냐고 해서 병원으로 가 보았다. 태양열판으로 흐릿하게나마 불빛이 들어오는 병실에 짐짝같이 청년이 누워 있었다. 내가 들어가니 그 환자는 벽을 뚫어지게 바라보고 누워 있었다. 나는 청년의 등을 쓰다듬으며 졸라포니어로 인사를 했다. 그는 나를 슬쩍 곁눈질해보더니 아무 말 없이 벽만 쳐다보았다.

맞은편 침대에 누워 있던 그의 어머니가 일어나면서 먹은 게 없으니 무어라도 주면 좋겠다고 하며 아들에게 무엇이 먹고 싶은지 물었다. 나도 거들면서 무언가 먹고 싶지 않으냐고 물었더니, 그는 '츄로'라고 대답했다. 츄로는 생땅콩을 쌀과 빻아서 만든 죽이었다. 나는 즉시 집으로 가서 츄로를 만들어서 그 청년에게 갖다주었다. 그리고 나는 그에게 하나님이 당신의 질병을 아시니 기도하자고 했다. 하나님이라는 말에 그가 반응을 보인 것 같았다. 그는 기도에 동의했다. 나는 그의 등에 손을 얹고 간단하게 하나님께서 그의 질병과 고통을 아시니 그의 질병을 돌아보시도록 기도했다. 그다음 날 새벽에 그의 어머니가 오셔서 아들이 사망했다고 전해주었다. 그의 어머니는 나에게 감사하다고 하면서 자기 아들이 그 음식을 다 먹고 황천에 갔다며 울먹였다. 이 청년에게 츄로를 끓여주고 기도해줄 수 있도록 해주신 것도 주님께서 하신 일이라고 생각했다.

어느 우기에는 입원 자가 넘쳐 의료팀 요청으로 졸라포니족 장기 환자들을 병원 앞에 있는 우리 집에 며칠씩 지내게 했다. 나에게는 복음의 접촉점을 갖도록 주님께서 주신 기회로 여겨 감사했다. 그들의 삶을 통해 나 자신을 돌아보게 되었고 그들의 가난이 나의 가난이 되어 기도하게 되었으며, 그들을 긍휼히 여기시는 하나님의 손길을 보았다. 그들을 위해서도 예수님께서 십자가에 돌아가셨기에, 나는 주의 나라가 그들에 삶에 임하도록 복음의 징검다리 역할을 하고 싶었다.

사진으로 보는 GAMBIA

❶ 감비아 지도
❷ 시바노 마을로 가는 버스
❸ 시바노병원 전경
❹ 석양에 물든 래바또 해변

❶ 감비아 아이들
❷ 졸라포니어를 배우던 보장쿤다 별채
❸ 어린이 교실 수업 시간
❹ 학교에 가는 아이들

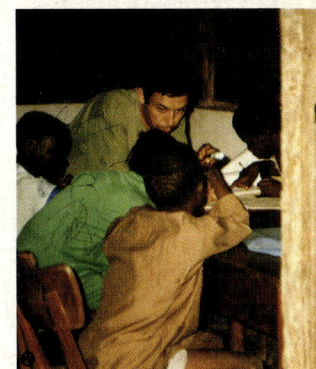

❶ 졸라포니족 어린이 교실
❷ 학생들을 지도하는 브라이언 타나
❸ 책을 읽는 졸라포니족 어린이들
❹ 시타 마을 어린이들

❶ 시바노 수마쿤다의 여인
❷ 졸라포니족 교사 모임에 참석한 알호세니 군수
❸ 성년식에 참가한 아이
❹ 시타 마을의 남자 성년식

❶ 졸라포니어 교사들과 함께
❷ 졸라포니어 교사 마리야뚜
❸ 졸라포니어 교사 양성 과정
❹ 졸라포니족 성경번역사들과 함께

❶ 에드워드 목사님과 페이션스 사모님
❷ 데이비드 잔, 복음교회 총회장
❸ 나염교실에서
❹ 졸라포니족 그리스도인들의 모임

❶ 성경을 감수하는 롭 쿱스 박사님과 문서사역자들
❷ 점촌제일교회 이정호 목사님과 장로님들
❸ 신약성경 봉헌식에서 찬양하는 시바노 마을 어린이들
❹ 시바노원팀

❶ 심미란 선교사와 시타 마을 어린이들
❷ 카라파 형제의 가족
❸ 믿음의 형제 타이루 사네
❹ 모세오경 감수팀과 다필라 박사

VI
졸라포니족 사역에 박차를 가하다

복음의 씨앗

데이비드 바론 선교사 이후 감비아가 독립한 그 다음해인 1966년 감비아 웹 지부가 설립되었다. 의료사역자들은 만딩고어를 배웠다. 만딩고어를 알아듣고 이해하는 종족들을 위시해 복음화가 진행되어 갔다. 졸라포니 지역의 토박이 졸라포니족 사람들도 주로 빈탕의 만딩고족과 정략결혼을 하면서 만딩고족을 만나면 그들의 언어를 사용하였다. 만딩고족은 졸라포니족보다 사회적 위상이 높다는 사회적 통념도 있었다.

대부분의 선교사들은 졸라포니어는 발음하기에 까다롭다며 인사말 정도만 배웠다. 그러나 가축을 돌보려고 들어온 풀라니족들은 졸라포니어와 같은 언어군이어서 그런지 졸라포니어를 빨리 습득했고 만딩고어 역시 잘했다. 그래서 선교사들은 졸라포니족이나 풀라니족에게도 만딩고로 복음을 전하는 것이 자연스러운 복음전파의 전략으로 삼았다.

의료사역자들은 오지 마을들을 찾아다니면서 진료 후 말씀을 전했다. 그들이 밤낮 병원 일에만 몰두하는 것 같아도 퇴원한 환자들을 방문하거나 병원 내에서 일하는 회교도들의 집을 방문하면서 복음을 전하고는 했다. 로마서 10장 15절 말씀은 좋은 소식을 전하는 이의 발걸음이 아름답다고 하셨다. 따라서 의료 선교사의 복음전파 사역 역시 귀하게 여기셨을 것이다.

졸라포니족은 전지하신 하나님의 방법이 아니면, 하나님과 화목할 수 없다는 사실을 전혀 모르는 사람들이었다. 가끔 이들 중에는 나에게 기독교는 백인의 종교라며 공격하기도 했는데, 그런 사람들에게 나는 내 살갗이 희색인지 물었다. 그리고 나는 결코 유럽인이 아니고 당신들이 놀려대는 차이니즈도 아닌 고리언이라고 했다. 기독교인은 백인의 종교가 아니라 예수 그리스도를 주라 시인하는 사람의 종교이며, 하나님 앞에 누구도 동등한 형제자매라고 강조했다. 그들은 하나님 앞에서 동등하다는 말을 가장 좋아했다. 아무런 질문이 없는 것보다는 질문이 있어 복음에 관한 대화가 이뤄지거나 아니면 코란과의 비교가 있어야 했다. 그들은 천국에서 하나님의 어린양이 갖고 계시는 생명책에 도전을 많이 받았다. 나는 주로 그들에게 전도할 때 오늘 당신이 죽으면 천국에 갈 수 있는 확신이 있는지 또는 당신의 이름이 생명책에 있는지 확신하느냐고 질문했다.

누가복음 11장의 말씀과 요한계시록의 생명책은 회교도들에게 자신의 영혼에 대해 생각해 보게 하는 성경 본문이었다. 회교의 알라는 그가 하고 싶은 대로 하기 때문에 우리의 하나님과 같이 인격적이시지는 않아 경외감보다는 두려움의 대상이었다. 그래서 그들에게는 구원의 확신이 없었다. 잘 나가다가도 잘못하면 마지막에 지옥에 갈 수도 있다는 구원론이기 때문이다.

그리스도인들과 같이 예수의 보혈로 은혜가운데 구원을 받고 구원을 완성해 나가는 것이 아니고 그들은 불교나 천주교나 마찬가지로 구원을 얻기 위해 노력해야 하는 것이 구원의 필수 요소여서 평안이 없었다. 그 이유는 얼마만큼 노력해야 그 구원을 쟁취할 수 있는 것인지 알 수 없고, 구원론이 설명하기 힘들게 신비의 구름에 쌓여 애매하기 때문이었다.

회교도들은 타바스키 절기에 숫양 한 마리나 가난하면 닭 한 마리의 피로 자기들의 1년 묵은 죄를 가축에 전가하여 해결하려고 했다. 이들은 편리하고 인간적인 구약시대의 방법을 그대로 쓰고 있었다. 나는 이들에게 하나님이 가난하신 것도 아니고 배가 고파서 드시려는 것도 아니므로 마음을 찢고 하나님에게 나가야 하는 것이 중요하다고 가르쳤다.

때로 회교도들은 교회의 '딩딩', 즉 어린이들은 할례도 단식도 하지 않으니 회교도인 자기네들과 상종을 할 수 없다고도 했다. 회교도들에는 하나님 나라를 그의 영으로 세워나가시는 주님의 뜻과는 너무 다른 거짓 복음이 영향을 미치고 있었다. 나는 그들에게 복음을 전할 때마다 육적인 할례보다는 마음의 할례를 하기를, 맹목적 단식보다는 죄의 단식을 하기를, 형식적인 기도보다는 마음을 찢고 하나님 앞에 죄의 자백과 회개하기를, 마라부들의 말에 두려워 떨기보다는 살아계신 하나님을 경외하며 팔복을 위해 기도하기를, 자기만 위하는 것이 아니라 하나님과 이웃을 사랑하는 십자가의 길에 들어서기를 축복하며 기도했다.

효과적인 선교란 무엇인가?

1995년 우기가 시작된 어느 날 뱅가라는 나이지리아 형제가 찾아와 시바노교회와 협력해서 졸라포니 전 지역에 예수 영화를 가지고 들어가자고 제안했다. 그는 '거대한 미션'(Great Mission)이라는 나이지리아의 대학 연합선교회 감비아 지부에서 사역하는 청년이었다. 이 단체의 사역은 감비아교회 청년들에게 상당히 좋은 반응을 얻었다. 전국을 겨냥한 예수 영화 영상팀을 복음교회 청년들과 만들었고, 영화 상영 후에는 복음을 전하기로 했다. 조금이라도 우리와 관계가 있는 마을에 우리는 시바노교회 청년들을 보내어 경찰서장 그리고 지역 국회의원이나 지역족장들에게 이러한 계획을 알리고 공공장소에서의 영화 상영을 허락받았다. 물론 회교들의 소동도 있을 것을 염려해서 경찰들의 도움을 요청해놓았다.

그해 시바노 마을에서도 영화를 상영했는데, 마지막 부분에서 일부 마을 사람들이 야유와 고성을 질렀고 심지어 돌을 던지고는 했다. 그러나 우리는 참을성 있게 마지막까지 그 자리에 서 있었다. 많은 사람들이 아직도 남아 영화를 계속 보고 있었고, 뱅가 형제와 복음교회에서 들어온 형제들 그리고 시바노교회의 청년들은 모든 악조건과 위험을 무릅쓰고 말씀을 전했다. 이들이 말씀을 전하러 나가고 들어올 때마다 교회에서는 성도들이 새벽기도에서 이들을 위해 기도했다.

일주일 동안 어려움이 상당히 많았지만 10여 개가 넘는 마을에서 예수 영화를 상영하며 복음의 접촉점을 마련했다. 예수 영화에 대한 반응은 마을마다 달랐다. 영화를 못 보도록 방해하는 사람들이 꼭 있었고, 지어낸 이야기로 보거나 예수가 왜 십자가에서 죽는지 흥분하는 사람들, 아니면 어떤 회교도들은 예수가 절대로 십자가에 가지 않았고 다른 죄수가 달렸는데 거짓으로 부활했다며 대항하는 이들도 있었다. 우리는 그들의 여러 가지 반응을 보면서 거짓 선지자들에게 그들의 머리채가 이리저리 끌려다니고 있으니 평안이 없고 하나님과 관계를 맺지 못해 화목을 누릴 수 없겠다는 생각을 하게 되었다.

그렇다! 졸라포니 지역은 영적 전쟁터였고, 사단의 지뢰를 잘못 밟으면 어느 곳에서나 느닷없이 포탄이 터질 수도 있는 위험한 곳이었다. 그곳이 교회이든, 성도 사이에서든, 병원 안에서든, 환자들 사이에서든, 아니면 선교사들 사이에서든 모든 관계 속에 지뢰가 잠복해 있었다. 우리는 주님의 병사로서 성령의 역사 가운데 주님의 부르심을 기억하며 깨어 있어 어떠한 시련에도 용감하게 일어나게 해달라고 주님께 더욱 기도했다.

당시 선교사들이 만딩고어로 말씀을 전하는 것을 보면서 우리는 다시 말씀 전도의 효율성에 관해 우리 부부는 곰곰이 분석해보았다. 선교사들이 졸라포니족을 대상으로 만딩고어로 말씀을 전했는데, 만딩고족과 졸라포니족은 어려운 관계의 사람들이었다. 주로 선교사들이 영어로 말씀을 전하면 졸라포니족 한 형제가 만딩고어로 말씀을 통역했다.

우리 부부는 기회가 있을 때마다 선교사들에게 졸라포니족에게 더 효과적으로 선교하려면 그들의 언어로 말씀 전해야 한다고 주장했다. 그러나 만딩고어를 배운 대다수 선교사들은 만딩고어만으로도 졸라포니족이 복음을 이해할 수 있다며 오랫동안 만딩고족 정치인들을 잘 알고 있는 터였고 쿠데타를 일으켜 정부가 들어섰기에, 정치의 방향도 예측하기 어려웠기 때문에 만딩고어를 사용해서 복음을 전하는 것이 최선이라고 주장했다. 물론 호응하지 않는다 하더라도 더 많은 선교사들이 졸라포니어를 배워 이 깊은 물에 그물을 던져주기를 기도했다.

우리를 제외한 다른 의료 선교사들은 만딩고어를 배웠고 만딩고족 사역에 무게 중심을 두었다. 그러나 우리는 졸라포니족을 염두에 두고 사역하고 있었다. 그런데 졸라포니 지역에 있는 시바노교회에는 발란타족 성도가 대다수였고 최근에 졸라포니족 새신자들이 몇 명이 들어와 있었다. 그런데 교회에서는 만딩고족이 한 명도 없는데 만딩고어를 쓰고 있었다. 따라서 이제 졸라포니어로 복음을 전해야 할 시점이 아닌가 우리는 생각했다. 이에 대해 선임 선교사들은 별로 동의하지 않았다.

졸라포니 지역은 우리에게 주어진 사역지이니 우리가 맡아야 할 부분이지만, 졸라포니족이나 만딩고족이나 모두 주님께서 성령으로 그들의 마음을 열지 않으시면 한 명도 전도할 수 없다고 믿었다. 주님께 한 명이라도 더 교회에 보내주시기를 간구해야 했다.

복음교회의 사역자들

브라이언과 나는 내심 이 지역 교인들이 교회를 나오기 시작했으니, 선교사들보다는 현지인들이 더 정확한 언어로 자연스럽게 말씀을 전하도록 기회를 주어야 한다고 믿었다. 물론 선교사들이 이들을 교회에서 세우기 위해 일괄적인 양육프로그램을 준비해야 했다.

선교사들은 그들에게 일정한 양육 프로그램이 없어도 말씀을 쉽게 가르치는 것에 중점을 두었다. 나는 발란타족 리더들이 말씀 전하는 것도 좋았는데, 그들 문화에 맞도록 적용했기에 성도들에게 더 은혜로운 시간이 되었고, 이곳 성도들의 마음을 읽을 수 있어 매우 유익했다. 때로는 본문보다는 서론을 더 길게 전해 예배가 두 시간을 넘어가기도 했다.

우리는 복음교회의 주일학교 교사들을 대상으로 세미나를 열기로 했다. 감비아 복음교회는 우리가 1992년 들어올 무렵에 5년 정도 흘렀음에도 교회학교 자료도 없었고 프로그램도 없었다. 우리 부부는 독일인 청소년사역자인 잉예 선교사와 기도 끝에 그녀의 도움과 경험을 바탕으로 10여 명의 교사를 불러 격려하고, 그녀로부터 새로운 교수법과 청소년 지도법에 대해 실제적인 교육을 받았다.

1992년 5월 감비아 도착 당시 서부 아프리카 여러 나라들의 내란으로 이민자들이 감비아로 몰려와 그리스도인들로 교회가 가득 찼다. 그중에 라이베리아 교인이 많았고, 그다음에는 시에라리온, 가나, 나이지리아 순이었다. 감비아의 교회는 서부 아프리카 영어권 성도들로 가득 찼다. 이들은 감비아 교회의 리더로 섬겼는데 모든 일을 영어로 처리했다. 그런데 기존 감비아 그리스도인들은 타국 성도들이 없는 교회로 떠나거나 회교로 돌아가는 경우가 종종 있었다.

도심의 몇몇 교회를 제외하고 외곽에 있는 라민 복음교회, 한국 선교사들이 시무하는 가나안교회, 미국 선교사가 시무하는 소미타교회, 웩 선교회가 주관하는 시바노교회, 캄판트교회, 자롤교회 등은 모두 감비아 지역인들을 대상으로 만딩고어로 말씀을 전하고 있었다.

우리 부부는 사역의 방향성을 정확히 하고 미전도 종족을 향해 나가기를 원했다. 하지만 기존 선교사들이 졸라포니어를 배워 이 지역에서 집중적으로 말씀을 전하지 않는 것이 안타까웠다. 우리가 감비아에 갓 입국했을 당시 감비아 지부는 해마다 비전을 함께 세우고 신참 선교사들이 배워야 할 언어를 놓고 기도했다. 우리 부부가 감비아에 들어 올 무렵에는 감비아 웩 지부는 우리에게 졸라포니어를 배우라고 제안했다. 그 후 리더십이 바뀌면서 신참 선교사들 각자에게 부족어 선택권이 주어졌다. 물론 선택과 책임을 함께 묻는 것이겠지만 특정 언어를 강권하지 않았다. 이때만 해도 만딩고어 성경을 쓰는 교회도 드물었는데, 그조차도 복음교회나 선교사들에게 강요하면 안 된다고 했다.

그때 모두 사네 목사님은 만딩고어 신약성경 번역사역에 참여해, 성경번역을 완수했다. 목사님은 나이지리아에서 신학을 공부하고 돌아와 복음교회 총회장으로 5년간 교단을 이끌며 교회 개척을 하신 분이었다. 그런데 복음교회 교단을 떠나신다는 소식이 들려와 나는 무척 아쉬웠다. 함께 일할 졸라포니 지역 사역자가 필요한데, 비전을 가졌으면서도 복음교회를 떠나시는 목사님이 야속하기도 했다. 주님은 나에게 사람에게 기대지 못하도록 하시고 주님의 십자가만 바라보고 따라 오라고 하시는 것 같았다.

시바노병원 의료 선교사들은 주로 독일과 스위스 분들로 만딩고어는 배우려고 했지만, 문장이 길고 발음이 까다로운 졸라포니를 배우려고 하지 않아 안타까웠다.

물론 독일인 선교사들이 감비아에서 사역을 하면서 시바노병원을 개원했고, 만딩고어 신약성경이 이미 출간되어 있으니 그들이 만딩어고로 선교하는 것은 당연했다. 그러나 이 지역의 병원에는 만딩고어를 모르는 졸라포니인들이 많았고, 깊은 숲 속에 사는 분들은 대부분 만딩고어를 모르는 졸라포니족 사람들이 많은데 우리 부부만 그 언어를 배워 선교해야 하는 것이 부담이 되었지만, 주님이 인도해주시리라고 믿고 우리는 졸라포니어로 복음을 전하기 위해 힘썼다. 새로 오는 의료 선교사들이 스스로 졸라포니를 배우겠다고 하지 않는 이상 강권하기는 어려운 실정이었다.

그즈음 감비아에 단기 선교사로 왔다가 결혼 후 의료사역을 하기 위해 이곳에 다시 오는 영국인 가정의 선교사 부부가 있었는데, 이들이 졸라포니어를 배울 예정이라는 반가운 소식을 듣게 되었다. 동역자가 생기니 감사했다. 모든 영적 추수를 위해 그의 사역에 동참할 정탐자들과 선발대를 보내시고 이제 지원병들을 보내주시는 분이 주님이심을 확신했다. 대체로 선교사들은 유럽인들이어서 동양에 관해 이해가 부족했다. 물론 감비아 목사님들이나 성도들도 웩이라는 국제단체를 통해 들어온 새로운 물결인 한국 선교사들이 낯설고 익숙하지는 않았다. 그들은 한국 문화에 대해 잘 모르니 아직도 유럽인들을 그들의 보스라고 여기고 '백인'의 살결이 상징하는 것이 '부와 지혜'라고 말했다.

감비아인들이 오랫동안 유럽의 지배하에서 그들의 영향을 받아왔기에 동양인보다는 유럽인들에게 교감이 우리보다는 더 잘되는지도 모르겠다. 우리 가정이 감비아로 들어가기 전에 이곳에는 한국 선교사 가정이 두 곳 있었다. 그중 이 선교사는 웩 선교회에서 2년을 사역하다가 독립하여, 청소년사역을 위해 기숙사를 겸한 기술학교를 짓고 있었다. 그리고 선교사이자 목회자인 유 목사님은 당시 청소년사역을 위해 도시 학생들을 위한 도서관 개설과 야간신학교를 세우려고 건물을 짓고 있었다. 유럽 선교사들은 이렇게 큰 사역들을 아프리카 문화에 익숙지 않은 한국 선교사들이 어떻게 전개해 나갈지에 대해 상당한 호기심을 보였다.

　서부 아프리카의 감비아는 새로운 영적 물결인 한국 선교사들이 1980년대 중반에 들어온 셈이니 서구 선교사들의 시행착오와 실수를 밑거름 삼아 지혜롭게 사역에 임한다면 복음사역에 큰 효과가 있으리라는 생각이 들었다. 유럽 선교사들에게 익숙해져 있던 감비아 사람들은 이제 문화가 다른 땅끝에서 온 한국 선교사님에게 복음의 말씀을 듣게 되었다. 감비아의 목회자들과 성도들도 처음에는 신기한 눈초리로 한국 선교사들의 사역을 지켜보았다. 그러나 관망하는 자세에서 한국 선교사들의 열정과 신실함을 경험하고는 마음을 열기 시작했다.

　복음의 본질을 잘못 이해한 부류들은 선교사들을 마치 자기들을 이용해 돈을 버는 단체로 오해하기도 한다. 자기들을 너무 사랑하므로 먹이고 입히고 학비 대주고 유학도 보내 주어야 당연한 듯 오해하기도 한다. 그러나 내가 본 한국 선교사들은 시편 126편 1, 2절 말씀과 같이 복음의 척박한 빈들에서 눈물로 씨를 뿌렸고, 순종의 노동으로 수고했고, 감비아 사람들과 특별히 어우러져서 사역의 열매를 차근히 잘 맺어 나갔다. 선교병원 운영을 위해 아름다운 도움의 손길을 최근에도 느끼고 있다. 2014년에 병원 운영에 어려움이 닥쳤을 때 약품을 위해 여러 지체들의 도움의 손길로 병원이 다시 정상적으로 운영되기 시작했다.

문서사역을 위한 발돋움

시간이 지날수록 더해가는 영적 갈급함으로 인해 나는 주님께서 비전의 말씀을 주시기를 소망하며 기도했다. 또한 선교비전이 욕심이 되어버리지 않도록 기도에 힘썼다. 여호와께서 집을 세우지 아니하시면 세우는 자의 수고가 헛되며 여호와께서 성을 지키지 아니하시면 파수꾼의 깨어 있음이 헛되기 때문이다.

이것을 염두에 두고 중요한 결정을 내리기 위해 기도한 후, 1994년 1월 즈음 감비아 웩 선교회 리더들과 앞으로 문서사역을 하고 싶다고 의견을 제시했다. 미리 위원회와 사역 방향에 관해 나누어야 2월 감비아 콘퍼런스에서 모든 선교사들에게 동의를 받을 수 있기 때문이었다. 선교지에 들어올 때와는 달리 주님께서는 의료 선교보다는 문서 선교나 다른 사역에 더 비전을 주시는 것으로 생각이 되었다.

그해 5월이 되면 감비아에 온 지 2년째가 되므로 장기 선교사 허입식을 하게 되는데, 그때까지 장기사역에 분명한 방향을 정해야 했다. 웩 감비아 선교회는 비정부단체였으므로 선교사 비자가 없고 국가에서 기술비자를 할당제로 주었는데, 그것마저도 자리가 없으면 곤란했고 정부에 매년 사역을 보고해야 한다고 했다.

나는 영국간호사 면허도 있었고 한국에서는 지역사회 간호사 자격도 취득해놓은 입장이니 이곳에서 충분히 일할 수 있으리라 확신했다. 그러나 생각과는 달리 의료담당 선교사는 나에게 24시간 전임으로 야간근무까지 하면서 다른 의료 선교사들과 동등하게 근무해야 비자를 신청할 수 있다고 했다. 당시만 하더라도 의료 선교사들이 밤에도 상당수의 환자들을 돌보았다. 휴식시간이 별로 없는 듯했고 감비아 간호사 숫자도 적었다. 감비아에 온 지 2년이 되었지만, 전임 의료사역 결단이 쉽지 않은 상황이었다. 나는 밤에도 엄마를 찾는 2살, 3살인 아이들 때문에 잠을 제대로 이루지 못할 때가 많았다. 기후에 잘 적응을 못한 아이들 또한 아프기가 일쑤였다.

감비아에는 선교비자나 종교비자가 없어서 선교회는 비정부기관으로 들어가야 했다. 부부일 경우는 한쪽 비자만 얻게 되므로, 남편이 비자를 얻으면 나도 시간 나는 대로 의료사역을 할 수 있으리라 생각한 것은 오산이었다. 의료사역을 하려면 정식 간호사로 의료직종 비자를 받아야 하고 사역 내용을 정부에 매년 보고해야 했기 때문이다.

두 아이의 어머니로 전임 의료사역을 한다는 것은 무리라는 생각이 들었다. 그래서 아이들을 돌보며 파트타임이라도 의료사역에 도움을 주고 싶었는데 그것은 불가능해보였다. 당시 시바노 선교병원에서 사역하는 약 10여 명의 의료사역자들은 대부분 독신 여성들이었고 자롤 마을과 네마쿤쿠 마을의 의료사역자들도 마찬가지였다. 밤낮을 가리지 않고 환자를 돌보는 열정을 보며 그들과 같이 24시간 동역할 수 없을 것 같아 포기했다. 물론 의료비자를 받고 간호사로 사역하는 것도 중요하겠지만, 내 능력으로는 역부족이라는 생각에 모든 것을 내려놓았다. 우기에 바쁠 때만 병원 일을 돕기로 했고, 이후 두 차례 우기에 바쁜 선교사들의 손을 덜어주기도 했다. 브라이언 선교사는 여러 가지 병원 행정관리 일을 보다가 시바노교회를 돌보고 집으로 돌아왔지만, 저녁식사 후에 집으로 찾아오는 사람들로 인해 밤에도 제대로 쉬지 못했다.

주님께서는 우리에게 새로이 주님을 영접하고 교회로 오는 새신자에게 문서사역을 통해 도움을 주도록 마음을 움직여주셨다. 그래서 문서사역 비자를 받아 졸라포니족을 위해 전심으로 사역을 할 수 있도록 주님께 기도드렸다. 이 과정에서 모든 상황을 주관하시는 주님의 역사하심을 바라보게 되었다.

우리는 나름대로의 말씀을 가지고 전도하자는 열정으로 카세트 자료를 준비했다. 당시 '가스펠 레코딩'이라는 단체에서 온 시에라리온 형제와 감비아 복음교회의 여러 형제들과 녹음을 했는데 그 원본은 '보고, 듣고, 살기'라는 짧은 성경이야기 자료였다. 구약성경과 신약성경을 아우르는 내용에 그림까지 있어 설명하기가 좋았다. 우리는 시험 삼아 카라파 형제와 함께 그 자료를 졸라포니어로 번역해서 울리 형제의 목소리로 녹음해 시바노 마을 사람들에게 들려주었더니, 신기하다는 듯 귀를 기울이기 시작했다.

주변의 몇몇 가정들부터 테이프를 시험적으로 들려주었다. 그러자 그들은 줄곧 그 테이프 내용에 만딩고어가 너무 많이 들어갔다며 진짜 졸라포니어가 아니라고 했다. 당시 이곳 사람들은 우리가가 전해준 테이프를 들으면 이해는 할 수 있지만 순수 졸라포니어는 아니라는 지적이 많았다. 결국 그들의 정체성을 인정하는 언어로 복음을 듣기를 원하는 것을 우리는 알게 되었다. 그래서 정부 주도로 만딩고족과 월로프족에게 문맹퇴치를 하는 것처럼, 졸라포니족에게 쓰기, 읽기, 산수를 가르친 후 성경말씀까지 전한다면 효과적으로 복음을 전할 수 있으리라 생각되었다.

카세트를 준비하여 나누어주던 무렵 어떤 가나 출신 의사 가족이 카세트를 많이 만들도록 그들의 십일조를 가지고 우리에게 왔다. 그들은 가나에서 내란이 있어 감비아에 온 분들이었다. 교회에서 기도 중에 주님께서 졸라포니족에게 카세트로 말씀을 전하라고 하셔서 그 교회 목사님을 통해 졸라포니족 사역자를 찾아왔다고 했다. 당시 졸라포니족 성경자료 카세트를 우리가 만들고 있었다는 것을 알게 되자 그분은 기쁨으로 주님께 순종하면서 십일조로 우리 사역에 보태주었다. 처음 만난 아프리카 가나 성도를 통해 이런 은혜를 부어주신 주님의 은혜를 생각할 때, 여간 감사하고 힘이 되는 것이 아니었다. 성경 카세트 사역을 통해 살아계신 주님을 더욱 경험하게 되어 감사했다.

나는 의료사역에 합류하는 것은 접었지만 어느 마을에서나 환자와의 상담은 자연히 이루어졌다. 치료를 받아야 할 환자가 있으면 나는 그들에게 선교병원을 소개해주었다. 인간적으로 보자면 감비아에서 간호사 사역을 하면,

이후 영국으로 돌아갈 경우 간호사 경력에 유리했다. 하지만 말씀으로 제자양육을 한다면 그들의 영적 성장에 실제적 도움이 될 것이기에 나는 하나님께 문서사역의 길로 인도해주기를 기도했다.

그때까지도 마을이나 병원에서 환자 상담도 하고 병원으로 연결도 해주었기 때문에, 나는 환자들의 도우미나 지역사회 간호사 정도는 감당할 수 있었다. 그래서 주님께서 나에게 문서사역을 하게 허락하신다면 담대히 나아갈 예정이었다. 주님은 내게 잠언 말씀을 주셨다. "너는 마음을 다하여 여호와를 신뢰하고 네 명철을 의지하지 말라. 너는 범사에 그를 인정하라 그리하면 네 길을 지도하시리라. 스스로 지혜롭게 여기지 말지어다 여호와를 경외하며 악을 떠날지어다 이것이 양약이 되어 네 골수를 윤택하게 하리라"(잠 3:5~8).

감비아 웩 지부에는 만딩고어와 월로프어 문서사역자들이 있어 그들의 사역 경험과 노하우를 듣고 사역을 구상하는 데 있어 큰 용기를 얻었다. 1994년 2월 말 감비아 선교회 콘퍼런스 기간에 나는 문서사역의 길로 가고 싶다고 했다. 콘퍼런스에 참가한 복음교회 총회장이신 모두 사네 목사님과 아들레인 사모님, 웩 선교사들은 이에 모두 찬성했으며 졸라포니 문서사역을 위해 기도로 협력하겠다고 의견을 모았다.

나는 어떠한 공부를 해야 하는지 어떠한 일부터 시작해야 할지 정확히 몰랐지만 현재에 충실하자는 의미로 졸라포니어를 더 열심히 배우기 시작했다. 4년의 사역기간이 마감되는 1996년 5월까지는 시간적 여유가 있을 것 같아, 안식년에 영국 위클리프 선교기관의 부족언어연구소(SIL, Summer Institute of Linguistics)에 입학하기로 계획했다. 이곳은 부족언어 전문 연구기관으로 문맹퇴치와 성경번역을 가르치는 곳으로 유명했다. 지인에 의하면 이 연구소의 과정은 방대한 양의 공부를 단기간에 해야 하기 때문에 과제와 시험이 연속될 것이고, 기숙하며 교육과정을 통과해야 한다고 했다. 시험에 불합격하면 바로 문서사역에 달란트가 없다고 여기고 문서사역을 권하지 않는다고 했다. 게다가 학비도 만만치가 않다고 했다. 그 말을 들으니 나는 감당할 수 있을 것 같지가 않았지만 모든 것을 주님께 맡기기로 했다.

그다음 달 우리는 파이프라인 본부 기도회에 참석했는데, 감비아에서 약 5년 동안 사역하고 얼마 전에 떠난 문서사역 전문 기관인 위클리프 선교사 부부의 물건을 나누어주거나 판매하는 것을 보았다. 그때 문서사역의 선배인 이 부부에게 편지를 보내 이에 관한 조언을 들어봐야겠다는 생각이 들었다.

주님이 원하시는 선교사역

1994년 웩 선교회는 정책 면에서 상당한 변화가 있었다. 특히 선교와 복음교회 교단의 관계를 개선했다. 교회와 선교의 관계를 '부모와 자녀의 관계'에서 평등관계로의 전환을 모색했다. 선교와 교회는 동등한 관계로 발전해야 한다는 요한 네비우스의 3자 원리에 입각해, 웩 선교회는 토착교회인 감비아 복음교회 자립을 강조하고 나왔다. 물론 웩 선교회에서 복음교회가 개척되었지만 목회자들은 월급제가 아니었고 각 복음교회마다 운영을 달리했다.

선교회의 리더들은 선교사들이 교회 개척 후에는 교회를 이끌어 가기보다 뒤에서 밀어주는 입장에 서야 한다고 했다. 늘 영적 리더로 자처하는 선교사들이 교회에서 주도권을 내려놓고 울타리 역할을 훈련해야 한다는 의미였다.

당시 감비아에서도 선교회와 교회는 평등관계를 지향했지만 이에 관한 구체적인 방안이나 방법은 제시되지 않았다. 선교회는 총회의 결정에 간섭하지 않는다는 원칙을 고수했다. 그러나 감비아 목회자와 성도들에게 자율적으로 교회 전도활동이나 재정적 자립 사역을 이끌어갈 수 있도록 자생력을 길러주기 위해서는 교회와 선교 단체가 함께 협력해야 했다.

일반적으로 교회의 토착화 정책에 따른 자립교회 실천 이양에 반대하는 선교사는 없었다. 총체적인 방안이 제시된다면 실천해나가야 했다. 그것이 중국교회 방식인 3자론이든 한국교회에서 채택한 사경회와 자립이란 2분론이든 관계없이 일을 추진하는 것이 중요했다.

감비아의 약 23개의 부족 중 몇 부족만을 미전도 종족으로 본다면, 각 부족민들이 교회 체제를 유지하는 자치, 자립, 자전하는 토착 부족교회 선교에 대한 비전을 이룰 수 있으리라고 생각했다. 하지만 감비아도 다른 서부 아프리카의 나라들처럼 1960년대 중반까지 그 오랜 식민지하에 유럽 선교사와 그 이후 새롭게 등장한 한국 선교사들에게 의존도가 높아 영적으로나 물질적으로 자립하는 것이 가능할지에 대해서는 의문이 들었다.

교회 개척은 주님이 하시는 것이지 선교사가 할 수 없다는 것을 그들 자신이 누구보다 잘 알고 있었다. 교회에서는 영적 지도자로서 말씀을 전하고, 비정부기관에서는 국가에서 요구하는 기술사역을 충직하게 이행하는 것은 주님의 은혜가 아니면 거의 불가능에 가까웠다. 기술사역을 하는 데는 체력적인 한계가 따랐고, 교회사역 역시 언어나 문화의 차이로 인해 점점 더 미궁에 빠질 수도 있어서 어느 것 하나 쉽지 않았다.

성도들 중에는 어느 선교사에게 도움을 거절당하면, 체면을 손상당했다고 생각하고 교회를 떠나거나 한동안 나오지 않기도 했다. 경제적인 면에서 권면하면 이를 오해해서 우리에게 도움을 요청하는 이들도 있었다. 예를 들면 집을 지을 계획이 있다고 하는 성도를 격려하면, 이를 구실로 그는 집을 지으려고 하니 도와 달라고 했다. 학업에 치중을 해야 한다고 충고하며 격려하면 선교사가 학비를 대어주는 것으로 알고 찾아오고, 농사일에 관심을 보이면 우리에게 씨앗을 사달라고 요구했다.

성도들이 도움을 청하러 오면 때로 도움을 주기도 했지만 경제적으로 계획을 세우고 저축을 하도록 권했다. 당시 감비아는 은행제도가 미약해 현금 저축은 힘들지만 가축 저축은 가능했다. 그들에게 우리도 선교사들이어서 사역비와 생활비를 주님께서 공급해주실 것을 믿으며, 얼마를 주시더라도 감사함으로 받고 일한다고 솔직하게 말해주었다. 그들이 이해를 하지 못하더라도 가능한 한 도와주지 못하는 사정을 알려야 했다. 그래야 그들도 무릎으로 주님께 나가며 기도응답을 받아 주님께 영광을 돌릴 수 있을 것이라고 생각했다.

하지만 시바노교회는 주로 경제적으로는 사회의 가장 밑바닥 계층의 성도들이 대부분이었다. 그들은 교회에서 좋은 친구를 만나 자신들의 사정을 털어놓고 도움받기를 원했다. 우리는 마음의 갈등이 심했다. 그들이 주님 앞에 나가 물질을 구하도록 해야 하는데, 그때마다 우리가 주머니를 털어 도와주게 되면 주님의 영광을 가로채는 죄도 크리라는 생각이 들었기 때문이었다. 어떻게 해야 성도와 이웃을 지혜롭게 도와줄 수 있을까에 대해 선교사라면 누구나 주님께 지혜를 구하며 최선의 방법을 찾아야 했다.

동네 아주머니들과 수예반

일자무식 사람들이라고 지능이 낮은 것은 아니지만, 교육을 받아보지 않은 사람을 가르친다는 것은 쉬운 일이 아니었다.

나는 옥양목에 밑그림을 그린 후 털실로 바느질하듯 하는 수예를 그들에게 집중적으로 가르쳤다. 이곳 여인들은 빨래하기, 물 길어오기, 나무하기 등에는 자신 있어 했지만, 옥양목에 그림 그리는 것에는 진땀을 흘리며 어려워했다. 도끼나 호미는 잡아 보았지만 연필이나 가는 바늘을 잡아보지 못했던 것이다. 단추가 떨어져도 달지 못해 그냥 단추 없이 입고 다녔고, 옷에 구멍이 나도 꿰맬 줄을 몰랐다. 그래도 부끄러하지 않은 것은 다들 그렇게 하기 때문이었다.

우리 집에 수십 명의 졸라포니족 주부들이 찾아왔다. 다른 종족들이 올 수가 없었던 이유는 내가 만딩고어를 못했기 때문이다. 나는 이들을 두 반으로 나누어 옥양목 치마를 만들도록 꽃무늬 그림을 그려주고는 했다. 그리고 수예반 시간에 성경 카세트를 들려주어 말씀을 듣게 하고 간간히 퀴즈를 내보기도 했다. 그들은 생각보다 잘 맞췄다. 나는 이들이 아기를 낳으면 찾아가서 보살펴주기도 했다.

교회에 여성도들과 마을의 졸라포니족 부인들은 서로 교제할 기회가 없어 잘 모르는 사이 같았다. 마을 토박이 부녀자들은 아이들의 성년식 후에 또래끼리 모이기도 했고, 일이 있으면 함께 모여 의논을 하기도 했다. 한 집안에 여러 부인들이 있는데, 대개 둘째 부인들은 첫째 부인이 등장하면 슬금슬금 눈치를 보며 바느질을 하다 말고 집에 가기도 했다. 한 부인이 음식을 하면 다른 부인은 자동으로 쉬는 것이었다 그들은 돌아가면서 음식을 했고, 순번에 따라 남편의 시중을 들었다.

부인이 네 명이면 한 남편을 섬기는 일에도 그 나름대로 규율이 있었다. 이곳 여성들은 자유가 없고 사단의 사슬에 얽매여 있는 것 같아 안타까웠다. 바느질을 하다 보면 그들 사이에서 많은 이야기를 들을 수 있었다. 그들은 고부간이나 부인들 간의 갈등 아니면 배다른 자식들 간의 갈등이 많아서 부인이 많은 남자들은 집안에 붙어 있지 못한다는 농담도 했다. 아이들의 교육과 훈련은 어머니가 주로 맡았다.

졸라포니 지역은 수직적 전통사회로 집안 어른이 있어 아버지들과 어머니들을 두려워했고 형제들에게도 서로가 잘해야 했다. 잘못을 저지르면 여자아이도 맞았다. 아이들은 학교나 집에서 늘 회초리나 손으로 체벌을 받았다. 아이들이 매를 맞거나 혼쭐이 날 때 아니면 부부싸움을 하다가 남편이 아내를 때리면, 아이들은 동네가 떠나갈 듯이 괴성을 지르면서 집에서 뛰쳐나와 달아나는 광경을 종종 볼 수 있었다.

우리가 이들에게 아이들은 하나님의 귀한 선물이니 보살피고 사랑하라고 하면 무슨 소리냐고 펄쩍 뛰었다. 그들은 자기네 방식대로 아이를 훈육해야지 유럽식으로 하면 아이들이 버릇이 없어진다고 하며 우리의 충고를 받아들이지 않았다. 교회에서도 비슷한 이야기를 들었다. 선교사들이 교회 아이들에게 너무 부드럽게 하는 바람에 아이들이 부모님의 말을 안 듣는다는 것이다.

교회 리더들도 이 부분에 대해서는 같은 의견이었다. 왜냐하면 선교사 밑에 있으면 반 유럽인이 되어 우선 교회 리더들의 말을 듣지 않았고 감비아에 살면서도 감비아 삶이나 성도들과 적응을 잘하지 못했기 때문이다. 무엇보다 여자들의 경우 특히 요리를 배우지 못하면 결혼하기가 어렵기 때문에 집안에서 엄격하게 요리 교육을 배우게 해야 한다고 했다. 따라서 선교사가 아이를 책임질 것이 아니라면 이 사회에 적응할 수 있도록 훈육 문제에 개입하지 말라고 했다. 시바노교회에서도 교육적 격려는 하되 어린아이들을 집안에서 훈육할 때는 선교사들이 간섭하지 말라고 했다.

청소년사역을 하다 보면 회교도 아이들이라도 우리와 가까워지면 마음 문을 열고 어려움을 호소했다. 이때 선교사들의 지혜가 필요했다. 직접적인 간섭은 못 해도 주님께서 그들의 상황을 바꾸어주시도록 먼저 기도하는 것이 중요했다. 어느 성도는 젊은 여자 아이가 말을 안 듣는다고 손을 뒤로 해 나무에 묶고는 등을 막대기로 때리는 일이 있었다. 동네가 떠나갈 듯 울어대는 젊은 여자는 그 집에 민며느리로 와 살던 아이였다. 그러나 교회나 주변 사람들에게 덕이 안 되어 교회 차원에서 브라이언 선교사가 그만 중지하도록 종용했다.

그 후 교회에서도 기회가 되면 자녀에 관한 성경적 훈육이 실천에 옮겨지도록 말씀을 통해 가르쳤다. 그들의 문화 배경에서 전통적으로 고수해왔던 훈육방식을 하루아침에 말씀에 순종하기까지는 시간이 걸릴 것 같았다. 성령 하나님의 임재와 간섭이 그들에게 있기를 기도할 뿐이었다.

나는 이들에게 그리스도인의 성경적 가족 개념을 가르치기 위해 노력했다. 그리스도인의 가정은 회교도와 달라야 하며, 그들에게 모범을 보여 그리스도의 사랑을 나누어야 한다고 강조했다. 대부분의 성도들은 그들의 자녀가 주님께 속한 하나님의 자녀이며 주님께서 주신 사랑의 선물이라는 것을 이해하기 힘들어했다.

아프리카인들 나름의 자식 사랑은 그 표현법이 다른 문화권과 다를 수도 있었다. 성도들의 경우, 때로 자식을 때리기도 했지만 일반적으로 가난함에도 부부 관계는 좋아보였다. 그러나 가난한 삶에 버거웠는지 자녀들을 통해 주님께 영광이 돌아가도록 기도하는 성도들은 거의 볼 수 없었다. 나는 이들이 자녀를 주신 하나님을 생각하며 그의 사랑에 감사하고, 자녀를 바라볼 때마다 그 속에서 하나님의 사랑도 발견할 수 있도록 기도했다.

이즈음 나는 동네 부인들과 발란타족 여성도들을 어떻게 연결시킬 것인가 고심해보았다. 동네 부인들은 발란타족 사람들이 외부인들이고 술과 돼지고기를 먹는 사람들이라고 경시했다. 교회 졸라포니족 새신자들도조차 발란타족과 음식을 나누는 일은 없는 것 같았다. 졸라포니족 성도들과 발란타족 교우의 집에 가기는 했지만 서로 꺼리는 눈치가 역력했다. 교회에서는 만딩고족 성도는 하나도 없는데 공용어로 만딩고어를 쓰고 있었다. 졸라포니족이 만딩고어를 잘한다지만 역사적으로 만딩고족과의 갈등이 있었기에, 만딩고어 신약성경을 적극적으로 배우려고 하지 않았다. 그렇다고 졸라포니어 성경이 있는 것도 아니어서 난감했다.

우리 부부는 교회에서 영어로 말씀을 증거하고 기본교리를 가르치고 전도하는 법도 가르쳤다. 기도도 영어로 했다. 그러나 이런 방법은 성도들의 믿음을 성장하게 하는 데 별로 도움이 되지 않았다. 회교도들에게 둘러싸여 영적으로 매일 핍박받는 성도들은 말씀에 더 갈급했던 것이 사실이었다. 우리는 성도들에게 여러 방면에서 도전해오는 주변 사람들이 적이 아니라 안아주어야 할 잃어버린 영혼으로 여기도록 가르쳤다.

VII
문서선교 사역의 길

문서사역을 앞두고 한 금식기도

12월은 내가 주님을 만나게 된 달이어서 가능하면 주님께 올려드리는 시간으로 정해서 3일간 금식기도를 했다. 그러나 연말이 아니었지만 갑자기 성령님을 통해 나의 마음을 다급히 몰아가심을 감지하고 40일 작정기도를 하기로 했다. 1994년 2월 웩 콘퍼런스 때에 문서사역을 승인을 받게 하셨으니 주님께서 이 사역에 동역할 교회와 앞으로 언어학에 관한 교육의 길을 열어달라고 하루하루 기도했다. 매일 아침 집안일 중에도 아이들을 돌보면서도 집중적으로 기도하는 동시에, 오후에 양철 창문을 닫고 어둡고 시원해진 방에 아이들을 눕히고는 다시 바닥에 꿇어앉았다. 갈급함으로 아버지를 만나고 싶은 매일이었는데 실망과 탄식이 매일 쏟아져 나왔다.

40일 작정기도를 마치기 약 일주일 정도를 남겨두고 주님과 씨름했는데, 주님을 신뢰하기보다 현재의 형편을 불쌍하게 보이도록 기도하는 나 자신을 발견했다. 나를 위해 십자가에 흘리신 보혈의 은혜를 물질의 어려움으로 인해 망각하고 있음을 발견했는데 갑자기 이중적인 내 모습에 모멸감이 일었다. 마태복음 6장 25절 말씀처럼 "그러므로 내가 너희에게 이르노니 목숨을 위하여 무엇을 먹을까 무엇을 마실까 몸을 위하여 무엇을 입을까 염려하지 말라. 목숨이 음식보다 중하지 아니하며 몸이 의복보다 중하지 아니하냐"라고 하셨는데 나 자신을 위한 염려가 너무 많은 것이었다.

나를 위해 중보하시고 계시는 예수님, 은혜의 보좌에 앉으신 주님을 생각하는데 내 상황 때문에 깊은 연민에 빠져 좌절하며 울고 있는 나 자신을 발견했다. 그러자 마음속에서 우러나오는 깊은 회개가 내가 탄식하고 울부짖었던 것보다 더해갔다. 그리고 나니 눈물의 감사와 찬양이 터져 나왔다. 감비아라는 약속의 땅, 졸라포니라는 오지에서까지 우리 가족을 귀하게 돌보시는 주님의 손길을 감사했다. 때마다 굶지 않도록 까마귀들을 통해 먹이시고 입혀주신 긍휼하신 주님께 우리의 일용할 양식을 구하며 말씀 묵상에 더 정진했다.

그 뼈저린 회개 시간 후에는 나에게 때를 얻든지 못 얻든지 복음을 전해 교회를 세워야 한다는 말씀이 마음에 크게 다가왔다. 감비아 전체에 하나님의 나라가 들어서기를 원하시는 말씀이라고 믿었고 우리는 순종으로 받들고 나가야 한다고 재다짐하게 되었다.

모든 비전을 주님께서 우리 마음에 심으셨으니 그 발걸음도 인도해주시길 기도했다. 그래서 문서사역은 절대적으로 필수불가결한 자료이니 그 사역을 해야 한다는 결론에 도달했고 재도전을 받게 되었다. 천국 복음을 전해야 한다면 졸라포니들에게 가장 적합한 그들의 언어로 된 하나님의 말씀을 제시하며 증거해야 하는 일이므로 교회 개척과 관계되는 사역에 기초를 놓아야 했다. 사실 돌아보면 오래전에 주님은 꿈을 통하여 내 손에 말씀을 쥐어주셨다. 어렸을 때 받았던 그 비전이 다시 살아났고 마치 주님이 문서사역을 하라는 승인도장을 찍어주시는 것 같았다.

주님께서는 감비아 약 2백만 명의 백성에게 무척 관심이 많으셔서 이들 모두가 무심하게 인생 대로를 가다가 유황불에 떨어지도록 두지 않으실 것을 믿었다. 우리가 이 땅에 오게 된 것도 구약 시대 때부터 여러 선지자들을 보내셨던 하나님의 신실한 인내의 역사하심이 분명했다.

사람을 살리고 영생의 복을 주는 천국의 복음이 우리 손에 있음이 내게는 말할 수 없는 기쁨이 되었다. 하나님께서 우리를 성령에 민감하게 하시고 주님을 바라보며, 주님의 말씀에 귀 기울여 순종하는 사람으로서 사람을 낚는 어부가 되게 해주시리라고 믿었다. 나는 주님의 말씀에 귀를 기울이어야 한다는 것에 큰 도전을 받았다. 소용돌이같이 바쁜 발걸음에서 주님보다 앞서지 않고 주님의 때를 기다리며 주님의 지시대로 따른다는 것은 모든 면에서 절제라는 훈련이 필요했다.

40일 작정기도를 마감하고 그다음 날 오후 우리 집 앞에 갑자기 많은 한국인들이 찾아왔다. 웩 선임 선교사였지만 그 당시 분리독립하여 브리카마 지역 청소년사역과 기술학교를 시작했던 이재환 선교사님과 그 일행이 우리 집에 왔다. 그는 가끔 선교지를 탐방하는 모든 이들에게 희생적으로 선교지 안내를 안내를 하시는 신실한 분이셨다. 이 선교사님은 마이크로버스로 약 25명 정도를 데리고 우리 집을 방문했다. 그는 전화가 없어 우리에게 연락하지 못했다며 양해를 구했다.

　이 선교사님 일행은 우리 집 뒷마당으로 들어오더니 뒤꼍에 서서 인사를 했다. 나는 멀리서 오신 분들에게 감비아식으로 물을 대접하려고 부엌으로 들어갔다. 대접할 거라고는 냉장고에 보관 중이던 시원한 물밖에 없었다. 나는 냉장고에서 물을 꺼내 손님들에게 냉수를 대접했다. 그런데 그중에 한 선교사가 나에게 경상도 사투리로 말을 건넸다. 필리핀에서 사역하다가 장로교 합동 측 본부사역을 했다는 그녀는 나를 보더니, 필리핀에서 사역할 때 어느 선교회를 통해 나의 간증문을 본 적이 있다고 했다. 참으로 세상이 좁은 것 같았다. 따라서 어디를 가나 죄를 짓거나 거짓말을 할 수 없다는 생각이 들었다. 이런 골짜기에서 나를 아는 선교사를 만날 수 있다니 말이다. 그녀는 당시 필리핀에서 사역하는 조국희 선교사였다.

　나는 부산에서 하민기 목사님을 통해 바나바선교회의 성도들을 소개받아 인사를 나눈 적이 있었다. 조 선교사와 이야기를 나누던 중 자신이 부산 사람이어서 그들을 잘 알고 있다며 나에게 그들의 안부를 전해주었다. 그들은 장로교 합동 측 선교위원회 소속으로 나이지리아에서 개최하는 선교대회에 참석할 예정이었다고 했다. 그런데 비자를 받지 못해 갑자기 감비아로 방향을 바꾸어 이곳으로 오게 되었다고 했다. 그들은 내가 대접한 물을 한 잔씩 마신 후 우리의 시역에 조금 든고 브리카마로 돌아갔다.

　이틀 후에 브리카마에서 연락이 왔다. 우리 가족을 한번 만나보고 싶다는 이들이 몇 사람 있다며, 약속 날짜와 장소를 정하자고 해서 그렇게 했다. 나는 약속한 날짜에 맞추어 만나기로 한 장소로 아이들을 데리고 나갔다. 나를 만나자고 한 사람들이 그곳에 있었다. 그중의 한 분이 감비아에 발을 디딘 후 우리 집에서 처음 냉수를 마셨던 감격을 잊지 못했다며, 나에게 물을 대접해주어서 감사하다고 했다.

그들은 우리 집에서 브리카마로 갈 때 도로 사정이 좋지 않아 차를 천천히 운행했다고 했다. 그때 한 선교사가 차 안에서 나에 대해 소개해주어 많이 알게 되었다고 했다. 그런데 뜻밖에도 그들은 우리 가족을 위해 선교후원자가 되어주겠다고 했다. 낙원제일교회의 최병현 목사님과 다른 두 분, 그리고 점촌제일교회의 이정호 목사님이 그분들이다. 그리고 바울과 베냐민을 보더니 나에게 사역에 수고가 많다며 기도해주겠다고 했다.

나는 그들에게 40일 작정기도가 막 끝났을 때 그분들을 만나게 되어 내심 놀랐다고 했다. 그러자 선교팀을 이끌면서 당시 사역지였던 나이지리아로 가려고 했던 대표이신 강승삼 목사님께서, 주님께서 나의 기도를 들으시고 나이지리아에서 감비아로 행선지를 바꾸도록 이끄신 것을 그제야 알겠다고 했다. 주의 성령 가운데에 이렇게 서로가 주의 인도하심으로 우리는 하나가 되었다. 나는 좋은 동역자들을 만나게 해주시는 주님의 살아계심을 경험하게 되어 기뻤다.

그들과 헤어진 후 나는 살아계신 주님을 찬양하며 집으로 돌아왔으나, 남편은 그런 나의 기도에 관해 잘 모르고 있었다. 어쩌면 나는 남편보다 믿음의 분량이 형편없이 적었는지도 모르겠다. 왜냐하면 40일 기도를 작정하고 장기사역자로서의 소명을 확인해보고 싶다고 했는데, 남편은 장기사역에 관한 소명이 변함없다고 했기 때문이었다.

나는 개인적으로 주님의 뜻을 알고 감비아에서도 장기사역에 정진하거나 아니라면 이 나라를 떠나야 하는지 알고 싶어 급박하게 주님께 기도할 수밖에 없었다. 당시 나는 소명의 자리에서 일에 매여 탈진되어가고 있었고, 광야 같은 현실에서 영적인 샘물을 맛볼 수 없는 상황이었다. 두 아기를 데리고 선교지에 들어왔는데 주님이 우리를 살려주시지 않으면 그곳에 더 있을 수 없는 형편에 도달했었다. 선교지에서의 경제적 어려움은 형제자매 친지가 있는 우리나라에서 겪는 것과는 판이하게 다르게 느껴졌다.

주님께서 눈동자같이 지켜주신다는 것과 이 세상 끝 날까지 함께하여 주시리라는 약속이 생각났다. 벧엘에서 야곱이 기본적인 욕구를 내세우며 부르짖던 것도 떠올랐다. 주님께서 이 부분에 관해 자유를 주시기를 기도하면서 마음의 평안과 사역에 필요한 일용할 양식을 내려주시기를 기도했다. 내가 주님의 뜻 가운데 있는 것인지조차 기도 가운데 재확인하고 절실히 주님을 만나보고 싶었다. 그러자 기도의 시간만큼 주님께서 내 마음속 깊이 기쁨을 주셨다. 시편 86편 1~2절 말씀이 나에게 크게 다가왔다.

아무에게도 말하지 않고 기도해왔는데 주님은 내 기도의 동기도 아시며 결과도 아시니 그 과정에도 함께하심을 믿게 되었다. 주님께서는 기도의 열매로 나에게 즐거운 비명을 마음껏 지르도록 하락하셨고 진정 그의 품에 안겨 평안을 경험케 하셨다.

점촌제일교회에서의 파송식

우리를 방문한 일행 중 목사님 한 분은 감사하게 얼마간 후원을 하셨고 다른 분들은 기도를 해주셨음이 분명했다. 점촌제일교회 이정호 목사님은 교회에서 나를 선교사로 파송하겠다고 제안하셨다.

과연 이렇게 중요한 사역관계를 쉽사리 결정한다는 것은 인간적으로는 할 수 없었다. 이렇게 연고가 없던 한국의 한 교회의 파송 제안 편지를 받고 훌쩍 갈 수 있는 것인지에 관해 선교회 리더들과 상의했다. 그로부터 약 10개월 후 주님께서 점촌교회의 제안을 받고 잠시 한국에 가서 합동 장로교단의 도움으로 파송을 받게 해주셨다.

파송을 위해 우리 가족이 한국에 도착한 3월 말이었다. 봄인가 했는데 고개를 넘는 도중 눈이 퍼붓기 시작하더니 고개 중턱에서는 차를 서서히 몰고 가야 할 정도로 눈발이 심해졌다. 축복과 같이 내리는 눈을 처음 본 아이들은 차에서 내려서 펄펄 솜같이 내리는 눈을 신기한 듯 만져댔다. 마음속 깊이에서 주님을 부르는 탄성과 기쁨이 솟았다. 아프리카에서 보기 힘든 이 선물을 아이들에게 주신다는 생각에 기쁨이 넘쳐 올랐다.

당시 합동장로교의 선교회 대표 강승삼 목사님은 미국 출장 중이셨고 안동기 목사님이 대신 파송을 위해 경상북도 점촌으로 내려왔다. 우리 집안에서는 아버님께서 파송식 때에 처음으로 교회에 발을 들이시고 형제들 중에서는 셋째 오빠 내외, 그리고 둔촌에서 목회를 하시던 배 목사님과 인천 제이교회 불꽃선교회 여러 성도들이 와서 자리를 빛내주었다. 훗날 들은 이야기지만 영국에서 만난 인연으로 파송식에 오셨던 배광영 목사님은 그날 우리 아버님에게 성경을 드렸는데 받으셨다고 했다.

우리는 파송식을 마치고 감비아로 무사히 돌아왔다. 나는 소명을 받고 처음 파송지로 갈 때는 교회의 기도와 지원이 얼마나 필요한지 몰랐다. 아프리카는 물가가 싸기 때문에 경제적인 부담도 크지 않으리라 생각했다. 하지만 그것은 오산이었다. 감비아에서는 공산품들을 대부분 외국에서 수입하기 때문에 고가였다.

나는 감비아 사람들과 같은 수준으로 살아가고자 시도는 했지만 사역과 더불어 고용관계에서도 임금을 제외한 부수적으로 요구되는 경비가 예상 외로 많았다. 예를 들면 파트타임으로 우리 집 허드렛일을 맡은 화투마타의 경우, 그녀는 딸아이가 아프니 반줄 도심으로 데려다 달라고 어느 날 밤에 찾아왔다. 급히 개복 수술을 해야 한다고 했는데 그다음 날 수술을 마쳤으나 병원에 약이 없으니 사와야 한다고 했다. 거의 2주간 병원에 있다가 나오면서도 약은 여전히 환자가 사서 복용해야 해서 우리가 돈을 대주어야 했다. 이 외에 졸라포니족 아이들의 교육비나 생계가 우리에게도 직접적으로 영향을 미치는 일이 한두 번이 아니었다.

이러한 만남을 통해 주님께서는 그들과 접촉하게 하시고 복음을 전할 수 있도록 해주시는 것을 알았지만 경제적인 면에서 우선순위를 분명히 하는 지혜가 필요했다. 어느 때는 우리가 아무리 애써보았지만 갑자기 일어난 불상사를 어찌해 볼 수 없을 때도 많았다.

이러한 나의 사정과 형편을 보고 계셨던 주님은 성령을 통해 기도케 하시며, 점촌제일교회의 목사님을 통해 졸라포니족을 미전도종족으로 입양하여 기도와 물질로 후원할 수 있도록 인도해주셨다.

처음에 선교지를 향할 때 나는 분명히 주님이 채워주시리라는 믿음으로 나아갔는데, 교회의 배경 없이 선교지를 나왔던 형편을 주님은 아시고 계셨음이 분명했다. 소명만 붙잡고 경제적인 준비 없이 선교지에서 사역하다가 곤란을 겪고 있는 우리를 긍휼히 여겨주신 주님께서 우리 사역에 개입해주셨음을 알고 감사드렸다.

험한 벌판이라고 생각했던 사역지에서 주님은 인내의 기도로만 주님께 구하도록 하시고는 영적인 샘물을 터트리셨다. 또한 우리가 기진해서 그 자리에서 주저앉아 사역지를 떠나가기를 바랐던 원수들 앞에서 은혜의 잔치를 베풀어주셨음을 확신하고 주님께 영광을 돌렸다.

비록 점촌제일교회에서 싱글 선교사로 파송 받았지만, 우리 가족에게는 큰 힘이 되었음으로 용기백배해 감비아로 돌아왔다. 이에 관해서 다른 선교사들에게도 주님의 선하심을 간증할 수 있어 감사했다.

영적 싸움

다시 감비아에 돌아와서 사역에 집중했다. 마리야뚜는 사무엘과 건강하게 사내 쿤다에서 계속 지냈고 아기도 질병 없이 잘 크고 있었다. 마리야마 카마라는 거리를 다닐 때마다 옆집 과부에게 그녀가 죽으면 알라가 지옥 불에 처넣을 것이라는 악담을 들었다고 했다. 나는 그녀가 이웃 회교도들과 시비가 붙어 자주 말다툼을 한다는 소식을 들었다. 그녀의 식구들이 사는 카마라쿤다는 모두가 회교 집안이지만, 그들은 선교사들과 예전부터 가깝게 지내왔다. 게다가 이제 장애인 딸이 교회에서 말씀을 통해 위로도 받고 성도들에게 많은 사랑을 받고 있음을 잘 알고 있었다.

마리야마 카마라는 연약해보였지만 아름다운 믿음의 소유자였다. 그녀는 주님의 사랑을 깊이 느끼곤 했으며, 찬송을 잘 불렀다. 그녀의 어머니는 텃밭에 심은 푸성귀나 양념 등을 조금씩 널빤지에 올려놓고는 집 앞 망고 나무 그늘에 앉아 팔아서 생계를 이어갔다. 그러나 이제 예수쟁이가 됐다고 하여 그나마 물건을 팔아 주질 않아서 나는 교회 성도들에게 무엇이든 사야 할 것이 있다면 마리야마 카마라에게 가도록 권유했다. 우리도 그녀의 상자 위에 푸성귀를 자주 사왔다.

마리야마 카마라는 망고 나무 아래에서 휠체어에 앉아 있고는 했는데, 지나가는 사람마다 한마디씩 야유를 한다는 소문이 들렸다. 교회는 더욱 그녀를 위한 기도를 올렸고 매 주일 그에 따른 간증이 넘쳐났다.

수요일마다 교회에서 졸라포니족만 모이는 시간에, 나는 몸이나 집안에 붙여 놓은 부적들을 없애라고 권면했다. 그러자 얼마 후에 그들은 부적을 버리면 화가 된다고 해도 화장실에 버리거나 불태웠다고 했다. 어떤 성도는 전에 소유하던 부적을 잃어버렸다고 했다. 나는 주님만이 그들의 마음을 보고 계시고 말로 시인하는 것을 들으시니, 주님을 전적으로 신뢰하도록 성경공부 때마다 가르쳤다.

졸라포니족 사람들은 부적에 집착했는데, 물론 사람마다 다르겠지만 태어나면서부터 받았던 부적을 다 모으면 평생 밀가루 포대에 가득 넣을 정도라고 들었다. 그리고 마을마다 우상들이 있었는데 이름들도 있었다. 대개는 나무를 신앙의 대상으로 삼았다. 들리는 말에 의하면 만작코족의 우상이 졸라포니족의 우상보다 세력이 강하다는 소문도 들었다. 교회에서 한 만작코족 학생이 개신교인 발란타족 청년과 사랑에 빠져 결혼을 시도했는데 집안의 반대로 결혼을 포기하게 되었다. 만작코족은 가족이 반대하는 결혼을 하면 식구들이 우상에게 대대로 저주를 내리도록 기도해서 결혼을 해도 자식을 못 낳거나 낳아도 죽거나 건강하지 못한 아이를 낳는다는 믿음이 강해서, 마음대로 결혼할 수 없다고 했다.

어떤 발란타족 여인은 여러 남자와 결혼하여 아이를 많이 두었는데 불면증으로 시달리다가 교회에 왔다. 그런데 눈만 감으면 붉은색이 떠올라 잠을 자지 못했다. 의료적 소견으로 보면 영양실조처럼 보였다. 나이에 비해 치아도 빈약했고 짧은 곱슬머리도 푸석거렸다. 우리는 그녀에게 집에서 믿고 있는 우상이 있는지 여부를 물었다. 예상대로 집 뒤꼍에 우상을 모시고 있는데, 부모가 매일 그 우상에게 절을 하며 집안의 행사를 고하고 지시를 받는다며 그 우상의 이름을 알려주었다. 부모와 사이가 좋지 않은 이 여인은 부모가 집안의 신주단지에 자기를 저주했다고 믿으며 공포에 떨었다. 그녀의 몸은 뼈만 앙상한 채 말라 있었고 눈은 항상 충혈되어 있었다. 여러 명의 아이들을 키워야 해서 건강이 좋지 않아 보였고, 집이 없어 친척인 어느 교인 집에 얹혀사는 불쌍한 여인이었다.

몇몇 부인들이 예수님의 이름으로 기도하며 그녀를 그 상황에서 구원해주시고 예수의 피로 덮어주시도록 기도했다. 특히 빨간색이 눈에 들어와 불면증에 시달리는 고통에서 해방되게 해달라고 기도했다.

　기도의 응답이겠지만 얼마 후에 그녀는 점차 건강이 회복되었다고 간증했다. 그런데 나는 교회에서 성도의 간증을 들어도 문화적인 배경의 차이로 이해가 안 되는 부분이 많았다. 한 여성 성도는 이런 간증을 했다. 그녀는 한 발란타족 가정과 함께 지냈는데, 여성도 성경공부시간에 꿈속에서 누군가가 자기의 입에 무엇인가를 퍼먹였다고 했다. 그런데 그들에게 꿈속에서의 행위는 상당히 의미가 깊은 것이었다. 그녀는 그렇게 한 사람이 교회에 있지만 이름은 밝힐 수가 없다고 했다. 그 사람이 자기 마음을 변화시키려 한다고 공포에 사로잡혀 기도를 요청했다. 다른 발란타족 여성도 흥분하며 그녀의 말에 동조했고 상당한 관심을 보였다. 그러나 선교사들은 듣기만 할 뿐, 그들의 마음을 이해하기가 어려웠다. 예배가 끝나고 나는 그녀에게 꿈속에서 약을 먹이려고 했던 사람이 누구인가 물었으나 아무 대답도 안 했다. 그녀는 개인적으로 사이가 좋지 않은 교회의 어느 지도자를 두고 뒷말을 하다가, 결국 교회를 떠나 도심으로 가고 말았다.

　이 마을에서는 마라부들이 사람의 마음을 변화시키려고 약을 주워 먹게 하는 일이 비일비재하다고 했다. 이들은 꿈일지라도 그런 행위가 실제로 본인에게 효력을 발휘해 어떠한 일들이 일어난다고 믿었다. 그리스도인일지라도 그들의 세계관은 우리와 너무 다른 탓에 말씀 중심으로 가야 한다는 선교사들의 주장에도 고집을 꺾지 않았다.

　한 번은 타 지역의 한 여성도가 눈에 벌건 핏기가 보여 불면증에 시달리다가 시바노교회에서 기도를 많이 한다는 것을 듣고 찾아왔다. 나는 그녀를 위해 부인들의 모임에서 함께 손을 얹고 기도하자 쓰러지면서 경련을 일으키는 것도 보았다. 그 성도는 정신을 잃고 얼마간 누워 있었는데 우리가 찬양을 부르니 일으켜 세우니 제정신으로 돌아와 얼마 동안 교회 리더 집에 머무르다 다시 세네갈로 돌아갔다.

나는 말씀이 먼저 이들에게 깊이 들어가야 하고 삶에 적용되어야 한다고 생각했다. 어느 때는 영적인 분별력이 약화되어 가는 것이 성도들 사이에 보였고 그러한 일로 시기와 질투를 하는 것도 보았다. 그들은 주님을 높이며 영화롭게 하기보다 발란타족의 간증을 본받아 자기선전과 허풍을 따라하는 데 더 관심이 있었다. 그런 모습은 새로 믿음을 갖게 된 졸라포니족 사람들에게 본이 되지 않았다. 브라이언 선교사는 그들을 따로 불러 교육 차원에서 간증에 관해 다시 가르쳤다. 물론 선임 선교사들의 가르침이 없었던 것은 아니지만 그러한 교회 풍조 속에 깨끗하지 않은 영이 항상 따라다닌 것을 보았다.

그들의 간증은 때로는 중상모략으로 들려질 때도 있었다. 그래서 교회 분위기를 흐리게도 했다. 이들에게 성경이 없었기 때문에 말씀보다는 꿈이나 계시를 더 따랐는데, 문제는 그런 계시들은 대부분 남을 공격하기 위한 것이지 교회사역에 격려나 도움이 되지 않았다.

한 청년은 기니비사우에서 눈을 고치기 위해 감비아로 왔다. 그는 시바노교회 성도인 친척 집에서 오랫동안 머물렀다. 그러다가 어느 단기 선교사가 청년부에 와서 도움을 주자 그 선교사를 좋아해서 그는 편지를 써서 그녀에게 보냈다. 그가 보낸 편지의 내용은 이곳 사람들이 상투적으로 쓰는 수법으로 흑인이나 백인이나 다만 예수의 피로 산 우리는 주님 앞에 평등하니 결혼을 하자고 구혼하는 것이었다. 당시는 시바노교회나 타 교회의 청년 성도들이 선교사들에게 구혼하는 편지를시 종종 보냈다. 구혼을 하다가 실족하면 예배를 포기하는 청년들도 많았다.

주님 앞에 모두 동등하니 결혼을 요구하다 거절당하면 자기가 흑인이어서 무시당한 것처럼 이야기하고는 교회를 떠나기도 해 너무나 안타까웠다. 하나님께 구하지 않고 막무가내로 욕심을 부리는 구혼 행위는 나에게 영적 철부지의 행동처럼 보였다.

이러한 일들을 보면서 이들이 유럽 선교사들을 돈줄로 본다는 생각이 들어서 안타까웠다. 하지만 우리가 제대로 말씀을 전하지 않아 일어나는 일들임이 분명했다. 주님께 결혼 대상자들을 두고 먼저 기도로 구하면 얼마나 아름다운 일이겠는가! 참으로 이들에게 말씀을 통한 교육이 절실했다.

감비아 성도들의 영적 수준

예배를 드릴 때, 나는 신령과 진정으로 예배를 드려야 한다고 믿었다. 그런데 감비아에서 나는 예배시간에 선글라스를 끼든가 모자를 쓰고 있는 성도들이 종종 보였다. 또는 밭에 갔다가 진흙이 덕지덕지 붙은 바지를 입고 예배에 참석했는데, 이렇게 경외심 없이 예배를 드리는 이들을 보고 이질감을 느꼈다. 심지어 마음에 부담이 되어 그들을 판단하기도 했다.

유아실이 없었기에 아기 엄마들은 아기를 데리고 예배당에서 예배를 드렸다. 그들이 율동에 맞추어 찬양을 하다보면 기저귀를 차지 않은 아기들은 영락없이 엄마의 앞치마에 오줌을 싸거나 설사를 했다. 그래서 교회의 바닥이 오물로 더러워지면 예배를 보다가도 밖에 나가 모래를 들고 와 덮고는 태연히 쓸어내렸다. 그래도 누구도 뭐라고 말하는 사람도 없이 예배는 그대로 진행되었다.

대부분의 선교사들은 상황화를 부르짖으며 복음전파에 도움이 된다고 믿고 감비아 전통의상을 입고 다녔다. 의료 선교사들은 재봉을 배운 성도들이 만든 옷을 구입해 입었다. 그래서 주일에 피부색만 좀 다르다 뿐이지 교회 성도들과 비슷하게 옷을 입고 예배를 드렸다.

의료 선교사들은 본토에서 옷들을 많이 기증받았다. 그래서 이 옷들을 병원과 교회에서 성도들에게 나누어주었다. 겨울에는 아침과 한낮의 일교차가 심해서 아기를 출산하면 병원에서는 그 더운 때에도 아기에게 털실로 짠 옷들을 입혔다. 감비아에서는 이런 옷을 구할 수 없었고 아기들 옷조차 없었으니, 선교병원에서 출산하면 공짜로 옷들을 제공하기도 해서 큰 호응을 얻었다.

아침 안개가 끼고 10~15도 정도로 내려가 겨울 맛이 제법 나면 마을 여기저기에서 모닥불을 피웠다. 이렇게 온도가 내려가면 이곳 사람들은 구호품으로 받은 병원 수술복이나 의사나 간호사 가운을 입고 다녔다. 성도들 중에는 일요일 예배에 선교병원에서 얻은 녹색 수술복이나 간호사 정복을 그대로 입고 예배에 참석해서 웃지 못할 상황도 벌어지곤 했다. 어느 여성도는 잠옷과 속치마를 받았는지, 낮에도 속치마를 옷 위에 걸쳐 입고 길거리를 다녔다. 졸라포니족에게는 외국인들이 입는 속치마라는 개념이 그 당시에는 따로 없었던 것 같았다.

졸라포니족 집에 들어가 보면 거적에 그대로 누워 자는 사람들이 수두룩했다. 침대가 없어 밀가루 포대를 엮고, 거기에 들풀을 말려 넣어 메트리스를 만들어 쓰기도 했다. 또한 빈대에 물려 잠을 못 잤다는 아이들 머리에 이가 들끓어 누가 누구에게 이를 옮겼는지를 두고 서로 우기기도 했다.

시바노교회의 졸라포니족 그리스도인들은 여자들만 제외하고는 세컨더리 학교 졸업생이어서 대부분 영어를 잘했다. 반면 발란타족 성도들은 만딩고어 신약성경을 읽을 수 있으나 영어를 별로 못했다. 그로 인하여 발란타족과 졸라포니족 성도들 가운데 조금씩 질투와 불신이 싹터 갔다. 이 선교사들 중에서 우리 부부만 졸라포니어를 배웠기에, 우리는 졸라포니족 새신자들을 대상으로 말씀을 나누며 교제를 시작했다.

교회에 정착해 있던 발란타족 성도들은 졸라포니족 성도들이 신참 선교사인 우리 부부에게 사기를 쳐서 돈을 뜯어낸 후 다시 오지 않을 것이라고 생각하는 것 같았다. 졸라포니족에게 다가가는 우리에게 발란타족 성도는 경고하듯이 우리에게 그들이 경험한 이야기를 들려주었다.

그들은 주로 예전에 어떤 성도들이 선교사에게 돈을 꾸어 집을 짓거나 우물을 파고 교회에 발을 끊었다는 사례 등을 말했다. 그러나 그렇게 교회를 박차고 나갔다 한들 같은 마을에 살기에 선교사들은 끈기 있게 다시 찾아가 격려하며 교회에 다시 나오도록 한다는 것도 나는 알게 되었다.

어느 선임 선교사는 몇십 년간을 하루도 빠짐없이 그 영혼을 위해 기도한다고 했다. 그 선교사는 주님의 마음이 배교자에게 계심을 알았기에 기도를 멈추지 않았다고 말했다. 후에 그가 결핵에 걸리고 부인도 유방암으로 어려움을 겪을 때에도 선교사들은 한결같이 그들을 돌보아주었다고 했다. 한때 주님을 영접했고, 그의 뛰어난 이름으로 기도를 했고, 죄를 고백했기에 선교사들은 그 영혼을 포기하지 않았던 것이다. 선임 선교사들의 이러한 간증을 들으면서 내게도 과연 그런 인내가 있을까 싶었다.

시바노교회에는 술과 간음문제로 파문당한 사람이 있었다. 그는 약 2년을 교회 주변을 맴돌며 교회로 들어오지 못했다. 그래서 우리는 기도 끝에 주의 사랑 가운데 복권시키는 것에 관해 여러 번 상의했으나 지역 성도들은 용서에 관해 더 어려워했다. 훗날 그 성도는 세례교인들 앞에서 지난 모든 일들을 주님께 회개하며 교회로 돌아오게 되었다.

이곳 성도들은 주로 신약성경을 중심으로 하나님이 기뻐하시는 생활에 관해 반복해서 말씀을 배웠다. 선교사들은 데살로니가전서 4장 3절의 말씀과 같이 하나님의 뜻인 거룩함을 좇고, 음란과 색욕을 버리라고 자주 권면했다.

성경말씀을 나누는 주일에는 용서와 사랑의 말씀보다는 하나님의 정의나 긍휼하심, 죄와 벌, 부자와 가난한 자와의 비유라든가 농사와 추수에 관한 어쩌면 흑백논리가 분명한 말씀을 주로 전했다. 발란타족 성도들이 대부분 만딩고어 신약성경을 대표로 읽었는데, 초신자들인 졸라포니족 성도들보다는 훨씬 더 성경을 잘 읽었다.

얼마 후에 졸라포니족 성도들이 만딩고어로 된 성경을 읽기 시작했는데, 발란타족들은 발음이나 끊어 읽기를 잘 못하면 자지러지게 웃거나 놀리는 일이 있었고, 그 자리에서 당장 발음을 고치라고 지적했다. 발란타족 성도들의 지적을 받자, 졸라포니족 성도들은 마음에 상처를 받았다. 나는 이를 계기로 두 부족에게 주님 안에서의 사랑을 가르쳤다.

감비아 사람들은 대체로 남의 실수를 들추어내거나 놀리는 일에 거침이 없었다. 우리도 언어를 배울 때 발음이 잘 되지 않으면 사정없이 놀림을 받았다. 감비아 옷을 입은 모양새나 걸음걸이를 두고 놀려대며 웃는 것을 아무렇지도 않게 했다. 아마 그런 반응을 받아들이는 사회적인 분위기가 있어서인 것 같았지만, 교회에서까지 그렇게 하는 것을 볼 때마다 착잡할 때가 많았다.

당시만 해도 여자가 바지를 입고 교회를 들어오지 못한다는 규칙이 있었다. 도시 쪽으로 갔다가 저녁에 올라온 어느 여선교사가 헐렁한 바지를 입고 교회를 들어왔다. 발란타족 리더가 그 선교사에게 앞으로 바지를 입지 말라고 말했다. 교회 청소년들에게 본을 보여야 하고 바지는 남자 옷이기 때문이라고 했다. 도시에서도 외국 풍조의 청바지나 꽉 붙는 티셔츠나 바지에 대한 논란이 많았다.

시바노 복음교회는 회교도들에게 둘러싸여 있었기에 주일예배 때 설교자는 목청을 한층 높여 교회 옆을 지나가는 회교도들이 들을 수 있도록 설교했다. 설교자는 산상수훈을 자주 설교했고, 회교도들이나 믿지 않는 자들에 관한 징벌에 관한 설교도 단골메뉴였다. 간증은 회교도들과의 논쟁에서 일어나는 일들을 묘사하거나 꿈에 관한 것이 많았다. 그래서 주님보다 사단을 부각시키거나 설교보다 간증이 길어지곤 했다. 그리고 다른 사람의 간증을 하니 자기도 해야 한다고 생각했다. 주님께서 주신 말씀이라며 직통계시를 자주 말하기도 했는데, 내게는 방종과 무질서로 보였다.

예배 후에 브라이언 선교사가 간증은 검증 후에 하자고 제안했는데, 성령의 역사라며 남편의 가르침을 받아들이지 않았다. 발란타족 설교자들은 말씀묵상과 준비보다는 그때그때 성령의 역사라며 즉흥적으로 말씀을 찾아 설교하기도 했다. 성도들은 간증은 성령의 역사라며 교회 리더나 담당 선교사들의 검증을 오히려 이상하게 여겼다.

교회의 긴 의자들이 못이 빠져 흔들거렸지만 아무도 고칠 생각을 하지 않았고, 선교사들만 바라보았다. 때로는 리더에게 의자를 고쳐야 되지 않느냐고 하면, 선교병원에 장비가 있고, 자기에게는 없기 때문에 선교사들이 그 일을 맡아주기를 바랐다. 크리스마스나 부활절에도 교회 청소를 위해 자발적으로 나서지 않았다.

반면 선임 선교사들에 따르면 이들 리더들은 성도들에게 족장의 역할을 하는 것처럼 보인다고 말했다. 그는 인척관계 있는 성도들을 돌보며 조언도 주고는 했는데, 자기네만의 비밀스러운 죄들은 수치로 여겨 유럽 선교사들에게 알리거나 조언을 구하지 않는다고 했다. 체면 유지도 좋지만 교회에서 일어나는 비일비재한 일들을 선교사들에게 알리지 않고 소통을 하지 않으니 어떻게 함께 기도할까 싶었다. 이들과의 관계 형성이 시급하며 신뢰를 얻는 것도 중요해보였다.

성도라면 서로 마음을 터놓고 기도하며 말씀으로 위로해야 했지만, 아직 교회 안의 분위기는 물과 기름이 섞여 있는 것 같았다. 아침 예배에 늘 개나, 닭, 소나 양, 당나귀까지 예배당에 데리고 들어오거나 기저귀를 채우지 않은 아기를 안고 들어오기도 했다. 일단 교회에 가축을 들어오는 것을 막기 위해 십일조를 통해 약 2년간에 걸쳐 조금씩 시멘트벽을 나지막하게 세웠다.

교회의 지붕이 녹이 나서 붉어지고 있었다. 건물은 진흙 벽에 종려나무가지를 잘라 천정과 더불어 지붕을 올렸는데, 건기에는 벽들이 갈라지고 우기에는 종려나무 서까래를 갉아 먹으려고 흰개미 떼들이 극성을 이루어 진흙 벽이 지저분했다. 하지만 성도들은 별로 신경 쓰지 않았다.

교회의 경제적 자생력을 논의하던 중 농지를 사서 성도들에게 농사를 짓게 했다. 감비아 복음교회 교칙에 의하면 선교사들도 모두 그 교회의 성도였다. 그래서 땅을 빌려 농지를 개간하는데 참여하지 않으면 벌금을 물었다. 의료 선교사들이 바빠서 농사일에 나오지 못해도 벌금을 물렸다. 의료 선교사가 내는 벌금이 아마 농작물 수확보다 많을 듯해 이 방법도 아이러니했다. 한

마디로 그들이 할 수 있다는 농사를 통해 교회를 경제적으로 자생하도록 하는 것은 현실성이 떨어져보였다.

이곳 성도들이 농사 기술을 어릴 때부터 터득해온 사람들이라는 것을 활용하려고 했지만, 교회 공동자금을 위해 농사를 함께 짓는 데에는 적극성을 보이지 않았다. 발란타족과 졸라포니족 성도들과의 문화적 차이로 인해 잘 어울리지 못하는 것도 교회가 하나가 되는 데 큰 방해가 되는 것 같았다.

감비아의 정치 개혁

1994년에 캄판트 마을로 들어갈 예정인 새로운 사역자 가족을 맞았다. 부인은 의사였지만 의료사역을 하지 않고 남편은 주로 아프리카 실정에 맞는 기술을 가르치며 사역을 하려는 구상을 가지고 있었다. 우리 가족도 어느새 선임이 되어 새로 오는 선교사들의 문화와 언어 적응을 도와야 했다. 우리가 처음 감비아에 도착해서 독일인 잉예 선교사에게 도움을 받았듯이 우리도 이제 독일 선교사 가정이 만딩고어를 배우고 기거할 집을 알선해야 했다.

우리는 시바노 마을에 들어와 언어와 문화에 적응을 했지만 대부분의 선교사들은 다른 마을에서 언어를 배워 사역지로 들어가는 것이 상례였다. 이들 신참 선교사 가정도 시바노 마을에서도 잘 알려진 마라부이며 회교사원과 밀접한 관계를 맺고 있는 집에서 기거했다. 그들은 딸아이와 방 한 칸에서 지내며 언어를 열심히 배웠고, 남편 선교사는 만딩고어를 배운 지 3개월 만에 만딩고어 신약성경으로 설교를 할 수 있었다. 만딩고어 자료가 충분하게 있으므로 언어만 배우면 사역까지 하는데 시간이 별로 걸리지 않는 것을 보고 나는 문서사역에 더욱 주목하였다.

1994년 6월 말에 우기가 시작 되면서 비가 내리기 시작되었다. 7월 22일에는 엄청난 비가 내렸는데 라디오에서 쿠데타가 일어났다는 소식을 전했다. 온 시바노 마을이 끊임없이 내리는 비로 인해 한 사람도 집 밖으로 나오지 않았다. 다우다 자와라 대통령이 반줄 항에서 군인들의 총격을 받고 세네갈로 피신했다는 뉴스가 보도됐다. 선교사들은 일단 시바노 선교병원에 모였다.

캄판트 마을과 자롤 마을의 선교사들도 시바노병원에 모두 모여 상황을 파악하며 기도회를 열었다. 우리는 세네갈의 카사망스에서 총격전이 벌어지면, 가끔 모여 비상사태에 관한 대책을 세워왔다. 선교사들은 아침에 파자라

본부에서 전해주는 라디오 무전과 일반 라디오를 통해 들리는 정부의 소식에 귀를 기울였다. 우리 중에는 1981년에 일어난 쿠데타 사건을 경험한 분도 계셨는데, 그분들은 당시 총격전으로 인한 참상을 말씀해주셨다. 여차하면 군인들이 선교병원으로 들어올 수 있고 심지어 카사망스의 적군들이 흘러들어올 가능성이 있어 주님께 상황이 빨리 안정되기를 기도해야 했다.

당시 엄청난 비가 일주일 동안 밤낮으로 끊임없이 쏟아져 내렸고, 어수선할 겨를도 없이 하루아침에 군사정부가 전격적으로 반줄의 대통령궁을 장악했다는 소식이 들렸다. 무혈 사태 후 졸라포니족 출신의 군인이 대통령이 되었다는 발표가 났다. 새 대통령의 이름은 야야잠매이고, 알라쿤다 마을 출신이라고 했다. 그 마을은 시바노 마을에서 차로 약 30분 거리이며 카닐라이 마을의 옆 동네였다.

갑자기 졸라포니 사람들이 밖으로 나와 사냥총을 하늘에 대고 쏘아대서 간담을 서늘하게 했다. 아마 오랫동안 만딩고족 정권하에 눌려 있던 감정의 표출이나 새로 등장한 대통령에 대한 경하 표시인 것 같았다.

야야잠매 대통령은 당시 텔레비전은 없었지만 라디오나 신문을 통해 전 정권의 부패와 타락과 재정에 관해 들추면서 정치적 소용돌이가 몰아쳤고 민심이 흉흉해져 갔다. 시바노 마을의 졸라포니족 사람들도 새로 등장한 군인 출신의 야야잠매에 관해서 아는 것이 별로 없는 것 같았다. 마을에는 그에 대한 풍문만 떠돌았다.

나는 역사를 주관하시는 주님의 방법으로 이제 졸라포니족 대통령을 세워서서 이 나라를 이끌어가실 것을 믿었다. 주님께서 새 대통령을 통해 앞으로의 졸라포니족 문서사역에 도움을 주시려는 것이 분명하다고 믿고 더욱 성령의 인도하심을 의뢰하게 되었다.

졸라포니족 시생아들은 지난 30년간 대부분 시바노병원에서 출산을 했는데, 새 대통령은 그 혜택을 받지 못한 세대 같았다. 어쩌면 우리 병원을 이용했을지도 모른다는 긍정적인 생각을 했고 우리가 이미 2년 전에 들어와 졸라포니어를 배우기 시작한 것도 우연이 아니라는 생각이 들었다. 정치적 사태 변화에 민감해야 되지만 모든 사역은 정상적으로 이루어지고 있었다.

1981년에도 졸라포니족 쿠코이 산양이라는 사람이 쿠데타를 일으킨 적이 있으나, 세네갈 군의 개입으로 무마된 적이 있다. 졸라포니족은 같은 부족 출신의 야야잠매 대통령이 나라를 어떻게 이끌어갈지 기대하는 것 같았다. 다른 부족들은 비난하거나 흥분하기도 했으며 젊은이들은 새로 정권을 잡은 젊은 야야잠매 대통령을 지지하는 것 같았다.

그해 우기에는 신작로가 예전보다 더욱 더 망가졌다. 길 양쪽 끝에 있는 도로가 빗물에 많이 유실돼 시바노병원의 구급차가 전복됐다. 병원 약품과 필수품을 구입하기 위해 시내로 나간 남편은 여러 날을 지새우며 간신히 물건을 구입하여 마을로 복귀했다. 길에서 트럭이 고장 나면 남편은 차를 세우고 고쳤다. 어느 때는 심하게 고장이 나 지나가는 차편에 병원 물품을 실어 대신 전달하기도 했다. 한번은 트럭이 고장 나 고칠 수도 없어 한 밤중에 다른 차가 와서 병원 트럭을 끌고 오기도 했다. 당시 나는 남편이 무사히 갔다 오기를 기도하고는 했다.

1995년, 우기가 지나고 건기로 접어든 때에도 감비아는 군사정부로 인해 여전히 정국이 어수선했다. 우리는 더 자주 라디오에 귀를 기울였다. 도로는 완전히 망가져 있었다. 대통령은 시바노 마을을 지나야 하는 그의 집에 자주 왕래했다. 새 정부는 신작로 건설, 학교 건축, 병원 건축에 관심을 갖고 있다는 보도를 듣고 그저 주님께 감사했다. 당시 기도회에 가려면 도로에서 차를 운전하는 것보다 숲 속의 흙길로 가는 것이 훨씬 안전하고 빠를 정도였다. 건기에 길을 걸으면 황토먼지가 날려 우리는 마치 도적떼들처럼 얼굴을 감싸야만 했다.

건기만 되면 나는 밤에 잠을 못잘 정도로 천식이 도졌다. B형 간염을 앓

앉던 브라이언도 쉽게 피곤을 느꼈다. 아이들도 우기에는 기관지염에 시달렸고 건기에는 밖에서 많이 놀다 보니 종아리 살갗 안으로 지렁이 모양의 벌레가 들어가거나 백선이나 개선이 그칠 새 없었다.

1994년 7월 22일 쿠데타 이후, 서방세계에서 감비아에 대한 물자 원조를 중단하자 새 정부는 점차 회교 극단주의인 북아프리카 리비아의 카다피 정부와 정치적으로 가까워졌다. 카다피는 범아프리카 운동을 벌여 유럽동맹처럼 만들고자 했는데 감비아가 점차 그의 생각을 받아들여 회교극단주의가 감비아에 득세하여 안타까웠다. 그렇지 않아도 동네마다 쿠웨이트나 사우디아라비아에서 원조받은 우물이나 회교사원들이 즐비한데 이제 리비아나 이란, 이라크까지 물자를 원조하여 코란학교를 세워나갔다.

나는 몇 년 후에 시바노 마을까지 극단주의 청년회교집단이 설립된 것을 알게 되었다. 그리고 파키스탄에서 시작한 아흐마디야 회교종단도 감비아에 들어와 의료사역과 학원사역을 크게 시작해서 여러 회교 종단이 확산되는 것을 보았다. 우리는 시바노 웰 선교병원에서 치료를 받았던 비얌 지역의 아하마디야 회교도 선교사도 보았고, 비얌에 있는 가톨릭 기관과 함께 구제사업차 농업에 관여하던 바하이종교의 선교사도 만난 적이 있다.

무슨 종단인지는 모르지만 흰 정복을 입고 일체의 조리기구들을 가지고 각 회교사원에 들어가 숙식하며 코란을 가르치고, 뙤약볕 아래에서도 다른 마을로 걸어가 코란을 가르치는 종단도 보았다.

감비아는 작은 나라지만 이렇게 여러 종단의 회교가 들어와 있고 심지어 어느 날 시바노 마을 중심가에 있는 상점에 갔다가 여호와의 증인을 만난 적도 있었다. 세상의 종교를 믿는 사람들은 삯군 목자를 무작정 따라가다가 기쁨도, 평안도 얻지 못하고 물질도 도난당한 채 불안에 떨고, 귀신과 사단에 공격당하여 고통 속에서 살 수밖에 없다. 이 땅에 참 목자이신 예수님을 보내신 하나님을 알고 산다는 것이 평안인 것을 모르는 그들이었다. 참 목자의 목소리를 듣지 못하고 각자의 길로 흩어져 갈취당하고 죽음을 초래하는 이들을 보면서, 주님은 얼마나 마음이 아프실까 생각하니 더 힘을 내어 복음을 전해야겠다는 다짐을 하였다.

주님의 긍휼과 탐바쿤다 유치원

1995년 겨울 건기 초에 세니라는 청년이 내가 아이들을 가르치고 있는 시타 마을에 찾아왔다. 나의 사역을 관찰하기 위해 온 것 같았다. 그다음 해 봄 건기에 세니는 유누사라는 자기 이복동생을 데리고 우리 집에 인사차 왔다. 찾아온 목적은 시월 마을, 탐바쿤다 마을, 질란파리 마을이 협력해서 지은 탐바쿤다 유치원의 운영에 도움을 요청하기 위해서였다. 내가 매주 한 번 정도는 시간을 낼 수 있다고 했더니, 그는 나에게 조만간 유치원에 방문해줄 것을 요청했다.

그는 내가 시타 마을에서 하는 어린이사역을 듣고 직접 찾아가 보았노라고 했다. 또한 세 마을이 협력해 유치원 교사(校舍)를 지어 아이들을 가르치는 중이라며, 사소한 도움일지라도 절실하다고 했다. 며칠 후 나는 시바노병원 구급차를 빌려서 약 8킬로미터 떨어진 탐바쿤다 마을로 향했다. 이 마을들은 세네갈의 남부와 접해 있었다. 이곳으로 가기 위해서 여러 마을 거쳐 들어갔다. 먼저 시바노 마을에서 2~3킬로미터 구불거리는 모랫길을 가면 카이모 마을, 그곳에서 약 3킬로미터 더 들어가면 쿠사마이 마을을 지나갔다. 그리고 약 2~3킬로미터 더 숲으로 들어가면 시월 마을이 나왔고, 이 마을을 통과하니 탐바쿤다 마을이 보였다. 이곳은 세네갈과 국경선을 맞대고 있는 곳이지만, 마을 주민이 아니면 국경선이 어디인지 분간할 수 없었다.

간단한 비상약을 들고 탐바쿤다 마을에 들어서니 나를 찾아왔던 세니와 유누사가 유치원에서 아이들을 가르치고 있었다. 그들은 시월 마을, 탐바쿤다 마을, 질란파리 마을에서 아들에게 신식교육을 실시하기 위해 유치원을 개설했고, 앞으로 유치원 과정을 마치면 초등학교로 보낼 계획이라고 했다. 감비아에 졸라포니족 출신 대통령이 나왔으니 이들의 의식도 각성중인 것 같앉다.

　유치원 교사들은 세컨더리학교 졸업 후 고향에서 농촌 개혁의 꿈을 꾸는 귀한 시골 청년들이었다. 그들은 회교도들이었지만 어린 시절 선교사들에게서 복음을 들어본 일이 있다고 했다. 비록 그들이 그리스도인이 아니지만 수십 년 전에 복음의 씨앗을 뿌린 선교사들의 열매를 보는 것 같아 기뻤다. 탐바쿤다 유치원은 교실이 세 칸이었고, 교사 사례금은 코란 교사에게 하듯 동네 사람들이 농사를 지어서 농산물을 주기로 했다.

　나의 차 소리를 듣고 유치원에서 공부하던 아이들이 함성을 지르며 교사들과 함께 밖으로 나왔다. 당시 아이들이 약 120명이라고 했는데, 계속 들어올 예정이라고 했다. 실제로 얼마 후에는 160여 명 정도까지 학생들이 늘었다. 교실에 들어가니 올망졸망한 아이들이 흙바닥에 앉았는데 나뭇가지를 깔개 삼아 앉은 아이도 있었다. 세니의 교실에 들어가니 교탁 위에 두꺼운 코란 경전이 있었다. 나는 그들이 미리 요청해서 준비해 온 분필을 전해주었다. 그다음에는 교실에 아이들을 앉게 하고 간단한 찬양을 가르쳤다. 이렇게 시작한 탐바쿤다 유치원과의 인연으로 나는 탐바쿤다 마을은 매주 한 번, 시타 마을에는 매주 두세 번을 오가며 아이들을 만나서 복음 전할 기회를 확보했다.

　오지의 아이들이라 외부인에게 쉽게 마음의 문을 열지 않았다. 나는 이곳에서 간단한 산수와 영어를 가르쳤다. 또 상비약을 준비해 가 아픈 아이가 있으면 응급 처치를 해주었고, 심하게 아픈 환자가 나오면 병원으로 후송해주었다. 집으로 돌아오는 길에는 차 안에서 아이들을 위해 늘 기도했다. 아이들의 교육환경은 민망할 정도였는데 책상도 의자도 없이 땅바닥에 앉아서 공부했다. 아이들을 보면 "주님, 너무 불쌍하고 공평하지 않다는 생각이 듭니다"라고 나도 모르게 탄식이 절로 나왔다.

　그나마 이 유치원이 없었더라면 아이들은 숲이나 들판에서 망고나 카슈나무 열매를 따거나 바오밥 나무 열매를 주우러 다녔을 것이다. 학교가 파하면 코흘리개뿐 아니라 초등학교에 못 간 떠꺼머리총각들이나 처녀로 보이는 여자아이들이 우르르 마을로 뛰어다녔다. 대부분 신발도 신지 않았고 옷들도 여기저기 해어졌고 살갗은 건조해서 하얗게 피어올랐다.

그러나 이 아이들에게 이제 희망이 생겼다. 전에 이 마을 아이들은 공부를 잘해도 직장을 잡을 수 없다는 생각에 학교를 졸업하고도 은둔하듯 농사에 임하는 고학력자들이 많았다. 그러나 정권이 바뀌었기에 그들은 이제 졸라포니족에게도 사회에 진출할 수 있는 기회가 왔다고 생각했다.

이곳 부모들은 자식을 위해 가르쳐야 한다고 마음을 모았다. 탐바쿤다 유치원에 오는 아이들은 한결같이 집념 어린 검은 눈동자의 소유자들이었다. 어린이들은 골격이 여리고 투박하지 않았으며 귀엽고 예뻤다.

이 유치원이 생기면서 코란학교에 다니던 아이들이 신식 학교로 옮기려는 현상이 벌어졌다. 문교부에서는 호의적이었지만 건축 자금이나 교사를 지원할 능력은 없었다. 대개의 부모들은 조선 시대 사람들이 아이들을 서당에 보내듯 코란학교 보냈다가 머리가 깨이면 그때 초등학교를 보내곤 했다.

그 무렵 시월 마을과 가까운 마을인 지팡가 마을이나 쿠사마이 마을의 아이들이 이곳으로 원정을 와서 공부를 하기도 했다. 아이들이 학교가 끝나고 집으로 돌아갈 때 나는 가끔 아이들을 그들의 마을까지 데려다주기도 했다. 아이들이 신식학교로 하나 둘 떠나가 지팡가 마을의 코란 교사인 우스타스는 이제 학교 문을 닫아야 하는가 싶어 감정이 상했다고 한다.

이듬해가 되면 나는 1년간 안식년으로 감비아를 떠나야 했는데, 주님께서 졸라포니족 사람들과 이런 식으로 관계를 맺게 해주셔서 감사했다. 몸은 기진맥진한 상태에 있었지만 마음속 깊은 곳에는 주님께서 어린이사역을 기쁘게 생각하시는 것 같아, 주님의 뜻으로 생각하고 이 사역에도 매진하기로 마음먹었다.

건기의 태양도 뜨거워지고 망고가 익어서 망고나무 가지가 꺾일 듯이 땅

끝으로 처졌다. 그 전 해에 쿠데타로 농사가 어려웠는지, 우리가 안식년을 맞아 떠나려고 할 즈음에 감비아에 밀가루 원조가 들어왔다.

시바노병원에서는 정부로부터 밀가루를 주민에게 나누어주라는 위탁을 받아, 나도 마을을 다니며 주민들에게 밀가루를 나누어주었다. 하지만 이런 일도 나 혼자서는 불가능했다. 체력이 한계상황에 다다랐기 때문이다. 그럼에도 나와의 관계를 주민들에게 밀가루를 나누게 하신 주님께 감사를 드렸다.

우기가 차츰 가까워지는 망고 계절에 탐바쿤다 마을과 시타 마을을 오가면, 아이들이 아프리카 지도가 그려진 검은 비닐봉지에 깨끗하게 씻어둔 망고를 슬그머니 내 차에 넣어주곤 했다.

세니도 그날 바로 집에서 딴 망고를 차 안에 넣어주면서, 나에게 잠시 나눌 말이 있으니 교사들과 함께 시간을 갖자고 했다. 교사들은 탐바쿤다 유치원의 지붕은 종려나무 잎으로 얼기설기 얹혀져 있었는데 우기가 되면 160여 명 어린이들이 공부하는 이 무허가 유치원이 집중호우에 무너질 것 같아 걱정이라면서 나에게 유치원에 양철지붕을 올리도록 도와달라고 했다. 감비아식으로 여러 번 요청받아 본 나는 드디어 올 것이 왔구나 싶었다. 안식년에 영국으로 갈 비행기표를 마련할 수 있을까 싶은 정도로 빠듯한 형편에 어떻게 그 일을 감당하랴 싶었다. 일단은 살아계신 하나님께서 듣고 계시니 기도를 해주겠다고 하고 그들과 헤어졌다. 그러나 그날따라 유치원 교실의 세 교실의 지붕은 내게 도전이 되었다.

집으로 돌아오는 길에 아이들이 교실 흙바닥에 앉아 산수나 영어를 배우는 모습도 아른거렸다. 주님이 그 아이들을 위해 십자가에 돌아가셨다면 긍휼을 베풀어주시리라는 생각이 들었다. 주님께서 이 아이들을 긍휼히 여기사 당신의 손으로 선하심을 보이시고 지붕을 올려주시기를 소망했다. 차를 운전해 집으로 오면서 나는 여러 번 주님께 짧은 기도를 올렸다. 주님께서 우리의 현재 경제적 형편도 아시고 이들에게 금전적 도움을 주지는 못해도 복음의 접촉점을 마련해주셨음을 감사드렸다.

　선교병원에 도착 후 차를 차고에 넣고 급히 화투마타에게 맡겨둔 베냐민과 바울에게 가려고 집으로 향하는데, 병원 검사실 사역자인 독일인 하니 선교사가 나를 불렀다. 그는 의대 교수인 말콤 가이라는 기생충 학자를 소개해 주었다. 말콤 가이 교수는 어린이들을 대상으로 한 기생충 연구차 이곳에 왔다며 적당한 마을 두 곳을 소개해달라고 했다. 나는 이 일이 주님께서 하시는 역사라고 생각했다. 왜냐하면 나는 시타 마을과 탐바쿤다 마을만 자세히 알고 있었기 때문이다. 그래서 그에게 이 마을들을 소개해주었다.

　말콤 교수는 다음날 즉시 이 두 마을을 방문하고 연구에 들어갔다. 그날 저녁에 하니 선교사가 나를 찾아왔다. 그녀는 말콤 가이 교수가 두 마을 중에 한 마을을 돕고 싶다며, 나에게 마을 선정과 도울 부분을 알아봐 달라고 했다고 전해주었다. 말콤 교수가 그 말을 하는 순간 나는 주님께서 소경 바디매오에게 무엇을 원하느냐고 물으시는 듯한 착각을 할 정도로 기뻤다.

　나는 말콤 교수에게 탐바쿤다 유치원의 사정을 말씀드리며, 유치원 교사의 지붕을 얹게 해달라는 소원을 주님께 하듯 그에게도 부탁드렸다. 주님은 긍휼을 베풀 자들을 바라보고 계시며 그의 손에서 물질을 받아가도록 기도를 기다리셨던 것 같았다. 말콤 교수의 후원으로 탐바쿤다 유치원의 지붕이 양철 지붕으로 바뀌었다.

　주님이 원하시는 곳에 그리스도인도 아닌 그 의사의 손을 펴게 하시고 긍휼을 베푸셨다. 그 후에도 여러 해를 말콤 교수는 탐바쿤다 유치원을 후원했다. 몇 년 후에는 정부 차원에서 설립한 탐바쿤다 초등학교가 개교했다. 말콤 교수와 우리는 계속 좋은 관계를 맺어갔다.

새 사역자를 위한 주거지 선정 문제

1996년은 감비아에 전에 없이 많이 사역자들이 들어왔다. 적어도 졸라포니 지역에도 두 가정이 들어올 예정이었다. 두 가정 모두 영국인 의료사역자들이었다. 그해 1월에 데비와 제이미 어스킨 가족은 아기 아비를 데리고 왔는데 졸라포니어를 배울 예정이었다. 또 한 가족은 여름에 어린 아들 세 명을 데리고 온다는 반가운 소식이었고, 그들은 만딩고어를 배우겠다고 했다. 의사 두 분이 들어와 사역을 하게 되었으니 우리의 기도가 응답된 것 같아 흥분이 되었다.

데비와 제이미는 1993년에 간호사와 의사로 신학교에 다니면서 각각 단기 사역에 헌신했다. 신학교 졸업 후 결혼을 했고 이제 갓난아기를 데리고 감비아 졸라포니족에서 의료 선교사로 들어왔다.

우리 부부는 안식년에 들어가기 전 비록 셋집이지만 주인과 상의해서 그 집을 다시 지어주어야 했고, 또 그곳에 새로 들어올 제이미 어스킨 선교사 가족이 언어를 배울 만한 마을을 주선해주어야 했다. 우리는 이미 1994년 건기에 온 독일인 파우 선교사 가족에게 만딩고어를 배울 수 있도록 시바노의 제태쿤다 가정을 알선하고 이들이 그 집으로 이사 오기 전에 방을 수리하고 준비해 준 경험이 있었다.

졸라포니족 집에 세 들어 살기 위해서는 먼저 집주인들과 기본적인 식생활과 집세, 그 집에서 조심해야 할 사항 등을 두고 서로 교섭해야 했다. 우리는 전에 그것을 경험했기에 새로 들어오는 선교사 가정을 위해 졸라포니족에서도 그들의 문화와 전통을 지키고자 하는 쿠사마이 마을을 선정해주었다. 이곳 사람들은 자기네 마을이 졸라포니 지역에서 문화와 역사를 지켜나가는 데 있어 으뜸이라고 자부했다. 이곳은 또한 졸라포니족이 만딩고족과의 전투에서 승전한 곳으로도 유명했다.

　이러한 배경을 두고 의료 선교사들과 제이미 가족의 주거지 선정 문제를 의논했는데 의료진 책임 선교사는 쿠사마이 마을이 적합하지 않다고 했다. 그 이유는 세네갈 카사망스의 반군들이 가까운 곳에 주둔하고 있어 세네갈 군과 전투 중에 쿠사마이 마을로 드나들고 있다는 정보 때문이었다. 신변에 위험이 있을 수도 있어 염려하는 것이었지만 쿠사마이 마을은 병원과는 약 10리 길에 있어 가까웠고 도로에는 마이크로버스가 드문드문 다녀서 안전했기에, 그의 결정에 안타까웠다. 졸라포니 지역에 선교사로 온다면 더구나 의료사역자라면 이런 전통적인 마을에서 생활하는 것이 좋았다. 왜냐하면 이들의 영적인 상태를 파악하는 데 도움이 되었기 때문이다.

　그런데 신참 선교사 가정을 졸라포니족 지역으로 불러주셨는데, 세네갈 반군 활동을 우려하여 다른 지역으로 보내는 것에 대해 의료 선교사들 사이에도 의견이 분분했다. 결국 새로 오는 선교사 가정은 원래대로 쿠사마이 마을로 보내기로 결정했다. 우리는 이 신참 선교사 가족을 주님의 피로 인쳐주시어 사역에 많은 열매를 맺게 해달라고 기도했다.

　쿠사마이 마을은 정령숭배와 회교로 뭉쳐진 영적으로 강성 마을이지만, 그럴수록 더욱 주님을 의뢰하여 사단을 대적할 수 있기에 선교의 전략지라고도 볼 수 있었다. 선교사들이 이 마을에 들어가 영적 터전이 되어주며 진리의 말씀으로 마을을 기경하며 기도하는 것보다 이 마을 사람들에게 더 큰 축복이 어디 있겠는가? 우리에게는 잃어버린 영을 살리는 진리의 말씀이 무기였다. 우리가 감당하지 못할 일을 주님께서 몰아세우지 않을 것을 알기에, 우리 선임 선교사들은 신참 선교사를 위해 더욱 기도했고, 그들도 기도에 들어갔다.

　우리는 죄우에 날선 검을 가지신 그리스도께서 모든 거짓과 망령된 마라부들과 술사들 마법사들의 말들을 뿌리까지 잘라 주시기를 기도했다. 나는 복을 부르기니 원수를 저주하기 위해 마라부들에게 갖다 바치는 제물로 재정적 타격을 입고 빚더미에 앉거나 빚 동냥을 하러 다니는 사람들을 볼 때마다 내심 화가 났다.

그러나 우리는 살아계신 하나님께서 이 마을 사람들의 눈들을 열어주시기를 기도했다. 선교사들이 그 마을에 들어가 기도한다면 사단이 좌정하고 앉은 그 영역을 우리가 빼앗을 수 있을 것이다. 그 생각을 하니 감사가 절로 나왔다.

어스킨 가족은 의료분야뿐 아니라 그 마을 사람들과 상당히 친해져 오랫동안 주의 긍휼을 마을 사람들에게 베풀었다. 한편, 이곳 사람들이 마을 중간에 초막을 지어 마을을 지키는 우상으로 신주단지를 모셔두었는데 우기에 폭삭 무너져내렸다는 소식이 들렸다. 이는 선교사들의 중보기도의 응답이었을 것이다.

감비아의 회교도들

　서부 아프리카의 수피회교에 좀 더 관심을 가질 필요가 있었다. 미국 노스웨스트대학교 시스만 박사의 연구를 참고하면 감비아에서 벌어지는 수피회교의 실상을 알 수 있다. 수피는 아랍어로 양모를 뜻하는 어근 '수프'(ṣūf)에서 파생되었다. 초기 수피 수도승들이 금욕과 청빈을 상징하는 흰색 양모로 짠 옷을 입었으므로 수피파라고 불렸다. 이 종단은 회교 창시자인 모하메드로부터 나온 것이라고 보았고, 기원전 9~10세기에 종단을 세워 12~14세기에 북아프리카와 서부 아프리카 그리고 아시아로 전파됐다고 했다.

　수피파는 이슬람의 코란과 하디스를 가르치지만 일체의 형식은 배격하고 코란의 신비주의적 체험에 중점을 두었다. 이들은 지성보다 체험을 중시하여 내면의 가성, 금욕, 청빈, 명상, 금식, 호흡조절, 신의 이름을 부르는 기도 등을 강조했고, 궁극적으로 신과의 합일을 추구하며 진정한 자아를 찾는 수행을 통해 황홀경을 경험하게 된다고 한다.

　감비아 회교도들도 종단은 다르더라도 수피 회교도들이 많았다. 마을에 나가 영어성경을 펴고 복음을 전하면 수피파 회교도들은 다른 종파 회교도들보다 예수를 존중했다. 예수만큼 사랑의 복음을 설교하고 실천한 분도 없다는 것을 알고 있었다. 일반 회교도들이 모세오경의 주요 인물들을 선지자로 여기듯, 그들은 예수도 그중 한 분으로 여겼고 회교의 종주가 마지막 선지자라고 했다.

　우리가 마을전도를 나가면 코란의 '인질'이라는 부분에 예수님의 생애에 관한 기록이 있다면서 말씀이나 기도에 반대하지는 않았고 종교적인 대화의 창을 열었다. 선지자 예수의 가르침도 중요하다며 듣기도 하고 기도는 받았지만, 예수님이 하나님이 보내주신 구세주라고 하면 그들은 유대인들처럼 강력히 거부했다. 극단주의적 청년 회교도들은 은근히 마을 방문을 거부했다. 때로 그들은 우리를 질타하고 증오하는 것은 물론 시기하고 배척하기도 했다. 게다가 대놓고 할퀴는 말들을 내뱉는 말을 스스럼 없이 했는데, 나는 그때마다 더욱 기도에 힘썼다.

나는 그들에게 요한복음 1장으로 말씀을 나누며 예수님의 신성을 말해주었다. 그러면 그들도 모하메드가 하나님의 말씀이요 빛이라고 언급했다. 하지만 세속에서 돈 많은 과부와 결혼과 사업도 했고, 세상 사람들 하는 것 다하고 살다가 무덤까지 있는 그들의 선지자와 삼위일체 하나님이신 예수님의 신성을 어찌 비교하랴!

또한 진정 예수님께서 하신 말씀인 요한복음 14장 6절 "……내가 곧 길이요 진리요 생명이니 나로 말미암지 않고는 아버지께로 올 자가 없느니라"라고 하신 말씀과 요한계시록 1장 17~18절 "……두려워하지 말라 나는 처음이요 마지막이니 곧 살아 있는 자라 내가 전에 죽었었노라. 볼지어다 이제 세세토록 살아 있어 사망과 음부의 열쇠를 가졌노니"라는 말씀을 묵상해보라고 하면서 넌지시 성경을 펴 보이기도 했다.

말씀의 열매는 주님의 시간에 맺혀지지만, 말씀의 이해는 성령이 조명해주시지 않으면 보석 같은 말씀을 듣고도 어둠 속에 헤매기 마련 아닌가! 내가 할 수 있는 것은 잃어버린 영혼들을 불쌍히 여겨달라고 주님께 인내로 기도를 올려드리는 것뿐이었다.

이웃나라인 세네갈의 종단의 수피파 회교도들이 감비아에 상당히 영향을 끼쳤는데, 그들의 종교는 토속신앙인 정령숭배와 융합된 회교라고 보면 되었다. 대개 회교도의 순례지는 사우디아라비아의 메카인데, 무리드 종단은 셰이크 아마두 밤바 무덤이 있는 투바(Touba)를 성지로 삼았다. 투바는 프랑스 식민지시대 사람으로 바다에 서서 기도했다는 신비한 전설로 신적 추앙을 받고 있었다. 세네갈 사람들은 그의 얼굴을 상점의 벽이나 집안 또는 목에도 걸고, 티셔츠에 새기거나 수첩에 넣고 다니며 부적처럼 여겼다.

서부 아프리카의 수피 회교들의 영적 리더를 '셰이크'라고 하는데, 그들의 사회적 지위가 대단했다. 전통을 고수하며 결혼이나 소유, 토지 문제나 사회, 국가 간 모든 갈등에 중재자나 해결사로 정치권의 실세 역할을 했다.

졸라포니 지역의 시바노 마을 회교사원에서는 영적 리더인 '이맘'이 회교 도를 가르쳤고, 기도를 부추기는 뮤에찐이 있어 신도들에게 기도시간을 알리며 기도에 모범을 보였다. 수피 회교가 아프리카 전체 회교에 상당한 영향을 주는 만큼, 감비아에도 이맘의 세력은 상당했다. 이맘을 신의 대리자로 보지만, 이들보다 더 세력을 떨치며 신적 존재로 추앙받는 자들은 코란을 해석해서 가르치는 '마라부'(marabout) 또는 '왈리'(wali)였다. 마라부의 어원은 '회교전사', '군인'이라는 의미에서 왔는데, 감비아에서도 주로 정치인들이나 정부 인사들과 연계되어 위세를 떨쳤다. 말하자면 마라부들은 회교도들의 문제 해결사 역할을 했다. 그들은 문제가 있어 찾아오는 사람들에게 부적을 만들어주고 돈을 받거나 가축을 챙겨 대개 큰 부자가 되었다.

한번은 어느 날 아침 일찍 마라부에게 다녀오던 한 여자가 카라파를 찾아왔다. 마라부가 그녀에게 시각장애인인 그에게 자선을 베풀라고 해서 봉가생선을 그에게 갖다주기 위해서 왔다고 했다. 감비아의 수피파 회교도는 부적과 더불어 자선을 강조했다. 어느 때는 길 가던 사람이 마리야뚜에게 쌀을 주려고 했는데, 마라부의 지시대로 새벽에 처음 만난 사람에게 주라고 한다며 받으라고 했다는 것이다. 하지만 그녀는 받지 않았다고 했다.

그러나 마라부를 따르는 이들은 영혼이 황폐해질 뿐이었다. 실제로, 마라부에게 화복을 부르게 하는 대가를 치르었던 사람들은 대개 가정이 피폐해지는 경우를 나는 많이 보아왔다. 거짓에 속아 영적 두려움과 공포에 싸인 억눌린 영혼들이 불쌍했다.

마라부의 말을 듣고 저주를 했다가 화를 당한 사례도 들었다. 한 노인이 여러 마리의 소를 도둑맞아 화가 난 김에 카사망스로 갔다. 그곳은 반군도 숨을 수 있는 깊은 숲으로, 유명한 마라부들이 많이 진 치고 있었다. 카사망스는 마라부들로 유명하고 영적으로 눈이 밝아 약초를 구하고 치유를 한다는 치료사들도 많았다. 그 노인은 마라부에게 도둑으로 생각되는 사람 이름을 건네주었다. 이 노인은 저주가 효과가 있다면 마라부에게 소 한 마리와 가축과 돈을 주겠다고 했다. 하지만 그날 그 노인이 국경을 넘어 집으로 돌아오다가 급사했다. 동네 사람들은 마라부에게 이름을 잘못 적어주어 저주가 그에게 임했다고 생각했다.

교회 내에서도 회교도와는 양상이 다르지만 저주하는 문화가 있었다. 한번은 주님을 영접한 지 얼마 안 된 졸라포니족끼리 시비가 붙었다. 그들의 옛 모습이 드러났는데 그들이 우리 집 앞길에서 말싸움을 하다가 헤어지며 하는 말이, "우기가 오기 전에 보자!"라고 소리를 질렀다. 그 말은 저주를 할 테니 우기가 오기 전에 죽을 거라는 거였다. 어느 때는 서슴없이 "바가지를 덮는다!"는 말을 했는데, 그것도 저주를 해 화가 있을 거라고 겁주는 표현이었다. 이곳에서는 언쟁을 하다가, 숲으로 가자고 말한 후 거기에서 실제로 살벌하게 싸우는 경우도 있었다. 만일 대결을 피한다면 패배자로 보는 것이 마치 카우보이 결투처럼 느껴졌다. 이들이 화가 났을 때 극단적으로 해결하는 방법이 숲 속 대결이란 것이다. 대부분의 감비아 회교도들은 가급적 화를 내지 않도록 어릴 때부터 훈련받는다.

이렇게 정령숭배와 경험중심의 신비주의를 추구하는 수피 회교는 이들의 문화와 너무나 호흡이 잘 맞았다. 코란학교에서도 훌륭한 마라부 밑에서 공부해야 출세해 돈을 번다는 것이 통념이 있었다.

세네갈에는 마라부들의 제자인 탈리베(Taalibe)라고 부르는 어린아이들이 약 5~6만 명 된다고 추정한다. 이 아이들은 길거리에 깡통을 차고 앵벌이 역할을 하며 매일 일정금액을 마라부에게 갖다 바쳐야 한다고 했다. 훌륭한 마라부가 되기 위해서는 절대순종과 겸손이 요구됐기에 지나가는 차에 더러운 손을 내밀거나 맨발로 살을 데일 정도로 뜨거운 모랫길을 걸으며 구걸하는 것을 부끄럽게 여기지 않았다. 우리가 처음 감비아에 왔을 때만 해도 이런 아이들이 길거리에 급증했는데, 감비아에서는 1994년 군정부가 들어서면서 길거리에 아이들을 방치하는 일이 없도록 금령을 내렸다.

마라부 밑에서 공부한다고 어린 시절 세네갈로 갔다가 온 사람을 시바노 마을에서 만났는데 깊은 상처를 안고 있는 것을 볼 수 있었다. 그는 더 이상 자기의 잃어버린 어린 시절에 관해 말하고 싶어 하지 않았다. 성인이 되어 돌아온 고향은 너무나 낯설다고 했다. 그는 마라부 밑에서 막노동하는 것이나 배웠다고 했다.

세네갈에서도 특히 수도인 다카나 카사망스의 지긴쇼르에서 마라부들이 탈리베 양성을 왕성하게 했다. 가끔 감비아 접경선을 넘어오는 탈리베들을 보았다. 요란하게 북이나 꽹과리 등을 두들기며 다녔는데 시골 약장사 같은 느낌이었다. 여러 조각천으로 화려한 옷을 만들어 입고 와서는 마라부 역할을 하려고 집집마다 구걸도 하고 장례식도 맡아준다고 했는데, 회교도들도 이 아이들이 못마땅한 듯이 눈살을 찌푸렸다.

세네갈에 사역하는 선교사들은 차를 타고 나갈 때면 늘 과일을 많이 준비해서 이 아이들에게 돈 대신 과일을 나누어주었다. 탈리베 아이들을 구출해서 정상적으로 키우는 선교사도 있었다. 탈리베 구출을 위해 이러한 조직에 손을 댄다는 것은 목숨을 건 용감한 일이었다.

가끔 우리는 대통령보다 더 막강한 영적 지도자가 세네갈에 존재한다는 것을 들었다. 그의 사진이 마이크로버스나 상점에도 붙어 있거나 목에 걸고 다니기도 하는 것을 많이 보았다. 그들의 주장은 신께 가까이 가며 완전하게 신을 경배할 수 있다며 신도들에게 수양, 신앙, 성실, 특별 기도를 가르쳤다.

회교도는 하루에 다섯 번씩 간청기도로 신께 탄원과 낭독을 했다. 새벽마다 알라를 부르며 탄원하듯 목청을 높였고 회교 어른들은 여자나 남자나 가톨릭처럼 늘 묵주를 돌리며 계속 중얼대듯 기도했다. 이마에 멍 자국이 나도록 기도를 해서 흔적을 남긴다거나 천 번을 기도한다든다 해서 독실한 회교도로 인정받았다. 그들은 기도로 신에게 더 다가가 축복을 얻기를 바랐다. 또한 그렇게 하는 것이 신성을 체험하는 첩경이라고 믿고 있었다. 감비아에서는 수피파 회교도들이 망고 나무 밑에 앉을 때나 차를 끓여 마실 때 그들이 묵주를 돌려대는 모습을 어디에서나 볼 수 있었다.

수피파 회교도들에게 복음을 전하면 이들은 대개 그리스도인들을 단식기도도 안 하는 사람들이라고 비난했다. 예배시간에 북치고 노래 부르고 춤만 덩실거리며 춤만 출줄 알았지, 하나님을 모르는 자들이라고 했다. 우리의 기도는 형식에 매인 하루 다섯 번이 아니라 언제 어디서나 주님께 기도를 드릴 수 있다고 하면 상당히 놀라곤 했다.

신비함을 체험하고자 그들은 밤샘 기도를 마다치 않고 했다. 노래 같은 내용을 반복해서 암송도 하고 방송을 틀고 그렇게 밤을 새워댔다. 물론 라마단이 끝나는 밤에는 비전을 받는 밤이라고 해서 우리가 통성으로 기도하며 밤을 새우듯 이들은 밤새도록 열심히 기도했다.

어느 때는 교회에서 새벽기도를 마치고 나오면 이들이 몽땅 회교사원 앞에 모여 비전을 받는지 무리지어 섰다가 교회에서 나오는 우리를 보고는 싸늘한 야유를 퍼붓기도 했다. 새벽 5시면 늘 회교사원에서 탄원하듯 소리를 지르며 동네가 떠나갈 듯 방송해도 아무도 말하는 자 없지만, 가끔 그리스도인 몇몇이 모여 기도할 때면 느닷없이 지붕 위에 돌이 날아들곤 했다.

주님! 구하옵기는 우리에게 말씀을 주사 우리로 입을 열어 복음의 비밀을 담대히 전하게 하옵소서!

교회 리더들과 청소년들

교회에서조차 복음을 전하는 설교자들의 입술이 거짓을 일삼는 것을 본 나는 진리의 선포를 갈망했다. 하나님을 영화롭게 하는 진리의 말씀이 선포되고 영과 진리의 예배가 드려져야 한다는 갈급함으로 애가 탔다. 적어도 말씀을 선포하는 일꾼들은 말씀을 읽고 묵상하며 성령의 인도를 받아야 하는데 거의 모두가 무학력자들이고, 글을 안다고 해도 성경에 관해 가르침이나 지도받기를 어려워하는 사람들이었다. 월급제가 아닌 복음교회의 설교자들은 리더들과 선교사들이 돌아가면서 말씀을 전했는데, 리더들은 때로 설교를 해서 나오는 금전적 이득을 헤아리고는 허탈에 빠지기도 했다.

리더들 중에는 직장이 없는 경우도 많았다. 의료병원에서 이들 모두에게 직장을 제공할 수는 없었다. 선임 선교사들은 선교적 차원에서 회교도나 그리스도인들에게 고용에 동등한 기회를 주었기 때문에 교회의 설교자나 그리스도인이라고 일을 선뜻 맡기지는 않는 것 같았다. 물론 선교사들이나 다른 리더가 예배나 말씀을 준비해서 드릴 수 있었지만 성도 수가 적어 수고비를 드릴 수가 없다는 입장이었다.

나는 상황화 교회나 자립교회 개척을 원한다면 성도들이 선교사만 바라보지 말고, 성도들이 십일조와 헌금을 하여 그들의 설교자들을 보살펴야 한다고 강조했다. 시바노 교회의 성도들은 여러 부족이 섞여 있고 믿음이나 성숙도도 각각 달랐다. 얼마나 많은 성도가 말씀에 순종해서 십일조를 내면 리더에게 물질적으로 나눌 수 있을까 싶었다. 주고 나누라는 성경의 가르침에 순응하는 성도는 많지 않았다. 교회 리더들은 월급은 못 받아도 자녀 교육은 신교사의 도움을 받고 있는 실정이었다

한 리더는 고기를 잡으러 다니긴 했어도 별로 잡히질 않았고, 밭농사를 지

어도 잘 안 되었다. 아이들의 교육비도 그에게는 부담이었다. 그가 손을 대면 되는 게 없다는 소문이 퍼졌는데, 말씀은 진솔하게 잘 나누었다. 정규교육 학력자는 아니지만 주님을 사랑하는 그의 마음이 얼굴에 보였다. 그는 발란타족으로 이 마을에 오래 살았지만 감비아 회교들에게 여러 가지 어려움을 당하고 있었다. 자기가 밭을 갈아놓으면 회교들이 밤에 몰래 와서 성경에서처럼 잡초를 심어 놓고 가기도 했다는 간증을 나누고는 했다.

그해에 그는 발란타족 친구 집인 쿤타오르에 가서 벼농사를 한다며 느닷없이 설교를 집어치우고 떠났다. 물론 다른 리더도 있었고 또 선교사들이 설교를 맡으면 되기 때문에 예배에 큰 지장은 없었다. 그럼에도 성도들과 선교사 모두 마음이 무거웠다. 그는 성도들의 만류를 물리치고 우기 전에 떠나갔다. 그런데 어느 날 그는 농사를 짓기 위해 트랙터를 빌려 비에 유실된 도로를 달리다가 트랙터가 전복되는 사고를 당했다. 그는 전복된 트랙터 밑에 깔렸는데, 다행히 그곳을 지나가던 차에서 사람들이 내려서 그를 구해 병원으로 데리고 갔다. 시바노병원에서 응급처치를 한 후 수술을 위해 반줄 종합병원으로 다시 이송되었다. 이 병원에는 환자가 많아 응급실에서 대기하다가 죽을 수도 있었다. 하지만 그는 제시간에 수술을 받을 수 있어서 무사히 퇴원했다. 나는 개인적으로 그의 겸손하면서도 주님을 사랑하는 소박한 설교를 듣게 되어 감사했지만, 그에게 일어난 사건에 관해서는 주님의 뜻이 있으리라고 생각했다.

교회에 성년식 문화 행사에 참석하기 위해 자주 기니비사우에 가는 성도가 있었다. 그는 집안 행사에 인사차 가는 것이라고 했지만, 우리는 우상숭배에 관한 가르침과 경고를 주고 나머지는 주님에게 맡겨야 했다.

어느 청소년 캠프에서 있었던 일이다. 한 설교자가 갑자기 어떤 자매의 손가락에 낀 반지를 보고는 그것이 우상에게 바쳐진 반지라고 지적했다. 그녀는 기니비사우 사람인데, 감비아에 있는 친척을 방문했다가 교회에 나오기 시작한 지 얼마 되지 않은 새신자였다. 그 순간 이 자매는 캠프에 참가한 청소년들이 보는 앞에서 의식을 잃고 쓰러졌다. 그 후 일어나 간증을 했는데 그녀는 신접한 뒤에 그 신과 결혼한 증표로 반지를 사서 꼈다고 자백했다. 그날 그녀는 주님을 영접하고 예수의 피로 죄 사함을 받았다. 이사야 55장의 말씀과 같이 목마른 자에게 돈 없이 마시게 하시는 놀라운 성령의 역사가 그날 그녀에게 일어났다. 사랑으로 영혼을 살리는 것이 하나님의 역사하시는 방식이었다. 그날 많은 청년들이 더러운 죄악을 자백하며 쓰러졌고, 방언을 하며 환상을 보는 일들이 있었다.

그해 청소년 캠프에서 백여 명이 성령의 열기에 살아계신 하나님을 만났다고 간증했다. 청소년 캠프는 1년에 한 번씩 열리는데, 선교사들이 주관하던 캠프도 감비아 성도들에게 이관하여 자발적으로 진행하도록 격려했다. 청소년들은 비용을 내고 캠프에 참여하는 것을 어려워했는데, 그때까지 선교사들과 교회에서 후원을 받아 청소년이 참석했기 때문이었다. 그들 스스로 비용을 준비하기까지는 몇 년의 시간이 흘렀지만, 시간이 지나면서 청소년들의 인식이 바뀌어갔다. 선교사가 조금 더 인내를 가지고 바라보면 성도들은 스스로 저축하거나 가축을 팔거나 협동 농사를 짓는 등 그들 나름으로 경비를 마련해나갔다.

신참 선교사들이 처음 감비아에 와서 불쌍하다는 생각에 뒷감당은 생각하지도 않고 성도들에게 물질을 주곤 했는데, 그럴 때마다 교회의 목회자들은 성도들의 의존적인 태도로 인해 어려움을 겪어야 했다. 실제로 어떤 성도들은 목회자들에게 도시로 나갈 차비가 생기도록 기도해달라는 요청을 스스럼 없이 했다. 이들을 한번 도와주면 교회에 친척까지 데리고 와 도움받기를 원했다.

시어머니의 소천과 언어수업 준비

1991년 1월 말 브라이언은 어머니의 병환이 급속도로 나빠져서 영국으로 가야 했다. 예순을 조금 넘으신 어머니는 우리가 선교지에 들어오기 전에 1년을 못 넘긴다는 볼보뉴론병 진단을 받으셨다. 이 병은 목 주변부터 시작해 몸 전체로 마비가 일어나는 질환이었다.

나는 영국에서 바울을 낳은 후 손주를 시어머니에게 보여드리고, 선교사역 중에도 시어머니를 만나게 해주신 주님께 감사드렸다. 그리고 얼마 후에 돌아오는 안식년 때 뵐 것이라고 기대했는데, 영국에서 급박한 소식이 와서 당황했다. 시어머니는 남편이 영국으로 간 지 일주일 만에 소천하셨다.

남편은 어머니를 만날 때마다 가톨릭 신도인 어머니에게 복음을 전했다. 남편은 어머니가 돌아가시기 전 아무도 방 안에 없을 때, 어머니 귀에 대고 그리스도만 믿으며 그의 이름을 시인하고 구원받아 천국을 가시겠느냐고 물으면서 만일 그렇게 하시겠다면 손을 꼭 잡아 달라고 했는데, 어머니가 남편의 말대로 꼭 손을 잡아주셨다고 했다. 어머니가 완전히 혼수상태에 빠졌다고 모든 사람들이 여겼는데도 말이다. 할렐루야!

장례를 치르고 사역지로 다시 들어오는 남편의 발걸음은 한결 가벼워보였다. 예전에 남편이 회개를 하고 주님을 영접한 직후 이 소식을 어머니에게 전화로 전하자, 어머니는 "너는 내 뱃속에서부터 그리스도인인데 어떻게 영적으로 태어났느냐?"고 하시며, 아들의 회심을 받아들이지 않은 정통적인 남아일랜드 출신의 가톨릭 신자였다. 그러나 어머니가 마지막 순간에 주님의 은혜로 예수 그리스도를 주로 시인하며 주님을 영접하고 소천하셔서 나 역시 주님께 얼마나 감사한지 몰랐다. 이제 다시는 베냐민과 바울과 함께 할머니를 만나러 갈 수 없어서 가슴이 아팠지만, 이처럼 놀라운 일을 하신 주님께 찬양과 감사를 드렸다.

1996년 2월, 감비아 콘퍼런스를 마친 후 집을 수리하기 위해 우리 집의 짐들을 병원으로 옮겼다. 흰개미 떼의 습격으로 흙 대들보는 거죽만 남아 있고 들쥐 떼의 극성으로 부엌 벽도 무너지기 일보 직전이었다. 차츰 안식년 준비를 해야 했지만 일단 이삿짐을 챙기고 제이미 어스킨 선교사와 데비 선교사가 오리엔테이션을 하는 동안 집을 부수었다. 바닥은 콘크리트로, 벽 아래쪽은 시멘트벽으로 올리고 그다음은 흙벽으로 하기로 했다. 흙벽돌이나 시멘트로 찍어낸 벽돌의 가격대는 비슷했다. 겨울에 기온차가 약 20도 이상 나기 때문에 이곳도 꽤나 추웠다. 그래서 집을 지을 때 흙벽돌을 사용하면 흰개미 떼의 습격을 받을 우려가 있지만, 조금이나마 실내 온도가 올라가기 때문에 흙벽돌을 사용한 것이다. 집을 수리할 때 부엌을 따로 만들었고, 디자인도 바꿨다. 집 건축비용은 집주인과 집세에서 제해나가기로 합의를 보았다.

집을 짓는데 여러 일꾼들이 참여해서 브라이언 선교사는 빠르게 공사를 진행할 수 있었다. 남편이 집을 짓는 동안 나는 베냐민과 바울을 돌보면서, 방과 후 영어 수업을 진행했고 다른 사역도 계속했다.

집을 짓는 동안 병원에서 감사하게도 우리 가정에 방을 하나 내주었다. 그곳에 있으면서 영국의 위클리프 기관에 편지를 썼다. 나의 사역을 소개했고 앞으로 문서사역에 관한 소명과 안식년 기간에 위클리프 부족언어연구소(Summer Institute of Linguistics)에서 수업이 가능한지 문의했다. 얼마 후 연구소의 부대표인 토니 선교사와 마기 선교사에게서 연락이 왔.

1년간 수업을 일단 허락한다는 내용이었다. 주님께서 이들을 통해 응답해주신 것이라고 생각했다. 점촌제일교회에 이 소식을 알렸고 수업료에 관해 기도를 요청했다. 점촌제일교회의 성도들의 정성을 모아 보내온 수업료를 안식년 전에 받게 되어, 나는 다시 한 번 주님의 예비하심을 확인할 수 있었다. 능력의 주님께서 문을 여시고 학비까지도 준비해주신 것에 감사를 드렸다.

　위클리프의 공부가 어렵다는 말을 여러 번 들은 바 있었다. 그곳에서 공부했던 선교사들이 머리를 절레절레 흔들기도 했는데, 나는 이미 주님에게 준비하신 길이니 가야 한다는 생각이 들었다.

안식년 준비

나는 안식년 준비로 여러 가지 서신을 주고받는 동시에 위클리프 과정 준비로 마음이 바빴다. 그러나 여전히 마을 아주머니들과 하는 간단한 성경공부와 수예반을 이끌었고, 시타 마을에서의 수업도 지속했다. 우리 집 옆에 세운 교사(校舍)에서는 두 명의 회교 여자 청년들이 파트타임으로 아이들의 영어공부를 도왔다. 그중 한 명은 꿈바였다. 꿈바는 성경에 관심이 많아 방과 후에 아이들이 영어를 배우러 오기 전에 나와 함께 성경공부를 했다. 그녀는 세컨더리학교를 나왔는데 직장이 없어, 매일 이곳에 와서 두어 시간씩 아이들에게 영어 이야기책과 성경 이야기책 읽는 것을 도와주고 있었다.

꿈바는 조무사 시험을 보고 싶어 해 매일 수업이 끝나면 나는 그녀에게 산수를 가르쳤다. 그녀는 복잡한 덧셈, 뺄셈, 곱셈과 나눗셈 등을 나에게 배웠다. 꿈바는 1년간 산수를 습득하는 과정에서 주님을 영접했다. 그녀는 어느 날 우리 집에 와서는 부적을 가져와 태우고 싶다고 했다. 나는 그녀가 가져온 부적을 태우며, 꿈바가 우상에 다시 매이지 않고 주님만 섬기는 마음을 주시도록 기도했다. 그녀는 아버지가 준 호신용 부적을 태웠다.

꿈바는 열심히 성경을 읽고 기도를 함께했는데 마을 사람들이 눈치를 채고는 비웃으며 뒷말을 해댔다. 결혼에 관한 협박이라든가 아니면 하다못해 선교 병원에는 싱글들이 많은데 꿈바도 그럴 거냐는 둥의 야유를 보냈다. 꿈바는 다른 친구까지 나에게 데리고 와서 함께 성경공부를 했다. 그녀는 주님을 향한 갈급함을 보였는데 자매인지라 결혼에 대해 걱정이 많아 보였다. 회교도들은 과부가 되면 이름을 바꾸는 한이 있더라도 남편을 구했다. 죽을 때에도 남편의 이름을 갖고 죽어야 축복을 받는다고 여겼기에 이 나라에서는 결혼하지 않는다는 것은 있을 수 없는 일이다. 이곳 여인들은 나이가 차면 정략결혼이나 둘째, 셋째, 넷째 부인으로도 결혼했으므로 여자가 학업이나 직장 때문에 결혼하지 않는 것을 이해하지 못했다.

열심히 산수 공부를 한 꿈바는 1년 후 조무사 과정에 들어갔다. 그녀는 교회에는 나오지 않았지만 선교병원에서 말씀을 들었다. 조무사 과정 졸업 후 열대의료기관에 취업이 되어, 그곳으로 떠나서 우리는 한동안 소식이 끊어졌다. 이후에 나는 꿈바가 풀라니족 간호사와 결혼했다는 것과 함께 의처증 남편에게 맞고 산다는 슬픈 소식을 들었다.

결국 꿈바는 회교인 남편에게 이혼당한 후 시바노 마을에 있는 집으로 돌아와 쉬게 되었다. 나는 꿈바를 찾아가서 기도해주었고 주님께 드렸던 마음을 회복하기를 소망했다. 꿈바는 정신적으로 차츰 회복되었고 다시 시바노병원에서 일하게 되었는데 얼마 후 시에라리온 출신의 그리스도인과 결혼했다.

주님의 인도하심이 참으로 놀라웠다. 그녀는 그리스도인 남편을 만나면서 마음의 평안을 얻었다. 그 후 주일에 우리 집에서 성경공부를 했으며 초등학교 5~6학년 아이들에게 어린이 성경책을 가르쳐주었다. 그러나 시바노 마을에서 그녀는 철저히 그리스도인이라는 것을 숨겼다. 그녀의 할아버지가 이 마을에서 잘 알려진 족장이었기 때문에 가문의 체면을 생각해서 그런 것 같았다. 나는 성령의 인도하심으로 그녀가 남편과 좋은 가정을 이룰 것이라고 믿었다.

한편, 브라이언은 집의 기초공사를 마치고 시멘트 벽돌 올리는 작업을 시작했다. 동네 청년들이나 병원 일꾼들이 틈틈이 도운 탓에 흙벽돌도 조금씩 올라가고 있었다. 우리가 살던 집보다 더 크고 번듯하게 지어지는 것을 보니 마음이 상당히 가벼웠다. 장기 사역자들이 기거할 집이 정해지면 사역도 그만큼 안정되게 할 수가 있었다. 이미 지붕도 낡아 바꾸어야 했다. 또한 이 기회에 들쥐나 흰개미 떼들이 더 이상 집에 들어오지 못하도록 조치를 취해야 했다.

당시 시바노 마을 사람들은 10년이 걸리더라도 시멘트 집을 짓고 싶어 했다. 시멘트 집을 짓고 자기 침대에서 모기장 치고 자는 것이 그들의 소원이었다.

우리 집 건축이 거의 준비되어 갈 무렵 브라이언은 쿠사마이 마을로 들어가 어스킨 가족이 머물 집을 위해 족장을 만나 도움을 요청했다. 족장은 마을 장로들의 의견을 들어본 후 연락을 주기로 했는데 여러 가지 조건이 따랐다. 그들의 조건은 식사를 그들과 하고, 부인들에게 선교사 자녀를 돌보아주거나 빨래를 해주는 일거리를 주는 것이었다. 이 외에도 이런저런 사항과 규율이 그 마을에서도 있었는데 일단 언어를 배우러 들어가는 선교사들과 합의하도록 했다.

우리는 그 마을에 관한 영적 정보가 있으면 선교사들과 나누고 함께 기도를 해왔다. 주로 그곳에 들어가 살 어스킨 선교사 가족을 두고 많은 선교사들의 주님께 기도드렸다. 앞에서도 언급했듯이 어스킨 선교사 가족은 쿠사마이의 족장댁에서 한솥밥을 먹으며 9개월에서 1년간 언어 및 문화 적응 훈련을 받을 예정이었다. 그가 머무는 집의 어른들은 영어를 대부분 못 했기에, 급하면 초등학교 아이들이 감비아식 기초영어로 선교사와 의사소통을 할 것이라고 예상했다.

우리 선임 선교사들은 성령께서 도와주셔서 어스킨 선교사 가족의의 귀가 열려 졸라포니어를 잘 배우고 이곳 사람들과 좋은 관계를 맺고 문화와 언어도 습득할 수 있도록 합심기도를 드렸다. 언어 도우미로 우리는 카라파 형제를 추천했다. 그는 시력장애인으로 책을 읽지는 못했지만 마을의 큰길을 다닐 수는 있었고, 예수님을 구주로 영접하고 교회에 나온 지 1년 정도 되는 졸라포니족 새신자로 선교사 가족의 언어 도우미로 안성맞춤인 일꾼이었다. 그는 나와 민딩고어 찬양을 졸라포니어로 바꾸어 불러보는 일도 했고, 카세트로 성경이야기 자료 준비를 한 적도 있었다. 영어를 잘해서 언어를 배우는 사람들과는 의사소통이 문제가 없었다.

 언어 도우미가 한 명 더 필요해, 시니에게 언어 도우미가 돼달라고 부탁했다. 그는 쿠사마이 마을과 멀지 않은 시월 마을에 살며 탐바쿤다 유치원에서 아이들을 가르치는 교사였다. 시니는 시간이 나면 어스킨 가족을 도와준다고 해서 그들에게 소개해주었다.

카라파 형제의 독립 1

우리 집을 재건축할 무렵 카라파도 집을 짓는다고 했다. 그는 시력을 회복하기 위해 젊은 시절에 카사망스 숲 마라부 밑에서 이 약 저 약을 다 써봐도 치료가 안 되어 빈털터리가 되었다. 그래서 그는 할 수 없이 감비아로 돌아와 시바노 마을의 큰 삼촌 황안수 댁에 기거하게 되었다.

우리는 집을 지을 때 카라파의 아저씨인 세니에게 직접 일을 맡기고 정당한 금액을 노동의 대가로 주었다. 그는 처음으로 수고비를 제대로 받아보았다며 감사해했다. 물론 바부 할아버지는 체면 때문에 여러 번 우리 집 건축 현장을 찾아와 세니에게 잔소리를 했다.

세니는 지붕에 못도 박고 침대나 의자도 만들어 내는 시골 목수였다. 우리 집을 지을 때 그도 와서 일했는데, 목수이지만 동네에서 빛을 못 보는 것을 알았다. 세니는 청년시절 바부 할아버지에게 못질을 배우기 시작했다. 노년까지 병원 목수였던 바부 할아버지는 십장으로 일할 때 늘 세니를 자기 수하에 두고 일을 시키고는 임금을 가로챘다고 했다.

당시 카라파는 큰아저씨 댁에서 지내며 음식과 빨래는 작은댁에서 해결하였다. 이제 그는 우리의 언어 도우미로 어엿이 돈을 벌게 돼 아주머니인 화투마타에게 빨랫감을 주면서 비누도 사줄 수 있는 형편이 되었다. 앞에서도 언급했듯이 젊어서 암으로 죽은 카라파의 이복누나와 세니 아저씨 사이에 태어난 딸이 제네바였다. 그때 제네바는 초등학교에 다니고 있었다. 돌아가기 전 카라파의 아버지는 결혼성사를 위해 제네바가 아기 때에 그 집안에 소 한 마리를 먼저 건네었다.

카라파가 교회를 나오기 시작하면서부터 그의 집안에서는 여러 말들이 오고 갔다. 언어 도우미로 돈을 벌면 됐지 외국인들이 믿는다는 기독교에 왜 발을 들이느냐고 야단도 맞았다. 아저씨들은 카라파에게 이제 "너도 술을 누구처럼 먹겠구나"라든가 "이제 돼지고기 맛을 보겠네"라는 말을 서슴지 않고 했다.

교회 내의 발란타족 성도나 선교사들은 카라파가 교회를 나오자 그가 나의 언어 도우미라서 잠시 나오는 것이라고 여기는 듯했다. 선교사들에게 도움을 받다가 그들이 더 이상 도와주지 않으면 교회를 떠나는 경우가 많았기에 이들은 새신자를 경계의 눈빛으로 보았다. 그러나 카라파는 꾸준히 교회에 나왔다. 그는 우리보다 나이가 조금 어린 30대 초반이었는데, 교회의 맨 뒷자리에 앉아 곱슬한 더벅머리에 고개를 푹 숙인 채 시꺼멓고 기다란 두 손을 모으고 예배를 드리는 모습을 볼 수 있었다.

그동안 나는 문서사역을 위해 언어를 계속 배워야 했고 전도를 위해 성경 구절이나 찬송가를 번역해서 불러보기도 했다. 시바노 마을 어린이들은 회교도들이라도 만딩고어 찬양을 잘했기에, 나는 이미 익숙한 리듬에 졸라포니어 가사를 붙여 시타 마을이나 탐바쿤다 마을 아이들을 가르치고 있었다. 이때 카라파가 만딩어고 찬양을 졸라포니어로 번역해주어 이 사역을 감당할 수 있었다.

어쨌든 조금씩 믿음 안에서 성장해가던 카라파는 어느 새 자기 집을 짓는 일까지 하게 되었다. 비록 진흙 벽돌로 쌓더라도 그는 비가 와도 오랫동안 집이 무너지지 않도록 양철지붕을 올리겠다고 나섰다. 그동안 일을 늘 하고 있어서 저축해 두었던 돈으로 양철지붕을 구입할 것이라고 했다.

그는 땅 주인인 콜리쿤다 아저씨에게 어렵게 몇 달을 따라다니면서 부탁해서 집 지을 대지를 얻었는데, 그 당시 시바노 마을 사람들이면 금전이 오고 가지 않아도 땅을 주었다. 땅 주인은 늘 빌려 주는 것이지 절대로 남에게 판 것은 아니라고 했다. 그러나 도시에서는 대지를 여러 명에게 팔아 법적 소송이 일어나는 것을 보았다. 그러한 여파가 아직 시골인 시바노 마을까지는 오지 않았지만 대대로 물려오는 선조의 땅이고 대개는 자식들이 많았기 때문에 땅 주인들은 쉽사리 땅을 팔려고 하지 않았다.

카라파가 콜리 할아버지에게 받은 토지는 숲으로 들어가는 곳에 있었는데, 그곳은 신작로에서 멀리 떨어진 곳에 있었다. 게다가 그곳은 전기가 들어오지 않았고 어두워지면 여우나 승냥이 그리고 하이에나가 울부짖는 숲 근처였다. 이곳 마을 사람들은 위험한 짐승들이 출몰하는 그곳에 가기 싫어했다. 그런 곳에 집을 짓는다는 카라파가 염려되었으나 그의 결정을 존중했다. 우리는 시바노 마을에도 아이들이 많으니 수년 내로 개발이 되면 카라파의 집 주변에도 주택가가 형성될 것이라고 용기를 주었다.

얼마 후 나는 교회 성도들과 함께 그가 집을 지을 집터에 가서 이 기회에 좋은 간증을 할 수 있도록 은혜를 주시도록 합심해서 기도해주고, 그에게 집을 잘 지으라고 격려해주었다.

카라파는 교회에 자기 집에 관해 열심히 기도제목으로 내놓았는데 발란타족 성도들과 몇몇 선교사들은 관심을 갖지 않고, 막연히 어떻게 되어가는지 지켜보는 것 같았다. 졸라포니족 출신의 새신자가 집을 짓는다고 하니 얼마 후에 교회에 나오지 않을 것이라고 생각했던 것 같다.

그러나 주님은 교회의 성도도, 선교사도 아닌 그를 불쌍히 여기셨다. 카라파의 초등학교 때 친구가 우연히 그곳을 지나가다가 진흙을 혼자 이기고 있는 그를 측은히 여겨 그 친구가 카라파를 도와주어 벽돌이 완성되었다. 지붕을 사용할 양철은 조그만 방 두 칸과 손님을 맞는 살로라는 공간을 덮을 정도의 분량이었다. 그가 지고 있는 집의 방은 감비아식 더블 침대가 들어가면 약간 공간이 남는 정도였고, 의자 두어 개를 놓으면 적당한 규모였지만 카라파는 자기 집을 가질 수 있어 무척 기뻐했다.

집을 짓는다고 진흙을 이기고 벽돌을 뽑아낼 무렵, 그는 시타 마을에 사는 이복형들에게 그의 의도를 알렸다. 그는 아버지께서 그에게 남기신 유산이 제네바 집안에 준 결혼지참금으로 준 소 한 마리뿐 아니라 더 있을 거라고 생각했다. 그래서 형들에게 집 짓는 데 필요한 나무를 부탁했다.

카라파의 형을 통해 그의 사정을 들은 시타 마을의 족장은 마을 어른들과 협의를 했다. 그리고 카라파가 시타 마을에서 태어나지는 않았지만 그의 아버지가 시타 마을 출신이니 시타 강변의 종려나무 몇 그루를 잘라가도 좋다고 허락했다.

카라파 형제의 독립 2

우리는 카라파에게 집 건축을 놓고 교회와 더불어 기도하도록 했고, 다른 사람에게 기대거나 도움만 받지 말고 스스로 해보라고 하며 말씀으로 격려해 주었다. 만유의 주님을 바라보고 뛰어난 그 이름으로 구할 때 주께서 주신다는 것을 현실에서 그도 체험하기를 바랐다. 그리고 우리는 그가 집을 짓는데 필요로 하는 재료들이 채워지도록 기도했다. 그는 감사하게도 자신이 저축한 돈에서 지혜롭게 물품을 사기도 하고 여기저기에서 쓰던 물품을 얻기도 했다.

카라파의 아저씨 댁에서는 그에게 무슨 집을 짓느냐며 그를 타박하며, 그가 독립해 나가는 것을 별로 반가워하지 않았다. 그들은 주변 사람들을 의식해 교회에 버젓이 나가는 조카를 그리 달가워하지 않았다. 카라파는 집을 지으면서 우리에게 여러 가지를 물어보았는데, 우리는 아는 것이 없어 기도밖에 해줄 수 없었다. 브라이언 선교사는 병동 건축도 많이 하며 십장 노릇을 하고 전기일도 배워가며 일했지만, 흙집을 짓는 데는 비전문가여서 별로 도움이 안 됐다. 우리 생각으로는 그가 토박이 원주민이니 흙집 짓는 것에 대해서는 우리보다는 더 잘 알고 있을 것 같았다.

그가 지붕에 올릴 양철이 조금 모자랄 것 같다고 해서, 우리가 양철을 사서 그에게 선물로 주었다. 우리가 별로 도와준 것도 없는데 그는 집을 지으면서 우리 부부를 상당히 의지했다.

나는 카라파에게 집을 지을 때 집 기초에 부적을 묻지 말라고 했다. 그리고 누가 모르는 사이에 부적을 묻을 수도 있으니 주의하라고 당부했다.

우리는 더욱 그 집 토지와 그의 안전을 위해 기도했다. 그가 집을 짓고 있는 동안 우리 가족은 안식년을 맞아 영국으로 떠나야 할 시간이 다가왔다. 내심 카라파가 우기 전에 집을 다 짓지 않으면 폭우로 집이 무너질 것 같아 걱정됐다. 그래도 우리는 그의 집 짓는 일에 관여하지 않겠다고 다짐했다. 비가 와서 그 집이 무너진다고 해도 주님이 하시는 일을 바라보기로 했다. 그 이유는 교회에 발을 들였던 사람들이 집을 짓는다는 이유로 돈을 꾸고는 달아났다는 사례가 있었고, 그리스도인이 된다고 해서 선교사들이 그들의 집을 지어줄 수는 없었기 때문이다.

교회에 가끔 나오던 전직 군인 울리 형제는 아버지가 민간경찰로 상당히 위세가 있는 집안이었다. 그는 교회에 나오기 시작한 이후로 집안에서 독살의 위협을 느낀다고 했다. 저녁에 그는 우물에 가서 목욕물을 떠와야 했는데 목욕물용 단지에 독약을 넣었는지도 모르기 때문이라고 했다. 그리고 식구들이 그에게 그리스도인 되었으니 식사도 혼자 하라며 양푼에 밥을 퍼주었는데, 그는 소스에 독이 들어 있을까 봐 절대 혼자 밥을 먹지 않는다고 했다.

울리는 그러한 시달림과 공포증으로 인해 교회에 나오면 기도를 부탁하곤 했다. 그러던 어느 날 울리는 집에서 독립해야겠다고 마음먹었다며 우리를 찾아와 의논했다. 그는 자기도 집을 지을 것인데 우리에게 도와달라고 했다. 그래서 우리는 일단 일거리를 찾아 저축을 하든지 농지를 빌려서 땅콩농사를 짓든지 해서 집을 지을 계획을 세워보라고 했다. 우리가 줄 수 있는 것은 망고나무뿐이었다. 우리는 주르망고 씨를 심어 종묘를 한 후 뒷마당에 바지 할아버지와 가꾼 어린나무들이 3년째 자라고 있었다.

그 형제는 일단 토지 주인에게 땅을 받았다고 전해왔다. 그래서 나는 우기 전에 망고 나무를 심고 싶으면 우리 집의 나무를 가지고 가라고 했다. 그도 카라파 형제와 거의 비슷한 시기에 집을 짓는다고 여러 번 교회에 기도제목을 올렸다. 그는 땅을 얻고는 흙을 파서 이기지도 않고 우리에게 계속 찾아오면서 타 선교회에서 성도들에게 하는 것만큼 우리 선교회에서도 새신자를 도와야 하지 않느냐고 말했다. 울리는 카라파가 집을 지을 때 우리가 도와주어 양철 지붕 올렸다고 착각하는 것 같았다. 그래서 나는 카라파는 그가 저축한 돈으로 양철 지붕을 올린 것이라고 말해주었다.

　우리는 도움을 주고받는 것에서 오해가 없기를 바랐고, 무조건 손을 내미는 새신자에게 그러한 전례를 남기지 않으려고 했다. 그래서 병원에서 허드렛일이 있으면 그에게 일을 맡겼다. 그렇게 예수를 믿다가 집안의 핍박이 있어 독립해 나올 정도면 남의 집에라도 갈 것 같았는데 그건 아니었다. 그는 늘 분노에 차 있었다. 발란타족을 상종하지 못할 낮은 계층이라고 생각하는 것 같았다. 그는 인내심이 부족한 탓인지 아니면 다른 계획이 있는지 결국 저축을 하지 못하는 것 같았다.

　카라파의 집이 다 지어질 때까지 울리 형제의 집 짓기는 원점에 머물렀다. 그는 집터에 자라는 풀도 베지 않고 물도 퍼오지 않았다. 흙을 파거나 기초공사를 했다는 소식도 듣지 못했다. 당시 한 선교사가 감판트 마을에서 건물을 짓고 있었는데, 울리는 이곳에서 일을 하기 시작했다. 그러나 얼마 후 그는 해고되고 말았다. 왜냐하면 그는 술주정이 너무 심한데다가 선교사가 없는 동안에 창고 문을 열고 중고 양철을 몽땅 동네 사람들에게 나누어주었기 때문이다. 그 선교사는 건물을 지을 때 회교도들은 성실히 일을 해주는데, 울리는 그렇지 않았다고 했다. 그래도 그리스도인이어서 울리에게 창고열쇠를 맡겨두었는데 믿는 도끼에 발등 찍힌 격이었다. 그리스도를 자기의 주라고 시인하고 캄판트교회에서 세례까지 받은 그였지만, 그는 결국 직장에서 해고되었고 가끔 시바노교회나 캄판트교회에 나왔다.

　우리는 성도들이 모든 만유의 주인이신 주님을 바라보도록 말씀을 나누었다. 이곳 성도들은 외국 선교사들이 도와줄까 싶어 소망하며 기도제목들을 나누다가, 응답이 안 되면 교회를 떠나기도 했다. 우리를 바라보지 말고 주님을 바라보게 해야 하는데, 혹시 선교사들이 이들의 믿음에 방해가 되는 것은 아닌가 생각이 되었다.

　카라파 형제는 집 건축에 관해 우리와 줄곧 의논했다. 함께 기도하는 가운데 그 형제가 참으로 어린아이처럼 주님께 모든 것을 묻는 것을 보았다. 그는 전심으로 주님께 도움을 구하는 기도를 드렸다. 나는 그의 기도하는 모습을 보면서 그가 참으로 선한 마음의 소유자라는 것을 알았다. 카라파 형제는 나에게도 본보기가 될 정도로 훌륭한 기도의 용사로 성장하고 있었다.

주님은 우리의 기도에 응답해서서 카라파의 집 짓는 일이 순적하게 진행되게 하셨다. 놀랍게도 그의 집 공사가 끝나갈 무렵 시타 마을 모든 남자들이 나와서 이틀에 걸쳐 흙벽돌을 얹어주었다. 나는 그 모습을 보면서 회교도들이 왜 그리스도인이 되기를 꺼리는지 조금이나마 알게 되었다. 이 마을에서는 누군가 집을 지으면 마을 사람들이 돌아가며 품앗이로 일을 도와주었다. 반면에 교회 공동체는 성도가 집을 짓는다고 해도 누구 하나 솔선해서 흙벽돌 하나도 짓이겨주지 않았다. 물론 이런 태도가 이해가 되지 않는 것은 아니었다. 발란타족이나 선임 선교사들은 교회에 있었던 전례를 생각해 새신자들에게 도움을 주다가 당할까 봐 도와주는 데 주저하는 것 같았다.

그러나 주님께서 카라파 형제를 축복해주셔서 집 짓는 일이 조금씩 진전될 때마다 카라파 형제와 우리는 서로 기쁨을 나누었다. 주변 선교사들은 우리의 도움이 얼마나 개입되는지 주시하며, 그가 너무 일찍 독립해 나오는 것이 아닌가 하고 염려하는 눈치로 조언해주기도 했다.

카라파의 집 벽들이 올라가는 것을 보면서 나는 시타 마을 사람들에게 더 호감이 가서 아이들 사역에 힘을 내었다. 그리고 주님은 집이 거의 완성되고 지붕 올리는 일만 남았을 때 또 한 명의 일꾼을 보내주셨다. 어느 날 그가 기거하던 큰아저씨 댁에서 황안수 아저씨가 망치를 하나 들고 나타나 뚝딱거리며 2~3일에 걸쳐 돈도 받지 않고 지붕을 올려주고 갔다. 그러고는 카라파에게 교회는 적당히 다니다가 언제 다시 돌아올 거냐고 물었다고 했다. 그들은 카라파 형제가 일부러 물질을 얻기 위해 그런다고 생각했던 것이다.

세니 아저씨는 목수였지만 그가 집을 짓는 데는 전혀 도와주지 않고 도리어 화를 내면서 그에게 딸 제네바가 중학교를 졸업하면 카라파에게 줄 터이니 그만 교회에서 나오라고 종용하기도 했다고 한다.

한편, 카라파 형제의 집이 그런대로 갖춰질 수 있었던 것은 전에 우리가 세를 살던 집을 부수면서 나온 창틀이나 문을 그에게 준 것도 한몫했다. 또한 흙벽돌을 만든다고 파낸 구덩이를 화장실로 만들기 위해 헌 집에서 뜯어낸 중고 양철 의 일부를 제공한 것도 그에게 큰 도움이 되었다. 감사하게도 주님께서는 그의 집을 여러 사람들을 통해 단계적으로 완성해주셨다.

나는 주님의 일정에 집이 이루어져 간다는 것을 느끼면서 그저 감사했다. 그의 집 건축을 위해 함께 기도한 우리에게 주님께서는 신실하게 응답해주신 것이다. 우리는 그렇게 주님의 사랑과 긍휼하심을 경험했다. 주님은 한 가지 한 가지 단계적으로 기도를 응답해주셨다. 또한 주님께서 기도해주신 대로 응답하신 것에 대해 감사하며 집을 지어가는 카라파를 보며 우리는 그가 하나님을 깊이 경험하고 있음을 알게 되었다.

우리는 감비아를 떠날 준비를 하며, 카라파 형제를 쿠사마이 마을에 언어를 배우러 가는 데비 선교사와 제이미 어스킨 선교사에게 소개해주었다. 그리고 그에게 교회의 리더나 성도들과 더욱 가까워지라고 격려했다. 카라파는 가끔 발란타족 그리스도인들을 찾아가 아타야를 마시며 교제를 나누기도 했다. 이후에 나는 발란타족 성도들이 그가 집을 지을 때 찾아와 도와주기도 했다는 소식도 들었다.

시편 91편 4절 말씀과 같이, 하나님은 카라파를 그의 깃으로 덮으시고 그의 날개 아래 피하도록 하셨다. 나는 그리스도를 영접하여 새로운 믿음을 가진 카라파를 시바노 마을의 친족들과 형제들에게 핍박을 당해도 주님께서 그의 손방패가 되어 달라고 기도를 드렸다.

VIII
감비아 제2기 사역

웩 선교사 자녀학교와 언어군

　우리가 안식년을 마치고 감비아로 다시 들어오게 되면 베냐민은 영국 나이로 6살이 되는데 시바노 지역에서는 학교 다니기가 마땅치 않았다.
　영국에서 교육받을 때 우리는 세네갈 남부에 웩 선교사 자녀 학교가 있다는 것을 들었다. 연락을 취한 후 우리는 일단 그곳에 가보기로 했다. 카사망스는 여전히 반군 때문에 정치적 안정을 말하기에는 어려웠지만 보로파이에 들어가는 것은 상관이 없다는 정보를 듣고 우리는 학교에 방문신청을 했다. 베냐민과 바울을 데리고 1996년 4월 28일에 세네갈 남쪽 국경을 가기 위해 시바노에서 콤보 지역으로 가다가 쎌레티라는 마을 쪽으로 3~4시간을 내려갔다. 접경 지역을 넘어 두어 개의 콘크리트 다리를 지났는데 여기저기 총을 든 군인들이 있어 긴장감이 돌았다.
　세네갈 남부 카사망스 지역의 수도 지긴쇼르시는 졸라포니족들이 가장 많이 군집해 있는 중심지였다. 지긴쇼르로 가는 길은 다리만 빼면 감비아보다는 좋았고 전기도 들어오는지 전봇대도 간간이 보였다. 또 집들도 흙집이지만 감비아와는 비교할 수 없이 땅이 넓어서인지 큼직큼직하게 지어져 있었다.
　세네갈은 1980년대를 들어오면서 졸라포니족들뿐만 아니라 카사망스의 다른 만딩고족들이나 풀라니족들도 합류해서 자치 독립 투쟁이 심화되었다. 오랫 동안 가톨릭에 영향을 받은 카사망스의 졸라포니족들은 16개의 졸라포니족과 카사망스의 소수 부족인 풀라니족과 만딩고족도 합류해서 정치적 중심세력 월로프족의 회교화에 대한 불만을 품고 분리독립운동을 일으켰다. 우리는 가끔 프랑스군으로 추정되는 군인들을 빼곡히 태운 차량도 보았다. 마을미디 군인들이 몇 명씩 보초처럼 서 있는 것이 보였다. 삼엄하게 경계를 선 군인들을 보면서 우리는 긴장감이 도는 길을 차로 운전해갔다.

세네갈 지도를 따라 우리는 웩 선교사들이 있는 카사망스 본부를 찾아갔다. 오래되고 빛바랜 건물이 상당히 낡아 보였다. 1936년부터 시작한 세네갈 웩 선교회는 우리가 방문했던 1996년에도 여러 선교사들이 교회 개척 사역을 하고 있었다.

세네갈 복음교회가 카사망스 지긴쇼르를 중심으로 많이 있었다. 오랫동안 선교사들이 눈물로 복음의 씨앗을 뿌려 놓은 결실을 보는 것 같았다. 여러 개의 개척교회가 있다고 들었고 웩 선교회에서 개척한 세네갈 복음주의 교회는 위클리프 선교회, 남침례교 선교회와 협력이 잘 이루어져 가고 있다고 들었다.

지긴쇼르에서 하루를 지내며 차를 타고 시내를 돌아보았다. 이곳에 프랑스 문화원이 있었는데 세네갈 건축 양식으로 지어져 주변 풍경과 잘 어우러져 보였다. 그리고 시장을 가보니 감비아 세레쿤다 시장에선 만딩고어나 월로프어를 주로 사용하는데 이 시장은 우리의 사역지에서 사용하는 것과 유사한 졸라포니어를 썼다.

대개는 카사망스의 일반 통용어는 월로프어와 졸라포니어인데, 지긴쇼르 시장에는 많은 졸라포니인들이 농산물을 팔려고 매일 몰려왔다. 이곳에는 16개의 졸라포니어가 사용된다는 보고도 있었다. 서점이 있어 들러보니 불어책도 있고 여러 족속의 책들이 있었는데 세네갈대학교 언어학부에서 나온 책들도 있었다. 이곳은 과거 프랑스의 식민지여서 문화와 언어의 보존 차원에서 오래전부터 다카대학교를 중심으로 연구되고 있다는 것도 알게 되었다.

자세히 보니 졸라포니어도 있어서 감비아 졸라포니와 비교연구를 해보려고 몇 권을 샀다. 선교사님들에게 들은 바로는 지긴쇼르 라디오에는 졸라포니어로 방송을 한다고 했다. 졸라포니어가 표준어라니 반가웠다. 감비아에서 문서사역을 하려고 했던 나는 이곳을 방문하여 자료를 어느 정도 확보할 수 있어서 좋았다.

위클리프 선교사 두 가족이 졸라포니 언어 담당으로 있다고 하였다. 그들 중 나는 브레드 홉킨스 가족을 만났다. 이후 홉킨스 선교사는 가끔 우리에게 그가 조사한 세네갈의 졸라포니어 자료들을 보내주고는 했다. 그들이 보내온 자료들을 회교도인 에부 카마라와 카라파에게 보여주고 검토시켜보았는데 지금은 대부분 그 언어를 쓰지 않고 있거나 의미가 다르다는 것을 알게 되었다. 나는 당황스러웠다. 자료를 보니 이곳의 졸라포니어는 만딩고어와 영어, 불어와 윌로프어에 상당한 영향을 받은 것을 알 수 있었다. 하지만 이러한 자료를 통해 감비아와 세네갈의 일부 지역에서 사용하는 졸라포니어의 상이점을 찾기는 어려웠다.

다음 사역기간에 감비아로 들어올 때는 문서사역으로 바뀌는데, 정부에서 인정하는 학업증서도 제출해야 했고 연구자료도 필요했다. 감비아 정부로부터 문서사역 중에서 문맹퇴치 쪽으로 비자를 받았는데, 문교부에서 인가할 정도로 공인된 학업이 필요했다. 감비아 사람들을 고용해야 된다는 조건도 있었다. 말씀을 전하기 위한 자료가 필요해서 문서사역을 시작하려고 했는데 감비아 정부에서도 인정하는 영국 위클리프 부족언어연구소를 정한 것도 주님의 인도하심이어서 내 손에 들어온 자료들을 정부에도 보여주고 그것을 바탕으로 감비아와 비교연구도 할 생각이었다.

세네갈의 자료들을 보면서 불어, 윌로프어, 만딩고어가 많이 섞여 있음을 알게 되어 마음이 무거웠다. 왜냐하면 내가 성경이야기 자료를 만들어냈을 때 졸라포니족 사람들이 만딩고어가 많이 들어가 있다는 것을 지적했기 때문이었다. 그러나 세네갈은 자치제를 유지했기에 졸라포니어군들이 잘 지켜졌고 대학의 언어학부에서는 졸라카사어와 졸라포니어 연구가 활발하게 진행되고 있다고 들었다.

베냐민과 바울을 데리고 다음 날 보로파이 마을로 떠났다. 약 1시간 정도 떨어진 숲 속에 있는 아주 조용한 학교였다. 주로 세네갈과 감비아에서 온 약 30명의 영국 학생들이 보로파이 선교사 자녀학교에서 기숙하면서 배우고 있었다. 감비아에서 보로파이 학교가 그리 멀지는 않지만 선교사들은 부모들이 아이들과 헤어질 땐 많이 어려워하는 것을 보았다. 그 당시 한국 선교사들은 아이들을 집에서 지내게 하면서 학교를 보냈고, 반면에 외국인들은 대부분 웩 선교사 자녀학교에 보냈다. 물론 집에서 다닐 만한 학교가 있거나 도심에 베냐민을 돌볼 선교사가 있거나 아니면 영국에서 교사가 나와서 홈스쿨링을 해준다면, 엄마로서 얼마나 좋을까 싶었다. 그러나 베냐민의 유치원 과정을 가르쳐보면서 나는 엄마이지 교사가 아니라는 것을 확연히 느꼈다.

당시 다섯 명의 자녀를 기르는 독일 선교사가 있었는데, 그에게 주님께서 부모에게 교육의 권한을 물으셔서 아이들을 집에서 가르치는 사역을 한다고 했다. 같은 선교회에서도 각자가 주님 앞에 기도하고 집 아니면 기숙학교를 통해 자녀교육을 하고 있었다. 우리는 아이들을 기숙학교에 보낸다면 이제 중간방학과 여름방학과 겨울방학 때나 만나게 될 터인데, 예전의 선교사들에 비하면 축복이라고 여겨졌다.

우리는 카사망스 강을 넘어 다시 감비아의 접경인 셀레티 쪽으로 차를 몰았다. 여기저기 마을마다 불쑥 경비병들이 총을 들고 길가로 나와 우리 차를 세우고는 했다. 경비가 삼엄한 것을 보니 아마 반군들의 활동이 심한 것 같았다.

다행히 우리가 지내던 며칠은 총성을 들은 적이 없어 감사하며 국경을 넘어오면서 가만히 세네갈의 평안을 빌었다. 과연 우리는 베냐민과 바울을 보로파이 선교사 자녀학교에 보낼 수 있을까 싶었다. 세네갈 접경으로 나오면서 더 많은 군인들이 마을에 배치되는 것이 마음에 걸렸다. 일단 1년이라는 안식년이 있고 정치적 상황이 어떻게 달라질지 모르니, 주님께 모든 것을 맡기고 신실한 주님께서 감비아까지 우리 가족으로 부르셨을 때는 아이들의 학업에도 길을 내어주시리라고 믿었다.

영국에서 보낸 첫 안식년

1996년 5월 3일에 영국 개트윅 공항으로 도착하여 영국 웩 본부에서 며칠 머물기로 했다. 밤 12시 즈음에 영국에 도착해 내리니 한기로 인해 몸이 떨려 왔다. 오랜 시간에 걸쳐 입국심사를 마치고 나오니 약 1시간 거리에 있는 본부에서 마중 나온 선교사가 기다리고 있었다.

이제 다섯 살 된 베냐민과 세 살이 넘은 바울은 개구쟁이들이었다. 감비아에서도 줄곧 비행기 안에서 백인들보다는 감비아 사람들 품에 안기며 친근감을 보여 우리를 웃게 했다. 늘 카라파 형제가 아이들을 안고 다니고 여러 아이들이 업어주곤 해서 아이들은 감비아 사람들을 좋아하며 따랐다. 영국이라고 해도 아이들에게는 낯선 곳이어서인지 차를 탄 지 약 1시간이 안 되어 토하기 시작했다. 감비아에서는 늘 길이 나빠서 먼지 길을 주로 다녀야 했기에 차도 자주 태우지 않은 것도 그렇지만 영국의 길이 너무 부드러워서 적응이 안 되어 토하는 것 같았다. 참으로 웃지 못할 일이었다.

우리는 한밤중에 쇠사슬에 달린 큰 대문으로 통과해 본부에 도착했다. 우리 가족이 배정된 이층 방으로 그새 곤히 잠든 아이들을 안고 업고 올라갔다. 방에는 안식년 선교사를 위한 환영 카드와 초콜릿과 비스킷과 함께 차를 끓일 수 있도록 준비가 되어 있었다. 따뜻하게 우리를 맞아주는 본부 선교사들의 격려가 담긴 카드를 받고 정말 감사했다.

새벽녘에 우리보다 늘 먼저 일어나는 아이들은 여기저기 방을 둘러보고 있었다. 내가 일어나니 두 아이가 창가로 가서 발꿈치를 들고 밖을 보려고 애를 썼다. 아이들은 이 집이 정말 크다고 하면서 새로운 발견을 한 것처럼 눈이 휘둥그레졌다.

본부 건물은 상당히 고색창연해서 빅토리아식 창문에 아주 긴 커튼이 드리워져 있었고, 천정도 높아 방들이 크게 보여 고풍스러웠다. 베냐민의 눈에는 창밖으로 보이는 정원이 엄청나게 환상적이고 웅장하게 보였으리라. 아침식사를 하러 아래로 내려가는 계단에서도 아이들은 매우 신나하고 가슴 벅차했다.

그다음 날 우리를 안으며 반겨주는 콜린과 폴린 니콜라스 본부장을 만났다. 그들은 기도의 용사들로 낮은 자리에서 섬기고자 하시는 분들이어서, 아프리카 선교 초보생인 우리에게는 영적 멘토이자 기둥이셨다. 그들은 우리가 선교를 위해 감비아에 선교로 갔던 그다음 해 감비아 지부 콘퍼런스 때 말씀을 나누어주셨고 우리가 언어를 배우던 보장쿤다까지 와서 격려해주셨다.

며칠간 우리는 본부에서 지내며 선교지 동향과 선교지에 관한 보고를 마쳤다. 시댁인 북웨일스로 가기로 했는데 우선 선교사들이 애용하는 지하상점부터 갔다. 신학교 시절부터 옷이라고는 재활용에 늘 익숙했고 선교지에 가기 전에도 옷 살 형편도 못 되어 늘 웰 선교회의 중고 옷가게를 이용했다. 주변의 교회들은 오랫동안 헌신적으로 우리 선교회에 옷을 헌물하고 있었다.

여름용 옷으로 약간 두꺼운 옷을 입는 것도 무게감이 느껴져 좀 이상했다. 푹신한 이불과 양철지붕이 아닌 하얀 천정이 눈부셨고 이상할 정도의 적막감이 들어 마치 나는 꿈을 꾸는 것 같았다.

소리… 소리… 고요한 새벽이나 낮이나 밤이나 감비아 사람들은 소리 없는 적막을 고독이라고 하여 제일 싫어했다. 우리도 어느 정도 적응이 되어 그랬는지, 영국 본부가 갑자기 너무 적막하다는 느낌이 들어 적응이 잘 안 되었다.

감비아에 있을 때 아이들은 감비아 아이들처럼 편하게 신발을 집어던지고 맨발로 돌아다녔다. 그곳에서 아이들은 중국제 발가락 슬리퍼인 쪼리만 신고 다녀서인지 엄지와 검지 발가락 사이가 벌어져 있었다. 아이들은 매일 홀딱 벗고 물장난하며 뛰어놀다가 영국에서는 점잖게 신발에 셔츠와 점퍼, 긴 바지를 입어야 하니 아이들도 성가시고 제재가 많다고 생각하는 것 같았다. 어쨌거나 아이들은 너무나 넓고 큰 집이라 생각해서인지 선교회 안에서 운동장에서처럼 자유롭게 뛰어놀았다.

그러나 우리 부부는 본부의 새로운 환경에 주눅이 들 때도 있었다. 감비아에서 평평한 길을 걷다가 무거운 신을 신고 영국의 오르락내리락하는 들길을 산책하는 것조차 거북했다. 사람들이 안 보는 골목길에서는 신발을 벗고 싶었다. 또한 5월의 쌀쌀함도 적응이 안 되었고, 옷의 무게나 뒤꿈치를 사정없이 옥죄는 신발도 불편했다. 그러나 하염없이 내리는 비와 푸른 초원, 수려한 수목들을 보면서 이곳이 얼마나 축복받은 대지인가를 실감하며 하나님께 감사했다. 마음껏 공기를 들이마시고 비를 흠뻑 맞고 걸어 보고 싶었다. 감비아에서는 이렇게도 상쾌하고 싸한 날씨가 그리웠는데 무슨 불평을 하랴!

예정대로 시댁에 올라가기 전에 시장을 미리 보려고 본부와 가까운 슈퍼마켓에 갔다. 밀려오는 차들과 인파로 인해 기분이 점차 가라앉는 느낌을 받았다. 진열된 물건이 너무나 많아 또 마음이 벅차기 시작했다. 한 가지를 사더라도 여러 층 진열상품들을 상표나 유통 기한이나 첨가물 등등 표 딱지를 보고 골라야 하는 물건들이 너무 많아 마음이 무거워졌다. 카드로 결제하는 것도 무척 어색했다.

감비아에서는 동네 가게를 가도 동네 아주머니들에게 배운 대로 나는 치마에 돈을 안전하게 묶고 다녔다. 손에 돈을 보이지 않아야 안전했기 때문이었다. 시장을 가려면 돈 숨길 가방을 먼저 허리춤에 차야 했다. 감비아는 화폐 가치가 낮아 금액은 얼마 안 되는 돈도 뭉칫돈이 되어 갖고 다녀야 했다. 물론 카드 결제가 없으니 현금을 가지고 다니는 우리는 늘 불안해했다. 그런데 영국에서 현금도 아닌 카드 결제를 하면서도 주변을 의식하고 불안해하는 나를 발견했다.

나는 연신 영국 돈 파운드와 감비아 돈 달라시로 환산해 보면서 마음을 좋였다. 여러 번 물건을 들었다 놓았다 했다. 아이들은 좋아라 하며 슈퍼마켓에서 뛰어 놀기도 했고 과자를 사달라고 조르기도 했고, 지나가는 손님들 누구에게나 가서 말을 붙였다. 감비아에서도 시골에 살았던 나는 영국의 생활이 부담으로 다가왔다. 슈퍼마켓이나 백화점은 시바노의 구멍가게에 비해 너무 화려하고 커 보여 나를 위축시켰다. 그러한 문화 충격에서 오는 심리적 위축감이 얼마간 나를 지배했다. 물론 우리는 영국에 들어오기 전에 병원 뒤채 방 한 칸에서 살면서 주로 의자 생활을 하지 못했다. 그런 까닭인지 시누이가 쓰던 푹신한 소파를 갖다주었는데 나는 영 앉기가 어색했다.

가끔 카펫 위에 앉으면 언뜻 검은 개미가 발을 깨무는 듯한 착각을 일으켜 나도 모르게 발을 움츠리기도 했다. 치마나 티셔츠 안으로 들어가 잘 잡히지도 않는 검은 개미에게 물려 고생한 적이 있었기 때문이다. 감비아에서 전기 없이 등잔이나 촛불 아니면 손전등으로 지내서 그런지 집안 전등도 눈에 부셨다. 밤새도록 켜 있는 가로등도 무척 아까웠다.

이곳에서 시바노 마을이나 숲 속 졸라포니의 환경과 비교되어 마음을 어렵게 했다. 4년의 세월이 우리를 이렇게 모든 면에서 바꾸어놓았다. 예수 그리스도를 영접했을 때 우리의 모든 세계관이 달라지듯 하나님을 의지할 수밖에 없는 감비아라는 환경에서 살다 보니 영적인 면에서 더욱 주님과 말씀에 집중하는 삶을 살아왔다.

영국에 들어와 물질세계에 젖어 있는 삶을 바라보면서 나의 관점이 정말 현저히 변해 있음을 알게 되었다. 문화 충격을 받았던 감비아에서의 첫 오리엔테이션 기간처럼 이곳에서도 모든 것에 놀라워하는 나를 새삼 발견할 수 있었다.

나는 영국에 오면 감비아에서는 희귀해서 먹기 힘들었던 사과가 가장 먹고 싶었다. 썩지 않은 싱싱한 여러 종류 사과들을 볼 때마다 마음이 뿌듯했다. 가만히 생각해 보니 체질에 맞지 않는 열대과일을 먹어서 알레르기가 축적되어 천식에 걸린 것일 수도 있다는 어느 간호사의 이야기도 맞는 것 같았다.

나는 천식으로 스프레이를 달고 다닐 정도였는데 건기가 시작될 때면 운전할 때마다 수건으로 물을 묻혀 얼굴을 감싸기도 했다. 공중에 날아다니는 꽃가루나 먼지를 막아보려 한 것이다. 그래서 얼마 동안 열대과일 먹는 것도 중지했다. 하지만 이제 영국에서만은 전에 먹었던 과일을 먹을 수 있어 감사했고 야채나 과일을 기생충 걱정 없이 먹을 수 있다는 것이 믿겨지지 않았다.

우리 식구는 기생충으로 잠을 설칠 때가 많았다. 요충, 편충, 십이지장충, 갈고리촌충 등의 기생충은 늘 불면증을 초래했는데, 1년에 한 번 먹는 기생충약으로는 감당할 수가 없었다. 어쩌랴! 시타 마을에 가면 아이들과 늘 함께 어울리니 벼룩이나 이를 가끔 옮아오기도 했다.

훗날 파파야 잎을 씹어 먹고 말라리아를 예방하거나 아니면 뜹뜨름한 파파야 씨를 씹어 먹는 치료법을 따랐는데 효과가 좋았다. 돌팔이가 아니고 양의사들이 가르쳐준 처방이었다.

시댁에 도착해 짐을 풀고 시누이들을 만나 어머니의 임종 때의 상황을 자세히 듣게 되었다. 우리는 베냐민과 바울을 데리고 시누이들과 함께 어머니 묘지를 찾아갔다. 이제 시어머니를 뵐 수 없다는 서러움이 몰려와 한참 그 주변에서 맴돌다가 돌아왔다.

아이들이나 남편은 영국에 와서도 내가 전용 미용사인줄 아는지 늘 내게 머리를 들이밀었다. 동네에 이발소가 있어도 아이들은 부끄럽다고 안 가고, 남편은 돈 든다고 안 가고 이래저래 내가 머리를 손질해줘야 했다. 그래도 머리를 일단 정리하고 다녀야 그렇지 않으면 정신 나간 줄 알고 오해받기 십상이었다. 어쨌든 상당히 검게 그을린 피부에 머리도 정리가 안 된 상태로 교회나 기도회를 방문할 수는 없었다. 머리도 단정히 자르고 얼굴도 단장하고, 발뒤꿈치 갈라진 것도 크림을 발라 정리를 좀 했다. 아이들과 녹음이 우거진 공원과 백조가 떠다니는 강가를 유유히 걸어 다녔는데, 마치 꿈만 같았다.

새로운 환경에서 활동량이 많아진 아이들의 뒷바라지로 제대로 쉬는 것은 아니었지만 감비아에서 사역할 때와는 비교도 안 될 정도로 이곳은 여유로웠다. 브라이언과 아이들의 학교를 알아보고 입학허가를 받았다. 아이들이 초등학교와 유치원을 영국에서 다니게 된 것도 참으로 감사했다. 감비아의 황량한 환경에서 자연스레 뛰어놀며 동네 아이들에게 인기를 끌었던 아이들이 이제 교복을 입고 학교에서 공부한다는 것이 상상이 안 되었다.

베냐민은 의료 선교사의 충고에 따라 안과에 가서 검사를 하니, 시신경 조율이 잘 안 되어서 5살에 돋보기 같이 두꺼운 안경을 써야 한다고 했다. 엄마로서 마음이 아팠다. 감비아에서는 유치원에 보낼 수 없어 베냐민에게 알파벳을 가르친 적이 있다. 그때 베냐민에게 책을 보라고 하면 집중을 잘 안 해서 야단치기도 했었다. 그런데 영국에 와서 안과에 가니 아이가 눈이 나빠 초점을 잘 맞추지 못해서 그랬다는 것을 알고, 나는 엄마로서 부끄러워 한참을 자책했다.

우리는 시누이들이 사는 동네에 정착한 후 웨일스의 복음교회를 1년간 출석했다. 이 교회는 당시 약 70~80여 명이 모이는 작은 교회로 존 데이비스라는 분이 담임목사님이었다.

어느 정도 짐을 정리하고 영국에서 자리가 잡혀갈 즈음, 웩 선교회 기도회에서 주님께서 이루시는 복음의 현장인 감비아 소식과 졸라포니족에 관해 나누었다. 그리고 이 시간에 나는 그동안 졸라포니족 사역에 동참하여 기도해주신 성도들과 기도후원자들에게 감사의 인사를 드렸고, 다시 한번 선교에 대해 도전받는 시간을 가졌다.

위클리프에서의 언어공부 1

1996년 안식년을 맞아 영국에 돌아온 시간이 바로 어제 같은데 벌써 아이들을 학교에 보내고, 위클리프에서 1년간 학업에 몰두해야 하는 시간이 돌아왔다. 경제적으로 우리 식구 모두가 위클리프 선교회가 있는 홀스리그린 마을에 있을 형편은 안 되었다.

우리 가족이 머무는 북웨일스는 런던 외곽인 위클리프나 웩 선교회 지역보다는 생활하기가 수월했다. 우선 시누이 댁이 가까워 아이들에게나 남편에게도 좋았다. 남편은 어린 아이들을 돌보겠다고 하며 나의 학업을 위해 기도해주겠다고 격려했다. 남편에게 아이들을 맡겨야 해서 마음에 부담감이 몰려왔다. 하지만 오랫동안 기도해오면서 남편도 주님께서 열어주시는 길을 보게 되었고 문서사역에 동의했기 때문에 학업을 포기할 수 없었다. 아이들을 두고 위클리프 선교회로 떠나와야 하는 것은 힘들었지만, 오로지 기도 가운데 한 주님과의 약속과 소명에 순종하기로 했다.

학과 수업은 1년에 3분기 과정은 집약적인 집중강좌로 구성되어 있다. 학생들은 언어에 재능도 있고 주님의 소명을 받고 왔지만 한결같이 혀를 내두르며 버거워했다. 첫 과정에는 여러 유럽 지역에서 한 달 과정을 공부하러 온 학생들과 함께 학업을 시작했다. 그 중 폴란드 학생 두 명은 언어에 상당한 감각이 있었다. 또한 여러 유럽권 학생들도 만났는데 그들은 공부를 하면서 문서선교사로서의 가능성을 알아보기 위해 학업을 한다고 했다.

처음 50여 명이 함께 수업을 했는데 여름 방학 과정이 끝나자 학생들은 30명으로 줄었다. 리아와 나만 빼면 모두가 위클리프 선교회에서 섬길 사람들이었다. 새삼 그들의 배려에 감사했다.

지금은 위클리프 기관에서 언어학을 가르치는 부서를 ETP(European

Training Programme)라고 하지만, 당시는 SIL(Summer Institute of Linguistics)이라고 했다. 이곳은 위클리프 기관의 중심 부서였다.

SIL은 문서 선교사 배출기관으로 수십 년씩의 선교지 현장 경험이 있으신 대학원이나 박사 출신의 선교사님들이 가르쳤고 그분들과의 교제 또한 무척 귀했다. 커리큘럼 역시 매우 잘 되어 있었다. 과제의 양은 상당했고 우리들에게 수업에 최선을 다하도록 했다. 한 번은 교수님에게 베냐민 입학식에 다녀와야 해서 오후 수업에 결강할 예정이라고 하자, 교수님은 나에게 절대로 A 학점 받을 생각을 하지 말라고 했다.

월요일에 내가 들을 수 없었던 수업은 언어배우기(language learning) 과목이었는데 가나의 한 원주민이 와서 가르쳤다. 가나 사람이 말을 할 때에 몸짓에서 단어를 유추한 후 상황에 맞는 연극 대본을 만들어 외워야 했다. 즉, 우리는 상황을 설정하고 배운 단어로 문장을 만들어 각각 다른 성격의 인물로 등장해서 학생들 앞에서 연극을 해야 했다. 나는 이 수업이 정말 재미있었다. 이미 감비아에서 배웠던 아프리카 언어여서 어렵지 않았다. 이 과목에서 A는 아니지만 A 마이너스 학점을 받아서 무척 감사했다.

모든 과정이 흥미진진했던 것은 이미 현장에서 언어를 배운 경험이 있었기 때문이었다. 그러나 정말 어려웠던 것은 음성학과 음운론이었다. 이미 배우기로 한 언어가 있어도 부족어로 배우는 음성학이니, 부족어의 발음을 배워야 했다. 때로는 전혀 발음해보지 못한 것을 배우고 실제 발음기호판을 보고 막대기로 지시하는 대로 발음하는 시험을 봐야 했다. 한껏 목젖을 젖혀야 나오는 아랍어나 아프리카의 칼라하리 사막 부족 어휘 중에서 긁어내는 발음을 하기가 어려웠다.

스웨덴에서 위클리프 선교회 여름학기에 오셔서 몇 달씩 가르치고 가시는 그닐라 교수님은 놀라운 분이셨다. 교수님은 클리킹 사운드로 칼라하리 사막 부족들의 노래를 들려주셨다. 2010년 가을 구약성경 번역을 위해 히브리어과정을 배우기 위해 위클리프에 갔을 때, 우연히 퇴직하신 그닐라 교수님을 만나서 무척 반가웠다. 교수님은 매우 겸손한 태도로, 나에게 주의 사역을 하는 것을 보니 마음이 벅차고 보람을 느낀다며 눈시울을 적셨다.

음운론은 서부 아프리카의 부르키나파소에서 온 교수님이 가르쳤는데, 그분에게서 나는 200자의 단어로 분석을 해서 알파벳을 만들어내는 방법을 배웠다. 우리는 다른 과정에서는 컴퓨터로 알파벳 작업법을 배웠지만, 이 시간에는 수기로 적어야 했다. 언어에는 특별한 형식이 있어 그런 변형들을 센스 있게 식별하는 능력이 있어야 했다. 교수님들은 '인내'가 문서사역의 왕도라고 했는데 돌아보면 그 말씀이 귀중했다.

환경도 열악하지만 언어를 배우고자 해도 가르쳐주는 원주민이 없으면 그것도 쉽지 않았다. 실제로 풀라니족 사역자들은 언어 도우미 구하기가 쉽지 않았는데, 왜냐하면 그 부족 사람들은 다른 나라 사람이 자기네 언어를 배우려고 하는 이유를 알지 못했기 때문이었다. 그리고 회교문화권에서 회교도 남성이 그리스도인 여성에게 언어를 가르치는 것은 문화적으로 받아들이기 어려운 상황이었다.

주님은 나를 문서사역자로 보내주시고 부족의 언어를 배우게 하셨지만 내심 마음에 부담감이 몰려왔다. 이제 1년 과정을 마치고 감비아 졸라포니어로 언어를 개발하고 책을 준비하고 문맹퇴치를 하자면 정부에 미리 문서사역 비자를 요청해야 했다. 이 과정을 충실히 마쳐 졸업장을 정부에 제출하여 언어 전문가임을 입증해야 비자를 받을 수 있었다.

학생들은 아침 묵상과 더불어 공부를 시작했고 기도회나 예배시간도 공부시간 외에 따로 있었다. 점심 식사 후에는 교수님들이 산책을 하도록 종용했는데 오랫동안 컴퓨터 일을 하기에 앞서 걸어두라는 의도에서였다.

위클리프 기관은 문서선교사를 배출하는 부서여서 학업과 더불어 다른 일들을 해야 했다. 의무적으로 부엌에서 접시를 닦거나 기숙사 청소도 해야 했다. 수업은 아침 8시 반에 시작해서 저녁 5시에 마쳤다. 위클리프의 교육시설도 학생들에게 편안하게 갖춰진 것은 아니었다. 작은 기숙사 방은 침대 두 개가 겨우 들어갈 크기였는데, 구석에 조그만 개인 책상과 그 위에 램프가 놓여 있었다.

나는 늘 친구에게 먼저 자도록 하고 책상에 앉아 신학교 시절처럼 공부했다. 당시 나는 마흔 고개를 넘고 있었다. 이렇게 공부하지 않으면 어떻게 젊은 20~30대의 사람들을 따라붙겠는가 싶었다. 그러나 주님께서 지난 4년간의 경험을 토대로 인내의 열정을 더불어 주셨다. 또한 좋은 친구인 질과 리아를 만나게 해주셨고 함께 기도할 수 있도록 인도해주셨다. 일상의 말씀과 더불어 주님과의 대화로 더욱 가까워지는 시간들이었다. 나는 이곳에서 친해진 질과 리아와 함께 집중적으로 기도제목을 내놓고 기도했다.

이후에 이곳에서 나와 함께 공부한 학생들이 성경번역에 들어갔고 리아도 남편 롭과 성경번역을 마쳤다는 놀라운 소식을 들었다. 그리고 질도 번역의 소명을 이루어가고 있다는 것도 알게 되었다. 리아는 나이가 많은 처녀 선교사였지만 우리의 기도 가운데 그 무렵 남편을 만나 결혼을 했다. 이처럼 주님께서는 우리의 기도를 신실하게 들어주셨다.

지금 돌아보면 주님께서는 내가 문서사역의 길로 가도록 하나하나 인도해 주셨음이 분명했다. 졸라포니의 교회 개척을 위해서 문서사역의 필요성을 절감했고, 막연히 길이 없어 기도했을 때 주님은 점촌제일교회의 이정호 목사님을 통해 그 길을 가도록 허락하셨다. 그리고 위클리프에 사역하시는 토니와 마기 선교사님을 만나게 하시고 여러 가지 번역에 관한 조언을 받게 하셨다. 그들이 연구하고 조사한 감비아의 언어군이나 정부나 웩 선교회와의 문서사역 경험들을 허심탄회하게 들을 수 있어서 문서사역의 길로 가려고 하는 나에게 많은 도전이 되었다.

위클리프에서의 언어공부 2

나는 감비아에서 사역하는 동안 감비아와 세네갈에서 공용으로 쓰이던 졸라포니어가 오랜 식민지 생활의 영향과 정권을 잡은 부족의 언어에 영향을 받아 점진적으로 언어의 정체성이 사라졌다는 것을 알게 되었다. 감비아에 있을 때 위클리프의 문서선교사들을 만나면 이에 관해서 문의해볼 생각이었다.

나는 말리나 아이보리코스트에서 풀라니어 성경번역사를 만나 그들의 경험을 들었다. 그들은 풀라니어도 각 나라마다 변화된 단어들의 의미나 문법의 차이가 발견되어 번역된 자료들을 공유할 수 있도록 컴퓨터 프로그램에 넣어 재번역을 시도한다고 했다. 그들의 방법이 검증된 것은 아니지만, 졸라포니어도 감비아와 세네갈의 경우에 그런 현상이 벌어지고 있으므로, 나도 그들의 방법대로 시도해보고 싶었다.

오랫동안 세네갈의 졸라포니어는 불어와 월로프어를, 감비아의 졸라포니어는 영어와 만딩고를 섞어서 의사소통을 해오고 있었다. 물론 모든 언어는 발음과 의미면에서 생로병사의 변천을 겪는 게 사실이다. 과연 책을 만들고 성경을 번역한다면 순수한 졸라포니어를 사용해야 할 것인가 아니면 여러 언어가 유입된 현대 졸라포니어를 사용해야 할지 고민이 될 것 같았다. 왜냐하면 성경을 번역해도 졸라포니족 사람들이 읽기 불편하다면 아무 소용이 없었기 때문이다. 따라서 아무리 좋은 번역이라도 그들의 이해 반경을 넘어서서는 안 되었다. 일단 학업을 마치고 감비아로 들어가면 문서사역을 위해 문교부에서 인가하는 책을 우선적으로 만들어내는 것이 시급했다. 성경번역에 관한 것은 차후에 세네갈 위클리프 선교사들과 의견을 나누기로 하고, 일단 감비아로 돌아갈 준비를 했다.

위클리프에서의 1년간은 나에게 문서사역에 대한 가능성과 방향제시를 해주었다. 또한 문서사역의 자료를 수집할 수 있는 기간이었다. 나는 긴 주말이나 중간 방학, 크리스마스 방학이나 부활절기나 되어야 집으로 가 가족을 만날 수 있었는데, 매일 아이들이 학교에 가는 것을 남편이 돌보아주니 가능한 일이었다. 안식년 동안 직업을 갖지 않고 이렇게 지내야 하는 것을 보는 사람들도 어려워했지만 우리들은 기도 가운데 주님이 인도하셨으니 순종할 수밖에 없다고 생각했다.

1996년 6월까지 위클리프의 과정을 마치고 7~8월에는 가족이 함께 지낼 수 있게 되어 감사했다. 우리는 8월 즈음부터 다시 감비아로 들어가기 위해 하나둘 가방을 싸고 짐을 꾸렸다. 감비아에 돌아가면 아이들을 학교에 입학시켜야 해서 학교공부나 기숙사 생활에 필요품을 구입해야 했다. 아이들의 옷가지마다 이름표를 바느질로 꿰매야 했는데 마음이 짠했다. 이 조막만한 아이들의 손들을 만지고 있노라면 이제 여섯 살 갓 넘은 베냐민을 어떻게 세네갈로 보낼 수 있을까 싶었다.

돌아가기 전에 일단 감비아의 선교회와 보로파이 학교와 상의했는데, 세네갈에서 정부군과 반군 사이에 접전이 빈번해져 위험부담이 있으니, 학교에서는 일단 베냐민 입학을 이듬해 1월로 미뤄달라고 해서 감사했다. 몇 달이라도 더 베냐민을 데리고 있을 수가 있으니 말이다.

1년간 영국에서 안식년을 보냈어도 가족과 함께 오붓하게 보낸 시간이 거의 없었다. 위클리프 수업은 방학도 짧았지만 과제가 엄청났기에 다른 곳에 한눈 팔 사이 없이 1년이 빠르게 지나갔다. 나는 엄마이자 아내로서 제로인 것 같아 가족들에게 미안했다.

영국에서 안식년을 시작할 때 문서사역 외에 한 가지 기도제목이 더 있었다. 나는 사역을 위해 주님께 감비아에서 발생한 천식을 치료해달라고 기도했다. 문서선교를 하려면 주님께서 천식을 고쳐주셔야 사역에 들어갈 수 있다고 간구했다. 기도의 응답이었는지 나는 영국에서도 감비아에서처럼 호르몬제와 살포제를 가지고 다녔으나 언젠가부터 호르몬제도 안 쓰고 살포제 사용도 별로 하지 않게 되었다. 그래서 감비아로 돌아갈 때 치료용 스프레이도 쓰지 않게 해달라고 하나님께 기도했다.

1996년 10월에 위클리프에서 오픈데이가 있었다. 이날은 위클리프 선교회에 관심이 있는 사람들이 선교회를 방문하는 날이었다. 위클리프 소속 학생들은 이 행사로 바빴지만 나는 웩 선교사여서 별로 할 일이 없었다. 그래서 교실에서 기도에 집중했다. 나의 기도제목은 베냐민이 세네갈에서 공부를 할 때 한국인 선교사가 와서 아이를 돌보아 달라는 것이었다.

그때 한 한국 여학생이 교실에 들어왔다. 그녀는 바람이 불면 날아갈 것 같이 가냘팠다. 심영미라는 학생이었는데, 한국에서도 그렇게 흔하지는 않은 심씨 성을 가진 자매여서 더욱 반가웠다. 그녀는 오픈 데이를 맞아 학교를 둘러보려고 왔다고 했다. 나는 위클리프에 관해 설명을 조금 해주고 그녀와 함께 기도 제목을 나누었다. 내가 어디서 사역을 했고 앞으로 베냐민이 선교사 자녀학교에서 공부해야 하는 것을 그녀에게 말해주었다. 그리고 우리에게 한국 출신의 교사 선교사가 필요하니 아는 분이 있으면 소개해달라고 부탁했다. 그녀는 믿음의 친구들 중 인천교대 출신들이 있다며 연락해주겠다고 했다.

어느 날 이 학생으로부터 겨울 휴가 중에 전화가 왔다. 주님께서 그녀에게 아프리카로 가라고 하셨다고 말했다. 그녀의 말에 의하면 연말에 교회 목사님께서 세계지도를 펴신 후 성도들에게 눈을 감고 지도에 손을 가리켜보라고 하신 후, 그곳이 주님께서 보내시는 선교지로 알고 기도하라고 하셨다고 했다. 그런데 이 학생이 찍은 곳이 서부 아프리카 세네갈 쪽이었다고 했다. 나는 그녀의 말을 듣고 감사하였지만 전화를 끊고는 내심 그녀가 세네갈에 오리라고 생각하지 않았다. 바람이 불면 날아갈 것 같은 자매가 어떻게 아프리카에서의 생활을 견딜 수 있을까 싶었다. 하지만 이상하게도 기도를 하면서 주님이 나의 기도를 들어주시리라는 믿음이 생겼다. 얼마 후 이 사실을 본부에 알렸다. 세네갈의 보로파이 학교 행정담당자의 부인이 출산차 곧 런던으로 온다며 심영미 학생과 면접을 하겠다고 했다.

그녀는 실제로 1998년 1월에 세네갈에 입국하여 사역을 시작했다. 처음에는 1년 단기로 사역하려고 했으나 주님의 인도하심으로 2년 동안 사역을 하고 떠났다. 이후 이 학생은 영국에서 만난 형제와 결혼하여 아이 셋을 낳고 키르기스스탄에서 선교활동을 했다.

몇몇 부인 선교사들은 나를 두고 사역에 야망이 있어 그토록 어린 베냐민을 기숙학교에 보낸다는 뒷이야기를 하곤 했다. 하지만 나는 내가 교사가 아닐뿐더러 이미 유치원 과정을 놓쳐 학업에 뒤처진 아이를 주님께서 이끌어주시길 기도한 것뿐이었다. 부모님을 따라 아프리카까지 왔지만 학업의 문제가 있으면 안 된다는 생각이 들었기 때문이었다. 거의 약 4~5개월 동안 집중적으로 이 제목을 두고 기도해왔는데 응답이 되니 그저 놀랍고 신기하기만 했다.

지금 그때를 돌아보면 이 학생이 내게 온 것부터, 1년 동안 세네갈에서 봉사하기로 했는데 IMF로 인하여 봉사 기간을 2년으로 연장하고 베냐민과 다른 세 명의 한국 어린이들을 돌봐줄 수 있었던 것까지 모두 놀라운 일의 연속이었다. 주님은 내가 기도한 것을 잊지 않으시고 응답해주셨던 것이다.

미쁘신 주님을 찬양합니다!

감비아 제2기 사역의 첫걸음

1997년 8월 29일에 우리는 감비아행 모나크 비행기에 또 몸을 실었다. 8월은 우기의 절정인데 이제 9월에 들어가면 비가 수그러들더라도 습기는 여전하여 비지땀을 흘려야 할 것이다. 공항으로 나올 때 아이들의 짐들을 꾸리고 조그만 배낭을 등에다 지어주었더니 철없이 좋아했다. 어떤 상황에 부딪치게 될지는 모르지만 감비아로 돌아가는 것이 우리 모두에게 흥분이 되었다.

주님께서 주신 요한복음 말씀으로 마음을 다잡고, 나의 표어와 같은 요한복음의 말씀을 마음에 새겼다. "내가 진실로 진실로 너희에게 이르노니 한 알의 밀이 땅에 떨어져 죽지 아니하면 한 알 그대로 있고 죽으면 많은 열매를 맺느니라"(요 12:24).

영국을 떠나면서 나는 영적인 세계를 전혀 모르던 나에게 어디에서 와서 어디로 가는지 알 수 있는 천국의 시민권자로 삼아주시고 천국을 소망하는 하나님의 자녀가 되어 그의 사역에 동참하게 해주신 주님의 은혜에 감사드렸다. 이제 시바노교회로 돌아가면 해야 할 일들이 산적해 있으리라 예상되었다.

1997년 8월 29일 우리는 제2기 사역을 위해 네 식구가 감비아 반줄 공항에 도착했다. 감사하게도 본부의 기숙사 담당 선교사가 마중을 나와 반갑게 맞아주었다. 여전히 청년들이 짐을 들어준다고 잡아끌었지만, 웃으며 사양하고는 베냐민과 바울을 데리고 차 있는 쪽으로 향했다. 새벽부터 부산을 떨며 짐을 꾸린 탓인지 무척 피곤했다.

비가 엄청나게 쏟아졌는지 물이 흥건히 괸 공항 길을 지나 흙탕물을 가로질러 차가 있는 곳까지 우리는 걸어가야 했다. 반줄 공항은 이름과는 달리 윤둠에 소재하고 있었다. 함석 지붕을 한 식민지 시대의 옛 공항건물을 없애고 새 정부는 윤둠 공항을 새로 건설할 것이라는 소식을 마중나온 선교사로부터 들었다.

새 정권은 전반적인 면에서 활발한 개발을 계획하고 있다고 하니 무척 반가웠다. 어디를 가나 큰 시장만 제외하고는 우리나라 초가삼간 같은 감비아의 전역이 마음에 늘 부담이 되었었다. 윤둠을 빠져나오니 도로 곳곳에 물웅덩이 천지였다. 하수도 시설이 없어 오물이 길거리에 넘쳐 악취를 내는 길을 여러 번 거쳐 갔는데, 흙길 양쪽에는 차들도 다닐 수 없을 정도로 흙탕물로 흥건했다. 역시 이 냄새! 감비아의 우기가 내게 이제 향수를 느끼게 할 줄이야…….

거리 사이사이로 더워서 웃통들을 벗고 대패질을 하는 목수들이 보였다. 길거리 자동차 정비소에는 기름때에 찌든 기술자들이 조수들과 열심히 일하고 있었다. 그들은 생기가 넘쳐 보였다. 여전히 구석구석마다 조그만 회교사원들이 길가의 상점들 가운데 비집고 들어서 있었다. 내가 처음 이 길을 들어섰을 때와 마찬가지로 몇몇 사람들이 회교도 기도처 앞 물 항아리에서 깡통으로 물을 퍼내고 젖은 손으로 웅크린 몸을 주무르고 있었다.

기도를 준비하는 사람들, 기도하러 들어가는 사람들, 판잣집 같은 회교사원 안에 무릎 꿇은 회교도들을 곳곳에서 볼 수 있었다. 마음이 무거웠다. 요한복음 8장 32절 말씀과 같이 진리를 알게 된다면 진리가 이들을 자유롭게 할 것인데, 그러자면 복음의 일꾼들이 이 땅에 투입되어야 했다. 밭에 희어져 있는 영혼의 곡식을 보시는 주님께서 순종의 사역자들을 찾아내셔서 아프리카의 이 작은 나라에도 일꾼들을 보내주시리라고 믿었다. 우리에게도 진리의 나팔을 불어야 할 또 다른 기회를 주셨지만, 더 중요한 것은 감비아인 파수꾼을 세우는 것이었다. 내가 문서사역에 확신을 가졌던 것은 이들의 언어로 된 성경말씀을 출판하면, 이들이 말씀을 통해 성장하여 파수꾼이 되리라고 믿었기 때문이다.

감비아 본부에 도착한 우리는 일단 짐을 풀었다. 우리 가족이 예전에 시바노 마을에 살았던 셋집은 재건축이 되었고, 데비 선교사 가족이 그 집에서 살고 있었다. 이제 시바노 마을로 간다고 해도 우리 집은 없었다.

우리가 시바노 마을에서 사역을 해야 된다는 조건은 없었지만, 이제 여러 명의 졸라포니족이 세례도 받았으므로 주님께서 우리 가족을 다시 시바노 마을에 머무르도록 하시는 것 같았다. 나는 얼마 있으면 이 졸라포니족 성도들을 대상으로 제자화 사역을 하고, 졸라포니어로 예배드릴 수 있을 것이라고 생각했다.

우리는 감비아 본부에서 얼마 동안 기거한 후 코투 지역의 선교사 기숙사로 잠시 거처를 옮겼다. 그곳에서 졸라포니족 문서사역의 일환으로 문맹퇴치에 필요한 책들을 출간하기로 하고 컴퓨터로 문서 작성 작업에 들어갔다.

우리 가족을 위해 시바노 교회의 새로운 리더가 집을 알선해주었다. 그곳은 역시 시바노 마을에 있었다. 집주인은 카마라쿤다 사람이었는데 곧 만날 예정이었다. 그의 집은 시바노병원과 가까워 그의 집에서는 병원 끝자락이 보인다고 했다. 시바노 마을로 올라가 교회의 성도들을 반갑게 만나 인사하고, 병원에 들러 또한 여러 선교사들과 반갑게 인사를 나누었다.

영국에서 나는 어느 곳에서 문서사역을 시작할 것인가가 고민이었는데, 사무실과 함께 우리 가족이 기거할 집을 구할 수 있다니 감사했다. 그러나 우리가 살 집에는 컴퓨터 기기를 놓고 여러 명이 함께 문서사역을 할 만한 공간이 부족했다. 일단은 주님의 인도하심으로 보고, 카마라쿤다의 집을 권유한 리더들이 의견을 존중하여 그 집을 계약했다. 그곳은 아직 뼈대만 올라간 집이어서 바닥도 콘크리트로 쳐야 했고 창문도 달아야 했다. 이사 조건은 3년의 집세를 미리 주는 것이었다. 집세는 도심보다는 훨씬 저렴했고 앞으로의 관계를 위해서도 월세를 미리 내주어 집 공사를 마무리하도록 하고 이곳으로 이사하는 것이 사역에 유리할 것 같았다.

그동안 우리 가족은 코투에 있는 기숙사에서 지내며 컴퓨터로 책자를 만들면서, 집주인이 건축을 마칠 때까지 기다리기로 했다. 이제 마을에서 문맹퇴치사역을 하게 되면 감비아 문교부로부터 인가를 받아야 했다. 이를 위해서는 문교부에서 인정하는 부족어로 된 국어교과서, 알파벳 책, 산수 책을 만들고 철자법에 관한 자료를 정부에 제출해야 했다. 만약 정부에서 인가가 나면 우리는 문서사역 비자를 받을 수 있었다. 우리가 제출한 자료를 토대로 부족민의 반응을 본 후 문교부에서 사역의 인가여부를 결정해주겠다고 했다.

9월에 들어서도 소낙비와 더불어 천둥과 번개가 여전했다. 어느 날은 비도 오지 않았는데 구름이 잔뜩 끼더니 번갯불이 번쩍하고 천둥에 마른 날벼락 소리가 귀를 째듯 떨어졌다. 번개가 우리가 지내던 집 뒤 전봇대를 내리쳐서 새로 사갔던 컴퓨터 모뎀이 고장 나 버리기도 했다.

9~10월까지는 코투 지역의 습기가 상당했다. 그해 무더위가 오래 지속되었는데 나는 컴퓨터와 씨름하느라 콩죽 같은 땀을 흘리며 낮에만 컴퓨터 작업을 할 수 있었다. 밤에는 모기들의 성화도 있었고 우기철이어서 전기가 자주 나가 사역을 할 수 없었다. 1년을 안식하고 들어와서인지 습기에 잘 적응이 안 돼 잠을 설치기가 일쑤여서 눈이 충혈되었고 땀띠가 전신에 돋아 애를 먹었다.

선교사 기숙사에서 베냐민과 바울은 같은 나이 또래의 선교사 자녀 친구들과 어울려 지냈다. 시바노 마을의 셋집으로 들어가기 전에 이 아이들과 함께 지낼 수 있어서 감사했다.

1998년 1월에 베냐민은 세네갈에 있는 웩 자녀학교로 보내야 했다. 본래는 1997년 8월에 보내야 했지만 세네갈의 정치상황이 좋지 않아 입학이 미루어진 것이다.

1997년 10월 11일에 우리는 세네갈 남부 지역인 빈조나로 향했다. 카사망스에서 졸라포니족을 위해 사역하던 선교사들의 연합모임에 감비아 졸라포니족 사역자들을 초대했기 때문이다. 우리 가족과 어스킨 선교사 가족이 모임에 참석하기로 했다. 그날 우리는 어스킨 가족과 감비아 본부에서 만나 세네갈 남쪽으로 향했다. 국경선으로 갈수록 경계가 삼엄해졌다. 전보다 많은 군인들이 여기저기 보초를 서고 있었다. 일단 세네갈 군인들이 있으니 마음이 놓였다. 국경선 근처에 있는 다리가 폭격으로 무너져 배로 차량을 옮겨야 해서 시간이 지체 되었다. 게다가 반군들이 지뢰를 여기저기 묻어두었기 때문에 차를 운전해서 깃발이 표시된 곳으로만 갈 수 있었다. 우리는 우여곡절 끝에 모임에 참석할 수 있었다.

우리가 도착한 곳은 빈조나의 침례교단 선교사 집이었다. 그곳에 여러 선교사들이 이미 와 있었다. 반갑게 인사를 나누고 감비아의 졸라포니와 졸라카사 두 지역의 선교사들이 함께 사역을 나누고 기도하는 시간을 가졌다. 우리는 그때 카사망스 지역에서 졸라포니어 번역사로 활동하는 위클리프 선교사인 지오 가족과 홉킨스 가족을 다시 만났다. 또한 닐과 헬렌 바커, 존과 루스 하밀턴, 필과 엘스버스 아쉬톤 선교사 가족과 한 지긴쇼르를 중심에 신장과 빈조에서 지역복음화 사역을 하고 있는 호주인 여선교사를 만났다. 미국의 침례교단도 빈조나 지역에서 오랫동안 청소년사역을 하고 있었다.

이곳을 방문한 후 우리는 위클리프의 사역을 조금씩 알아가게 되었다. 우리는 위클리프에서 졸라포니족 문서사역을 하는 브레드 홉킨스 선교사와 마사 지오 선교사를 다시 만나게 되어 반가웠다. 당시 브레드 선교사는 구약성경을 마사 선교사는 신약성경을 번역하고 있었다. 브레드 홉킨스 선교사가 졸라포니어로 번역한 성경 구절이나 기도문 자료를 보내왔다. 우리는 그 자료를 졸라포니족 성도들에게 읽어주면서 반응을 살펴보았다.

감비아 정부로부터 문서사역 비자를 받자면 문교부로부터 문맹퇴치사역 인가를 받아야 하ㅣ 철자법에 관한 재여구와 세네갈어 연구도 다시 해야 할 것 같았다. 지난 4년간 언어를 배우면서 준비한 자료로 일단 철자법에 관해 문교부에 제출할 자료를 수합한 후, 컴퓨터에 출판 프로그램을 설치해서 철자법에 관한 책자를 편집했다. 책을 준비하던 중 자료를 좀 더 수집하기 위해 감비아 문교부를 찾아가 보니 만딩고어, 월로프어, 풀라니어 철자법 자료는 있지만 졸라포니어 철자법 자료는 전혀 연구된 것이 없었다.

    감비아에서 내가 처음으로 졸라포니어를 연구하고 철자법에 관한 책을 만들게 되었다. 이것을 생각하니 책임감이 막중하게 몰려왔다. 그래서 나는 문서사역을 할 수 있도록 문을 여신 분이 주님이시니, 사역에 지혜와 명철을 더해주시길 야고보서 1장 5~6절 말씀을 붙잡고 기도했다.

문서사역의 길과 베냐민 입학

내가 안식년으로 떠나 있는 동안 그리스도인이 된 카라파가 시타 마을로 소환되어 갔었다고 했다. 그가 교회를 다닌다고 하여 카라파의 약혼녀인 제네바의 아버지, 즉 삼촌 세니가 시타 마을에 그 사실을 알려서 마을 회의를 소집했기 때문이다. 세니는 카라파에게 교회에 가는 것을 중단하지 않으면 회교도인 제네바를 그에게 줄 수가 없다고 했다. 카라파는 시타 마을에 가기 전에 교회에 이 사실을 알리고 기도를 부탁했고, 교회 리더인 바치코와 함께 시타 마을로 향했다.

마을에서 회의가 벌어졌고, 카라파의 이복형제들 앞에서 족장이 그에게, 언어 도우미로 일하게 된 후에 그리스도인들에게 꾀임을 받아 교회를 나간다는 소식을 보장쿤다 사람들에게 전해 들었는데 사실이냐고 물었을 때, 그는 자신이 이제 예수를 그리스도로 믿고 따르는 예수의 제자라고 밝혔다고 했다. 모두들 놀란 기색이었지만 족장은 카라파가 예수의 길을 간다니 그렇게 하라고 했다. 하지만 그들은 회교로서 모하메드를 따르는 길로 갈 것이니 이제 서로의 길을 가야 한다고 선포했다고 한다.

우리는 그가 가족들과 대응하면서 자기의 믿음에 관해 집안사람들에게 선포했다는 말에 승리의 희열마저 느꼈다. 카라파 형제는 마치 사무엘하의 22장 30절 말씀과 같이 하나님을 의지하고 적군의 성벽을 뛰어넘는 주님의 사람으로 여겨졌다.

나는 졸라포니 성도들이 주님 안에서 믿음이 성장하고 있는 것 같아 흐뭇했다. 그래서 나에게 주어진 문서사역에 더욱 매진하기로 했다. 일단 문맹퇴치를 위해 졸라포니어 교본으로 초본이 프리프라이머(preprimer), 중본인 프라이머(primer), 후본인 포스트프라이머(postprimer), 산수 책(arithmetic) 준비를 해야 했는데, 나는 간단한 책인 초본을 만들기로 하고 작업에 들어갔다. 이 일을 위해 아이나우와 카라파에게 파트타임으로 함께 일하자고 했다. 나는 이들이 새로운 사역에 주님이 동역하게 해주신 귀한 일꾼이라는 생각이 들었다. 그동안 우리는 문서사역은 그리스도인들과 할 수 있게 해달라고 기도를 해왔는데, 주님께서 이 형제들을 교회에 보내주셔서 기도에 응답해주셨다는 생각이 들었다.

카라파와 아이나우는 기꺼이 문서사역에 동참하겠다고 했다. 그래서 나는 그들에게 더 많이 일할 수 있도록 해주었다. 시력장애인인 카라파는 글을 보거나 쓸 수 없었다. 일단 아이나우에게 철자법에 관해 가르치고 그에게는 그의 손바닥에 내가 손가락으로 써서 철자법을 암기하도록 가르쳤다. 우리가 없는 1년 동안 카라파는 시타 마을 집과 보장 아저씨 집에서도 핍박을 받았다. 그래도 식사는 삼촌 세니 보장 댁에서 하고 빨래는 막내형수인 화투마타가 해주었다고 했다.

우리 가족이 영국에서 안식년을 보내는 동안, 그는 언어 도우미 일을 못해서 새로 지은 집에서 초를 살 돈이 없어 촛불도 없이 지냈지만 일요일에는 교회를 나갔다고 했다. 시바노 선교병원의 은자이바는 일요일 아침에 교회 가는 길목에 서서 그에게 교회를 그만 가라고 방해를 했고, 새벽기도를 가려고 하면 길목에서 서성거리며 빈정댔다고 했다. 그럼에도 그는 교회에 빠지지 않고 열심히 출석했다. 그의 말을 들으니 카라파가 더욱 귀하게 다가왔다. 그러니 주님은 얼마나 그를 사랑하셨을까?

카라파는 서른 후반이고 아이나우는 이십대 중반으로 졸라포니족 언어 도우미로서 적합한 나이였다. 카라파는 개인적으로 기대하지 않았던 일을 갖게 되었다며 무척 좋아했다. 그는 전에 세네갈의 지긴쇼르에도 거주한 적이 있어서 감비아와 세네갈의 졸라포니어 변화 양상을 쉽게 발견해주었다.

주님은 회교도였지만 우리에게 이부 카마라의 도움을 가끔 받도록 하셨다. 그를 만나게 된 것도 우연은 아니었다. 어느 날 나는 마리야뚜 집에 갔다가 돌아오는 길에 어느 아름다운 여성이 둥근 아프리카 흙집에서 빨래를 하고 있는 것을 보았다. 가까이 가서 전도를 하려고 졸라포니어로 말을 건네니 바로 졸라포니어로 대답해주었는데, 나중에 알고 보니 그녀는 쿠사마이 출신으로 카라파의 사촌 동생인 사조였다.

사조의 남편 이부 카마라는 다른 지역에서 아이들을 가르치는 초등학교 교사로 주말에만 집으로 왔다. 그는 졸라포니어에 관심을 갖고 있었다. 그가 주말에 집으로 오면 가끔 파트타임 언어 도우미로 우리를 도와주었다. 그런데 때마침 그가 시바노 초등학교로 발령이 나서 방과 후에 언어 도우미로 도움을 줄 수가 있다고 했다. 내게 필요한 사람들을 붙여주심에 하나님께 감사했다.

짐이 일단 정리가 되자 필수품들을 챙겨서 10월 즈음 시바노 마을로 올라갔다. 카마라쿤다 집은 대략 완성되었고, 페인트칠 작업만 남아 있었다. 예정대로라면 11월에 입주할 수 있다는 소식에 우리는 선교사 기숙사를 나와 전에 기거했던 시바노병원 단칸방에서 지내기로 했다.

병원 내의 담을 돌아 나가면 발란타족 성도 세 가정의 집이 나왔다. 나는 아이들을 데리고 그들의 집에 방문하여 인사를 나누었다. 그리고 동네를 돌면서 들쥐 사냥을 즐기던 망가쿤다, 졸라포니어를 배우던 보장쿤다를 돌아보았다. 휠체어 성도인 마리야마 카마라, 후각이 마비된 마리야뚜와 건강하게 자라는 아기 사무엘 그리고 울리, 아이나우와 카라파 형제 등이 우리를 여러 번 찾아와 반갑게 만났다. 우리는 그들과 1년간 보지 못한 회포를 풀었다. 카라파는 늘 업어주던 베냐민과 바울이 부쩍 변한 모습에 놀라워했고, 모두 진심으로 우리를 반갑게 맞아주었다.

동네 아이들도 계속 찾아왔다. 어린이사역보다는 이제 문서사역에 더 치중해야 되니 마음이 좀 안타까웠다. 11월이 되어 새로 공사한 콘크리트 바닥이 굳어갈 무렵에 이사를 했다. 우리가 이사한 곳은 동네에서 떨어져 있는 길가에 있는 집이었다. 우물도 있었는데 담이 없어 여전히 가축들이 추녀 밑 그늘 자락에 서성거렸다. 주인집과 함께 살지만 건물의 반은 그들이 살고 반은 우리에게 세를 준 셈이었다. 페인트칠이 덜 된 곳도 있어 추가 작업이 필요했다. 이래저래 우기가 끝나가는 12월에는 집 정리와 손님치레로 부산했다. 크리스마스에는 캄판트교회 성도들과 함께 큰 가마솥에 음식을 해서 나눠먹었다.

1998년 1월 초에 베냐민을 학교에 보내야 했다. 당시 세네갈의 보로파이 학교가 남부에서 북부 케우마사르로 이전한다는 소식을 들었다. 학교의 물품을 배와 트럭으로 옮겨올 동안 학생들은 케우마사르에서 공부를 해야 한다고 했다. 우리는 도심에 있는 다른 선교사의 트럭에 동승해야 해서 그 전날 본부로 내려가 베냐민을 데리고 어둑한 새벽에 반줄 항을 떠났다. 저녁 무렵 도착한 케우마사르는 충격 그 자체였다. 학교는 담으로 둘러쳐 있었는데 담장 밖에는 길거리 차량 정비소가 여러 곳 있었고, 쓰레기처리장이 있어서 악취가 났고, 파리 떼들이 극성을 부렸다. 학교 진입로로 쓰레기를 가득 실은 차량들이 왕래하는 것이 자주 눈에 띄었다.

학교에는 임시 기숙사가 있었는데, 우리 가족에게도 베냐민과 며칠 동안 함께 지내도록 장소를 제공해주었다. 몇 명의 교사들이 위험을 무릅 쓰고 트럭을 타고 내전중인 보로파이 학교로 가서 학교의 비품을 옮겨 왔다. 우리는 그들을 무사히 돌아오게 해주셔서 주님께 감사드렸다. 교사들은 주님의 보호하심으로 안전하게 보로파이 학교에서 물품을 실어올 수 있었다고 간증했다. 눈물이 날 정도로 교사 선교사들에게 고마웠다.

이 학교에서 가장 나이가 어린 베냐민을 두고 우리는 떠나야 했는데, 베냐민 코에 얹혀 있는 두꺼운 안경이 더 두드러져 보였다. 베냐민은 나의 치마꼬리를 잡았다가 선생님이 이끄시는 대로 용감하게 교실로 따라갔다. 이제 여섯 살밖에 안 된 베냐민을 기숙학교에 맡겨야 해서 마음이 무거웠지만 학생들 모두가 선교사 자녀여서 마음이 놓였다. 이 학교의 꼬마 선배들은 벌써 베냐민의 손을 잡아주거나 업고 다니기도 했다.

    아이들이나 학부모인 우리 모두 눈물을 닦으며 교정을 나왔다. 다행히 베냐민이 울면서 달려나오거나 학교를 다니지 않겠다고 하지는 않았다. 그곳에는 우리가 알고 있는 한국 학생 몇 명이 공부하고 있었고, 아이들을 지도하는 심영미 선교사가 있어 마음이 든든했다. 이들이 베냐민을 잘 돌봐주겠다고 해서 무척 감사했다.

언어공부에 들어간 브라이언 선교사

웩 감비아 선교지부에서는 9~12개월간 부족 언어를 배우도록 격려했고, 장기 선교사 수습기간인 2년 동안 두 번의 시험을 치르도록 했는데 우리 부부 둘 다 시험에 통과해 장기 선교사로 허입되었다. 나는 지금까지 문서사역을 두고 세 명의 조력자들과 장기적으로 언어를 공부해왔지만 브라이언은 졸라포니어를 좀 더 공부할 필요가 있어 시타 마을에서 생활하면서 3개월 동안 언어 공부를 하고, 주말마다 집에 오기로 했다. 이곳 사람들은 우리 부부와는 오래 전부터 관계를 맺고 있어 브라이언을 반갑게 맞아주었다.

주말이면 브라이언을 마중 나가고는 했다. 브라이언이 기거하는 집에 가보았는데, 집주인 가족은 우리가 처음 보는 사람들이었다. 남편은 주인댁 아들에게 언어를 배우고 있었다. 이 주변의 집들은 대개 담도 없었고 개인적인 생활을 전혀 할 수도 없었다. 화장실도 없어서 화장실을 지어달라고 했더니 처음 화장실을 지어본다며 숲에 가서 볼일을 보면 되지 왜 화장실이 필요하냐고 했다. 사실 용변을 보아도 휴지를 사용하지 않고 뒷물만 하는 사람들이었다. 집도 짓기 빠듯한 형편에 화장실이라니 그들에게는 말도 안 되는 소리였다. 그렇다고 남달리 흰 피부의 사람이 그들처럼 벌판에서 용변을 볼 수는 없으니 꼭 화장실을 만들어 달라고 했다. 이곳에 오래 살다가 보니 그들의 논리도 맞는 것 같았다. 그 후 소낙비가 여러 해 내리니 화장실이 힘없이 물살에 무너졌다.

마을의 여자들은 우리에게 관심이 많았고 우리에 대해 알고 싶어 하는 것 같았다. 나는 종종 그 마을에서 가 남편과 함께 지내면서 마을 사람들과 친분을 쌓았다. 나는 마을 아낙네들과 어울려 방아 찧는 일과 부엌일을 함께 하며 그들의 졸라포니어 어휘를 읽히려고 노력했다. 이후 졸라포니어 교본을 만들 때 이 마을을 배경으로 해서 여러 가지 표현을 책에 담을 수 있었다.

이곳 여성들은 날씨가 더워서 웃통을 벗고 방아를 찧거나 치마 하나로만 겨우 몸을 가리고 다녔다. 조심하지 않으면 성적으로 문란해질 것 같은 생각이 들었다. 전에 이 마을 아이들에게 뇌염 예방약을 전해주었던 적이 있었는데, 이곳 아이들은 이제 몰라보게 성장해 있었다. 마을에 청소년들도 전보다 많아진 것 같았다.

젊은이들은 밤이면 사타이(Sataay)에 간다고 했는데, 그곳은 열 가구 정도가 있는 마을의 중심가였다. 좁은 동네였지만 이곳에도 활동 반경을 구분 짓는 지명이 있었다. 젊은이들은 돈을 갹출하여 드럼 연주자나 이동 디스코텍을 불러, 달밤에 춤을 추고 노래를 부르며 파티를 했다. 이런 문화는 다른 나라의 젊은이들과 다를 바가 없었다.

이후에 나는 이 마을에서 중학교에 다니는 여학생들이 혼외정사로 종종 임신한다는 말을 들었다. 이들의 상대는 외지에서 농사를 지으러 온 남성들로, 학생들 말에 의하면 그들이 강간했다고 한다. 어린 학생들의 조기임신으로 감비아는 열병을 앓기도 했다.

미혼모가 아기를 낳으면 상대를 고소해서 생활비를 받을 수 있고, 학교를 중단했으니 손해배상을 해주어야 했다. 감비아에서는 이런 고소사건이 점점 늘어나고 있어 사회적 문제가 되었다. 문교부에서는 학생이 임신을 하면 결국 학교를 못 다니도록 했지만, 임신율이 줄지 않자 학생이 해산을 하면 복학을 허용했다. 야야잠매 대통령은 강간 범죄를 사형급 중죄로 다스리자, 강간 건수는 눈에 띄게 줄어들었다.

시타 마을에서 농사일 하면서 건기는 산에서 나무를 하거나 강가나 밭에서 얻는 조개껍질이나 굴 껍데기를 태워 횟가루를 만들었다. 이런 가루를 조그민 자루에 넣어 약 2천 원씩에 팔았는데 감비아에서는 아주 중요한 건축자재로 쓰인다고 했다. 감비아 사람들은 횟가루와 흙을 섞어 벽돌을 만들기도

했고, 흙벽에 시멘트를 얇게 바르고 횟가루로 칠해 깨끗하게 보이도록 미장을 했다. 조개류의 껍질은 밭에 엄청난 양이 파묻혀 있다고 했다. 여자들은 조개껍데기를 이용해 방에 문양을 만들어 장식해놓기도 했다.

어느 날 나도 주인집 식구들을 따라 뒷밭에 가서 땅을 파서 망태기에 조개껍데기들을 긁어모아 머리에 이고 왔다. 이 모습을 본 사람들은 모두 놀라는 기색이었다. 이후 먼지투성이가 된 나를 놀려대던 주인아주머니와 좀 더 친숙해졌고, 이들의 고달픈 삶을 조금이나마 체득할 수 있어 보람되었다.

저녁을 먹고 나서 나는 감비아 여인들과 자리에 누워 별들을 세며 가끔 짧은 졸라포니어로 아브라함과 사라의 이야기와 이집트와 모세의 이야기를 들려주었다. 때로는 달나라에 인공위성이 가고 있다고 하면, 그들은 영국과 한국이 감비아와 얼마나 멀리 있는지를 알고 싶어 하기도 했다. 가끔 한국이나 영국에 관한 관습이나 문화를 소개하기도 했다. 감비아 여인들은 영국에 대해서 자기네 나라와 관련된 몇 가지 사실을 알고 있었다. 영국의 엘리자베스 여왕이 감비아에 길을 만들어준 것과 제2차 세계대전에서 영국이 아프리카에서 싸웠다는 말을 들었다고 했다.

시타 마을의 가정주부들의 삶은 녹록치 않았다. 이들은 얼마 안 되는 밭에 밭벼를 심어 농사를 지었고, 건기에는 강가 맹그로브 숲에 서식하는 굴을 땄고, 바오밥 나무 잎을 말려 가루를 만들거나 쥐엄나무 열매를 따서 씨를 염장했고, 소금기 많은 강물을 끓여 소금 만드는 일을 1년 내내 쉬지 않고 했다.

남자들은 조나 땅콩 농사를 마치면 바로 물고기를 잡아 생업을 이어갔으므로, 그들에게 강은 제2의 삶의 터전이나 마찬가지였다. 아이들은 들에 나가 들꿀이나 아니면 바오밥 나무 열매를 따러 다녔다. 또한 저녁 무렵 불어오는 바람을 이용해 밤새 조개껍데기를 태워 만든 횟가루를 아침 내내 자루에 집어넣는 작업도 했다.

내가 마을을 방문한 어느 날 브라이언은 주인아저씨 지바 할아버지를 도와 자루에 횟가루를 담으려고 삽질을 하고 있었다. 그러자 건너편 집 남자가 남편을 보고 소리를 질렀다. 브라이언의 이름을 몰랐던지 그는 "야, 투밥(외국인)!"라고 말하면서 삽을 들고는 "너도 삽질할 줄 아느냐? 손에 흙을 묻히면서 일을 다 하는군!" 하고 소리치면서 빈정댔다. 그러자 사람들이 배를 잡고 깔깔대며 웃어댔다. 우리에게는 그의 행동이 조금 도전적으로 보였는데 주인 할아버지는 혀를 차시면서 용서하라고 했다. 브라이언은 계속 지바 할아버지를 도우며 대꾸하지 않았다.

남편을 놀려대던 종꽁 냐시라는 남자였다. 그는 전에 카사망스 비무장지대에서 마리화나를 재배해 팔다가 경찰에게 잡혀서 세네갈의 교도소에서 복역하고 온 사람이었다. 우리는 그가 그 마을에 말씀을 전하는 데 방해가 되지 않도록 기도했다. 일전에 그의 아들이 죽어서 우리가 아이의 시신을 그의 집에 보내주기도 했다. 당시 그는 교도소에 있어서 죽은 아들을 보지 못했다. 그런데 그는 우리에게 감사하기는커녕 우리를 동네 사람들 앞에서 놀려댔다. 마음이 언짢았지만 복음을 전하는 데 의례 뒤따르는 일로 생각하고 마음을 편하게 가졌다.

남편의 졸라포니어 교육이 끝날 즈음, 우리는 졸라포니족 청년들의 성년식이 세네갈의 접경 지역인 탕갈 마을에서 있다는 소식을 접했다. 카라파가 아침에 우리 집에 오다가 종꽁 냐시가 밀가루 두 포대만큼의 부적과 칼을 마차에 한가득 싣고는 탕갈 마을로 가는 것을 보았다며 나에게 성년식에 대해 말해주었다.

성년식에서는 남성들이 칼춤을 추었다. 그들이 남자 군무를 할 때 칼을 차고 부적으로 장식한 옷을 입고 춤을 추었다. 그리고 부적의 효력을 증명하듯 군무를 추고 난 후에 각자의 칼로 혀, 또는 배와 목에 그어대며 용맹성을 과시했다. 또 부적을 가죽 주머니에 넣어 밤송이처럼 만들어서 그것을 겉옷에 붙여서 입은 후 총을 쏘아도 죽지 않는다고 큰 소리를 쳐댔다.

우리는 그다음 날 기도회 때문에 본부로 갔는데 비얌에 있던 신임 선교사가 위급 환자가 생겨 반줄종합병원까지 데려다주고 왔다고 했다. 환자는 접경 지역에서 나온 남자인데, 성년식에서 사고가 났다고 했다. 환자의 이름을 물었더니 그 지역에 온 지 얼마 안 되어 기억을 못 하겠다고 했으나, 나는 한 이름이 떠올라 그의 이름이 종꽁 냐시냐고 물었다. 그러자 그 선교사는 깜짝 놀라면서 어떻게 알고 있느냐고 했다. 나는 새벽에 그가 두 포대의 부적과 칼을 들고 성년식에 참여했다는 소식을 듣고 그에게 주님의 긍휼을 베푸시기를 기도했다고 대답했다.

그는 칼춤을 춘 후 부적의 효력을 과시하고자 사람들 앞에서 칼로 목을 긋고 재차 배를 그어 대다가 그만 창자가 나올 정도로 칼을 깊이 찔렀다고 했다. 그는 뜨거운 뙤약볕 25리 길을 마차에 실려 시바노병원에 왔는데 수술이 필요했다. 마침 그때 이 선교사가 그를 발견하고 수술을 할 수 있는 반줄 병원까지 그를 데려온 것이다.

그 당시 어쩐 일인지 모르지만 그가 수술하고 돌아온 약 한 달 후에 그의 아버지도 갑자기 수술을 하게 되어 누워 있었다. 건장했던 그는 몸이 반쪽이 되었고 그의 아버지와 남편을 돌보느라 그의 세 부인들은 극심한 어려움을 겪었다. 나는 병문안을 핑계 삼아 자주 그 집에 방문하면서 기도를 해주었다. 이후 그는 강퍅했던 마음이 많이 누그러져서 내가 준 카세트테이프를 다 들었다고 했다.

그가 교도소에 드나들었기 때문에 많은 사람들이 두려워했는데, 그 후부터는 열심히 일하며 건실하게 살았다. 우리와는 친하게 지내게 되었는데 주님은 우리를 조롱하던 그에게 오히려 훗날 복음을 전할 수 있도록 길을 여셨다. 나중에 그의 첫 부인 화투자주가 결혼 전에 다른 남편과 낳은 딸인 마리야마 보장이 그리스도인이 되었을 때, 하나님께서는 우리에게 종꽁 냐시를 찾아가 딸아이를 대적하는 그의 첫 부인에 대해 상의할 수 있도록 길을 열어주셨다.

다시 시타 마을에 가게 된 이유

브라이언이 3개월간 언어공부를 마친 후 나는 문서사역 때문에 시타 마을에 갈 여유를 찾지 못하고 계속 문맹퇴치사역을 위한 자료들을 컴퓨터로 작업하고 있었다. 그 와중에도 마음속으로 시타 마을의 어린이들이 마음에 걸렸다. 아이들 중에는 나에게 왜 예전처럼 마을에 와서 자기네와 놀아 주지 않느냐고 묻기도 했다. 나는 이제 문서사역을 해야 해서 어린이사역까지 할 수는 없는 처지였다.

나는 우기 전에 브라이언이 언어를 배웠던 지바 쿤다 집을 방문했다. 그들은 웬일이냐며 나를 반겼다. 주인집에는 필리제의 시어머니인 야필리 할머니가 있었는데 다리를 조금 절어 불편해했다. 야필리 할머니는 차 소리를 듣고 저는 다리를 부축여 문간에 기대 미소를 짓고 있었다. 내가 오자 할머니는 구석에 있는 중국제 플라스틱 물바가지로 물 항아리에 담아 나에게 내밀었다. 늘 손님이 오면 이들은 항아리에서 퍼낸 시원한 물을 대접했다. 할머니는 종려나무 잎으로 바구니를 만드는 기술이 있어 낮에 주로 그 일을 했다. 그날도 할머니는 바구니 짜는 일을 하고 있었다. 며칠 전에 나는 야필리 할머니에게 조그만 바구니를 만들어주면 팔아주겠다고 약속하여 이곳에 오게 되었다.

할머니는 나에게 여러 차례 가족의 소식을 묻고는 한 손으로 흙벽을 짚고 자리에서 일어나셨다. 그리고는 질뚝거리며 옆 방 입구에 있는 거적 같은 커튼을 젖히고 나에게 따라오라고 손짓했다. 밝은 햇살 아래 있다고 방으로 들어와서인지 한동안 아무것도 안 보였다. 할머니의 재촉으로 따라 들어갔더니 자기 방에 만들어 준비한 바구니들을 세고 계셨다. 거의 열 개가 되었는데 얼른 그 방에서 나오고 싶었던 것은 비바람에 한쪽 흙벽이 무너질 듯해 보였기 때문이었다. 할머니에게 다음에 올 테니 만들던 바구니는 그때 달라고 했더니 돈이 아쉬웠던지 좀 기다리라고 했다.

그래서 다시 방으로 들어간 나는 할머니가 작업하는 것을 지켜보았다. 할머니는 작은 바구니를 이제 막 시작했는지 나를 보자 손길이 바빠졌다. 할머니가 깔개같이 두툼하고 여기저기 터진 손으로 물먹은 종려 잎이 트는 것을 보면서 나는 기도를 했다. '주님 이곳에 다시 와야 합니까? 만일 이 마을에 다시 와야 한다면 나에게 사인을 보여주세요' 나는 기드온과 같이 표적을 구하고 있었다.

십자가를 어디서든 볼 수 있다면 나는 주님이 이 마을에 다시 오라는 표적으로 여기고 오겠다고 약속했다. 이 작고 황량한 오지 마을에 다시 오고 싶은 생각이 없는 것은 아니었다. 십자가를 표적으로 삼고 기도한 후, 하늘을 바라보아도 구름 한 점이 없었다. 어디에서 십자가를 본다는 말인가?

얼마 동안 기다렸을까, 이제 다 만들었다면서 야필리 할머니가 나에게 바구니를 건네주었다. 나는 침대에서 떨어질 뻔할 정도로 화들짝 놀랐다. 내가 받아 든 바구니 바닥에 뚜렷하게 십자가 문양이 보였기 때문이다. 할머니는 물먹은 잎을 십자로 중심을 잡고 다른 잎들을 둘러서 바구니를 만들었는지 푸른 십자가가 내 눈에 들어왔다. '주님 어리석은 질문한 것을 용서해주세요!' 나는 이제 문서사역의 중압감으로 전에 전도하던 아이들을 포기하려고 했었는데, 다시 그 마을로 들어오라는 징표로 생각하고 돌아오는 길에 차 안에서 주님과의 대화를 또 시작했다.

이후에 그 마을 사람들은 우리에게 땅을 나누어주었고 어린이사역을 위해 흙집을 지어주어서 우리는 그곳에 양철로 지붕을 얹어주었다. 아이들은 그곳을 학교라고 여기고 하나 둘 와서 물을 길러 갖다 놓기도 하였고 바닥을 깨끗이 쓸기도 했다. 시간이 나는 대로 아이들을 가르치고 복음도 전하며 주말이 되면 2~3일씩 시간을 내어 사역을 했다. 단기사역자들이 오면 또 그곳에 가서 일을 도우며 사역을 했고 아이들과 친하게 놀아주었다.

이 마을에서는 졸라포니 지역에서 유일하게 예수 영화를 다섯 번이나 상영했다. 그리고 한 번도 우리의 복음 전파를 거절하지 않았다. 이 마을 출신 교사이자 우리의 언어 도우미였던 수마일라가 주님을 믿겠다고 했다. 우리는 영어가 가능한 청년들에게 성경을 나누어주었는데 그는 성경을 들고 숲으로 들어가 아무도 없을 때 읽고는 했다. 우리는 이에 대해 비밀을 지켰다.

나는 그의 형에게도 복음을 전했다. 이후 그는 수단에 평화유지군으로 갔는데, 그곳에서 늘 가슴의 주머니에 성경을 넣고 다녀서 살아 돌아올 수 있었다고 말했다. 그리고 자신은 회교도지만 집에서 내가 주었던 영어 성경을 즐겨 읽는다고 했다.

나는 우리가 뿌린 씨앗이 성령의 역사로 영혼들을 새로이 거듭나게 하시리라 믿었다.

발란타족 성도와
졸라포니족 성도의 반목과 하나 됨

교회에는 어린 아이들이 자라 초등학교를 마치고 비얌에 중고등학교에 다니게 되어 청소년부 학생들이 늘어났다. 리더들은 브라이언 선교사가 교회를 전적으로 맡아주기를 소망했다. 지금까지 여자 선임 선교사들이 교회를 도맡아왔고 만딩고어를 못 하는 우리는 사역에 참여하기가 좀처럼 어려웠다. 우리는 수요일에 독립적으로 졸라포니어 예배를 시작하면서 사역에 숨통이 트이고 있었다. 주로 어린이와 청소년 그리고 새 신자에 국한된 사역이었지만 말이다. 우리가 의료행정 비자에서 문서사역 비자로 바꾼다는 것을 들은 의료팀에서는 썩 달가워하지 않았다. 남자 선교사들이 들어오면 일단 달란트의 여부에 관계없이 의료사역 전반에 걸친 일을 도와주기를 싱글 의료 선교사들은 희망하는 듯했다. 우리는 의료 선교사의 요청을 받아들여 그들을 도왔지만 마음은 졸라포니족을 향한 복음사역에 가 있었다.

브라이언 선교사가 병원행정 일이나 발란타족 가정 중심의 시바노교회 사역을 하다 보면 미전도종족인 졸라포니족을 향한 복음사역에 주력할 시간이 거의 없었다. 그러면 우리가 미전도종족 사역자라고 말할 수 없는 것이다. 병원 일은 건물 재정비나 가스 수리나 전기시설을 관리하는 것인데 그런 일은 고용인들인 감비아 사람들도 할 수가 있었다.

"내 이름으로 불려지는 모든 자 곧 내가 내 영광을 위하여 창조한 자를 오게 하라 그를 내가 지었고 그를 내가 만들었느니라"(사 43:7). 주님의 영광을 위해 우리가 부름 받았음을 직시하고 교회의 전도사역을 위해 고민하며 기도하기 시작했다. 발란타족 성도들과 눈인사를 하지만 나는 인사 정도의 만딩고어밖에 하지 못했다. 발란타족 여성도들은 내가 애써 배운 졸라포니어로 말을 하면 이해를 못 하겠다는 표정을 하며 만딩고어를 하는 선교사들과 대화를 하며 웃었다. 이렇게 계속 사역을 할 수는 없었다. 나는 리더인 바치코에게 찾아가 졸라포니 복음화에 비전을 주셨다면, 이웃을 향해 전도를 해야지 않는가 하고 질문했다. 그는 전도를 위해서는 먼저 언어와 아이들을 돌보는 문제를 해결해야 한다고 말했다.

내가 보기에는 당시 새로이 그리스도인이 된 마리야마 카마라, 아이나우, 울리는 만딩고어를 잘했지만 읽기를 배워야 했고, 타지 사람인 마리야뚜는 말과 읽기를 배워야 했다. 특히 마리야뚜는 만딩고어가 서툴러서 말을 하면 발란타족 성도들은 틀린 문법이나 발음을 공공연하게 창피를 주면서까지 바로잡아주곤 했다.

그런데 이상한 것은 발란타족 성도들이 졸라포니 지역에서 30여 년이 되도록 졸라포니어를 못한다는 것이었다. 졸라포니족은 만딩고족 정권에 밀려 그들의 언어를 상실해가면서 기니비사우 출신 발란타족에게 만딩고어를 배우기 위해 노력했다. 발란타족 성도들은 만딩고어를 하는 선교사들 아래에서 함께 교회를 개척했기 때문에 선교사들에게 신의를 지키려는 태도가 강해보였다.

어느 날 시바노교회 성도로서 그곳에서 가장 오래 살았다는 바치코 리더의 간증을 듣게 되었다. 주님은 그에게 감비아로 가서 졸라포니족을 위해 복음을 전하라고 하셨다고 했다. 나는 그때까지 그가 졸라포니어를 하는 것을 한 번도 들어 보지 못했다. 그래서 그에게 졸라포니어를 못 하면서 어떻게 복음을 전하느냐고 했더니, 졸라포니어를 조금 할 줄 안다고 했다. 하지만 그는 인사 정도밖에 하지 못했다.

그는 포르투기 크레올과 시바노 마을에서 선교사들과 함께 만딩고어를 배워서 지금까지 이 언어를 사용하고 있었다. 바치코는 졸라포니어를 배운 우리와의 의사소통이 쉽지 않았다. 교회 회의 시간에도 여전히 언어로 인한 서로의 이해도가 낮았고, 문화 차이로 인해 선교사들과의 관계도 쉽지 않아 보였다. 성령의 이끄심 속에 인내하며 상대방의 말을 경청하지 않으면, 선교사나 성도들이나 모두 십중팔구 오해하기 십상이었다.

나는 발란타족이 졸라포니족의 구성진 1/3박자 찬양과는 달리, 속도감 있는 1/2박자로 찬양하는 것을 보았는데, 기도할 때도 빠르고 열정적이고 솔직하게 주님께 간구하는 것을 알게 되었다.

그들은 우리나라 사람들의 통성기도와도 비슷한 부르짖는 기도도 많이 했다. 나는 그들의 기도를 들으며 발란타족 성도들이 졸라포니족을 품는 기도의 용사로 되었으면 얼마나 좋을까 하고 생각했다. 내가 기회가 있을 때마다 발란타족 성도에게 이 땅에 복음이 퍼져 나가도록 성도들이 더 헌신해야 한다고 강조하면, 그들은 자기네는 타지 사람들이어서 어떻게 해볼 수가 없고 언어도 모른다고 했다.

나는 문서사역을 하면서 교회 여성도들과 함께 할 수 있는 사역을 찾아보았다. 그리스도인이라고 해서 여성도들이 집에서 물 길어오기, 빨래하기, 밥하기, 나무하기 등을 하지 않는 것은 아니었다. 사실, 여러 부인이 함께 집안을 돌보는 회교 집안보다 훨씬 더 바쁘게 지내고 있었다.

회교도는 네 명의 부인이 한 남자를 섬기며 일주일에 이틀씩 순번제로 식사를 준비하면 남편에게 사랑을 받았다. 그러나 교회의 여성도들은 일주일 내내 딸들과 함께 음식을 준비하지만, 딸이 없으면 남자아이들에게도 음식하는 것을 가르쳐서 함께 해야 할 정도로 바빴다. 그러니 전도할 시간을 내기가 쉽지는 않았다.

우리의 무기는 단지 기도밖에 없었다. 지난 4년간 나는 목요일에 하는 여성도들의 모임에 적극적으로 참여하지 않았다. 모든 순서가 만딩고어로 진행되기 때문이었다. 하지만 이후 마음을 바꾸어 불평하지 않고 선임 선교사가 이끄는 여성도 성경공부 모임에 참석해왔다. 그리고 졸라포니족 성도들의 집을 찾아가 예배를 드리고 함께 기도하는 시간을 가졌다. 매주 수요일에는 졸라포니족 모임에 참석해서 은혜를 나누었다. 나는 나름대로 졸라포니어로 사역을 하기 위해 노력했다.

우리가 안식년을 지내고 돌아온 후 얼마 안 되어 선임 선교사는 떠났기 때문에, 여성도 성경공부를 내가 맡게 되었다. 지금까지는 선교사 한 분이나 아니면 낭이라는 리더 부인이 말씀을 나누던 것을, 모든 여성도들이 말씀을 준비해 나누도록 프로그램을 바꾸었다. 만딩고 성경을 못 읽는 성도를 배려해서 선교사나 성도들의 간증을 나누는 시간도 가졌다.

우리는 이 시간에 이곳 성도를 향하여 주님께서 놀라우시도록 역사하시는 것을 알게 되었다. 어느 성도는 종려나무 기름에 팔을 덴 후에 예수를 구주로 믿게 되었다고 했다. 어느 성도는 불임으로 마라부를 찾아갔다가 그가 시키는 대로 숲 속에서 밤새 벗고 춤추고 그들이 주는 약을 먹고 새벽에 숲을 뛰쳐나오다가 쓰러져서 낙망했다고 한다. 그런데 그녀의 이웃에 찾아온 전도자의 말을 듣던 중, 언젠가 시장에서 들었던 전도자의 말이 생각나 예수님을 구주로 영접했다고 했다. 어떤 성도는 아파 누워 있었는데 두 사람이 찾아와 하나님이 우리 마음에 들어오실 수 있다면 찬양을 해주었다고 했다. 그녀는 그들의 찬양을 듣고 그리스도인들이 정말 하나님을 알고 있을 것이라는 생각을 했고, 교회가 그런 곳이라고 믿게 되어 주님을 영접했다고 했다. 또 어떤 성도는 할머니 집에서 생활하면서 학교를 제대로 다니지 못했는데, 나중에 친구를 따라 교회에 오게 되었다는 성도도 있었다.

나는 그러한 살아 있는 간증을 이웃사람들에게 나누자고 했다. 교회에서 우리가 무엇을 하는지 궁금해하는 사람들이 주변에는 많았다. 그래서 우리는 전도의 문을 열어달라고 주님께 기도하기 시작했다. 성령의 역사로 졸라포니족 사람들의 마음 문이 열려야 복음을 받아들일 수 있기 때문이었다. 이번 일은 지금까지 전도라고는 해보지 않았던 사람들에게는 새로운 도전이 되었다.

일단 우리는 졸라포니어로든 만딩고어로든 가능한 한 악보를 보지 않고도 부를 수 있는 찬양을 배웠다.

전도를 통해 우리는 한 만딩고족 청년을 만났는데, 그는 그리스도인으로 시바노병원 조무사로 일했었다. 그는 도심에서 시바노병원으로 올라왔다가 주님을 영접하고 세례를 받았는데 유럽인 선교사에게 청혼했다가 거절당하자 배교 후 회교도와 결혼했지만 계속 시바노 마을에 살고 있었다. 그러나 그에게는 결혼한 지 여러 해가 지나도록 아기가 없었다.

그가 어쩐 일인지 우리를 그의 집으로 초대했다. 우리는 그의 집에 방문해 부부를 위해 찬양을 하고 주님의 뜻이 이루어지도록 기도드렸다. 교회에만 머물러 있지 않고 마을에 나가 이웃을 방문하고 그 집을 축복하는 사역은 우리에게도 처음 있는 일이어서, 처음에는 익숙하지 않아 어색했다. 그러나 절실함으로 우리를 초대한 회교도들을 생각하면 담대하게 믿음으로 나아가야 했다. 우리는 병자의 집을 찾아가 때로는 이들이 보는 앞에서 찬양도 했고 무릎을 꿇고 간절하게 주님께 중보하기도 했다. 병자들을 찾아가 찬양과 기도하는 것을 보고 마을 주민들이 감사히 여겼다.

새벽기도회 때에는 배교자를 위해서 기도하며 그들의 삶과 인생이 주님 안에 회복되도록 주님께 간구했다. 그러나 성도들은 배교자들을 위한 기도를 시작했을 때 영혼을 불쌍히 여기는 것보다 배신의 울분을 느끼는 것 같았다. 하지만 시간이 지나자 성도들도 이들을 위해 기도하기 시작했다. 그리고 전도의 길을 열어 달라고 합심해서 기도했다. 전도를 나가기 전에 우리는 입을 열어 담대히 이웃에 말씀을 전하자고 서로 다짐도 했다. 그럴 때마다 주님은 우리 가운데 좌정하셔서 힘을 주셨다. 나는 여전히 만딩고어를 잘 알아듣지 못했지만, 그들은 오랫동안 만딩고어로 교회에서 기도해왔기 때문에 잘했다.

주님께서 우리와 함께하실 것을 믿고 더욱 졸라포니족 마을을 품고 새벽기도를 하자고 했는데, 처음에 성도들은 나의 제안을 듣고 어려워했다. 무엇보다 마을의 족장이나 회교의 리더인 이맘이나 마라부들, 아니면 정치 지도자를 위해 기도하는 것을 어려워했다. 하나님을 뜨겁게 사랑하는 그들이었는데 이웃을 위해 주님께 기도할 수준은 아니었던 것이다.

그래서 나는 예수님께 이 땅에 오신 이유를 설명했다. 그리고 우리 가족이 선교사로 소명을 받은 것처럼, 성도들 각자에게 달란트를 주신 이유는 주님의 사랑을 세상에 전하도록 하기 위해서였다고 강조했다. 이후 성도들은 각자가 가진 달란트가 무엇인지, 그리고 왜 이런 달란트를 받게 되었는지 깊이 생각하기 시작했다.

나는 성도에게 시바노 마을을 위해 기도하자고 제안하고, 무엇보다 먼저 발란타족 성도에게 새신자인 졸라포니족 성도를 이웃으로 여기고 서로 끌어안으라고 했다. 또한 졸라포니족 성도들도 발란타족 성도를 향해 마음의 문을 열고 사랑하라고 했다. 발란타족도 그랬지만 졸라포니족도 이를 어려워했다. 발란타족은 같은 나라 사람도 아니고 문화도 다르고 더구나 졸라포니어를 못하니 깊이 있게 교제가 안 된다는 게 이유였다. 그럼에도 나는 당시 발란타족 성도와 졸라포니족 성도들을 오가며 주의 십자가 안에서 서로 사랑하라고 도전했다.

나는 교회에 졸라포니인족 성도들도 어느 정도 왔으니 예배 때 만딩고어뿐만 아니라 졸라포니어 찬양을 해보는 게 어떠냐고 선교사들에게 제안했다. 선교사들은 이 제안을 받아들였다. 하지만 졸라포니어로 찬양을 부르면 어색해서 웃는 사람도 있었다. 나는 내심 그들의 언어로 찬송과 찬양을 주님께 올려드려야 이 마을의 악귀들이 사라질 것이라고 믿게 되었다. 그래서 졸라포니어 찬양을 잘할 수 있는 그리스도인들이 교회에 오게 해달라고 기도하기 시작했다.

마리야뚜 이야기와 아버지의 소천

마리야뚜와 사무엘은 생각보다 건강하게 지냈다. 마리야뚜는 문맹퇴치반에서 만딩고어를 배우게 되어 교회에서도 만딩고 성경을 떠듬거리도 읽게 되었다. 말은 잘 못하지만 배우려는 열정이 가득했다. 그녀는 만딩고어를 잘하는 마리아마 카마라와 카라파와 친하게 지내며 만딩고어를 빨리 습득하려고 노력했다.

나는 카사망스 출신 마리야뚜에게 처음에 이곳에 왔을 때 감비아의 졸라포니어를 쉽게 이해할 수 있었는지 물었다. 그녀는 그렇지 않다고 대답하며, 이곳에서 감비아식 졸라포니를 배워야 했다고 했다. 그녀는 자신의 언어 실력이 어느 정도 진척되었는지 표현하는 것에 서툴러 보였다. 아마 그녀는 감비아 아이들에게 몇 시간 공부를 했느냐고 물으면, 배운 시간을 말하지 않고 촛불 하나라고 대답하는 것과 마찬가지로 수 개념에 약한 것 같았다. 마리야뚜는 여러 개의 언어를 어렵지 않게 배우는 감비아 사람들처럼 언어에 상당한 자질이 있었다. 대개의 졸라포니족 사람들은 일단 생존을 위해 허드렛일이라도 하려면 여러 언어를 알아야 일자리를 얻기가 수월했기 때문이었다.

어느 날 마리야뚜는 마라부 동생이 보낸 부적을 사무엘의 목에서 빼고, 자기의 부적도 함께 불에 던진 후로는 친척 집에 얹혀살기를 꺼리게 되었다. 우기가 끝난 어느 날 마리야뚜가 사진 집 마당에 사람들이 모여 앉아 불을 쬐고 있었다. 그 집은 늘 카사망스에서 오는 사네 집안의 친척들로 북적였다. 마리야뚜는 회교도 친척들의 비난으로 항상 신경이 곤두서 있었다. 이 집안 남자들은 마리야뚜가 그녀의 동생이 준 부적을 태운 것에 대해 앙심을 품고 비난했다.

그들은 마리야뚜에게 투밥이라고 불리는 유럽인들을 따라 종교도 바꾸고 외래인인 발란타족과 섞이니 술과 돼지고기를 먹으려고 그러느냐고 힐문했다. 그녀가 만딩고어를 배운다며 매일 아침 우리 집으로 출근하다시피 하고, 카세트로 말씀을 듣고 수요일마다 기도하러 밤에도 교회에 나가니 집안사람들이 그녀를 괴롭히는 것도 어쩌면 당연했다.

그러던 어느 날 이 집 식구들과 마리야뚜 사이에 싸움이 크게 벌어졌다. 그녀가 또 몰매를 맞기 전에 누군가가 카라파 형제를 급히 불러와 싸움을 말리게 하여, 그녀는 우리 집으로 도망왔다. 나는 맨발로 숨차게 달려온 마리야뚜와 카라파를 집에 들어오게 했다. 마리야뚜는 풀썩 바닥에 무릎을 꿇었고 머리는 뜯겼는지 산발이 되어 있었다. 그녀의 눈에서는 연신 눈물이 줄줄 흘러내렸다. 일단 화장실에 가서 씻도록 했고 맞은편 방을 내어주어 며칠간 쉬도록 했다.

그런데 그다음 날 불리 사네가 찾아와 나를 협박했다. 마리야뚜를 내어놓지 않으면 경찰에 신고하겠다는 것이었다. 그가 소리를 지르며 난리를 쳤지만 마리야뚜를 내어줄 수는 없었다. 열흘 정도 우리 집에 지내면서 일단 교회 리더들과 의논한 후 그 당시 집사 직분을 받은 아이나우의 집 추녀에 흙벽돌 방을 임시로 만들어 그녀와 사무엘이 지내도록 주선했다.

마리야뚜는 우리의 제안에 순응했고, 곧 새로 온 선교사 댁에서 일거리를 갖게 되어 경제적으로 안정되어, 점차 친지들과의 어려운 관계에서 벗어나 활기를 되찾았다. 동시에 그녀의 믿음의 불길은 심지를 돋운 듯 활활 타올랐다. 카세트로 말씀을 듣도록 권했는데 그녀는 의외로 강인한 성격이었고, 여러 가지 달란트가 있어 점차 리더십을 보였다. 또한 만딩고어를 배우고 있었는데 언어도 빨리 습득했다.

이렇게 우리 부부는 감비아에서 사역에 집중하며 열매를 맺기 위해 노력했다. 그리던 어느 날 한국에서 비보가 날아왔다. 1998년 4월 11일에 아버지가 소천하셨다는 소식이었다. 나는 1997년 여름에 잠시 한국을 들어갔다가 아버님을 뵙고 나오면서 큰 절을 올렸다. 이제 아프리카를 들어가면 뵐 수가 없을 것 같아서였다. 가톨릭 신자인 작은 오빠 댁에서 지내시던 아버님은 늘 오빠들에게 미란이가 다니는 장로교 교회로 일요일에 데려다 달라고 해서, 셋째 오빠가 모시고 교회에 다녔다고 했다.

아버지가 돌아가신 그날 이상하게 아버지에게 문안전화를 하고 싶었다. 나는 바쁜 와중에도 아버지께 전화를 드렸다. 그리스도인인 셋째 오빠가 받으셨는데, 오빠는 내 목소리를 듣자마자 흐느끼시며, 어떻게 알고 전화를 했느냐고 하셨다. 나는 얼떨결에 오빠에게 무슨 말이냐고 하자, 오빠는 지금 막 아버지를 안장하고 집에 들어온 길이라고 했다. 성령님이 미리 나에게 전화하도록 여러 번 마음을 주셨건만 나는 그날에야 집에 전화를 한 것이다. 나는 몸 둘 바를 몰랐다.

우리 집에 전화기가 없었고 전화료도 버거워 자주 전화를 드리지 못했는데, 아버지를 더욱 가까이에서 돌보아드리지 못한 것이 마음에 사무쳤다. 갑자기 허망한 생각이 들면서 자책감이 들었다.

하나님께서 엘리야에게 물으셨던 것처럼, 나에게도 "여기서 무엇을 하고 있느냐?"(What are you doing here?)라는 말이 떠올랐다. 나는 과연 여기서 무엇을 하는지 분명히 알고 있는가? 헛발질을 하는 것은 아닌가? 내 바로 옆에 한 미국 여자 선교사가 전화를 끊고 한없이 울고 있는 나를 안아주셨다. 그러나 이후 한 사람도 나에게 아버지의 소천에 관해 물어보거나 위로하는 사람조차 없었다. 시바노병원의 의료 선교사들은 발바닥이 안 보일 정도로 바빠 늘 모든 면에서 소진해 있는 것처럼 보였다.

IX

문맹퇴치 사역

졸라포니족 문맹퇴치를 위한 첫 세미나

1998년 5월에는 졸라포니어 교본이 준비되어 나는 지역 국회의원을 찾아가 졸라포니어 개발에 관심 있는 사람들을 모아 달라고 부탁했다. 그는 각 마을에 공고문을 보냈는데, 그것을 보고 10여 명의 청년이 찾아왔다. 나는 그들에게 어떻게 졸라포니어의 알파벳을 만들 것인가에 대해 그들의 의견을 들어 보았다. 나에게 온 청년들은 이에 관해 논의하면서 문맹퇴치가 이제 졸라포니어로 진척된다는 정보에 흥분했다.

나는 교본이 나오기까지 수고한 이들의 이름을 졸라포니어 교본 맨 앞장에 표기해놓았다. 그래서 여러 졸라포니인들의 수고가 함께한 책이라는 것을 알리고, 졸라포니 사회에서 이들의 노고를 인정받게 하고 싶었다.

이후 나는 문서사역에 집중하기 위해 시타 마을을 방문해서 족장인 양쿠바를 만났다. 그에게 앞으로 문맹퇴치를 위해 졸라포니어 교본을 만들고 있어서 어린이사역을 계속할 수 없겠다고 하자 그들은 땅을 줄 테이니 시타 마을에 와서 살아도 좋다고 했다. 그 마을은 약 10가구 정도로 한 가정만 빼면 졸라포니족임이 틀림없지만 온통 회교도였고 나에게 얼마나 전도의 자유가 주어질까 하는 의문이 들었다.

나는 시바노 마을에서 교회를 섬기며 이 마을을 오겠다고 하자 그 족장은 천정을 가리켰다. 그곳에는 칠판과 석유램프가 있었는데, 족장은 10여 년 전의 일을 들려주었다. 정부에서 전국적으로 문맹퇴치사역을 하고 있을 때 졸라포니족 마을에도 부족민들에게 만딩고어 책을 보급하기 위해 사람들이 찾아왔다. 그러나 시타 마을 사람들은 정부에서 사람들이 오면 숲으로 모두 도망갔다고 했다. 그래서 만딩고 문맹퇴치는 전혀 이루어지지 않았다고 했다. 만딩고어를 배운다는 것은 졸라포니족에게는 정치적인 가시 역할을 하기에 배우기를 거부했던 것이다. 만딩고어를 해야만 되는 것도 쉽지 않았지만, 남의 글을 쓰고 배워야 한다는 것이 졸라포니족으로서 자존심이 허락하지 않았다고 했다.

전에 문교부의 비공식 교육기관에 들러 졸라포니어의 자료를 얻지 못했던 것도 아마 졸라포니족 문맹퇴치에 두 손발을 다 들고 있었기 때문인 것 같았다. 이에 대해 내가 들은 정보라고는 졸라포니 지역은 문맹퇴치가 불가능하다는 것과 이 사역을 위해 졸라포니족의 협조를 얻는다는 것은 하늘의 별 따기와 마찬가지라는 것이었다. 나는 족장의 말을 듣고, 불가능을 가능한 것으로 돌릴 수 있는 분은 단지 하나님이시니 그분의 놀라운 능력을 기대할 수밖에 없다고 생각했다. 이래저래 기도할 것이 더욱 많아졌다.

그해에 나는 비 오기 전에 여섯 마을을 선정해서 졸라포니어 교사들을 배출하기 위해 약 3주간 교육을 실시했다. 옛날 어린이사역을 하던 장소가 비워져 있어 그곳을 정리하고 5월에 교육을 실시했다.

여섯 마을을 선정한 이유는 그곳이 문맹퇴치를 원하는 마을이었고, 우리와 알고 지내거나 관련이 있는 사람들이 많았기 때문이다. 선정된 마을에서 교사교육 받을 사람들을 한 명씩 뽑아 우리에게 보내도록 했는데, 뽑힌 이들은 주로 5년제인 세컨더리학교를 졸업한 사람들이었다. 우리는 시바노 마을, 지팡가 마을, 시타 마을, 시월 마을, 아랑갈랜 마을, 카이모 마을에서 온 청년들을 맞이했다.

이들은 졸라포니어를 가르치는 사람이 여자라는 것에 상당히 놀라는 눈치였다. 또한 기독교 기관에서 이러한 문맹퇴치를 한다는 것에 의문을 품었다. 자기네들에게 무슨 이득이 있는지 알고 싶어 했다.

나는 이들에게 문맹퇴치는 인간의 존엄성을 지켜주는 기본 권리일 뿐만 아니라 사회를 이루기 위해서는 의사소통이 필수라는 것을 강조했다. 그러자 이들은 자기의 언어들을 보존 및 유지하는 것에 긍정적인 태도를 갖게 되었지만, 로마 알파벳으로 표기한 언어를 읽는 것이나 쓰는 일은 쉽게 다가오지를 않는 것 같았다. 그들이나 나에게 상당한 인내가 필요했다.

학생들은 돌아가면서 수업시간에 책을 읽으며 쓰기도 했고, 각자의 알파벳 차트를 만들었다. 어떻게 성인 문맹자를 학교로 오게 하여 흥겹게 문맹퇴치를 해야 할 것인가에 관해 서로 토의도 했다. 오후 늦게까지 공부하면서 우리가 만든 교본에서 알파벳이나 단어의 쓰기라든가 아니면 문장구조 등이나 어긋난 표현이 발견되면 시간이 걸리더라도 서로 협약을 해 수정하도록 해야 했다.

대표로 뽑혀온 졸라포니어 교사들은 앞으로 문맹퇴치를 위한 중요한 역할을 해야 했다. 하지만 급료는 대부분 쌀 한 자루 정도로 낮아서, 졸라포니 마을을 위한 자원 봉사를 하는 것과 같았다. 우리는 일단 1년 동안 훈련을 한 후 정부로부터 이 사업의 인가를 받기로 했다.

문맹퇴치 교사를 가르치기 위해 우리는 매일 시간표에 따라 움직였다. 아침 수업 전에 성경을 읽고 묵상 시간을 가졌다. 교과과정에 속한 것이라 강요는 아니더라도 참여하도록 격려했다. 모든 일정을 하나님에게 맡겨야 하므로 묵상시간을 갖기로 했기에, 회교도들이라도 말씀을 들어야 했다. 점심때 회교도 교사들은 동네 회교성전에 기도하러 갔지만 그들과 영적인 대화의 물꼬를 틀 수 있어서 감사했다.

묵상의 주제는 주로 코란 경전에서도 찾을 수 있는 다윗 왕의 시편 말씀과 그들이 잘 알고 있는 솔로몬 왕, 그 외에 잠언 말씀도 나누기도 했다. 신약성경의 예수님의 말씀을 회교도들은 '인질'이라고 해서 알고 있었다. 따라서 예수님에 관해 함께 묵상하자고 하면 거절하지 않았다. 어느 때는 말씀 묵상을 마치면 다윗, 솔로몬, 예수 모두가 회교의 선지자들이었다고 하거나 예수가 정말 그렇게 이야기했느냐고 반문하기도 했다. 나는 말씀만 나누었고 논쟁을 하지는 않았다.

아침 말씀 묵상을 하고 기도는 주로 카라파와 아이나우 바지가 맡아주었는데, 교사들은 내심 깜짝 놀라는 기색이었다. 졸라포니족 사람인 카라파와 아이나우가 교회에 나간다는 소문을 듣기는 했지만 공공연하게 자기들 앞에서 기도까지 한다는 것이 믿겨지지 않은 것 같았다.

처음 실시하는 졸라포니어 교사 훈련이어서, 시바노 마을에서 여러 말들이 오가는 것들을 들을 수 있었다. 새로 선출된 이 지역의 국회의원도 우리에게 격려의 말을 전해주었다. 그는 새 정당의 국회의원으로 대통령의 오른팔이라는 소문이 파다했다. 그의 부인은 나와는 절친했다. 그녀는 부인 수예반에 자주 출석했던 부인으로 쌍둥이를 낳았다고 해서 그녀의 집에 찾아가 본 적이 있었다.

우리는 마을에 교사를 파견하여 졸라포니어 교실를 개설하기 전에, 교사 선택권이 있는 족장들을 만나러 갔다. 하지만 그들이 낮에는 대부분 농사를 짓기 위해 숲으로 갔기 때문에 여러 번을 가야 간신히 만날 수 있었다. 하지만 감사하게도 마을 유지들과 접촉하며 복음을 전할 수 있어서 주님께 감사드렸다.

우기에 족장은 마을 사람들과에 회의를 거쳐 학생과 주당 수업일수, 수업 장소 등을 결정할 것이다. 우리는 교사를 선출해서 매월 지급할 수당을 준비하고, 교과서와 칠판 및 분필 등도 제공하기로 했다.

졸라포니어를 배우러 온 사람들 중에는 여성들도 많았다. 그들은 초등학교 문턱도 못 가본 주부들이어서인지 늦은 나이에도 공부에 대한 열정이 강해보였다. 문맹퇴치반에 남자들보다는 주부들이 많이 오는 것을 보고 어떻게 수업이 진행될지 자못 궁금했다.

우리는 교육을 마치고 돌아간 교사들의 동향을 파악하고, 마을 사람들이나 족장의 의견을 수렴해서 우기가 끝나갈 무렵 수업을 시작하기로 계획했다. 그런데 이미 많은 사람들이 관심을 갖고 있다는 소식을 들었다.

감비아 대통령과의 첫 대면

우리가 카마라쿤다로 이사 간 이듬해인 1998년 건기가 돌아왔다. 어느 날 야야잠매 대통령이 군인들과 대포까지 동원해 삼엄하게 졸라포니를 순방하며 시바노 마을을 방문했을 때 마을 사람들은 초등학교에 모였다. 그 당시 모든 비정부단체도 참여하라고 해서 나도 감비아 옷을 입고 졸라포니족 문서사역 대표로 피켓을 들고 시바노 초등학교로 나갔다. 그런데 나도 모르는 사이 TV 카메라에 찍혔는지 내가 텔레비전에 나왔다는 소식을 도심에 있는 선교사들이 알려주었다. 당시 감비아에 방송국이 새로 세워져서 몇 시간씩 TV 방송이 방영되던 때였다.

8월 우기 중 어느 날 졸라포니 지역에서는 대통령의 오른팔이라는 모 국회의원으로부터 대통령을 만나러 가자는 제안을 받았다. 알고 보니 그 의원은 예전에 액션에이드(Action Aid)라는 비정부기관에서 만딩고족 문맹퇴치를 사역을 맡아서 일한 경험이 있어 문맹퇴치에 관심이 있다고 했다. 그는 나에게 문맹퇴치의 중요성을 알고 있다며 졸라포니어로 문맹퇴치를 시작했으니 대통령에게 알리자고 했다. 나는 어스킨 선교사도 졸라포니어를 배운 사역자였기에 함께 가자고 제안했다. 물론 주님께서 길을 여신다는 기쁜 마음으로 졸라포니어 교본을 들고 어스킨 가족과 함께 카닐라이 마을로 향했다.

베냐민은 첫 여름방학을 맞아 집에 와 있었고 바울도 형과 함께 대통령이 누구라는 것을 잘 모르지만 따라나섰다. 그 당시에도 이미 카닐라이 마을로 가는 길이 만들어져 있었는데, 마을 입구나 대통령의 집을 짓는 곳에 안전용 천막 담들이 둘러쳐져 있었다. 그곳에 아주 큰 버스 한 대가 있었는데 대통령의 이동식 주택(mobile home)으로, 대통령 가족이 집이 완성될 때까지 그곳에서 거주하고 있다고 했다.

야야잠매는 대통령이 된 후로 여름 우기에 한 달 휴가를 카닐라이 마을에서 보내면서 벼농사를 짓는다고 들었다. 도시로 나와 친척 집에서 놀고먹는 청소년들에게 귀향과 농사일을 장려하려는 의도에서였다. 챙 모자를 쓴 대통령이 손에 쥐었던 벼 모종을 놓고는 손을 씻고 우리를 맞았다. 그의 평범한 모습에 나는 어린 시절 흑백텔레비전에서 주로 보았던 '잘 살아보세'의 주인공인 박 대통령이 떠올랐다.

버스에 붙은 천막 차양 아래로 탁자와 의자가 몇 개 보였다. 베냐민과 바울은 대통령이 어떤 사람인지 잘 모르니 자리에서 일어나 의자에 올라서고는 했다. 그가 아이들에게 비스킷을 나누어주니 좋아했다.

우리는 웩 선교회 소속임을 밝히고 1995년 봄 이후의 졸라포니족 문서사역에 관한 정부와의 접촉과 현 상황을 대통령께 보고했다. 아울러 정부에서 문맹퇴치 계획이 없는 언어에 접근하고 있는 것이 나는 마음에 걸린다고 말했다. 당시 정부 방침에 따라 사역을 하면 쉽게 비자를 얻을 수 있었다. 그러나 졸라포니어에 관해서는 아직 계획이 없어서 웩 선교회의 문서사역부에서 이 일을 한다고 말했다.

그는 나에게 교본을 보자고 해서 졸라포니어 교본을 보여드렸다. 대통령은 우리가 준 책을 이리저리 펼치더니 본인이 잘 읽을 수가 있겠노라고 했다. 그는 어렸을 때 가톨릭계 초등학교에 다녔는데 수녀가 늘 졸라카사어로 가톨릭 교리문답을 물어보고는 했는데, 본인은 거부했었다고 말했다. 나에게는 종교적인 것이라 거부했다는 뜻으로 들렸다. 우리 역시 종교적인 이유에서 문맹퇴치를 한다는 것을 이미 간파하고 있는 듯해 내심 긴장되었다. 그러나 대통령의 많은 친지들이 가톨릭이며 영부인은 교회 출석은 모르겠지만 전에 모 선교회에서 타자를 배웠다고 들었다. 대통령이 적어도 복음을 접했을 것 같았다.

그는 우리가 만든 책에 관심을 보이면서 자기가 한 번 읽어 보겠다며, 졸라포니어 교본 중간 부분을 펴서 읽기 시작했다. 그 부분은 'Yy'를 가르치는 단원으로 주로 'Yy'를 이용해서 만든 몇 개의 예문이 있었다. 야야와 야마라는 두 이름을 넣어 상용구를 만들었는데 내용은, "야야와 야마가 결혼을 했다"라는 문장이었다. 그 대목을 읽자 대통령은 파안대소하면서 흥미롭게 여기저기를 훑어봤다.

대통령은 이제 졸라포니어 교본이 있으니 일을 시작하면 문교부에서도 인정을 하지 않겠느냐고 했다. 나는 문교부에서 인가가 나와야 우리가 비자를 받게 되어 일을 하게 된다고 하였더니, 대통령은 교본이 있으니 일을 시작하라고 권고했다.

나는 안심이 되었다. 대통령이 자신의 이름이 나온 대목을 읽게 될 줄이야! 이는 성령의 역사가 아니면 있을 수 있겠는가 싶었고 주님께서 이 만남을 주관하고 계신 것 같았다.

브라이언이 준비해갔던 책들을 대통령에게 드리고 싶다고 했더니, 그는 즉시 벌떡 일어나 책을 한 손으로 받는 경례를 했다. 순간적으로 일어난 일이라 어리둥절한 우리에게 대통령은 점심을 먹자고 했다. 밥에 소고기가 든 땅콩소스를 만작코족 요리사가 만들어 가져왔다. 졸라포니 사람이라면 늘 먹는 평범한 음식이라 조금 의아했지만 우리도 익히 먹던 음식이라 부담이 없었다.

식사 중에 대통령은 우리에게 앞으로의 계획을 묻다가 언제부터 졸라포니어를 배우기 시작했는지 넌지시 물었다. 나는 1992년부터라고 했다. 이로써 쿠데타가 일어나기 2년 전부터였기 때문에 새 정부에 잘 보이기 위해 대통령의 부족언어로 문맹퇴치사역을 시작한 것은 아니라는 것을 대통령이 확실히 알게 되었다.

식사를 마치고 앉아 휴식을 할 무렵이었다. 갑자기 버스에 붙어 있던 천막에 고였던 물이 무거워 떨어졌는데 큰 소리가 났다. 모두들 놀라 그 자리를 피했는데, 우리는 아이들을 피신시키느라 정신이 없어 대통령에게 신경 쓸 겨를조차 없었다. 우리가 놀란 아이들을 추스르고 있을 때, 우리 앞에 무장 군인들이 와 있었다.

비가 갑자기 부슬거렸는데 저만치에서 삼각 모자를 덮어쓴 대통령이 웃으며 나타났다. 손에 벼 모종을 들고 와 브라이언과 제이미 어스킨 선교사에게 나눠주면서 모를 심자고 제의했다. 그러더니 전통적인 농부들의 노래로 흥을 돋우며 직접 군인들과 함께 모를 심으셨다. 브라이언과 어스킨 선교사도 군인들과 어울려 모를 심었다.

이후 우리는 모임을 주선한 모 국회의원과 시타 마을로 돌아왔다. 주님은 이렇게 우리의 문서사역을 주관해주시며 적절한 사람들을 보내주셨다. 또 지인들을 통해 대통령을 만날 기회를 주시면서 사역을 하도록 용기를 주셨다. 카닐라이 마을에서 돌아오자 우리가 대통령을 만났다는 소문이 마을에 파다하게 퍼졌다. 우리 선교회에도 사기가 올라갔다. 그즈음 내가 듣기로는 감비아의 웩 의료선교회는 늘 만딩고족 정부를 지지했기에 졸라포니족 대통령이 어떻게 나올지 몰라 고민하고 있었는데, 의료팀 소속 어스킨 선교사 가족이 대통령을 접견할 수 있어 다행으로 여기고 있었다. 이 또한 주님의 이끄심이라는 생각이 들었다.

당시 카닐라이 마을을 대대적으로 개발할 예정이라는 소문이 돌아서 모든 졸라포니족 마을 사람들이 들떠 있었다. 가끔씩 대통령은 길을 지나며 사람들과 만나 인사도 하였고 가난한 자를 만나면 돈도 주었다고 했다. 야야잠매 대통령은 아이들에게 과자도 나누어주는 인심 좋은 대통령으로 알려져 있었다.

새 정부는 미래의 일꾼인 청소년에 공을 들이고 있는 것 같았다. 대통령은 청소년들에게 분명히 소망을 주는 지도자로 부각되었다. 정부의 내각부터 마을의 족장까지 개혁적으로 물갈이가 진행되고 있었다. 청소년들에게는 축구나 문화 행사로서 성년식이 장려되기 시작했다. 주변에 학교와 병원들이 속속 들어섰다.

나는 이러한 정치적인 분위기에 졸라포니족 문맹퇴치사역이 어떻게 접목될지 자못 궁금했다. 마음속으로는 하나님께서 졸라포니족 문서사역을 위해 새 대통령을 세우셨으니, 졸라포니족 출신 대통령 자리에 있을 때 복음전파사역과 문맹퇴치사역, 그리고 성경번역 사역도 허락해주시리라고 믿고 기도드렸다.

나는 계속해서 졸라포니어로 된 책이나 와바좀이라는 소식지를 만들 때마다 대통령에게 보내드렸다. 대통령은 가끔 잘 읽었다는 전갈을 주고는 했다. 2007년, 우리가 영국으로 들어온 후 내가 신약성경 번역일로 감비아를 왕래할 때도 우리의 안부를 대통령이 종종 물었다는 말을 그의 측근들부터 들었다.

대통령은 우리가 방문했던 그 당시를 회고하면서 우리 가족이 대통령을 처음 만났을 때, 천막에서 물이 떨어졌는데도 도망가지 않고 침착하게 있었다면서, 그들이 오랫동안 감비아에서 사역할 거라며 두고 보라고 한 것을 그의 친척 필립으로부터 들었다.

작고이빈탕 마을과 아이들의 학교생활

시바노 웩 선교병원의 책임자로 있던 크리스틴 선교사는 네마쿤쿠 마을에서 만딩고족 문맹퇴치를 주도했다. 병원사역의 책임을 맡으면서 만딩고어를 배우겠다는 마을을 찾아가서 사역을 했고, 그때마다 우리에게 기도를 요청했다.

크리스틴 선교사에 따르면 작고이빈탕 마을의 에냡이라는 졸라포니족 젊은이가 찾아와 그 마을에 만딩고어 교실을 열게 해달라고 부탁해서, 그를 웩 선교회의 문서사역부를 통해 교육을 시키고 문맹퇴치사역을 시작했다고 했다.

어느 날 나는 병원에 들렀다가 크리스틴 선교사와 그 청년을 만났다. 에냡은 만딩고어 교사인데 원래는 졸라포니족 사람이라고 했다. 얼마 후 나는 크리스틴 선교사를 따라 작고이빈탕 마을로 가서 에냡이 운영하는 만딩고어 교실도 참관했다. 그곳에는 으스름한 석유 등잔불 아래 스무 명 남짓 되는 여성들이 모여 공부하고 있었다. 크리스틴 선교사는 이들을 대상으로 만딩고어 성경을 읽어주고 그 의미를 만딩고어로 가르쳐주었다.

그는 작고이빈탕 마을에서 만딩고어 교실이 마감되면, 이곳에서 졸라포니족 문맹퇴치를 시작해보라고 권고했다. 이 마을의 사람들이 이미 만딩고어로 문자를 깨우쳤기에 졸라포니어를 쉽게 읽을 수 있을 것 같아 나는 한 번 해보겠다고 했다.

언젠가 에냡은 부인을 데리고 우리에게 인사를 왔다. 부인의 이름은 빈타지바였는데 그녀의 아버지 형제들이 회교 사원을 책임지고 있었다. 나는 그들에게 복음을 전할 의도로 친분을 쌓았는데, 이 가족은 적어도 마라부나 이맘의 가족력을 가진 사람들이어서 우리는 그들을 대할 때마다 마치 다윗이 골

리앗을 대하는 것 같은 착각이 들었다.

하지만 그들을 만날 때마다 역대하 20장 15절에 "……두려워하거나 놀라지 말라 이 전쟁은 너희에게 속한 것이 아니요 하나님께 속한 것이니라"라는 말씀과, 요한일서 4장 4절 "자녀들아 너희는 하나님께 속하였고 또 그들을 이기었나니 이는 너희 안에 계신 이가 세상에 있는 자보다 크심이라"는 말씀이 격려가 되었다. 빈타 지바는 딸 셋을 두었는데 시바노병원에 예방접종을 하러 오거나 시장에 물건을 팔러 오면 꼭 병원에 들렀다. 그때마다 그녀와 나 사이에는 친분이 쌓여갔다. 개인적인 친분으로 서로의 신뢰가 쌓여야 복음도 나눌 수가 있었다.

그해에 우리는 집의 담장을 종려나무 가지로 만든 것을 두르고 뒤 텃밭에 빈타 지바와 함께 땅을 파고 땅콩을 심었다. 우리는 이 땅콩이 열매를 맺을 것을 기대하며, 한편으로는 졸라포니족 마을 뿌린 복음의 씨앗이 언젠가 싹이 트고 열매로 결실되기를 기도했다.

한편, 베냐민이 보로파이 학교에 입학한 지 1년이 되어가는 무렵인 1999년 1월 학기에 바울을 입학시키기 위해 베냐민과 바울을 데리고 세네갈의 케우 마사르에 있는 학교로 가야 했다. 아이들을 둘 다 떠나보낸다는 생각에 나는 12월을 침울하게 보냈다.

마침 2000년 1월에 있을 세네갈 웩 지부 콘퍼런스에 감비아 대표로 참석하게 돼 우리는 겸사겸사 일찍 세네갈로 떠났다. 베냐민 때문에 이미 여러 번 다녔던 세네갈이지만 이 길이 익숙해지는 데는 시간이 많이 필요했다. 베냐민보다 내성적인 바울이었지만, 형에게 학교 이야기를 많이 들어서인지 친구들을 만나고 형과 함께 공부할 수 있다는 기대와 흥분으로 들떠 있었다. 새벽에 일어나 배를 타고 터널 길을 한나절 가야 하는 먼 길이 바울에게는 또 다른 문화를 배우는 수업인 것 같았다.

세네갈 접경 지역에서 여권 검사를 위해 차를 세울 때는 차창에 커튼을 치지 않거나 나무 그늘에 차를 못 세우면, 완전히 찜통에 구워지는 듯한 느낌이 들었다. 장사치들 등쌀에 차라리 차 안에 있노라면 늘 차를 빼곡하게 둘러싼 검은 머리, 검은 눈동자, 누더기 차림의 장사치 아이들이 흰 치아를 드러내고 투밥 투밥이라고 외치는 소리에 베냐민과 바울은 놀라서 울기 시작했다. 늘 국경을 드나들 때 서류관계자들은 뇌물을 받기를 원했고, 우리는 뇌물을 주지 않기 때문에 여권 검사가 늦어지는 일이 다반사였다.

세네갈의 바닷가 쪽에 '등대'라는 안식관에서 콘퍼런스가 있었는데 베냐민과 바울을 며칠 동안 데리고 있을 수 있어서 감사했다. 세네갈 팀의 사역에 관해 감비아에 돌아와 보고를 해야 해서 콘퍼런스에 참석한 것이다. 우리는 이곳에서 귀한 교제의 시간을 가졌다.

아이들을 데리고 학교로 향한 길로 여러 대의 쓰레기 트럭들이 드나들고 있어 악취를 당연히 감수해야 했고, 쓰레기 벼락도 맞을지 모르는 상황이었다. 케우마사르로 향하는 여러 대의 쓰레기 트럭을 따라 들어가니 아스팔트 도로가 다 깨졌는지 늪 같은 모랫길로 들어섰다. 둘러쳐진 높은 담장에 수위가 보로파이 웩 선교사 자녀학교의 교문을 열어주었다. 그 학교에 천사와 같은 교사들과 신실한 주님의 동역자들이 있기에 우리는 아이들을 맡기고 감비아로 돌아갈 수가 있을 것 같았다.

우리 가족은 일단 며칠을 바울과 지낼 수 있도록 학교에서 주선해주었다. 학교에서 며칠 함께 아이가 부모와 지내게 하여 아이의 마음을 안정시키고, 아이의 적응도 살펴보면서 사역지로 돌아가도록 배려한 것이다. 바울은 베냐민이 있어서인지 형을 따라다녔고, 누나들은 가장 어린 바울을 업어주기도 했다.

마음이 짠했던 것은 돌아오는 길에 내 치마꼬리를 잡고 우는 바울을 떼어 놓고 와야 했기 때문이다. 아직 어린아이를 다른 나라에 두고 떠나오는 것이 마음이 아팠다. 늘 돌아오는 길에는 동병상련의 친구 선교사들과 손수건을 적시며 서로를 위로하고는 했다.

   아이들을 맡아주는 교사 선교사의 노고를 나는 잊을 수가 없었다. 이들이 없으면 오지에서 아이들의 교육과 사역을 병행할 수 없었을 것이다.

문서사역의 재도약을 위한 발걸음

1998년에는 여섯 마을에서 온 청년들을 대상으로 졸라포니어 교사를 양성했다. 1999년 4월에는 이 마을들 외에 추가로 여섯 마을에서 졸라포니어 교실을 개설하기로 계획했다. 브라이언은 전년도에 교육받았던 교사들이 있는 여섯 마을을 방문해서 그들과 함께 졸라포니어 교실 운영의 문제점에 관해 회의를 했다. 그때 족장과 교사들 그리고 졸라포니어 교실에 참여하는 부녀자들을 만나 그들의 다양한 의견도 듣고, 새로 시작할 졸라포니어 교실 사역에 그것을 반영하려고 했다.

나는 시바노 웩 선교병원의 교실을 빌려서 탐바쿤다 마을, 카보코르 마을, 작고이빈탕 마을, 카이모 마을, 바타부타 칸토라 마을, 소미타 마을에서 온 청년들에게 교사 교육을 실시했다. 그해에는 열두 마을에 졸라포니어 교실을 실시하기로 했다.

그즈음 문맹퇴치사역이 확장되면서 여러 가지 기도제목이 많았다. 먼저 우리 가족은 카마라쿤다에 이사를 오면서 여러 가지로 영적 눌림을 느꼈다. 집주인이 악귀를 쫓는다며 카라파 카마라의 부인이 피워대는 향과 하루에 다섯 번씩 문간에 앉아 계속 주술을 외워대는 마라부가 우리의 영적인 대적이었다.

그가 새벽에 회교사원으로 기도를 하러 갈 때면 나는 찬양을 크게 불렀다. 그러면 영적 눌림이 슬그머니 사라졌다. 3년 치 집세를 미리 내고 들어간 집인데, 이들은 매우 넓은 대지에 담을 쌓아야 한다면서 은근히 그 약조까지 받아낼 모양으로 다가왔다. 하지만 우리는 그 집의 담을 쌓는데 필요한 돈을 대줄 수 없었다. 그집 주인은 툭하면 바람을 피웠는지 바가지를 긁는 부인을 때렸고, 아이들도 사정없이 때리며 엄격하게 길렀다. 하지만 아직 학생인 큰딸

아이가 임신을 해서 당황하는 눈치였다.

우리 부부는 졸라포니어 교사 배출이나 문서 발간을 위해 적당한 집이 필요하다고 생각되어 기도를 시작했다. 일단 대지를 얻을 수 있도록 주님께 기도했다. 당시 카라파는 글을 쓸 수 없는 시각장애인이어서 아이나우와 내가 주로 졸라포니어를 자료를 노트에 정리했다.

영어나 졸라포니어가 더 능숙한 카라파지만 아이나우가 정확하지는 않아도 졸라포니어를 기록하는 일을 하게 됐다. 나는 문서사역에 그리스도인들을 참여하는 것을 원칙으로 삼고 기도해왔다. 카라파와 계속적으로 문서사역이나 문맹퇴치를 하려면 교사 배출까지 해야 하는데 어떻게 시각 장애인을 계속 데리고 일을 할 것인가 하는 문제에 봉착했다. 그러나 우리가 할 수 있는 일은 이 일을 시작하신 주님 그리고 카라파를 붙여주신 주님, 카라파를 창조하신 주님께 맡기는 것밖에 없었다.

1998년 12월 말에 나는 참으로 마음이 착잡했다. 새해에 다시 카라파와 일을 한다는 자체가 사실 부담이 되었다. 그래서 그날 밤 성경을 읽기 시작했는데 마가복음 10장 46~52절에 나오는 소경 바디매오 사건이 나의 눈에 들어왔다. 카라파 형제가 마치 여리고 성의 소경 거지 바디매오와 겹쳐졌다. 특히, 51절에 "네게 무엇을 하여 주기를 원하느냐?" 하고 물으시는 예수님께 그는 "보기를 원하나이다"라고 했다. 그러자 예수님께서 눈을 뜨게 해주신 역사가 나에게 엄청난 은혜의 강물로 밀려왔다. 그날 밤 나는 바디매오에게 있던 그 놀라운 기적을 일으키실 수 있는 주님께 매달렸다. 시각장애인과 문맹퇴치사역을 하지 않도록 주님께 카라파 형제를 바디매오처럼 회복시켜달라고 애원하며 밤늦게까지 눈물로 기도했다.

1999년 새해 첫날 일하러 나온 카라파와 아이나우와 함께 사무실에서 서로 기도제목을 나누고 한 해를 기도로 시작하기로 했다. 나는 묵상 시간에 그 전날, 즉 12월 마지막 날에 읽었던 마가복음 10장의 바디매오 사건을 다시 함게 읽었다. 그리고 나는 그날 밤에 내가 경험했던 특별한 은혜의 눈물, 긍휼의 눈물을 그들과 나누면서 주님께서 카라파의 눈을 고쳐주시려는 것 같다고 나도 모르게 말했다.

우리가 믿음으로 눈을 뜨도록 기도하자고 제안했을 때 카라파는 솔직하게 본인은 세네갈에서 수많은 안과의사와 하다못해 중국의사도 만나보았는데, 이구동성으로 자기의 눈은 수술도 할 수 없는 불치병이라고 했다면서 낙심했다. 나는 바디매오의 눈이 열린 것은 주님께서 하신 일이니 전적으로 믿으며 기도하고 주의 긍휼을 기대해야 된다고 했다. 우리는 셋이서 각자의 기도제목을 두고 기도했다. 나는 땅을 얻어 문서사역을 위한 건물을 짓는 것이었고, 카라파의 시력회복과 제네바와의 결혼문제, 아이나우는 배우자를 위해 기도했다.

건물 대지를 얻는 일은 아이나우가 그 지대의 땅주인인 시콘 족장에게 가서 알아보기로 했다. 우리는 외국인으로 감비아의 법에 의하면 땅을 소유할 수가 없었다. 그래서 우리의 사정을 교회의 리더에게 전하자, 교회에 집사로 내정된 아이나우의 명의로 일단 대지를 예약하라고 했다. 대지는 사고파는 것이 아니라 주인에게 빌려서 쓰는 것으로 알고 있었다. 우리는 땅 주인에게 땅을 가지고 갈 것도 아니고 그 땅에서 졸라포니족 문서사역을 한다는 것을 알렸다. 일단 대지 문제로 족장을 만나기로 해서 나는 기도에 들어갔다. 주님께서 대지를 주시되 뙤약볕을 피할 수 있는 곳을 주시기를 소원했다.

족장은 어느 날 오후에 찾아와 땅을 보여주겠다고 했는데 두 지역이라고 했다. 내심 기도를 계속했던 것처럼 그 땅이 그늘진 곳이라면 좋겠다고 기도하며 따라갔다. 그는 병원 뒤쪽에 발란타 성도들의 집과 멀지 않은 곳에 있는 감비아식으로 집터를 하나씩 마련해놓은 곳을 보여주었다. 나는 네모난 곳의 한구석에 비틀어진 나무 한 그루를 보았고 다른 곳의 대지를 보러 갔다. 족장을 따라 병원 뒤쪽을 돌아 한참 카이모 마을 쪽으로 가서 웅장한 나무들이

서 있는 곳에서 족장은 선을 그어 보이면서 그 땅을 보여주었다. 나는 족장에게 비단 실크나무 두 그루가 웅장하게 서 있는 이 대지를 달라고 말했다. 그 나무 아래에 집을 지으면 일단 시원할 것 같았다. 얼마후 족장으로부터 승낙한다는 말을 들었다. 나는 기도를 주님께서 들어주셨음에 감사드렸다. 브라이언 선교사는 아이나우와 함께 족장 집을 찾아가 감사의 표시로 그들이 원했던 금액으로 돈을 지불했다.

땅 주인은 알고 보니 마리야마 카마라의 삼촌들로 그들은 내가 마리야마 카마라에게 참으로 따뜻하게 대해준다며 좋아했다. 그들은 마리야마 카마라의 동생인 울링딩 카마라도 학교를 안 보내고 있어, 우리 집에서 파트타임 일거리를 주고 그다음 해에 학교를 갈 수 있도록 저축을 하게 했다. 이를 알고 있는 그녀의 친척들은 나에게 조카들을 배려해주어서 감사하다고 했다.

대지에는 무성한 풀들이 자라고 있는 밭이어서 집을 지으려면 일단 개간지처럼 풀들을 태워야 했다. 그리고 벽돌을 만들려면 물이 필요해서 20리터짜리 빈 기름통을 세라쿤다 시장에서 구입해서 사용했다. 이것으로 카마라 쿤다에서 물을 길어오기로 했다. 우리가 주인집에 이사할 때 그 집에 펌프를 설치해주고 주인집과 함께 물을 공동으로 사용했다.

우여곡절 끝에 개관한 문서사역장

문서사역장 건물을 짓고 있는 어느 날 아침 브라이언이 물통에 물을 받고 있는데 주인집 아저씨가 오토바이를 몰고 왔다. 그는 물은 자기 것이니 물통에 물을 다 쏟아 놓으라고 언성을 높였다. 그렇다고 펌프를 빼낼 수도 없고 감비아에서는 도심만 빼고는 우물에 가서 물을 푸는 것은 누구에게나 허용되는 일이라 황당했다. 우리가 집을 짓게 된 상황을 아는 주인집 아저씨이기에 더욱 그랬다.

그가 브라이언에게 화를 내며 싸우듯 달려들어 일단 물을 다시 우물에 부을 수밖에 없었다. 우리는 할 수 없이 병원 밖에 설치된 수돗물을 받아 차에 싣고 집터까지 나르기로 했다. 때맞추어 주님께서 부어주신 후원금과 중고차를 팔아서 반 트럭을 새로 구입했는데, 이 차는 당시 집을 지을 때 참으로 유용했고 마을을 찾아다니는 데 상당히 시간을 줄여주었다.

4월에 우리는 집 공사를 위해 벽돌을 만들고, 졸라포니어 교사도 여섯 명 더 배출하게 되었다. 1차 교사 양성 교육을 통해 얻은 경험을 살려 2차 교사 양성 교육을 3주간 실행했다. 교사 후보생들과 우리는 묵상시간을 가졌고 그들에게 말씀을 전했다. 이들은 졸라포니족 청년들로 고등교육을 받았다지만 졸라포니어를 읽거나 쓰는 데는 문맹자들이나 다름없어 처음에는 어려워했다. 또한 그들 언어에 대한 자존감이 낮아보였다. 하지만 시간이 지날수록 졸라포니어에 애착을 갖고 적극적으로 교육에 임했다.

브라이언 선교사는 마을을 다니면서 졸라포니어 교실 진행을 주관했고, 시간을 쪼개서 집 짓는 일에 주력하면서도 시바노교회를 섬기는 데도 성실했다. 나는 졸라포니어 자료들을 수집하고 문맹퇴치 교사 교육을 하면서 교회의 여성도들에게 간단한 수예와 바느질을 가르쳤다. 주로 옷을 꿰매거나 단추를 다는 일이나 구슬을 꿰어 간단히 목걸이를 만들거나 아니면 옥양목에 수놓는 것을 지도했다. 여성도들은 서로 간증을 나눈 후에 더 친숙하게 되었는데, 나에게 바느질을 가르쳐주어 감사하다고 했다.

예전에 만딩고어를 사용했던 선교사들은 마을의 만딩고족 주부들을 상대로만 수예나 바느질반을 운영했기에, 발란타족 성도들은 이것을 배울 기회가 많지 않았다고 했다. 그래서 나는 문맹퇴치사역과 더불어 나염반, 크림이나 비누 만들기 등의 사역을 병행했다. 이런 기술을 사용해서 물건을 만들면 수입을 창출할 수 있기에, 문교부 비공식부의 요구에 부합하여 문맹퇴치사역을 인가받을 수 있으리라고 생각했다.

나는 시간이 날 때마다 작고이빈탕 마을을 찾아가 에냡과 빈타를 방문하고, 그의 아이들과 친하게 지냈다. 에냡이 이제 교육을 받고 졸라포니어 교사가 되려고 했기 때문에, 우리는 자주 그 마을에 가 복음을 전했다. 에냡은 만딩고어 신약성경을 잘 읽었고 말씀을 전하면 열심히 귀 기울여 들었다.

한편 브라이언과 일꾼들은 벽돌을 만들어 열심히 집을 지었다. 감비아식 흙집을 올리는 데는 시간이 많이 들지 않지만, 문서사역을 하고 차량을 준비하느라 경제적으로 집 짓는 일은 뒷전으로 밀려 진행이 더딘 편이었다. 그럼에도 어느 덧 집이 어느 정도 지어져 지붕을 올려야 하는 때가 되었다.

그러던 어느 날 미국에서 조순희 권사님이 우리 집에 와 시바노 마을을 한 번 보고 싶어 했다. 나는 시바노 마을의 이곳저곳을 보여주었다. 그분은 이곳이 한국의 옛날 전경을 보는 것 같다고 했다. 그날 조 권사님은 우리 집에서 하루를 지냈는데, 아침 일찍 일어나서는 브리카마 마을로 가겠다고 서두르셨다. 왜 그러냐고 했더니, 꿈을 꾸셨는데 우리 집 지붕에 구렁이가 앉았더라고 하면서 빨리 떠나고 싶다고 하셨다.

나는 조 권사님에게 우리를 위해 기도해 달라고 부탁하며 사실 이 집에 이사 온 후 매일 마라부들과 하루에도 여러 번 영적 대결을 하고 있다고 했다.

마라부는 이 집의 복을 빌어주는 사람으로 주인집에서 고용한 종교인이었다. 우리는 그 수법에 말려들지 않으려고 많은 찬양으로 대적하고 있으니 우리 가정을 위해 기도를 부탁드렸다. 그리고 권사님에게 새로 지을 집을 구경시켜 드렸다. 우기 전에 지붕을 올려야 집을 완성할 수 있었기에, 하루 빨리 지붕공사를 하고 싶었다. 만약 지붕공사가 늦어지면 흙으로 지은 집이 폭우로 무너질 수도 있었다. 그런데 주님은 6월 말에 비가 세 번 온 후에, 조 권사님을 통해 흙벽 위에 양철지붕을 올릴 수 있도록 인도하셨다. 조 권사님이 우리 집을 보고 궁휼한 마음으로 도움을 주셨다. 조 권사님은 우리가 만난 지 10여 년이 지난 지금도 우리의 기도동역자로 섬겨주고 계신다. 이처럼 주님은 은혜를 베푸셔서 귀한 인연을 이어가게 하셨다.

비가 내리기 시작했지만, 집이 완공되어 이사를 시작했다. 동네 사람들 사이에서는 귀신이 우글거리는 땅으로 우리가 이사 간다는 소문이 파다했다. 아프리카 사람들은 나무에 관한 옛날이야기가 많았는데, 우리 집 뒤에 있는 거대한 비단목화나무(kapok)에 귀신이 많다고 했다. 또 옛날 유명한 마라부가 두 그루의 실크비단나무가 졸라포니의 중심이 된다고 예견했다고 한다. 나는 그 말을 듣고, 앞으로 성경을 번역하면 말씀사역을 하는 이곳이 졸라포니 지역에 중심이 될 것이라고 카라파와 아이나우 형제에게 말했다. 나중에 안 일이지만 이곳이 중심이 된다는 이야기는 마법사들의 중심을 뜻한다고 했다. 그리고 내가 대지를 계약했을 때 아이나우는 족장의 동생이 얼마 전 죽으면서, 그 땅에 외국인이 와서 건물을 건축하는 환상을 보았다고 말했는데, 그의 말이 맞았다고 하면서 놀라워했다. 그러나 우리는 기도 가운데 주님께 응답을 받았기 때문에, 문서사역을 위한 토대가 하나씩 세워지고 있음을 확신할 수 있었다. 마을 사람들의 말처럼 마을의 중심이 될 이곳에서 문서사역을 할 것을 생각하니 가슴이 벅차올랐다. 그래서 무릎을 꿇고 감사기도를 드렸다.

그런데 그날 밤 갑자기 소낙비가 세차게 내렸다. 집 안으로 비바람이 사정없이 사방에서 몰아쳤다. 안방이라고 들어간 방은 창틀만 있었지 유리창이 없었고 그렇다고 양철 창문도 아니어서 침대에 매트리스로 대용으로 올려놓은 스펀지 요가 젖었다.

달밤에 갑자기 일어난 일이라 우리는 트렁크에 고무줄을 가져와 창문을 고정시켰다. 하지만 그것만으로는 부족해서 비가 그칠 때까지 브라이언과 나는 창문에 트렁크를 갖다놓고 몸으로 밀어 물이 들어오지 못하도록 해야 했다. 우기 동안 우리는 여러 번 그런 일을 겪었다. 다행히 우기가 끝날 즈음에 접는 유리창을 얻게 되어 얼마나 감사했는지 모른다. 우리는 방 두 칸을 사무실로 사용하고, 작은 두 방은 주거공간으로 사용했다. 집 중간에 거실과 조그만 부엌이 설치되어 있어 아주 편리했고, 기도한대로 집이 그늘 아래 있어 쾌적하게 지낼 수 있어 좋았다.

우리는 12월초에 졸라포니어 교실에 참석할 예정인 학생들과 함께 문서사역장 개관식을 했다. 당시 약 300여 명 넘는 주부들이 졸라포니어반에 등록했다. 그날 개관식에 문교부 장관과 문교부 산하의 비공식 교육기관의 장과 지역 구장, 국회의원, 족장들이 모두 참석하여 개관식을 빛내주었다.

이후 문서사역을 시작하면서 일어나는 일들이 많았다. 우리는 마을을 돌아다니며 밤중에 수업하는 반에도 참관해야 했고, 졸라포니어 교사를 하다가 갑자기 도심으로 가는 사람들로 인하여 인내심을 가지고 마을에서 교사 후보를 추천받아 교육을 시켜 졸라포니어 교실을 맡겨야 했다. 마을 사람들 사이에 알력 문제로 수업이 중단하는 곳에는 문제 해결을 위해 주로 밤중에 열리는 모임에 찾아가서 중재해야 했다. 마을 사람들의 알력은 생각보다 심각한 문제를 일으켰다. 이때 우리는 족장의 가족들이 상당한 권세를 가지고 있다는 것을 알았다.

좋은 교사들이나 솔직한 교사를 마을에서 만난다는 것은 쉽지 않았다.

젊은 청년들을 가르쳐 교사로 양성해 놓으면 얼마 있지 않아 도심으로 직장을 잡아 떠나고는 해서 결국 나는 여성들도 교사로 배출할 수 있도록 추진했다. 그런데 어떤 마을은 교사를 양성해서 보내면 그리스도인의 기관에서 하는 문맹퇴치 사업이라고 해서 교육받기를 거절하기도 했다. 그럼에도 나는 감사하면서 사역을 지속했다.

졸라포니어 교실과 아이나우의 배신 1

2000년이 되면서 졸라 문맹퇴치사역은 상당히 활기를 띠게 되었다. 우리가 집을 짓는다고 했을 때 허드렛일들을 돕던 두두라는 청년이 있었다. 우리 집 건축이 마감되자 그는 일거리가 없어 친구가 하는 졸라포니어 교실에 들어가 졸라포니어를 배웠다. 그는 가끔 졸라포니어로 글을 써왔는데, 교사 정도의 실력이었다. 그런데 그때마다 술에 취해 있었다. 알고 보니 그는 졸라포니어 교사와 둘도 없는 술친구로 들판에서 만취상태로 쓰러져 있다가 여러 번 죽을 고비를 넘겼다고 했다.

한편 에납 형제는 전에 만딩고어를 배운 적이 있어서인지, 졸라포니어를 남달리 잘배웠다. 우리에게 그는 보석 같은 일꾼이었기에 많은 격려를 했고, 앞으로 좋은 일꾼으로 성장할 것이라고 생각했다. 에납은 만딩고어 성경도 잘 읽고 성경에 관해 알고자 해서 교회로 오라고 여러 번 초대했다.

나는 두두가 불쌍하여 그에게 열심히 복음을 전했는데, 그는 가톨릭계 초등학교인 카이모학교에서 가톨릭 신부에게 말씀을 접했기에 복음에 관한 이해가 빨랐다. 그는 아이나우와 비슷한 20대 후반의 나이였다. 에납은 그들보다 몇 년 위여서 우리는 그들을 통해서 졸라포니어의 세대별 지역별 특징을 엿볼 수 있었다.

나는 1998년에 졸라포니어 철자법에 관한 교본을 문교부에 제출했고, 1999년 문맹퇴치사역을 위한 졸라포니어 교실 개관식에 맞추어 학습용 세 권의 기초교본을 발간했다. 또한 영어로 《졸라포니어를 어떻게 가르치는 것인가?》라는 책도 발간해서 교사들에게 배포했다.

2000년에는 매일 방과 후에 집으로 오는 아이들에게 숙제를 도와주고 쉬운 졸라포니어 알파벳과 함께 그림책 성경으로 말씀을 가르치기도 했다. 태양열판을 이용해 전기를 얻어서 성경과 관련된 비디오를 보여주면서 말씀을 전하는 시간도 가졌다. 수요일에는 졸라포니족 성도들과 함께 말씀 묵상과 기도 시간을 가졌다.

내가 두두 부인을 처음 보았을 때 그녀는 아이를 임신 중이었는데, 태아가 거꾸로 있어 수술이 필요한 상황이었다. 나는 그녀가 정상적으로 분만할 수 있도록 뜨겁게 기도했다. 주님은 기도의 응답으로 그녀가 정상 분만할 수 있도록 인도해주셨다. 이를 계기로 그는 부인과 함께 우리의 수요 모임에 가끔 나왔다. 에납도 그 즈음 부인과 함께 수요모임에 나왔다.

브라이언은 비자 관계로 1년에 한 번씩 문서사역에 관한 자료를 만들어내야 했다. 남편은 〈의의 길〉이라는 졸라포니어 성경공부 자료를 만들고, 이 책을 토대로 녹음자료도 제작하기로 했다. 이를 위해서는 컴퓨터 작업이 필수적이었다. 하지만 집에 전기가 들어오지 않아 우리는 전기를 생산할 수 있는 태양열판 구입할 수 있도록 기도했다. 이후 감사하게도 태양열판을 구입하게 되어 전기를 생산하여 컴퓨터 작업이 가능해졌다. 나는 100과로 된 〈의의 길〉이라는 성경공부 자료를 열심히 졸라포니어로 번역했다.

그렇게 열심히 사역하던 중 하루는 아이나우와 카라파와 사무실에 일하는데, 아이나우가 예전과는 다른 것 같다는 느낌을 받았다. 그래서 나는 오후에 브라이언에게 우리 집 땅의 서류를 아이나우에게 받았는지 물어보았다. 남편은 그가 교회 집사인데 믿어야 하지 않겠냐고 했다.

그럼에도 나는 남편에게 아이나우의 행동이 이상하니 서류를 받는 것이 좋을 것 같다고 했다. 그래서 남편이 그에게 땅 문서를 보내달라고 했는데, 웬일인지 그는 그것을 가져오지 않았다. 그리고는 그 땅이 자기의 이름으로 되어 있으니, 자기 소유라고 했다. 우리는 아이나우가 교회의 집사이기 때문에 그의 이름으로 땅을 계약한 것이고, 이 땅은 문서사역을 위해 구입한 곳으로 졸라포니족 문서사역은 하나님의 사역이니 그런 생각을 거두라고 했다.

우리는 믿었던 도끼에 발등 찍힌 격이었다. 그는 집안에서 정해준 회교도 여자와 결혼하라는 압박을 받았으나 거절하고, 그리스도인 자매를 배우자로 찾았는데 여의치 않았다. 그래서 교회에 기도부탁까지 했는데 좋은 소식이 들려오지 않자 낙망한 것 같았다. 또한 우리는 카라파의 결혼에 더 신경을 썼기에 아이나우가 힘들어했던 것 같다. 그래서 그는 갑자기 돌변하여 우리를 배신한 것이었다. 나는 마음이 무거웠다.

게다가 당시는 건기여서 눈에 잘 띄지 않지만 나방파리(sandfly) 공격을 자주 받아 괴로웠다. 그리고 느닷없이 검은콩알갱이 크기의 노린재류(sting bugs) 벌레 수천 마리가 우리 집 지붕에 날아들었다. 이 벌레들은 달빛이 하얗게 반사되는 새 양철지붕에 매료되어 숲 속에서 떼를 이루어 날아온 것이다. 아이나우의 배신으로 우왕좌왕하는 차에 날벌레의 습격까지 받으니 마음이 척박해졌다.

양철지붕에 있던 벌레들이 이윽고 천정으로 그리고 창문과 문으로 들어왔다. 더욱 힘든 것은 이 벌레들은 건들기만 하면 스컹크처럼 냄새를 풍기는 것이었다. 집 바닥에 깔아둔 비닐 장판 안으로 기어들어가 거의 1년이 지나도 찾을 수 없는 이 벌레들 때문에 우리는 기진할 정도였다.

새집이라고 해도 겨울이 되니 들판의 쥐들이 지붕으로 들어와 우리 집 천정에 있던 도마뱀들 및 갯코(gecko)들과 함께 경주를 하듯 바쁘게 뛰어다녔다. 그로 인해 나는 신경이 곤두서서 잠을 못 자는 날이 많아 때로는 고무 쪼리를 천정에 던지면 잠시 조용해지는 듯했다. 나는 참다못해 천정에 쥐약을 놓았다. 그런데 어느 날부터 천정에서 악취가 나서 올라가보니 쥐 몇 마리가 죽어 있었다. 그래서 다시는 쥐약을 놓지 않기로 맹세했다.

이러한 환경에 적응하며 살기 위해 노력했지만, 때로는 사역의 장애가 되어 우리의 열정과 마음의 기쁨을 앗아가는 요인이 되었다. 우기에 소낙비가 내리면 우물에서 어떤 석연치 않은 냄새가 나서 18미터 깊이의 우물 안을 뒤져

보면 무언가가 떠다니는 것이 보였다. 그때마다 브라이언 선교사는 돌을 넣은 조그만 바구니에 줄을 매 가라앉힌 후 잘 저어 물에 빠져 죽은 쥐나 도마뱀이나 갯코 사체를 꺼내야 했다. 그러면 즉시 우물에 소독약을 뿌리고 한두 주 정도 물에서 냄새가 나지 않을 때까지 물을 계속 퍼내야 했다.

이런 일들에 익숙해졌다고 말할 자신은 아직도 없어 지금도 몸서리가 쳐질 때가 있다. 화장실에는 늘 도마뱀들이 새끼를 데리고 드나들었고 갯코도 거울 뒤에서 숨바꼭질을 해댔고 어디로 들어왔는지 개구리도 튀어 올라올 때가 있었다.

그럼에도 우리는 누가복음 17장 10절에서처럼 주님께 명령받은 것을 다 이행한 후에 무익한 종으로서 그저 주님께 감사해야 했다. 그러면서 한편으로는 하나님께서 우리의 문화 환경 적응의 어려움을 아시리라고 믿었다.

졸라포니어 교실과 아이나우의 배신 2

우리는 집을 지은 후 안정적으로 사역을 하려고 했다. 조용한 곳에서 독립적으로 사역하고자 했으나 뜻하지 않은 아이나우의 배신으로 어려움을 겪게 되었다. 우리는 선교회와 교회에 이 사실을 알리고 기도를 시작했다. 우리를 쥐고 흔들어대는 사단의 몸부림 같은 공격이 나의 마음을 전율하게 했다.

아이나우 바지가 우리를 고소했다. 마을 사람들이 모인 가운데 공개재판을 한다면 외부 사람인 우리가 십중팔구 이길 수가 없었다. 재판을 위해 시바노교회 성도 모두가 금식에 들어가기로 했다.

언젠가 유명한 마라부의 예견으로는 우리 집에 있는 비단목화나무(kapok) 아래가 졸라포니의 중심이 될 장소라고 했다고 한다. 그래서 회교도들은 코란학교를 지으려고 계획하고 있었는데 우리가 집을 지어 아이나우를 이용해 땅을 뺏으려 한다는 소리도 들렸다. 아이나우의 집 추녀 밑에서 더부살이하는 마리야뚜는 지역구장 아세푸가 사람을 보내어 아이나우에게 재판에 이기게 해줄 것이니 걱정하지 말라고 했다며 나에게 그 소식을 전해주었다. 그러나 아이나우의 아버지는 나를 찾아와 사과를 하고 고개를 못 들었다. 그저 망나니 자식이라 용서를 하라고 했다.

갑자기 내 마음은 공허해졌다. 세례를 받고 교회 생활도 잘해나갔고 집사 직분으로 졸라포니 문서사역을 꼬박꼬박 잘해오던 아이나우의 배신이었으므로 나는 날벼락을 맞은 듯한 느낌이 들었다.

월요일 아침 일찍 마리야뚜가 걱정이 되었는지 우리 집에 와서 근심 어린 눈으로 위로의 말을 나누고 갔다. 금식기도 중이어서 나는 거실에 나가 보자기를 뒤집어쓰고 엎드렸다. 그런데 마리야뚜가 다시 문을 두들겼다. 지역구장 댁에서 사람을 보내왔다며 아이나우가 재판소송을 취하했으니 공개재판에 출두하지 않아도 된다는 소식을 전해왔다. 무슨 까닭인지 모르겠지만 아이나우는 재판에 기권했던 것이다. 아이나우는 교회를 떠나 회교로 돌아가고 회교 아내를 맞이한다고 했다.

배신의 잔을 마시는 우리는 피가 마르고 창자가 쪼그라드는 것 같고 가슴이 후비는 듯 아파왔다. 나는 주님에게 온전히 의뢰하지 못하고 내 힘으로 그 일을 부둥켜안고 있다가 천식이 심해져 불면의 밤을 보내야 했다.

마리야뚜는 아이나우의 집에서 세 들어 살았는데, 이제 그의 집에서 나와야 할 것 같다며 떨면서 말했다 이제 그녀도 이 일로 인해 거처를 옮겨야 해서 기도제목이 더욱 많아졌다. 당시 마리야마 카마라도 회교식 기도를 하지 않는다는 이유로 집안에서 말이 분분했다. 지병인 코끼리병으로 불뚝 솟은 뒤통수 혹을 수술해야 했다. 선교사들은 그녀가 편안히 요양하며 함께 방문해서 기도해줄 수 있는 장소가 필요하다는 데 동의했다. 비얌에서 고등학교를 다니는 울링딩은 교회에 나간다고 하여 집에서는 부모님에게 핍박당했고, 학교에서는 회교 친구들에게 왕따를 당해 심리적 타격이 커 오랫동안 수면장애를 겪고 있었다.

우리는 수요일 기도회 때마다 이들을 두고 기도하며 마리야마 카마라에게 분가를 해 동생 울링딩과 지낼 수 있는 방 두 개를 짓도록 하라고 했고, 마리야뚜에게는 대지를 빌려서 흙집이라도 지어 도심에 있는 큰딸을 시바노 마을로 데리고 오도록 권유했다. 그녀는 사무엘을 낳은 후 그다음 해에 그리스도인이 되어 예수의 길을 따랐는데, 딸은 생모와 떨어져 아버지와 의붓어머니 밑에서 이복형제들과 함께 지내는 중이었다.

마리야뚜는 그녀가 일하던 집의 영국인 의사와 몇 분의 도움을 받아 대지에 두 칸 자리 집을 지었다. 브라이언과 나는 마리야뚜의 딸인 환타를 데리러 그녀의 남편 집에 갔다. 그는 건물의 야간 경비원이었다. 그의 집은 양철로 대충 지은 판잣집인데, 한쪽은 부부 침대가 놓여 있고 다른 한 쪽에는 아이들이 지내고 있었다. 그 집에 가보니 도대체 환타가 기거할 것이 어디인지 알 수 없을 정도로 좁았다.

우리는 그의 말을 듣고 학교에서 돌아오던 환타를 길거리에서 만났다. 유난히 머리가 노랗게 떠 있어서 바싹 마르고, 눈 주위가 부어 있는 영양실조에 걸려 있음을 한눈에 알아볼 수 있었다. 우리는 환타를 데리고 마리야뚜의 새 집으로 아이를 데리고 갔다. 우기 전에 마리야뚜가 아이나우 집의 추녀를 모면하여 환타와 사무엘을 데리고 새집으로 이사할 수 있었던 것은 전적으로 주님의 큰 은혜였다.

우리가 아이나우를 만났을 때 그는 우리를 재판에서 살려준 것처럼 으스댔지만, 내심 떨고 있는 것이 느껴졌다. 나는 아이나우에게 우리가 외국인이어서 땅을 우리 명의로 할 수가 없어 교회에서 당신을 지정하지 않았는가를 다시 상기시켰다. 그리고 감사의 뜻으로 우물까지 파도록 주선해주었던 것도 그 이유였다고 말했더니, 부끄러워 말을 못했지만 서류에 자기 명의로 되어 있으니 자기 것이라고 다시 우겼다.

우리는 그에게 그 일이 없었던 것으로 하자고 했다. 마을재판소에서는 이미 그 집과 땅은 우리의 소유임을 증명한다는 증서를 주었다. 나는 앞으로 있어날지도 모를 시비를 막기 위해 아이나우를 해고하지는 않았다. 우리는 그에게 스스로가 알아서 하라고 하며 일방적으로 해고하지는 않겠다고 했다. 그는 약 일주일간 우리 집에 오고는 그다음부터는 나오지 않아 찾아갔더니 도시로 이사했다고 했다. 아마도 동네 사람들 눈총과 더불어 교회 사람들이 있는 동네라 견디기 힘들었던 것이 분명했다.

우리는 졸라포니어 교사나 족장들에게 이 사실을 알렸다. 아이나우가 그리스도인들을 속였다고 해서 회교도인 그들이 좋아하는 것은 아님을 알았다. 이 일이 있은 후 졸라포니어 교실을 운영하는 시타 마을을 찾아가보았다. 우선 브라이언이 언어를 배울 당시 주인집 아주머니 필리제를 만났는데, 그녀는 카라파의 누나뻘 되는 친척이었다. 그녀에게 아이나우의 일로 우리가 졸라포니어 교실을 마감할 수밖에 없다고 말했더니 그녀는 자기들에게 그 일을 맡기라고 했다.

필리제는 아이나우가 졸라포니의 물을 흐려놓았으니 그가 죽어야 한다고 거침없이 말했다. 무슨 뜻이냐고 물었더니 여자들이 나무 밑에 가서 그의 이름을 놓고 저주를 하면 그는 죽게 된다고 했다. 이곳 여자들이 동맹을 맺어 저주를 할 수 있다는 것을 그때 처음 알게 되었다. 우리는 절대로 그 형제가 죽도록 할 수는 없었다. 우리는 필리제에게 그런 일로 아이나우가 죽는 것을 바라지 않는다고 말했다.

문서사역장 개관식을 한 지 몇 달 되지도 않고, 새집에 들어와 이제 정착을 해나가고 있는 사이에 사단은 우리의 빈틈을 노려 공격을 가한 것이라는 생각이 들었다. 우리는 이 모든 일에 대해 주님께 기도하며 주님의 인도하심을 간구했다.

아이나우의 결혼 후 이야기

아이나우의 사건이 일어난 지 얼마 후 나는 언젠가 졸라포니족 성도만 모이는 수요예배에서 그들과 나눈 이야기가 생각났다. 그 날 우리는 사도행전 9장에서 사도 바울이 다메섹 길에서 본 비전을 공부했는데, 유독 마리야뚜와 아이나우가 자기들이 본 비전을 각각 나누고 싶다며 나섰다. 그들은 비전이나 꿈을 상당히 중요시해서 이에 관해 나누는 것을 감추거나 부끄러워하지 않았다.

마리야뚜는 환상을 통해, 교회에 무슨 일인가 생겼는지 상당히 많은 사람들이 모여들었는데 예배당에 사람들이 넘쳐서 밖에까지 서 있는 것을 보았다고 했다. 아이나우는 교회 안팎에 무슨 행사를 하는지는 몰라도 많은 사람들이 서 있는 것을 보았는데, 자기가 들어가려 하니 교회 앞에 굵은 밧줄이 놓여 있어 들어가기가 쉽지 않았다는 환상을 보았다고 했다. 나는 그의 이야기를 듣고 궁금해서 그에게 교회로 들어가보았냐고 물었다. 그러자 아이나우는 몸을 바짝 눕혀서 간신히 예배당에 기어들어갔다고 했다. 그들이 본 환상은 둘 다 사람들이 많았다는 공통점이 있었다.

하지만 당시 교회는 녹슨 양철지붕으로 인해 지저분해 보였고, 예배당 안의 긴 의자에는 여기저기 못이 빠져 헐거워져 있었다. 성도들도 극소수에 불과했다. 그리고 마을의 회교도들은 우리를 보면 더럽다며 침을 뱉으며 지나가곤 했다. 우리는 회교들에게 성도들의 아기 세례식 때 초대를 했지만 오지 않았다. 교회에서 세례 축하잔치를 벌이면, 회교도들은 신성하지 못한 인간들이 먹는 것만 밝힌다며 비난하여 우리는 교회에서 세례식만 하고 잔치는 집에서 하도록 권고했다.

2001년 8월에 브라이언 선교사는 교회에 새로 문을 달았다. 마리야마 카마라는 그해 12월 22일에 소천했다. 그녀의 장례식을 교회에서 했는데, 그날 처음으로 교회에 회교도들이 발을 들여놓는 놀라운 일이 벌어졌다. 그녀가 속한 시콘 족장가도 교회에 발을 들였다. 그 후에 2002년 겨울 카라파 형제의 결혼식 때, 졸라포니어 교사들이 교회로 왔고 시타 마을의 주민들 대다수가 교회에서 열리는 그의 결혼식에 참석했다. 마라야뚜가 본 환상은 실제로 이렇게 이루어졌다. 아이나우는 환상 중에 몸을 땅바닥에 대고 기어서 교회에 들어오는 것을 보았다고 했다. 이는 사실 그가 교회를 떠났다가 돌아오는 과정을 주님께서 환상으로 보여주신 것 같았다.

그즈음 아이나우의 의붓어머니가 우리에게 아들이 열 살 어린 부인을 맞이한다고 알려왔다. 우리는 새벽기도 시간이나 수요일 졸라포니 예배 시간에 그를 위해 계속 기도를 드렸다. 그를 방문했던 교인들은 아이나우가 회교도와 같이 그랑부바라는 두루마기식 큰 옷을 입고 매일 다섯 번씩 기도를 시작했다고 했다. 그는 코란경전도 옆에 끼고 살았고 브라이언이 주었던 성경책도 가지고 다녔다고 했다.

우리는 아이나우의 부인인 반나 냐시와 친구처럼 친하게 지내며 그녀에게 수요 예배에도 오도록 했는데 의외로 잘 순응했다. 그러나 아이나우는 교회와 점점 더 거리를 두었다. 1년이 지나 반나가 아기를 출산했고, 아이 세례명식 때 아이나우는 회교사원의 이맘과 그 당시 교회의 발란타족 리더인 바치코를 초대해서 잔치를 벌였다고 했다. 아이나우가 아이의 세례명을 다니엘로 지었다는 말을 듣고 우리는 무척 놀랐다.

세례명은 절친한 사람의 이름을 따서 주는 것이 상례였기 때문이다. 아이나우는 어느 스위스 선교사와 함께 일한 적이 있었는데 그와 가깝게 지내고 있었다. 알고 보니 그와 가깝게 지냈던 선교사가 아이나우의 아기에게 세례명을 지어준 것이었다. 그런데 얼마 후부터 아이나우는 부인과 사이가 나빠졌고 의처증까지 있어 부인을 때린다는 소문이 돌았다.

얼마 후 아이나우의 부인이 아이를 데리고 도망을 가 찾을 수도 없었는데, 나는 약 3년이 지난 어느 날 마리야먀 사네에게 수소문해 아이나우의 아내를 찾아보도록 했다. 결국 마리야뚜가 반나 냐시를 찾아내 시바노 마을 돌아오라는 나의 말을 전했다. 그녀는 아이나우가 회교도가 될 사람이 아니어서 떠났다고 전해왔다. 나는 그의 부인을 통해 주님에 대한 아이나우의 믿음을 확인할 수 있어 주님께 감사드렸다.

그러나 그들의 별거가 길어져 나는 반나 냐시를 찾아가보았다. 아이나우의 소식을 들었는데 그는 결혼 후 5년간 방황했다고 한다. 아내와 별거 기간이 길어진 이유도 그 때문이다. 우리가 집을 지을 무렵 그의 집에 있던 우물이 말라버렸고, 땅을 얻어 집을 지었는데 우기에 무너져버렸다. 일정 수입이 없는 그는 카슈농장을 일군다고 들판으로 나갔지만 손해만 봤고, 나중에 마리화나까지 손을 대며 폐인이 되었다고 했다.

주님께서 아이나우의 인생을 주관하실 것을 믿기에 나는 예전 일을 잊고 과감하게 그에게 주님의 관심과 사랑을 다시 한 번 전했다. 죄 많은 내가 누구의 죄를 지적하겠는가 싶었다. 그의 주변의 그리스도인들이 새벽마다 그를 위해 기도했다. 아이나우는 교회를 떠난 지 약 5년 정도 지난 어느 날, 교회 리더인 족킴의 집으로 밤늦게 십일조를 들고 찾아왔다. 족킴은 그에게 사람의 중심을 보시는 하나님이시니, 물질보다는 교회를 나오도록 권유하며 회심하고 죄를 자백하도록 종용했다.

새벽기도회 때 족킴은 나에게 그 이야기를 하면서, 그날 밤 주님께서 보여주신 환상을 자세히 말해주었다. 환상 중에 그는 자기 집에서 그의 집을 바라보니 검은 독사가 그 집 앞 나무에 똬리를 틀고 있는 것을 보았다고 했다. 그리고는 사단의 큰 역사가 있으니 우리에게 조심하라고 했다. 그가 본 환상은 해석하기 나름이지만 아이나우는 예수 그리스도의 이름으로 그가 세례를 받았고 말씀도 나누었고 마을 전도에도 함께 나갔던 사람이다. 그래서 나는 그가 주님의 긍휼을 입고 죄를 자백하며 주님 품에 다시 안기도록 돕기로 했다.

우리는 아이나우에게 주님의 변함없는 사랑으로 다가가야 했고 성령의 역사로 그가 상한 심령으로 주님께 나오길 기도했다. 그에게 여러 번 브라이언이 찾아갔고 마음을 돌이키려고 애썼다. 나도 그를 만나면 섬뜩한 마음이 들었지만 늘 주님께 돌아오라고 권유했다. 물론 마리야뚜와 카라파도 여러 형제자매들이 찾아가 회유를 여러 번 권했다.

아이나우는 그 후 여러 사람들의 도움으로 교회에 다시 왔는데 기도나 말씀을 나누는 일을 할 수는 없었다. 그러나 그에게 시간의 여유를 주면서 우리 가족에게 행한 일을 세례교인들 앞에서 자백하도록 했는데, 얼마 후에 자백과 더불어 용서를 구하는 시간을 가졌고 주님은 그를 사랑으로 회복시키셨다.

누가복음 15장 7절 "죄인 한 사람이 회개하면 하늘에서는 회개할 것이 없는 아흔아홉으로 말미암아 기뻐하는 것보다 더하리라"라는 말씀이 아이나우의 회개를 통해 이루어졌다. 그 순간 시바노 교회 성도와 선교사들의 어깨에 짓눌린 멍에가 탁 떨어져 나가는 것을 느끼고 모두들 반사적으로 공이 튀어 나가는 것처럼 마음이 부풀어 올라 주님께 감사와 찬양을 드렸고 서로 부둥켜안았다.

그 후에도 여러 사람들이 나에게 오히려 조심하라고 했다. 나는 그가 사단의 까불림에 놀아난 연약한 형제라고 느껴져 마음이 쓰였다. 그는 앞으로 주님의 일을 위해 살겠다고 하면서 우리가 하던 교회 개척을 언급했다. 나는 그에게 작고이빈탕 마을을 제안했는데 그 마을 주민인 에납과 다른 형제들은 부정적 견해를 들고 나왔다.

나는 그를 다시 졸라포니어 문서사역 파트타임 사역자로 채용했다. 그는 졸라포니어에 달란트가 있었는데 많은 교회 성도들이 나의 결정을 못마땅해 했다. 나는 아이나우의 오해와 망상 그리고 실수와 허물을 용서하는 동시에

나 또한 그에 대한 나의 허물을 주님 안에서 용서받기를 원한 만큼 주의 사랑을 이때에 실천해야 한다고 생각했다.

우리는 재판을 통해 아이나우의 아들 다니엘을 반냐 냐시에게 돌려받을 수 있도록 했다. 개인적으로 반나 냐시에게 복음을 전하면서, 다시 남편에게 돌아오도록 울면서 부탁했다. 그녀는 때가 늦었다며 여전히 분을 품었다. 그런 가운데 아이나우는 다니엘을 혼자 키우면서 교회를 다녔고, 이제 그 아이는 초등학생이 되었다.

그는 회교도와 결혼하지 않겠다고 했고, 그리스도인 자매와 결혼하기를 희망했지만 배우자를 쉽게 얻지를 못햇다. 얼마 전에 기적을 일으키시는 주님께서 그의 부인을 준비시켜 주시고 있다는 소식을 접하면서 나는 주님을 찬양하지 않을 수 없었다.

아이나우는 과거의 죄에서 돌이켜 주님께 돌아와, 우리와 함께 졸라포니족 문서사역에 참여하여 사역하고 있다.

기니비사우 웩 콘퍼런스 참석

2000년 1월 30일에 우리는 기니비사우의 웩 지부 콘퍼런스에 감비아지부 대표로 떠났다. 세네갈의 카사망스를 지나 지긴쇼르를 거쳐 기니비사우의 수도인 비사우로 들어가야 했다. 당시 기니비사우는 엄청난 내란을 겪은 후 정치적으로 조금 안정은 되었지만 많은 사람들이 나라를 떠났고 선교사들도 떠났다가 다시 들어오는 시기였다. 1998~1999년에 일어났던 내란은 2000년 1월에 쿰바 얄라가 대통령에 당선되어 어느 정도 안정을 되찾고 있었다. 그럼에도 정부군이 반군들과 격전이 있는 때에 감비아 웩 지부에서 이 콘퍼런스에 참여하도록 우리를 지명했기에 마음이 심란했다.

기니비사우의 선교사들은 그 당시 세네갈의 반군들과 연합한 반군 세력이 일으킨 내란으로 상당한 어려움을 겪고 있었다. 우리는 생필품을 구입해 달라는 기니비사우의 선교사들의 부탁으로 설탕과 밀가루 등을 구입해 차에 실었다.

아침 일찍 차를 몰고 들어가는 카사망스는 군인들이 약 10미터 간격으로 길에 서 있었다. 세네갈의 새 정부는 카사망스의 독립을 제압하고, 반군들이 숨어 활동하는 카사망스의 깊은 숲을 몽땅 태우더라도 반군세력을 완전히 제거한다는 강경책을 들고 나왔다. 지긴쇼르에 들어가니 총을 든 군인들이 사람들을 차에서 내리도록 명령했다. 우리는 출발 전에 차 앞에 복음주의 교회라는 불어 팻말을 달아놓았다. 세네갈이나 기니비사우에 복음주의 교회들이 좋은 인상을 심어놓았고, 우리가 종교인들이라는 것을 밝히는 것이 좋다는 말을 들었기 때문이었다. 군인들의 눈총이 삼엄했다.

기니비사우의 선교사들은 내란으로 피난도 갔다 오는 등 어려움이 이만저만이 아니었고 생필품도 부족하여, 우리에게 빵을 만들 밀가루를 사오라는 부탁까지 했다. 기니비사우 웩 선교지부는 감비아보다 더 오래되어 건물이 매우 낡았고, 오래 사역한 선교사들도 있었다. 특이한 것은 브라질 선교사들이 기니비사우로 대거 입국한 것이었다.

브라질 선교사 가족들은 콘퍼런스 기간에 음식을 준비했고, 그중에 브라질식 바비큐는 내란을 한바탕 겪었던 선교사들에게 큰 위로가 되었다. 우리는 그들이 폭탄세례를 피해가며 피난 생활을 했다는 것을 들었는데, 참으로 주님의 귀한 종들이라는 생각이 들었다.

이곳은 내란으로 사회 체계가 무너져 학교 기능이 마비되어 있었다. 이를 안타깝게 여긴 한 브라질 여선교사는 학업 사역에 헌신했다. 이뿐만 아니라 브라질 선교사들은 본부 건물로 들어와 물건을 파는 교회 성도들의 물건을 사주기도 하고, 기니비사우의 한 교회 성도가 소천하면서 맡긴 딸을 입양해서 돌보기도 했다. 콘퍼런스 기간 중 은충베 지역에 있는 신학교가 당시 주변 회교도들이 내놓으라며 위협을 가한다고 해서, 우리는 이를 위해 집중적으로 기도했다.

기니비사우에 내란이 일어나고 난 후부터는 발란타족 성도들이 교회의 주류를 이루었다. 주님은 내란 중 발란타족 성도들이 운영하는 라디오를 통해 많은 이들의 마음을 위로했다. 또한 외국에서 들어온 원조물자가 믿을 만한 복음교회의 목회자들을 통해 분배되었던 만큼, 복음 전파에 긍정적인 영향을 끼치고 있었다. 우리는 주님께서 내란이라는 어려움을 통해서도 복음을 나누게 하심을 보았다. 우리가 기니비사우로 들어올 때 무사히 통과할 수 있었던 것도 복음교회의 팻말을 차창에 붙였기 때문이라는 것을 다시 확인할 수 있었다.

우리는 발란타족 성도들이 한국 성도들처럼 두세 사람이 모이면 교회를 세우는 강인한 믿음의 소유자라는 것과, 기니비사우에서 그리스도인들 숫자가 기하급수적으로 늘고 있다는 보고를 듣게 되었다. 성령의 역사가 아니면 어떻게 이런 일이 일어날 수 있을까 싶었다. 그들이 내란을 피해 감비아나 세네갈로 도망해서 주님을 영접한 사람들이 많다는 이야기도 들었다. 주님께서 졸라포니족 사람들을 복음으로 일깨우기 위해 발란타족 성도들을 시바노 마을까지 보내셨는지도 모르겠다. 시바노교회 리더인 바치코도 약 30년 전에 내란을 피해 주님의 이끄심 따라 졸라포니로 오게 되었다는 간증을 한 바 있다.

우리는 30여 명의 기니비사우의 선교사들을 만난 후 이곳에 많은 변화가 일어날 것이라는 기대감이 들었다. 기니비사우 콘퍼런스 후에 우리는 몇 년간 브라질 선교사들이 이곳에 집중적으로 와서 사역을 했다는 소식을 계속 들었다. 게다가 주님은 포르투갈에도 브라질 선교사들을 역투입해서 교회 개척을 하고 계심을 알게 되었다.

우리는 이러한 경험을 통해 아프리카의 내란으로 영어권인 나이지리아, 가나, 시에라리온에서 감비아로 유입되어 온 많은 그리스도인들이 감비아교회에 영향을 끼치게 된 것도 우연이 아니라는 것을 알 수 있었다.

주님, 세네갈과 감비아의 모든 졸라포니족 땅의 구석구석 주의 피로 덮어 주시고, 성령의 역사로 복음이 편만하도록 역사해주소서!

새로운 형제들의 모임과 찬양

　기니비사우 콘퍼런스 이후 2000년 2월 중순 감비아 웩 지부의 콘퍼런스가 있었다. 이때에 세네갈의 카사망스에서 부족음악으로 찬양을 만드는 닐 바커 선교사를 초대하기로 했다. 감사하게도 그는 침착하고 조용한 성품으로 음악에 달란트가 상당히 많았다.
　찬양을 잘할 수 있는 사람들을 교회로 보내달라고 기도했을 무렵 우리는 두두 가족과 에납 가족을 만났다. 다행히 두두와 에납도 동참했는데 두 사람 모두 음악에 상당한 소질과 감각들이 있었다. 그리고 지팡가 마을의 파비도 졸라포니어 교실 교사로 일하면서 시바노교회를 출석했고, 부인 카디와 함께 그 찬양세미나에 참석했다.
　수요 예배모임에 우리는 졸라포니족이 만든 찬양을 부르는 것이 영적으로 더 효과가 있을 것 같다고 의견을 모았다. 몇 안 되는 사람들이지만 방학이나 주말을 이용해서 모든 졸라포니족 성도나 어린이들까지도 함께 모여 찬양을 만들게 했다. 주말이어서 울링딩도 비얌에 있다가 집으로 돌아와 찬양사역을 도왔고 동네 꼬마들도 참가하게 했다. 팀별로 만들도록 성경구절을 번역하거나 번역된 성경 구절을 읽어주고 음을 붙이게 했다.
　닐 바커 선교사는 성도들이 만든 찬양을 졸라포니족 전통음악을 공연할 수 있는 곳에서 녹음하자고 제안했다. 그래서 우리는 시타 마을 주민들에게 전통음악을 연주해줄 수 있는지 문의했다. 이곳 주민들은 나에게 어린이사역을 하도록 집도 지어준 사람들이서, 우리와는 호흡이 잘 맞았기 때문에 부탁했는데, 그들은 기꺼이 허락했다. 또한 네 개의 북으로 된 졸라포니족 전통악기인 '부거럽'을 가장 잘 연주하는 음파마라 바지도 우리를 돕기 위해 참가했다. 그는 얼마 후에 미국에 초청을 받아 부거럽의 전통고수로 활동하며 유명해졌다.

시타 마을의 주부들과 청년들이 찬가를 하듯 그들의 전통노래를 부르면 브라이언은 그 장면을 비디오로 녹화했고 시바노 마을에 있는 집으로 돌아와 녹화된 자료를 닐 선교사에게 들려주었다.

당시 찬양 세미나에는 만딩고족 성도들과 월로프족 성도들도 참여했는데, 졸라포니족 성도들만 유난히 찬양을 만드는 데 적극 동참하는 모습을 보여주었다. 우리는 졸라포니족 성도들에게 주님을 사랑하는 마음들을 읽을 수 있었는데, 마리야뚜는 찬양에 은사가 있는 것을 그때 발견했다. 졸라포니족 찬양은 삼박자가 주였는데 후렴도 있었다. 성도들은 누군가 선창을 하면 뒤따라 부르는 식으로도 불렀는데, 음악을 통해서 이들의 정서와 마음을 알게 되어 유익한 시간이었다.

새로운 음악을 접하고 배우면서 우리는 박수를 치고 온몸으로 율동을 하며 즐겁게 찬양을 드렸다. 찬양을 통해 느헤미야 8절 10절 말씀과 같이, 졸라포니족 성도들이 여호와로 인해 기뻐하는 것이 우리 모두의 힘이 된다는 것을 깊이 깨닫기를 소망했다. 우리가 찬양을 할 때 우리 주변에 있는 어둠의 권세가 사라질 것이라고 확신했다.

세미나를 준비하면서 나는 음식이나 음료수 그리고 잠자리도 준비해주어야 했다. 우리는 건기에 했던 일주일간의 세미나를 통해 많은 수확을 얻었다. 카라파는 찬양은 잘하지 못해도 북을 잘 연주했다. 찬양을 할 때 쉰 목소리를 너무 내어서 흥분기를 가라앉히거나, 서로 기분 상하지 않고 찬양에 집중하도록 조율하는 것도 쉽지 않았다. 닐 바커 선교사와 브라이언 선교사는 녹음에서부터 카세트 제작에 이르기까지 호흡을 맞추며 작업을 무리 없이 소화했다.

당시 어느 졸라포니어 교사가 세네갈의 빈조나에서 배웠다는 찬양을 우리에게 소개해주어 같이 불러보기도 했다. 어떤 여자 분은 회교도인데 세미나에 참석해서 찬조 찬양을 했는데, 알고 보니 그녀는 이 지역에서 잘 알려진 가수라고 했다. 알란사도 졸라포니어 교사였는데 찬조로 참석해서 졸라포니식 피리를 연주해주었다. 우리는 녹음한 자료를 편집해서 카세트를 만들었다.

나는 찬양세미나에서 만든 자료들을 모두 문서화하고 녹음을 해서 카세트에 삽입해 저렴하게 배포했다. 말씀을 나눌 때에는 늘 우리가 만든 찬양을 먼저 불렀는데 상당히 은혜로웠다. 찬양집이 없어도 그들은 모든 곳을 쉽게 익히고 암기했다. 찬양을 모르는 이도 테이프 음악을 듣고는 춤을 추곤 했다. 그들 중에 어떤 사람은 찬양을 춤곡으로 생각하고 너무 흥겹게 춤을 추다가 하나님이라는 단어가 나오면 멈추어 서서 가만히 가사를 듣기도 했다. 졸라포니 지역의 자롤 마을에서 사역하는 로빈 선교사도 같은 경험을 했다고 우리에게 말해주곤 했다.

우리는 기존에 부르던 찬양집도 새로 만들기로 했는데, 만딩고어 선교사들의 반응은 좀 놀라는 듯 했다. 그도 그럴 것이 찬양집이 만딩고어로는 되었지만 모두 번역곡이었기 때문이다. 그런데 우리가 졸라포니족이 직접 만든 찬양곡으로 찬양집을 만든다고 하니 익숙하지 않아서인지 낯설어했다. 어쨌든 새로 오는 선교사들이나 이 찬양을 배웠던 발란타족 성도들에게는 찬양집이 필요했다. 졸라포니족은 그들이 만든 찬양이 없었던 시절에는 음을 따고 졸라포니어로 번역해서 불렀기 때문에 나는 졸라포니어 찬양집을 서둘러 만들기로 했다. 이러한 사역 중에도 우리는 성도들 사이에 영적인 갈등이 있음을 느낄 수 있었다.

그 후에도 어렵사리 여러 번의 찬양 세미나를 통해 찬양을 만들어 세 개의 카세트를 만들었고 계속해서 만들 예정이었다. 스가랴 4장 6절 말씀과 같이, 이는 힘으로 되지 아니하며 능력으로 되지 아니하고 오직 나의 영으로 된다는 말씀을 굳게 믿었다.

주여! 찬양을 듣는 이들마다 양날의 칼인 말씀이 그들의 마음을 깊이 쪼개는 역사가 일어나게 하소서!

믿음의 형제 카라파, 눈을 뜨다 1

카라파는 자기 집을 지은 지 얼마 안 되었는데, 언어 도우미 사역 시간이 늘어나서 수입도 증가했다. 그는 그의 집에 세간살이를 하나 둘씩 채워갔다. 우리는 정부 인가를 받기 위해서는 고용인이 몇 있는지 투자금이 얼마인지도 매년 보고해야 해서 두두와 에냡에게도 파트타임 일을 주었던 것이다. 아이나 우가 그만두면서 에냡과 카라파의 근무시간이 늘어났다.

우리는 카라파가 시각 장애인이지만 활동 반경을 넓혀 나가는데 독립적이어야 된다고 생각했다. 그리고 그리스도의 피 값으로 산 그의 새로운 삶이 철저히 주님의 반석 위에 이루어져야 된다고 카라파에게 강조했다.

어느 날 그는 우리가 조언한 대로 저축을 해둔 돈으로 새 침대를 샀다. 앞으로 결혼을 생각해서 더블베드를 목수인 이복 매형에게 부탁했다. 그는 우리 지역에서 자동차로 45분 정도 걸리는 와사둥에서 일하고 있었다. 우리는 차량을 개인적으로 사용하는 것을 제한하고 있었다. 졸라포니어 교실의 참여하는 사람들에게 문제가 있으면 급하게 사용하기도 했지만, 사무실에 일하는 사람들이나 교회 성도들이 사적으로 이용하는 것을 금했다.

카라파는 전에 그의 이복 매형이 마차에 실어준다고 했던 약속을 지키지 않아 본인이 와사둥 마을에 가야 한다고 했다. 대부분의 감비아 사람들이 이사를 다닐 때 돈을 조금 더 얹어주면 가축이든 가구든 중고 마이크로버스에 올려 옮겨주는 것을 흔히 볼 수 있었다. 그래서 우리는 그 혼자서라도 와사둥 마을 가서 침대를 가져올 수 있을 것이라고 생각했다. 만약 우리가 그를 도와준다면 다른 성도들의 요청도 거절하기 어려워질 것이 분명했다. 교회에서 외국 선교사들에게 도움을 받는다면, 그의 믿음을 동네 사람들이나 교회 사람들도 의심하게 되고 그에게도 도움이 안 된다고 카라파에게 솔직히 말했다.

그는 마음이 언짢았는지도 모르지만 혼자서 와사둥 마을로 혼자 갔다. 그런데 놀랍게도 그날 밤에 침대를 가지고 왔다. 카라파 형제는 와사둥에 겔레겔레(현지인들이 타는 봉고버스)를 타고 들어갔는데 어둑어둑해졌다고 했다. 다음 날 아침에 카사망스에서 나오는 겔레겔레가 있다는 소리에 그 차에 실어 가야겠다고 생각하고, 이복 매형의 방에 가서 무릎 꿇고 주님께 기도하기 시작했다. 그런데 때마침 가까운 곳에서 트럭 엔진 소리가 서서히 들려오는 게 아닌가! 그는 즉시 일어나 밖으로 뛰어나와 차를 세웠다. 그런데 트럭 운전사가 마침 그의 집쪽으로 간다며 그를 태워줄 뿐만 아니라 침대로 실어주어 시바노 마을 길목에서 그를 내려주었다는 것이다. 그는 기도 중에 바로 응답하시는 주님을 체험해서 정말 주님께 감사했다고 했다.

그 후에도 주님께서는 카라파에게 여러 가지 경험을 하게 해주셨다. 그는 결혼을 앞두고 침대를 준비한 후, 이부자리도 구입해야 했다. 그는 어느 토요일 침대에 얹어놓을 매트리스를 사러 세레쿤다에 간다고 했다. 우리는 걱정스러워 그에게 매트리스를 사려면 겔레겔레를 타고 어디에서 내려 달라고 해야 한다거나, 버스 기사들에게 도움을 받으라고 당부하며 정류소까지 그를 배웅했다. 그때 그는 거의 10여 년이 넘도록 세레쿤다에 혼자 가본 적이 없다고 했다. 따라서 시각장애인인 그가 그곳에 혼자 가는 것은 하나의 도박과 같았다.

초조히 기다리던 우리는 카라파가 성공적으로 매트리스를 사서 돌아왔다는 말을 들었다. 그는 차를 타고 가다가 세레쿤다에 내려 사람들에게 물어 상점을 찾아가 상점 주인에게 매트리스를 사겠다고 흥정했는데, 그 주인은 카라파 형제에게 와서 보라고 했다고 한다. 그래서 카라파는 자신이 시각장애인임을 밝히고 자세히 볼 수 없다고 했다. 그러자 주인은 깜짝 놀라며 몰랐다고 그에게 사과하며 가격을 할인해줄 뿐만 아니라 베개를 공짜로 주고, 물건을 버스 정류장까지 갖다주는 것도 모자라 버스 위에까지 올려주었다고 했다.

카라파는 주님이 필요할 때 도와주셨음에 매우 감사했다. 나는 점점 살아계신 주님께서 카라파의 삶을 이끄시고 도우시는 것을 기쁜 마음으로 바라보았다. 카라파는 거실 탁자가 있었으면 해서 얼마간 그것을 두고 기도했다. 나에게 여러 번 이야기를 해서 마음에 부담이 될 정도였다. 그러던 어느 날 한 번도 자기 집에 발을 들인 적이 없는 이복동생이 세레쿤다에서 왔는데, 탁자 하나를 들고 들어오면서 선물이라고 주었다며 기뻐했다. 이러한 경험을 통해 카라파의 믿음은 더욱 강해졌다.

1999년 1월부터 나는 카라파와 아이나우와 함께 매일 같이 기도를 드렸다. 그중 기도의 응답으로 조용한 새집 사무실에서 문서사역을 시작할 수 있어 감사했다. 나는 카라파의 눈과 아이나우의 결혼 기도도 응답해주시기를 더욱 기도했다.

카라파와 아이나우와 함께 시작한 기도제목은 성령의 바람을 타고 이루어져나갔다. 그해에 와이오암(YWAM, Youth With A Mission) 선교회의 의료선 '아나스타시아호'가 감비아 항구로 들어와 사역을 시작한다는 소식을 접했다. 시바노병원 의료 선교사들 모두 흥분했지만, 나에게는 특별히 기도가 응답되는 것처럼 생각되어 가슴이 뛰었다. 그해 5월 즈음 배가 들어오면 와이오암 선교회는 주로 얼굴 부위의 질환을 다룰 것이라고 했다.

나는 그들이 오면 우리가 기도한 대로 카라파의 안과 문제가 해결될 것이라고 기대했다. 제이미 어스킨 의료 선교사는 그들에게 보낼 환자를 선별하고 목록 만드는 일을 맡았는데 물론 카라파의 이름이 명단에 올랐다.

아나스타시아호 관계자들이 감비아에 입항하여 정부 인사들과 만난 후 환자들을 보기 시작했는데, 시바노 지역에서도 배정 순서대로 카라파와 다른 환자들이 가게 되었다. 카라파는 병원선에 다녀온 후부터 무척 흥분되어 있었는데, 그의 눈을 검사한 안과 자문의사는 그에게 수술할 수 있다고 판정했기 때문이다. 의사가 그에게 새로운 시술 방식으로 수술이 가능하다는 이야기를 하며 그에게 기계와 무엇이 필요하다고 했는데 의학용어라 생각이 안 난다고 했다. 카라파는 그 말을 듣고 너무 기뻐서 담당의사의 허락을 받고 병원선에 근무하는 모든 안과 의료진들과 함께 기도했다고 한다.

이후 우리는 와이오암 선교회와 의사소통을 맡은 사역자에게 수술이 언제 가능한지를 종종 문의하며, 카라파의 수술날짜만 기다렸다. 하지만 우리의 들뜬 소망과는 달리 그 배는 1년을 감비아 항구에서 머물면서 의료사역을 하다가 떠나버렸다. 우리는 카라파의 눈 수술을 위해 1년 반을 두고 기도해왔지만, 아무런 응답을 받지 못하고 말았다.

게다가 당시 아이나우가 회교도와 결혼하겠다며 우리 집 문서가 자기 것이라고 우기며 재판을 걸어왔다. 아이나우는 교회와 관계를 끊고 문서사역 일도 팽개치고 나갔다.

나는 제1기 사역 중에 영국에서 바울을 낳고 들어온 1월 말에 큰오빠가 운명을 달리했다는 소식을 들었다. 제2기 사역 중인 1998년 4월에 아버님의 소천 소식을 들었다. 경제적으로도 한국에 나갈 수 없는 실정이었다. 그래서 사역지인 시바노 마을에서 하나님께만 나의 심정을 토로하며 아버지를 잃은 슬픔을 혼자서 달래야 했다.

나는 정신적으로 영적으로 너무 피폐해져 절망 속에서 주님 앞에 다시 무릎을 꿇었다. 사단은 우리를 늘 실망으로 몰고 갔지만, 우리는 의료 선교사 기젤라에게 카라파의 문제를 알아보았다. 그는 아나스타시아호에서 카라파에게 시술할 각막을 구할 수가 없어서 그냥 떠났을 것이라고 했다. 당시는 지금처럼 플라스틱 각막수술법이 개발되지 않았던 것 같다.

그즈음 7월 초에 나는 베냐민과 바울을 데리러 세네갈에 갔다가 교통사고를 당하고 말았다. 당시 나는 아이들의 여름 방학이어서 베냐민과 바울을 데리리 개우마사르 마을에 들어갔다가 돌아오는 길이었다. 철도 길에서 속도를 내어 철길을 넘었는데, 갑자기 한쪽으로 기우는 느낌에 들어 차에 내려서 살펴보니 바퀴 하나가 빠져나가 뒹굴고 있었다.

운전기사가 얼른 차 문을 열고 나와 빠진 차바퀴를 밀고 왔다. 함께 탔던 사람들은 놀란 듯이 차에서 내리며 여기저기에 떨어진 볼트와 나사들을 찾아왔다. 세네갈 기차는 경보 없이 지나가기 때문에, 기차가 오지 않을까 노심초사하면서 우리는 차를 수리하기 위해 서둘렀다.

차 바퀴가 빠진 이유를 생각해보았다. 전날 밤 분명 우리 차를 학교 담장 안에 세워 두었다. 교문 옆에는 야간 경비도 있었는데, 분명히 누군가 담을 넘어와서 차바퀴의 나사를 몇 개 빼간 것 같았다. 순간 사단의 강한 역사가 엄습하는 듯한 느낌이 들어, 예수의 이름과 그의 피로 안전과 평안을 구하며 놀란 아이들을 데리고 감비아로 돌아왔다.

우리 가정은 너무나 지쳐 있어 전부터 한번 가보고 싶었던 시카고 한인선교대회에 참여하기로 결정했다. 우기이고 아이들이 방학 기간이어서 마음의 치유도 받고 싶어 시카고행 비자를 받으려고 감비아 미국 대사관에 갔다가 비자 발급을 거부당했다. 나의 경우는 영국이나 한국에서 비자를 받아야 한다는 미국 대사관 법 때문이었다.

아이나우 형제와의 재판 일, 홀스 선교사 가정의 갑작스러운 귀환, 마리야마 카마라의 머리종양 수술, 마리야뚜의 집 건축 문제, 눈 수술을 못하게 된 카라파의 실망감, 지팡가 마을에서 새살림을 차린 파비 부부, 새신자인 에냡과 두두가 가정에서 겪는 고초 등등이 나의 마음을 어렵게 했다. 더구나 그때는 라마단 기간이어서 성도들이 단식에 참여하지 못하도록 그들에게 한 달간 음식을 만들어주어야 했고, 집을 짓고 이사하는 일 등으로 기진맥진해 있었다. 또한 교회를 등지고 나간 울리가 뜻밖에 시비를 걸어와서 마음이 심란한 상태였다.

이와 같이 밀물처럼 밀려오는 사단의 공격 같은 여러 가지 일들이 계속해서 우리 가정을 공격해왔다. 그해 우기가 시작되면서 우리 부부는 정말 견디기 힘들게 지쳐 있었고 영적, 육체적, 심리적, 정서적 모든 면에서 재충전이 필요했다. 미국으로 갈 수도 없어 한국으로 잠시 나올 계획을 세웠다. 일단 선교회와 한국 파송교회인 점촌교회에 연락을 해서 7주간 영국을 들러 한국을 다녀오기로 했다.

믿음의 형제 카라파, 눈을 뜨다 2

1999년 7월 22일에 감비아를 떠나 잠시 영국에 체류하는 동안 패트릭 선교사를 만났다. 영국에 가면 우리는, 그들이 감비아에 온 지 1년도 안 되어 부인의 건강문제로 영국으로 떠났기 때문에 패트릭 선교사 부부부터 만나고 싶었다. 패트릭과 수 홀스 선교사 부부는 아들 셋과 함께 감비아에 입국했었다. 그의 아이들은 우리 아이들과 같이 학교에 다녔기 때문에 우리와 함께 세네갈에 함께 가기도 했었다.

마리야뚜는 패트릭 선교사 집에서 허드렛일을 도왔다. 수 홀스 선교사는 마리야뚜와 함께 만딩고어 성경으로 성경공부를 같이하며 친밀하게 지냈다. 하지만 어느 날 새벽 아침에 패트릭 선교사가 환자를 치료한 후 집에 왔을 때, 부인이 갑자기 혼수상태에 빠졌다. 병원에 가서 진찰을 하니 그녀에게 간질 증세가 있다고 했다. 그래서 패트릭 선교사는 며칠 후 세간을 정리해서 가족과 함께 영국으로 귀국했다. 나는 조용한 성품의 그녀를 개인적으로 무척 좋아해서 감비아에 있을 때, 그녀와 친하게 지냈었다.

우리는 그들이 임시로 기거하는 집으로 갔다. 늘 활달한 패트릭 선교사와 병에서 회복 중에 있는 수 선교사를 만나 안부를 나누었다. 패트릭 선교사는 카라파의 믿음에 도전을 받았다고 하면서 그의 안부를 물었다. 나는 그에 관한 자초지종을 말해주었다.

나와 브라이언은 와이오암 선교회에서 적어도 우리에게 카라파의 수술 여부를 알려주었어야 했는데 전혀 연락이 오지 않았다고 하며 불평조로 말했다. 그랬더니 그는 그리스도인 의사 친구들에게 부탁해보겠다는 것이 아닌가! 경제적인 부담을 각오하고 한쪽이라도 수술을 해주고 싶은 마음이 있다면, 카라파의 비자나 반줄종합병원의 안과 추천서를 받아서 카라파 형제를 영국으로 보내라고 했다. 그 말을 듣는 순간 "할렐루야! 길을 이렇게 여시네요. 주님!"이라고 외쳤다. 그 순간 나의 입에서 감사와 찬양이 눈물이 되어 터져 나왔다.

나는 한국이고 뭐고 감비아로 빨리 돌아가고 싶었다. 일단은 한국 교회에 들어가 감비아에 대한 보고를 했고 서둘러 감비아로 돌아왔다. 흥분을 감추지 못하고 10월 말 즈음 카라파에게 반줄병원 안과의사의 편지를 받아오도록 했다.

우리는 카라파가 할 수 있는 것은 스스로 할 수 있도록 격려했다. 그는 세부적인 것은 볼 수 없었지만 전체적인 큰 형상은 볼 수 있어 혼자 버스를 타고 여러 번 반줄에 갔다 온 적이 있기에 이번에도 혼자 보냈다. 카라파는 병원에 다녀와서는 안과의사가 자신의 눈 상태를 보고 수술이 불가능하다고 진단했다며 실망감을 감추지 못했다.

우리는 마가복음 10장의 말씀을 다시 약속으로 받고 기도를 주님께 올렸다. 나는 "다윗의 자손 예수여 나를 불쌍히 여기소서"라고 부르짖는 바디매오의 심정으로 카라파를 위해 기도했다. 그나마 반줄의 안과의사가 한 달 후에는 전문의가 올 수도 있으니, 다시 오라고 한 것에 한 줄기 소망을 두었다. 우리는 수술이 가능하다는 편지를 받으려고 또 한 달 정도를 기다리기로 했다.

그러면서 나는 카라파와 제네바를 도시코 선교사가 이끄는 기술학교에 들어가게 했다. 우리는 여러 번 카라파와 다짐을 했는데 제네바가 절대 회교도와 결혼하지 않도록 제네바의 마음이 열리기를 기도했다. 이제 직장에 자리도 잡고 눈 수술까지 한다면 카라파에게 환상적인 삶이 이루어질 것 같았다.

영국에서 소식이 오기를 기다리는 한 달이 못내 지루했다. 패트릭 선교사에게 그해 안에 카라파를 보낼 수 있다면 좋을 것 같았다. 아마 그의 말대로라면 한쪽 눈 각막이식을 하는데 약 2~3천만 원의 수술비용이 들 것 같았다. 우리나 카라파에게는 그 숫자가 천문학 숫자처럼 들렸다. 그러나 주님께서 패트릭 선교사를 통해 수술비용을 도와준다고 하니 얼마나 감사했는지 몰랐다.

　12월 초에 카라파를 반줄병원으로 보내 의사 소견서를 받아오라고 했는데, 돌아오지 않아 조바심이 났다. 그다음 날 아침에 그에게서 연락이 닿았다. 그가 눈 수술을 했다는 소식이었다. 너무나 놀라서 우리는 무슨 눈 수술이냐고 반문했더니, 그는 우리에게 일단 반줄병원으로 내려오라고 했다. 혹시 어쭙잖게 눈을 건드려서 앞으로 할 각막이식 수술에 착오가 생기면 어쩌나 싶어 당장 반줄로 내려갔다.

　반줄의 로얄빅토리아 종합병원으로 달려간 우리는 안과병동에 입원한 카라파를 만났다. 그는 한쪽 눈을 붕대로 가리고 있었다. 우리를 보더니 벌떡 침대에서 일어나 자리를 권했는데, 그는 흥분하여 들떠 있었다. 환자를 수술하도록 양도 소견서를 받아오라고 했는데, 카라파가 우리와 의논도 없이 수술을 해서 기가 막혔지만 일단 자초지종을 들어보기로 했다.

　소견서를 받으러 간 카라파는 병원에서 갑자기 수술 소식을 들었다. 전문의가 영국에서 올 텐데 수술을 원하면 사인을 하라고 해서, 그는 수술을 하면 볼 수 있다는 의사의 말만 믿고 무조건 승낙서에 사인을 했다고 한다. 그는 아무런 보호자도 없어 도심에 있는 교회 리더에게만 알렸다. 형제자매들이나 우리에게는 연락할 수가 없는 실정이었다고 한다.

　우리가 병원에 방문한 동안 간호사가 들어와 카라파의 눈의 붕대를 풀어주었다. 나는 내심 수술한 지 얼마 되지도 않는데 붕대를 풀어 상당히 놀랐다. 그는 눈에 무엇을 넣었다고 하면서 어제도 간호사가 붕대를 풀었다가 다시 감아주었다고 했다. 그는 붕대를 풀자마자 이불 홑청의 물방울 모양을 지적하면서 빨강, 노랑, 파랑 등 여러 색을 구별해 말해주었다. 너무나 신기했다. 당시 감비아에는 하루에 몇 시간씩 텔레비전이 방영되던 때였는데, 그는 텔레비전 방송과 라디오 방송에 그의 인터뷰가 나왔다고 말했다. 카라파는 로얄빅토리아 종합병원에서 처음으로 각막이식수술을 한 역사적인 인물이 되었다.

우리는 얼마 후 카라파의 수술을 담당했던 의사를 만날 수 있었다. 그는 사이트 세이버(Sight Saver)에서 사역하는 안디(Andy) 안과 전문의로 퇴직한 의사였다. 안디 박사는 영국인으로 주로 감비아의 안과 환자들을 영국으로 데려와 수술해왔다고 했다.

그가 12월 초에 반줄병원에서 일하고 있을 때, 카라파가 영국으로 수술을 받으러 가려고 의사 소견서를 받으러 왔다고 했다. 그때 안디 박사는 영국으로부터 전화를 받았다. 영국에서 각막을 가지고 한 안과 전문의사가 감비아로 그다음 날에 들어간다는 것이었다. 영국에서 교통사고로 죽은 이들이 장기 기증 서약자들이어서 각막 다섯 개를 비행기에 실어 감비아로 가져올 수 있었다고 했다. 그는 각막이 단지 3일 정도만 유지되기 때문에 당시 병원에 있는 환자를 대상으로 서명을 받고 수술에 들어갔다고 했다. 그는 카라파를 수술한 지 몇 달 후에 감비아에 다시 와서 카라파를 불러 책을 건네 주며 읽어 보라고 했고 여러 가지 검사를 하며 카라파의 예후를 지켜봤다.

우리는 주님의 시간에 주님의 방법으로 카라파의 눈을 뜨게 하시는 역사를 경험하게 되었다. 이번 사건을 통해서 우리가 영적으로 깨달은 것은 인간적인 방법으로 주님은 영광을 받으시지 않으신다는 것이었다.

우리는 이후 다시 한 번 놀랐는데, 각막이식을 했다고 해서 모두 수술에 성공하는 것은 아니라는 것을 알았기 때문이다. 카라파와 함께 수술받은 환자 중에 수술에 실패한 환자가 있음을 알게 되었다. 어떤 환자는 네 번이나 수술에 실패했다고 했다. 그들의 이야기를 들으면서 우리는 졸라포니족 문서 사역을 시작하시려고 주님은 카라파의 눈을 고치셨음을 확신하게 되었다. 우리의 기도가 응답되었다는 놀라움에 시바노교회 성도들은 모두 춤을 추며 기뻐했다.

얼마 후 크리스마스 시즌이 와서 온 성도와 더불어 크리스마스 행사를 했다. 성도들은 카라파가 눈을 뜬 것에 감사하며 주님께 찬양을 돌려드렸다. 우리는 그날 수줍음을 잘타는 노총각 카라파가 그렇게 춤을 잘 추는지 처음 알게 되었다. 우리 모두 어린아이들처럼 감사의 표시로 주님 앞에서 나뒹굴 정도로 감사하며 크리스마스의 기쁨을 나누었다.

시바노 마을 사람들은 그 놀라운 소식에 깜깜한 밤처럼 고요히 가라앉았다. 소경이 눈을 떴다니! 20년의 시각장애인으로 별 볼일 없이 인간 취급도 못받았던 카라파가 이제 사람 구실을 하게 되었다는 사실에 모두 믿어지지 않는 것 같았다.

카라파는 참으로 놀라운 기도의 용사였다. 그는 눈 수술에 관해 간증을 했다. 그가 병원에 추천서를 받으러 갔을 때, 안과의사가 종이를 내주면서 사인을 하라고 했는데 눈을 뜨게 된다는 소리에 무슨 수술인지도 모르면서 사인을 했다고 했다. 그런데 정작 수술 당일 아침에 안과 전문의가 다가와서는 그에게 악수를 청하며 들어오도록 했는데, 그가 맨 먼저 부름 받은 수술환자였다고 한다. 그 의사가 자기 이름을 호명할 때에 마치 주님께서 부르시는 소리로 들었을 정도로 부드러웠다고 했다. 이처럼 주님은 당신을 사랑하는 시각장애인의 눈물을 손수 닦아주셨다.

카라파는 휴식을 취하고 난 후 새해부터 문서사역을 시작했다. 그가 너무나 열정적으로 사역에 임해서 아침기도회에서 그들 만날 때마다 주님의 놀라운 역사에 감사가 터져 나왔다. 한번은 카라파의 친척이 그를 찾아와서 당신의 하나님은 참으로 기도에 응답하시는 살아계신 하나님이라고 했다. 그리고 우리에게 기도해주어서 감사하다고 했다. 그는 카라파와 한참 이야기를 하다가 자기 손가락을 펴더니 몇 개냐고 몇 번 시험을 해 보았고, 저 들판에 무엇이 가는지 물었다. 카라파가 소달구지라고 했더니 몇 명이 탔는지 물었다. 카라파가 답하니 이런 일은 처음 본다며 시타 마을에 가 알리겠노라며 뛰어갔다. 시바노 마을 회교도들은 이 일에 말이 많았는데 경이적 표현을 하기도 했고, 언제까지 시력을 가지고 있을지 모르겠다며 의심하기도 했다.

카라파는 이제 시바노의 보장쿤다에가서 삼촌에게 제네바를 달라고 할 예정이었다. 그는 기술학교를 곧 졸업할 제네바가 그 기술학교에서 복음을 들었으니, 다시 그리스도인이 되도록 권해보려고 어느 날 그녀를 만났다. 그러나 제네바와 그의 집안에서는 카라파에게 이제 눈도 떴고 직장도 가졌으니 회교도로 돌아오라고 강력히 종용했다.

카라파는 여러 번 제네바의 마음을 돌려보려고 그의 형수이자, 나의 친구인 화투마타를 통해 선물도 보내고 학자금도 주었다. 나에게도 부탁을 해서 도왔지만 그녀는 돌아서지 않았다. 결국 카라파는 자신은 주님을 떠날 수는 없다고 하고 제네바에게 사람을 보내어 결혼 약정을 파기했다. 시바노 마을에 소문이 파다하게 퍼졌는데, 집안에서 이를 무마하기 위해 급히 제네바를 푼탕의 어느 중년 남자의 두 번째 부인으로 시집보냈다. 하지만 이후 제네바는 수년 동안 어린아이를 갖지 못해 어려움을 겪는다는 소식이 들렸다. 우리는 제네바를 불쌍하게 여겨 그녀를 위해 기도했다.

카라파가 정상적으로 일을 할 수 있기에 우리는 그를 정식 문서사역자로 채용했다. 그러자 그의 친척들이 가정사를 들고 와서 카라파에게 금전적인 문제를 의논하기 시작했다. 그는 나를 붙잡고 많이 울었다. 자신이 시각장애인이었을 때 놀리며 인간 취급도 하지 않았던 사실을 생각하면 절대로 그들을 도와줄 수가 없다고 했다. 그러나 이럴 때일수록 주님의 사랑을 실천하여 그들도 복음을 받아드릴 수 있도록 해야 한다고 말했다.

그는 안과 전문의 안디 박사에게 문서사역의 중요성을 강조하면서 다른 눈 한쪽도 고쳐달라고 부탁했다. 각막이식은 주로 한쪽만 해 준다는 방침이 있는데 안디 의사는 팀원들과 의논해보겠다고 했다. 그 와중에 우리는 카라파의 배우자를 복음주의교회에서 찾아보려고 애를 썼다. 그 결과 그는 2003년 11월 29일에 결혼했고, 12월 8일에 다른 쪽 눈의 각막 이식수술을 성공적으로 해 두 눈으로 아름다운 부인을 바라보며 그리스도인 가정의 가장 역할을 하게 되었다(그의 결혼에 관해서는 뒤에서 자세하게 소개하겠다). 그의 눈물은 주님 앞에서 진실로 뜨거운 것이었고 주님을 더욱 경외하는 도구가 되었다. 이제 더 큰 사명을 위해 주님께서 그의 삶에 더 깊이 개입하고 계심을 그도, 우리도 알고 있다.

문서사역과 어린이에 대한 주님의 긍휼

2001년에는 전년부터 시작한 〈의의 길〉이라는 신구약성경공부 자료 번역이 마무리 단계에 들어갔다. 곧 번역이 마감되면 브라이언 선교사가 녹음을 맡기로 했고 우리는 녹음 장소를 위해 기도했다. 그리고 앞으로 더 많은 졸라포니족 그리스도인들의 마음의 양식을 위해 더 중요한 것은 성경번역이라는 것을 직감하고, 일단 성서공회의 롭 쿱스 박사의 의견을 듣기로 했다. 나이지리아에서 번역과 성서공회 일을 하던 롭 선교사가 내란으로 인해 감비아에 피신을 와 있었다.

그해에 여덟 개 마을에서 졸라포니어 교실을 개설했는데, 204명이 등록해 우리는 바쁘게 일을 진행했다. 그 마을들은 시바노 마을, 바타부타 칸토라 마을, 카라나이 마을, 작고이빈탕 마을, 카모소르 마을, 카누마 마을, 본달리 마을, 수투신장 마을이었다. 우리는 이미 졸라포니의 네 개 지역에서 졸라포니어 교실로 운영하고 있었다. 두두와 에냡은 둘 다 교회를 나오기 시작했고, 문서사역에도 도움을 주었는데 두두는 파트타임, 에냡을 졸라포니어 교실 감독자로 채용할 예정이었다.

졸라포니어 교실 졸업시험도 실시했다. 문교부에서 제안한 대로 우기를 제외하고 2년간 동안 가르친 학생들을 대상으로 시험을 보았는데, 읽기 실력이 쓰기 실력보다는 나았지만 그 시험을 통과한 학생들은 300여 명 응시자 중 15명으로 저조한 상황이었다. 교육 방식과 시험 방법을 좀 더 연구해야 했고 졸라포니어 교실 운영도 점검에 들어갔다.

그해 만딩고족 문서사역부에서 책자를 만들어냈는데, 졸라포니어 알파벳 차트 300개, 8페이지 분량의 졸라포니어 계간 신문 150매, 에이즈에 관한 영어 번역서 50여 권 등을 출간해 졸라포니족 문서사역부에 상당한 도움을 주었다. 당시 나는 문서사역자인 롭 선교사와 졸라포니어에 관해 의논하기 전에 세네갈과 감비아의 졸라포니어를 비교분석해야 할 필요가 있었다. 카사망스에서는 우리가 그들의 자료를 졸라포니 성도들에게 사용하기를 원했는데, 기본적으로 그들이 보내온 졸라포니어 자료에는 불어와 월로프어(세네갈의 월로프 부족어)가 많이 섞여 있었고, 표현 스타일도 달라서 졸라포니인들은 마음에 들지 않은 것 같았다.

나는 롭 선교사에게 졸라포니족이 편하게 읽을 수 있는 졸라포니어로 말씀을 전해야 되지 않겠는가 하고 의견을 제시했다. 그러자 그는 나에게 세네갈 졸라포니어와 감비아 졸라포니어를 찾아보고 비교분석하라고 제안했다. 이 작업을 할 때 카사망스의 수도인 지긴쇼르에서 약 8년간 청년 시절을 보낸 카라파 형제에게 많은 도움을 받았다. 이 모든 것이 주님의 도우심으로 가능했다. 롭 선교사는 위클리프 소속 선교사들과 의논하여 세네갈과 감비아에서 독립적으로 성경번역을 해서 일단 자료를 교환하는 것으로 합의를 보았다.

이후 나는 안식년에 들어가기 전 여름, 성경공부 자료 번역을 거의 마쳤고 누가복음 초벌번역에 참여한 그리스도인이나 회교인들 모두에게 복음을 가르치는 단계에 돌입했다. 사도행전도 초벌번역에 들어가야 할 것 같았다. 왜냐하면 몇몇 회교도들과 말씀을 검토할 때, 그들에게서 내심 예수님의 가르침에 놀라는 듯한 인상을 받았기 때문이다. 처음 말씀을 접하는 회교도들은 서로 눈치를 보면서 관심이 없는 척하다가도 휴식 시간이면 나에게 은근히 묻기도 했다. 말씀 증거를 위해 성경공부 자료 번역에 박차를 가했다. 번역 후 말씀점검을 위해 마을의 주부들과 좋은 관계를 유지하며 그들의 집안 행사에도 참석했다.

문서사역에는 그리스도인들이 주가 되어 카라파, 에납 그리고 두두가 사역했다. 회교도로는 초등학교 교사인 에부 카마라 그리고 포니 빈탕카라나이 지역 족장의 장인 라민시 자주에게 일을 맡겼다. 이 외에도 많은 졸라포니어

교사들에게 도움을 받았다.

2001년 여름 우기 전 문교부의 비공식 기관인 ANFED(Adult Nonformal Education Unit)에서 모든 부족어 교본에 관해 재검토한다는 통보가 왔다. 정부에서는 월로프족 교본과 풀라니족 교본을 준비했고 웩 선교회에서는 만딩고어 교본을 말리스 선교사에게, 졸라포니족 교본은 나에게 맡겼다. 나는 조력자로는 에냡을 데리고 갔다. 당시 롭 쿱스 박사와 카라파와 두두는 성경번역사 수업을 하고 있었기에, 문교부 워크숍을 조력할 사람은 에냡뿐이었다. 교본 재검토를 위해 우리가 출간한 책을 다시 살펴보고 모든 책들의 지침서를 부족어로 만들어내야 했는데 참으로 쉽지 않았다.

이때 만난 문교부의 정부 인사들과의 만남은 참으로 귀했고, 우리 사역을 정부 차원에서 공인받는 계기가 되었다. 게다가 졸라포니어 책자가 네 개의 부족 교본 중에 가장 좋은 책으로 선정되었다. 매년 교본을 졸라포니어 교사들을 중심으로 교사 양성교육 후에 교정했는데, 출간을 할 때 그들의 이름을 모두 책에 넣어주었다. 이 책들이 나의 책이 아니고 졸라포니 주민들의 책이 되게 하기 위해서였다. 그래서 다른 부족어와 마찬가지로 감비아에서는 네 개의 부족어가 문맹퇴치의 대상으로 선정되었다.

그해에 나는 여덟 개 마을에서 나염교실을 실시했다. 그들에게 카세트에 녹음된 성경자료도 함께 나누어주는 것을 잊지 않았다. 폴 화이트(Paul White)라는 의료 선교사의 이야기인 《정글의사의 원숭이 이야기》(Jungle Doctor's Monkey Tale)라는 책도 초벌번역에 들어갔다. 더불어서 나는 일전에 아이나우의 양어머니가 들려준 이야기들, 교사들이 들려준 이야기들, 설화와 속담격언 등의 자료를 모아서 책으로 정리해나갔다.

얼마 전에 우리가 도움을 주었던 탐바쿤다 유치원이 잘 되자, 여기저기에서 우리에게 유치원을 도와달라고 요청이 왔다. 나는 여러 졸라포니족 마을들에 기초적인 책들을 돌렸고, 나무 밑에서라도 공부할 수 있다면 교복을 만들어주겠다고 약속했다. 카보코르 마을에 졸라포니어를 감독하러 간 적이 있는데 그곳 주민들은 너무 기쁜 일이 생겼다며 나를 보자 노래를 부르며 춤을 추었다.

카보코르에 유치원을 돕겠다는 이들이 있었는데, 이 일은 참으로 우연히 일어났다. 어느 날 졸라포니어 교실 아주머니들이 졸라포니어 교사인 타파와 함께 언어공부를 하고 난 후에, 나염할 흰 목면 천들에 바느질을 하고 있었다. 어린아이들도 그즈음에는 어른들 사이에 끼여 졸라포니어를 배우고 있어 그들 주위를 맴돌았다. 나는 졸라포니어 교사들에게 어린아이들에게도 언어를 가르치면 영어를 쉽게 터득할 것을 강조했다.

그런데 어느 날 길가에 택시 한 대가 먼지를 일으키며 가다가 이들 앞에서 멈췄다. 택시에서 한 서양인이 내리더니 자신은 홀란드에서 온 여행객이라며 그 오두막에서 무엇을 하는지, 그 천은 무엇이며 책은 무엇인지 등에 대해서 질문했다고 한다. 졸라포니어 교사 타파는 영어를 잘해서 그들의 물음에 답해주었다. 대화를 하던 중 이 홀란드인은 아이들에게 졸라포니어와 여러 가지를 가르칠 수 있는 유치원을 짓도록 돕고 싶다고 말했다고 한다. 그들은 예기치 않았던 복이 일어나자 몹시 기뻐했다. 나도 그들의 말을 듣고 무척 기뻤다. 주님이 졸라포니의 아이들을 사랑하시는지를 확인할 수 있었다.

당시 탐바쿤다에 초등학교가 생겨서 아이들은 10여 리나 떨어진 카이모 초등학교까지 가지 않고 마을 앞에 있는 학교에서 수업을 받았다. 홀란드인(의사)의 도움으로 유치원 건물도 신축중이어서 곧 어린아이들이 교육을 받을 수 있을 것 같았다. 나는 틈나는 대로 탐바쿤다 마을에 가서 복음을 전했다. 시타 마을에도 건물을 지어 주말이면 어린이사역을 할 수 있었다. 카이모 마을에도 어린아이들이 졸라포니어에 관심이 많다는 소식을 들었다. 훗날 카이모 마을과 카누마 마을에 참으로 놀라운 계기로 유치원이 세워지게 되었다.

카이모 마을의 어느 청년이 휴양지 호텔에서 임시로 일을 했는데, 그가 돌보던 한 가족이 그의 고향에 대해 물었다. 그 마을에서는 무슨 일들이 있는지를 알고 싶어 했는데, 그 청년은 졸라포니어 교실이 요즘 부족민들에게 이슈가 되고 있다고 하며, 아이들 교육에도 큰 유익이 된다고 했다. 그 청년은 졸라포니족 어린아이들이 나무 밑에서 공부한다고 말했다. 그러자 그 여행객 가족은 어린아이들의 교육을 위해 두 개의 교사를 지을 수 있도록 후원을 해 주겠다고 나섰다. 실제로 얼마 후에 그들은 건물 신축 비용을 전액 후원해주었다.

우리가 기도했던 일들이 그리스도인이 아닌 일반인의 손길로 이루어져서 주님께 더욱 감사드렸다. 카누마 마을에서도 스웨덴 여행객이 연결이 되어 그와 비슷한 일로 학교 건물을 세울 수 있었다. 그 후에 작고이빈탕 마을에도 카보코르 마을을 도와준 분들이 건물을 짓도록 후원을 해주어, 우리는 연속해서 어린이들을 위한 주님의 긍휼이 축복으로 쏟아져 내리는 것을 경험했다.

얼마 전부터 나는 2년간 졸라포니어 교사로 수고한 이들을 대상으로 감비아 교육대학에서 유치원교사 양성 과정을 실시한다는 소식을 듣고 교사들을 후원해서 그 과정에 참여하도록 주선했다. 그러나 도와주는 대로 의존이 심한 이들이기에 유치원교사 자격을 따면 나에게 건물이나 월급을 도와 달라거나 유치원 운영자금을 운운할 것 같아 내심 마음이 무거웠다. 하지만 주님은 이후에도 계속해서 타지인들을 통해 도움의 손길을 주셨다. 기도 가운데 나는 주님께서 우리와 관계를 맺은 회교 마을들의 필요를 채워주시는 것을 경험하고, 주님께 감사와 찬양을 돌려드렸다.

시바노교회 재건축 사역

2000년 겨울부터 우리는 시바노교회 재건축을 두고 기도를 시작했으나, 많은 선교사들이 반대했다. 그 이유는 지역 교인들이 비전을 가지고 경제적인 부담도 스스로 지면서 교회를 지어야 한다는 상황화 선교이론 때문이었다. 상황화라는 신학의 뜻은 참으로 좋았다. 그러나 그 실상을 들여다보면 개선할 점도 있었다.

시바노교회는 어느 선교사의 교회에서 후원하여 개척했다. 이 교회에 기니비사우에서 피난 온 발란타족이 먼저 찾아왔고, 이후에 소수의 졸라포니족 그리스도인들이 교회에 등록했다. 교회가 세워진지 오래되어 건물이 낡아가고 있었다. 회교 사원은 산유국인 중동의 여러 국가에서 후원을 받아 지어졌을 뿐만 아니라 이후에는 보수비용도 지원해주었다.

우리는 의료 선교사들과 시바노교회 성도들과 재건축에 대해 회의를 거듭 했지만 그들은 완강히 반대했다. 지역 교인들이 새 건축이 필요하다고 스스로 느끼고 건축기금을 교회 차원으로 마련할 때까지 기다려야 한다는 이유에서였다. 그러나 나는 교회에 비해 말끔하게 정비된 회교사원을 보면서 교회를 보수하는 것도 상황화에 도움이 된다고 주장했다.

말씀 전도나 교회의 행사에는 모두 선교사들이 관여하려고 하지만, 건축에 관해서 만큼은 일체 그들이 맡아야 한다는 주장을 해서 나는 도무지 그것을 이해할 수 없었다. 나는 그들의 기숙사나 우리의 선교관들을 시바노교회와 비교해보라고 했다. 더 이상의 설명이 필요 없었다. 교회의 벽도 갈라지고 양철지붕이 녹이 난 것도 물론이지만 천정에 흰개미 떼들이 종려나무를 갉아 먹느라 벌겋게 진흙들이 들러붙어 있었다.

지난 2년간 누구의 헌금도 없이 우리는 한두 포대의 시멘트를 사서 교회 담장을 쌓아놓았고, 이제 교회 대문도 만들어 십자가를 달고 페인트를 칠하고 단장해서 달았더니, 교회의 모든 성도들은 기쁜 마음으로 교회건축에 찬성했다. 앞으로 여러 가지 행사로 쓰여질 교회가 회교 사회에 받아지려면 회교도들이 들어와 보고 싶어 할 정도로 깨끗이 단장 되지 않으면 안 될 것이라는 우리의 지적에 성도들이 공감했기 때문이다.

우리가 교회 건축을 두고 기도했을 때 500만 원의 후원헌금이 파송교회인 점촌제일교회로부터 왔다. 그리고 지붕을 올려야 할 무렵 경제적으로 금전이 모자란 그때에 다시 무릎을 꿇었다. 그 당시 우리의 기도 편지를 받으신 한국 선교사를 통해 우리를 만나본 적도 없는 미국 캘리포니아에 있는 크로스웨이교회의 안민성 목사님과 성도들이 미화 5,000달러를 보내주셨다. 그 후원금으로 정확히 예배당 건물과 작은 교육관 하나를 본 건물 옆에 지을 수가 있었다. 그래서 브라이언 선교사는 지붕을 혼자 직접 준비했는데, 오순절의 성령의 역사하심으로 교회가 세워져 나갔던 것을 기억해서 교회 건물을 오각으로 기초를 잡았다. 양철지붕도 오각으로 만들어 올렸는데 도심에 가서 쇠나 철근을 사서 웩 본부인 파이프라인에서 실어 날랐다. 무더위 속에서도 남편은 철근과 쇠의 길이를 계산해서 자르고 용접하고 붙이는 작업을 묵묵히 해냈다. 당시 초등학교 졸업을 앞둔 타이루 사네도 브라이언 선교사를 도와 교회 지붕을 올리고 용접하는 일을 옆에서 도왔다. 캄판트교회의 사역을 위해 웰링가라에서 온 나이지리아인 벤자민도 남편의 일을 도왔다.

동네 사람들이 그제야 옛 교회 건물 뒤에 새 교회가 올라간다는 것을 알았다. 우리는 동네 사람들이 방해하지 않도록 본 교회 건물을 걷어내지 않고 다른 터에서 짓고 있었다. 교회 터의 뒤쪽에 새 교회를 지으면, 앞으로 성전을 확장하더라도 교회 건물을 더 지을 수 있도록 터를 남겨두었다.

7월이 되어 우기가 오기 전에 우리는 교회의 지붕을 올렸다. 약 한 달 후 비바람이 불기 시작할 무렵 우리는 안식년을 맞아 영국으로 가려고 계획했다.

하지만 브라이언은 몇 주 전에 공사한 교회의 새 지붕이 걱정되었다. 그런데 우리가 떠나려는 그 무렵 어느 날 캐나다에서 방문한 사람들 중에 물리학을 전공한 형제가 있다는 말을 들었다. 브라이언은 즉시 지붕과 건물의 크기와 철근과 양철의 무게를 계산했던 것을 자료를 그에게 가지고 가 점검을 받았다. 그는 자료를 보더니 지붕이 안전하다고 말해주었다. 세심한 주님의 은혜로 물리학 전공자를 만나 지붕에 대한 근심을 덜어주셔서 우리는 주님께 감사하며 감비아를 떠나올 수 있었다.

두 번째 안식년 준비와
마리야마 카마라의 죽음

2001년 봄 시바노교회 건물을 짓고 있을 때의 일이다. 예전에 마리야마 카마라 머리에서 종양제거 수술을 했는데, 이후 다른 부위에서 종양이 발견됐다. 우리는 그녀를 위해 기도했다. 마리야마가 약을 복용해도 종양이 점점 더 자라나서 염려가 되었다. 의사에 따르면 코리끼병은 머리에 종양이 재발되면 더 이상 손을 써 볼 수가 없다고 했다. 그 해는 우리가 안식년을 준비하느라 바빴다. 게다가 누가복음 초벌번역 마감과 졸라포니어 교실 시행 중 문제점이 되는 철자 수정 작업, 졸라포니어 교본 재검토 등으로 눈코 뜰 새가 없었다.

마리야마 카마라 상태는 점점 더 나빠졌다. 마리야뚜도 임신으로 배가 불러왔고 카라파는 어느 풀라니족의 여자와 꼭 결혼을 해야겠다고 해서 우리를 긴장시켰다. 카라파가 결혼하고 싶어 하는 자매는 우리가 기도한 졸라포니족과 너무나 다른 문화권에서 온 자매여서 신경이 쓰였다. 한편 교회를 나오기 시작했던 에납과 두두에게도 마을에서 핍박이 일기 시작해서 그들을 위한 중보기도를 하루도 쉴 수 없었다.

우리는 2001년 8월 21일 항공편을 예약했다. 영국행 날짜를 늦게 잡은 것은 교회 건축을 마감해야 할 시간 여유가 필요했기 때문이었다. 우물도 청소했고 비가 오기 전에 창틀이나 옛 건물을 부수고 남은 흙더미를 정리해주어야 했다.

6월 중순이 되어 이제 약도 음식도 끊고는 단식투쟁으로 죽겠다는 마리야마 카마라를 찾아갔다. 우리가 8월이면 안식년으로 영국에 간다는 소식을 들은 그녀는 내가 간호사니 아프지 않도록 자기를 죽여달라고 부탁했다. 그리고는 우리 집 나무 밑에 자기를 묻어달라고 말했다.

우리는 아이들 침대를 꺼내서 거실에 내놓고 마리야마 카마라를 우리 집에 데려와 요양하게 했다. 그녀의 집안에서도 어떻게 해볼 수가 없어서 우리가 돌보게 된 것이다. 나는 탈진해 있는 마리야마 카마라에게 물 또는 멀건 풀죽이나 요구르트라도 먹여보려고 도심에 있는 선교사를 통해 구할 수 있는 것들을 구해보았다. 식음을 전폐한 지 며칠 째가 되자 그녀는 탈진했다. 얼굴은 퍼렇게 부풀어 멍든 것처럼 보이고 몸통, 팔, 다리가 가늘어 보이는 마리야마 카마라는 울지도 않았고 그냥 눈을 감고는 안간힘을 다해 약도 물도 거부했다. 모든 졸라포니족 성도들이 와서 함께 기도를 했고, 특별히 그녀와 가까이 지냈던 마리야뚜와 카라파도 좋은 말로 달래보았다.

우리는 이 와중에도 누가복음 초벌번역을 해냈고, 누가복음을 졸라포니어 철자법에 맞추어 기록해 컴퓨터화하는 작업을 마쳤다. 철자법에 맞는 기록과 더 나은 번역을 위해 성서공회의 롭 쿱스 박사는 감비아 지역의 번역사를 양성하겠다며 우리에게 시에라리온으로 두 명을 보내달라고 했다. 감사하게도 나는 후원을 받아 시에라리온에서 카라파와 두두에게 7~8월 사이에 5주 동안 교육을 받게 했다. 마을의 강 건너도 가보지 못했던 두두와 한쪽 눈에 의지해서 활동하는 카라파, 그 두 사람은 태어나서 처음으로 외국으로 가게 되었다. 이는 이 마을 사람들의 경사이기도 했다.

이제 나는 이들에게 전적으로 정부의 지침에 따라 월급을 매달 지급해야 하고 고용조건에 따라야 했다. 우리가 안식년에서 돌아오면 초등학교도 안 나온 에납이지만 문맹퇴치를 교육을 받은 것으로 인정해서 학력에 관계없이 카라파, 두두와 함께 그리스도인 형제로 고용하기로 계획했다. 나는 주님께 졸라포니족 그리스도인들이 중심이 되어 졸라포니족 문서사역에 참여하도록 기도해왔는데 이 일이 이루어지고 있음에 정말 감사했다.

해산달이 가까워오는 마리야뚜도 무거운 몸을 이끌고 우리 집에 매일 와서 마리야마 카마라에게 친구가 되어주고, 성경 비디오나 예수 영화도 보여주며 내가 일하는 동안에는 적극적으로 그녀를 돌봐주었다. 그녀와 나는 마리야마 카마라에게 무엇이라도 먹여보려고 정성을 다했으나 여전히 음식을 거부했다. 이제 더 이상 참을 수가 없어서 나는 마리야마 카마라에게 결단을 내리자고 하고 마리야뚜와 셋이서 기도를 하자고 했다. 오늘 밤에 살아계신 하나님이 응답하셔서 마리야마를 데리고 가달라고 기도를 하고, 만일 그녀를 안 데리고 가면 약을 먹고 정상적으로 지내기로 약속했다.

한 사람씩 기도를 했는데 마리야마 카마라는 두 손을 올리고 절절히 기도를 주님에게 올렸는데 이제 죽으면 자기는 더 이상 고통이 없을 것이고, 다시 새로운 몸으로 태어날 것이므로 두렵지 않다며 당장 데려가 달라고 했다. 나는 그날 마리야마 카마라의 기도를 들으면서 그녀가 죽음을 두려워 않는 것을 알았다.

나는 이제 그녀가 주님에게 갈 시간이 많이 남아 있지 않다는 것을 감지했다. 지난 수년간 좁은 시바노 마을에서 그리스도인으로 알려져 회교도 이웃에게 시달린 그녀를 생각하면, 마음이 짠했다. 나는 디모데후서 4장 6~8절과 같이 그녀도 전제같이 부어지지만 예수를 믿고 따르는 제자로서 선한 싸움을 싸우고 끝까지 믿음을 지켰기에, 이제 의의 면류관이 준비되어 있음을 알고 있었다.

기도 후에 그날 마리야뚜가 거실에서 자고 있었고 베냐민과 바울이 세네갈에서 와 있어서 우리 방 옆에서 자고 있었다. 그런데 새벽에 우리는 베냐민이 방에서 비명을 지르며 밖으로 뛰어나가는 것을 붙잡았다. 그 아이는 꿈을 꾸었는데 사과가 방 안에 꽉 들어차서 숨이 막혀 밖으로 뛰어나갔다고 했다. 거실로 가보니 마리야뚜가 일어나 앉았고 마리야마 카마라는 코를 골며 자고 있었다. 나는 감사했다. 며칠 씨름을 하더니 이렇게 베냐민의 비명 소리에도 코를 골고 잘 수 있고 죽지 않았으니 고집을 꺾고 먹일 수가 있을 것으로 생각되었다.

마리야뚜가 나를 불렀다. 자기도 꿈을 꾸었다는 것이다. 거실에 조그만 문처럼 들어오는 통로에 언제 나타났는지 건장한 진갈색 말이 들어왔는데 자기가 나가라고 했다고 했다. 그러자 그 말은 사라졌다가 또 나타났는데 자기가 또 나가라고 손짓하니 나갔다고 했다. 나는 그녀에게 그 말이 무엇이라고 생각하느냐고 했더니 주님이 보낸 것이 아니겠냐고 했다. 우리가 기도한 다음 날이므로 그 꿈이 무엇을 의미하는지 모르지만 기다려보자고 했다. 이들의 꿈을 무시해버리는 일은 적을 만드는 일이기도 했다. 나는 마리야뚜에게 전날 우리가 주님이 원하시면 마리야마 카마라를 데려가시도록 기도했는데, 주님께서 살려주셨으니 이제 약과 물과 음식을 먹여보자고 했다. 주님께서 응답하신 것으로 마리야먀 카마라가 살아 있다는 것을 지적했고 둘이서 감사했다. 우리는 마리야마 카마라가 깨어나자 약속대로 먹을 것을 일단 먹이고 약도 먹게 했다.

 그녀는 이제 죽여 달라는 소리도 안 했고 묻어 달라는 소리도 쏙 들어갔다. 감비아를 떠나기 며칠 전 마리야마 카마라의 서모 울링딩의 어머니 테넹을 만났다. 그녀는 마리야마가 그리스도인이지만, 장례는 회교식으로 치르겠다고 했다. 또한 우리 집에 있다가 죽으면 객사로 집으로 시신을 들여오지 못하니 지금이라도 마리야마가 살아 있을 때에 집으로 돌려보내라고 했다. 나는 그녀에게 마리야마 카마라가 그리스도인임을 다시 한 번 강조했고 장례는 그리스도인식으로 해야 한다고 했더니, 나를 무섭게 노려보았다. 나는 마리야마 카마라에게 물어보겠다고 이야기를 일단 마무리하고, 브라이언과 의논해 우리가 감비아를 떠나기 전날 그녀를 차에 실어 집에 데려다주었다. 물론 마리야마 카마라는 절대로 회교도들이 본인의 시신을 만지면 안 된다고 강조했고 그리스도인이 시신을 닦아주도록 부탁했다. 우리는 그렇게 하겠다고 약속을 하고 이후에 실행했다. 당시 우리는 언제일지는 모르지만 마리야마 카마라의의 장례식 절차를 주님의 뜻대로 이루어지도록 기도했다.

8월 21일, 감비아를 떠날 무렵 주문했던 건축 중인 교회의 새 문이 도착하여 브라이언 선교사는 그것을 설치했다. 엉엉 우는 마리아마 카마라를 집에 데려다주고 집 정리를 한 후 안식년 차 영국으로 들어왔다. 이루 말할 수 없을 정도로 피곤이 몰려왔다. 우리는 모두 사네 목사에게 연락을 해서 마리아마 카마라가 소천하면 도와주기를 부탁했다. 그는 최초의 졸라포니족 출신 목회자로서, 어떤 일이 있어도 졸라포니족 사역에 변함없이 도움을 주었다. 그가 도움을 약속했기에 우리는 편안하게 감비아를 떠날 수 있었다.

우리는 주님께 마리아마 카마라의 영혼을 위해 기도드렸다. 주님은 마리아마가 소천할 때까지 병원에서 의료 선교사님들의 손에 돌봄을 받도록 하셨다. 마리아마는 그해 12월 22일 소천했는데 그녀의 집안에서는 모두 손을 놓았다. 그들은 마리아마가 진정 그리스도인이었으니 교회에서 안장하도록 허락했다.

그녀의 사망 소식을 듣고 모두 사네 목사님의 사모님이 밤에 택시를 타고 시바노 마을에 오셨다고 했다. 그리스도인의 손으로 몸을 씻어 달라는 유언대로 아들라인 사모님이 그녀의 몸을 비누로 씻어주셨다고 했다. 주님은 주님의 딸을 데리고 가시면서 시바노교회에서 그녀의 장례식을 치르도록 해주셨던 것이다.

교회는 건축 마감을 했지만 봉헌이 되지 않은 상태였다. 성도들은 아직 봉헌되지 않은 교회였지만 새 교회의 문을 열고 시신을 교회로 옮겼다. 여태껏 시바노교회에는 한 명도 사망자가 없었기에 마리아마 카마라의 장례식은 모든 성도들이나 선교사들에게 처음 있는 일이었다. 그런데 놀랍게도 이 장례식을 모두 사네 목사님이 진두지휘하며 졸라포니어로 설교했는데, 회교들인 그녀의 친척과 형제자매들이 교회로 들어왔다고 했다. 주님은 교회 성도들과 졸라포니족 회교도들을 한 교회에 모이게 하여 성경 말씀 통해 누가 주(主)이신지 귀 있는 자들에게 듣게 하신 것이 분명했다.

마리야마의 장례식을 교회장으로 마치고 관을 그녀의 아버지는 딸이 원하는 대로 그녀의 집 뒷들에 안장하기로 했다. 그녀의 집은 교회 맞은 편 서너 집을 지나면 있었는데, 교회에서 운구를 지고 가니 마을의 모든 사람들이 따라갔다. 그녀의 장례식 때 많은 여자들이 양철 담장에 가까이서 교회장을 지켜보았는데, 모두들 마리야마처럼 그렇게 죽고 싶다고 했다고 했다.

동네 사람들은 그리스도인들의 장례식을 처음 보았지만, 엄숙해서 좋았다며 입을 모았다. 감비아에서는 여자들은 살아서도 인간 취급을 못 받고 죽어도 대접을 못 받는데 뜻밖이었다는 것이다. 교회에서의 장례식과 그녀의 집 뒷들에 시신을 안장할 때까지 모든 그리스도인들이 함께 참여했고, 찬양과 말씀 그리고 기도를 계속했다고 한다. 지나고 보니 주님은 이미 마리야마 카마라에게나 아이나우에게 교회에 미래의 일을 꿈으로 미리 보여주셨던 것 같다.

우리 가족이 안식년을 마치고 약 10개월 만에 감비아에 돌아왔을 때, 마리야마 카마라의 친척들이 사는 지팡가 마을과 시콘 마을의 사람들은 나를 볼 때마다, 마리야마 카마라를 돌보아주고 장례를 잘 치러주어서 감사하다고 했다. 나는 모두 사네 목사님과 의료 선교사들이 많이 도와주어서 가능했다고 했으나, 그들은 우리가 마리야마를 무척 사랑해주었다며 그녀의 죽음이 얼마나 그들에게 의미가 있는지 모른다며 감사해했다.

우리 가족이 감비아에 도착한 지 얼마 안 되어 마리야마 카마라의 생모가 특별히 할 말이 있다며 찾아왔다. 그녀는 회교식으로 장례를 치르려고 원했지만, 돌아보니 우리가 자기 가족들보다 딸을 더 사랑했기에 감사하며 모든 장례가 아름답게 진행되어 고맙다고 했다. 마리야마 카마라의 생모는 얼마 전에 꿈을 꾸었는데, 마리야마가 아주 아름다운 옷을 입고는 빛나고, 예쁘고, 흠이 없는 얼굴로 천국에 있는 모습을 보았다고 했다. 자기도 그 꿈을 보고 황홀했다며 딸이 분명히 천국에서 예수와 있다고 믿는다며 이제 죽어도 여한이 없다고 했다.

결국 주님은 그녀를 회교도들이 보는 눈앞에서 격조 높은 여자에게 하듯 장엄한 장례식을 치러주어 많은 여자들이 감동을 받게 하셨다. 이를 통해 죽을 때 남편의 이름이 붙지 않아도 부끄러운 것이 아니라는 인식이 졸라포니족 여성들 사이에서 조금씩 공감대를 얻게 되었다.

웨일스대학교 언어학 석사 과정

2001년 8월 말에 북웨일스로 와서 시댁과 가까운 곳에 거처를 마련했다. 아이들과 함께 지내면서 시댁과 가까이 있게 되어 마음이 푸근했다. 아이들과 여름 방학 동안 함께 지내게 되었고 학교도 집 가까운 곳에서 다니게 되어 감사했다. 1년간 무엇을 할 것인가 여러 가지 아이디어가 떠올랐다. 적어도 1년을 4분기로 나누어 3개월은 휴식, 3개월은 학업, 3개월은 교회 방문, 3개월은 선교회를 돕는 일 등으로 균형을 잘 맞춘 안식년을 보내고 싶었다.

문맹퇴치사역 동안 여러 차례 졸라포니어 수업을 진행하면서 발견한 철자법에 관한 문제점들을 어떻게 해결해야 할지 고심에 고심을 거듭했다. 철자법을 만들 때에는 적은 자료로도 철자와 규칙을 만들어 낼 수는 있다. 그러나 이에 관해서는 과학적인 증명 방법이 있으면 좋을 것 같았다. 그래서 나는 영국에서 언어학 석사 과정을 해야겠다고 브라이언 선교사와 의논했다. 남편은 재정적으로나 시간과 노력이 필요하여 안식년 이후 감비아 사역에 차질이 있을 것 같다고 염려했다. 하지만 안식년밖에 학업을 할 수 있는 기회가 없기에, 철자법 관해 깊이 연구해보고 싶었다.

먼저, 나는 집에서 가까운 거리의 대학을 물색했다. 기차를 타면 1시간 거리인 방고에 있는 웨일스대학교를 선정하고 전화로 연락을 했다. 듀카 박사는 나에게 학교에 방문하여 인터뷰를 하자고 했다. 아이들과 브라이언과 함께 학교로 갔다. 나는 이제껏 연구한 자료라든가 일을 해나갈 때의 나의 문제점이나 궁금증, 그리고 철자법에 관한 것을 질문했다. 그다음 날 학부로부터 연락을 받았는데, 그들은 대학원 과정을 일주일 전부터 시작했다고 전해왔다. 이런저런 우여곡절 끝에 학업을 시작했는데 영국에서는 대학원 과정으로 'Post Graduate Course'와 석사 과정의 '마스터'(master)가 있었는데, 마스터를 하자면 대학원 과정 이수 후 시험을 통과해야 한다는 조건이 있었다. 선교지에서 탈진한 몸이지만 사역의 진전을 위해 공부를 더 하지 않으면 앞으로의 번역도 쉽지 않을 것 같다는 생각이 들었다.

주님의 풍성한 은혜로 나의 석사 과정에 첫발을 내디딜 수 있을 것 같았다. 기차를 타고 방고로 첫 수업을 가는 그날, 나는 쌍무지개가 뜬 바다를 한없이 바라보았다. 주님께서 내게 희망의 무지개를 보이시는 것 같아 마음이 가벼웠다. 새로운 학문을 배우면서 나는 주님께서 다음의 사역을 준비시키는 것을 느낄 수 있었다. 주님은 내가 논문을 제출하러 가는 그날에도 무지개를 하늘에서 끌어내어 내게 보여주셨다. 주님이 나를 축복하시고 보호하신다는 사랑의 표현에 감사했다. 게다가 나는 대학원 과정 동안 주님과의 사랑의 대화를 나누는 방법도 배웠다.

웨일스대학교의 학감 교수는 친사촌이 위클리프 번역사여서 나의 사정을 잘 알고 있었다. 그는 나의 사역을 잘 이해하는 학자로서 나에게 많은 도움을 주었다. 주님은 이렇게 다음 사역을 위해 나에게 학업의 길을 열어주셨던 것이다.

일반대학에서 주님은 내게 세심히 준비하여 두신 사람들을 만나게 하시어 학업에 정진할 수 있도록 하셨다. 이로 인하여 나는 가족과 많은 시간을 보낼 수는 없었지만 그 대신 주님은 통학하는 기차에서, 수업시간, 시험기간 등에 만나주셔서 주님을 더욱 신뢰하게 되었다. 앞으로의 사역에서도 주님께서 풍성한 은혜를 함께해주심을 믿어 의심치 않았다.

한편, 전에 우리를 도와주신 미국 크로스교회의 안 목사님과 네 명의 일행이 감비아 한국선교회에 방문한다는 소식을 들었다. 마침 시바노교회 봉헌식도 있고 하여 나는 석사과정 중에 잠시 감비아를 방문했다. 브라이언 선교사가 오지 않아서, 나 혼자 안 목사님 일행과 교회 봉헌식에 참석했다. 봉헌식에는 시바노병원 의료 선교사들, 여러 복음교회 리더들, 복음주의 교단의 새로운 총회장 마티야스 조지와 예전 총회장인 모두 사내 목사님도 참석해서 자리를 빛내주셨다. 그곳에서 얼마 전에 아들을 출산한 마리야뚜를 만나 즐겁게 교제했다. 아들을 가질 수 없다는 여인이 아들을 둘이나 갖게 되었으니, 저주가 완전히 끊어졌음을 주위 형제와 친척, 무엇보다 남편이 깨달을 수 있도록 기도하자고 했다.

안 목사님 일행은 사바노교회에서 카라파와 마리야뚜의 간증을 들으며 많은 은혜를 받고 주님께 영광을 올렸다. 이후 안 목사님과 함께 봉헌식에 참석했던 두 명의 자매는 선교사로 헌신했고, 한 형제도 선교사가 되어 복음을 전파하고 있다는 소식을 들었다.

주님은 이렇게 예전에 알지도 못했던 신실한 사람들을 만나게 하셔서 교제하게 하시고 우리의 든든한 기도 후원자로 세워주고 계셨다.

시바노교회 동향

2002년 10월 25일, 제3기 사역을 위해 감비아로 들어왔다. 우리는 돌아오자마자 반가운 형제자매들이 우리 집에 찾아와 재회의 기쁨을 누렸다. 이제 막 걷기 시작한 필립을 데리고 마리야뚜가 왔는데 상당히 신경이 곤두서 있었고, 바싹 말라 정강이가 마른 나무줄기 같았다. 그녀는 마리야마 카마라를 그리워하고 있었다. 카라파, 마리야마 카마라 그리고 마리야뚜는 비슷한 시기에 주님을 영접하여 가깝게 교제하다가 그중에 카마라가 세상을 뜨자, 마리야뚜가 크게 상심했던 것 같았다. 집안이 정리되는 대로 나는 마리야뚜를 조건 없이 돌보기로 했다. 앞으로 우리 집에서 일을 시작하라고 했고, 카라파와 바타리 탐바, 에냡을 고용할 것이라고 웩 선교회에 보고했다. 에냡의 부인도 우리가 돌아온 다음, 우리 집에 인사차 왔다. 그녀는 임신 중이었는데 얼마 후 딸을 낳았다는 연락을 받았다. 꽤 실망하는 것 같았다.

문서사역을 위해 고용 인원을 늘리자 우리는 집안의 부엌을 밖에 설치하고, 거실을 넓혀 사무실로 바꾸는 작업을 했다. 아이나우가 떠난 후 이제는 카라파가 쓰는 것을 배워야 했는데, 연필을 잡고 쓰는 일은 쉽지 않아 보였다. 아마 20년이 넘도록 시각장애로 살았기에 필기하는 것이 익숙지 않았을 것이다.

우리는 먼저, 누가복음 초벌번역이나 성경공부 자료번역을 마감하고 녹음 자료를 만들기 위해 기도했다. 이제는 집중적인 검토와 철저한 철자법을 적용해서, 오자가 나오지 않도록 해야 했다. 문맹퇴치사역을 더욱 전문으로 해야 했기에 문서사역에 신중하게 접근했다. 웩 선교회는 안식년에 학업을 하면 학업 기간만큼 휴가를 신청할 수 있었지만, 감비아 사역을 위해 그러한 여유도 부릴 수 없었다.

우리가 감비아에 온 지 약 한 달 후인 11월 11일에, 마리야마 카마라의 아버지가 돌아가셨다. 그의 딸이 소천한 지 1년 만에 이제 아버지가 돌아가신 것이다. 마리야마 카마라의 여동생인 울링딩 카마라는 그녀의 언니와 비슷한 시기에 그리스도인이 되었는데, 언니와 아버지를 잃게 되어 상실감이 큰 것 같았다.

마리야마 카마라의 아버지의 장례식을 치른 지 4개월 후에 그녀의 어머니 테넹이 딸 울링딩을 불렀다. 울링딩은 형제들과 악귀를 씻는 일을 해야 했다. 졸라포니족은 사람이 죽으면 얼마 후에 남은 가족들이 동네 사람들이 모인 가운데 악귀를 씻는 의식을 치렀다. 사람들이 마당에서 지붕 위로 물을 뿌리면 그 물이 처마를 타고 내려오는데, 이 물에 머리를 씻으면 악귀가 물러간다고 했다. 울링딩은 친척과 동네 사람들이 보는 앞에서 이 의식은 미신이기 때문에 거절하겠다고 선포했다. 그녀의 어머니는 너무 당황해 울링딩에게 앞으로 두고 보자고 했다.

울링딩이 주님 안에서 바로 선 것이 너무나 감사하고 기뻤지만, 앞으로 핍박받을 생각을 하니 걱정이 되어 기도가 절절이 나왔다. 울링딩은 우리의 도움으로 비얌에서 고등학교를 졸업한 후에 2년 과정의 컴퓨터 학교에 다녔다. 그곳에서 그녀는 풀라니족 그리스도인을 만나 결혼을 전제로 사귀고 있다는 것을 어느 날 집안에 알렸다. 그러자 그녀의 어머니는 자기 남동생, 즉 울링딩의 외삼촌과 울링딩을 결혼시키려고 준비해왔다며 딸의 교제를 반대했다. 울링딩의 어머니 테넹은 풀라니족과 결혼하는 것은 집안 망신이라고 딸을 핍박했고 결혼을 못하게 저주할 뿐만 아니라, 결혼을 한다고 해도 아기를 못 가지도록 저주하겠다고 협박했다. 울링딩의 남동생도 울링딩이 학교에 가려고 버스를 타고 서 있으면 쫓아와서 누나를 때렸다.

그런 일이 있은 후 울링딩은 이상하게 잠을 잘 자지 못했다. 눈만 감으면 가위에 눌려 오랫동안 식은땀을 흘리고 속이 쓰려 잠을 잘 수가 없었다. 그 증상이 여러 해 지속되어 그녀는 야위어갔다. 우리는 더욱 기도로 주님께 매달렸다. 그럼에도 자존심이 강하고 내성적인 울링딩 카마라는 예수의 길을 가기로 마음을 정하고 따랐는데 형제들보다도 믿음이 강했다.

컴퓨터 학교 졸업 후에도 울링딩은 얼마간 알지 못할 병으로 병치레를 했다. 울링딩의 어머니 테넹은 교회로 와서 울링딩이 결혼하지 못하도록 저주했다며 우리에게 악담을 퍼부었다. 그러나 죽기 전에 그녀는 울링딩의 딸을 보았다.

이후 울링딩은 오메가교회에서 풀라니족 그리스도인과 결혼해 남다른 금실을 보이며 세 딸과 한 아들의 어머니가 되었다. 그녀의 남편인 모두는 2012년 가을에 가나의 마라나타대학교에서 신학을 마치고 감비아로 돌아오면 목회를 할 것이라고 했다.

그녀가 결혼한 후 한동안 울링딩의 집안에 엄청난 어려움이 연달아 찾아왔다. 마리아마 카마라의 소천 후 울링딩의 아버지, 두 어머니인 지바와 테넹이 사망했다. 그 후에 울링딩을 때리던 남동생이 병이 들어 오랫동안 우리의 도움을 받았다. 나는 고아가 된 그녀의 두 동생을 울링딩을 통해 도와주었다. 울링딩은 동생들에게 주님을 증거하며 여러모로 생명의 길을 가도록 도와주었다.

우리는 당시에 졸라포니 사람들이 급히 도움을 요청하면 선별해서 도와주었다. 내가 시바노병원에서 만나 알고 지내며 돌보던 지브릴 카마라라는 초등학생은 시클셀 환자로, 여름동안 아팠다는데 무릎 수술을 한다고 도움을 요청해서 반줄병원까지 데려다 주어야 해서 우리는 한동안 바쁘게 지냈다.

시타 마을의 주인집 딸아이 사피가 도심에서 출산하다 과다출혈로 인해 생명이 위중하다고 했다. 게다가 성폭력으로 인한 출산이어서 법적 소송을 준비중이라고 했다. 수술 후 나는 사피를 집으로 데려와 얼마간 돌보아야 했는데 염증으로 상당히 고생을 했으나 감사하게 젊은 사람이어서 회복이 빨랐나. 얼마 진민 해도 책보를 등에 메고 초등학교에 다닌 사피였는데, 어린 나이의 출산으로 인해 집안은 혼란스러워했다. 나는 사피를 데려다주면서 그녀의 엄마를 만났다. 그녀는 딸아이를 임신시킨 남자 집안에 보육과 사피의 학업에 관한 경제적인 책임을 묻겠다고 했다.

나는 졸라포니족 사람들과 관계를 맺으면서 그들의 영혼을 위해 더욱 기도해야겠다는 사명감으로 불타올랐다. 중국 내지선교회의 허드슨 테일러 선교사는 "주님 저에게 저 죽어가는 1억 5천만의 영혼을 주옵소서!"라고 기도했다고 한다. 그래서 나는 "15만 졸라부족을, 카사망스까지 포함해서는 50~60만 졸라포니족을 구원하소서!" 하고 기도했다. 만딩고족 사역자들은 만딩고족이 감비아의 50퍼센트를 차지한다고 하여 모든 사역을 만딩고어로 해서 이들이 복음화시켜야 한다고 주장했다. 하지만 나는 졸라포니족이 소수 부족이라고 하여 무시하면 안 된다고 생각했다.

나는 모든 영혼이 소중하므로 소수의 부족의 단 한 사람에게 복음을 전하는 것도 중요하다고 여겼다. 혹시 그가 만딩고족을 복음화시킬 수 있을지 누가 알겠는가? 졸라포니족 출신의 모두 사네 목사님이 라디오를 통해 전 감비아에 복음을 전하는 것을 봐도 그렇지 않은가!

제3기 사역으로 들어온 시바노 마을에는 지난번보다 더 많은 장단기 의료선교사들이 시바노 복음교회에서 사역했다. 교회에는 유럽인 선교사들이 원주민 그리스도인보다 더 많았다. 다른 감비아 교회에서 국제교회를 빼고는 보기 드문 현상이 이 시골교회인 시바노교회에서 일어나고 있었다. 교회를 관찰해보니 발란타족 리더들은 교육을 받은 사람들이 없고, 졸라포니족 그리스도인들은 세컨더리학교 출신들이지만 믿음을 가진 지 얼마 되지 않아서, 선교사들은 상황화를 외치고 있지만 여전히 선교사들이 주로 말씀을 전하고 있었다.

우리는 유럽인이 주류를 이루고, 그들이 주도하는 교회에서 시바노교회 성도들이 현실에 안주하고 있는 것 같아 우려됐다. 안식년을 맞아 영국으로 가기 전까지 우리는 성도들과 함께 마을을 다니면서 졸라포니어로 예배를 드리기 시작했고, 목요일에도 복음을 듣겠다는 가정이 있으면 여전도회 회원들과 함께 어느 곳이라도 방문하여 말씀을 전했다. 그러나 이제 그런 모습을 찾아볼 수 없었다.

그래도 다행인 것은 기존 성도들인 발란타족 성도들이 이제 조금씩 더 졸라포니족 그리스도인들에게 관심을 가지고 다가서고 있는 것이었다. 발란타족과 졸라포니족 여성도들은 같이 전도를 나가고 함께 나염을 배우면서, 자식과 남편에 관한 기도 제목을 나누며 서로를 위해 기도해주었다. 브라이언과 나는 복음전도와 말씀 증거 사역을 선교사들이 주도하기보다는 성도들이 주도하도록 후임 선교사들에게 제안했다.

35년 이상 졸라포니족 복음화에 힘써 왔던 시바노병원 사역자들에게, 졸라포니어로 말씀을 증거할 그리스도인이 양성되었으므로 이제부터는 제자양육과 더불어 복음전도에 발판이 되어줄 것을 강조했다. 또한 선교사들에게 교회에서의 직접적인 사역을 내려놓고 마을전도에 주력하는 한편 교회의 리더들과 타 선교사들에게도 캄판트교회, 비얌교회, 자롤교회에서 예배를 나누어드릴 것을 제안했다.

기독교를 유럽인들의 종교로 보는 졸라포니족 회교들은 시바노교회는 발란타족이나 유럽인들이 믿는 종교의 예배처소라고 알고 있었다. 그래서 그들은 타민족의 종교를 졸라포니인들이 믿을 필요가 없다고 주장했다. 이런 졸라포니족의 고정관념을 깨도록 하기 위해 주님은 졸라포니족 그리스도인들을 시바노교회에 보내시고, 마리아마 카마라의 장례식을 통해서도 교회의 문을 회교들에게 열도록 하셨다고 생각됐다.

우리는 복음전파와 함께 성도들에게 성경을 가르치며 말씀을 나누도록 하는 것이 중요하다고 제안했다. 당시 교회에서는 영어권 사람들이 많아서 한쪽에 모여 앉으면 누구라도 영어를 잘 알아듣는 사람이 통역을 맡았다. 주로 만딩고이니 졸라포니어 두 가지 중 한 언어로 말씀을 나누면, 영어로 통역하거나 영어로 말씀을 나누는 선교사가 있으면 만딩고어와 졸라포니어 아니면 발란타어로 통역했다. 나는 예전부터 이 모습을 보면서 성도들의 영적 성장이 지체되는 이유가 주도적인 언어가 없기 때문이라고 생각했다.

그즈음 세레족으로 키양 지역에서 자라 만딩고어를 잘하는 청년이 전도를 받고 교회에 왔다. 그의 이름은 파케바였다. 그는 길거리에서 옷을 만들거나 수선을 하는 재봉사였다. 어느 날 그에게 옷을 맞추기 위해 스위스 선교사 부부가 왔는데, 그들이 그에게 복음을 전했다. 그리고 선교사 부부가 전해준 말씀묵상 카세트를 파케바가 열심히 듣자, 선교사 부부는 열심히 옷 일거리를 주면서 그와 접촉했고 그는 주님을 영접했다. 이 사실을 알게 된 동네주민들은 그를 마을에서 쫓아냈다. 그는 발란타족 교인의 리더인 족킴 집에서 임시로 기거했다.

그는 성격이 불같아 그리스도인이 되면서 회교도들의 부조리를 비난했으니 좋아할 회교들이 어디 있었겠는가! 그는 주인집과도 대판 싸우면 얼마나 입이 거친지 당할 자가 없었는데, 교회에 들어오면 쥐죽은 듯했다. 그래서 우리는 그에게 다혈질적인 성격을 고치지 않으면 하나님께 쓰임 받을 수 없다고 말했다. 파케바는 졸라포니들과는 너무나 다른 성격을 가진 형제였는데, 발란타족 성도들은 이 형제가 만딩고어로 기도와 간증을 하니 교회는 전체적으로 흥분에 사로잡혔다. 이들은 교회에 감비아의 여러 종족이 들어온다는 것은 성령의 역사하심이라고 확신하고 있었다.

그리고 우리는 지팡가 마을에 갔다가 그곳에서 파비와 카디 부부를 만났다. 카디는 남편의 이복동생이 세레쿤다에서 왔는데 에이즈 환자라고 했다. 여기저기서 에이즈에 걸린 젊은 환자들이 인생을 마감하는 것을 볼 수 있었다. 졸라포니족 예배 때 우리는 이러한 사회적인 문제를 두고 기도했다. 당시 카이모 마을의 부나마나 탐바쿤다 마을의 유누사와 세니, 시타 마을의 수마일레가 예배에 가끔 참석하곤 했다.

X
졸라포니족의 일꾼들

카라파의 꿈과 졸라포니족 출신 목회자

문서사역이 여러모로 확장되어 정부의 워크숍에서도 도움 요청이 들어왔다. 나는 가능하면 감비아의 초등학교에까지 네 개의 부족어를 소개해보고 싶었다. 우리가 이 일을 열심히 준비하며 달려나갔을 때, 주님께서 성령의 역사를 통해 보여주시는 일들을 문서사역과 교회사역에서 가시적으로 경험했다.

우리가 〈의의 길〉이라는 성경공부 자료 번역을 마무리하고 재검토에 들어가기 위해, 회교도인 포니빈탕 카라나이의 족장 중의 장인 라민시 자주를 고용했다. 그는 아침 일찍 먼 거리를 마다치 않고 달려와 도와준 좋은 친구였다. 그해 일곱 개 마을에서 졸라포니어 교실을 실시했다. 그 마을들은 바타부타 칸토라 마을, 카라나이 마을, 작고이빈탕 마을, 카누마 마을과 본달리 마을, 수투신장 마을, 쿠사마이 마을이었다.

지팡가 마을, 작고이빈탕 마을, 시타 마을에서, 우리는 2002년 10월 19일에 졸라포니어 예배를 주님께 처음으로 드렸다. 우리가 안식년을 떠난 사이에 졸라포니어 예배를 어스킨 선교사 집에서 보았다고 했다. 우리가 돌아오자 문서사역에 참여하는 성도들이 많아 예배 시간의 조정이 필요해, 예전처럼 수요일 오후에 마을로 나가 예배를 드리기로 했다.

그해는 졸라포니어 교실 시행에 주력하며 성경공부 자료로 누가복음 재검토와 사도행전을 진행해 나가야 했다. 〈의의 길〉도 번역 검토가 거의 끝나 이제 녹음준비를 해야 했는데 이 작업을 할 마땅한 장소가 없었다.

어느 날 카라파는 아침 묵상시간에 주님이 자기에게 보여준 비전이 있는데, 우리가 사무실을 따로 짓고 나갔다고 했다. 당시 에납과 두두와 얼마 전에 아들을 출산한 마리야뚜가 아침마다 우리 집에 와서 문서사역자들과 함께 묵상 시간을 가졌다. 그날 나는 카라파에게 어느 곳에 건물이 세워졌느냐고 물었다. 그는 우리가 있는 이곳에 건물이 세워졌다고 말했다.

실상 우리 집은 손님이 와도 자고 갈 방이 없었다. 거실은 사무실 겸 동네 아이들의 공부방, 교회 청소년 성경공부방이 되기도 했다. 게다가 책자들을 출간하면 둘 곳도 마땅치가 않았고, 흙집이어서 흰개미 떼들의 습격한다면 우리 집도 조만간 문제가 발생할 수도 있었다. 그래서 우리는 다시 머리를 숙인 채 그가 본 대로 건물이 들어설 수 있도록, 가능한 한 시멘트로 건물을 짓게 해달라고 기도했다. 교회 아이들의 공부방과 더불어 녹음을 할 수 있는 장소도 주님께서 허락해주시고 도움을 줄 수 있는 일꾼을 보내달라고 기도했다.

졸라포니족 문서사역이 정부기관에도 잘 알려져서 여름 우기에 에납이 정부 인사들과 함께 두 마을을 시범적으로 선정해서 교사 양성을 했다. 카라파는 시에라리온까지 다녀왔기 때문에 차츰 집안사람들이나 주변 마을 사람들에게 인정을 받는 그리스도인으로 알려졌다.

제네바와의 결혼을 마다하고 그리스도인이 아니면 결혼을 안 한다고 했던 카라파였다. 이 사실을 안 파케바는 카라파와 가까워졌다. 그 역시 결혼을 약속한 집안에서 그가 그리스도인이 되었다고 해서 딸을 주지 않겠다고 했기 때문이다.

2003년 상당히 바쁜 일들이 벌어지고 있었다. 열한 개 마을에서 235명이 교사 양성반에 등록했다. 졸라 문맹퇴치를 다시 시작해야 했고, 여러 가지 문서화된 책들을 점검해야 했기 때문이다. 새로운 성도들에게 더욱 필요했던 것은 졸라포니어로 된 성경말씀 자료였다. 또한 정부에서 비자를 받으려면 여러 문서 책자를 발간하고 보고서를 제출해야 하는 한편, 감비아 도서관에 자료를 두 권씩을 제출해야 했다.

나는 졸라포니족 민담 자료를 수집하여 민담 자료와 '보고, 듣고, 살기'라는 성경공부 녹음 자료를 문서화하는 작업을 계획했다. 또한 교회에서 부르던 찬양을 전체적으로 재정리하는 작업에 들어갔다. 처음에는 시바노 복음교회를 위한 것이라고 만들었는데 다른 선교사들도 주문해서 구입해갔다.

말씀과 찬양이 없다면 이 흑암의 권세를 어찌 이길 수가 있을까? 나는 성도들에게 말씀에서 찬양이 나와야 하는 이유를 설명하고, 말씀이 육신이 되신 주님을 찬양하는 것의 중요성을 강조했다. 인생의 어둠을 제거해주는 찬양, 찬양으로 승리를 이끄는 삶이 되도록 우리는 찬양을 목이 쉬도록 불렀다.

2003년 2월 콘퍼런스에서 브로드호프 공동체에서 장학금을 받고 가나에서 신학 공부를 마친 이들이 감비아로 귀국한다는 소식을 들었다. 시바노교회는 그중에 한 가정을 초대하기로 했다. 교회 사정상 목회자가 필요했고 시바노교회를 1년간이라도 도와주기를 소망했다.

시바노교회는 졸라포니족 출신의 누문딩과 누모 부부를 초빙하기로 결정했다. 성도들은 졸라포니족 출신의 목회자가 온다고 하여 무척 기뻐했다. 그러나 후원이나 월급의 문제는 결론을 내리지 못했다. 월급이 없다는 철칙이 복음주의 교단에 있었다. 단지 성도들이 십일조를 내서 목회자를 도와야 하는데, 당시 교회에서는 교사 월급의 반도 안 되는 정도밖에 책임질 수 없다고 했다. 궁리 끝에 나는 전임 월급을 주지만 교회의 문서사역에 일주일에 2~3일 정도만 참여해달라고 했고, 그는 그러기로 약속했다.

나는 그에게 문서사역에 관한 기초교육을 실시했으나, 그는 우리와 벌써 이질감을 느끼는 듯했다. 지난 5년간 가나에서 생활하며 졸업은 못했지만 신학을 공부한 목회자여서 졸라포니어를 몰랐다. 반면에 문서사역자들은 졸라포니어를 읽고 쓸 수 있었다. 나 또한 롭 쿱스 박사의 조언으로 번역사 과정에 관한 책을 구입하여 카라파와 두두 탐바가 공부한 과정을 공부해나갔다.

그는 내가 여성 사역자라서 어려워하는 것 같았다. 가나에서 영어를 사용해왔고 부인이 지역 언어를 하지 못해서 교회에서는 영어로 말씀을 전했는데, 그는 교회에서 말씀을 전할 때 혼자서 혼자서 두세 가지 언어로 통역하며 말씀을 전하는 방식을 고수해서 상당히 피곤해보였다.

그는 초보 목회자였기에 교회에서 목회를 하기 위해 상당한 노력을 하는 듯했다. 그의 부인은 찬양에 조예가 있었는데 만딩고나 졸라포니어 찬양을 영어식으로 편곡해서 앞에 나와 찬양했는데, 교회에 새로운 바람을 불러일으켰다. 나는 그가 졸라포니족 형제 성도들이 마을에 나가 말씀을 전할 수 있도록 훈련시키기를 원했다. 하지만 그는 가나식 목회와 예배를 고수해 성도들이 이질감을 느꼈지만 묵묵히 목회자의 방침을 따랐다.

동네 사람들은 그가 회교도였을 때 까다로운 성격의 소유자라고 했다. 어떤 이들은 그가 어떻게 이곳에 목회자로 올 수 있는지 모르겠다고 했다. 고향에서 존경받을 선지자는 없는 것 같았다. 그의 삼촌 중에 매우 유명한 마라부가 있다고 했다. 게다가 그는 집안의 기대를 한몸에 받고 있어서 목회의 부담감이 커보였다.

당시 감비아에 휴대폰이 시판됐는데, 얼마 안 되어 유행하기 시작했다. 나는 통신비가 비싸서 휴대폰을 구입하지 않았다. 반면에 휴대폰을 구입한 그는 시도 때도 없이 전화를 하거나 받았다. 다른 사람들이 일을 하니 주의를 당부하면 싫어하는 눈치였다. 누가 누구를 고용해서 쓰는지 모를 정도로 일하는 몇 개월간 우리는 혼란스러웠고 불편했다. 문서를 검토할 때는 감정들이 격해졌다. 자존심들이 강해 서로의 의견이 안 맞거나 누군가 권하는 단어가 선택되면 다른 사람들은 마치 버림받은 것처럼 상처를 받았다.

그가 교회 목회자이고 졸라포니족 사람이지만, 짧은 기간에 목사 안수를 받고 막 사역을 시작했으니 좀 더 겸손하게 배우는 자세로 했으면 하는 아쉬움이 있었다. 적어도 문서사역에서는 사무실을 관장하는 나에게도 권리를 주어야 일이 진행되어가지 않겠는가 할 정도였다.

그는 어디서 훈련을 받았는지 상당히 카리스마가 넘치는 영성을 보이려고 애를 썼다. 그의 부인은 남편을 따라 감비아로 들어왔지만 향수병에 시달렸고, 감비아의 시골생활에 적응하기 어려워했다. 그녀가 가나인이지만 같은 아프리카 사람으로 문화가 비슷하리라고 생각했는데, 이는 오해였다. 그 당시 그는 전임 문서사역자가 아닌데 전임으로 사례비를 지불했다. 나는 그가 교회 개척을 두고 더 관심이 있기를 원했는데, 그는 집과 가구 등에 관해서만 관심을 가졌다. 우리는 집을 지어줄 정도로 경제가 허락되지는 않았다.

일단 그에게 매달 월급에서 저축을 하도록 권유했다. 1년 후에 땅을 얻어 적당한 흙집을 짓는 것에 관해 이야기를 했다. 나로서는 좀 더 시간을 두고 그를 알아가야 했다. 앞으로 사역을 함께한다면 호흡이 맞아야 하기 때문이다. 내심 그가 성경번역에 관한 가르침에 적극적으로 관심을 갖기를 바랐다. 그러나 그는 대학교를 갓 졸업하고 목회현장에 나왔지만 모든 것을 아는 듯이 말했고, 그의 의견을 우리 모두가 수렴해야 하는 형국이었다.

그럼에도 불구하고 우리는 계속 전도사역이나 교회 개척 사역을 위해 함께 나가 지금까지 이루어왔던 일들을 그가 파악하도록 오리엔테이션을 했다. 전도사역을 하던 곳에도 그와 가서 함께 기도도 하고 시타 마을, 작고이빈탕 마을, 지팡가 마을의 사역을 위해 소망을 두고 땅도 싸게 구입했다. 땅이라야 감비아에서는 쉽게 주었다가도 이해가 맞지 않으면 회수해버리는 일이 다반사였지만, 일단 우리를 환영하는 흉내라도 내는 마을에는 발을 들였다. 마을 사람들이 회교도들이어서 마을에 들어오는 것을 허락하지 않으면 전도를 할 수 없었다.

문서사역을 해오고 있는 본달리 지역에도 우리는 함께 탐방을 갔다. 그와 함께 다니면서 그가 처가 쪽 경제 지원도 그렇고 어머니나 브리카마에 있는 여동생에게도 상당한 압력을 받고 있음을 알게 되었다. 외국에서 공부하고 들어왔는데 하는 기대감에서 그런 것 같았다. 그러나 다른 사역자들보다 그를 더 우대할 수는 없었다 이미 나는 월급을 배로 치르고 있었다.

한번은 다른 일로 의견충돌이 있었는데 그는 여태껏 갖고 있었던 불만을 드러냈다. 새벽기도회에 대한 것이었다. 늘 기도회에 늦게 나오는 그는 먼저 나오는 우리가 부담스러웠던 것 같다.

그 부부는 약 6개월을 시바노교회에 있다가 도심으로 나갔다. 우리는 선교회의 리더들과 복음주의 교회총회장과 목사님들과 함께 모여 회의를 했고, 서로 기대치가 달랐던 것에 대해 해명을 해야 했다. 그는 나에게 새벽기도에 관해 무엇이 억울했는지, 내가 새벽기도에 나오면 목을 따서 죽이겠다고 위협했다. 선교회의 리더, 복음주의교단의 총회장과 교회의 리더들, 시바노교회의 족킴 리더와 마리야뚜와 카라파가 그 말을 듣고 모두 떨면서 울었다. 삽시간에 시바노교회에서의 그의 모든 일들이 알려졌다. 이러한 일을 처음 경험하지만 나는 정신을 똑바로 차리지 않으면 안 되었다.

그 역시 회교도였다가 회심한 형제여서인지 여자 사역자를 경시하는 것도 나에게는 충격적으로 다가왔다. 그는 사역자들과 관계에서도 목사라는 부분을 강조했다. 교단에서는 그가 가나의 신학교를 나왔기 때문에 복음주의 교단에서는 2003년 1월에 그에게 목사 안수를 해준 것이다. 훗날 복음주의 교단은 목사 안수를 할 때 성품도 검증하기로 했다.

누문둥 목사님과 누모 사모님이 그로부터 약 10년이 지난 후인 2014년에 가나에서 안식년이라고 하면서 돌아왔을 때 브라이언과 나는 그들이 편히 쉬도록 거처할 곳을 마련해주었다. 누문둥 목사님은 울면서 지난 일을 뼈저리게 회개했고 그다음 해에 시바노교회를 섬기도록 총회는 그에게 부탁했고 알파가 가나에서 돌아와 돕기로했다. 그후에 누문둥 목사님은 문서선교 사무실에서 다시 일을 하고 싶다고 해서 과거의 일들을 잊고, 파트타임제로 사역을 하도록 했다.

문서사역 건물 신축

2001년에 초등학교에서 실시한다던 부족어 강습은 자금이 없다는 이유로 이루어지지 않고 있었다. 그러나 2003년 우기 전 문교부에서 초등학교 부족어 개설 세미나가 있어, 나는 카라파와 누문동 목사님을 졸라포니 문서사역 대리자로 보냈다. 유치원에서 졸라포니어를 가르치자 아이들은 매우 빨리 터득했다. 초등학교 교사들은 이 아이들이 영어 습득도 빨랐다고 평가했다.

2003년 6월에 새 문서사역 건물로 들어가면서 브라이언 선교사는 에냡과 성경공부 자료인 〈의의 길〉을 녹음했다. 그런데 집 뒤에 심겨져 있는 비단목화나무에 학들이 많이 날아와서 녹음을 방해했다. 그래서 녹음할 동안은 돌팔매질을 해서 학들을 쫓아내야 했다.

그해 9월 18일에는 졸라포니어 교사 22명이 모여 워크숍을 열어 교본을 만들었다. 교사들이 쓴 기안들 중에서 두 가지 중요한 사회문제를 발견했다. 첫째는 에이즈였다. 감비아에 에이즈가 만연하여 일부다처 가정에서는 서로를 불신하는 일들이 자주 발생했다. 이에 대한 대처방안이 시급히 필요했다. 둘째는 '부찌넙'이라는 악한 풍습이었다. 이는 어느 여교사가 제기한 문제인데 남자 교사들은 웃기만 할 뿐 이에 관해 언급하지 않았다. 부찌넙은 간단히 말해 가족 간에 일어나는 불륜관계를 말했다. 건기에 감비아 농부들은 농사가 시작되기 전에 일가친척들을 만나러 다닌다. 이들은 여자들이 아이들을 돌보며 집에 혼자 있으면 형수 또는 계수와 잠자리를 가졌다. 예전부터 이런 행위들이 묵인되어 왔다고 했다. 이것이 에이즈가 만연되는 이유 중의 하나라고 했다.

나는 졸라포니 문맹퇴치의 일환으로 문서사역팀들과 한즈온 케어라는 에이즈환자를 발견하고, 그를 에이즈 환자를 돌보는 기관에 보냈다. 우리는 에이즈 환자 사역을 하는 기관과 열여덟 개 마을을 돌며 캠페인을 벌였다. 그 후 2005년에는 한즈온 케어를 돌보는 선교사들에게 졸라포니어로 에이즈에 관한 책을 번역해주었다.

2003년 12월에 졸라포니어 교사 22명 졸업생 중, 7명이 초등학교 교사였기 때문에 우리는 감비아 교육대학의 교과과정을 담당하는 누하 자타 교수를 졸업식에 모셨다. 졸업식에는 마을의 족장들과 지역구 의원들과 국회의원들도 참석해 졸라포니족 문서사역을 더욱 널리 알리는 계기가 되었다.

우리는 문맹퇴치사역 사무실을 지을 때 많은 어려움을 겪었다. 바닥을 콘크리트로 쳐야 했는데 시멘트가 모자랐지만 구할 수가 없었다. 그래서 며칠을 기다렸다가 시멘트를 구입해 콘크리트 작업을 했다. 문서사역 장소여서 흰개미들도 막기 위해 흙집을 짓지 않고 콘크리트로 집을 지은 것이다. 교육장소를 쓰일 것을 대비해 창문도 달았다. 붉고 단단한 나무로 창을 하면 흰개미 떼 습격을 막을 수 있지만, 고가여서 다른 나무를 사용했다. 그런데 2년여가 지난 다음 알게 모르게 세 개의 문과 문틀에 개미떼들이 공격하여 푸석푸석해졌다.

그래서 문과 문틀을 다 걷어내보니, 공사할 때 콘크리트를 한 번에 치지 않고 며칠 간격으로 쳐서 그 틈새로 흰개미 떼들이 기어 올라와 나무로 된 문과 문틀을 갉아먹는 것을 알게 되었다. 그럼에도 문서사역 건물은 낮에는 사무실로 쓰이고, 태양열판을 달아 전등을 켤 수 있어 저녁이면 많은 청소년들의 공부방으로 사용되었다.

사무실을 짓고 난 그다음 해에 앞으로 초등학교에서 문맹퇴치사역을 할 것을 대비해 학교 교사가 마을에서도 가르치겠다고 한다면, 주로 그러한 분들을 문교부에 알리고 그들을 초대해서 교육을 시켰다. 그들은 감비아에서는 고급 인력들이라 이해도가 빨랐다. 그중에는 교장, 교감 직책인 분들도 있었고 교사 중에는 감비아 신문의 리포터와 그리고 대통령의 친척도 있었다. 주님의 은혜 가운데 문서사역 건물의 건축 마감일을 도밍고와 두 명의 회교도들이 했다.

오전 교육이 끝나고 점심시간이 되어서 모두들 건물 밖으로 나왔는데, 마감일을 하던 회교도들이 우리 집 건물 가까이에서 자리를 깔고 회교식 기도를 하려고 했다. 나는 그들에게 근처 교회 가까운 곳에 작은 회교사원도 있으니 그곳에서 기도하면 어떻겠느냐고 했다. 그런데 그들 두 사람은 뜻밖에 나에게 크게 화를 냈다.

교육을 받던 초등학교 교사들이 나와서 무슨 일인가 알아보았다. 언성을 높이며 삿대질을 해대는 두 남자에게 나의 의도를 모든 이들이 보는 앞에서 서슴없이 말했다. 신문사의 리포터라는 사람이 내가 그들의 종교자유를 박탈했다면서 이에 관한 기사를 신문에 내겠다고 나섰다. 나는 그것이 아니고 가까운 회교사원에 가서 하도록 권유했다고 말했다. 그러자 나이가 지긋하신 퇴직 교장선생님께서 우리를 가로막고 나서서 일꾼들이 주인인 나에게 물어보지 않고 기도를 시작하려고 한 것이 잘못이라고 했다.

왜 이러한 일들이 일어났는지는 모르겠지만 나는 그 순간 주님께서 우리의 방패가 되어주셨음을 알았다. 우리를 대적하는 이들에게 여호와는 우리의 방패시며 여호와는 나의 기(旗)이심을 깨닫게 하신 것이다. 출애굽기 1장 15절처럼 여호와 닛시이신 여호와께서 우리의 영적 아말렉을 대대로 물리쳐주실 것을 기도했는데, 그 사건에 대해서는 다시 거론하는 사람들이 없었다.

회교도 출신의 교장선생님을 통해 주님은 위기에 빠진 나를 구해주셨다. 그다음 주에 건물 마감일을 하던 일꾼 중 한 명이 알지 못할 병에 걸려 갑자기 사망했다고 들었다. 다른 한 명도 몸에 문제가 발견되어 급히 반줄병원에 가서 수술을 하고 몇 달을 입원 후에 집으로 돌아왔다고 누군가 나에게 귀띔해주었다. 알고 보니 그는 마라부였다고 했다. 어쨌든 나는 그를 찾아가 기도해주었다.

나는 회교도들에게 둘러싸여 살면서 많은 위협을 받았지만, 언젠가 그들이 그리스도인들의 사역을 인정해주었으면 했다. 교사들과 우리는 여전히 교육을 하면서도 성경을 읽었다. 시편이나 잠언 그리고 신약을 주로 묵상했는데, 회교들과 우리가 공용하는 부분이어서 무리 없이 수업이 진행됐다. 우리는 성경에 관심을 갖고 있는 이들과 따로 말씀을 나누었다. 교사훈련을 마칠 때 성경과 일반 졸라포니어 책을 선물로 주면, 그들은 감사하다며 받아갔다.

겨울이면 어김없이 나는 사흘 동안 금식기도를 했는데, 이번에는 문서사역자들에게 12월에 캄판트교회에서 사흘 동안 함께 금식기도를 하자고 제안했다. 에냡은 금식을 못한다고 겁을 내며 캄판트교회에 가지 않으려고 했다. 반면에 마리아뚜는 용감하게 나섰다.

우리가 캄판트 마을로 가니 카슈나무에 열매가 무르익어 향기가 그윽했다. 나이지리아 형제인 벤자민과 은데 세카는 음식을 먹지 않고 금식기도에 참가한다는 조건으로 기도회에 참석했다. 우리는 그날 밤부터 성경을 읽으며 성령이 감동을 주시면 서로 그것을 나누며 기도했다. 기도가 끝나갈 무렵 우리는 모두 기진해 있었지만 엄청난 일들을 겪고 있는 이들의 고충과 주변의 압박들을 전지전능하신 주님께 기도로 간구하는 기쁨을 만끽하고 춤을 추기도 했다.

캄판트교회에서 금식기도를 마치는 날에 벤자민과 은대 세카가 우리에게 기도를 부탁했다. 주님께서 캄판트에도 교회를 재건축하게 해달라는 기도제목이었다. 나는 다음 달 기도편지에 이 내용을 써서 지인들에게 보냈더니, 놀랍게도 2003년 4월 말 미국의 크로스웨이교회의 선교회를 통해 익명을 원하신 두 분의 성도들이 캄판트교회에 재건축헌금을 보내주셨다. 나는 주님께서 캄판트교회를 재건축하시기를 원하신다는 것을 알고 기뻤다. 하지만 크로스웨이교회에서 누가 후원을 했는지 알 수 없었다. 우리도 무명으로 캄판트교회에 건축헌금을 했고, 나는 브라이언 선교사와 함께 건축 현장에 나가보고는 했다. 캄판트교회의 재건축은 시바노교회를 지었던 발란타족 성도인 도밍고의 도움으로 할 수 있었다.

사실 물질을 나눈다는 것이 얼마나 어려운 일인가! 그들의 기도와 마음이 닿은 캄판트교회는 예배당을 건축 후에도 교사(校舍)를 조금 더 연장해서 지을 수 있었다. 이제 캄판트교회 성도들은 그들을 위협하던 독사도, 구렁이들도, 원숭이들도, 우물에 들어가는 들쥐도, 벽에 숯으로 긁어 써 놓는 악한 말들도 이겨나갈 수 있는 용기를 얻었다. 그 후 우리는 캄판트교회에서 세미나를 할 수 있었고, 청소년 캠프나 부활절 행사 때 많은 성도들이 이 교회에 모이고는 했다.

시타 마을과 시바노교회

나는 1959년 세네갈에서의 풀라니족 사역을 접고 졸라포니족을 향해 감비아의 시바노에서 언어를 배우던 중에 소천한 데이비드 바론 선교사를 생각하면서, 나의 소망을 주님께 올려드린 바 있다. 특별히 감비아 선교 40년이 지나는 1999년에 졸라포니 문서사역 장소를 갖게 된 것이 주님의 준비하심이 아닌가 싶었다.

그 당시 이런 기도를 했다. '지난 40년간 사막에서 영적 방황을 하는 졸라포니족을 이제 약속의 땅으로 옮겨주셔서 2000년을 맞이하는 모든 졸라포니족 마을들에 복음으로 인한 성령의 역사가 일어나도록 도와주소서.' 이후 주님께서 우리에게 은혜를 내려주셨다.

시바노교회의 청소년들에게 웩 감비아지부를 시작한 독일인 하니 선교사는 하나님께 주신 비전을 두고 우리와 함께 기도하자고 했다. 그는 시바노 사역을 시작할 당시 주님께서 온통 그 마을이 쇠사슬에 묶여 있는 비전을 보여 주셨다고 했다. 데이비드 바론 선교사가 주님께 순종하여 이 땅을 밟은 지 이제 40년이 넘어가니, 졸라포니 사역 중에 성령의 역사로 그들을 묶고 있는 사단의 거짓된 쇠사슬이 파쇄되기를 기도했다.

시타 마을의 청소년들 여러 명이 크리스마스 전에 우리가 새로 이사 간 집에 드나들었다. 마을에서 조금 외진 곳이라 카마라쿤다에 세 들어 살던 때보다는 졸라포니 사람들의 방문이 상당히 자유로워졌다.

시바노 마을에서는 사람들이 우리 집에 드나들면 동네 회교들에게 괴롭힘을 당하곤 해서, 아이들은 방문해도 어른들이나 청소년들은 특별한 이유가 없으면 우리 집에 오지 않았다. 그런 상황에서는 사람들과 접촉점을 갖는 것은 성령의 역사가 아니면 어려웠다. 그래서 나는 시바노 마을에 있을 때 사람들이 성령의 역사를 볼 수 있는 마음의 눈과 귀를 열어주시도록 늘 간구해야 했다. 또한 그것에서 성경번역 사역을 할 때는 악령이 역사하여 결사적으로 우리를 향하여 창을 던지는 것이 느껴지곤 했다.

2003년 1월부터는 시바노 교회 여전도회에서 전도사역을 시작했다. 이제는 발란타족 성도들도 주님이 이루시는 교회의 변화에 신바람이 났다. 우리는 1월에 모두 작고이빈탕 마을에 전도를 나갔다. 그리고 시바노교회에 새신자들이 오는 것을 보고 성도들은 더욱더 많은 새가족들이 주님을 영접하고 교회로 나오도록 담대히 주님께 기도드렸다.

성도들의 기도가 자기중심적인 기도에서 마을 사람들을 향한 기도로 바뀌었다. 새 성전이 봉헌된 후 성도들이나 회교들도 시바노에 교회가 있음을 인정했다. 이후 성도들이 이제는 일요일이 되면 옷을 깨끗이 입고 참석하는 모습을 보게 되었고, 토요일이면 예배 때 입고 갈 옷을 준비하는 데 시간을 보냈다.

2003년 중반을 지나면서 2년에 걸쳐 나염, 비누, 크림 등을 판매한 기금으로 교회의 여성도들과 성경공부를 하러 오는 이들에게 손재봉틀을 하나씩 마련해주어 간단한 옷수선 정도는 스스로 하게 했다. 당시 재봉사들이 대부분 회교도여서 그리스도인들이 크리스마스나 부활절에 옷을 맞추어 입는 것이 쉽지 않아 고충이 많았다. 이를 위해 나는 기도를 했는데 재봉과 재단을 잘하는 파케바가 회심하고 교회로 와서, 부인들이 그를 통해 아이들 옷을 주문할 수 있게 되었다.

나는 문맹퇴치를 겸해 회교도 주부들에게 나염을 가르쳤다. 이들은 이 기술을 배워서 상품을 만들어 장사를 했다. 나는 이 모습을 보면서 교회 성도들이 각자의 달란트들을 발견하게 하여 가정경제에 도움을 줄 수 있었으면 싶었다. 재봉 질을 배운 성도들은 찢어진 옷이나 단추가 없는 옷들도 이제는 틀에 박았고, 꿰매고 해서 깨끗이 입고 다녔다. 좀 더 기술을 익히면 옷감을 수

선하는 일을 해서 돈을 벌 수 있을 것 같았다.

지금까지 우리가 졸라포니족 문맹퇴치로 만났던 마을 사람들이 주로 여성들이었으므로, 마을 전도는 여전도회가 하는 것이 더 효과적이었다. 또한 부인들이 말씀을 들으러 오면 아이들이 자연히 따라왔기 때문에 일거양득이었다.

이후 우리는 시타 마을로 전도를 나갔다. 시타 마을 사람은 다음에 다시 오도록 우리를 초대하기도 했다. 그때껏 졸라포니 지역에 회교들이 다수를 이루었기 때문에 우리를 초대하는 마을은 거의 없었는데, 이렇게 접촉점을 갖고 전도사역을 할 수 있는 문이 열려서 상당히 고무적이었다.

목요일마다 여성도를 위한 예배를 드린 후에, 시바노 마을에만 머무르는 것이 아니라 정기적으로 다른 마을들을 찾아가 전도했다. 시바노 마을에서만 살던 성도들에게 다른 마을에 가서 말씀을 전한다는 것은 획기적이었다. 우리는 교회에서처럼 주로 졸라포니어 찬양으로 교회에서처럼 예배를 시작하고 졸라포니어로 말씀을 전했다. 그러면 사람들은 우리가 무슨 말을 하는지 자세히 듣곤 했다. 졸라포니어로 찬양하고 말씀을 전했기 때문에 집중했던 것 같다.

회교도들은 우리에게 하나님을 진정으로 경배하고 찬양하는 일을 모른다고 비꼬며 떠벌렸다. 그러나 매주 일요일과 노방전도를 통해 교회 밖으로 찬양이 울려 퍼져 나가자 동네 아이들은 우리의 찬양에 익숙해지기 시작했다.

당시 시타 마을은 문맹퇴치를 잘하는 마을로 선정되었다. 비정부기관들은 프로젝트를 진행할 때 문맹퇴치를 잘하는 마을을 주로 택했기에, 야채밭을 만들어주는 프로젝트도 시타 마을에서 진행했다. 우물도 새로 파고 야채밭에 물을 주는 작업이 끝나면, 비타민이 풍부한 여러 야채를 먹을 수 있었다. 언젠가 나도 한국의 개량종 옥수수와 고추씨앗을 사다가 마을 사람에게 준 적이 있었는데, 토질이 달라서인지 잘 자라지 않았다.

복음을 전해보면, 복음전파가 어렵다고 말하는 성도들과 절대 그리스도인이 될 수 없다고 맞서는 회교도들을 늘 접하게 된다. 기독교가 이들 마음의 토질과는 다르기 때문인가 싶기도 했지만, 우리는 주어진 자리에서 할 수 있는 한 최선을 다해서 복음을 전하고 다음 일은 성령의 역사에 맡겼다.

시타 마을에서 2002년 12월부터 성경공부를 시작했다. 1992년에 만났던 아이들이 이제 청소년이 되어 그들에게 영어로 성경공부를 하자고 했더니 순응했다. 졸라포니어 예배를 다시 시작하면서 새로운 사람들이 교회에 나왔는데, 탐바쿤다 마을 유치원에서 일하는 유누사와 세니가 가끔 수요일 예배에 참석했다. 또한 탕갈 마을에서 어머니를 폭탄세례로 잃은 에부와 마리화나에 절은 부나마, 시클셀 빈혈증 환자인 지브릴, 그리고 마리화나를 너무 피워 머리가 돌았다는 시세가 수요예배에 참석했다.

2003년 2월 7일 감비아에 오엠선교회의 둘로스 선박이 들어온다고 해서, 브라이언 선교사는 시바노교회 청소년들을 데리고 반줄 항구에 가서 견학을 시키며 성경책을 비롯해서 여러 책들을 사가지고 돌아왔다.

우리는 이제 교회나 마을이나 졸라포니 문맹퇴치사역에서도 성경공부를 할 때 한 가지 성경으로 성경공부하는 것이 가능했다. 그리스도인이 되고자 하는 회교들의 의문 중 하나는 성경이 왜 여러 번역본으로 나오는가였다. 코란이 하늘에서 떨어진 신비한 알라의 절대적인 말씀이라고 믿기에 그런 의문을 갖는 듯했다. 그들의 경전은 하나님의 말씀이 성령의 감동으로 선지자들을 통해 인간의 손으로 필사됐다는 성경과는 판이하게 달랐다. 나는 속히 이들의 말로 성경이 배포되기를 바랐다. 그러면 적어도 말씀의 이해의 폭이 깊어질 것이라고 생각했다.

파케바는 더욱 말씀에 갈급하며 성경에 관해 많은 질문을 하게 되었는데, 후에 영국에서 온 선교사에게서 특별한 제자훈련을 받았다. 그리고 2004년에 시콘 마을 사람들에게 땅을 받아 외딴곳에 집을 짓고 이사를 했다. 그는 선교사들이나 교회 성도들의 옷을 전담하는 그리스도인 재봉사가 되었다. 그는 에냡과 가깝게 지냈는데, 그 이유는 에냡의 어머니가 어린 시절 만딩고족 지역인 키향 지역 마을에서 자랐기 때문이었다. 에냡이 파케바와 친해지자 그의 부인인 빈타도 파케바에게 옷을 주문하러 왔고, 아이들도 우리 집에 놀러 왔다.

에냡의 부인인 빈타는 당시 산달이 다가왔는데 이번에도 딸을 낳을까 봐 근심했다. 나는 마리야뚜를 불러서 빈타에게 그녀의 경험을 간증해달라고 부탁했다. 마리야뚜의 간증을 빈타는 귀 기울여 들었다. 그래서 그녀가 원한다면 마리야뚜와 내가 그녀를 위해 기도해주겠다고 했더니, 그러라고 하며 시큰둥하게 대답했다. 그녀는 우리가 기도하는 중에도 부석거리며 딴청이었다. 그러나 긍휼의 아버지께서 그녀에게 2003년 3월 말 아들을 순산하게 하셔서 에냡 집안에 경사가 났다.

에냡과 빈타는 4월 3일에 아기 세례식을 그의 집에서 했다. 아기의 이름을 다우다, 즉 다윗이라고 지었다. 우리는 교회의 성도들과 함께 차를 타고 그의 집으로 향했다. 에냡이 교회를 다니더니 이맘 집안의 딸인 빈타가 첫 사내아이를 기독교식으로 세례명을 준다고 해서 이곳 마을 사람들은 우리를 무척 경계했다. 우리는 성도들에게 세례명식을 할 때 교회에서 하지 말고 그들의 집에서 하도록 권했다. 그래야 마을 회교도들이라도 그 모습을 볼 수 있기 때문이었다.

우리는 쌀과 기름을 준비했고 에냡은 양을 한 마리 준비했다. 그런데 에냡의 의붓어머니가 와서 우리의 방문과 예배 예식에 대해 듣고는 방에 들어가시더니 곡을 하며 울었다. 당시 에냡은 오토바이까지 타고 여러 마을을 다니며 사역하는 문맹퇴치 감독자였고, 시바노교회에서도 기도를 많이 하는 성도였다. 그는 두두와 함께 주님을 영접하고 캄판트교회에서 부활절 때 세례를 받았다.

빈타와 에냠이 아기를 안고 그의 집 마당 한복판 나무 아래 의자에 앉았다. 마을 사람들은 시바노교회의 족킴 리더가 예배를 인도하는 동안, 추녀 끝에 둘러섰지만 가까이 오지 않았다. 그리고 음식을 도와주는 이들도 거의 없어 그곳에 참석했던 여성도들이 분주히 도와야했다. 시바노교회에서도 이러한 일은 처음이어서 회교도 마을에서 예배를 보면서 기쁘기도 하지만 떨리는 마음을 어쩔 수가 없었다.

우리는 2003년 6월 새 문서사역 건물을 마련했고, 그해 9월 졸라포니어 교사 여섯 명을 감비아대학교의 조기교육 과정에 등록하여 이수하도록 했다. 도시에서 교육을 받아도 일자리가 없는 청년들에게 취업의 기회와 소망을 주고 싶었다. 우리는 뜻밖에 유치원 건물을 얻게 되어 유치원 교사도 채용했다. 앞으로 초등학교 차원으로 문맹퇴치 사업을 넓혀간다는 문교부의 방침에 따라 청년들은 졸라포니족 문맹퇴치 교사가 되기를 원했다.

나는 여섯 개 마을 유치원 교사들에게 쉽게 배울 수 있는 졸라포니어 교본을 어린이들이 싼값에 구매할 수 있도록 그들의 부모에게 권유했다. 그리고 카보코르 마을, 카이모 마을, 작고이빈탕 마을, 시타 마을, 카누마 마을의 어린이들에게 교복을 선물해주었는데, 파케바가 일거리를 받아 즐겁게 교복을 만들어주었다. 그는 처음 가보는 졸라포니 마을들로 출장을 가서 거의 300여 명의 원아복을 만들어주는 열성을 보이기도 했다. 주님께서는 어린이들에게 궁휼함을 보이도록 마음을 주셨고, 사회에서 일어나는 청소년문제에 대처하도록 또 기도와 물질로 도움을 주셨다. 이러한 일들로 우리는 더욱 졸라포니족 마을 사람들과 가까워지게 되었다.

카라파 형제의 결혼식

2003년 카라파는 우리와 함께 배우자를 위한 기도를 했지만 어떤 사람과 결혼을 해야 할지 막막했다. 우리는 여러 교회를 통해 그의 배우자감을 알아보았다. 우리 모두가 주님께서 준비해주시는 사람과 주님의 시간에 결혼이 성사될 거라고 믿었는데, 그에게는 그 기다림이 지루함으로 다가온 듯했다.

그즈음 카라파의 눈을 수술해 준 안디 안과의사에게서 다른 한쪽 눈을 수술해주겠다는 연락이 왔다. 카라파는 보통 사람처럼 결혼하여 살기를 원했다. 선교사들에게도 기도회 때마다 배우자를 위한 기도를 부탁했다. 여름이 되기 전 독일인 잉예 선교사가 자기 집에 가끔 놀러 오는 한 졸라포니족 자매가 있다고 했다. 그녀는 성품이 조용하고 마음에 드는데 문제는 딸아이 하나를 데리고 삼촌 집에서 살고 있다며, 카사망스의 쿠와타이 졸라포니족 출신이라고 했다.

그녀는 졸라포니어를 모르지만 쿠와타이 졸라포니족이 기니비사우 접경에 살기 때문에 발란타어, 만작코어, 월로프어, 풀라니어를 잘하고, 세네갈에서 왔기 때문에 불어도 잘하며 고등학교까지 졸업했다고 했다. 나는 당장 그녀를 보러 달려가고 싶었다.

잉예 선교사의 말로는 그녀의 아버지가 그 마을 최초로 웩 선교회를 통해 주님을 영접한 성도라고 했다. 여자 형제들 모두 세네갈 복음교회의 교회사역자들이라고 했다. 그녀는 한때 교회를 나오던 성도와 결혼을 했는데, 결혼 후 회교로 돌아섰던 남편이 배가 전복되는 사고로 목숨을 잃었다고 했다. 그녀의 아버지는 결혼에 실패하고 아이까지 있는 딸을 집에서 내보내 감비아의 네마쿤크 마을에 있는 삼촌 댁에 기거하도록 했다. 이후에 나는 그녀의 아버지가 주님이 감비아에서 남편을 주실 것을 믿고 그곳에 가라고 했다는 말을 그녀로부터 들었다.

우리는 카라파에게 네마쿤크 마을에 가서 잉예 선교사를 만나고, 그 자매를 만나 선을 보도록 했다. 그러나 카라파는 안절부절못하며 그런 시골에는 가본 적이 없어 갈 수가 없다고 했다.

나는 카라파 모르게 마리야뚜를 불러 네마쿤크 마을로 가서 그 여자를 만나보고 오도록 했다. 졸라포니족이라도 언어가 다르지만 문화가 비슷할 것 같고, 자매 입장에서 그녀를 보는 것이 더 정확할 것 같아서였다. 마리야뚜는 잉예 선교사와 그녀를 만난 후 기쁜 마음으로 돌아왔다. 자기가 보기에는 좋은 자매인 것 같다고 했다. 그래서 나는 카라파를 설득해서 네마쿤크 마을로 가서 자매를 만나보라고 했다. 그는 그곳에서 돌아와서 주님께서 분명히 그 자매가 자기 부인이 될 것이라고 말했다고 했다. 사연인즉, 그가 반줄에서 배를 타고 가면서 주님께 기도하기를, 자매가 초록색 옷을 입고 나오면 자기의 신붓감이라는 주님의 표적으로 여기겠다고 기도했다고 한다. 그가 바라 항에 도착하니 네마쿤크 마을에 있는 잉예 선교사가 마중 나와 그를 안내했다. 카라파가 자매를 기다리는데 그녀는 초록색 티셔츠를 입고 나왔다. 그는 기도의 응답이 정확히 이루어져 너무나도 기뻤다면서 자넷(자매 이름)을 만난 것에 관해 마리야뚜와 나에게 간증했다. 우리는 주님의 특별한 임재하심에 큰 감사를 드렸다.

카라파가 선을 본 후 자넷이 시바노를 방문한다는 소식에, 성도들이 모두 놀라며 기쁨으로 껑충껑충 뛰었다. 자넷은 세 살짜리 아기를 데리고 왔다. 그런데 그녀가 너무나 마른 체격이어서 무슨 질병이 있는 것이 아닌가 해서 걱정되었다. 그녀는 카라파 형제를 만난 후 결혼 이야기가 오고 가서 딸아이를 친정집에 잠시 맡겨두고, 결혼 후에 딸아이를 데리고 올 예정이라고 했다. 자넷은 무척 조용한 성품의 그리스도인이었고, 카라파와 닮은 데가 많아 우리는 놀라지 않을 수 없었다.

교회의 리더들과 브라이언은 카라파와 자넷이 결혼하기 전에 졸라포니족 출신인 모두 사네 목사님과 아들레인 사모님에게 가서 결혼준비 상담을 하도록 주선했다. 그들의 멘토가 되어줄 목회자가 있으니 그와 연결해주어 카라파가 모두 사네 목사님과 지속적인 관계를 갖도록 하는 것이 중요할 것 같았기 때문이다.

카라파 형제의 결혼식 당일에 교회에는 하객들로 발 디딜 틈이 없이 가득 찼다. 200명이 앉으면 가득 들어찰 예배당에 약 300명이 넘도록 왔다. 카라파는 우리가 영국에서 가져온 양복을 결혼 예복으로 입었다. 신부에게도 면사포에 흰 웨딩드레스를 입게 했다. 영국에서 감비아로 올 때, 앞으로 있을 결혼식을 위해서 우리는 친구들로부터 결혼 예복을 기증받아 가지고 왔다. 이 예복 중에서 웨딩드레스를 골라 자넷에게 줘서 입도록 한 것이다. 자넷은 카사망스에서 언니가 보내준 프랑스풍의 긴 손 장갑도 멋지게 꼈다.

자넷의 아버지는 그 당시 라이트하우스교회의 장로님으로 감비아에 있었다. 감비아의 복음주의 교회 성도들이 축하하러 왔고, 전 총회장이었던 모두 사네 목사님도 참석하여 졸라포니어로 말씀을 전했다. 예식이 끝나자 시타 마을 사람들은 부거럽을 들고 와서 연주를 했고, 남자무용수도 나와 몸 전체를 꺾어 보이며 남성적인 멋진 춤을 추었다. 시타 마을의 여자들도 옷을 단체로 만들어 입었고, 교회에서도 각 부서마다 단체로 옷을 주문해서 파케바가 즐거운 비명을 질렀다.

시타 마을 사람들은 회교도이지만 카라파의 결혼 증인이 되기 위해, 족장을 비롯하여 자주 집안사람들, 졸라포니어 문맹퇴치 교사들, 시바노병원 의료선교사들, 웩 선교회의 모든 선교사들이 초대를 받아 왔다. 예전에 마리아마 카마라가 보았던 비전처럼 교회 밖에 서 있는 사람들, 창문으로 들여다보는 사람들이 상당히 많았다. 회교도 여자아이들이 교회 밖에서 결혼식을 보려고 노력했다. 이렇게 멋진 결혼식은 시바노 마을에서 처음 있는 일이어서 회교도들도 엄청나게 흥분하며 영화를 보듯 결혼식에 빠져들었다. 당시 누문딩과 누모가 교회를 담당했는데, 감사하게도 그들이 모든 일을 맡아 도와주었다.

카라파는 2003년 11월 29일 결혼식 직후, 12월 초에 각막이식 수술을 했다. 몇 개월이 지나 나는 자넷을 찾아가 격려의 말을 나누라는 주님의 말씀이 느껴져, 카라파의 집에 찾아가기로 했다.

나는 지난날을 되돌아보았다. 카라파가 결혼 준비로 부엌까지 지어두고 애타게 신붓감을 기다린 게 엊그제 같은데, 주님은 주님의 시간에 그에게 딱 알맞은 짝을 보내셨다. 결혼 후에 자넷은 카라파에게 십일조를 권하며 실천하게 했다. 카라파도 지난 10여 년 동안 교회를 다니며 신앙생활을 하고, 성경을 공부했지만 자넷에게 비할 수는 없었다. 그녀는 2대째 그리스도인으로, 선교사들 품에서 말씀을 듣고 자랐다. 그리스도인이 별로 없던 시절 그녀의 아버지가 교회의 장로이자 리더 역할을 오랫동안 수행해오셨다. 그녀는 척박한 환경에서 핍박받으며 자라온 그리스도인 가정의 자녀이기에, 교회에서 해야 할 일들을 솔선해서 실천하는 신실한 자매였다.

나는 마리야뚜와 함께 카라파의 신혼집에 방문했다. 그 집에 가기 전에 나는 마리야뚜에게 주님께서 자넷에게 아들을 주실 것 같다고 하자, 그녀도 그렇게 생각한다고 말했다. 그래서 우리는 자넷을 만난 후 그녀에게 주님께서 아들을 선물로 주시려는 것 같으니 기쁨으로 받고 기도하자고 했다. 우리는 셋이서 카라파 가정이 아브라함과 같은 믿음의 집안이 되도록 기도했다. 시간이 되어 그의 집에서 나오려고 하는데, 자넷이 할 말이 있다고 했다. 그녀는 주님께서 아들을 주시겠다고 이미 말씀하셨고 자기가 임신했다고 넌지시 알려주었다. 그녀는 주님께서 뱃속의 아이가 남자아이라고 하셨고, 앞으로도 계속 아들을 낳을 것이라고 하셨다고 했다.

니는 그녀의 말을 듣고, 성령님을 통한 주님의 역사가 이렇게 다양하고 직접적이며 세심하고 깊이 있게 삶에 파고든다는 것을 알고 놀랐다. 단순하게 주님의 말씀을 전했는데 우리 셋은 동일하게 주님의 음성을 들었던 것이다. 자넷의 산달이 왔을 때 어느 분이 아이의 이름을 이삭이라고 지어주면서, 아들을 낳을 것이라고 말씀해서 우리는 기쁨으로 이삭의 출산을 기다렸다.

결혼한 지 1년 후 자넷은 이삭을 순산했고, 카라파는 아내의 딸 사라를 자기 딸로 입양했다. 이삭이 태어난 지 7일이 지나자 우리는 교회에서 일가친척들과 동네 이웃들을 부르고, 이들의 전통대로 세례명식을 겸한 유아세례 잔치를 했다.

우리는 회교인 친척들과 이웃들을 초대하고 성경말씀으로 예식을 했다. 카라파와 자넷은 부모가 된 기쁨으로 충만했다. 감비아의 전통예복을 입은 카라파가 이제 두 눈으로 자식을 품에 안고 본다는 자체가 주님의 놀라운 축복으로 여겨져 이 잔치에 참석한 모든 하객이 감격했다.

이삭의 세례명식 때 보장쿤다에 있는 카라파의 삼촌들 중 사네라는 남자가 왔다. 그는 예전에 카라파의 약혼녀 제네바의 아버지와는 쌍둥이로 카라파의 작은아버지였는데, 카라파에게 가장 많이 핍박했던 장본인이었다. 그래서 그가 집안에 들어설 때에 모든 교회 성도들이 긴장했다. 그는 색 바랜 분홍색 상의를 걸쳐 입고 천천히 걸어들어 왔고, 우리를 보자 겸연쩍게 웃었다. 그리고 말라비틀어진 긴 손을 내밀어 브라이언과 내게 악수를 청했다. 그는 전에 우리가 카라파를 꾀어 예수를 따르도록 만들었다며 우리를 매우 미워했다. 카라파에게도 교회에서 그만 발을 빼고 회교로 돌아오면, 제네바와 다른 여자들도 신부로 주겠다고 했다.

그는 하객들 사이로 들어가 자리를 잡아 멀뚱히 예식을 지켜봤다. 우리가 기도를 하면 하는 둥 마는 둥 했다. 하지만 뒷좌석에 앉아 있는 그는 예식 중에 카라파의 간증을 들으면서 계속 흐느끼며 우는듯했다. 예식을 마치자 한 명씩 어린 이삭을 안고 사진을 찍었다. 사네의 차례가 오자 그도 이삭을 안고 신기한 듯 이리저리 바라보며 웃었다. 하객들 모두 그 모습을 보면서 카라파

가정을 축복하시는 주님께 감사를 올렸다.

　이후 카라파 부부는 자넷이 데리고 온 딸 사라, 그리고 그들 사이에서 난 세 아들인 이삭, 사이먼 피터, 제임스와 함께 행복하게 지냈다. 첫 아들을 낳은 카라파는 자신의 눈을 수술해준 안디 씨에게 아들을 낳은 소식을 전했다. 그러자 안디 씨는 카라파의 아들 이삭과 그의 부인의 생일이 같으니 이삭이 고등학교를 졸업할 때까지 1년에 100파운드씩 후원하겠다고 제안했다. 주님의 은혜가 놀라웠다. 수술까지 해준 의사를 통해 이삭의 20여 년간의 교육을 미리 약정해서 도움을 선포한 것이었다. 카라파는 안디 씨가 자기가 혹시 죽게 되더라도 그의 딸이 계속해서 이 약속을 지킬 것이라는 약정까지 해주었다고 했다.

　"내 평생에 선하심과 인자하심이 반드시 나를 따르리니……"(시 23:6). 여호와를 그의 가정의 목자로 섬긴 카라파에게 이 말씀이 이루어지고 있음을 나뿐만 아니라 그를 아는 모든 성도들은 느끼고 있었다.

　우리 가족이 그 마을 떠나올 무렵에 나는 주님께서 카라파에게 부어주신 물질적인 도움을 또 보게 되었다. 그의 간증을 듣고 감동을 받았던 분들이 모금을 하여, 그는 교회의 어느 성도도 선교사도 가지지 못했던 시멘트 집의 주인이 되었다.

　카라파 형제는 회교에서 회심하여 이제 거의 20여 년간 그리스도인으로서 성도의 삶을 살면서 주님의 일꾼으로 사역하고 있다. 그동안 그는 졸라포니어 신약성경 번역 도우미로, 비얌에 있는 라디오방송에 설교자로, 그리고 시바노 교회 리더로 섬겨왔다. 졸라포니어 신약성경이 나온 후에는 세네갈 카사망스로 가서 2013년부터 전도사역을 하고 있다는 소식을 들었다.

　자넷이 시바노 마을로 오기 전에 나와 카라파는 그녀가 감비아 교육대학 유치원교사 과정을 마친 후 어린이사역자로 섬기게 해달라고 기도했다. 알고 보니 자넷은 전에 어린이사역을 했었고, 아이들을 무척 좋아했다. 그래서 카라파와 결혼 후에 우리는 자넷이 감비아 교육대학에 들어가서 공부하도록 도왔다. 그녀는 유치원 교사 과정을 이수하고 회교도 아이도 입학할 수 있는 시바노교회 소속 유치원에서 아이들을 가르치며 열심히 복음을 증거하고 있다.

교회 개척과 주변 마을들의 영적 상태

감비아 회교들은 집안사람이 아프면 누구의 수작으로 아픈가부터 먼저 생각했다. 가까운 병원을 찾아 의사에게 의뢰하는 것보다는 누군가가 마라부에게 부탁해 이러한 질병을 일으킨 것이거나 차츰 죽어가도록 일을 사주했을 것으로 염려했다. 이에 대한 해결 방법은 굿을 해서 마녀사냥을 하거나 아니면 무덤에 가서 기도를 하는 일이라고 들었다. 한번은 시바노 마을에 우기가 한참 심할 때, 한 회교도가 밭에서 돌아오는 길에 홍수로 푹 패인 밭길을 지나다가 아주 길고 흰 장대 같은 물건을 보았는데, 그는 그것을 사람의 시신으로 추측하고 회교사원과 경찰에 신고했다.

동네 사람들이 그곳을 들여다보고는 그 물건이 보통 사람의 정강이보다는 길고 장대해 보인다고 하여, 그곳이 어느 영웅적인 인물의 장지가 아닐까 하고 추측했다. 동네 사람들의 말은 소문의 꼬리에 꼬리를 물고 퍼져 나가 세네갈의 남부지방인 카사망스까지 흘러갔다. 다른 어느 지역보다 미신과 정령 숭배가 팽배했던 카사망스에서 많은 사람들이 그것을 보려고 몰려왔.

시바노 마을의 회교도들은 그곳을 순례자들이 찾아올 수 있도록 순례지로 만들자고 제안했다. 그러나 경찰은 그곳에 사람의 시신이 있는지부터 알아보기로 했다. 시바노 웩 병원 선교사들은 시바노 마을이 절대로 그 일로 인해 회교도들의 순례지로 되지 않도록 기도했다. 그런데 기도의 응답처럼 경찰의 조사결과 그것은 사람의 시신이 아니었고 나무토막이라는 것이 밝혀졌다.

그 당시에 이곳 주민들은 '에랑꼬레이'라는 굿을 하기도 했다. 이 굿을 하기 위해 카사망스에서 한 무리의 박수들이 왔다. 에랑꼬레이를 할 때 사람의 목숨이 왔다갔다 했으나 법적으로 허용되었다. 어느 날 밤에 우리는 느닷없이 음산한 북소리를 들었다. 우기 전이라 습기가 우리를 쳐지게 했고 여기저기서 버석거리는 벌레와 쥐들, 갯코나 도마뱀들의 움직임으로 눈이 말똥말똥해질 무렵 천천히 두드리는 북소리가 습기가 찬 검은 밤에 음산히 퍼져갔다. 소름이 끼치는 북소리였다.

일반적으로 졸라포니족의 축제는 보통 아이들의 세례명식 때나 결혼식 때에 있었다. 아기 출산 후에 8일째에 세례명식인 '에소푸 프커이', 우리말로 직역하면, '머리를 잡는' 명절을 보냈다. 이날 부모는 아이의 머리를 잡고 면도날로 이마에 난 아기의 머리를 조금 밀었고, 귀에 대고 기도를 하며 바람을 휙 불어넣고 화아 하고 소리를 질렀다. 또 여자들은 둥글게 원으로 서서 한 사람씩 중앙을 무대로 북 장단에 맞추어 개성을 살린 춤을 추었다. 축제의 분위기를 고조하기 위해 사람들은 부거럽을 치는 북꾼들을 부르고 흥겹게 춤을 추었다.

그런데 그날 밤에 들은 북소리의 장단은 축제 때 듣던 춤사위 장단과는 너무도 달랐다. 그다음 날 나는 북소리가 났던 마을에 사는 파비에게 가서 북소리에 관해 물었다. 그는 에랑꼬레이를 할 때 쳤던 북소리라고 했다. 무당이 귀신을 부르는 굿 장단이었던 것이다. 나는 교회 성도인 파비를 방문하기 위해 이 마을에 종종 가곤 했다.

그의 집으로 들어가는 동네 입구에 뜻밖의 상점을 하나 발견했는데, 상점 주인의 둘째 부인이 카이모 마을에서 시집와 살고 있었다. 알고 보니 그 상점의 집에는 여러 명의 부인이 있었다. 나는 파비를 방문하면서 여러 사람들과 인사를 나누는 중에 상당히 키가 큰 예쁜 처녀를 만났는데 눈이 거의 보이지 않는다고 했다.

그녀의 아버지는 지팡가 마을 갑부이고 미니버스 사업을 하는데 자가용도 있다고 했다. 그는 졸라포니족 사람으로 마을에서 상점도 하는 것을 보면 상당히 능력 있는 사업가임이 분명했다. 나는 그의 셋째 부인인 카마라 부인을 카이모 마을에서부터 알게 되었는데, 그 집안에서는 이 처녀 때문에 근심이 가득했다. 그래서 딸이 점점 시력을 잃어가는 일로 집안에서 굿을 하기로 결정하고, 소와 양들 그리고 현금을 많이 지급하기로 하고 카사망스에서 그녀의 어머니가 박수들을 불러왔다고 했다. 집안사람들에 의하면 딸이 눈이 멀어가는 이유가 그녀의 어머니가 저주를 했기 때문이라고 했다. 그녀의 어머니는 자신이 누명을 썼다며 이를 증명하기 위해 무당들을 불러다가 영적인 문제를 해결하고 범인을 잡으려고 굿을 자청한 것이다. 감비아에서는 영적인 작당으로 저주하거나 마라부를 통해 남을 저주하거나 해코지를 하면 법적으로 처벌받았다.

그러나 만일 굿을 해서 마녀들이 모여 마법을 걸은 것이 발각되어 마녀가 잡히면, 그녀는 마법사가 내리는 사약을 받아야 했다. 이 사약은 받는 사람의 마음 자세에 따라 그를 죽이기도 하고 살리기도 한다고 했다. 만약 죄를 뉘우치지 않고 악한 마음으로 약을 먹으면 죽고, 죄를 뉘우치고 겸손한 마음을 회개하고 약을 먹으면 산다고 했다.

지팡가 마을에서 북소리가 또 며칠 울려 퍼졌고 향을 피워 댔다. 마라부는 그녀의 딸을 저주해서 눈이 멀도록 할 만한 사람들을 찾기 위해 다 모이게 했다. 파비나 카디를 통해 그들 마을에서 일어나는 일들을 들었는데, 드디어 모든 마을 사람들이 모인 자리에서 범인이 잡혔다. 그녀의 숙부가 그녀를 저주해서 눈이 멀도록 했다는 것이다. 그녀의 숙부가 주술사들에게 잡혀 사약을 먹고 그날 해지기 전에 죽었다고 했다.

사람들은 약을 먹은 사람이 죽고 사는 것에 상당히 관심을 가지며, 마치 그 마을의 사회 정의가 구현되는 것처럼 착각하는 것 같았다. 주님 앞에서 의로운 자가 누구인가? 예수의 피가 아니면 씻을 수 없는 죄, 그 죄를 씻어주고 의의 옷을 입혀주시는 주님을 이들은 몰랐다.

그 무렵 어느 주술사들이 아기를 저주하여 죽이려고 했던 마녀를 잡았다고 했다. 이런 행위는 감비아 주술사보다는 세네갈의 카사망스 주술사들이 주로 했다. 그들은 그룹으로 원정을 오고는 했다. 주술사들은 악기나 악한 저주로 남의 생명을 노렸던 사람을 잡아 체벌로 약을 먹이는데, 이들은 벌을 받아도 싸고 만일 약을 먹고 죽는다 하더라도 당연하게 여겼다. 이때 주술사의 행위는 정당화되고 사람들은 죽은 사람을 천벌을 받은 것으로 여겼다.

주술사는 사약과 굿에 필요한 모든 물품을 가지고 다녔다. 정부가 법적으로 관여하지 않는 주술사들의 비공식 역할이 있음을 알면서 더욱 복음의 절실함이 느껴졌다. 한술 더 떠 정부 차원에서 박수들을 불러다가 굿을 하는 것도 보았다. 야야잠매 대통령은 대대적으로 전국에 마녀사냥을 선포했다. 2000년이 지나면서 우리는 젊은이들이 에이즈로 사망하는 것을 파악하고 마을마다 의료진들이 예방교육에 나섰지만, 이곳 사람들은 마녀들의 장난이라고 여겼다.

야야잠매 대통령의 가까운 인척인 청년이 사망했는데 대통령은 주변의 암적인 세력들의 소행으로 보아 주술사들을 불렀다고 했다. 들기로는 주술사들과 합작을 해서 대통령이 그들의 힘을 빌려 여러 가지 질병을 고쳤다고 했다. 에이즈는 대통령 자신이 제조한 약으로 고칠 수 있다고 장담하기도 했다. 대통령이 어디선가 지원을 받아 지은 병동에서 에이즈 환자를 진료하기도 한다고 했다. 대통령이 한때 졸라포니에서 유명했던 숲 의사(bush doctor)라고 불리는 할아버지의 경험을 전수받았다는 소문도 있었다.

어쨌든 저주로 집안사람들이 죽으니 전국에서 주술사를 불러 전국에 마녀들을 잡는 일이 벌어졌다. 2008년 어느 건기에 성경번역 검토 차 감비아에 가 파이프라인 본부에서 작업을 할 때였다. 시바노의 집에서 갑자기 연락이 왔는데, 감비아의 수도 반줄에서부터 주술사가 마녀 사냥을 시작됐다고 했다. 그 소식을 듣고 교회 식구들이 집집마다 문을 잠그고 숲으로 피신을 갔다고 했다. 아이나우도 나이 많이 드신 의붓어머니를 도시에 사는 친척 집으로 모셔갔다고 했다. 주술사들이 할머니들을 지목하는 일이 많아 잘못 붙잡혀 약을 먹으면 죽을 수도 있었기 때문이다.

이러한 마녀사냥에 익숙한 졸라포니족 그리스도인들이 성경 말씀에 나온 예수님의 행적을 어떻게 이해할 것인가 싶었다. 한번은 인생에 한이 많은 여자들이 마녀 역할을 한다는 말을 듣고 이들을 전도하는 일이 벽처럼 느껴질 때도 있었다.

감비아에는 다른 나라와 마찬가지로 신과 교접하는 영매를 통해 희생물을 바치고, 본인이 두려워하는 적들을 쳐주도록 사주하는 이들이 많았다. 나는 예수님이 십자가에서 돌아가실 때에 예루살렘 성전의 휘장이 갈라져서 은혜의 보좌로 바로 갈 수 있는 것을 이들이 안다면, 그들은 더 이상 잡신들의 노예로 살지 않아도 되리라고 생각했다. 하지만 이런 일을 겪을 때마다 나는 광풍의 소용돌이에 휩쓸려 들어가 노를 저어도 제자리만 맴도는 듯한 기분이 들었다.

대통령의 명령으로 시작된 마녀 사냥의 마수가 시바노 마을에도 촉수를 뻗혀왔다는 소식을 지인으로부터 들었다. 주술사들이 시바노 마을에 들어서자 군인들이 그들을 수행했다고 한다. 주술사들은 의전관이나 된 듯이 사람들을 몽땅 모이도록 했고, 한 주술사가 그들에게 등을 돌리고 거울로 이들을 비추어 보면서 무작위로 사람들을 잡아냈다고 했다. 예를 들면 '노란색 입은 사람'이라든가 '빨간색 바지를 입은 사람' 하는 식이었다. 그리고는 마녀라고 지목된 사람들이 겁을 먹고 도망치면 군인들이 잡아서 강제로 약을 먹였다고 한다. 시바노교회 성도들 모두 아이들을 데리고 숲으로 도망갔고 한두 명 재빠른 청년들이 망을 보다가 해제를 알려주면, 저녁에 돌아오고는 했다고 했다. 몇 주간의 이러한 소동이 도시에서 일어나자 국민들의 불만이 치솟아 쿠데타를 일으킬 가능성마저 있어 중단되었다고 했다.

2010년 감비아를 방문했을 때, 나는 대통령이 공식적으로 약초로만 에이즈 환자를 고칠 수는 없다고 발표하는 것을 들었다. 야야잠매는 대통령으로서의 직무도 있었지만 몇 년간은 조상들의 약초 비법을 통해 에이즈 환자들을 고쳐보려고 애를 써왔다.

　대통령이 약초로 천식, 불임이나 에이즈 환자들을 치료했다는 이야기를 들었다. 국영 텔레비전에도 그 일이 방영될 정도였다. 아프리카의 전형적인 약초 치료가 우리나라 한방약초나 침술로 고치는 것이나 다를 바가 없었다. 나는 무엇인지는 알 수 없지만 영적인 것들이 배후에서 활동하고 있음을 감지할 수 있었다.

문서사역팀의 일꾼들

시바노교회에서는 여성도들이 다른 마을에 전도를 나서고 있어 남성도들도 가만히 있을 수가 없었다. 발란타족은 졸라포니어를 못하다는 이유로 교회에 남았으나, 파케바는 졸라포니어 예배에 가끔 참석하면서 우리가 마을에 전도를 가면 따라와 우리를 거들었다. 마을에 전도하러 가서 찬양을 시작하면 복음에 귀를 기울이는 사람, 달아나는 사람, 손가락질하는 사람 등이 다양하게 반응하는 사람들을 볼 수 있었다. 그중에는 아이들이 우리 이야기를 못 들도록 집에 데리고 들어가는 부모도 종종 있었다.

대부분의 마을에서 복음을 거부했다. 그런데 종종 우리에게 청소년들이 찾아오면 함께 상담도 해주고 기도하면서 개인적인 접촉점을 가지고 비밀리에 성경이나 쪽 복음도 나누어주었다. 주로 회교들이어서 노방전도는 금지되어 있지만, 때로 마을이나 가정에서 초대하면 우리는 그곳에 가서 예배를 드렸다. 그럴 때면 하나님께 감사가 절로 나왔다.

2004년에도 계속해서 졸라포니어 교실을 실시했는데 열세 개의 교실에 224명이 등록했다. 시바노 마을, 소미타 마을, 은뎀반 마을, 에랑갈랜 마을, 탐바쿤다 마을, 카누마 마을, 부얌 마을, 카이모 마을 그리고 여덟 개의 초등학교에 졸라포니어 교본 232권을 보내주었다. 그해에는 졸라포니어 교본 6,150권과 새찬양집 750권, 졸라포니어 이야기 책 1,500권을 발간했다.

졸라포니족 문서사역부는 여러모로 정부 기관과 비정부기관에 도움을 주었다. 우리는 감비아 교육대학의 유치원교사 과정인 ECDU(Early Childhood Development Unit), 만사콩고에서 열린 정부기관의 프로젝트를 위한 교육, ANFEU라는 기관도 도왔다. 그리고 정부기관에서 국민들을 위해서 발행한 세금 매뉴얼(tax manuel)을 졸라포니어로 번역해 출간했다.

2004년에 우리는 누가복음을 졸리포니어로 번역해 회교도, 천주교도, 신교도 중에서 약 15명을 초대해 재검토하는 작업을 했으며, 2005년 3월에는 우여곡절 끝에 감비아 웩 선교지부의 만딩고족 출판부에서 졸라포니어 누가복음을 출간했다. 우리는 재검토 작업을 위해 많은 시간을 할애했다. 졸라포니 족들이 모두 이해할 수 있는 공통분모를 찾는다는 것은 쉽지 않았다. 나는 롭 쿱스 선교사와 만나서 누가복음을 검토한 결과를 보고했다. 우리는 재검토를 통해 본격적으로 누가복음을 번역할 때 신학과 관계된 어휘를 사용했기 때문이다.

이제 누가복음을 비롯해서 성경공부 자료들이 여러 종류가 나왔고 찬양과 기도용어가 졸라포니족 그리스도인들의 입술에 익숙해져 갔다. 이들이 성경을 떠듬거릴지라도 읽으며 이해할 수 있게 되자, 더 많은 쪽복음을 누가복음을 바탕으로 번역해 나가기로 하고 사역의 우선순위를 지혜롭게 정하기 위해 노력했다. 그러나 사역자들이 더 이상 오지 않는다면 문맹퇴치사역과 성경번역을 나 혼자 감당하기에는 한계가 있었다.

당시만 해도 나는 늦게까지 일을 해야 했고 쉬지 않고 마을들을 다니며 성도들을 돌보고 전도해야 했다. 저녁에는 매일 우리 집으로 오는 아이들을 브라이언과 함께 가르쳐야 했다. 그리고 청소년들과도 틈틈이 성경공부와 성경통독을 했다. 누구라도 만나면 복음을 전해야 해서 시간을 쪼개고는 했는데 이제 나 혼자서 그 일을 하기에는 무리가 따랐다. 나는 이렇게까지 사역이 눈덩이처럼 불어날 줄은 몰랐다.

나는 주님께 혼자 하는 사역에 지쳐 곤두박질치고 있음을 솔직히 고백했다. 위클리프와 달리 우리는 특수한 이 사역을 위해 함께할 사람들이 거의 없음을 알고 있었다. 문서 전문사역을 하고 싶으면 위클리프로 가는 것이 당연했다. 그러나 우리 선교회는 사역을 하는 도중에 성경이 있어야 한다는 필요를 느껴, 위클리프에 가서 교육을 받고 사역에 들어갔다. 나도 그런 사역자 중의 한 사람이었다. 특히 복음을 전하는데 성경이 없어 벽에 부딪치는 일들이 너무 많아, 내 마음은 문서사역을 해야겠다는 도전으로 불타올랐다. 그것이 불가능하면 선교지에서 돌아오든지 둘 중 하나였다. 하지만 이 사역에 동참할 일꾼이 있을까 싶었다. 그때 나는 이미 12년의 세월을 홀로 문서사역에 전념해 왔다는 것을 새삼 느끼게 되었다.

새로운 사역자가 와서 언어를 배운다 하더라도 주님께서 그 긴 세월을 함께 공유할 사역자를 보내주시지 않으면 어려울 것 같았다. 다른 번역사들이 여러 명이 모여 번역하면서 겪는 어려움과 갈등을 보았는데 처절하도록 인내심이 없으면 할 수 없는 일이었다. 나 역시 한 단어의 의미를 찾아 표기하기 위해 여러 사람들을 만나고 고심에 고심을 해서 결정했는지 모른다. 문서사역자는 낮은 자리에 앉지 않으면 절대로 할 수가 없다는 것을 이 사역에 전념하면서 알게 되었다.

그동안 여러 번 단기선교 사역자가 왔었지만 내가 그들을 도우며 선교 비전이나 도전을 주는 입장에 머무를 뿐, 그들로부터 실질적인 도움을 받을 수 없었다. 그 짐은 나 홀로 져야 했다.

나는 주님께 사역의 확장으로 인해 필요한 일꾼들을 더 보내주시도록 기도했는데, 주님은 2005년에 장단기로 두 명의 사역자를 보내주셨다. 한 사람은 언어훈련을 마치고 탐바쿤다 마을에서 잠시 어린이 사역을 도운 폴 선교사였다. 다른 한 사람은 홍콩의 어느 교회에서 10여 년간 목회자로 10여 년 섬기다가 2년 단기선교사로 파송받은 마이 선교사였다. 그녀도 시타 마을에 들어가 그들과 함께 지내며 졸라포니어를 배웠다. 2년 단기로 와 그 기간에 언어를 배우고 사역을 한다는 것은 쉽지 않았지만, 그녀는 생각 외로 잘 해내었다. 그녀는 단기 사역을 마친 후 홍콩본부로 돌아가서 선교동원 사역을 했다.

나는 졸라포니이 책자들을 발간을 준비하면서 책을 예쁘게 만들어줄 사역자를 두고 기도했는데, 그해 6월 한국본부에서 신은경이라는 자매에게서 연락이 왔다. 그녀는 초고속으로 책자를 만들고 그림 삽화까지 넣어주는 달란트가 있는 단기사역자였다. 이렇게 주님께서 기도에 급히 응답하셔서 신 자매를 통해 이제까지 만든 책들을 다시 검토하도록 하셨고 모양새를 갖추도록 도와주셨다.

당시 마일 투(Mile Two)라는 반줄 도시에서 2마일 거리에 있는 교도소에서 실시한 졸라포니어 교실에 참여한 졸라포니족 한 죄수가 있었다. 그는 자기의 삶을 글로 정리해서 우리에게 보여주었는데, 졸라 문서사역부에서 그의 책을 소설화해서 책으로 출간하기로 했다. 신 자매가 그림을 직접 그려넣고 디자인하여 그 책을 발간할 수 있었다. 우리는 졸라포니어로 이 정도까지 소설화된 책을 만들 수 있다는 것에 상당한 성취감을 느꼈다. 후에 책이 발간되어 나는 교도소에 있는 그 죄수에게 책을 가져다주었더니 그는 감격하여 말을 잇지 못했다.

나는 언제인가부터 교회에 키보드라도 있으면 청소년들에게 좋을 것 같아 기도를 했는데, 우연히 어느 한국 선교사와 이야기를 하다가 그에게 키보드가 여러 대 있다며 한 대를 기증했다. 몇 개월 후에 졸라포니어 책들을 디자인해준 신 자매가 한국에서 감비아로 왔는데, 그녀는 피아노를 잘 쳤다. 감사하게도 자매는 오후 시간을 내어 시바노 마을 청소년들에게 키보드를 가르쳤는데 교회 청소년들은 악보를 볼 줄 몰라 배움의 진척이 없었다.

예전에 한국에서 요한이라는 형제도 감비아에 3개월 동안 체류할 때, 청소년들에게 기타를 가르친 적이 있다. 그때에도 요한 형제는 교회 청소년들이 악보를 보지 못해 가르치기가 쉽지 않다고 했던 적이 있다. 그러나 감비아 청소년들이 기타를 이리저리 만지며 나름대로 익혀 가는 것을 보았다. 20여 명 정도의 청소년들이 기타 줄을 갈아 끼면서 밤낮없이 연습했는데, 시간이 지나자 실력이 좋아졌다. 그래서 나는 키보드에도 관심을 갖게 된 것이다. 당시는 청소년들이 키보드 실력에 진척이 없었지만 나름대로 연습하더니 몇 년 후에는 악보 없이도 찬양 시간이나 청소년 캠프에서 그동안 갈고닦은 키보드와 기타 실력을 뽐냈다. 나는 이 모습을 보며 꽤 흐뭇했다. 아프리카식 음악교육은 악보를 보는 것이 아니라, 실제로 손으로 만지면서 감각으로 악기를 터득하게 하는 것임을 후에 알게 되었다.

2006년 여름 호주의 한 신학대학교에 재학 중인 민미경 자매가 여름방학 기간 중에 감비아에 왔다. 그녀는 1년 단기로 온 신 자매와 함께 지내면서, 시타 마을과 시바노교회에서 어린이사역을 하면서 찬양과 율동을 가르쳤는데 상당한 인기가 있었다. 당시 교회에는 청소년들의 새로운 활기로 충만해졌다. 한국 단기선교사들을 통해 감비아 교회에서는 찬양과 음악에 대한 관심이 높아졌다.

우리는 신약성경 중 복음서와 서신서들을 초벌번역한 후 여러 번 재검하는 작업을 거쳐 2006년 7월에 아프리카 성서공회의 롭 쿱스 선교사와 마지막 검토 작업을 하기로 했다. 이를 위해 재검토에 들어갔던 누가복음, 마태복음, 마가복음, 요한계시록을 다시 검토했다. 또한 사도행전, 요한복음, 갈라디아서, 골로새서의 초벌번역을 그해 내에 마치기로 결정했다.

이 일을 혼자서 할 수 없기에 나와 같이 일하는 사역자들에게 컴퓨터를 가르쳐주기로 했다. 그래서 카라파, 두두, 맛사내 콜리, 이스마일라를 도시에 있는 컴퓨터교실에 6주간 교육을 보냈다. 당시 우리는 출간된 졸라포니어 책들을 들고 행사장이나 군중이 모이는 곳으로 가서 홍보하며 책을 팔기도 했다. 사무실에서 책만 편집하고 제작할 수는 없었다.

한편 우리 문서사역팀은 그해 6월까지 70과에 이르는 〈의의 길〉이라는 성경공부 자료 번역을 마쳤고, 자료를 녹음하여 방송국에 보내려고 사무실의 창문에 스펀지를 대어 방음장치를 하고 간이 스튜디오를 만들었다. 목소리가 좋고 책을 잘 읽는 에납 형제가 녹음을 담당하기로 했다. 우리 사역자들은 에어컨도 없이 사우나 같은 스튜디오에 들어앉아서 고되게 일을 했고, 간신히

63과까지 녹음을 마쳤다. 녹음 작업도 어려웠지만 감비아 라디오 방송국에서는 송출금조로 1과에 50달러를 지급하라고 해서 크게 부담이 됐다. 우리는 100과까지 이어지는 〈의의 길〉 자료 녹음을 마칠 때까지 라디오 방송 여부를 기다리며 주님께 기도하기로 했다.

주님은 주님의 시간에 적절한 일꾼들을 보내주셨다. 2005년 12월 말에 전 감비아 소속이었던 데비 바저 선교사가 한 그룹의 호주 단기선교 팀을 이끌고 시바노교회에 다녀갔다. 이 일행 중 셀리나 퍼셀 자매가 문서사역에 관심을 보여 우리 집에 들러 하룻밤 자고 갔다.

셀리나 자매는 대학에서 컴퓨터를 전공했고, 문서사역에 관심이 많다고 했다. 나는 그녀에게 초등학교에서 실시하는 졸라포니어 교실을 보여주었다. 그녀는 문맹퇴치사역이 상당히 인상 깊게 보았다고 하고 집으로 돌아갔다. 그런데 약 6개월 후 감비아 문서사역에 동참하기 위해 위클리프 기관에서 1년 동안 어학을 준비한 후에 감비아 웩 선교지부에 지원할 것이라는 소식을 우리에게 전해주었다. 우리는 그녀를 적극적으로 격려했다. 그녀가 그다음 해에 온다면 우리는 안식년을 떠나기 전에 그녀에게 얼마간이라도 오리엔테이션을 시킬 수 있을 것 같았다. 어쨌든 누구라도 졸라포니족 문서사역에 관심을 갖고 이곳에 있는 사무실에서 일할 사람이 있다는 것만으로 나는 주님께 감사했다. 그로부터 1년 후 2007년 5월 첫 기도회 때 감비아 웩 본부에서 나는 셀리나와 재회하고 기쁨으로 교제를 나누었다.

당시 우리가 그곳을 떠나기 약 두 달 전이어서 서둘러서 그녀에게 인수인계를 해야 했다. 나는 수마일라 지바라는 청년에게 9개월 동안 셀리나의 언어공부를 도와달라고 부탁했다. 그 청년은 그동안 졸라포니어를 가르쳤던 경험이 있었고, 성경을 숲에서 읽기도 하면서 영적인 관심과 호응을 보였기 때문이다. 수마일라에게 언어를 배운 이후 셀리나는 감비아의 언어와 문화 적응을 더 하고 싶다고 해서 카라파의 삼촌 집이자 우리가 언어를 배웠던 보장쿤다에서 2년 동안 기거하며 사역에 매진했다. 그녀는 장기사역을 준비하고 위클리프에서 교육도 받았지만, 2년간 신학공부를 해야 한다는 선교회의 규정 때문에, 사역 중에도 학업을 지속해야 했다. 하지만 20대 후반의 셀리나는 처녀의 몸으로 더 이상 선교지에 있을 수 없다는 판단을 내리고 호주로 귀국했다.

우리가 영국으로 떠나고 셀리나 자매가 언어를 배우러 시타 마을로 갔을 때, 졸라포니 토박이 번역사들만 문서사역 사무실에 남기고 가는 우리의 마음을 아시는 주님은 스위스 선교사인 베아트를 통해 사무실에서 일하도록 도와주셨다. 컴퓨터를 전공한 그는 토박이 번역사들에게 컴퓨터 사용법을 자세히 가르쳐주어 그들이 사역을 하는 데 큰 도움을 받을 수 있었다.

주님은 셀리나 선교사가 호주로 떠난 후에 여러 단기선교사들과 만딩고어 구약성경을 끝낸 힐더가드 선교사를 우리 사무실로 보내주셔서 이곳 일꾼들을 이끌어나가셨다.

에냡 이야기

2006년 6월이 되면서 에냡 형제는 70과 분량의 〈의의 길〉을 브라이언과 녹음을 마쳤다. 그에게 언짢은 소문이 들렸다. 그는 두두 형제와 유난히 친했는데 어느 5월 아침에 두두는 에냡이 결혼을 앞두고 있음을 나에게 슬며시 알렸다. 나는 에냡 형제의 동향에 전혀 변화가 없는 것을 보았는데 나에게 말할 것이 없는지 넌지시 물어보았다.

나는 일단 남을 의심하기보다는 40일 기도에 들어갔다. 그가 스스로 고백해주기를 바랐다. 40일이 지났지만 주님은 묵묵부답이었고, 그의 반응도 묵묵부답이었다. 인내심을 가지고 주님께 10일을 더 기도하겠다고 하면서 기다렸다. 내가 주님께 에냡 형제를 두고 이렇게 조르며 기도하는 것을 아무도 몰랐다. 100과의 성경공부 자료를 거의 마치고 있었고 에냡 형제를 위한 기도를 시작한 지 50일째 되던 날, 남편과 에냡 형제는 예전과 같이 〈의의길〉 방송자료인 70과 녹음에 들어갔는데, 퇴근시간이 되어도 남편이 스튜디오에서 나오지 않았다. 해가 어둑해졌는데 남편이 식사시간이 훨씬 지나 집으로 돌아왔다. 브라이언 선교사는 에냡이 지난 수개월 동안 일어난 일들을 자백하고 떠났다는 이야기를 했다.

2005년 우리가 그의 마을인 작고이빈탕에 전도차 나갔을 때 거적때기 같은 침대 위에 그의 형이 아파 누워 있는 것을 보았다. 무릎 상처가 낫지 않는다고 해서 그를 차에 태워 시바노병원에서 치료를 받도록 도왔는데 병원에서는 그에게 에이즈라고 진단했다. 전에 그는 도시에서 한창 인기 있는 어느 호텔의 종업원이었다고 했다. 나는 그에게 자주 가서 정성껏 도와주고 기도도 해주며 복음을 전했다.

그는 결국 얼마 후에 세상을 떠났다. 그의 아내인 보리 보장은 검은 베일을 쓰고 있었다. 졸라포니 족은 이 '후부라프'라는 보자기를 6개월 동안 쓰고 지내며 사별한 남편에 관한 애도를 표를 해야 했다. 남편을 사별한 부인은 구약의 룻처럼 가족 중 남편의 피붙이 중에서 배우자를 채택할 권리가 있었다. 소문에 의하면 그녀는 에냡의 옛 연인이었다고 했다. 보리 보장은 얼마 후에 아기를 낳았는데 그 아이가 에냡의 딸이라는 소문이 파다했다.

일단 교회 리더인 족킴 자타와 카라파 그리고 마리야뚜가 자기의 딸이 아니라고 부정하는 에냡을 데리고 보리 보장을 찾아가 대면했다. 그녀는 에냡의 딸이 아니라고 부인했는데, 마리야뚜는 그 말이 맞을 거라고 했다. 어떻게 아기의 아버지를 여자가 모르겠느냐는 것이었다. 우리는 일단 이 사건을 교회 리더들에게 맡기기로 했다.

졸라포니족 여자들은 자기가 좋아하는 남자와 결혼을 못할 경우 그 가족의 형제들과 일단 결혼하기를 원한다고 했다. 남편이 죽을 경우 그들의 형제와 재혼이 가능한 회교 사회이기 때문이다. 물론 남자가 원하지 않을 경우도 있지만 남자들이 경제적으로 죽은 형제의 부인을 도와준다는 입장에서 대부분 승낙한다고 했다.

교회 리더들이나 우리도 이러한 문화를 알고 있었기에 우리는 에냡에게 형수와 결혼을 하지 말라고 조언했다. 그러나 에냡 형제는 더 이상 숨길 것이 없다고 느꼈는지 내가 기도한 지 50일째가 되는 날, 브라이언 선교사에게 형수가 출산한 아이가 자신의 아이라고 자백했다. 그리고 그녀가 자기를 선택해서 재혼을 원했으므로 결혼을 해야 한다고 했다. 나는 이제 그가 회교로 돌아가게 되리라고 생각되었다. 회교에서 예수를 구주로 영접한 그리스도인들은 코를 내놓고 산다고 했는데, 이는 목숨을 내놓았다는 뜻이었다. 회교도들은 여차하면 칼을 들고 공격할 수도 있다기에 그리스도인들은 가능한 한 회교도들의 회를 지극하는 일을 삼갔다.

주님께 기도한 후에 에냡의 의도를 알게 되었지만, 나는 쓴 약을 마신 듯

입이 비틀어지는 것 같았다. 그러나 그의 입으로 실토한 것에 대해 감사하기도 했다. 회교 집안에서 자란 그가 집안사람들과 회의한 결과 결혼할 수밖에 없다고 했다. 그렇게 하지 않을 경우, 감비아 회교문화로 보았을 때 그리스도인이 된 이후로 그에게 시작된 저주와 보복이 계속 잇따를 것은 자명했다.

에냡의 본부인인 빈타는 이제 우리를 찾아와 한탄하기 시작했다. 브라이언은 교회 리더인 족킴과 카라파와 함께 그를 찾아갔고, 두두나 파케바 형제도 그를 찾아가 다시 교회로 나올 것을 권했다. 그는 그 후 여러 해 방황했는데 우리는 늘 그를 잊지 않고, 그 마을로 전도를 나갔고 다른 집에서 예배를 보더라도 그를 찾아가 인사했다.

2007년 봄 건기에 나는 기도 중에 그를 꼭 만나야 할 것 같았다. 죽기 살기로 성경말씀을 녹음해왔고 졸라포니족 문서사역에 많은 도움을 준 형제여서 마음이 무척 아팠다. 그는 영적으로는 알고 있지만 육신이 약해서 그르치는 일이 많다고 탄식하던 형제였다. 허물과 실수로 그르친 일이지만 나는 주님을 향한 그의 마음을 알고 싶었다. 단기선교사인 신은경 자매와 어느 오후에 30리 길을 걸어서 그의 마을로 갔다.

우기 전에 직장을 잃은 그는 숲에서 생계를 이어가기 위해 카슈농장을 조성하고 있다는 이야기를 들었다. 내가 그의 집에 도착하니 그는 없고, 그의 새 부인인 보리 보장이 아기를 데리고 있었고, 둘째 부인은 오래전에 친정으로 가 아이들만 우두커니 있었다.

땡볕에 걸어갔던 길을 되짚어 오다가 어느 오솔길 중간에서 불쑥 나오는 에냡을 만났다. 너무나 어색해하는 에냡 형제에게 나는 이미 용서를 했으니 앞으로 교회를 나오라고 했다. 그는 몇 달 후에 교회의 리더들을 만났다. 족킴 자타와 카라파는 세례교인들이 모인 자리에서, 그에게 주님께 회개하고 교회에 나와 교제를 갖되, 앞으로 에냡 형제는 부인이 둘이라 그리스도인으로 본보기가 안 되니 기도도 말씀을 나눌 수도 없다고 했다. 하지만 이 말이 걸림

돌이 되었는지 그다음부터 에냡의 얼굴을 못 보았다.

〈의의 길〉의 70과까지를 에냡 형제와 브라이언 선교사가 녹음해서 테이프로 만드는 작업을 했는데, 그다음 30과는 두두의 목소리를 통해 녹음할 수밖에 없었다. 혹시 목소리가 달라 복음을 전하는 데 문제가 있지 않을까 했는데, 이에 대해 질문하는 사람이 별로 없었다. 왜냐하면 두 사람의 목소리가 비슷했기 때문이다. 가끔 에냡 형제의 목소리가 방송에 퍼져 나가면, 사람들은 그것이 누구의 목소리인지를 알고 싶어 하기도 했다. 그때마다 나의 마음이 상당히 무거웠다. 그가 회교로 돌아가 덕이 안 되니 그가 녹음한 테이프를 사용하지 말아야 한다고 주장하는 사람도 있었다. 에냡의 형제 목소리여서 원하지 않는 이들에게, 나는 테이프에 녹음된 내용이 하나님의 말씀이지 에냡의 말씀이 아니니 성령의 역사에 맡기자고 호소했다. 그리고 하나님의 능력의 말씀이 듣는 이들의 삶에 역사하실 수 있음을 주지시키기 위해 노력했다.

그럼에도 우리는 이 사역을 할 수 있는 시간이 많지 않고, 자료의 녹음 작업 후에도 방송국에 가서 방송을 송출하는 것도 쉽지 않다는 것을 시간이 갈수록 절감했다. 그런데 주님은 특별히 독일과 영국 선교사들과 후원자들이 이 사역에 도움을 줄 수 있도록 인도하셨다. 이후에도 라디오를 통해 복음이 전파되었고, 카라파 형제도 라디오 방송국에서 일요일에 말씀을 전했다고 한다. 나는 방송국에서 일을 까다롭게 하고 송출비용도 비싸게 요구해 한때는 우리 소유의 방송국이 있었으면 하고 생각했다. 아직 이 소망은 내 마음에서 사라지지 않았다. 언젠가는 비전을 가진 그리스도인들이 경영하는 기독교방송이 들어서기를 기도하고 있다.

한편, 나는 에냡 형제가 주님 안에서 회복되기를 이후에도 계속 기도했다. 주님과 교회를 떠난다는 것이 상당히 그에게 고통을 주었다는 것을 알았는데, 그는 전부터 모두 사네 목사님을 따랐기에 회교도로 돌아간 후에도 여러 번 그에게 조언을 받았다고 했다.

그런데 언젠가부터 나는 그를 만나면 그의 손을 잡고 울면서 다시 돌아오라고 권면했다. 검은 감비아 형제의 투박한 손이지만, 나는 그를 만나면 피를 나눈 형제처럼 정겨웠다. 하나님의 성령의 물결이 미약한 나를 통해 흘러나가 감비아인 에냡에게도 주님의 살아 있는 생명수가 흘러들어 가고 있음을 느꼈다.

가끔 작고이빈탕 마을에 말씀을 전하러 가면 그가 오기도 했지만 늘 불러야 참석을 했다. 처가 쪽이 회교사원을 장악하고 영적 영향력을 행사하는 이맘집이라 그도 어쩔 수 없었던 것 같다. 사단이 그를 잡고 흔들어대는 것 같았다. 칼로 자르듯 깨끗한 믿음을 갖고 사단에 휘둘리지 말아야 하는데, 그런 모습이 부족해 보여 안타까웠다.

나는 그가 어느 주일에 졸라포니 베레펫트 지역 소미타교회에 출석해서 모두 사네 목사님이 회개에 관해 말씀을 전했을 때, 앞으로 나와 무릎을 꿇고 고개 숙여 주님께 용서를 구하며 울었다는 소식을 들었다. 어느 날 모두 사네 목사님은 에냡에게 주님의 손에 모든 것을 맡겨야 한다고 하셨는데, 그 이야기를 듣는 우리에게도 주님께서 자유함을 주셨다.

두두 이야기

두두 형제가 전에는 술에 취해 쓰러져 논에 늘 엎어져 있곤 해서 가족들이 그가 들짐승에게 잡아먹히지 않을까 걱정했는데, 주님을 영접하고 새로운 삶을 살자 그의 부인도 친정에서 돌아왔다. 그동안 그에게 일거리를 졸라 문서사역부에서 주었는데, 그는 적극적으로 그 일을 하며 힘들 때도 인내하며 해냈다. 그는 하나님이 우리와 함께 계신다는 말이 와 닿았는지 간증을 할 때마다 그 말을 자주 했다. 이제 그들의 가족은 침대도 없이 땅바닥에 뒹굴던 그가 가재도구와 그릇도 장만하는 것을 보고는 교회생활 하는 것을 나무라지 않았다.

그의 술버릇을 아는 동네 어느 사람은 교회를 다니면서 술을 끊었던 두두 형제를 보고, 우리에게 찾아와 무슨 약을 먹였길래 그가 술도 안 먹고 요즘 그리 조용하냐고 진지하게 물었다. 나는 성경 말씀밖에 가르친 적이 없으며, 예수의 피로 그가 죄 사함을 받았다는 것을 알고 자유로워졌고 예수님이 그의 새로운 삶의 이정표가 되었다는 것을 말해주었다. 두두는 상당히 영리한 사람이었고 모든 면에 자질이 풍부했고 과묵한 편이었다.

그는 에냡 형제와 마찬가지로, 2000년 무렵 새로운 집으로 이사하고 졸라포니 문서사역이 점차 확대될 때 우리를 찾아왔다. 우리가 사는 집 건물을 짓는데 십장인 말라키를 돕기도 했고, 자기가 살던 카이모 마을에서 실시한 졸라포니어 교실에서 공부도 했다. 이후 주님을 영접하고 문서사역에 동참했다. 몇 년 후에는 에냡 형제와 함께 교회에서 세례도 받았다.

어려서부터 그는 파비와 에냡 등 다른 회교도들처럼 라마단을 철저히 지키지 않았다는 공통점이 있었다. 그의 부인이 출산을 위해 수술해야 될 상황에서 수요예배 때 기도를 간절히 드렸고, 기도의 응답으로 산모는 아기를 순산했다. 그 후 두두는 기도에 더욱 적극적이었다.

그는 회교학교 교장인 형님의 눈치를 보면서도 교회를 숨어다니듯 다녔는데, 집안에서 두두가 겨우 직장이라고 다니면서 일정한 월급이 들어오니 둘째 부인을 맞도록 준비한다는 소식이 들렸다. 그의 첫 번째 부인의 아버지는 풀라니족이었고, 어머니는 졸라포니족이라고 했다. 졸라포니족의 결혼 관례에 따르면 두두가 자란 삼촌 댁의 딸들과 결혼하지 않았던 것이 상당히 문제가 되었다. 결혼 후 그는 딸을 셋이나 낳았는데 집안에서는 아들을 낳지 못하는 부인인 카디자투를 나무랐다. 그의 부인은 어머니의 영향으로 졸라포니어를 잘했고 수요예배에 줄곧 참석했다.

2005년 우리가 안식월로 감비아에서 3개월 동안 떠나 있을 때, 영국인 폴 선교사에게 그가 병원에 입원했다는 연락이 왔다. 우리가 감비아의 메디컬 리서치병원에서 찾아갔을 때 그는 혼수상태에서 빠져나오는 중이었다. 거의 6주간이나 혼수상태에 빠져 있었다고 들었다. 퇴원하는 그를 우리 차에 태워 그의 집으로 데려갔다.그의 가족들은 우리에게 상당히 감사를 표했지만, 선교사들의 반응들은 싸늘했다.

나는 그에게 자초지종을 들어보았다. 두두의 부인은 집안 어른들부터 또 딸을 낳으면 두 번째 부인을 맞이해야 할 것이라고 압력을 받았다고 했다. 그러자 그녀는 참다 못해 친정으로 갔다고 했다. 그래서 두두는 주님께서 긍휼을 베풀어주시도록 매주 수요모임에서 열심히 교인들과 기도했다. 그러던 어느 날 그는 집안사람들과 다툰 후, 만작코족 여인이 비밀히 운영하는 선술집에서 술을 잔뜩 마시고는 장대같이 비가 내렸던 흙탕길을 자전거를 타고 어둠에 달리다가 논바닥에 나가떨어졌다고 했다.

주님께서 그의 생명을 살리시려고 하셨는지 마침 맞은 편에서 자전거를 타고 오던 남자가 있었다. 무언가 논바닥으로 떨어지는 소리를 듣고는 손전등을 비춰보니 청년이 쓰러져 있고 자전거가 엿가락처럼 나동그라진 것을 발견했다. 그는 경찰을 부르려고 시바노로 달려가 많은 이들과 함께 와서는 두두를 논바닥에서 구출해냈다고 들었다. 만일 두두가 그날 밤에 발견되지 않았다면 죽었을지도 몰랐다. 그곳에는 코브라들이 많았기 때문이다.

우리는 그에게 얼마간 병가를 주었는데 일에 복귀하자 우리는 그의 무분별한 음주습관을 지적했고 그는 용서를 구했다. 그러나 그는 용서를 구하기 전에 여러 가지 변명을 늘어놓았는데 주님을 영접하고도 여전히 이들이 영적으로 시달리고 있음을 알았다.

그의 아버지에게는 부인이 두 명 있었고, 그의 어머니는 작은댁이었다. 딸만 둔 첫 번째 부인은 아들을 둔 그의 가정을 질시했다고 했다. 큰댁의 막내 딸은 상당히 마음이 강퍅해서 사람들을 그녀가 마녀가 되었다고 했다. 나는 어떻게 그런 주장을 할 수 있느냐는 질문에 동네 사람들이 다 알고 있는 사실이라고 했다. 그는 과거의 정령숭배나 아니면 전통문화에 얽힌 일들을 우리에게 핑계거리로 쏟아놓았다.

그로 인해 우리는 다른 선교사들과 마찰도 있었다. 선교사들은 왜 우리가 그에게 계속 일을 시키는가 하는 의문을 제기했다. 그러나 나는 주님의 때가 있다고 보았다. 또한 변명이라고 해도 그의 이야기를 들어줄 수가 없다면 우리에게도 문제가 있다고 생각이 들었다.

물론 그는 이해하기 쉽지 않은 말들을 했다. 그의 이복누나가 그를 특히 미워했는데, 그가 술을 마시거나 술주정하는 일은 그녀가 마녀 짓을 하여 그의 일생을 망치도록 하기 때문이라고 했다. 그는 단호하게 그날 논바닥에 자전거를 타고 가다가 떨어진 일들도 그녀의 책임으로 돌리는 것 같아 우리는 마음이 아팠다. 나는 그가 이런 변명을 할 때마다 주님의 말씀을 경외하기보다는 사단이나 마녀를 더욱 두려워하는 것을 자인하는 것과 같다고 주지시켰다. 사단의 역할을 떠벌리면서 자신도 모르게 사단을 높이는 경우가 있기도 해서 그에게 주님만을 바라보도록 권면했다.

그는 우리가 모르는 어떠한 일들이 그의 이복누이를 통해 이루어지고 있었다는 과거의 일들을 예로 들면서 집안이나 동네의 모든 이들이 알고 있다고 했다. 병원에서도 이유를 알 수 없이 오랫동안 무의식에 빠졌다는 것도 한 예로 말했다. 이에 관해 의사 역시 이렇다 할 병명을 찾을 수 없어, 그가 오랫동안 의식에서 깨어나지 못한 이유를 모르겠다고 말하기도 했다.

우리는 살아계시는 하나님께서 이러한 일을 그에게 허락하신 이유가 있을 것이라고 말했다. 얼마 후에 그의 친누나가 도심으로 간다며 우리 사무실을 들러서, 오랫동안 두두와 이야기를 나누고 떠났다. 친누나가 집안사람들과 의논을 해서 '에낭꼬레이'를 하려고 돈을 거두러 간다고 했다.

주술사를 불러다가 범인을 찾고 집안의 우환을 완전히 없애도록 해야 한다는 이야기였다. 우리는 그러한 일들로 이복누나와 다른 사람이 해를 당하는 것은 무고한 일이라고 주장했다. 그러한 일들은 기도로써 주님에게 전적으로 맡기며, 전능하신 하나님께서 다루어주시도록 해야 한다고 말했다.

그의 집안에선 결국 소와 양을 사고 금전을 내어 놓고 주술사를 불렀는데, 두두의 이복누나는 이를 눈치 채고 숲으로 달아났다가 결국 마녀 짓을 실토하고 죽음을 당했다는 소식을 듣게 되었다. 이들은 악을 저지른 마녀를 정상적인 인간으로 보지 않고 사단의 일꾼으로 보아 벌을 받아 죽어도 마땅하다고 생각했다. 이들의 가정에서 누리는 평강은 하나님이 주시는 평강이 아니요 마녀를 제거해서 온 평강이었다. 나는 그가 이후로는 술을 먹지 말고, 자전거를 타고 가다가 쓰러지는 사고를 일으키지 말아야 한다고 농담을 했다. 사실 이복누나의 죽음에 대해 가책도 갖지 않는 이들의 잔인성에 나는 몸서리를 쳤다.

일부다처제 속에 경제권이나 이해득실, 더 나아가서는 서로 사랑하고 용서하지 않고, 욕심에 이끌려 참혹한 일을 하는 것이 안타까웠다. 결국 그들은 마녀가 스스로 마음을 돌릴 수가 없을 경우에는 죽음이 그녀의 머리 위에 떨어질 수밖에 없다고 생각했다. 앞으로 다시는 악한 짓을 않겠다는 마음이 없으면 스스로 받은 약이 사약이 되어 죽음으로 정죄를 내린다는 것이다. 이해하기 어렵지만 그들은 그들 나름의 방식으로 문제를 해결하기 원했다. 졸라포니족은 그리스도인이 되어도 비그리스도인과 충돌할 경우 그들의 방식대로 해결하려는 일들이 교회 내에도 비일비재했다.

얼마 후 두두는 삼촌의 딸을 부인으로 맞이하는 일을 거절했다며 아들을 낳도록 기도해달라고 했는데, 우리가 떠난 후에 그의 부인이 임신했다는 소식이 들려왔다. 2009년 12월 만났을 때 그는 우리에게 아들을 보여주었다.

세월이 흘러 정부의 요청으로 나는 카라파와 두두 형제에게 졸라포니어 교육을 맡겼던 적이 있었다. 그런데 두두는 그날 만취상태로 교실에 들어섰다가 선교사의 우연한 방문에 들켜 그만 교사직을 사임하고 말았다.

몇 달 후에 나를 만난 그는 이제 더 이상 마녀인 이복누나를 탓할 수도 없었다. 우리는 그리스도인의 믿음과 삶에 관해 그와 많은 이야기를 나누고 깊이 있게 주님을 알아가야 한다고 권면했다. 긍휼, 사랑, 은혜가 모두 주님께 속한 것임을 나는 다시 절감했다. 성령님의 인침이 아니면 이러한 일들에 긍휼과 사랑과 용서라는 멋지고 상쾌한 언어를 입에 담아보지도 못한다는 것을 나는 알고 있다. 이런 일련의 사건을 통해 나는 내가 단지 인간임을 깊이 자각하고 살아계신 하나님을 더욱 경외하게 되었다.

하나님의 일꾼 파케바 1

2005년 12월 3일 시바노교회에서는 파케바의 결혼식이 있었다. 2002년에 그가 주님을 영접한 후, 주님은 그를 크게 축복하셔서 축복받은 결혼식을 올릴 수 있었다.

그는 키향 출신으로 그곳에서 초등학교 5학년을 다니다가 졸업을 못 하고 한 길거리 재봉사에게 재봉 일을 배우기 시작했다. 대충 눈대중으로 잘라 대는 감비아 양장점에서 눈썰미와 자질이 있었는지 그는 옷 만드는 것을 쉽게 배웠다. 자신감이 생기자 그는 바카오를 떠나 브리카마 시장으로 일터를 옮겼다. 비가 오나 맑으나 시끌벅적한 시장에서 하루 종일 남의 상점 앞을 빌려 앉아 바느질을 했다. 그러다가 시골에는 재봉사가 별로 없으니 장사가 잘될 거라는 소식을 듣고 브리카마를 떠나 시바노 마을로 왔다. 일을 시작하기 전에 그는 자기가 마라부임을 사람들에게 알렸다. 돈을 양쪽으로 벌어 보자는 속셈이었다. 부적을 만들어 팔아 효험이 있다고 소문이 나면 불티나게 사람들이 찾아올 것으로 기대했다. 그는 만딩고 지역인 키향 출신이어서 졸라포니족의 회교사원에서는 영향력이 있는 사람이었다.

그는 성질이 불같아서 시장에서도 곧잘 싸움을 했다. 우리가 그를 만난 2002년 겨울 무렵에도, 그는 그리스도인으로 개종했다고 놀리는 사람들과 시장바닥에서 다투고 있었다. 나는 그가 그리스도를 주님으로 영접한 이야기를 들은 적이 있는데 매우 흥미로웠다.

시바노 마을에서 일하던 어느 날 그에게 시바노병원에 단기로 온 스위스인 부부 선교사가 딸을 데리고 와서 옷을 만들어달라고 했다. 그는 선교사 가족의 옷을 만들어 마을 끝의 시바노병원 앞에 있는 카마라쿤다로 향했다. 우리 가족이 안식년을 떠나고 난 후 그들이 우리가 살던 집으로 이사와 있었다.

재봉사들은 외국인인 투밥에게는 값을 비싸게 불렀다. 그럼에도 스위스 부부 선교사는 그에게 복음을 전하려고 옷을 더 많이 주문하며 접촉점을 마련하고자 했다. 그들이 말씀을 전하자 그는 근본은 세레족으로 만딩고어를 쓰는 코란을 잘 알고 있어 복음을 전하는 그들 부부와 논쟁을 하거나 질문을 많이 했다.

복음을 전할 때 질문이 없는 사람들은 영적인 것에 관심이 없다고 보면 되었다. 파케바는 이들 선교사 부부가 전해준 카세트에 담긴 복음을 듣고 남편 선교사와 대화를 했다. 그 선교사는 어린시절에 나이지리아에서 자란 선교사 자녀였다. 그래서 아프리카 사람들의 마음을 잘 읽고 있었는지도 모르겠다. 파케바는 부적을 붙이고 손님을 기다렸지만 일거리가 없었는데, 이 스위스 선교사가 온 후에 일거리를 많이 주고, 복음을 전해주어서 곧 그와 친해졌다. 하나님의 은혜로 파케바는 예수님께서 십자가에 달리셔서 우리의 죄값을 대신하시고, 우리를 죄와 죽음에서 건져내신 놀라운 은혜에 감사하며, 생명력이 넘치는 진리의 길을 따르기 시작했다.

복음을 들은 후부터 그는 회교사원을 가지 않고 카세트로 말씀을 들으면서 일을 하던 중 주님을 영접했다. 그 후 교회로 나오기 시작하니 마을 사람들에게 더 이상 이 사실을 숨길 수가 없었다. 그가 주님을 영접한 것이 알려지자 마을 사람들은 그에게 시장에서 재봉질을 못하게 했고 주인집에서도 식사를 주지 않았다. 그러자 파케바는 분노를 금치 못하고 마을 사람들과 삿대질까지 하며 몸싸움을 했다.

결국 그는 교회 리더들과 선교사들과 의논 후 리더인 족킴 자타 집에서 지내게 되었다. 우리가 안식년을 다녀온 후 새신자였던 파케바를 만났는데, 너무나 소중한 영혼이어서 무척 반가웠다. 비록 우리는 만딩고어를 못했지만 파케바는 영어를 곧잘 알아 들어 의사소통을 했다.

우리는 새벽기도에 나가 함께 기도를 드렸다. 그는 언제부터인가 결혼에 대해 기도하기 시작했다. 우리 여전도회에서는 많은 젊은이들이 교회에 들어오도록 기도하는 중에 젊은 형제가 교회에 왔으니, 그에게 알맞은 배우자를 주셔서 그리스도인의 가정을 이룰 수 있도록 기도했다. 나는 젊은 자매들이 있는 복음교회에 가서 그들과 만나보라고 했다.

어느 날 수쿠타에 있는 모두 카마라 목사님께서 콤보 지역 분둥교회에 다니는 졸라포니족 자매를 파케바에게 소개해주겠다며 그에게 오라고 했다. 그는 카라파와 같이 집을 짓고 부엌도 설치했다. 하지만 혼자 지내서인지 여간 적적해하지 않았다. 그의 집은 숲과 거리가 가까워서 늘 들짐승들이 출몰하는 곳에 있었다.

파케바가 분둥교회에서 여성도를 보고 돌아온 후 결혼이야기가 오갔다. 그녀의 이름은 마리야마 보장으로 카닐라이 마을 사람이었다. 우리는 그녀가 졸라포니족으로 그리스도인이라는 것과 시바노 마을과 가까운 마을에 있는 자매여서 무척 흥분되었다. 학교는 다니지 않아서 글을 모르지만 시에라리온에서 가정부로 있을 때, 주인집 사람들이 복음을 전했고 분둥교회로 인도해서 주님을 영접하게 되었다고 전했다.

마리야마 보장을 보고자 했는데 그녀가 시바노 마을로 왔다. 우리는 서둘러 결혼 준비를 했다. 카라파와 자넷이 결혼할 때 입었던 예복을 준비했다. 마리야마 보장이 자넷과 비슷한 체형이어서 파케바가 그녀의 옷을 손질했다. 그녀의 이혼한 어머니는 시타 마을에 살고 있고, 형제들과 아버지가 카닐라이 마을에 산다고 했다.

마리야마 보장은 우리에게 자신의 과거에 대해 이야기해준 적이 있다. 그녀는 어릴 적 부모님이 정해준 남자가 있었는데, 자라면서 보니 그 남자가 정신이상자였다. 그래서 사춘기가 들면서 도시로 달아났고 남의 집에서 일하며 돈을 벌었다. 그러다가 시에라리온 가정에서 일하게 되었는데, 주인집은 독실한 크리스천이었다. 이후 그녀는 주님의 인도하심으로 분둥교회를 나갔고, 모두 사녜 목사님의 소개로 파케바 형제를 만나 결혼하게 되었다.

결혼 소식을 자매의 집안에 알렸다. 카닐라이 마을에 사람을 보내서 중매처럼 그들이 무엇을 원하는지를 알아보려고 했다. 졸라포니 지역에서는 일반적으론 돈과 가축을 원했다. 그러나 그들은 마리야마 보장이 그리스도인이 되었고 만딩고족인 파케바와 결혼을 한다니 있을 수 없는 일이라고 했다. 이미 그녀는 남편이 있는 여자라고 했다. 마리야마 보장은 결혼을 한 적이 없다며 아버지가 결혼 정략금으로 돈을 받았기에 그러는 것이라고 했다. 카닐라이 마을에 있는 아버지 댁에서는 만일 약혼을 파기하면 정혼한 남자 집에서 저주할 테니 안 된다고 했다.

그 돈의 정확한 액수가 어느 정도인지는 아무도 몰랐지만 남자가 여자 집에 보통 보내는 금액 정도로 해서 파케바가 결혼정략금을 보냈다. 그들은 파케바가 보낸 돈을 받는 것 같았고 이후 아무런 소식이 없었다. 우리가 마리야마 보장의 어머니에게도 결혼을 알렸는데 알고 보니 그녀의 어머니는 시타 마을에서 우리가 어린아이의 시신을 실어다 주었던 적이 있는 종꽁 냐시의 첫 부인이었다. 그 후 그녀는 어린이사역 때에 도움을 주었기에 안면이 있었다. 참으로 놀라운 일이었다. 이렇게 연결고리가 될 줄이야!

하지만 그녀의 어머니가 자식 다섯을 두고 시타 청년의 첫 부인으로 갔다는 사실도 이해가 가지 않았지만, 지금에 와서 자식이 결혼을 한다고 하니까 만딩고족 사람과는 안 된다며 몸져눕고 악담을 하는 것도 이상했다. 나는 카라파와 함께 그녀를 만나보려고 시타 마을에 여러 번 찾아가 그녀의 남편인 종꽁 냐시에게 협조를 구했지만, 그녀는 나를 보자 눈인사만 할 뿐 아무런 대구도 하지 않았다. 그녀에게서 살기마저 느껴졌다. 마리야마 보장은 법적으로도 결혼이 가능한 나이로 부모의 승낙이 없어도 되었다. 우리는 법적인 근거까지도 변호사를 통해 알아보았고 신체검사까지도 마치도록 도움을 주었다.

결혼식에 마리야마 보장의 남동생이 가족 대표로 참석했다. 시타 마을에 사는 마리야마 보장의 양아버지는 서슬 퍼런 그의 부인 때문에 식장에는 들어오지 못하고 교회 밖에서 결혼식을 지켜보는 것이 보였다. 그들의 풍습대로 신부가 입장할 때에 쌀을 흩뿌려주는 사람도 없었다. 그러나 교회에는 복음 교회 성도들로 가득 찼고, 예배당이 떠나갈 듯 주님께 올려 드린 찬양은 기쁨으로 충만했다.

주님께서 이루신 놀라운 기적은 파케바와 마리야마 보장의 영혼을 회복시켰고, 이제 이들은 부부로서 그리스도인 가정을 이루게 하셨다. 이 모든 과정을 지켜보는 우리 모두는 흥분되었다. 그동안 그들을 중매하고 결혼상담도 맡아주셨던 모두 카마라 목사님도 결혼식에 참석하셔서 새신랑과 신부를 축하해주었다.

하나님의 일꾼 파케바 2

마리야마 보장은 참으로 영리했다. 초등학교에 다닌 적이 없어 졸라포니어를 읽고 쓰는 단계를 거쳐 영어 기초를 배워나갔다. 스무 살이 갓 넘은 어린 나이지만, 성장기에 많은 어려움을 겪으면서 세상을 보는 눈도 달랐고 일 처리에서도 성숙했다. 눈썰미도 빠르고 재주가 많아 나는 졸라포니족 문서사역에 참여하는 부인들에게 가르쳐주는 나염, 비누나 바셀린 만드는 기술을 그녀에게 가르쳐주었다.

그리고 얼마 후에 카드 만드는 법을 개발해서 경제적인 도움을 주었는데, 마리야마 보장은 내가 가르쳐준 것을 응용해서 카드를 독특하게 만들었다. 서점에 그녀를 소개해주었더니 주인과 개인적으로 연결이 되어 그녀는 카드를 주문받아 팔았고, 기도회 때에는 선교사의 도움을 받아 팔고는 했다.

어린 시절부터 콤보 지역 도시에 살아서인지 마리야마 보장의 매너는 남달리 세련미를 보였고 음식솜씨도 무척 좋았다. 자넷과 둘이서 교회의 행사 음식을 할 때에 도움을 줄 수 있는 수준이었고 음식 맛을 돋울 정도로 실력이 있었다.

마리야마 보장과 파케바는 금실이 좋았다. 어린 부인이어서 파케바에게 더 사랑스러웠는지도 모르지만, 둘은 회교를 믿다가 회심을 했고 집안의 극적인 반대를 무릅쓰고 결혼이 성사된 터라, 주님의 각별한 은혜를 받는 것 같았다. 그녀의 친정에서는 결혼 지참금으로 받아간 돈을 결혼시키려고 했던 남자의 집안에 돌려준다고 했는데, 남자 집안에서 보복으로 저주하는 것을 살풀이해주어야 한다는 명목에서였다. 저주의 내용에는 죽음, 불임, 시각장애, 소아미비, 정신병 등이 해당되었는데, 우리는 저주로 인한 어둠의 역사가 있을 것에 대비해 교회에서 그들을 위해 주 예수의 피로 덮어주시길 간절히 기도했다. 나는 이들의 마음을 장악하고 삶 속에 스며 있어 뚜렷이 보이지는 않지만, 여기저기에서 움직이는 검은 세력들의 포악함이 느껴졌다.

마리야마 보장은 외로움을 느꼈는데, 그녀가 어렸을 때 다른 남자와 결혼한 어머니가 딸의 결혼식에 오지 않은 것도 섭섭했지만, 아예 발걸음을 하지 않아서 그런 것 같았다. 그녀의 어머니는 마리야마의 집에서 5킬로미터도 떨어지지 않은 곳에 살았다. 그 정도의 거리라면 감비아 사람들에게는 동네 마실 다니는 정도의 거리일 뿐인데, 그녀는 시바노 마을에 와서도 마리야마 보장을 만나지 않았다. 딸이 그리스도인이 된 것을 그때까지 절대로 받아들이지 않는 것 같았다. 그러나 가끔 초등학생 이복동생들이 부모님 몰래 그녀의 집에 들러 몇 시간씩 함께 있다가 가곤 했다.

결혼 후 약 1년이 되었을까 그녀의 할머니가 아프기 시작하셨는데 느닷없이 아버지가 돌아가셨다. 파케바와 마리야마는 이를 계기로 집안에 가서 인사를 하지 않으면 안 된다고 했다. 교회에서도 이러한 문제를 두고 기도를 했었으니, 그들 부부만 집으로 보내면 안 된다는 등 의견이 분분했다. 나는 교회 리더 몇 분과 성도들 그리고 캄판트 마을에 있는 벤자민까지 차에 태워 카닐라이 마을로 갔다.

마리야마 보장의 친정 쪽 사람들이 모여 있었는데, 우리 차가 들어서고 마리야마가 보이자 웅성거렸다. 결혼 후 처음으로 하는 인사인데 교회의 성도들까지 함께 있으니 그들의 눈초리가 심상치 않았다. 우리는 방 한구석에 앉았는데 삼촌이 들어와 인사를 나누었다. 그리고는 그는 마리야마 보장의 아버지가 돌아가셨는데 지참금을 파케바에게 다시 돌려주겠다고 했다.

이런 행동은 그들의 관계가 악화될 것을 의미하는 것이었다. 모든 교회 성도들과 집안사람들이 보는 앞에서 건네준 돈이어서 파케바는 거절하지 못하고 받아야만 했다. 이야기가 옥신각신 심상치 않게 이어지자 교회 성도들이 돌아가자고 했고 나는 서둘러 차에 올라 시동을 걸었다.

그런데 갑자기 집안사람들이 몰려나오면서 돌을 던지기 시작했다. 다행히 차는 무사했지만 달려오는 무리들을 보며 식은땀이 났다. 나는 절박함 가운데 기도했다. 그리고 난 후 2~3년에 걸쳐 그녀의 오빠와 할머니도 아프시더니 돌아가셨다. 이러한 징조를 본 그녀의 작은아버지는 무슨 이유인지는 모르지만 파케바에게 사람을 보내어서 지참금을 다시 돌려달라고 했고, 원하는 대로 그들에게 보냈다. 그 후 그녀의 어머니는 편두통이 심해졌다. 우리는 그녀의 집에 자주 찾아가 기도하며 위로했는데 언젠가부터 딸을 만나러 오곤 한다는 소식이 들렸다. 마리야마 보장은 결혼한 지 7년 만에 임신을 했고 2013년 4월에 아이를 출산했다.

그들은 어려운 핍박 가운데서도 신실하게 주님 안에서 거하며 믿고 따랐다. 그래서인지 주님께서는 이들 가정에 넘치게 축복을 주셨다. 돌아보면 기도할 때에 시바노교회 성도들은 이미 십자가에서 승리하신 주님과 전쟁은 여호와께 속한 것을 선포하며 또한 받은 줄 알고 감사하며 기도해왔다. 결혼 후에도 파케바는 줄곧 졸라포니족 예배에 참석했다. 나는 그에게 교회 여성도들에게 바느질을 가르치도록 주선했다.

2006년 즈음 나는 교회 개척과 전도에 더 박차를 가하고자 했다. 이제 졸라포니족 성도들이 더 이상 우리에게 의존하지 않고 스스로 전도하기를 기대했다. 자전거를 타거나 걸어서라도 마을을 가도록 했다. 복음은 이미 이들의 손에 있었고, 가슴으로 입으로 들려줄 수 있는 간증은 수차례 나눈 상태여서 자신 있게 그들의 믿음을 회교도들에게 나눌 수 있는 수준이 되었다고 판단되었기 때문이다.

하루는 파케바가 졸라포니족 모임에 부인과 와서 주님께서 주신 비전을 말했다. 꿈에서 그는 배를 타고 고기를 잡으러 갔는데, 수평선에 세 명의 어부기 배를 타고 고기를 잡고 있었고 부인은 혼자 고기를 잡고 있었다고 했다. 그런데 그 세 사람이 꼼짝없이 그물만 잡고 있었는데 그 이유는 고기가 그물에 가득 차서 그물이 찢어질까 봐 움직이지를 못하는 것이었다. 그래서 그는 배를 저어 가 얼마동안 그들을 바라보았는데, 그때도 그들은 그물만 잡고 있었다고 했다. 그는 꿈의 의미를 알기 위해 나이지리아 목사님에게 찾아갔다고 해서 나를 놀라게 했다. 그 목사님은 그의 꿈이 심상하지 않다며 그에게 꿈에서 본 그들을 찾아가 고기 잡는 것을 도우라고 했다.

그래서 나는 그에게 배를 함께 몰고 나가 그물에 든 고기떼를 몰고 들어와야 한다며 함께 교회를 개척하자고 했다. 그리고 나는 파케바에게 그리스도의 지상명령인 복음을 나누는 일과 누가복음 5장 10절의 '두려워 말라. 지금부터는 사람을 낚는 어부가 되리라'는 예수님이 시몬에게 했던 말씀을 상기시켜주었다. 또한 그에게 졸라포니족을 향한 교회 개척에 함께 참여하라고 제안했다. 그 후 그는 교회 재정을 맡는 리더가 되었다. 그리고 여러 가지 일들을 다른 족속의 성도들과 스스럼없이 잘해냈다. 파케바는 교회에서나 어느 전도 집회에서나 불길같이 타오르는 말씀을 나누었다.

2010년에 런던 한인교회 단기선교팀들이 나왔을 때에도, 그는 말씀 통역을 감당했다. 시바노 시장에서 쫓겨나던 때가 엊그제 같은데, 그는 이제 대적 앞에서 비록 통역이었지만 말씀을 나누는 일꾼으로 성장해 있었다.

교회의 일꾼으로 성장한 마리야뚜

마리야뚜는 마리야마 카마라의 소천 이후 상당히 외로워했다. 그녀에게는 환타, 사무엘, 필립, 베냐민과 루카스를 양육해야 했다. 나는 마리야뚜의 집을 보면 마음이 착잡해졌다. 어린 아이들이 점점 많아지고 있기 때문이었다.

마리야뚜는 교회에서는 카라파와 함께 리더로 뽑혀 사역을 시작했다. 그렇지만 생계를 위해 문서사역부의 나염일이나 여러 잡일도 도와야 했는데, 아이들 넷을 데리고 고달픈 삶을 살고 있었다. 회교도인 남편이 도와주지 않으니 그녀는 이제 아이들을 남편에게 돌려보내는 것이 어떤가 하고 우리에게 의논했다. 하지만 아이들은 절대 엄마를 떠나지 않겠다고 했다.

마리야뚜는 남편과 다른 부인 간의 일로 신경이 날카로워져 있었고 교회에서도 새로 들어온 자넷, 카디, 마리야마 보장과도 사이가 좋지 않았다. 마리야뚜는 마리야마 보장과 자넷이 버릇이 없다고 비난했다. 그러자 마리야마 보장과 자넷도 마리야뚜에게 대들었다. 마리야뚜는 자기에게 남편이 집에 없어 무시당한다며 힘들어했다. 교회에 새로운 여성도들이 늘어나면서 홀대받는다고 생각하는 것 같았다. 또는 그로 인한 질투심이나 자격지심일 수도 있었다. 일례로 영어를 가르치면 자넷과 마리야마 보장이 하는 만큼 그녀는 할 수가 없었다. 그녀는 리더의 자리도 버거워했다. 우리는 그녀의 마음 씀씀이나 어머니로서의 경험이나 믿음을 보거나 기도 생활 등 여러모로 그녀가 리더임을 알고 있었다.

성도들이 주위 회교들에게 공격당하는 일이 많았기에, 마리야뚜는 더욱 기도해야 한다며 성도를 격려하곤 했다. 예를 들어 카라파도 결혼 후 누군가 방문 앞에 고추와 소금을 뿌려 두었는데 그들 부부가 싸우기를 바라는 의미에서 그런 짓을 해두었다고 했다. 에납도 그즈음 졸라포니어반 감독일로 작은 오토바이를 타고 다녔는데, 아침에 일어나 문을 여니 소금과 초를 시바노로 나가는 길목까지 뿌려 두었노라고 교회에 와서 기도를 부탁했다.

수요 졸라포니족 예배 때는 사건이 끊일새 없이 일어났다. 결국 에냡은 죽은 형의 어린 부인과 결혼해야 한다며 떠나고 말았다. 마리야뚜는 에냡과 두두가 믿지 않는 부인들 때문에 마음고생을 할 때, 그들 부인들을 만나 권면과 조언을 아끼지 않았다.

물론 그녀는 성도들과 다툴 때도 있었지만 대부분 그들을 잘 돌보는 교회의 리더였다. 교회에 새로운 여신도인 자넷과 마리야마 보장이 서로 말을 하지 않고 지냈다. 둘 사이에 늘 찬바람이 불었다. 그러자 마리야뚜가 두 사람을 중재했다. 우리는 마가복음 10장 45절 말씀 중에 서로를 섬기는 일과 주님께서 섬김을 받으려 오신 것이 아니라 섬기려고 오셨다는 말씀을 나누며 둘 사이가 회복되기를 기도했다.

2007년 부활절에 시바노교회 청소년부에서 세네갈에서 수업을 마치고 돌아온 베냐민이 세례를 받았다. 이때 브라이언 선교사가 멘토를 했던 타이루의 사촌인 화투 쿠자비와 마리야뚜의 큰딸인 환타 자타도 주님을 영접하고 세례를 받았다.

우리가 떠나오기 전에 마리야뚜의 딸 환타가 그 당시 팽배했던 교사의 성폭행으로 임신했다가 사산했다는 소식을 들었다. 그 소식을 들은 우리는 딸 같은 환타가 당한 일로 감정이 격해지고 억울했고 난감했다. 마리야뚜는 그리스도인이 되면서 회교도인 아버지에게서 딸을 뺏어와 그리스도인으로 잘 길러보겠다고 했는데, 이러한 일이 일어났으니 아이러니했다. 물론 그리스도인이라고 해서 그러한 사회에서 자동으로 예방 접종이 된다고는 생각지 않지만, 그녀가 감당해야 할 리더로서의 수치는 뜻밖의 불화살로 꽂힐 수밖에 없었다.

이듬해 여름 우기에 마리야뚜는 환타를 데리고 반줄 대법원으로 가서 징역을 살아야 할 교사를 모든 법정의 청중들 앞에서 '용서한다'고 선포했다. 오히려 대법원의 판사나 청중으로 섰던 회교들이 "왜 배상청구를 안 하는가? 콩밥을 먹여라!"고 했는데, 단지 거짓으로 변명만 하던 그 교사가 이제 죄인임을 실토했으니 용서하겠다고 했다. 청중들은 그녀가 그리스도인이냐고 묻자 그녀는 고개를 끄덕였다고 한다.

그즈음 우리가 마리야뚜를 만났을 때, 그녀는 엄마로서 자식을 제대로 돌보지 않아 주님께서 아이를 잘 돌보라고 일깨우신 기회라고 생각한다고 했다. 그리고는 딸에게 무관심해서 이런 일이 있다며 오히려 회개했다. 그녀는 모든 것을 아시는 주님이 그 일이 일어났을 때, 그 일을 허용하신 것에 관해 주님의 뜻을 알고자 했고, 주님을 탓하거나 원망하지 않았다. 자신을 탓하며 다시 주님 앞에 돌아가 기도로 올리는 자세가 그녀의 믿음을 한 차원 높여갔다. 이렇게 믿음이 성숙해져가는 마리야뚜를 보면서 나 역시 자식처럼 사랑한다며 물질적 도움을 주었는지는 모르지만, 환타에게 관심과 대화를 나누며 사랑을 쏟지 못했던 것을 주님께 용서를 구했다.

한번은 이런 일도 있었다. 그해 발란타족에서는 족킴 자타가 그리고 졸라포니족에서는 카라파와 마리야뚜가 교회의 리더로 섬기고 있었다. 만딩고족의 파케바는 교회 재정을 맡아 일을 했다. 그날은 비가 퍼붓는 우기였는데 파케바는 졸라포니족 리더들에게 그가 족킴 리더 집에 있을 때, 족킴이 졸라포니족을 헐뜯는 이야기를 했다며 그를 비난했다.

그는 교회의 사정이나 내용을 전혀 모르면서 족킴이 없는 자리에서 그에 관해 험담을 한 것이다. 교회 리더인 마리야뚜가 험담이 좋지 않다고 지적을 하자, 그 당시 초신자였던 파케바는 불같은 성격에 족킴이 했던 말을 동네가 떠나가라고 들추어냈는데 주로 졸라포니족 성도들 마음에 불쏘시개를 던지는 말이었다. 족킴은 이 일로 피게비외 씨 윺이 났다. 마리야뚜는 파케바를 나무라며 족킴과의 싸움을 제지했다. 그러나 이 과정에서 서로 감정이 격해져서 그녀까지 이 싸움에 말려들어가 폭우가 쏟아지던 그날 시바노교회의 세 리더들은 회교도 동네가 떠나가도록 한바탕 싸웠다.

그리고는 집으로 돌아온 그녀는 간신히 치미는 화를 잠재우고 아이들을 자리에 눕혔다. 그녀도 피곤이 몰려와 자리에 누웠는데 갑자기 얼굴에 물이 떨어졌다고 했다. 알고 보니 그날 따라 벌판을 가로지르는 태풍이 일어나 마리야뚜 집의 지붕을 날려버린 것이다. 그녀는 태풍에 지붕이 날아간 것도 모르고 자고 있던 아이들을 깨우고 아기인 베냐민을 들쳐업고 뛰어 옆집으로 피했다.

마침 파케바도 그날 밤 지붕이 한쪽 날아가 집에 물이 들어오자 마리야뚜 가족이 피신한 집으로 들어왔다. 공교롭게도 파케바 부부와 마리야뚜 가족은, 두 사람이 크게 싸운 지 몇 시간이 되지 않아 그날 밤에 다시 만나 이웃집 가건물 응접실에서 함께 보내야 했다. 그 집은 기니비사우에서 비정부단체 일을 하는 발란타족 성도의 시멘트 집이었다. 그 낯선 발란타족 성도 집 컴컴한 응접실에서 이들은 어색한 가운데 나란히 함께 있어야 했다고 마리야뚜는 허탈하게 웃으며 나에게 말했다.

그녀는 다음 날 집에 가보니 기가 막힐 정도였다고 했다. 지붕은 날아가 저만치 들판에서 박살이 나있고 기와 한 장도 건져낼 수 없었다고 했다. 비는 계속 내리니 물이 스며들어 흙집도 곧 무너질 것이 뻔했다. 마리야뚜는 아이들을 데리고 친척 집으로 옮겨가 방을 한 칸 얻어 임시로 거처해야 했다. 그런데 이곳은 그녀가 그리스도인이 된 후 부적을 불쏘시개로 던졌다던 이유로 친척들이 그녀의 머리채를 잡고 때리며 괴롭혔던 타이루 사네의 집이었다. 그러나 당시는 마리야뚜가 교회에서 믿음을 돈독히 갖고 사내아이까지 잘 출산해서, 사네 쿤다에서도 그녀의 믿음과 삶을 존경할 정도였다. 그래도 난감하기는 마찬가지였다.

그 집에서 약 일주일 지낼 무렵 마리야뚜는 영국인 의사인 패트릭의 막내

아들 토마스가 사망했다는 소식을 듣게 되었다. 그 집에서 빨래 일을 하던 마리야뚜는 연약한 토마스를 잘 알고 있었다. 패트릭과 수 선교사는 마리야뚜 집이 태풍으로 무너졌다는 소식을 듣고 조문객으로부터 아들의 장례식용 꽃을 받는 대신에 마리야뚜를 위해 기금을 받아 감비아선교회에 보내왔다.

감비아 사람들의 꿈은 시멘트 집을 갖는 것이었다. 그녀에게 축복이 쏟아졌다. 주님은 선교사 자녀가 천국에 가면서 남긴 그 축복을 통해 마리야뚜가 집을 짓고 아이들을 잘 양육할 수 있도록 하셨다. 시멘트 집을 처음 지어 보는 이들은 좌충우돌하며 그녀의 집을 지었다.

내가 감비아를 다시 갔을 때는 그 집의 지붕이 다 되어 있지 않았는데, 다음에 방문했을 때 마리야뚜 가족은 바닥 처리가 전혀 되지 않은 여러 개의 방이 있는 창고 같은 집에 살고 있었다. 그녀의 집을 짓는데 도움을 준 선교사는 그녀가 욕심이 많다고 했다. 마리야뚜는 돈에 맞는 집의 규모도 몰랐고 아이들 숫자대로 방이 있어야 한다고 생각했던 것 같았다.

내가 마을에 들어설 때마다 마을 사람들이나 시바노교회 성도들의 시선은 나에게 꽂혔다. 우리가 그녀를 도와주어서 시멘트 집을 짓게 된 것이 아니냐고 생각한 것 같았다. 나는 그때마다 그들에게 자초지종을 일일이 설명해야 했다. 마리야뚜의 집이나 그 전해에 지었던 카라파 형제의 집이 시바노교회 성도들과 주변 사람들에게 상당한 파문을 일으킨 것이 분명했다.

파비와 카디 1

앞에서도 언급했듯이 시바노교회에 졸라포니족 성도들이 하나 둘 나오기 시작할 때 라스타페리안인 파비도 얼마 후에 교회에 나오기 시작했다. 그는 지팡가 마을에서 있는 누나 집에 자주 왔는데, 올 때마다 시바노에서 교회에 나왔다. 어느 날 내가 그의 머리를 지적하자 그는 머리를 자르고 교회에 나왔다가 한동안 사라졌다. 그리고 1999년 우기 전에 부인이라며 만삭인 카디 드라메를 데리고 왔다. 그들을 만난 지 얼마 안 되어 우리가 이 부부와 쉽게 친해졌던 것은 그녀가 시골인 지팡가 마을에 온 것이 조금은 놀랍기도 했고, 지팡가 마을에도 그리스도인 가정이 생긴다는 기대감 때문이었다. 당시만 하더라도 우리는 시바노 마을을 벗어나 말씀을 전한다는 것은 여전히 어려운 일이었는데, 이제 그 지역 사람들에게 그리스도로서 삶을 보여줄 성도가 드디어 나온 것이다. 그런데, 나의 예상과는 달리 아니면 이러한 선교사들의 뜻을 알고 있는 것인지 그는 우리에게 여러 가지를 의지하고 부탁해왔다.

파비와 카디의 요청은 자질구레한 것에서부터 시작되었다. 예를 들면, 비누나 빵을 사도록 도와 달라든가 크게는 쌀을 요구하는 때가 많아 농사를 짓도록 조언하면 농사를 못 짓는 이유를 댔다. 그리고 농작물 운반을 할 때에는 우리의 차를 이용하게 해달라고 부탁했다. 물론 여러 가지 일들로 얽혀서 돕기도 했지만, 이런 일들은 스스로 해도 되는 일이라고 생각되었다. 그에게 이런 말을 하면 섭섭해하면서 얼마간 교회에 나오지도 않았다.

카디 드라메의 아버지는 길거리에서 은방(銀房)을 하는 만딩고족이고 어머니는 카사졸라 출신이며, 가톨릭 성도인 외할머니 밑에서 자랐다고 했다. 말하자면 좀 있는 집안 출신이란 것이다. 그리고 전에 송고 집안의 아기를 낳은 후 그 아이를 데리고 파비와 결혼했다. 파비도 그녀의 아이를 그의 집에서 키우도록 했다. 두 사람은 서로 다른 지역에서 왔기 때문인지 서로를 알 때까지 싸워가며 알아가는 듯했다. 우리나라 교회 성도들도 지역 특성이 있는 것처럼, 이 작은 나라에서도 지역마다 성향이 다른 것 같았다.

카라파는 시타 마을, 자넷은 지긴쇼르, 마리야마 보장은 카닐라이 마을, 파케바는 키향 마을, 마리야뚜는 죠수앙 마을, 에냡은 작고이빈탕 마을, 두두와 그의 부인 카디자투는 카이모 마을, 파비는 지팡가 마을 그리고 그의 부인인 카디 드라메는 세레쿤다 출신이었다.

파비는 남침례교회에서 목수 일을 배웠다고 했다. 그래서 그 기술을 쓰도록 조언했다. 감비아에서는 못질만 잘해도 다른 사람의 지붕을 박아주며 우기철인 보릿고개를 넘길 수 있을 것 같았기 때문이었다. 선교사를 의지하지 않고 지금껏 살아온 삶을 자율적으로 이끌어가도록 권장했다. 그는 절제없이 행동하고는 기독교도인 우리가 그들을 돌보아야한다는 듯이 당당하게 경제적인 어려움을 이야기했다. 우리는 파비와 카디의 의존적인 태도로 인해 복음 전파에 한계를 느꼈다.

그즈음 카디 드라메는 둘째 아이를 출산한 후 얼마 동안 시바노교회를 나오지 않아 그의 집을 방문했다. 그런데 그의 집에서 파비가 온몸에 종기가 퍼져 누워 있는 것을 발견했다. 우리는 그를 병원으로 이송했다. 그는 시바노교회의 사람들이 정이 없다며 탓하고는 했는데, 도움만 요청하는 그들에게 관심을 가져줄 형편의 성도는 아무도 없었다.

언젠가 그들이 자식을 낳아 기르면서 의식주도 해결하지 못할 정도의 형편인 것을 보고 지팡가 마을에 정착해 농사를 지으면서 뿌리를 내리는 것이 좋겠다고 제안했다. 마을에서는 파비가 유일한 그리스도인 가족이니 정말 눈엣가시처럼 싫어했다. 파비 본인은 어린 시절부터 회교의 길을 가지 않았노라고 했다. 어느 유럽인이 수아마비이 그를 긍휼히 여겨 초등학교 때부터 경제적인 도움을 주었다고 했고, 그의 어머니도 주로 그리스도인들인 외국인들을 만나는 것이 그의 팔자라고 하셨다.

지팡가 마을에서 회교사원을 건축할 무렵 집집마다 건축비를 부과했지만 그는 거부했다. 물론 돈도 없지만 그리스도인이기 때문에 부인과 함께 그렇게 결론을 내렸다. 한편 카디 드라메는 타지 사람인데다 그리스도인이라 그 마을 아낙네들과 어울려 사는데 시간이 걸렸다. 다행히 시어머니는 카디 드라메를 불쌍히 여겼다. 그녀가 절뚝발이 남편을 따라 전 남편의 딸인 마리야마를 데리고 이곳 시골까지 왔고, 죽어도 여한이 없을 정도로 손자 손녀를 낳아주었기 때문이었다. 그 당시 정부에서는 마을 개발위원회를 격려하고 마을마다 부녀자들에게 채소농장을 일구도록 했다. 그러나 그 마을에서는 카디 드라메에게 땅 한쪽도 떼어주지 않았다. 마을 부녀자들의 계모임에도 끼워주지 않았다. 카디는 외톨이가 되어갔다.

이 부부의 셋째 아이가 태어났을 때, 우리는 그들에게 지팡가 마을에서 예배를 드리는 것이 어떠냐고 제안했다. 시바노교회에서는 이미 허락했다. 파비도 일요일마다 아이들과 예배를 드리려 시바노교회에 온다는 것이 쉽지 않아서, 우리의 제안에 순응했다. 그는 일단 한 달에 한 번 정도 지팡가 마을에서 예배드리기 시작했다. 그즈음 에냅도 15리 길을 걸어 시바노교회에 나오는 것이 어렵다고 해서, 카라파와 함께 한 달에 한 번 정도 지팡가 마을에서 예배드렸다. 하지만 마을에서 드리는 예배는 쉽지 않았다. 예배는 파비의 집 어둑한 응접실 아니면 나무 밑에서 드렸다. 카디는 시어머니와 아이들을 돌보거나 점심식사 준비를 해야 해서 예배에 참석하지 못하는 때가 많았다. 그럼에도 가끔 그 집안의 친척들이나 도심에서 올라온 청년들이 예배에 참석하여 복음을 듣기도 했다.

에냅의 가족도 예배에 참석하는 것이 녹록하지 않았다. 그의 부인 빈타는 친정 쪽이 마을 회교를 관장하는 이맘집이어서, 우리가 일요일 아침에 나타나면 곤란해했다. 그럼에도 카라파나 마리야뚜 특히 파케바와 친해져서 우리가 찾아가면 늘 물도 떠다 주곤 했다. 나와 브라이언도 집안에서 기독교에 대해서 탐탁해하지 않았기 때문에 그들의 처지가 이해되었다. 그들을 보며 졸라포니 지역에서 가족전도가 얼마나 목숨을 걸어야 하는 일인지 새삼 실감이 됐다.

파비는 지팡가 마을에서 브라이언이 말씀을 전할 때, 통역하는 일을 하면서 좀 더 신중해졌다. 그리고 언젠가부터 우리는 그가 말씀을 전하도록 했는데, 이제는 지팡가 마을에서는 한 달에 세 번, 시바노교회는 한 달에 한 번 예배를 드리고 있다. 그의 아이들이나 부인인 카디도 차츰 예배에 참석하기 시작했다.

나는 브라이언 선교사가 녹음한 성경공부 테이프를 파비의 집에 들고 가서 카디에게 들려주곤 했다. 그녀 역시 자기 아이들인 마라야마, 하산 그리고 아이소가 적어도 아담과 하와의 이야기를 다른 아이들에게 말해줄 수 있을 만큼 카세트로 들려주었다. 그때부터 카디는 마을의 부인들과는 전혀 다른 성향을 보이기 시작했고 성경에 근거한 말들을 서슴없이 했다.

아기를 낳으면 일주일 후 '쿨리에이'(세례명식)라는 큰 잔치를 하는데, 마을 아낙네들은 이때 상당히 흥분한다. 종려나무로 만든 타악기를 치며 흥겹게 춤을 추어대는 일이 밤늦도록 이어지는데 그 후에는 부인들이라도 남자 친구들을 만나는 일이 허다하다고 했다. 그래서 카디는 쿨리에이 잔치에 참석하지 않았다.

카디의 이야기로는 일부다처제 회교사회에서, 나이 많은 남편을 맞이한 젊은 부인들은 이런 잔칫날을 통해 공공연하게 외간남자와 만나 정을 통하는 데 아무리 막아도 근절되지 않는다고 했다. 그녀는 마을의 부인들과 자주 말다툼을 했는데 이러한 부도덕한 부인들의 행위를 드러내고는 했다. 교회의 리더인 카라파와 그의 부인인 자넷이 카디와 파비의 불같은 성격을 알고 여러 번 지제하라고 권면하고는 했다.

시바노교회에서도 신구 졸라포니족 성도들이 관계를 맺어가는 과정에 격렬한 말다툼이 벌어졌는데, 아마 발란타족 교인들의 텃세보다 더 치열해 보였다. 서로 존경의 표현을 하지 않아서 일어난 싸움이라고는 하지만, 외국인 선교사들 사이를 오가며 얻는 경제적 이권 때문에 일어나는 일이 더 많았다.

선교사들은 주로 앞으로의 사역을 위해 성도들의 도움 요청에 마지못해 응해야 하는 경우도 있었다. 파비는 종종 나에게 찾아와 긴히 할 이야기가 있다며 도움을 요청하기 전에 먼저 비밀로 해달라고 한 적이 여러 번 있었다. 나는 도움을 준다면 그것은 선교사들이 모두 알아야 하는 일이고, 교회 리더들도 알아야 한다고 못을 박았다. 당시 선교회에서는 누가 누구를 얼마나 돕고 있는지 정부기관에 알린다는 조건으로, 도움을 줄 때 문서화해야 했다. 선교사들이 중복해서 돕는 일을 막기 위해서 그렇게 했다. 그런데 파비에게 그 이야기를 하자 그는 실망하면서 돌아갔다.

카디 역시 마을 부인들이 공동사업에 여러 가지 이유를 대면서 왕따를 시키며 참여시키지 않아 마음에 타격을 받았다. 그래서 그녀는 말다툼이 자주 일어나는 우물에서 마을 여인들을 만나지 않으려고 정오에 우물에 가서 물을 길어오곤 했다. 그러던 어느 날 우물에서 물을 긷다가 그녀는 회교라면 졸라포니족보다도 더 강하게 믿는 풀라니족 목동을 만났다. 아니나 다를까 그녀는 그와 언쟁을 하다가 얻어맞아서 코뼈가 부러져서 왔다. 파비와 카디가 정말 하소연할 곳은 주님뿐이었고, 시바노교회에서 만나는 성도들이나 선교사들 외에 그들이 위로받을 곳은 없었다.

파비와 카디 2

지팡가 마을의 부인들은 코란학교를 졸업하거나 초등학교 중퇴자들이 많았다. 마을 사람들은 카디와 파비가 졸라포니족보다 하층인 발란타족이나 외국인들이나 믿는 종교를 왜 믿는지 모르겠다고 했다. 그들은 공공연히 이들이 돈 관계가 아니면 교회에서 발을 들이지 않을 것이라고 했다. 게다가 그들이 마을 아이들의 할례식이나 성년식에 참여하지 않으면, 절대로 그들 집안과 혼인관계를 맺지 않을 것이라고 경고했다.

이곳에서 아들을 가진 졸라포니족 어머니들은 자식에 대한 포부가 대단해서, 아들이 성년식 때 쓰려고 온갖 자금을 끌어모아 저금을 하기도 한다. 이곳에서는 아들의 성년식을 이렇게 성대하게 치르지만, 그리스도인이 되면 그런 행사에 참여할 수가 없었다. 그러니 어떤 집안에서도 그들의 자녀에게 배우자를 주지 않는 것은 당연했다. 마을 사람들은 여기에 한술 더 떠 장례식 때도 묻어줄 이가 없어 그들의 시체는 들짐승이나 새들의 먹이가 될 것이라고 악담하기도 했다.

이런 이야기를 들으면 카디는 슬퍼했다. 그녀의 첫째 아들 하산이 걸어 다닐 무렵, 지팡가 마을에서 성년식이 있었다. 파비의 여자 형제들이 성년식에 참석했다. 그들은 하산을 숲으로 보내야 한다고 이야기했다. 교회에서는 이런 행사에 참여하지 말라고 미리 당부했다.

교회에서는 아이의 성년식에 대해서는 생각하지 못했다. 교회에서는 하산이 유아세례식을 하지 않았기 때문에, 카디의 둘째 아이가 세례식을 할 때 하산도 참여시켰다. 졸라포니족 성년식에 걸맞을 정도의 교회의 예식은 세례식뿐이었는데, 그 정도로 성대하게 하지 않았으므로 교회 차원에서도 이에 대한 대안이 필요했다.

일반적으로 이들이 중요하게 여기는 행사는 다음과 같다. 출생한 지 일주일 후에 있는 세례명식인 '쿨리에이'(에소페이 푸꺼프, 머리 잡는 날), 할례식은 '순나이', 청소년기를 지나 어른이 되는 '푸탐파프'라는 남자 성년식, '커구역'이라는 여자 성년식 등이 있다. 성년식에 주로 시댁이 될 사람들이 며느릿감을 보고 가고는 했다. 졸라포니족도 여느 아프리카인들처럼 출생 후에 하는 할례와 신성한 숲 속에서 치르는 성년식을 했다.

지팡가 마을에서 성년식을 했을 때 그 마을의 어떤 사람이 교회 리더들에게 찾아왔다. 카디와 파비가 성년식에 아들 하산을 데려와 조상신이 있는 신성한 숲으로 들어가도록 허락했다고 전해주었다. 그들은 교회에서 그러한 일을 허용하지 않는다는 것쯤은 알고 있었다. 교회에서 이에 대해 이 부부에게 치리를 하자, 그들은 거세게 반발하며 순종하지 않았다. 이후 이들은 교회에 잘 나오지 않았다.

지팡가 마을에서 졸라포니어 교실을 다시 열어달라고 요청했다. 우리는 파비를 감독으로 세웠지만, 마을에서는 그를 거부하고 마을 청년을 세웠다. 우리가 파비를 교사로 선정하면 졸라포니어 교실에 사람이 모이지 않겠다고 하여 우리는 마을 사람의 의견을 따를 수밖에 없었다.

우리는 그리스도인인 파비를 돕기 위해 길을 만들어 보자고 기도를 하던 중에 교사로서 그를 환영하는 바텐딩 마을을 찾았다. 그곳은 지팡가 마을에서 2킬로미터 떨어진 마을인데 그의 아저씨가 마을 족장으로 있었다. 우리는 그곳에서 졸라포니어를 가르치도록 그에게 교육을 시켰고, 나의 후임인 호주인 셀리나 선교사가 2007년부터 졸라포니어 교실을 운영할 때, 파비는 여섯 곳에서 졸라포니어 교실 감독도 맡게 되었다.

그가 졸라포니어 교실을 시작했을 무렵부터 그를 돕기 위해 우리는 그에게 감비아 교육대학 유치원 교사과정을 하도록 했고, 졸라포니족 문서사역에서 검토 작업이 있으면 늘 그에게도 참여시켰다. 그는 또한 어린이사역에 자질이 있어 파비의 집에는 항상 어린이들로 북적이곤 했다. 파비와 카디는 우리와 예배를 같이 드리면서 차츰 영적인 것에 관심을 가지게 되었다. 그의 어머니도 신앙에 관심을 갖기 시작했다.

한편, 나는 그들과 이런저런 이야기 끝에, 그들 집안사람들이 파비의 집터가 좋지 않다고 여기고 있음을 알았다. 그 이유는 그와 함께 사는 형이 정신병자이고, 다른 형제는 어느 날 달밤에 맞아 죽었는데 상대에게 보복하지 않고 시신을 집에 두었기 때문이라고 했다. 반면에 파비의 어머니는 남편이 사망했을 때 그해 우기에 남편의 관에 물이 흥건했으니, 복이라며 집안에서 일어나는 영적인 일들에 관해 깊이 있는 이야기를 했다.

이 집안사람들은 그들 형제가 몰매를 맞아 죽은 일로, 몇 년을 저축해서 모은 돈을 모아 카사망스에서 마귀 잡는 무당들을 불러들였다. 카디는 어느 날 우리 집에 와서 이러한 일들이 벌어졌다며 벌벌 떨었다. 남편은 절대 반대하지만 시누이들이 몰려와서 이러한 작당을 하고 있다고 했다. 그 와중에도 남편은 그 시누이들에게 복음을 전했다고 했다. 이미 불러들인 무당들이 집안으로 뛰어 들어오면서, 방안으로 뒷들로 돌아다니면서 원하는 물건들을 가져갔다고 했다. 이곳에서는 무당들이 원하는 것들을 달라고 하면 주어야 한다고 했다. 무당들은 며칠 동안 이곳에 '까뗀노락'(영적 정화)이라는, 즉 집안의 재앙을 거두어 내는 땅 밟기 푸닥거리를 했다. 한 무리가 몰려와 북을 치면서 집안사람들과 시누이들이 합류하여 동네 사람들이 보는 앞에서 굿을 벌인 것이다.

파비의 집에 들어온 박수들은 파비의 조상들이 오래전에 그들의 마을에서 신성시하는 철나무 가지를 잘라왔다고 했다. 이 철나무는 대개 'y'자 모양을 했다. 졸라포니족의 가정에 가면 집안의 중심이나 한 귀퉁이에 이러한 말뚝을 흔히 볼 수가 있는데, 그것은 그 집의 수호신이었다. 그런데 박수들에 의하면 그 수호신인 나뭇가지에 악귀가 있으니 빼내어 양밥을 해야 한다고 했다는 것이다. 나는 그것을 보고 파비에게 뽑아 없애라고 했는데, 그는 집안사람들과 싸움이 날까 봐 뽑아내지 않았다.

카디는 이러한 일들을 처음 보았는지 우리에게 상세하게 이야기를 했다. 북을 치면서 달밤에 박수들은 시누이들을 불렀다. 시누이들에게 알몸으로 춤을 추도록 했다는데, 귀신을 즐겁게 하려고 했는지 악귀를 달래는 하나의 의식인지 알 수가 없었다. 그리고 굿을 마친 그다음 날 새벽같이 박수들이 소와 양들을 몰고 현금을 들고 가면서 카디의 시누이들이 '에또네이'(동반자)가 되어야 한다고 요청했다. 에또네이는 카사망스로 박수들의 여정을 동반하는 자들로, 박수들이 가자는 곳까지 가야 했고 가다가 함께 잠을 청하면 숲에서라도 자야 한다고 했다.

카디는 갑자기 시누이들이 한 형제의 죽음을 두고 박수를 불러들여 재앙을 막으려는 여러 가지 일들을 경험하고 들으면서 기가 죽어 있었다. 그리고는 늘 시누이들의 영적 상태를 걱정했다. 그럼에도 나는 이러한 일을 두고 함께 기도하며, 어느 때보다 영적으로 눈을 떠가는 카디를 보면서 감사했다.

우리가 2007년에 감비아에서 떠나오기 두 해 전에, 파비가 집을 새로 짓는다고 하기에 집 옆에 예배실을 붙여 짓자고 권했더니 그는 응접실을 크게 지어 예배를 보자고 제안했다. 우리는 여러 해 동안 교회를 짓고 공개적으로 그 마을에서 예배보기를 기도해왔지만, 족장은 절대로 교회를 지을 수 없다고 했다.

어쨌든 족장이나 마을 사람들은 지팡가 마을에 교회를 세울 수 없다는 경고했기에, 그 마을 사람들의 허락이 떨어질 때까지는 교회를 지을 수 없었다. 그래서 일단 파비의 집에서 지금까지 예배를 드렸왔기 때문에, 새로 지은 그의 집에서 예배를 드려도 문제를 일으키지 않을 것이라고 생각했다. 우리가 떠나 올 무렵에는 파비와 카디 부부, 시바노교회의 리더인 카라파가 그 집에서 점차 말씀을 전했다.

파비는 말씀 적용을 잘했고, 카라파도 여러 가지 영적 경험을 많이 해서인지 열정적으로 말씀을 전했다. 그리고 이제 파케바도 말씀을 만딩고족 사람들 스타일로 잘 전했는데, 우리는 교회의 앞날을 위해 영적인 리더들을 위해 기도했다.

우리는 졸라포니어 성경 번역 사역을 통해 제자 양육을 자연스럽게 했다고 생각했다. 성경을 전혀 모르던 그들이 번역 일을 통해 매일 말씀을 상고하며 기도하는 훈련을 받은 셈이다. 그리고 회교도 사회에서 그리스도인으로 겪는 여러 가지 고난을 통해 주님을 더욱 닮아가는 성숙의 열매, 무엇보다 인내의 열매를 맺고 있음을 알았다.

어느 날 밤 마차가 급히 우리 집을 지나갔다. 달밤에 누가 찾아와도 선교사들이 아니면 거의 문을 열어주지는 않았다. 나는 우리 집에 찾아온 그를 부엌에서 맞이했다. 그런데 카디가 보통 때와 다르게 머리에 흰 수건을 덮어 쓰고 남편 손에 붙들려 안으로 들어왔다.

파비가 자초지종을 설명했다. 달도 없는 그믐밤에 더워서 모두들 살평상 위에 앉아 있는데, 봉가생선 장사가 밤배에 받은 생선을 팔러 그 마을에 들어서 들어왔었고, 그녀는 생선을 구입해 와 딸에게 생선을 씻으라고 했고, 아이는 칠흑 같은 어둠 속에서 생선을 손질하기 위해 칼을 들고 가다가 그만 카디의 눈을 찌르고 말았다는 것이다.

우리는 그 말을 듣고 아찔했다. 이제 조금씩 카디가 주님의 말씀에 순종해 나가는데 이럴 수가 있단 말인가 싶었다. 고통과 공포에 질려 울지도 못하고 고개를 떨꾼 그녀와 그 이야기를 하면서 사시나무처럼 떠는 파비에게 차비와 얼마의 용돈을 주면서 병원으로 향하도록 도왔다. 그 와중에 그는 사무실에 가더니 말씀 소책자를 들고 뛰어나왔다.

마침 그날은 졸라포니족 성도들의 모임이 있는 날이어서 성도들이 함께 그녀를 위해 기도했다. 그날 저녁 무렵 우리는 파비의 전갈을 들을 수가 있었다. 그는 반줄로 향하는 직행버스를 타고 가면서 줄곧 카디의 손을 잡고 기도를 했다. 놀랍게도 기도 내용이 우리와 비슷했다. 그리스도인 의사 만나기를, 그리고 응급실에서 오래 기다리지 않도록…….

　기도의 응답은 바로 왔다. 카디의 담당의사는 나이지리아 그리스도인 의사였고, 응급수술이 바로 행해졌는데 의사는 파비가 전에 어느 도심 교회에서 한번 만났던 사람이었다. 우리의 기도에 응답해주시고, 안과 의사를 예비해주신 주님의 섬세하신 사랑에 감사의 찬양을 올려드렸다.

XI
졸라포니족 신약성경 출간하다

영국-감비아, 4년간의 왕래 사역 1

2007년 7월 12일에 우리 가족은 영국 본부로 돌아왔다. 선교회에는 말라티아 사건(2007. 4.18. 터키 말라티아 지역 기독교출판사에 괴한이 침입해, 선교사와 현지 사역자들을 살해한 사건)으로 여러 가지 법적 절차가 벌어지는 터키의 사정들을 보고받고 신중하게 대처하며 하나님께 기도로 나아갔다. 터키를 향해 부르짖는 기도를 주님은 듣고 계시리라 믿었다. 무엇보다도 터키가 주님의 은혜와 긍휼이 넘치는 땅이 되도록 기도했다. 10세기 전에는 터키 땅에도 아르메니안 그리스도인들이 많았다고 한다.

말라티아 사건으로 인해 영국의 웩 본부에서 영적으로 아픔을 겪는 분들이 많았는데, 이후 터키에서 사역했던 선교사들이 여름에 대거 철수했다. 이에 관한 소식이 쏟아져 나왔다. 터키 사역에 새로운 변화가 필요했다.

브라이언은 2008년 1월부터 정식으로 본부사역의 단기선교부에서 사역하게 되어 영국 본부에서 기숙사 방을 얻었다. 영국으로 우리 가족이 떠나기 약 2달 전에 입국한 셀리나 선교사에게 오리엔테이션을 하고 사무실 인계를 했다. 급히 여러 가지 일들을 마무리하면서 집안을 정리하고 아이들을 세네갈에서 데려오는 일, 셀리나 선교사의 언어연수 준비, 에납 형제의 일 등으로 우리 부부는 거의 기진해 있었다.

우리는 영국에 도착했을 때 이곳은 여름이었다. 그러나 우리에게는 추운 여름(?) 날씨였다. 감비아에서 가져온 이부자리나 옷은 이곳에서 쓸모가 없어 보였다. 또한 영국에서는 차가 없이는 어느 곳에도 자유롭게 갈 수 없었다. 기대하지도 않았는데, 감사하게도 주님은 중고차를 구입할 수 있도록 하셨다. 생필품을 구입할 때 기드를 사용하는 것을 몰라 잠시 어리둥절할 때도 있었다.

물건의 가격이 엄청나게 비싸 보였다. 눈앞에 밀려오는 상품 쓰나미에 심리적 부담을 느끼기도 했다. 시장을 본 후에 옷가지를 정리하니 입을 만한 옷이 없었다. 선교회의 지하실에 내려가면 '아름다운 옷가게'가 있어 필요할 때마다 가서 옷을 구해올 수 있어 감사했다. 이 가게를 통해 나는 영국에 머물 동안 주님의 세심함을 많이 경험했다. 한번은 실내에서 단화를 신고 싶어 단화가 있기를 기도하면서 내려갔는데, 그곳에 가죽 단화가 있었다. 신어 보니 치수가 외국인들 옷의 팔 길이처럼 컸다. 그래도 주님이 주신 단화이니 휴지를 조금 넣어 신기로 했다. 그리고 얼마간 신었는데 불현듯 치수가 맞는 사람이 신으면 되는데, 내가 욕심을 부려 신고 있는 것 같아 부담되었다. 그래서 잘 닦아 도로 갖다 놓았는데, 그 옆에 있는 신발 상자에 같은 종류의 단화가 있었다. 내게 딱 맞는 새 단화였다. 놀랍기도 했지만, 주님께서 나의 마음을 읽으시고 단화를 준비해주셨다고 생각되었다.

감비아 사역을 정리하고 영국에 돌아와서 처음 겨울을 맞이할 때, 한 집사님이 나에게 감비아에서 돌아와 겨울이 얼마나 춥겠느냐면서 가죽 장갑을 선물해주셨다. 아프리카 생활에 익숙해서인지, 장갑을 낀다는 것이 전혀 낯설었지만 감사히 받았다. 그 해에 나는 한 브라질 자매가 영국 본부를 거쳐 스웨덴의 후원자에게 간다고 할 때, 빨갛게 언 그녀의 손에 전에 선물로 받은 가죽 장갑을 끼워주었다. 얼마 후에 주님은 다른 분을 통해 나는 또다시 가죽 장갑을 선물 받았다.

영국과 감비아를 왕래하면서, 많은 일들이 있었다. 한번은 작은 컴퓨터를 샀는데 카라파 형제가 번역 일에 쓰도록 특별히 생각해서 구입한 제품이었다. 그러나 그의 손이 워낙 커서 작은 컴퓨터가 편하지가 않았다. 마침 시바노 웩 선교병원에 컴퓨터 사정이 좋지 않다는 소식을 듣고, 남편과 상의한 후 그 컴퓨터를 기증했다. 그런데 얼마 후에 그리스도인이 아닌 친구가 내가 기증한 제품과 같은 컴퓨터를 들고 와서 나에게 그것을 쓰라고 하면서 주고 갔다.

주님은 이러한 일들을 통해서 베푸는 삶과 함께 주님께서 세심하게 우리를 돌보고 계심을 깨닫게 하셨다. 후에 나는 그 컴퓨터도 알파가 가나에 유학갈 때에 흘려보냈다.

물론 선교회에는 많은 기증자들이 있다. 알게 모르게 기증하시는 이들이 있어서 주님의 사역이 확장되고 있음이 분명하다. 영국 웩 선교회에는 항상 아름다운 간증거리가 쏟아졌다. 한번은 선교회 정문에 동전까지 포함된 돈다발이 든 상자를 두고 간 귀하신 분이 있었다고 했다.

어떤 사람은 현금을 소포처럼 싸서 선교회의 재정부 사무실 앞에 두고 갔는데 주말이어서 아무도 그 사실을 몰랐다고 했다. 주말 담당이었던 본부 대표 콜린 니콜라스 선교사가 그 소포봉투를 발견했다. 니콜라스 선교사는 오랫동안 재정부 사무실 앞에 있는 상자가 이상하여 재정 담당 선교사를 불렀다. 그리고 그에게 그 상자를 열어보게 해서 거기에 무엇이 있는지 확인했다. 그런데 그 상자에는 그동안 선교회에서 절실히 기도하며 기다렸던 4,000만 원이 넘는 돈이 들어 있었다. 누가 이런 큰돈을 두고 갔을까? 선교사들은 그분이 하나님이 아니시면 불가능한 일이라는 결론에 도달을 했다.

웩 선교회는 금전 요청을 공공연하게 할 수 없다는 정책을 고수했기 때문에, 기도와 무릎으로 나가는 것밖에는 방법이 없었다. 주님은 누군가의 손길을 통해서 이 귀한 물질을 선교회에 허락하셨음이 분명했다.

2007년 영국은 제2차 세계대전 이후 처음으로 겪는 극심한 경제공황으로 인해 수천 명의 사람들이 매일 직장을 그만둔다는 보도가 텔레비전과 신문을 장식했다. 때로 나는 영국에서의 삶이 가난한 감비아의 삶보다도 각박하게 느껴졌다. 마치 물질만능주의 사회가 풀썩 무너져 썩은 냄새를 내는 듯한 느낌이 들기도 했다.

영국으로 들어오면서 앞으로 아이들이 학업에 잘 적응할 수 있도록 많은 기도를 했다. 지난 안식년 때, 웨일스에서 1년간 초등학교에 다니던 바울은 눈이 작다는 이유로 놀림을 당하고 왕따까지 겪어야 했다. 우리 가족은 몇 차례의 안식년을 보내기 위해 한국과 영국을 오갔지만, 아이들은 지난 15년 동안 아프리카 생활에 익숙해져서인지 아프리카를 고향으로 생각하는 듯했다. 더구나 10여 년 세네갈에서 학교생활을 했기 때문에 감비아보다 세네갈 생활에 익숙한 듯 했고, 많은 시간을 보모 밑에서 자란 아이들이다 보니 부모에 대한 거리감이 상당했다. 주님은 거리가 멀어진 우리 가족에 개입하기 시작하셨다. 아이들은 학교 기숙사에서 선교사들에게 아저씨 또는 아주머니라고 불렀는데, 영국에서 와서도 습관적으로 우리에게 엄마와 아빠라고 부르는 대신 아저씨와 아주머니로 부르곤 했다. 그럴 때마다 내 마음이 짠했다.

그럼에도 나는 주님께서 우리를 가족으로 함께 있도록 하신다는 것에 초점을 두었다. 감비아에서 들어오기 전에 여러 학교를 알아보았는데, 우리는 아이들이 작은 규모의 학교에 들어갈 수 있도록 기도했다. 세네갈의 웩 선교사 자녀학교에서는 총 50여 명이 기숙하면서 학창시절을 보냈다. 그래서 갑자기 큰 학교로 가면 조용한 성품의 바울이 감당하기 힘들 것 같았기 때문이다.

베냐민은 슬라우 지역에 있는 번함 그람마학교(Burnham Gramma School)에 들어가, 대학 입학 전에 2년간 A-레벨을 공부해야 했다. 영국은 우리나라보다 고등학교 과정이 1년 더 길어, 이 과정은 고등학교 4학년 과정이라고 보면 되었다. 바울은 세네갈에서 같이 학교에 다녔던 친구가 있는 찰폰트커뮤니티학교로 들어가 고등학교 과정을 시작했다.

그동안 나는 세네갈 기숙학교로 아이를 보내면서 엄마 역할을 제대로 하지 못했던 죄책감이 들어 식사는 온 식구가 같이 할 수 있도록 신경을 썼다. 아침마다 베냐민의 도시락을 싸는 일에도 열심을 냈다. 베냐민은 생각보다 학교생활에 적응하는 데 어려움을 겪었다. 1년 동안 체중이 급속히 줄어 병원에 입원해야 할 정도였다. 우리는 주님께서 베냐민을 지켜주시도록 기도하며 기다릴 수밖에 없었다.

베냐민은 갈수록 더 예민해졌고 자신만의 공간을 고집했다. 아빠와 아침마다 들판을 걸으며 이야기하고 싶어 해서 남편은 1년 내내 베냐민과 추우나 더우나 비가 오나 한 시간 남짓하게 아침산책을 하면서 베냐민의 이야기를 들어주며, 학교에 가기 전에 함께 기도했다. 우리는 베냐민이 또 왕따를 당하는 것 같아 마음을 졸였다. 베냐민이 다니는 학교는 '11 플러스'(+)라고 해서 대부분의 아이들이 11세에 특별시험전형으로 들어가 5~6년간 함께 공부하기 때문에 친구관계가 돈독히 형성되었으리라고 생각되었다. 따라서 베냐민은 새로 입학한 학교에 친구가 있을 리가 없었다. 게다가 세네갈에 있을 때 베냐민은 선교사 자녀 학교에 다녔기에 영국학교의 반 아이들의 지나치게 자유분방하거나, 외설스러운 말이나 쌍욕으로 인해 문화충격을 상당히 받았을 것 같았다.

선교사 자녀학교에서도 사전교육을 했지만, 일단 본국으로 돌아오면 스스로 대처하라는 방침을 세웠으므로, 우리는 베냐민이 학교생활에 잘 적응할 수 있도록 기도하는 방법밖에 없었다.

바울은 집에서 차로 15분 거리의 학교에 배정되었다. 선교회에 같은 학년의 친구가 있어 그 아이와 같이 학교에 갔다. 그러나 그 친구와 같은 반이 아니라는 것을 알고 바울은 당황했다. 게다가 학생이 1,800명이나 되어서 학교에 간 첫날 교실을 찾지 못하고 말았다. 이래저래 충격을 받은 바울은 양호실로 가서 얼마간 안정을 취해야 했다.

바울이 다니는 학교는 백인 중심의 학교여서 외국인은 몇 명밖에 되지 않아서 나는 걱정을 했는데, 다행히 아이는 조금씩 학교에 적응해갔다. 바울은 공부에도 재미를 붙여 학업에 전념했고, A-레벨을 할 때에도 이 학교에서 계속 공부했다.

반면, 베냐민은 학교생활에 적응하는 데 실패하여 심리학자를 만나 상담을 받아야 했다. 나는 베냐민이 등교하며, 아이 방에 가서 방을 정리하며 기도를 했다. 어느 때는 한국 어머니처럼 아이에게 야단도 쳤다. 그러던 어느 날

문득 사단이 베냐민을 공격하여 거식증에 빠지게 한 것이라는 생각이 들었다. 그래서 나는 하나님께서 베냐민을 위해 기도하라는 음성으로 알고 예수님의 보혈을 의지하며 아이를 위해 기도에 전념했다. 그때 갑자기 '히드라'라는 단어가 내 머리속에 스쳐지나갔다. 히드라는 그리스 신화에 등장하는 아홉 개의 목이 달린 물뱀이었다. 목을 잘라도 바로 다시 길어지고, 그중의 한 마리는 절대 죽지 않는 불사의 뱀이기도 했다.

나는 주님께서 긍휼의 손길로 베냐민을 치유하시어, 히드라처럼 베냐민을 괴롭히는 신경성 거식증이 떠나가도록 기도했다. 하지만 학업마저도 포기하게 되지 않을까 싶을 정도로 베냐민은 깊은 침묵으로 점차 빠져들어 갔다. 그런데 놀랍게도 어느 순간부터 주님은 베냐민에게 길을 열어주셨다. A-레벨 2학년으로 올라갈 무렵 베냐민은 브라이언과 어떤 일에 대해 의논했다. 그리고는 무언가 결단한 듯했는데 나에게는 일체 비밀에 부쳤다.

그다음 날 또래 자녀를 둔 어느 선교사로부터 베냐민이 학생회장 후보로 나가 연설을 했다는 이야기를 듣게 되었다. 두 학생이 후보자로 나왔는데 베냐민은 불가능할 것이 뻔한 데도 학생회장 자리에 도전장을 냈다고 했다. 더 이상 왕따를 당하지 않겠다는 선언이었던 것 같았다. 베냐민은 중등부와 고등부 A-레벨 과정에 100여 명의 학생들 앞에서 후보 연설을 했다고 하니, 그 용기가 가상했다. 주님께서 아이에게 용기를 주셨음이 분명했다. 나는 주님께 정말 감사했다. 이 학교에 온 지 1년밖에 안 되는 베냐민이 회장에 선출된다는 것은 어림없는 일이기는 했다. 하지만 베냐민은 이번 일을 통해 자신을 돌아보는 계기로 삼고, 왕따를 하는 친구들에게 경종을 울려주었다. 그 후부터는 학교 친구들이 베냐민을 생일에 초대하거나 파티에 끼워주었고, 아이는 차츰 정상으로 돌아왔다.

영국에서 아이들과 함께 생활하면서 주님께서 아이들의 삶에 개입하시고 길러주신다는 확신을 더욱 하게 되었다. 베냐민은 생명공학도로 대학 졸업을 앞두고 있지만 성실하게 교회생활도 하며 조정, 산악등반을 즐겼다. 2012년 여름방학 때는 친구인 프랑크와 함께 자전거로 파리에서 프랑스의 남단 상트로페를 종단하기도 했다. 우리는 매일 50~60킬로미터를 달리는 베냐민과 프랑크를 매일 응원했다. 마지막 상트로페 도착 후 친구 집인 포트그리모에 며칠을 쉰 아이들은 스위스 제네바를 통과해서 개선장군처럼 집으로 돌아왔다.

영국-감비아, 4년간의 왕래 사역 2

2008년에 1월 2일에 6주간 나는 감비아로 들어갔다. 감비아를 떠난 지 6개월 만에 시타에서 언어 연수중인 셀리나 선교사를 본부에서 다시 만났다. 감비아에는 건기가 시작되었는지 시바노 마을로 들어가는 도로마다 먼지가 흩날렸다. 야야잠매 대통령은 수요일마다 텔레비전 방영을 통해 에이즈환자나 불임환자들을 치료해온 지 1년이 된다며 자축하는 분위기를 조성하고 있었다.

시타 마을에 셀리나 선교사를 차로 바래다주고, 나는 시바노병원으로 돌아와 하루를 묵으며 졸라포니족 성도들과 인사를 나누었다. 그들에게 여러 가지 보고를 들었다. 우리가 2007년에 만났던 세네갈 남침례교회 선교사들이 졸라포니어 성경공부 자료를 사갔는데, 그 후에도 다시 와서 자료를 추가로 구입해갔다는 반가운 소식을 들었다.

데비 어스킨 선교사를 통해 울링딩 카마라의 남동생인 에부 카마라 소식을 듣고, 저녁녘에 그를 찾아갔다. 에부 카마라는 20대 중반의 어린 나이인데도 3~4살 정도 되는 자녀가 있었다. 그런데 안타깝게도 그는 뇌막염을 앓는 에이즈 환자였다. 나는 그에게 성경을 읽어주고 손을 잡고 기도해주었다. 한때 그는 예수가 밉다며 그를 믿을 수가 없다며 울면서 말했던 적이 있다. 그의 누나가 예수의 길을 가며 풀라니족 남자와 결혼하게 된 것에 분노를 느껴 누나를 걷어차기도 하며 때린 적도 있었다. 그러나 이제 그는 불치의 병에 걸려 거적에 누워 있었다. 나는 울링딩의 두 동생들도 찾아가 보았다. 초등학교에 다니는 시리포와 님마는 내가 사무실에서 일하면 슬그머니 찾아와 늘 내 무릎에 앉기도 하며 응석을 부리곤 했었다.

이 아이들을 돌보아야 한다는 생각이 강하게 들었다. 이제 집안에 어른들이라고는 병든 에부밖에는 없었다. 울링딩은 신문사에서 일을 하며 목회를 하는 남편을 만났고 그후에도 자주 시바노 마을로 와 동생을 돌보아주고는 했고, 주변에 사는 선교사들도 이 아이들에게 도움을 주고 있었다.

신년에 마음의 결단을 위해서였는지 카라파는 삭발을 했다. 내가 감비아에 있을 때 그와 나는 예수님께서 디베랴 강가에서 베드로에게 그물을 오른쪽으로 던지라고 하셨던 것처럼, 졸라포니어로 오른쪽은 남쪽이므로 남쪽에서 복음을 전파하기로 했었다. 한편, 두두와 파비가 중심이 되어 지팡가 마을과 바텐딩 마을 사역을 지속하고 있어서 감사했다.

감비아에 있을 때 우리 문서사역 팀은 일하기 전에 묵상시간에 교제를 나누곤 했다. 두두는 자기가 본 비전을 우리에게 나누었던 적이 있다. 그가 카이모 마을에서 시바노 마을의 사무실로 오는 길에 갑자기 빛이 비치더니 다섯 명의 외국인이 나타났다고 했다. 그들이 그에게 직업을 묻길래 지역번역사라고 하니 그를 칭찬했다고 했다. 우리는 이러한 교제를 나누면서 말씀의 깊이를 더해 영적으로 힘을 얻고 독수리가 힘차게 날아오르듯 교회 개척에 우리가 헌신하게 해달라고 주님께 기도했다.

시바노교회에는 카라파와 자넷이 사라와 이삭을 데리고 교회에 나왔고, 마리야뚜는 환타, 사무엘, 수잔, 필립, 베냐민을 데리고 교회에 나왔다. 지팡가 마을 예배처소에는 약 10여 명이 모이고 있으며, 어린 아이들이 50여 명 나온다는 소식을 들었다. 바텐딩 마을에서도 파비와 카디 부부는 네 아이(마리야마, 아산, 아이사도, 에부)를 키우면서, 40명의 마을 어린이들을 위해 사역한다고 했다. 서니 지바라는 청년과 카양아 산양이라는 청년도 복음을 관심을 갖고, 가끔 지팡가 마을 예배에 참석한다고 했다. 파비와 카디 부부는 지팡가 마을에서도 그리스도인 가정으로 알려져서 지팡가 모임의 초석이 되었다. 지팡가 마을과 약 2킬로미터 떨어진 카이모 마을에 사는 두두는 여전히 부인이 교회를 출석하지 않았지만, 세 딸아이를 데리고 가끔이라도 지팡가 마을 예배에 참석한다고 했다. 이 부부의 아이들은 아이사도, 모미, 님만딩이었고 훗날 졸라포니족 성도들의 기도 가운데 두두의 부인은 아들을 낳았다고 했다.

아이나우는 그동안 잘못을 회개하고 교회로 돌아왔고, 성도들과도 화해했다고 했다. 그는 나를 만나 교제를 하다가 우뻿 마을에서 교회를 개척하고 싶다고 말했다. 나는 가지고 있던 성경책과 자료들을 모두 그에게 주며 그를 격려했다.

파이프라인 본부에 돌아오면서 나는 전에 캄판트 마을에서 사역하던 은데 세카를 만났다. 그녀는 야위어 있었는데 여러 가지 약을 복용해도 낫지 않는다고 했다. 은데가 결혼했을 당시 시바노 마을에 있던 우리 집으로 신혼여행을 온 적이 있어, 그녀가 상당히 건장하다는 것을 전부터 알고 있었다. 그러나 이제 몰라볼 정도로 수척해져 있었다. 그동안 그녀는 여러 의사에게 검진을 받고 혈액검사도 했지만 특정한 병명을 알 수 없다는 진단만 받았다고 했다. 그녀는 자신이 에이즈환자가 아니라고 강조했다. 사람들을 어려워하는 그녀의 마음을 알기에 나는 그녀를 위로했고, 약값에 쓰라고 얼마간 보태주었다.

내가 졸라포니 지역에서 사역할 때 그녀와 나는 함께 종종 같이 기도하곤 했다. 그녀는 시간이 나는 대로 나염반에 참석해서 나염을 배웠다. 또 찬송가 세미나 때에도 빠지지 않고 참석했었다. 크리스마스 때는 음식을 함께 나누어 먹기도 했다.

그런데 2008년 겨울에, 그녀가 남편 베냐민 이로리를 남기고 소천했다는 소식을 접했다. 그다음 해 베냐민 이로리와 두 아들을 만났을 때, 나는 울컥 쏟아지는 울음을 감추지 못했다. 베냐민 이로리는 참으로 부인을 사랑했다며, 자신은 나이지리아인이지만 감비아를 결코 떠나지 않겠다고 했다. 그리고 그녀의 친정에 두 아이를 데리고 자주 간다고 했다. 그는 부인 은데 세카가 입원했을 때 주님께서 꼭 살려주신다는 확신이 있었다고 했다. 꿈에 그는 하얀 옷을 입은 남자가 은데의 병상에 와서는 하얀 홑이불을 펴더니 은데를 아기

포대기로 싸듯이 싸안고는 한 손으로 책가방을 들고 가듯 나갔다고 했다. 그 다음 날 그녀는 주님과 함께했다고 하면서, 자기가 주님의 뜻이 어디에 있는지 몰랐다며 침울해했다. 이들이 잉꼬부부였다는 것을 알기에 우리는 위로의 말도 할 수 없었다.

브라이언은 선교회와 의논해 은데 세카의 묘비를 세워주기로 하고, 동판 새긴 묘비를 감비아로 보냈다. 그런데 묘비의 배송이 매우 늦어졌고, 감비아 우체국에 도착한 한 후에도 그것을 찾기가 쉽지 않았다고 했다. 게다가 베냐민 이로리는 묘비를 받고도 그것을 아내의 무덤 앞에 세워나야 할지 몰라 망설였다고 했다. 천둥 번개가 치는 날에도 이곳 사람들은 전깃줄을 잘라 훔쳐 가는데 묘비인들 남아날까 싶었기 때문이었다. 그의 망설임도 이해가 갔다. 가난이라는 핑계는 파괴라는 면허를 사람들에게 부여하는 것이 아닐까라는 생각이 들었다.

나는 우기에는 교회 개척이 쉽지는 않지만, 건기가 시작되면 교회 개척의 일을 그들 나름대로 진행하게 해달라고 주님께 기도했다. 이제 우리가 없이도 교회 개척을 스스로 하는 모습을 보니 무척 기뻤다. 어스킨 선교사와 셀리나 선교사는 이미 감비아에 활동 중이고, 5월에 함스트라 선교사가 감비아에 입국한다고 했다.

타이루 이야기

셀리나 선교사의 추천으로 시타 마을에서 타이루를 사역자로 초빙했다. 그런데 그의 집안에서 타이루가 왜 대학을 그만두고 교회 일로 시타 마을에 갔는지 모르겠다며 의아해했다. 타이루의 아버지는 아들이 머리가 너무 좋아 돈 것이라며 한탄했다. 타이루는 초등학교 3학년 즈음인가 그 시절부터 몇몇 아이들이 우리를 무척 따라다녔다.

그중에 타이루와 알파, 휠체어를 타는 모로, 울링딩, 피리는 우리가 처음 감비아에 입국했을 때 주님께서 만나도록 해주신 동네 아이들이었다. 이제는 시집가서 아이들을 낳아 성인도 되었고 알파 같은 경우는 가나대학교에서 경제학을 공부하고 있다.

타이루는 건강이 좋지는 않지만 공부를 잘했다. 그의 친모는 시클셀 보균자여서인지 주로 병약한 아이들을 낳아서, 집안에서 박대받다가 세네갈 다카로 옮겨갔으므로, 타이루는 양어머니 밑에서 지내야 했다.

타이루가 아프거나 하면 그의 부모님은 나를 불렀는데, 그때마다 나는 그의 집에 찾아가서 기도해주곤 했다. 2006년 비얌에서 중고등학교를 다닌 타이루는 고등학교를 수석으로 졸업했다. 타이루는 대입시험을 준비하면서 시클셀이 발병하여 오랫동안 치료를 받아야 했다. 치료 후에는 다리를 절었다. 그럼에도 그는 대입시험에 합격했다. 그는 초등학교 때 회심하여 시바노복음교회를 다녔고, 수요예배나 주일예배에 늘 성경말씀을 배우러 왔었다. 타이루는 비얌학교에서는 유일하게 감비아대학교 정치학과에 입학했다.

대학교 1학년을 마치기 전에도 타이루는 교내 회교도들과 많은 부딪침이 있었다고 했다. 그는 친척 집에서 대학을 다녔는데 한번은 학교신문 편집 때문에 밤에 자전거를 타고 친구에게 가다가 도둑들에 둘러싸여 책과 노트가

든 가방과 컴퓨터를 빼앗겼고, 시험 전에도 노트를 누군가가 훔쳐갔다고 했다. 그가 학과에서 그리스도인의 입장에서 발언을 하면, 다수의 회교들에게 집중 비난을 받거나 심지어는 어떻게 사네의 집안 출신이 부끄럽게 그리스도인이 될 수 있느냐는 힐난도 받았다고 했다.

그런데 타이루는 대학교 2학년에 접어든 부활절 즈음 우리가 기도회를 위해 본부에 내려갔을 때, 그곳으로 찾아와서 나와 상담을 했다. 그는 어느 날 형의 집을 찾아가 하룻밤 같이 잤다고 했다. 그런데 형은 그다음 날 일하러 가기 위해 오토바이에 올라앉았다가 갑자기 절명했다고 했다. 형과 그는 찰나의 순간에 삶과 죽음으로 나뉜 것이다. 그의 여동생도 두 해 전 우기에 갑자기 사망했기에 그는 죽음에 대한 두려움이 있다고 했다. 그런데 순식간에 형이 죽어서 그 충격이 매우 컸다. 이러한 죽음을 두고 사네 쿤다에서도 말이 많다고 했다. 과연 누가 그들을 죽도록 사주했는지에 대해 말들이 오갔다고 했다. 이곳에서는 누군가가 갑자기 죽으면 배후에서 저주했다고 보았다. 그래서 그 범인을 밝히지 않으면 서로 저주를 하든지 무섭게 미워하는 일이 벌어졌다. 그는 이런 일로 인해 타격이 컸는지 나와 상담 중에 대학을 그만두고 쉬고 싶다고 했다.

우리는 일단 기도해보자고 하고 그를 집으로 보냈는데, 타이루는 휴학계를 내고 시바노 마을에 와 있었다. 우리는 타이루에게 일거리를 주었고 카라파와 함께 일하도록 했다. 그는 이미 주님의 일을 하는 것이 마음이 편하다고 했다. 신학을 해야 하는데 정치학을 하고 있는 것이 마음이 걸린다는 투였다.

2008년 4월에 파이프라인 본부에서 졸라포니어 신약성경 번역본 검토 작업에 들어갔다. 나는 시바노 마을에서 번역 팀들과 만나 사역을 하였고 롭 쿱스 선교사와 약속시간을 잡고 스케줄을 조정했다. 그리고 원고 검토자들을 물색해서 만나고 진화로 연락히는 일들과 사역자들이 머물 음식까지도 미리 준비해두어야 하는 등 잡다한 일로 분주했다.

성서공회의 롭 선교사는 신학박사이자 언어학박사였다. 그는 원고를 꼼꼼히 검토했고 우리에게 여러 가지 사항에 대해 예리하게 질문했다. 나는 롭 쿱스 선교사를 2000년에 처음 만났고, 그때부터 그의 조언을 받아왔기에 그를 전적으로 신뢰했다. 또한 이미 일곱 개 언어로 성경 번역에 헌신했으므로 그를 존경하고 있었다.

졸라포니어로는 마태복음과 마가복음을 검토하면서, 일단 지역번역사인 카라파와 두두, 이제 감비아 성서공회의 수장이 되신 모두 사네 목사님과 타이루 사네, 독립교단으로 작고이 화이마 마을에서 어린이사역을 하는 맛사네 콜리 목사님, 가나신학교에서 갓 돌아온 졸라 카부르스 출신의 자타 목사님, 그리고 감리교 목사님 한 분과 울링딩 카마라도 성경 검토 작업에 합류시켰다. 시타 마을의 회교도인 수마일라도 말씀에 관심을 보여 위험부담을 안고 있었지만 번역검토에 함께 합류시켰다.

나는 자매이기에 사역 팀 일꾼들이 그리스도인들이지만 여러 형제들과 일하는 것은 쉽지만은 않았다. 서로의 의견을 맞추어나가기는 더더욱 어려웠다. 거대한 수레바퀴를 굴리기 시작하는 초보 단계였으니, 어떻게 방향을 잡고 나가야 넘어지지 않고 앞으로 나갈 수 있을지 고민에 고민을 거듭했다.

롭 선교사는 서아프리카 성서공회(West Africa United Bible Society) 소속이시지만 감비아 성서공회에서도 사역을 시작하셨다. 이후 성서공회의 서아프리카 행정을 담당하는 헨리 아카포를 만나 먼저 우리가 하는 일들을 소개하고, 아직은 명칭뿐이지만 감비아 성서공회의 위원들과 지역번역사들도 그에게 인사시켰다.

파이프라인 웩 본부에서 기도회가 있을 즈음, 위클리프 선교사들이 우리 문서사역 팀을 방문했다. 세네갈의 위클리프 기관에서 행정을 맡은 영국인 마기 선교사와 졸라 카로닝카 번역을 담당하는 스위스인 파스칼 파사드 선교사가 우리의 번역상황을 알아보기 위해 온 것이다. 그들은 졸라포니어로 성경

번역이 진척되는 것을 보고 기뻐했는데, 나에게 자료를 주고 갔지만 무슨 연유인지 내 컴퓨터로는 열 수가 없었다.

그해 4월에는 사도행전까지 검토할 수 있었음에 주님께 감사드렸고, 회교 사원을 바로 옆에 끼고 있었지만 우리는 너무 일에 몰두해서 그들의 기도 소리도 잊고 지냈다. 선교회에서는 전기 사정이 좋지 않으면 나에게 발전기를 사용할 수 있도록 배려했다. 도둑들이 횡행해서 컴퓨터를 도둑맞을까 봐 자료들을 잘 정리해두고 만일의 사태를 대비했다. 밤에는 조그만 소리에도 잠을 깨곤 했다.

졸라포니족 교회 개척은 성경 번역과 더불어 이루어져갔다. 두 가지 사역을 함께하는 것이 여간 어려운 일이 아니었지만 감사함으로 계속 일을 진행했다. 이사야 40장 30절의 말씀을 붙잡고 우리의 비전인 교회 개척에 더욱 박차를 가하기 위해 사흘 동안 금식기도를 했다. 우리는 서부 아프리카 성서공회, 감비아 성서공회, 웩 감비아지부가 함께 동역해나가기 위해 이해의 규약을 만들어야 했다.

롭 선교사는 타이루가 성경 검토에 전적으로 참여하는 것을 기뻐했다. 신학을 전공한 번역사를 구하기가 쉽지 않으니 한 사람이라도 신학을 공부하도록 도와주어야 한다고 했다.

나는 우연히 2007년에 회계사로 단기 사역자로 온 영국인 필립 크로지아가 전에 내가 공부하던 위클리프 부족언어연구소 학장님의 자제라는 것을 알게 되었다. 1년 후, 나는 그가 북나이지리아 신학대학교에서 언어학을 가르치며 번역사들을 양성하고 있다는 소식을 듣게 되었다. 마치 퍼즐 맞추듯 훗날 타이루가 정치학에서 신학으로 돌리겠다는 것과 롭 선교사의 종용, 학장님의 자제를 만다는 일들이 모두 타이루의 앞날을 주님께서 준비해주시는 것 같았다. 롭 선교사는 크로지아 교수를 잘 알고 있다며 타이루에게 나이지리아 북부신학대학교를 추천했다.

이 학교는 감비아에서는 멀지만 번역과 신학을 함께 공부할 수 있다는 장점이 있었다. 나의 파송교회인 점촌제일교회에 이 일을 알렸고 이정호 담임목사님께서 타이루에게 4년간 장학금을 주겠다고 약속하셨다.

타이루는 나이지리아 북부신학대학교 입학시험과 면접에 통과하여, 시타 마을에서의 교회 개척을 접고 나이지리아로 유학을 떠났다.

성경번역 사역을 주관해주신 주님

2007년에 영국 본부로 돌아온 직후부터 선교회의 다락방에서 일하게 되어 하나님께 감사했다. 그러나 영국 겨울 날씨에 적응이 되지 않아 겨울을 어떻게 날지 걱정되었다. 감비아에서 나올 때 여러 사역이 주어졌지만, 친정도 없는 나에게 첫아들을 출산하도록 방을 내준 영국 선교회가 나의 친정이었다. 교회 파송도 없이 감비아로 서둘러 갔을 때도 우리는 본부에서 아침 예배로 파송 받았던 것을 기억하고, 그저 영국 본부로 돌아가 봉사를 해야겠다는 생각이 있었다. 아이들도 영국 본부에서 지내는 것을 좋아했다.

처음에는 본부에 적절한 방이 없으니 우리에게 주변 동네에 집을 얻으라고 했는데 집세가 워낙 비싸서 엄두가 나지 않아 포기하려고 했다. 그런데 다행히 본부에 방이 있어 그곳에서 지냈다. 하지만 낡은 보일러가 고장 나 뜨거운 물도 쓸 수가 없어 고생을 많이 했다. 너무나 오래된 구식 보일러여서 고칠 수도 없었고, 새로운 보일러로 바꾸는 것은 비용문제로 엄두도 낼 수 없었다. 이러한 일들에 대비하여 영국 선교회에서는 사역자 기숙사를 준비해왔는데 그 당시는 완공되지 않은 시점이었다.

브라이언은 단기선교사 담당부서에 책임자로 일을 시작했다. 감비아에서의 일과와는 너무 달랐지만 새로운 도전에 기쁨으로 섬겼다. 1년에 40~50여 명의 단기 선교사들을 발굴하여 훈련시켜서 보내는 일과 각 선교지와 유대관계를 형성하고 교회들을 통한 그룹선교 제안하는 일을 했다. 영국 본부는 많은 선교사들이 오갔고 바쁘게 돌아갔다. 감비아 사역과는 약간 성격이 달랐지만 바쁘게 움직이는 것은 마찬가지였다. 아침 6시에 기상하여 말씀 묵상과 청소, 아침 식사 후 8시에 예배를 보고 업무를 시작했다. 수요일 밤에는 선교지를 위한 기도를 2시간씩 드렸다. 감비아에서는 아침에 일을 시작해서 저녘에 일이 끝난다는 것은 거의 생각할 수가 없었다.

2008년에 나는 감비아를 세 차례 다녀왔다. 첫 방문은 1월 2일에 기쁜 마음으로 6주간 일정으로 감비아로 갔다. 일단 도착해서 번역 일정을 재정비했고 감비아를 떠날 때 미처 정리하지 못한 교회 개척 일들을 살펴보았다. 2008년 4월 롭 선교사와 약속한 대로 다시 감비아에 들어갔고 마태복음, 마가복음, 누가복음 재검토를 마치고 요한복음과 사도행전 출판을 권고받았다.

나는 롭 쿱스 선교사가 보낸 파라텍스트 번역 프로그램을 혼자 공부해야 했다. 성경 번역물들을 출판하려면 그 프로그램을 써야 한다는 것이었다. 컴퓨터에 익숙지 않아서 자신감이 떨어졌다. 그럼에도 독학해서 프로그램을 이용하기로 작정하고 기도하면서 번역 프로그램을 하나씩 익혀갔다. 하지만 혼자 하기에는 너무나 벅찬 일이었다. 본부에서 사역하는 성경번역사나 감수원들은 너무나 바빠서 졸라포니어 성경 번역을 도와줄 일꾼은 없는 것 같았다. 주님은 이러한 시간을 통해 뻣뻣한 나의 목을 여러 동료들에게 구부리도록 하셨다.

일단 번역 프로그램을 컴퓨터에 설치했으니, 하나씩 열어 보고 부딪혀가면서 익히는 수밖에 없었다. 아무리 연구를 해도 성경말씀 한 구절씩을 수작업으로 입력해서 번역해야 하는 방법밖에 없었다. 정말 아찔했다. 철자를 하나만 틀려도 그에 관련된 단어를 모두 수정해야 한 적이 한두 번이 아니었다. 성경 출판을 위해서는 프로그램에 일률적으로 넣어서 작업해야 했지만, 프로그램을 변경할 만한 시간적인 여유와 물질이 부족했다.

그 해에만 세 번째 감비아행이었지만, 주님이 함께하신다는 확신이 들어 힘이 났다. 여전히 어두운 소식들이 사단의 공격처럼 날아들었음에도 말이다.

졸라포니족 문서사역 사무실을 담당하던 베앗트 선교사가 떠나면서 태양광 집열판 두 개를 설치했는데 도난당했다고 했다. 나는 이제 그러한 일로 화도 나지 않았다. 물질은 다 없어지고 마는 것이 아닌가? 누가 가져갔는지는 모르지만 그가 주님을 만나기를 기도했다. 나는 카라파와 함께 토의를 거쳐 번역 검토 팀을 여섯 명으로 하기로 합의하고, 그 방문기간에 더위도 잊고 밤낮으로 집중해서 검토 작업에 매달려 서신서 18권을 검토할 수 있었다. 기적과 같은 일이었다.

우리는 아침 8시부터 작업을 시작해서 점심 먹는 것도 잊고, 저녁 5시까지 줄곧 일했다. 태양열판을 도난당해 전기와 물을 약 2주간 쓸 수가 없었다. 쥐벼룩에게 물려 잠을 자기가 어려웠고, 천식이 있어 해충제를 뿌리기도 난감해 차라리 쥐벼룩에게 물리는 편이 나았다. 우물에서는 무언가가 빠져 죽었는지 썩는 냄새가 났다. 그럼에도 나는 눈을 딱 감고 그 물에 비누를 버무려 몸을 씻을 수밖에 없었다. 가끔 밤에 비단솜나무 가지에 학들이 날아와서 앉았다. 학들이 움직일 때마다 이상한 소리가 나서 잠을 설치기도 했다.

나는 잠이 잘 오지 않으면 주님과 대화를 시작했다. 주님께서 이 번역을 어떻게 생각하시는지 물었다. 나의 행동이나 쓸데없는 말이나 농담으로 형제를 실족하게 하지 않았는지, 사역을 핑계로 가족에게 무심하지는 않았는지 등등을 주님께 여쭈어보았다. 이렇게 나는 내면 깊숙이 자책감처럼 따라다니던 생각을 주님께 말씀드렸다.

그리고는 지난 일을 하나하나 다시 생각해보았다. 나는 주님께서 번역사역자로 나를 부르셨다는 확신과 사명감을 갖고 있었다. 그래서 용감하게 이 일에 뛰어들었다. 이러한 담대함도 주님이 주셨으니 그 길을 따라갔다. 아프리카에 한국 여자 번역사가 몇 명이 되겠는가? 더구나 웹 아프리카지부의 아프리카 성서공회와 동역하는 자는 거의 찾아보기 힘들 것이다. 나는 이것을 예상하고 번역사역에 자원한 것은 아니다. 단지 주님께서 이 일을 위해 나를 부르셨다는 확신이 있었기 때문에 번역 일에 헌신해왔다. 주님은 언제나 나의 물음에 대답해주시고 사역에 확신을 주셨다. 그때마다 나는 살아계신 주님과의 교제를 통해 남모르는 기쁨을 누렸다.

주님은 지금까지 번역을 할 수 있도록 때마다 적절한 사람들을 만나게 하셨다. 번역 자원이라고는 아무것도 보이지 않는 마른 광야에서 주님은 그곳에 길을 내시는 놀라운 분이셨다. 나는 잠자기 전에 주님께 졸라포니어 신약성경 번역본을 하루빨리 감수받아 교회를 개척하는 데 도움이 되도록 해주시기를 소망하며 기도했다.

선교사의 삶

2009년, 영국은 경제공황으로 몸살을 앓았다. 영국 선교회는 일단 2013년 창설 100주년 기념을 위해 건물 내부를 리모델링하던 일을 멈추고, 주님 앞에 모두 무릎 꿇고 기도에 들어갔다. 영국 웩 본부 운영비 중 30퍼센트도 채워지지 않아 운영난에 봉착했다.

월급제로 운영했던 여러 선교회들이 문을 닫거나 파산했다. 웩은 믿음 선교라고 해서 월급제가 아니니 경제사정이 좋지 않았던 옛날에도 선교사들을 더 많이 배출했다. 그러나 이제는 본부 운영만 해도 매달 후원으로 이루어지고 있었다.

"여호와의 손이 짧아 구원하지 못하심도 아니요 귀가 둔하여 듣지 못하심도 아니라 오직 너희 죄악이 너희와 너희 하나님 사이를 갈라 놓았고 너희 죄가 그의 얼굴을 가리어서 너희에게서 듣지 않으시게 함이니라"(사 59:1, 2). 우리는 이 말씀을 붙잡고 기도했다. 본부 사역자들도 모두 주님 앞에 죄를 고백하며, 형편과 사정을 아시는 주님께 기도로 나아가는 시간을 더욱 많이 가졌다.

2009년 3월 4일, 나는 감비아로 5주간 번역사역차 떠났다. 2007년 이후 다섯 번째 여정이었다. 비행기를 기다리고 탑승을 기다리는 시간이 지루하기 시작했다. 공항에서 흘러나오는 방송을 들으면 늘 긴장감이 들었다. 컴퓨터를 거머쥔 팔에 힘이 들어갔다. 주님을 믿는다면서도 나는 컴퓨터를 잃어버릴까 봐 거의 매번 노이로제에 걸려 있는 듯했다. 나는 이 컴퓨터를 누구에게도 맡기지 않고 가슴에 끌어안고 다녔다. 주님보다 컴퓨터를 더 소중하게 여기는 듯한 나 자신을 발견하고 부끄러웠다.

이번에는 아프리카 성서공회에서 나오신 파비안 다필라 성경감수 박사님과 함께 일을 시작하기로 했다. 5주간 호흡을 맞추지 않으면 안 되는 일이어서, 일정을 위해 금식기도를 하고 떠났다. 각각의 세 명의 지역번역사와 세 명의 검토사를 고용해서 함께 검토 작업을 시작했다.

어느 때는 검토 중에 감정적으로나 각 그룹별로 시비가 일어나면 걷잡을 수도 없을 때가 많았다. 말씀에서 토씨 하나로 인해 의미가 달라지기 때문에, 서로의 의견이 맞지 않을 겨우 감정적으로 상처를 주고받는 일이 발생하곤 했다. 그때마다 시간과 금전의 낭비가 상당했다. 사단은 늘 우리의 감정을 파헤쳤다. 겸손하지 못한 어느 부분이 해진 옷에서 불거져 나오듯 튀어나오면 또 걷잡을 수 없었다. 때로는 감수원 선교사님 앞에서도 의견을 종잡지 못해 언성들이 높아졌다. 의견을 수렴하고 그들의 심리나 배경과 집안 사정까지도 고려하며 말로 조정해주어야 했다.

나는 그들에게 지적하기보다는 달래고 사정해야 할 때가 많았다. 때로는 문제의 근원도 알아내야 했고 서로의 이견이 근접할 수 있도록 이끌어서 상처 난 심령을 주님께서 안아주시도록 그 자리에서 기도도 여러 번 했다. 알게 모르게 적들은 여기저기에서 공격을 시도해왔다. 우리는 주님이 바라보시는 눈으로, 주님이 말씀하시는 말씀으로, 주님이 보여주시는 그 행동으로 서로를 감싸며 말씀을 실천하기 위해 노력했다.

번역팀들과 호흡을 맞추어 나는 에베소서, 히브리서, 로마서, 요한계시록을 검토했다. 약 28년간이나 아프리카 성서공회에서 사역한 파비안 다필라 박사와 나는 갈라디아서와 야고보서를 검토했다. 그는 서부 아프리카 4개 언어로 성경번역을 감수하고 있었는데 때로는 오토바이로 때로는 차로, 버스로 성경번역이 이루어지는 곳을 찾아다닌다고 했다. 그를 통해 다른 서부 아프리카에서 일어나는 번역상황과 어려움, 그리고 그들의 노고에 대해서 알게 되었다.

이번 방문기간에 나는 번역 성경 검토 사역과 함께, 사전을 재정리해보고자 수집한 약 4,300개의 단어를 다시 검토해보았다. 셀리나 선교사는 문서사역팀에 들어와 일을 시작했고, 초보단계 졸라포니어 문법책 2집 발간을 계획

중에 있다고 했다. 감사하게도 8월부터 도심에까지 송출되는 라디오 방송국에서 졸라포니어로 〈의의 길〉이 방송되고 있다고 했다.

나는 기도회에서 감비아 웩 지부장인 니콜라 브라운과 함께 복음교회 총회장이었던 알리유 바요를 만나 앞으로 졸라포니족 교회 개척에 관해 이야기를 나누었다. 그는 감사하게도 시바노교회의 리더로 섬기는 카라파를 잘 알고 있었다. 그가 세컨더리학교에 다닐 때 지리 교사였던 알리유 바요는 카라파의 회심을 듣고 상당히 놀랐다고 했다. 카라파는 학창 시절 그의 스승을 복음교회의 총회장으로 모시게 된 셈이었다. 주님은 카라파 형제의 삶에 아름답게 수를 놓고 계심이 분명했다.

그럼에도 이번 방문 기간 동안 나는 사단의 역사가 먼지를 일으키듯 일어나는 것을 보았다. 여전히 여자아이들의 성년식이 있었다는데 파비의 두 딸들을 친척들이 몰래 잡아다가 강제로 성년식을 시켰다고 했다. 이 일로 파비는 그의 어머니와 크게 싸웠다고 했다. 파비의 어머니는 손녀 둘이 앞으로 졸라포니족 사회에서 성년식을 못하면 혼삿길이 막힐 것 같아 그렇게 했던 것이다. 시타 마을로 나가 말씀을 듣던 두 청년도 회교사원으로 끌려가서 심문을 당했다고 했다. 이 일로 시바노교회는 긴장하고 있었다.

내가 3월에 감비아로 들어갈 무렵 브라이언 선교사는 이탈리아로 가는 단기팀 교육을 했고, 4월에는 독일에 선교대회에 다녀왔다. 우리는 감비아지부로부터 2009년 5월에 입국할 홀란드의 함스트라 가정이 졸라포니어를 배우면서 교회 개척에 관심을 보였다는 소식도 들었다. 이 가정은 8월에 우리가 살던 집으로 이사 온다고 했다. 나는 셀리나 선교사에게 그들의 오리엔테이션을 당부했다.

그해 6월 12일, 영국 본부는 너무나 침울한 소식을 접하게 되었다. 예멘에서 두 명의 독일인 선교사와 한 명의 한국인 단기 선교사가 피랍되었다는 소식이었다. 기도 모임이 소집되었다. 우리 모두는 눈물로 주님의 긍휼을 구했다. 동료들을 위해 침묵으로 주님의 뜻을 헤아리며 은혜를 구하는 시간이었다. 화요일에 그 세 명의 단기 선교사들이 회교도들에 의해 살해되었다는 소식을 들었다. 나는 너무 슬퍼 울부짖었다. 그러나 주님은 전쟁은 살아계신 여호와께 달려 있다는 것을 우리에게 분명히 말씀하셨다. 말라티아 사건과 예멘 사건을 통해 주님은 우리에게 사명을 다시 물어오셨다. 순교한 선교사들의 주검 앞에 우리도 각자의 부름에 온전히 헌신할 수 있는가를 확인할 수 있는 계기가 되었다.

우리를 겁주기 위해 사단은 쉴 새 없이 공격했지만 테러와 경제공황에도 터키와 예멘으로 향하는 선교사는 더 늘어나면 늘어났지 줄어들지 않았다. 주님은 우리에게 진실하기만을 바라셨다. 주님은 영으로 우리를 통치하셨다. 이를 모르는 사람들은 선교사들에게 하필이면 터키냐, 하필이면 예멘이냐, 하필이면 아프리카냐 하면서 좀 더 안전하고, 좀 더 편안하고, 좀 더 가족을 자주 볼 수 있는 가까운 곳을 선교지로 선택하지 않느냐고 물어왔다.

선교사가 선교지를 자기 마음대로 골라간다면 아마 부름이라는 말을 지워야 할 것이다. 주님이 부담을 주시며 부르시는 곳으로 가는 것이 우리에게 복이요 평안이다. 그곳이 사막이든 인종이 다르든 불타는 날씨든 습지든 고지든 간에 주님께서 선교사에게 주시는 약속의 땅이다. 그곳은 선교사에게 아름답고 황홀하며 주님과 함께 지경을 넓혀가야 할 곳으로, 평안이 넘치는 곳이었다.

주님이 예멘에서 이들을 선교사로 부르셨다면, 분명 주님이 그 자리에 계셔서 회교 극단주의자들의 소행을 보셨을 것이다. 주님께서 세상 끝날까지 함께하시기로 약속하셨기에, 주님은 그들에게 매 순간 도움을 주셨으리라고 나는 믿는다.

"여호와의 모든 백성 앞에서 나는 나의 서원을 여호와께 갚으리로다. 그의 경건한 자들의 죽음은 여호와께서 보시기에 귀중한 것이로다"(시 116:14, 15).

졸라포니어 신약성경 마지막 검토 작업

브라이언과 내가 서로의 사역을 맞추어가는 동안 베냐민과 바울도 차츰 영국생활에 적응해갔다. 돌아보면 2009년은 영국에 온 지 두 해가 지나가는 때였다. 번함 그람마학교에서 A-레벨을 마친 베냐민은 레스터대학교 생명공학과에 선정되었다고 연락이 왔다. 의학도가 꿈인 베냐민은 실망한 기색이 있었지만 그나마 의대에 근접한 과가 되어 감사했다. 나는 베냐민에게 주님의 뜻이라면 언젠가 의대에 진학할 수 있으리라는 소망을 심어주었다.

베냐민은 1년을 휴학하면서 여름에 친구와 인도에 있는 병원에서 몇 주간 봉사를 한 후 뉴질랜드와 호주 농장에서 일을 하고 온다고 떠났다. 지난 2년 간 베냐민과 바울과 가족이 모여 살아보자는 말을 하면서도 나는 늘 감비아로 떠났던 부족한 엄마였다. 이제 번역이 끝나가는데 베냐민이 1년을 훌쩍 가버리니 너무 서운했다. 아이에게 무언가 잘못한 것은 아닌가 하는 죄책감이 들었다. 그간 허심탄회하게 마음을 터놓고 이야기 나눈 적이 없는 것 같았다. 주님은 나에게 베냐민을 위해 더욱 기도하도록 하셨다. 1년 여정을 마치고 영국에서 다시 만났을 때 베냐민은 건장한 청년으로 부쩍 성장해 있었다.

한편, 바울은 그해 대학전 과정 A-레벨을 본인이 다니던 찰폰트커뮤니티학교에서 시작했다. 앞으로 국제관계학을 전공하려고 정치, 역사, 지리 과목들을 택하는 바울을 보면서 갑자기 시간의 흐름을 느꼈다.

나이지리아 북부신학대학교에서 타이루는 간단한 시험과 인터뷰를 했다. 타이루는 이 시험에 무사히 통과해 학교에 입학하게 되었다. 그해 8월의 장마가 깊어 갔는데 그달 29일에 감비아 웩 지부의 재정담당인 더그 선교사에게서 연락이 왔다. 타이루가 그날 밤 비행기로 나이지리아 북부신학대학교에 입학을 위해 떠난다는 전갈이었다. 더그 선교사님은 타이루 학생을 감비아 윤둠 공항까지 바래다주었는데, 타이루가 회교에서 회심했다고 하여 그의 가족과 친지 중 한 사람도 공항에 나오지 않았다고 했다.

나는 2009년에 4월에 감비아를 다녀온 이후 10월에 감비아로 떠나 11월 10일까지 그곳에서 지내며 졸라포니어 성경 검토작업에 들어가기로 약속했다. 아프리카 성서공회의 파비안 다필라 박사가 이번에도 방문을 수락했다.

나는 감비아로 출발하기 전에 항상 카라파를 통해 나의 방문을 알렸다. 그리고 감비아에 도착해서 지금까지 일해왔던 방식으로 검토작업에 들어갔다. 우리는 졸라포니어로 번역한 신약성경을 하루 분량씩 나누어 읽어나갔다. 나는 영국에서 성경을 번역한 후 철자들을 재검토한 후 프린트한 자료를 가지고 감비아로 가지고 갔다. 감비아의 파이프라인 본부는 전력 사정이 좋지 않았으므로 영국 본부에서 프린트해가는 것이 더 효과적이었기 때문이다. 그래서 감비아로 갈 때는 옷보다 프린트자료를 더 많이 가져가곤 했다.

우리는 11월 2일 새벽에 공항에 도착한 내린 파비안 다필라 박사를 모시고, 지역 번역사들과 검토자들과 함께 파이프라인으로 갔다. 작업은 아침 6시 반에 시작해서 저녁 7시까지 진행하면서 그 사이사이에 교대로 식사를 했다. 우리는 9일 밤까지 작업을 강행했다. 컴퓨터의 선이 타버릴 정도로 열심히 작업했다. 이번 사역을 시작하면서 어쩐지 마음에 중압감이 더욱 느껴진 것은 마감이 다가올수록 여러 번 중복 검토를 하면서 책임감이 가중되었기 때문이었다. 주님은 마가복음 6장 45~52절 말씀을 주셨고, 우리의 자세를 다시 가다듬게 하셨다. 동역하는 형제들과 함께 이 말씀을 나누면서 우리 스스로 힘을 다하여 성취해나가는 것처럼 하면 어렵고 힘겨운 일이지만 주님께서 함께하시면 순적하게 할 수 있음을 각인시켰다.

타이루가 나이지리아로 신학공부를 하러 가자, 졸라포니 문서사역팀 형제들 사이에서는 심령에 질투의 불길이 솟구치는 것 같았다. 그들 역시 신학교에 진학을 기대하고 있었지만, 롭 쿱 선교사는 성경 검토차 잠시 왔던 영리한 타이루를 추천했던 것이다. 나머지 사역자들은 유학을 당장 갈 정도의 수준은 못 되었기 때문이다.

서로 다른 계산으로 일어나는 팀원들의 갈등이 피부로 느껴졌다. 각자에게 주어진 사역이 정해져 있는데 만족을 못하는 것이었다. 나는 광풍노도에 흑암의 배를 타고 노를 저어가는 예수의 제자들과 같은 느낌을 받았기에, 솔직히 그들과 함께 이 말씀을 나누지 않으면 안 되었다. 우리가 더욱 갈망해야 하는 것은 주님뿐인데 세상의 욕정에 이끌리면 안 되었기 때문이다.

나는 감비아로 떠나기 전에 금식기도를 했다. 감수를 받거나 형제들과 검토작업에 들어가면 늘 하루 한 끼라도 금식하면서 일에 열중했다. 그래서인지 사역을 마치고 돌아오면 파김치가 되었는데 그해는 이상하게 피로감이 오래 지속되었다. 어쨌든 감비아에서 온 지 약 일주일 동안 몸을 추스르고 안개가 잔뜩 낀 영국으로 돌아왔다. 영국 본부에서 졸라포니어 사전 만들기 세미나를 개최해서 참석하려고 감비아에서 서둘러 돌아온 것이다. 세미나는 한 달간 진행될 예정이어서 나는 합숙을 위해 가방을 싸들고 영국 본부로 향했다.

2010년 1월 6일에서 2월 18일까지 예정으로 번역 사역을 위해 감비아로 다시 들어가야 했다. 2월 마지막 주에는 브라이언 선교사가 웩 감비아지부 콘퍼런스에 오기로 예정되어, 번역작업을 마치면 남편과 함께 영국으로 돌아오기로 약속했다.

1월 6일에 브라이언이 나를 공항으로 데려다주는데 폭설에 심해 차가 움직이기 힘들 정도였다. 우리는 간신히 개트윅에 도착해 비행기를 기다렸다. 그러나 폭설로 인해 대부분의 비행기 운항이 취소되거나 연착되었다. 감비아행 비행기도 계속 연착되어 우리는 하루 종일 공항에 묶여 있었다. 추위에 떨며 대합실에서 기다렸는데 해당 항공사는 모든 여행객을 영국 남부 사우샘프턴의 한 호텔에 하룻밤 투숙하도록 조치해주었다. 주님께서 우리에게 하루를 쉬라고 호텔에 묵게 해주셨다고 생각하니 비행기가 연착되었지만 감사가 절로 나왔다.

그다음 날에도 여전히 눈은 내렸지만 비행기가 무사히 이륙하여 감비아로 들어갈 수 있었다. 감비아로 가면서 나는 빌립보서 말씀을 마음에 새겼다. "너희 안에서 착한 일을 시작한 이가 그리스도 예수의 날까지 이루실 줄을 우리는 확신하노라"(빌 1:6).

이번 콘퍼런스 때 파비안 다필라 박사는 졸라포니어 신약성경 감수를 마쳤음을 발표했다. 앞으로 우리는 단어의 검증을 위해 가나에서 사역을 하도록 준비해야 했다. 더불어 신약 개론도 마감된 것은 아니지만 성경이 번역되면 덧붙여두어야 했다.

콘퍼런스 전에 시바노에서 시간을 좀 가졌다. 시바노교회는 선거를 통해 카라파와 마리야뚜를 리더로, 지팡가 마을에서는 파비를 리더로 선출했다고 했다. 그들은 3년 동안 리더로서 섬길 것이다. 특이사항으로는 발란타족 성도들 중에서 리더가 한 명도 나오지 않은 점이었다.

지팡가 마을에는 파비의 어머니와 작은어머니가 주님을 영접했다고 했다. 카디는 파비와 결혼할 무렵 지팡가 마을에 교회가 들어섰던 비전을 보았다며, 교회 건물을 짓고 싶다고 했었다. 그는 친척 아저씨인 마라부 송고가 집을 지었던 터에 조그맣게 집을 지어 모임을 갖겠다고 했다. 나는 교회 사람들에게 그 일을 기도제목으로 올렸다. 훗날 동네 사람들의 거센 반대에도 소수가 동조해 그 장소에 교회를 지을 수가 있었다는 소식을 듣게 되었다. 나는 파비와 함께 지팡가 마을 족장인 모두 지바를 만났다. 그는 그동안 우리가 그리스도인이어서 말하기를 꺼려했는데, 이번에는 교회의 어린이사역과 졸라포니어 교실을 다시 마을에 들여오는 건에 대해 협조적이었다.

마리야뚜는 할 일이 없어 돌아다니던 이복 남동생을 두고 그날 새벽기도회 때 기도해달라고 했다. 이복동생은 세네갈 정부에 대항하는 반군의 용병이 되었는데 마리야뚜는 그 일로 너무나 침울해했다. 우리는 주님에게 그녀의 아픔을 기도로 올려드렸다.

그런데 그날 밤 총상을 입은 이복동생이 마리야뚜의 집에 돌아왔다. 마리야뚜는 그다음 날 동생을 카라파의 집에 데리고 가 말씀을 듣게 했다. 그날 그는 복음을 듣고 카라파 형제를 따라 영접기도를 했다. 그다음 날 그는 삭발을 하고 일요일에 누나를 따라 교회에 나왔다.

우리는 그의 간증을 들었다. 물론 마리야뚜의 동생은 우리가 기도한 사실을 몰랐다. 반군들이 모여 그리스도인들이 술 취해 다니는 사람들이라고 하자, 그는 자기 누나가 그리스도인인데 술을 먹은 적이 없다고 해 말다툼이 일어났다고 했다. 다툼 끝에 그는 다른 반군에게 총을 맞고 접경 마을에서 도망쳐 나왔다고 했다. 바로 마리야뚜가 그녀의 이복동생을 위해 기도했던 밤에 그는 반군 주둔지에서 탈출했던 것이다. 주님께서 우리의 기도를 들어주신 것을 교회 식구들은 알고 있었다.

타이루의 죽음

나는 단어 검증 사역자로 카라파를 선정해서 그와 가나에서 만나기로 했다. 가나 성서공회의 이시프 목사와 함께 졸라포니어 신약성경 철자교정 작업으로 1차로 2만 단어, 2차로 1만 7천 단어를 뽑아 작업을 강행했다. 2010년 3월 21~28일, 일주일간 나는 런던에서 가나로, 카라파는 감비아에서 가나로 들어와 우리는 함께 밤을 새우며 일주일간 작업을 했다.

2010년 1월 8일에 감비아에 들어갔을 때, 파비안 다필라 박사를 통해 나이지리아의 조스 지역에서 회교들과 그리스도인들 간에 충돌이 있었다는 소식을 들었다. 영국 텔레비전 뉴스에 의하면 많은 인명 피해가 있었다고 했다. 내가 가나 성서공회를 갔을 때에도 타이루에게 연락을 시도했는데 전화는 불통이었고 이메일도 보내오지 않았다.

4월 즈음에 타이루에게서 이메일이 왔다. 나이지리아 북부신학교는 마을 회교들이 교회와 그리스도인들의 집을 태우고, 성도를 살해하는 일이 발생해 대학의 문을 폐쇄하고, 학생들을 몇 달간 일체 출입을 못 하도록 했다고 했다. 타이루가 보낸 메일을 받고 나는 그동안 그의 상황이 얼마나 어려웠을지 짐작이 갔다. 5월에 수업을 조금 일찍 마치고 학생들은 동부 지역으로 여름방학 동안 전도를 나간다고 했다. 타이루가 무사하고, 1학년 공부를 마쳤다는 소식을 들은 후 나는 안도의 숨을 내쉬며 주님께 감사드렸다.

6월 11일 아침에 나는 다시 벽보에 붙여둔 그의 휴대폰 번호가 보여서 전화를 했다. 한참 만에야 타이루가 전화를 받았다. 오래간만에 타이루의 목소리를 들은지라 반가웠다. 그는 전도활동이 끝나서 대학으로 돌아가는 중이라고 했다. 12월에 그는 언어연구를 위해 한 학기 정도를 감비아로 나온다고 해서 상당히 기뻤다. 그래서 12월에 감비아에서 만나기로 했고, 성경봉헌식도 그가 참여할 수 있을 것 같아서 우리는 그 기대감으로 기쁨을 나누었다.

6월 13일 주일 예배를 드리고 돌아왔는데 감비아에서 급전이 와 있었다. 타이루가 사망했다는 소식이었다. 어안이 벙벙했다. 졸지에 그의 사망 소식을 듣게 되어 불안했고, 어떻게 표현할 수 없는 울분과 오열이 터져 나왔다. 모두가 믿어지지 않는 일이었다. 타이루 사네의 집안사람들도 나도 그와 얼마 전에 통화했기 때문에 더욱 믿어지지 않았다.

복음교회에서도 처음 일어난 일이어서 당황하는 기색이 역력했다. 그 당시 타이루의 멘토 역할을 했던 프란시스 고메스 형제가 가나의 마라나타대학교에서 돌아온 지 얼마 되지 않았는데, 그를 나이지리아로 보내 시신의 처리를 알아보도록 했다. 그의 시신을 병원에서 인계받아 감비아로 오려면 상당한 금액이 들었는데 내게 그만한 돈이 없어 난감했다.

우리는 선교회의 결정을 기다리며 다달이 갚는 조건으로 일단 급전을 빌려 선교회에서 시신을 항공편으로 운송해오기로 했다. 나는 다윗이 아둘람 굴에 처한 것처럼 모든 정황이 지금 사면에 둘러싸여 꼼짝을 못하게 되었다. 주님의 자비와 긍휼을 구하며 은혜의 보좌 앞으로 쓰러지면서 끝까지 기어가야 하는 나를 보았다.

그날 묵상 중에 주님이 주신 고린도전서 말씀이 의미심장했다. "운동장에서 달음질하는 자들이 다 달릴지라도 오직 상 받는 사람은 한 사람인 줄을 너희가 알지 못하느냐 너희도 상을 받도록 이와 같이 달음질하라"(고전 9:24). 타이루는 주님을 따르기로 했던 초등학교 3학년 때부터 27세 신학도로 나이지리아에서 소천하는 그 순간까지 한눈팔지 않고 달음질했으니, 주님께서 상급으로 면류관을 안겨주실 것이라 믿었다.

그의 장례식은 결국 예정보다 일주일이 더 늦어졌다. 6월 25일 금요일 자정이 넘은 새벽에 가나에서 시신을 인수받아 온 프란시스 고메즈, 그리고 시바노 교회의 카라파, 파케바, 아이나우 등이 공항으로 나가 시신 운반을 도왔다고 했다. 시바노교회를 중심으로 성도들과 선교사들이 하나가 되어 음식을 만들고 사내 쿤다에 온 손님들을 접대했다고 했다. 너무 감사했다. 모두 사네 목사님은 졸라포니어로 말씀을 선포하고, 참석자들에게 천국 소망을 전하며 은혜로운 가운데 장례 예배를 진행했다고 했다. 나는 그의 장례식 소식을 여러 선교사에게 전해 듣고, 우울과 깊은 침묵에 빠졌다. 그 당시 시바노 병원에서 시무하였던 한국 출신의 의사 한혁준 선교사는 그의 장례식을 마치고 하나님께서 타이루를 졸라포니에 복음의 큰 씨앗으로 심은 것이 분명하다고 전해오셨다. 타이루의 상실로 사단은 기다렸다는 듯 나를 냉소하며 정죄했다. 그래서 나는 금식을 계속하면서 주님과의 깊은 대화 시간을 가졌다.

시편 116편을 폈다. "내가 크게 고통을 당하였다고 말할 때에도 나는 믿었도다"(시 116:10). "그의 경건한 자들의 죽음은 여호와께서 보시기에 귀중한 것이로다"(시 116:15).

이 말씀이 나의 눈에 뚜렷이 들어와 위로가 되었다. 그가 외롭게 타향에서 혼자 갔다는 생각은 사라졌다. 천군천사들이 그를 주님이 계시는 천국으로 인도하셨으리라고 믿었다.

타이루의 사망으로 성경번역 사역에 타격을 입어 조판 작업이 더뎌졌다. 9월에서야 겨우 교정판 원고를 받을 수 있었다. 이제 신약성경 전체를 프린트해서 감비아로 가져가 재검토를 해야 했다. 원고를 프린트할 때, 눈물이 한없이 흘러내렸다. 나의 하염없는 눈물을 주님이 닦아주시리라 믿었다.

졸라포니어 신약성경 마지막 교정

2010년 9월 중순부터는 여행 비수기여서 인지 비행기가 하루에 한 대씩 떴다. 비수기 비행기표는 더 비쌌다. 9월 17일 자로 바이킹 비행기표를 예약했다. 영국 본부에서 새벽에 브라이언 선교사가 어둠 속으로 차를 몰아 빠져나왔다. 이젠 머리가 희어진 남편에게 또 밤잠 설치게 했고 늘 그랬듯 나는 갈등 속에서 가방을 쌌다. 새벽 3시경 가방의 무게가 걱정이 되어 일어나 짐을 재 보기도 했다.

졸라포니어 신약성경 조판 후 프린트한 원고 네 권을 가방에 먼저 꾸려 넣었다. 한 권에 660쪽이니 너무 두꺼워 브라이언이 흐트러지지 않도록 폴더에 넣어 차분히 꿰어주었다. 주님께서 꼼꼼하고 차분한 남편 주셔서 너무 감사했다. 컴퓨터가 벌써 5킬로그램의 무게, 바이킹 비행기는 20킬로그램밖에 못 가져간다고 했는데 가방은 벌써 프린트된 원고들로 꽉 찼다. 한 달간 입을 옷도 넣을 수가 없었다. 고린도전서 1장 18~31절의 말씀을 가슴에 새기자, 감비아로 떠나는 마음이 가벼워졌다. 십자가의 도는 구원을 얻는 이에게는 하나님의 능력이다. 졸라포니족에게 이 비밀이 담긴 복음을 전하는 것이 나의 사명이 아닌가!

새벽녘인데도 공항 가는 길은 부산했다. 갑자기 혼자서는 못 갈 것 같은 느낌이 엄습했다. 운전하는 남편을 향해 감비아에 함께 가자고 했다. 남편은 "뭐라고?" 하며 의아해했다. 나는 달리는 차 안에서 목청을 돋우었다. 나 혼자 절대 못 간다며 남편에게 "못 가요! 못 가요!" 하고 외쳤다. 남편은 침묵하며 미소만 지었다.

비행기표도 없는 남편에게 무슨 생떼인지는 모르겠으나, 마음속에 있던 말을 내뱉으니 속이 시원했다. 가방의 무게는 또 초과였다. 여권 검사원은 나에게 가방에서 책을 몇 권 빼서 손에 들고 타라고 넌지시 말했다. 이번 여행 때는 문서사역과 함께 타이루의 가정과 그의 묘지를 찾아갈 작정이었다.

그날 오후 3시 반에 윤둠 공항에 도착했다. 감비아는 우기여서 뇌우가 절정이었고 습기에 열기가 더해져서 땀이 흘러내렸다. 가는 날이 장날이라고 파이프라인 본부의 발전기가 고장이 나 나흘 동안 전기도 없이 지내야 했다. 본부 선교관 화장실도 막혔다. 칠흑같이 캄캄한 하늘에 천둥과 번개가 치며 비가 세차게 내렸다. 감비아를 방문할 때마다 기후적응에 애를 먹었는데, 너무 더워 몸을 식히려고 방바닥에 누웠다. 선교본부 옆길에 있는 회교사원의 확성기에서는 여전히 새벽마다 기도소리와 설교가 흘러나왔다. 새벽에 나는 말씀을 묵상하려고 일어나 낮에 태양광으로 충전한 전등을 켰다. 이번 2주간의 방문 기간 중 딱 하룻밤만 전기가 들어왔다.

감비아에 도착한 후 월요일에 성경 검토팀으로 카라파, 아이나우 바지를 만나 졸라포니어 신약성경을 조판해서 프린트한 것을 보여주었다. 그들의 얼굴이 기쁨으로 환해졌다. 이후 파비, 맛사내 콜리가 참여했다. 우리는 기숙을 하면서 아침 7시부터 저녁 7시까지 졸라포니어 성경을 읽었다. 성서공회의 다필라 박사님도 월요일 새벽에 가나에서 왔다. 우리는 두 사람씩 짝을 지어 성경을 읽어나가며 집중해서 검토했다. 성경의 문맥이 어색하거나 이해가 되지 않으면 재번역을 고려해야 했다. 검토자들은 교회 사역을 맡고 있어 주말이면 각자의 사역지로 돌아갔다.

나는 시간을 내어 주말에 시바노 마을로 향했다. 타이루의 아버지를 찾아갔다. 그는 자동차 정비사였다. 나는 길가에 있는 그의 움막 가게를 찾아가 인사드렸다. 그와 함께 타이루의 무덤이 있는 그의 집 뒷들로 갔다. 장례 후 몇 개월이 지나서인지 무덤에는 잔디가 드문드문 올라와 있었다. 그와 나는 한동안 말을 잃고 고인을 생각했다.

나는 갑자기 뜨거운 눈물이 쏟아졌다. 타이루의 아버지의 이름은 불리 사네였다. 나는 그에게 타이루가 사망하기 전에 통화를 했던 것과 그 후 주일에 타이루의 사망 소식을 듣고 충격을 받았었다는 이야기를 해주었다. 타이루의 아버지는 그의 죽음에 대해 "아티자밋 챕 아만제!"(하나님만이 아시는 일이겠지요!)라고 대답했다. 나는 타이루가 지금 어디에 있을 것이라고 생각하는지 그에게 물었다. 그는 "나자자우 부끼납 바작갑"(천국에 갔겠지요)이라고 대답했다. 나는 "타이루 아버님은 어디로 가실 겁니까?"라고 물었다. 대화는 거기서 그쳤지만, 그는 가장 사랑하던 아들이 있는 곳으로 가고 싶은 심정이었을 것이다.

나는 타이루의 집을 방문한 후 본부로 갔다. 파비안 다필라 박사로부터 소식이 와 있었다. 감수를 하면서 교정사항이 별로 없기에 가나 성서공회에서는 교정사항을 케냐로 바로 보내서 출판하겠다고 했다. 우리 문서사역 팀은 곧 졸라포니어 신약성경 출판의 결실을 보게 되리라는 소망으로 감사와 찬양을 주님께 드리며 헤어졌다.

나는 가나에서 졸라포니어 신약성경 철자 교정을 했던 이시프 목사님으로부터 정식으로 이메일을 받았다. 그는 졸라포니어 성경을 검토한 교정한 자료를 나이로비로 보내서 조판작업에 적용하여 성경출판을 진행시키겠다고 했다.

주님 진심으로 감사합니다!

킹스턴 런던 한인교회

2010년 여름 즈음 영국 킹스턴 런던 한인교회에서 청년부를 감비아로 단기선교를 보내고 싶다는 연락을 받았다. 유병현 목사님께서 담임으로 섬기시는 킹스턴 런던 한인교회의 청년 용사들이 주님의 부르심에 순종하여 12월 20~27일, 일주일간 단기선교를 가기로 결정했다. 여러 가지로 논의할 사항이 많아 수많은 이메일을 담당자들과 주고받았다.

웩 선교회는 국제단체여서, 수많은 타국의 선교사들이 합류하여 주의 사역을 하고 있었고, 시바노 웩 병원도 마찬가지였다. 감사하게도 의료 선교사인 한 선교사 가족이 이 단기사역을 위해 라인업을 해주기로 했다.

영국 웩 본부에서는 일정을 잡아 열 명의 젊은이를 대상으로 단기선교 오리엔테이션을 실시했다. 나는 이 사역을 위해 주님 앞에 무릎으로 나갔다. 웩 선교사와 단기선교 팀들의 마음을 주님께서 성령으로 하나가 되도록, 그리고 단기지만 이들을 통해서 효율적인 복음사역이 이루어지고 겸손하게 배우며 선교사역에 도전을 받도록 기도했다.

개트윅 공항으로 단기선교팀이 떠나던 날에 갑자기 폭설이 내렸다. 선교 일정이 공항에서 연기가 될 수도 있었다. 비행편이 줄줄이 취소되었다. 그런데 우리 팀의 비행편이 취소되지 않아서 계속 대기했다. 나는 선교팀에 둘씩 짝을 지어 기도하자고 제안했다. 기도를 얼마간 하고 기다렸는데 방송이 나왔다. 가방을 찾아 탑승하라고 했다. 당연한 기도응답에 단기선교팀은 여기저기서 환호성을 지르며 좋아했다. 주님은 단기선교 사역팀에게 모든 선교 일정을 잡아주시고, 주님의 시간에 맞게 사역을 진행시키시고 마무리도 해주시리라는 믿음을 주셨다.

밤 비행기를 타고 아침에 감비아에 도착했다. 공항에 카라파 형제가 '겔레겔레' 차를 대기시켜놓았다. 그는 운전기사와 함께 웃으면서 우리를 맞아주었다. 단기선교사들은 감비아에 처음 오는 학생들이었다. 이들은 시바노 마을에 도착해서 유치원에 여장을 풀었다. 단기선교 팀은 내가 감비아에 있을 때 주로 복음을 전했던 시바노 마을, 지팡가 마을, 바텐딩 마을, 시타 마을과 작고이빈탕 마일, 파이마 마을로 가서 전도에 주력했다. 이 학생들은 말씀전도 현장에서 많은 도전을 받았다.

우리는 이들과 함께 밤에 시바노 마을 길가에서 가스펠송을 부르며 율동도 하고 예수 영화를 방영했다. 그러자 동네의 청소년들이 많이 몰려왔다. 시바노 복음교회 리더들이 경찰과 지역구장이나 마을 족장에게 미리 허락을 받아두었기에 가능했다. 노방전도가 안 되는 나라인데 이번에는 예수 영화를 보여주며 찬양하는 것도 허락해주었다.

카라파와 파케바 그리고 조 형제가 말씀을 전했는데 경찰의 보호를 받아야 할 정도로 많은 인파가 몰려왔다. 이러한 전도 방식은 언젠가 군중이 돌을 던지는 사건으로 비화되어 몇 년간 뜸했었다. 하지만 이번에는 달랐다. 주님의 거룩하신 역사가 이루어지는 것을 우리는 보았다. 영적으로 갈급한 감비아의 청소년들은 우리가 통성으로 기도하는 내용과 찬양의 가사를 귀담아 들었다.

우리는 예수 영화를 상영하기 전에 영어와 졸라포니어로 찬양을 했다. 시바노복음교회의 리더들과 청소년부의 부원들이 따라와서 전도에 합류했다. 그들은 즐겁게 헌신했고, 이 일로 인해 예수님을 향한 자존감도 높아졌다. 전도 후에 교회로 돌아왔을 때 절정의 찬양을 올렸다. 단기선교팀과 시바노교회 성도들은 높이뛰기 선수들처럼 기쁨을 만끽하며 껑충껑충 뛰며 찬양을 올려드렸다. 얼마 전까지만 해도 친구인 타이루의 장례식을 치러서인지, 한동안 시바노교회의 젊은이들은 그 충격으로 위축되어 있었다. 하지만 이번 일을 계기로 다시 활력을 되찾은 것 같았다. 이번 노방전도에는 시바노 복음교회의 리더들이 모두 참석을 했는데, 그들은 어린 청년 성도들과 하나가 되어 전도에 참가했다.

마리야뚜와 그녀의 자녀들, 파비 지바와 그의 부인 카디 드라메 그리고 파케바와 마리야마 보장, 교회의 부인들도 참여하여 음식 준비를 도왔고 청소년들과 밤늦도록 찬양과 기도를 함께 했다. 가난한 마리야뚜가 영국 손님들을 위해 그동안 다른 집의 양들을 돌보며 얻은 양을 선뜻 잡아서 런던 팀들에게 대접했는데, 정말 감동적이었다. 어려운 가운데서도 물질을 내어준 그녀에게 주의 축복이 있기를 기도했다.

단기선교 팀원들은 그들이 가지고 갔던 물건과 기타, 중고 옷, 축구공 등을 교회에 전달해서 성도들과 함께 쓰도록 했다.

우리는 감비아를 떠나 영국에 도착했다. 마침 그날도 갈 때처럼 눈이 펑펑 쏟아졌다. 대부분의 청년들이 시바노교회에 잠바를 주고 와 그들은 벌벌 떨어야 했다. 그럼에도 기쁨에 젖어 집으로 돌아가는 그들의 뒷모습이 무척 귀하게 다가왔다.

카디의 장례식

　내가 근 4년이나 감비아와 영국을 오가면서 일하는 사이, 지팡가 마을에는 시바노교회의 카라파와 파비와 카디가 계속 복음 전하는 일을 감당했다. 그동안 파비도 집안에서만 복음을 전할 수 없다고 마음먹고, 그의 삼촌 집을 헐어 교회 건물 겸 어린이사역을 위한 건물을 진흙으로 짓기도 했다. 또한 우리는 졸라포니어로 번역된 신약성경의 검토를 위해 카디, 마리야뚜, 마리야마 보장과 함께 교정을 같이했다. 개성이 강한 그들이었지만 우리는 그리스도인으로서 교제를 즐기면서 일을 해왔다.

　지팡가 마을에서 파비와 카디 부부는 기독교인이라는 이유만으로 왕따를 당했지만, 이들 부부는 조금도 굴하지 않고 신앙을 굳게 지켰다. 더욱이 카디는 지팡가 마을에 교회가 들어서는 비전을 보았다며 매일 교회 건축을 위해서 기도에 힘쓰는 일꾼으로 어느새 성장해 있었다.

　그런데 단기 선교팀과 감비아를 다녀온 지 약 한 달이 지났을 즈음이었다. 감비아에서 연락이 왔는데 카디가 간암 판정을 받았다고 했다. 나는 믿을 수가 없었다. 그래서 2011년 졸라포니어 신약성경 번역 마감을 앞두고 마지막으로 골로새서를 번역하고 있을 무렵 나는 감비아에 가서 카디를 만났다. 카디는 병원에서 진찰을 받았는데, 간암이라는 판정을 받았다고 나에게 담담하게 말했다.

　그녀의 병명을 듣는 순간 나는, "주님 왜 이러세요? 졸라포니족 그리스도인들이 몇 명이나 된다고 그리스도인인 된 지 얼마 안 되어 주님의 말씀을 따르려고 하는데 데려가십니까?"라고 말하고 말았다. 주님은 나에게 사람들의 숫자 세는 것을 원하시지 않으셨던 것 같았다. 그곳에 졸라포니족 그리스도인들이 한 명도 없다고 하더라도, 주님은 당신이 누구신가를 알릴 사람들을 성령으로 인도하실 것이다. 주님께서 성도의 죽음을 바라보고 계신다고 하지 않았는가?

하지만 나는 그래도 마음이 아팠다. 그녀는 너무 어린 나이지 않는가? 누가 어린아이들을 돌보아 줄 것인지? 금실이 남달리 좋았던 파비와 카디였는데, 그가 어떻게 아내 없이 살 것인가? 좋으신 하나님이라고 가르쳤는데 이제 이곳에서 복음을 어떻게 계속 전하겠는가? 여러 가지 생각들이 엇갈렸다.

"누가 주님의 마음을 알아서 주님을 가르치겠느냐 그러나 우리가 그리스도의 마음을 가졌느니라"(고전 2:16). "그러므로 모든 더러운 것과 넘치는 악을 내어버리고 너희 영혼을 능히 구원할 바 마음에 심어진 말씀을 온유함으로 받으라"(약 1:21). 나는 이 두 말씀이 카디의 마음에 심겨지고 하나님의 말씀이 능력되어서 카디의 영혼을 살리라고 믿었다.

한편, 가나에 있는 파비안 다필라 박사가 2011년 2월 25일 자로 졸라포니어 신약성경 출판에 들어갔다는 반가운 소식을 나에게 이메일로 알려왔다. 그는 케냐성서공회에서 조판이 마감되어 한국의 성서공회에서 출판하게 되었으니 순서를 기다려야 한다고 전해주었다.

다필라 박사로부터 이메일을 받은 후에 나는 졸라포니어 신약성경 출판이 순조롭게 되고 선편으로 감비아로 잘 들어가도록 기도 중보자들에게 중보기도를 부탁드렸다. 이제 곧 졸라포니족에게 천국복음이 읽혀진다고 생각하니 기쁨으로 마음이 떨려왔다. 그러나 카디의 병환 소식으로 마음 한편이 무거웠다.

우리는 집에 누워 있는 카디를 만나 병원에 데려다주고 약을 타서 다시 지팡가 마을의 집에 다시 데려다주었다. 남편과 다른 한 분의 선교사가 그녀의 집에 방문했는데, 우리는 그녀를 위해 기도했다. 기도 중에 나는 감정이 북 받쳐 올라왔다. 천정이 없는 양철 지붕 위로, 울먹이면서 기도하는 나의 목소리가 울렸다. 그녀의 옆에 마리야마, 하산, 아이소와 에부가 우두커니 그들의 할머니와 앉아 있었다. 아이들과 할머니를 보자 갑자기 나는 무력감을 느껴졌다. 우리가 그들에게 제공할 수 있는 것이 아무것도 없었기 때문이었다. 나는 카디를 꼭 끌어안았다. 의료진에 따르면 이제 작별인사를 해야 할 정도였다. 내가 영국으로 돌아온 지 약 2개월 후 카디가 하늘나라에 갔다는 소식을 들었다. 시바노교회에서 처음으로 그녀를 교회묘지에 매장했다고 했다.

시바노 마을에 상주했던 어느 선교사에 의하면 카디를 위해 시바노교회 성도들이 금식기도까지 했다고 한다. 오랫동안 시바노교회는 무지개같이 색다른 성격의 소유자들로 의견이 갈라져서 같은 배를 타고도 노를 젓는 데 힘겨웠다. 교회 개척과 복음전파라는 목표는 같았지만, 개척의 방법론이 달랐고 성도들과 선교사 사이에서도 오해가 있었다. 그러나 이번 일을 통해 시바노교회에서는 선교사와 성도들이 하나가 되는 시간을 가졌다.

시바노교회에서는 한 번도 발란타족 성도들에게는 교회장(敎會葬)을 해 본 적이 없었다. 그러나 10년 전에 회교도에서 회심하여 예수님을 영접한 후 하늘나라로 갈 때까지 신앙을 간직한 졸라포니족인 마리야마 카마라를 보았다. 우리는 그녀를 교회장으로 장사지냈다. 하나님은 회교인 그녀의 어머니를 통해 딸이 천국에서 아름답고 온전한 새 육신을 입고 자유롭게 거닐고 있다는 말을 회교도들에게 선포하게 하셨다.

카디는 주님을 영접한 지 약 7년 만에 하늘나라로 갔다. 우리가 영국에 있는 동안에도 의료 선교사들은 최선을 다해 그녀를 치료했다. 바닷물에 휩쓸려가는 바닷가의 쓰레기처럼 마음 한구석에 낙심과 좌절이 모였다 흩어지며 나를 괴롭혔다. 끊임없는 질문으로 침묵에 빠져드는 자신을 발견했다.

예수님은 나에게 응답하셨다. 십자가에서 고통당하시고 흘리시는 피를 다시 보고 쓰러져 울었다. 그리고 소망의 부활을 보여주신 주님과 함께하기에 영원한 삶의 소망이 우리에게는 있음을 다시 발견했다.

카디는 생의 마지막 한 달을 집에서 시바노병원으로 오가며 통원 치료를 받았다고 했다. 그동안 교회의 모든 성도들과 화해를 했다고 들었다. 그리고 유언으로 교회장을 원했으며, 회교도의 손에 넘겨지지 않도록 당부했다고 들었다.

카디는 주님에게로 가는 그 순간에 오른손 허공에 들어 올리고 "아띠자밋트, 옌사!", "아띠자밋트, 옌사!", "아띠자밋트, 옌사!" 세 번 외치고 소천했다고 들었다. 그 뜻은 "하나님, 예수!"였다.

그녀는 마지막 순간까지 용감하게 주 예수의 이름을 선포함으로 주님과 함께했다. 그리스도인인 그녀는 주님의 품에서 새로운 삶이 시작됨을 확인한 듯 "하나님, 예수!" 하고 손을 들어 외쳤다. 참된 그리스도인으로 승리의 삶을 산 것이 분명했다.

성령의 역사로 그녀는 예수를 구주로 영접하고 지팡가 마을이라는 좁은 회교들의 반경 속에서 상당히 어려움을 겪으며 그리스도인으로 십자가를 졌고 한 알의 밀알로 땅에 떨어져 썩어갔다. 이제 주님은 카디의 삶을 통해 지팡가 마을에서 엄청난 영적 수확을 거두려 하심이 분명했다.

카디의 사후 파비는 자녀들과 여동생의 아이까지 총 여섯 명을 돌보게 되었다. 그는 장례식에 참가한 카디의 가족과 그녀의 친구들에게 아내가 주님과 함께 천국에 있다고 증거했으며 카디에 관한 간증도 잊지 않았다고 했다.

오랫동안 시바노 복음교회를 돌보시던 바치코 장로님이 장례식을 맡으셨다. 장로님은 장례식에서 전도서 말씀과 요한복음 말씀을 전하셨다고 했다. "범사에 기한이 있고 천하 만사가 다 때가 있나니"(전 3:1). "내 아버지 집에 거할 곳이 많도다 그렇지 않으면 너희에게 일렀으리라 내가 너희를 위하여 거처를 예비하러 가노니, 가서 너희를 위하여 거처를 예비하면 내가 다시 와서 너희를 내게로 영접하여 나 있는 곳에 너희도 있게 하리라"(요 14 2, 3). 파케바가 만딩고어로 카라파가 졸라포니어로 장례식을 진행하여 아름답게 마무리했다고 알려왔다.

무엇보다 감사한 것이 있었다. 지금까지 카디를 괴롭히던 회교도들이 그녀가 진정 천사 같은 여인이었고, 천국에 있을 것을 확신한다는 말을 했다는 것이다. 이처럼 창조주 하나님은 타이루와 카디의 장례식을 통해 회교도들로 하여금 그들이 하나님의 자녀이고, 천국에 있다는 것을 시인하도록 하신 놀라운 분이셨다.

성경 출판과 신약성경 봉헌식

2011년 3월에 감비아를 다녀온 이후 성경출판을 위해 지속적으로 기도했다. 이후 주님은 확실히 졸라포니어 신약성경 출판 자금을 부어주셨다. 2011년 4월 15일에 나의 파송교회인 점촌제일교회 계성인 목사님께서 영국으로 전화를 하셨다. 본 파송교회인 점촌제일교회의 어느 장로님이 1,000만 원을 졸라포니어 신약성경 출판금으로 보내주시며 익명을 요구하셨다고 했다. 하나님께 대한 경외감을 금치 못했던 것은 이 금액이 들어온 날이 작정 기도를 마치는 날이었기 때문이었다. 나는 주님께 감사의 기도를 드렸다. "주님 또 역사해 주셨군요! 또 역사하셨어요! 정말 감사합니다!"

주님은 종자금, 과부의 두 렙돈, 수십 년 전에 만났던 분들을 통해 차고 넘치도록 출판 후원금을 부어주셨다.

주님은 나의 조바심에도 불구하고 주님의 시간에 놀랍고 멋지고 은혜롭게 역사하셔서 잃어버린 영혼들에게 말씀을 먹이시고자 긍휼의 손을 펴신 것이다. 물론 지난 수십 년간 지속적으로 우리의 선교 사역에 후원했던 분들이 없었다면, 이러한 일들은 성취가 불가능했다. 주님의 사역이라고 손을 펴고 축복해주신 그 손길에 주님의 은혜가 모든 후원자들의 가정에 더욱 풍성하게 임하기를 기도했다.

한국 성서공회에서는 2011년 7월 18일에 졸라포니어 성경을 인쇄해서 선편으로 보냈고, 이 배는 독일의 함부르크로 거쳐 감비아로 들어올 예정이라고 했다. 성경이 도착하려면 적어도 3개월이 걸린다고 했는데 안전하게 들어가도록 기도로 씨름해야 했다.

2010년 콘퍼런스에서 성서공회의 파비안 다필라 박사는 신약성경이 마무리된 후 졸라포니어 구약성경 번역을 새로운 프로젝트로 제안하셨다. 그에 따라 다시 성서공회의 인준이 있어야 한다고 했는데, 나는 신약성경에 이은 프로젝트로 이 사역을 계속하겠다고 의사표시를 했다. 웩 선교회에 기도요청을 하고 나 역시도 이 일을 주님께서 주신 일로 여기고 잘 감당할 수 있도록 기도했다.

졸라포니어 구약성경 번역 프로젝트를 위해 2011년 7월에 감비아로 재차 들어갔다. 나는 세 명의 지역번역사를 선정하여, 구약성경 번역 작업에 필요한 프로그램 재교육을 받기 위해 그들과 함께 스케줄을 잡았다. 천둥과 번개가 심하게 치는 우기에 일한다는 것이 쉽지 않았으나 카라파와 아이나우 그리고 맛사내 콜리 목사와 함께 프로그램 교육수업에 참가했다. 나는 파비를 내심 마음에 두고 있었는데 그는 여섯 명의 아이를 혼자 돌보는 일로 다음 기회로 미루었다.

다필라 박사도 웩 본부로 왔다. 우리는 반갑게 그와 재회했고, 이 장대한 주님의 사역을 두고 묵상을 하며 아침 시간을 맞이했다. 번역 프로그램을 익히는 일에 골몰하는 형제들이나 도움을 주시는 다필라 박사 모두가 귀한 주님의 일꾼이었다.

성경을 실은 선박은 결국 5개월이 넘어 2011년 12월에야 감비아 항구에 도착했다. 파도로 인해 선박에 물이 들어와 선적한 모든 물건을 한 달간 검사해야 한다고 보험회사에서 연락이 왔다. 그러나 우리는 보험회사의 허락을 얻어 성경을 살펴보았다. 감사하게도 성경은 물에 젖지 않았다. 할렐루야!

졸라포니 신약 성경은 파송 교회인 점촌제일교회에서 익명으로 헌금을 하신 분의 도움으로 5,000권을 출판하여 우여곡절 끝에 한국에서 땅 끝인 감비아까지 들여와 그날 캄판트에서 봉헌식을 갖게 되었음에 주님께 영광 돌렸다.

우리는 2012년 3월 3일에 졸라포니어 신약성경 봉헌식을 하기로 했다. 웩 선교회는 감비아 선교 50년 역사 이래, 성서공회와 협력해 발간한 첫 졸라포니어 신약성경의 봉헌식을 위해 성서공회와 복음교단과 협력하여 행사를 준비했다. 봉헌식에는 예상 외로 교단을 초월해서 230명의 교회 리더들과 정부 인사들이 오셔서 자리를 빛내주었다.

성경 봉헌식을 위해 점촌제일교회의 원로 목사님이신 이정호 목사님과 박영선 사모님, 박우영 수석장로님, 김문영 선교부장 장로님께서 함께하셨고 맨체스터의 김재덕 목사님과 선교부의 원현우 집사님이 참석하셨다. 감사하게도 선교회의 대표이신 니콜라 선교사와 잉예 선교사 중심으로 행사가 잘 준비되었다. 성도들은 선교사인 우리 부부와 모든 선교사에게도 그들과 같은 옷을 입게 했다. 이때 나는 그동안의 교회 내의 모든 갈등이 사라지는 듯한 느낌을 받았다.

초창기 복음교회의 목사님으로 성서공회의 장으로 계시며 졸라족이신 모두 사네 목사님은 봉헌식 장소로 도심의 교회 보다는 졸라포니에 있는 캄판트교회로 결정하셨다. 우리는 도심에서 약 100킬로미터 떨어진 캄판트교회로 향했다. 소수의 졸라포니족 그리스도인들과 번역을 했고 또한 보안을 위해 성경 번역을 문맹퇴치 졸라어 교실을 통해 정부의 비자를 받으면서 사역을 해왔기 때문에 반응이 어떠할지 몰라 약간 긴장하기도 했다. 모든 것을 주님에게 맡기고 식장에 도착하니 부엌에서는 시바노 교인들 중심으로 음식준비로 북적대고 있었고 식장도 깔끔이 준비되어 있었다.

이미 행사장에는 누가 연락을 했는지 국영 TV방속국에서 나와 있었고 대통령의 비서와 문교부의 비정규교육 부서의 장, 도지사와 군수 대리, 마을의 족장들과 졸라포니어반 학생들, 각계의 선교단체장, 감비아의 감리교 주교(bishop)이며 기독교협회장을 맡으신 한나 카롤린 (Hannah Caroline Faal-Heim) 등 귀한 분들이 참석하여 자리를 빛내주셨다. 모두 사네 목사님과 성서공회 사무관인 헨리 아카포, 복음교회 목사님들 중심으로 봉헌식이 시작 되었고 카라파가 사회를 맡아 졸라포니어로 통역했다.

졸라포니인들이 좋아하는 녹색 겉표지의 졸라포니 신약성경을 받아들고 보니 몇년 간의 피곤이 일시에 사라졌다.

봉헌식에 참석한 사람들은 거의 대부분이 모슬렘인 정부인사들이었다. 그들은 신약성경을 받으셨다. 각 기독교 단체장들은 신약성경을 번역한 졸라포니 번역팀들에게 그간의 노고에 위로와 격려를 해주었다. 그날 졸라포니족 성도들 중심으로 시바노교회에서는 춤과 찬양으로 마지막을 장식했다. 국영방송의 사장인 라민 산양은 이 모든 행사를 무료로 두 번이나 국영 TV로 방송해주셨다. 그리고 그는 본인이 졸라포니족이지만 신약성경이 졸라포니어로 번역이 되고 있는 것을 몰랐다면서 모슬렘이지만 너무 흥분된다며 기뻐했다. 모슬렘 지역이어서 성경번역은 그동안 보안을 위해 알려지지 아니었지만 주님은 뜻밖에 모슬렘 방송사 사장을 통해 우리의 사역이 모두 세상에 알려지도록 하셨고 주님께서 그날 영광을 받으셨다.

라민 산양 방송사 사장뿐만 아니라 여러 각계 정부 인사나 기독교 인사들도 졸라포니어 신약성경을 받아 가면서 읽어보며 신기해했고, 때로는 어떤 졸라포니인들은 성경을 읽어보면서 "진짜 졸라네요" 하면서 박장대소했다. 이 성경 번역에 주님께서 우리의 고난의 시간에 함께하시고 끝까지 번역을 무사히 마치도록 하시면서 주님에게만 영광을 돌리도록 하셨다. 브라이언 선교사는 봉헌식에서 감사 인사를 하면서 타이루와 카디의 소천 소식을 하객들에게 전하고 그들의 삶을 짧게 소개했다.

봉헌식을 마치고 맨체스터의 김 목사님과 원 집사님은 500파운드, 성경 출판을 도우신 한 장로님이 100만 원을 후원하셨다. 나는 시바노교회의 리더인 카라파와 마리야뚜에게 이 후원금으로 졸라포니어 교실을 실시했던 마을에 쌀을 사서 나누어주도록 했다. 주님은 긍휼을 베푸는 자에게 또한 긍휼을 베푸시는 것을 나는 알고 있다. 이국인인 나를 받아들이고 언어를 가르쳐주었던 낯선 사람들, 졸라포니어 책을 만들게 해준 사람들도 그들이며 내게 성경 번역을 도와준 사람들도 졸라포니인들이었다. 물론 주님께서 주관해나가시고 마무리 지어주셨고 홀로 영광 받으시지만 졸라포니족 사람들은 내게는 잊을 수가 없는 형제자매들이었다. 그래서 나는 후원금을 그들에게 돌리고 싶었던 것이다. 쌀을 구입해 나누는 것도 어려운 일이겠지만 나는 카라파와 마리야뚜가 기꺼이 수고해주리라고 믿었다.

봉헌식이 끝나고 영국으로 돌아가는 비행기가 이륙한 뒤 약 1시간가량 지났을 무렵 기기고장이라며 나를 태운 비행기가 윤둠 공항으로 회항했다. 호텔에서 여장을 풀자 긴장도 함께 풀렸다. 달밤이었는데 주님의 배려로 나는 그날 밤 한 호텔에서 간만에 잠을 푹 자며 쉴 수 있었다. 지금까지 수십 번 감비아를 다녀왔지만 이러한 일은 처음이었다. 영국에 도착하여 영국 본부에서 간단히 일을 마치고 집으로 향하는 어느 날 오후였다. 그날따라 갑자기 그리운 사람들이 많이 생각나 눈물이 앞을 가렸다. 또한 그동안 영국과 감비아의 정거장 역할을 한 영국 본부가 친정집처럼 그리워졌다.

나는 한국에서나 영국에서나 타지인처럼 받아들여지는 사람이지만, 감비아는 나의 고향같이 느껴졌다. 아마도 이곳이 나의 약속의 땅이기 때문일 것이다.

카메룬 타운젠드는 이렇게 말했다. "성경은 그들의 부족어로 말하는 가장 최고의 선교사이다. 부족어 성경은 안식년으로 집에 갈 필요도 없고 외국인으로 간주되지도 않기 때문이다." 신약성경 번역 사업이 일단락되어 이제 졸라포니족에게 말씀이 역사할 것을 믿는다.

졸라포니어 성경이 이미 세네갈의 카사망스로 들어갔다는 소식에 나는 주님께 감사드렸다. 2012년 4월에는 방송용 성경말씀도 녹음이 되었다는 소식도 들었다. 내가 그 자리에 없어도 주님이 하시는 일들을 보게 되어 더욱더 감사가 넘쳤다.

2007년부터 2013년까지 4년 반 동안 나는 감비아에 11번을 오갔고 남편은

22번이나 공항을 드나들며 수고했다. 남편은 영국의 공항에서 나를 기다릴 때면 매번 꽃다발을 들고 오곤 했다. 나는 그 꽃다발을 볼 때마다 피곤이 가셨고, 많은 위로를 받았다.

한번은 내 생일날에 나는 남편과 함께 감비아행 비행기를 함께 타게 됐다. 그날도 남편은 나에게 장미꽃을 선물해주었다. 나는 그 장미를 보며 머리가 희끗해진 그레이 로맨스의 동역자를 남편으로 허락해주신 하나님께 감사드렸다.

후기

감비아에서 2012년 3월 3일에 졸라포니어 신약성경 봉헌식을 마친 후, 우리 부부는 안식년을 마치고 2013년 1월에 다시 감비아로 돌아왔다. 그새 감비아는 많은 것이 달라져 있었다. 새로 닦아진 졸라포니의 도로에서 차들이 매끄럽게 달렸고 전기가 들어와 달동네들이 새 동네로 변하였다. 감비아는 여전히 가난했지만 여러 방면에서 변화되고 있었다. 유럽산 중고품들인 옷과 차, 신발, 텔레비전, 냉장고, 가구도 전보다 더욱 많이 유입되었고, 전기시설이 확충되어 전자기기 및 휴대폰들이 시장에서 대거 유통되고 있었다. 또한 감비아는 제2의 싱가포르를 꿈꾸며 50여 개가 넘는 은행이 문을 열었고, 들쭉날쭉 지어졌지만 개인 주택이나 사무실용 건물들과 주유소들을 시내 곳곳에서 볼 수 있었다.

감비아로 돌아온 이후에 브라이언 선교사는 파자라에 있는 감비아 웩 선교회 본부에서 단기선교사를 돌보며 부대표로 섬기기 시작했다. 나는 시바노 마을에서 졸라포니어 구약성경 번역을 시작하면서 마을의 요청에 따라 미국의 크로스웨이의 교회 도움으로 빈탕카라나이 지역에서 10개의 졸라포니어 교실을 열었다.

현재 감비아의 3개의 방송국에서 졸라포니어로 방송설교가 진행 중이다. 얼마 전에는 세네갈 남부에 사역하시는 남침례교 선교사님들에게 성경 공부 자료를 나누어드렸는데, 이후 두 개의 방송국에서 방송설교가 전파를 타고 있다. 카라파 형제는 비얌방송국과 시바노 병원에서 말씀을 전하고 있다. 졸라포니어 신약성경이 녹음된 테이프가 제작되어 마을을 방문하거나 개인 전도를 할 때 사용하고 있다.

교회 개척으로 단기 선교사님들과 파비의 고향이자 그의 사역지인 지팡가 마을과 바텐딩 마을, 시타 마을을 방문하며 마을 사람들과 지속적으로 말씀을 나누며 전도하고 있다.

우리는 감비아에서 학원 사역과 신학교도 복음교회 중심으로 세울 예정이며 하나님의 일꾼들을 레바논의 삼목처럼 세우기 위해 기도 중이다.

졸라포니어 구약성경 번역은 이곳의 구약 성경팀과 더불어 번역 중에 있고, 2015년 성서공회의 다필라 박사님의 감수로 현재 모세오경과 여호수아, 사사기와 룻기까지 번역본 감수를 마쳤다. 졸라포니어로 창세기가 출간되어 지역 군수, 졸라포니어 교실 교사들과 마을 촌장님들에게 나누어주었고, 모세오경 출간을 예정하고 있다. 또한 몇 년 동안 신중하게 졸라포니 지역에서 4,300개의 단어를 수집 및 분석하여 졸라포니어 사전 편찬 작업을 마쳤고, 곧 출간을 앞두고 있다.

현재 2015년 9월부터 감비아 정부는 초등학교에서 졸라포니어를 포함하여 다섯 개 부족 언어 교육을 실시하고 있고 교사양성 정책도 추진하고 있어 그동안의 문서사역의 결실을 주님께 올려드리게 되었다.

최근 들어 졸라포니족은 졸라포니어 문서사역의 중요성을 깨닫고 있다. 얼마 전에는 뜻밖에도 국영 TV방송국에서 졸라포니어 가르치는 것을 촬영하여 그 모습이 TV에 방영되기도 했다. 감비아 정부는 우리 지역에서 두 번이나 졸라포니족들이 졸라포니어를 배우도록 장려하는 캠페인을 벌이기도 했다.

졸라포니족에게 구전으로 내려오는 이야기나 노래들을 문서기록으로 남기도록 하니 그들의 자존감이 한껏 높아졌다. 이제 성경을 통해 복된 천국의 말씀을 자유롭게 읽어서 어둠의 자녀들이 빛의 자녀들로 변하고, 아골 골짜기의 마른 뼈들이 군대처럼 일어나 주님의 사역에 헌신하기를 기도하고 있다.

현재 브라이언 선교사와 나는 감비아 선교회의 요청으로 선교회 대표로 섬기고 있다.

졸라꼬니와 함께

초판 인쇄일　2015년 10월 13일
초판 발행일　2015년 10월 16일

지은이　|　심미란
편집·제작　|　코람데오
등　록　|　제300-2009-169호
주　소　|　서울 종로구 세종대로 23길 54, 1006호
전　화　|　02) 2264-3650~1
팩　스　|　02) 2264-3652
이메일　|　soho3@chol.com

ISBN　|　978-89-97456-45-1　03230

값 20,000원

* 잘못된 책은 바꾸어 드립니다.